EDITION DE J. BRY AINÉ
— 1 FRANC LE VOLUME —

ŒUVRES COMPLÈTES
DE
J.-J. ROUSSEAU

RÉIMPRIMÉES D'APRÈS LES MEILLEURS TEXTES

SOUS LA DIRECTION DE

LOUIS BARRÉ

illustrées par Tony Johannot, Baron et Célestin Nanteuil

TOME SEPTIÈME

POLITIQUE

PARIS
J. BRY AINÉ, LIBRAIRE-ÉDITEUR
17, RUE GUÉNÉGAUD, 17
1857

ŒUVRES COMPLÈTES
DE
J.-J. ROUSSEAU

Paris. — Typ Gaittet et Cie, 7, rue Gît-le-Cœur.

ŒUVRES COMPLÈTES

DE

J.-J. ROUSSEAU

RÉIMPRIMÉES D'APRÈS LES MEILLEURS TEXTES

SOUS LA DIRECTION DE

LOUIS BARRÉ

illustrées par T. Johannot, Baron C. Nanteuil et C. Mettais

—

ÉDITION J. BRY

—

TOME SEPTIÈME

POLITIQUE

PARIS

J. BRY AINÉ, LIBRAIRE-ÉDITEUR

17, RUE GUÉNÉGAUD, 17

1857

CONTRAT SOCIAL

PRINCIPES DU DROIT POLITIQUE

DU
CONTRAT SOCIAL
OU
PRINCIPES DU DROIT POLITIQUE

Dicamus leges Fœderis æquas
VIRG., *Æneid*, lib. XI, 321. (1).

AVERTISSEMENT.

Ce petit traité est extrait d'un ouvrage plus étendu, entrepris autrefois sans avoir consulté mes forces, et abandonné depuis longtemps. Des divers morceaux qu'on pouvait tirer de ce qui était fait, celui-ci est le plus considérable, et m'a paru le moins indigne d'être offert au public. Le reste n'est déjà plus (2).

LIVRE PREMIER.

Je veux chercher si, dans l'ordre civil, il peut y avoir quelque règle d'administration légitime et sûre, en prenant les hommes tels qu'ils sont, et les lois telles qu'elles peuvent être. Je tâcherai d'allier toujours dans cette recherche ce que le droit permet avec ce que l'intérêt prescrit, afin que la justice et l'utilité ne se trouvent point divisées.

(1) Posons les justes lois d'un traité.
(2) Montesquieu n'a parlé que des lois positives; il a laissé son bel édifice imparfait: mais il fallait aller à la source même des lois, remonter à cette première convention expresse ou tacite qui lie toutes les sociétés. Le *Contrat social* a paru : portique du temple et premier chapitre de l'*Esprit des lois*. C'est de l'auteur qu'on peut dire : « Le genre humain avait perdu ses titres ; Jean-Jacques les a retrouvés. » (BRIZARD.)
— L'analyse de cet important ouvrage de Jean-Jacques se trouve dans le livre V d'*Emile* et dans la VIe des *Lettres de la Montagne*.

J'entre en matière sans prouver l'importance de mon sujet. On me demandera si je suis prince ou législateur pour écrire sur la politique. Je réponds que non, et que c'est pour cela que j'écris sur la politique. Si j'étais prince ou législateur, je ne perdrais pas mon temps à dire ce qu'il faut faire ; je le ferais, ou je me tairais.

Né citoyen d'un état libre, et membre du souverain, quelque faible influence que puisse avoir ma voix dans les affaires publiques, le droit d'y voter suffit pour m'imposer le devoir de m'en instruire : heureux, toutes les fois que je médite sur les gouvernements, de trouver toujours dans mes recherches de nouvelles raisons d'aimer celui de mon pays !

CHAPITRE PREMIER. — Sujet de ce premier livre.

L'homme est né libre, et partout il est dans les fers. Tel se croit le maître des autres, qui ne laisse pas d'être plus esclave qu'eux. Comment ce changement s'est-il fait ? Je l'ignore. Qu'est-ce qui peut le rendre légitime ? Je crois pouvoir résoudre cette question.

Si je ne considérais que la force, et l'effet qui en dérive, je dirais : Tant qu'un peuple est contraint d'obéir et qu'il obéit, il fait bien ; sitôt qu'il peut secouer le joug et qu'il le secoue, il fait encore mieux : car, recouvrant sa liberté par le même droit qui la lui a ravie, ou il est fondé à la reprendre, ou l'on n'était point à la lui ôter. Mais l'ordre social est un droit sacré qui sert de base à tous les autres. Cependant ce droit ne vient point de la nature ; il est donc fondé sur des conventions. Il s'agit de savoir quelles sont ces conventions. Avant d'en venir là, je dois établir ce que je viens d'avancer.

CHAPITRE II. — Des premières sociétés.

La plus ancienne de toutes les sociétés, et la seule naturelle, est celle de la famille ; encore les enfants ne restent-ils liés au père qu'aussi longtemps qu'ils ont besoin de lui pour se conserver. Sitôt que ce besoin cesse, le lien naturel se dissout. Les enfants, exempts de l'obéissance qu'ils devaient au père ; le père, exempt des soins qu'il devait aux enfants, rentrent tous également dans l'indépendance. S'ils continuent de rester unis, ce n'est plus naturellement, c'est volontairement ; et la famille elle-même ne se maintient que par convention.

Cette liberté commune est une conséquence de la nature de l'homme. Sa première loi est de veiller à sa propre conservation, ses premiers soins sont ceux qu'il se doit à lui-même ; et, sitôt qu'il est en âge de raison, lui seul étant juge des moyens propres à le conserver, devient par là son propre maître.

La famille est donc, si l'on veut, le premier modèle des sociétés politiques : le chef est l'image du père, le peuple est l'image des enfants ; et tous, étant nés égaux et libres, n'aliènent leur liberté que pour leur utilité. Toute la différence est que, dans la famille, l'amour du père pour ses enfants le paie des soins qu'il leur rend ; et que, dans l'état, le plaisir de commander supplée à cet amour que le chef n'a pas pour ses peuples.

Grotius nie que tout pouvoir humain soit établi en faveur de ceux qui sont gouvernés : il cite l'esclavage en exemple. Sa plus constante manière de raisonner est d'établir toujours le droit par le fait. On pourrait employer une méthode plus conséquente, mais non plus favorable aux tyrans.

Il est donc douteux, selon Grotius, si le genre humain appartient à une centaine d'hommes, ou si cette centaine d'hommes appartient au genre humain : et il paraît, dans tout son livre, pencher pour le premier avis : c'est aussi le sentiment de Hobbes. Ainsi voilà l'espèce humaine divisée en troupeaux de bétail, dont chacun a son chef, qui le garde pour le dévorer (1).

(1) Grotius, publiciste hollandais, mort en 1645, a publié un grand nombre d'ou-

Comme un pâtre est d'une nature supérieure à celle de son troupeau, les pasteurs d'hommes, qui sont leurs chefs, sont aussi d'une nature supérieure à celles de leurs peuples. Ainsi raisonnait, au rapport de Philon, l'empereur Caligula; concluant assez bien de cette analogie que les rois étaient des dieux, ou que les peuples étaient des bêtes (1).

Le raisonnement de ce Caligula revient à celui de Hobbes et de Grotius. Aristote, avant eux tous, avait dit aussi (2) que les hommes ne sont point naturellement égaux, mais que les uns naissent pour l'esclavage, et les autres pour la domination.

Aristote avait raison; mais il prenait l'effet pour la cause. Tout homme né dans l'esclavage naît pour l'esclavage : rien n'est plus certain. Les esclaves perdent tout dans leurs fers, jusqu'au désir d'en sortir; ils aiment leur servitude comme les compagnons d'Ulysse aimaient leur abrutissement (3). S'il y a donc des esclaves par nature, c'est parce qu'il y a eu des esclaves contre nature. La force a fait les premiers esclaves, leur lâcheté les a perpétués.

Je n'ai rien dit du roi Adam, ni de l'empereur Noé, père de trois grands monarques qui se partagèrent l'univers, comme firent les enfants de Saturne, qu'on a cru reconnaître en eux. J'espère qu'on me saura gré de cette modération; car, descendant directement de l'un de ces princes, et peut-être de la branche aînée, que sais-je si, par la vérification des titres, je ne me trouverais point le légitime roi du genre humain? Quoi qu'il en soit, on ne peut disconvenir qu'Adam n'ait été souverain du monde comme Robinson de son île, tant qu'il en fut le seul habitant; et ce qu'il y avait de commode dans cet empire, était que le monarque, assuré sur son trône, n'avait à craindre ni rébellions, ni guerres, ni conspirateurs.

CHAPITRE III. — Du droit du plus fort.

Le plus fort n'est jamais assez fort pour être toujours le maître, s'il ne transforme sa force en droit, et l'obéissance en devoir. De là le droit du plus fort; droit pris ironiquement en apparence, et réellement établi en principe. Mais ne nous expliquera-t-on jamais ce mot? La force est une puissance physique; je ne vois point quelle moralité peut résulter de ses effets. Céder à la force est un acte de nécessité, non de volonté; c'est tout au plus un acte de prudence. En quel sens pourra-ce être un devoir?

Supposons un moment ce prétendu droit. Je dis qu'il n'en résulte qu'un galimatias inexplicable; car, sitôt que c'est la force qui fait le droit, l'effet change avec la cause : toute force qui surmonte la première succède à son droit. Sitôt qu'on peut désobéir impunément, on le peut légitimement; et, puisque le plus fort a toujours raison, il ne s'agit que de faire en sorte qu'on soit le plus fort. Or, qu'est-ce qu'un droit qui périt quand la force cesse? S'il faut obéir par force, on n'a pas besoin d'obéir par devoir; et si l'on n'est plus forcé d'obéir, on n'y est plus obligé. On voit donc que ce mot de *droit* n'ajoute rien à la force; il ne signifie ici rien du tout.

Obéissez aux puissances. Si cela veut dire, cédez à la force, le précepte est bon, mais superflu; je réponds qu'il ne sera jamais violé. Toute puissance vient de Dieu, je l'avoue; mais toute maladie en vient aussi : est-ce à dire qu'il soit défendu d'appeler le médecin? Qu'un brigand me surprenne au coin

---

vrages dont le plus renommé est son traité *de Jure belli et pacis*. La meilleure édition de la traduction française de Barbeyrac, est de Bâle, 1745, 2 vol. in-4°. — Hobbes, philosophe anglais, mort en 1679, est surtout connu par son traité *de Cive*, traduit en français par Sorbière, 1649, in-8°.

(1) Philon, écrivain juif d'Alexandrie, est auteur de plusieurs ouvrages sur la morale et la religion qui lui ont mérité le surnom de *Platon juif*. Envoyé en ambassade à Caligula, et n'ayant rien obtenu de cet empereur, il s'en vengea en écrivant, sous le titre d'*Ambassade à Caius* l'ouvrage auquel se rapporte Rousseau.

(2) *Politic.*, lib. I, cap. 5.

(3) PLUTARQUE, *Que les bêtes usent de la raison*.

d'un bois, non-seulement il faut par force donner la bourse, mais, quand je pourrais la soustraire, suis-je en conscience obligé de la donner? car enfin le pistolet qu'il tient est aussi une puissance.

Convenons donc que force ne fait pas droit et qu'on n'est obligé d'obéir qu'aux puissances légitimes. Ainsi ma question primitive revient toujours.

CHAPITRE IV. — De l'esclavage.

Puisque aucun homme n'a une autorité naturelle sur son semblable, et puisque la force ne produit aucun droit, restent donc les conventions pour base de toute autorité légitime parmi les hommes.

Si un particulier, dit Grotius, peut aliéner sa liberté et se rendre esclave d'un maître, pourquoi tout un peuple ne pourrait-il pas aliéner la sienne et se rendre sujet d'un roi? Il y a là bien des mots équivoques qui auraient besoin d'explication; mais tenons-nous-en à celui d'*aliéner*. Aliéner, c'est donner ou vendre. Or, un homme qui se fait esclave d'un autre ne se donne pas; il se vend tout au moins pour sa subsistance : mais un peuple, pourquoi se vend-il? Bien loin qu'un roi fournisse à ses sujets leur subsistance, il ne tire la sienne que d'eux; et, selon Rabelais, un roi ne vit pas de peu. Les sujets donnent donc leur personne, à condition qu'on prendra aussi leur bien? Je ne vois pas ce qu'il leur reste à conserver.

On dira que le despote assure à ses sujets la tranquillité civile. Soit : mais qu'y gagnent-ils, si les guerres que son ambition leur attire, si son insatiable avidité, si les vexations de son ministère les désolent plus que ne feraient leurs dissensions? Qu'y gagnent-ils, si cette tranquillité même est une de leurs misères? On vit tranquille aussi dans les cachots; en est-ce assez pour s'y trouver bien? Les Grecs enfermés dans l'antre du cyclope y vivaient tranquilles, en attendant que leur tour vînt d'être dévorés.

Dire qu'un homme se donne gratuitement, c'est dire une chose absurde et inconcevable; un tel acte est illégitime et nul, par cela seul que celui qui le fait n'est pas dans son bon sens. Dire la même chose de tout un peuple, c'est supposer un peuple de fous : la folie ne fait pas droit.

Quand chacun pourrait s'aliéner lui-même, il ne peut aliéner ses enfants : ils naissent hommes et libres; leur liberté leur appartient; nul n'a droit d'en disposer qu'eux. Avant qu'ils soient en âge de raison, le père peut, en leur nom, stipuler des conditions pour leur conservation, pour leur bien-être, mais non les donner irrévocablement et sans condition : car un tel don est contraire aux fins de la nature, et passe les droits de la paternité. Il faudrait donc, pour qu'un gouvernement arbitraire fût légitime, qu'à chaque génération le peuple fût le maître de l'admettre ou de le rejeter : mais alors ce gouvernement ne serait plus arbitraire.

Renoncer à sa liberté, c'est renoncer à sa qualité d'homme, aux droits de l'humanité, même à ses devoirs. Il n'y a nul dédommagement possible pour quiconque renonce à tout. Une telle renonciation est incompatible avec la nature de l'homme, et c'est ôter toute moralité à ses actions que d'ôter toute liberté à sa volonté. Enfin c'est une convention vaine et contradictoire de stipuler d'une part une autorité absolue, et de l'autre une obéissance sans bornes. N'est-il pas clair qu'on n'est engagé à rien envers celui dont on a droit de tout exiger? Et cette seule condition, sans équivalent, sans échange, n'entraîne-t-elle pas la nullité de l'acte? Car, quel droit mon esclave aurait-il contre moi, puisque tout ce qu'il a m'appartient, et que son droit étant le mien, ce droit de moi contre moi-même est un mot qui n'a aucun sens?

Grotius et les autres tirent de la guerre une autre origine du prétendu droit d'esclavage. Le vainqueur ayant, selon eux, le droit de tuer le vaincu, celui-ci peut racheter sa vie aux dépens de sa liberté: convention d'autant plus légitime qu'elle tourne au profit de tous deux.

Mais il est clair que ce prétendu droit de tuer les vaincus ne résulte en aucune manière de l'état de guerre. Par cela seul que les hommes, vivant dans leur primitive indépendance, n'ont point entre eux de rapport assez constant pour constituer ni l'état de paix ni l'état de guerre, ils ne sont point naturellement ennemis. C'est le rapport des choses et non des hommes qui constitue la guerre; et l'état de guerre ne pouvant naître de simples relations personnelles, mais seulement des relations réelles, la guerre privée ou d'homme à homme ne peut exister, ni dans l'état de nature, où il n'y a point de propriété constante, ni dans l'état social, où tout est sous l'autorité des lois.

Les combats particuliers, les duels, les rencontres, sont des actes qui ne constituent point un état; et à l'égard des guerres privées, autorisées par les établissements de Louis XI, roi de France, et suspendues par la paix de Dieu, ce sont des abus du gouvernement féodal, système absurde, s'il en fut jamais, contraire aux principes du droit naturel et à toute bonne *politie*.

La guerre n'est donc point une relation d'homme à homme, mais une relation d'état à état, dans laquelle les particuliers ne sont ennemis qu'accidentellement, non point comme hommes, ni même comme citoyens (1), mais comme soldats: non point comme membres de la patrie, mais comme ses défenseurs. Enfin chaque état ne peut avoir pour ennemis que d'autres états, et non pas des hommes, attendu qu'entre choses de diverses natures on ne peut fixer aucun vrai rapport.

Ce principe est même conforme aux maximes établies de tous les temps et à la pratique constante de tous les peuples policés. Les déclarations de guerre sont moins des avertissements aux puissances qu'à leurs sujets. L'étranger, soit roi, soit particulier, soit peuple, qui vole, tue ou détient les sujets sans déclarer la guerre au prince, n'est pas un ennemi, c'est un brigand. Même en pleine guerre, un prince juste s'empare bien, en pays ennemi, de tout ce qui appartient au public; mais il respecte la personne et les biens des particuliers; il respecte des droits sur lesquels sont fondés les siens. La fin de la guerre étant la destruction de l'état ennemi, on a droit d'en tuer les défenseurs tant qu'ils ont les armes à la main; mais sitôt qu'ils les posent et se rendent, cessant d'être ennemis ou instruments de l'ennemi, ils redeviennent simplement hommes, et l'on n'a plus de droit sur leur vie. Quelquefois on peut tuer l'état sans tuer un seul de ses membres: or la guerre ne donne aucun droit qui ne soit nécessaire à sa fin. Ces principes ne sont pas ceux de Grotius; ils ne sont pas fondés sur des autorités de poètes, mais ils dérivent de la nature des choses, et sont fondés sur la raison.

A l'égard du droit de conquête, il n'a d'autre fondement que la loi du plus fort. Si la guerre ne donne point au vainqueur le droit de massacrer les peuples vaincus, ce droit, qu'il n'a pas, ne peut fonder celui de les asservir. On n'a le droit de tuer l'ennemi que quand on ne peut le faire esclave; le droit de le faire esclave ne vient donc pas du droit de le tuer; c'est donc un échange inique de lui faire acheter au prix de sa liberté sa vie, sur laquelle on n'a aucun droit. En établissant le droit de vie et de mort sur le droit d'esclavage, et le droit d'esclavage sur le droit de vie et de mort, n'est-il pas clair qu'on tombe dans le cercle vicieux?

(1) Les Romains, qui ont mieux entendu et plus respecté le droit de la guerre qu'aucune nation du monde, portaient si loin le scrupule à cet égard, qu'il n'était pas permis à un citoyen de servir comme volontaire, sans s'être engagé expressément contre l'ennemi, et nommément contre tel ennemi. Une légion où Caton le fils faisait ses premières armes sous Popilius ayant été réformée, Caton le père écrivit à Popilius que, s'il voulait bien que son fils continuât de servir sous lui, il fallait lui faire prêter un nouveau serment militaire, parce que le premier étant annulé, il ne pouvait plus porter les armes contre l'ennemi. Et le même Caton écrivit à son fils de se bien garder de se présenter au combat qu'il n'eût prêté ce nouveau serment. Je sais qu'on pourra m'opposer le siége de Clusium et d'autres faits particuliers; mais moi je cite des lois, des usages. Les Romains sont ceux qui ont le moins souvent transgressé leurs lois, et ils sont les seuls qui en aient eu d'aussi belles. — Voyez Cic., *De Offic.*, lib. 1, cap. 2, et Tit. Liv., lib. v, cap. 23-27.

En supposant même ce terrible droit de tout tuer, je dis qu'un esclave fait à la guerre, ou un peuple conquis, n'est tenu à rien du tout envers son maître, qu'à lui obéir autant qu'il y est forcé. En prenant un équivalent à sa vie, le vainqueur ne lui en a pas fait grâce : au lieu de le tuer sans fruit, il l'a tué utilement. Loin donc qu'il ait acquis sur lui nulle autorité jointe à la force, l'état de guerre subsiste entre eux comme auparavant, leur relation même en est l'effet; et l'usage du droit de la guerre ne suppose aucun traité de paix. Ils ont fait une convention; soit : mais cette convention, loin de détruire l'état de guerre, en suppose la continuité.

Ainsi, de quelque sens qu'on envisage les choses, le droit d'esclavage est nul, non-seulement parce qu'il est illégitime, mais parce qu'il est absurde et ne signifie rien. Ces mots, *esclavage* et *droit*, sont contradictoires, ils s'excluent mutuellement. Soit d'un homme à un homme, soit d'un homme à un peuple, ce discours sera toujours également insensé : « Je fais avec toi une convention toute à ta charge et toute à mon profit, que j'observerai tant qu'il me plaira, et que tu observeras tant qu'il me plaira. »

CHAPITRE V. — Qu'il faut toujours remonter à une première convention.

Quand j'accorderais tout ce que j'ai réfuté jusqu'ici, les fauteurs du despotisme n'en seraient pas plus avancés. Il y aura toujours une grande différence entre soumettre une multitude et régir une société. Que des hommes épars soient successivement asservis à un seul, en quelque nombre qu'ils puissent être, je ne vois là qu'un maître et des esclaves, je n'y vois point un peuple et son chef : c'est, si l'on veut, une agrégation, mais non pas une association : il n'y a là ni bien public ni corps politique. Cet homme, eût-il asservi la moitié du monde, n'est toujours qu'un particulier; son intérêt, séparé de celui des autres, n'est toujours qu'un intérêt privé. Si ce même homme vient à périr, son empire, après lui, reste épars et sans liaison, comme un chêne se dissout et tombe en un tas de cendre après que le feu l'a consumé.

Un peuple, dit Grotius, peut se donner à un roi. Selon Grotius, un peuple est donc un peuple avant de se donner à un roi. Ce don même est un acte civil; il suppose une délibération publique. Avant donc que d'examiner l'acte par lequel un peuple élit un roi, il serait bon d'examiner l'acte par lequel un peuple est un peuple; car cet acte, étant nécessairement antérieur à l'autre, est le vrai fondement de la société.

En effet, s'il n'y avait point de convention antérieure, où serait, à moins que l'élection ne fût unanime, l'obligation pour le petit nombre de se soumettre au choix du grand? et d'où cent qui veulent un maître ont-ils le droit de voter pour dix qui n'en veulent point? La loi de la pluralité des suffrages est elle-même un établissement de convention, et suppose, au moins une fois, l'unanimité.

CHAPITRE VI. — Du pacte social.

Je suppose les hommes parvenus à ce point où les obstacles qui nuisent à leur conservation dans l'état de nature l'emportent par leur résistance sur les forces que chaque individu peut employer pour se maintenir dans cet état. Alors cet état primitif ne peut plus subsister; et le genre humain périrait s'il ne changeait sa manière d'être.

Or, comme les hommes ne peuvent engendrer de nouvelles forces, mais seulement unir et diriger celles qui existent, ils n'ont plus d'autre moyen pour se conserver que de former par agrégation une somme de forces qui puisse l'emporter sur la résistance, de les mettre en jeu par un seul mobile, et de les faire agir de concert.

Cette somme de forces ne peut naître que du concours de plusieurs; mais, la force et la liberté de chaque homme étant les premiers instruments de sa conservation, comment les engagera-t-il sans se nuire et sans négliger les soins qu'il se doit? Cette difficulté, ramenée à mon sujet, peut s'énoncer en ces termes :

« Trouver une forme d'association qui défende et protège de toute la force commune la personne et les biens de chaque associé, et par laquelle chacun, s'unissant à tous, n'obéisse pourtant qu'à lui-même, et reste aussi libre qu'auparavant. » Tel est le problème fondamental dont le contrat social donne la solution.

Les clauses de ce contrat sont tellement déterminées par la nature de l'acte, que la moindre modification les rendrait vaines et de nul effet; en sorte que, bien qu'elles n'aient peut-être jamais été formellement énoncées, elles sont partout les mêmes, partout tacitement admises et reconnues, jusqu'à ce que le pacte social étant violé, chacun rentre alors dans ses premiers droits, et reprenne sa liberté naturelle, en perdant la liberté conventionnelle pour laquelle il y renonça.

Ces clauses, bien entendues, se réduisent toutes à une seule : savoir l'aliénation totale de chaque associé avec tous ses droits à toute la communauté; car, premièrement, chacun se donnant tout entier, la condition est égale pour tous; et la condition étant égale pour tous, nul n'a intérêt de la rendre onéreuse aux autres.

De plus, l'aliénation se faisant sans réserve, l'union est aussi parfaite qu'elle peut l'être, et nul associé n'a rien à réclamer; car, s'il restait quelques droits aux particuliers, comme il n'y aurait aucun supérieur commun qui pût prononcer entre eux et le public; chacun, étant en quelque point son propre juge, prétendrait bientôt l'être en tous; l'état de nature subsisterait, et l'association deviendrait nécessairement tyrannique ou vaine.

Enfin, chacun se donnant à tous ne se donne à personne; et comme il n'y a pas un associé sur lequel on n'acquière le même droit qu'on lui cède sur soi, on gagne l'équivalent de tout ce qu'on perd, et plus de force pour conserver ce qu'on a.

Si donc on écarte du pacte social ce qui n'est pas de son essence, on trouvera qu'il se réduit aux termes suivants : « Chacun de nous met en commun sa personne et toute sa puissance sous la suprême direction de la volonté générale; et nous recevons encore chaque membre comme partie indivisible du tout. »

A l'instant, au lieu de la personne particulière de chaque contractant, cet acte d'association produit un corps moral et collectif, composé d'autant de membres que l'assemblée a de voix; lequel reçoit de ce même acte son unité, son *moi* commun, sa vie et sa volonté. Cette personne publique, qui se forme ainsi par l'union de toutes les autres, prenait autrefois le nom de *cité*(1), et prend maintenant celui de *république* ou de *corps politique*, lequel est appelé par ses membres *état* quand il est passif, *souverain* quand il est actif, *puissance* en le comparant à ses semblables. A l'égard des associés, ils prennent collectivement le nom de *peuple*, et s'appellent en particulier *citoyens*, comme

(1) Le vrai sens de ce mot s'est presque entièrement effacé chez les modernes; la plupart prennent une ville pour une cité, et un bourgeois pour un citoyen. Ils ne savent pas que les maisons font la ville, mais que les citoyens font la cité. Cette même erreur coûta cher autrefois aux Carthaginois. Je n'ai pas lu que le titre de *cives* ait jamais été donné aux sujets d'aucun prince, pas même anciennement aux Macédoniens, ni, de nos jours, aux Anglais, quoique plus près de la liberté que tous les autres. Les seuls Français prennent tous familièrement ce nom de *citoyens*, parce qu'ils n'en ont aucune véritable idée, comme on peut le voir dans leurs dictionnaires; sans quoi ils tomberaient, en l'usurpant, dans le crime de lèse-majesté : ce nom, chez eux, exprime une vertu et non pas un droit. Quand Bodin a voulu parler de nos citoyens et bourgeois, il a fait une lourde bévue, en prenant les uns pour les autres. M. d'Alembert ne s'y est pas trompé, et a bien distingué, dans son article *Genève*, les quatre ordres d'hommes (même cinq ou six en y comptant les simples étrangers) qui sont dans notre ville, et dont deux seulement composent la république. Nul autre auteur français, que je sache, n'a compris le vrai sens du mot *citoyen*.

participant à l'autorité souveraine, et *sujets*, comme soumis aux lois de l'état. Mais ces termes se confondent souvent et se prennent l'un pour l'autre; il suffit de les savoir distinguer quand ils sont employés dans toute leur précision.

CHAPITRE VII. — Du souverain.

On voit par cette formule que l'acte d'association renferme un engagement réciproque du public avec les particuliers, et que chaque individu, contractant, pour ainsi dire, avec lui-même, se trouve engagé sous un double rapport : savoir, comme membre du souverain envers les particuliers, et comme membre de l'état envers le souverain. Mais on ne peut appliquer ici la maxime du droit civil, que nul n'est tenu aux engagements pris avec lui-même; car il y a bien de la différence entre s'obliger envers soi, ou envers un tout dont on fait partie.

Il faut remarquer encore que la délibération publique, qui peut obliger tous les citoyens envers le souverain à cause des deux différents rapports sous lesquels chacun d'eux est envisagé, ne peut, par la raison contraire, obliger le souverain envers lui-même, et que, par conséquent, il est contre la nature du corps politique que le souverain s'impose une loi qu'il ne puisse enfreindre. Ne pouvant se considérer que sous un seul et même rapport, il est alors dans le cas d'un particulier contractant avec soi-même; par où l'on voit qu'il n'y a ni ne peut y avoir nulle espèce de loi fondamentale obligatoire pour le corps du peuple, pas même le contrat social. Ce qui ne signifie pas que ce corps ne puisse fort bien s'engager avec autrui, en ce qui ne déroge point à ce contrat; car, à l'égard de l'étranger, il devient un être simple, un individu.

Mais le corps politique ou le souverain, ne tirant son être que de la sainteté du contrat, ne peut jamais s'obliger, même envers autrui, à rien qui déroge à cet acte primitif, comme d'aliéner quelque portion de lui-même, ou de se soumettre à un autre souverain. Violer l'acte par lequel il existe serait s'anéantir; et ce qui n'est rien ne produit rien.

Sitôt que cette multitude est ainsi réunie en un corps, on ne peut offenser un des membres sans attaquer le corps, encore moins offenser le corps sans que les membres s'en ressentent. Ainsi le devoir et l'intérêt obligent également les deux parties contractantes à s'entr'aider mutuellement; et les mêmes hommes doivent chercher à réunir sous ce double rapport tous les avantages qui en dépendent.

Or, le souverain, n'étant formé que des particuliers qui le composent, n'a ni ne peut avoir d'intérêt contraire au leur; par conséquent la puissance souveraine n'a nul besoin de garant envers les sujets, parce qu'il est impossible que le corps veuille nuire à tous ses membres; et nous verrons ci-après qu'il ne peut nuire à aucun en particulier. Le souverain, par cela seul qu'il est, est toujours tout ce qu'il doit être.

Mais il n'en est pas ainsi des sujets envers le souverain, auquel, malgré l'intérêt commun, rien ne répondrait de leurs engagements, s'il ne trouvait des moyens de s'assurer de leur fidélité.

En effet chaque individu peut, comme homme, avoir une volonté particulière contraire ou dissemblable à la volonté générale qu'il a comme citoyen; son intérêt particulier peut lui parler tout autrement que l'intérêt commun; son existence absolue, et naturellement indépendante, peut lui faire envisager ce qu'il doit à la cause commune comme une contribution gratuite, dont la perte sera moins nuisible aux autres que le paiement n'en sera onéreux pour lui; et regardant la personne morale qui constitue l'état comme un être de raison, parce que ce n'est pas un homme, il jouirait des droits du citoyen sans vouloir remplir les devoirs du sujet : injustice dont le progrès causerait la ruine du corps politique.

Afin donc que le pacte social ne soit pas un vain formulaire, il renferme tacitement cet engagement, qui seul peut donner de la force aux autres, que quiconque refusera d'obéir à la volonté générale y sera contraint par tout le corps : ce qui ne signifie autre chose sinon qu'on le forcera d'être libre, car telle est la condition qui, donnant chaque citoyen à la patrie, le garantit de toute dépendance personnelle; condition qui fait l'artifice et le jeu de la machine politique, et qui seule rend légitimes les engagements civils, lesquels, sans cela, seraient absurdes, tyranniques, et sujets aux plus énormes abus.

..... Et le peuple ne donne ni ambassades, ni chasses, ni pensions......

CHAPITRE VIII. — De l'état civil.

Ce passage de l'état de nature à l'état civil produit dans l'homme un changement très remarquable, en substituant dans sa conduite la justice à l'instinct, et donnant à ses actions la moralité qui leur manquait auparavant. C'est alors seulement que, la voix du devoir succédant à l'impulsion physique, et le droit à l'appétit, l'homme, qui jusque-là n'avait regardé que lui-même, se voit forcé d'agir sur d'autres principes, et de consulter sa raison avant d'écouter ses penchants. Quoiqu'il se prive dans cet état de plusieurs avantages qu'il tient de la nature, il en regagne de si grands, ses facultés s'exercent et se développent, ses idées s'étendent, ses sentiments s'ennoblissent, son âme tout entière s'élève à tel point, que, si les abus de cette nouvelle condition ne le dégradaient souvent au-dessous de celle dont il est sorti, il devrait bénir sans cesse l'instant heureux qui l'en arracha pour jamais, et qui, d'un animal stupide et borné, fit un être intelligent et un homme.

Réduisons toute cette balance à des termes faciles à comparer. Ce que l'homme perd par le contrat social, c'est sa liberté naturelle et un droit illimité à tout ce qu'il tente et qu'il peut atteindre; ce qu'il gagne, c'est la liberté civile et la propriété de tout ce qu'il possède. Pour ne pas se tromper dans ces compensations, il faut bien distinguer la liberté naturelle, qui n'a pour bornes que les forces de l'individu, de la liberté civile, qui est limitée par la volonté générale; et la possession, qui n'est que l'effet de la force ou le droit du premier occupant, de la propriété, qui ne peut être fondée que sur un titre positif.

On pourrait, sur ce qui précède, ajouter à l'acquis de l'état civil la liberté morale, qui seule rend l'homme vraiment maître de lui; car l'impulsion du seul appétit est esclavage, et l'obéissance à la loi qu'on s'est prescrite est liberté. Mais je n'en ai déjà que trop dit sur cet article, et le sens philosophique du mot *liberté* n'est pas ici de mon sujet.

CHAPITRE IX. — Du domaine réel.

Chaque membre de la communauté se donne à elle au moment qu'elle se forme, tel qu'il se trouve actuellement, lui et toutes ses forces, dont les biens qu'il possède font partie. Ce n'est pas que, par cet acte, la possession change de nature en changeant de mains, et devienne propriété dans celle du souverain; mais comme les forces de la cité sont incomparablement plus grandes que celles d'un particulier, la possession publique est aussi, dans le fait, plus forte et plus irrévocable, sans être plus légitime, au moins pour les étrangers; car l'état, à l'égard de ses membres, est maître de tous leurs biens par le contrat social, qui, dans l'état, sert de base à tous les droits; mais il ne l'est, à l'égard des autres puissances, que par le droit de premier occupant, qu'il tient des particuliers.

Le droit de premier occupant, quoique plus réel que celui du plus fort, ne devient un vrai droit qu'après l'établissement de celui de propriété. Tout homme a naturellement droit à tout ce qui lui est nécessaire, mais l'acte positif qui le rend propriétaire de quelque bien l'exclut de tout le reste. Sa part étant faite, il doit s'y borner, et n'a plus aucun droit à la communauté. Voilà pourquoi le droit de premier occupant, si faible dans l'état de nature, est respectable à tout homme civil. On respecte moins dans ce droit ce qui est à autrui que ce qui n'est pas à soi.

En général, pour autoriser sur un terrain quelconque le droit de premier occupant, il faut les conditions suivantes : premièrement, que ce terrain ne soit encore habité par personne; secondement, qu'on n'en occupe que la quantité dont on a besoin pour subsister; en troisième lieu, qu'on en prenne possession, non par une vaine cérémonie, mais par le travail et la culture, seul signe de propriété qui, au défaut de titres juridiques, doive être respecté d'autrui.

En effet, accorder au besoin et au travail le droit de premier occupant, n'est-ce pas l'étendre aussi loin qu'il peut aller? Peut-on ne pas donner des bornes à ce droit? Suffira-t-il de mettre le pied sur un terrain commun pour s'en prétendre aussitôt le maître? Suffira-t-il d'avoir la force d'en écarter un moment les autres hommes pour leur ôter le droit d'y jamais revenir? Comment un homme ou un peuple peut-il s'emparer d'un territoire immense et en priver tout le genre humain autrement que par une usurpation punissable, puisqu'elle ôte au reste des hommes le séjour et les aliments que la nature leur donne en commun ? Quand Nuñez Balbao prenait sur le rivage possession de la mer du Sud et de toute l'Amérique méridionale au nom de la couronne de Castille, était-ce assez pour en déposséder tous les habitants et en exclure tous les princes du monde ? Sur ce pied-là, ces cérémonies se multipliaient assez vainement; et le roi catholique n'avait tout d'un coup qu'à prendre de son cabinet possession de tout l'univers, sauf à retrancher ensuite de son empire ce qui était auparavant possédé par les autres princes.

On conçoit comment les terres des particuliers, réunies et contiguës, deviennent le territoire public, et comment le droit de souveraineté, s'étendant des sujets au terrain qu'ils occupent, devient à la fois réel et personnel ; ce qui met les possesseurs dans une plus grande dépendance, et fait de leurs forces mêmes les garants de leur fidélité : avantage qui ne paraît pas avoir été bien senti des anciens monarques, qui, ne s'appelant que rois des Perses, des Scythes, des Macédoniens, semblaient se regarder comme les chefs des hommes plutôt que comme les maîtres du pays. Ceux d'aujourd'hui s'appellent plus habilement rois de France, d'Espagne, d'Angleterre, etc. En tenant ainsi le terrain, ils sont bien sûrs d'en tenir les habitants.

Ce qu'il y a de singulier dans cette aliénation, c'est que, loin qu'en acceptant les biens des particuliers la communauté les en dépouille, elle ne fait que leur assurer la légitime possession, changer l'usurpation en un véritable droit, et la jouissance en propriété. Alors les possesseurs étant considérés comme dépositaires du bien public, leurs droits étant respectés de tous les membres de l'état, et maintenus de toutes ses forces contre l'étranger, par une cession avantageuse au public, et plus encore à eux-mêmes, ils ont, pour ainsi dire, acquis tout ce qu'ils ont donné : paradoxe qui s'explique aisément par la distinction des droits que le souverain et le propriétaire ont sur le même fonds, comme on verra ci-après.

Il peut arriver aussi que les hommes commencent à s'unir avant que de rien posséder, et que, s'emparant ensuite d'un terrain suffisant pour tous, ils en jouissent en commun, ou qu'ils le partagent entre eux, soit également, soit selon des proportions établies par le souverain. De quelque manière que se fasse cette acquisition, le droit que chaque particulier a sur son propre fonds est toujours subordonné au droit que la communauté a sur tous; sans quoi il n'y aurait ni solidité dans le lien social ni force réelle dans l'exercice de la souveraineté.

Je terminerai ce chapitre et ce livre par une remarque qui doit servir de base à tout le système social; c'est qu'au lieu de détruire l'égalité naturelle, le pacte fondamental substitue au contraire une égalité morale et légitime à ce que la nature avait pu mettre d'inégalité physique entre les hommes, et que, pouvant être inégaux en force ou en génie, ils deviennent tous égaux par convention et de droit (1).

LIVRE II.

CHAPITRE PREMIER. — Que la souveraineté est inaliénable.

La première et la plus importante conséquence des principes ci-devant établis est que la volonté générale peut seule diriger les forces de l'état, selon la

---

(1) Sous les mauvais gouvernements, cette égalité n'est qu'apparente et illusoire : elle ne sert qu'à maintenir le pauvre dans sa misère, et le riche dans son usurpation. Dans le fait, les lois sont toujours utiles à ceux qui possèdent, et nuisibles à ceux qui n'ont rien : d'où il suit que l'état social n'est avantageux aux hommes qu'autant qu'ils ont tous quelque chose, et qu'aucun d'eux n'a rien de trop.

fin de son institution, qui est le bien commun; car si l'opposition des intérêts particuliers a rendu nécessaire l'établissement des sociétés, c'est l'accord de ces mêmes intérêts qui l'a rendu possible. C'est ce qu'il y a de commun dans ces différents intérêts qui forme le lien social; et s'il n'y avait pas quelque point dans lequel tous les intérêts s'accordent, nulle société ne saurait exister. Or, c'est uniquement sur cet intérêt commun que la société doit être gouvernée.

Je dis donc que la souveraineté, n'étant que l'exercice de la volonté générale, ne peut jamais s'aliéner, et que le souverain, qui n'est qu'un être collectif, ne peut être représenté que par lui-même : le pouvoir peut bien se transmettre, mais non pas la volonté.

En effet, s'il n'est pas impossible qu'une volonté particulière s'accorde sur quelque point avec la volonté générale; il est impossible au moins que cet accord soit durable et constant; car la volonté particulière tend, par sa nature, aux préférences, et la volonté générale à l'égalité. Il est plus impossible encore qu'on ait un garant de cet accord, quand même il devrait toujours exister; ce ne serait pas un effet de l'art, mais du hasard. Le souverain peut bien dire : Je veux actuellement ce que veut un tel homme, ou du moins ce qu'il dit vouloir; mais il ne peut pas dire : Ce que cet homme voudra demain, je le voudrai encore, puisqu'il est absurde que la volonté se donne des chaînes pour l'avenir, et puisqu'il ne dépend d'aucune volonté de consentir à rien de contraire au bien de l'être qui veut. Si donc le peuple promet simplement d'obéir, il se dissout par cet acte, il perd sa qualité de peuple; à l'instant qu'il y a un maître, il n'y a plus de souverain, et dès lors le corps politique est détruit.

Ce n'est point à dire que les ordres des chefs ne puissent passer pour des volontés générales, tant que le souverain, libre de s'y opposer, ne le fait pas. En pareil cas, du silence universel on doit présumer le consentement du peuple. Ceci s'expliquera plus au long.

CHAPITRE II. — Que la souveraineté est indivisible.

Par la même raison que la souveraineté est inaliénable, elle est indivisible; car la volonté est générale (1), ou elle ne l'est pas; elle est celle du corps du peuple, ou seulement d'une partie. Dans le premier cas, cette volonté déclarée est un acte de souveraineté, et fait loi; dans le second, ce n'est qu'une volonté particulière, ou un acte de magistrature; c'est un décret tout au plus.

Mais nos politiques, ne pouvant diviser la souveraineté dans son principe, la divisent dans son objet : ils la divisent en force et en volonté; en puissance législative et en puissance exécutive; en droits d'impôts, de justice et de guerre; en administration intérieure, et en pouvoir de traiter avec l'étranger : tantôt ils confondent toutes ces parties, et tantôt ils les séparent. Ils font du souverain un être fantastique et formé de pièces rapportées; c'est comme s'ils composaient l'homme de plusieurs corps, dont l'un aurait des yeux, l'autre des bras, l'autre des pieds, et rien de plus. Les charlatans du Japon dépècent, dit-on, un enfant aux yeux des spectateurs; puis jetant en l'air tous ses membres l'un après l'autre, ils font retomber l'enfant vivant et tout rassemblé. Tels sont à peu près les tours de gobelets de nos politiques : après avoir démembré le corps social, par un prestige digne de la foire, ils rassemblent les pièces on ne sait comment.

Cette erreur vient de ne s'être pas fait des notions exactes de l'autorité souveraine, et d'avoir pris pour des parties de cette autorité ce qui n'en était que des émanations. Ainsi, par exemple, on a regardé l'acte de déclarer la guerre et celui de faire la paix comme des actes de souveraineté; ce qui n'est

---

(1) Pour qu'une volonté soit générale, il n'est pas toujours nécessaire qu'elle soit unanime, mais il est nécessaire que toutes les voix soient comptées; toute exclusion formelle rompt la généralité.

pas, puisque chacun de ces actes n'est point une loi, mais seulement une application de la loi, un acte particulier qui détermine les cas de la loi, comme on le verra clairement quand l'idée attachée au mot *loi* sera fixée.

En suivant de même les autres divisions, on trouverait que, toutes les fois qu'on croit voir la souveraineté partagée, on se trompe; que les droits qu'on prend pour des parties de cette souveraineté lui sont tous subordonnés, et supposent toujours des volontés suprêmes dont ces droits ne donnent que l'exécution.

On ne saurait dire combien ce défaut d'exactitude a jeté d'obscurité sur les décisions des auteurs en matière de droit politique, quand ils ont voulu juger des droits respectifs des rois et des peuples sur les principes qu'ils avaient établis. Chacun peut voir, dans les chapitres III et IV du premier livre de Grotius, comment ce savant homme et son traducteur Barbeyrac s'enchevêtrent, s'embarrassent dans leurs sophismes, crainte d'en dire trop ou de n'en dire pas assez selon leurs vues, et de choquer les intérêts qu'ils avaient à concilier. Grotius, réfugié en France, mécontent de sa patrie, et voulant faire sa cour à Louis XIII, à qui son livre est dédié, n'épargne rien pour dépouiller les peuples de tous leurs droits pour en revêtir les rois avec tout l'art possible. C'eût bien été aussi le goût de Barbeyrac, qui dédiait sa traduction au roi d'Angleterre Georges Ier. Mais malheureusement l'expulsion de Jacques II, qu'il appelle abdication, le forçait à se tenir sur la réserve, à gauchir, à tergiverser, pour ne pas faire de Guillaume un usurpateur. Si ces deux écrivains avaient adopté les vrais principes, toutes les difficultés étaient levées, et ils eussent été toujours conséquents; mais ils auraient tristement dit la vérité, et n'auraient fait leur cour qu'au peuple. Or, la vérité ne mène point à la fortune, et le peuple ne donne ni ambassades, ni chaires, ni pensions.

CHAPITRE III. — Si la volonté générale peut errer.

Il s'ensuit de ce qui précède, que la volonté générale est toujours droite et tend toujours à l'utilité publique : mais il ne s'ensuit pas que les délibérations du peuple aient toujours la même rectitude. On veut toujours son bien, mais on ne le voit pas toujours : jamais on ne corrompt le peuple, mais souvent on le trompe, et c'est alors seulement qu'il paraît vouloir ce qui est mal.

Il y a souvent bien de la différence entre la volonté de tous et la volonté générale : celle-ci ne regarde qu'à l'intérêt commun; l'autre regarde à l'intérêt privé, et n'est qu'une somme de volontés particulières : mais ôtez de ces mêmes volontés les plus et les moins qui s'entre-détruisent (1), reste pour somme des différences la volonté générale.

Si, quand le peuple suffisamment informé délibère, les citoyens n'avaient aucune communication entre eux, du grand nombre de petites différences résulterait toujours la volonté générale, et la délibération serait toujours bonne. Mais quand il se fait des brigues, des associations partielles aux dépens de la grande, la volonté de chacune de ces associations devient générale par rapport à ses membres, et particulière par rapport à l'état : on peut dire alors qu'il n'y a plus autant de votants que d'hommes; mais seulement autant que d'associations. Les différences deviennent moins nombreuses et donnent un résultat moins général. Enfin, quand une de ces associations est si grande qu'elle l'emporte sur toutes les autres, vous n'avez plus pour résultat une somme de petites différences, mais une différence unique; alors il n'y a plus de volonté générale, et l'avis qui l'emporte n'est qu'un avis particulier.

(1) « Chaque intérêt, dit le marquis d'Argenson, a des principes différents. L'accord de deux intérêts particuliers se forme par opposition à celui d'un tiers. (*Considérations sur le gouvernement de la France*, chap. 2.) » Il eût pu ajouter que l'accord de tous les intérêts se forme par opposition à celui de chacun. S'il n'y avait point d'intérêts différents, à peine sentirait-on l'intérêt commun, qui ne trouverait jamais d'obstacle; tout irait de lui-même, et la politique cesserait d'être un art.

Il importe donc, pour avoir bien l'énoncé de la volonté générale, qu'il n'y ait pas de société partielle dans l'état, et que chaque citoyen n'opine que d'après lui (1). Telle fut l'unique et sublime institution du grand Lycurgue. Que s'il y a des sociétés partielles, il en faut multiplier le nombre et en prévenir l'inégalité, comme firent Solon, Numa, Servius. Ces précautions sont les seules bonnes pour que la volonté générale soit toujours éclairée, et que le peuple ne se trompe point.

CHAPITRE IV. — Des bornes du pouvoir souverain.

Si l'état ou la cité n'est qu'une personne morale dont la vie consiste dans l'union de ses membres, et si le plus important de ses soins est celui de sa propre conservation, il lui faut une force universelle et compulsive pour mouvoir et disposer chaque partie de la manière la plus convenable au tout. Comme la nature donne à chaque homme un pouvoir absolu sur tous ses membres, le pacte social donne au corps politique un pouvoir absolu sur tous les siens; et c'est ce même pouvoir qui, dirigé par la volonté générale, porte, comme j'ai dit, le nom de souveraineté.

Mais, outre la personne publique, nous avons à considérer les personnes privées qui la composent, et dont la vie et la liberté sont naturellement indépendantes d'elle. Il s'agit donc de bien distinguer les droits respectifs des citoyens et du souverain (2), et les devoirs qu'ont à remplir les premiers en qualité de sujets, du droit naturel dont ils doivent jouir en qualité d'hommes.

On convient que tout ce que chacun aliène, par le pacte social, de sa puissance, de ses biens, de sa liberté, c'est seulement la partie de tout cela dont l'usage importe à la communauté; mais il faut convenir aussi que le souverain seul est juge de cette importance.

Tous les services qu'un citoyen peut rendre à l'état, il les lui doit sitôt que le souverain les demande; mais le souverain, de son côté, ne peut charger les sujets d'aucune chaîne inutile à la communauté : il ne peut pas même le vouloir; car, sous la loi de raison, rien ne se fait sans cause, non plus que sous la loi de nature.

Les engagements qui nous lient au corps social ne sont obligatoires que parce qu'ils sont mutuels; et leur nature est telle qu'en les remplissant, on ne peut travailler pour autrui sans travailler aussi pour soi. Pourquoi la volonté générale est-elle toujours droite, et pourquoi tous veulent-ils constamment le bonheur de chacun d'eux, si ce n'est parce qu'il n'y a personne qui ne s'approprie ce mot *chacun*, et qui ne songe à lui-même en votant pour tous? ce qui prouve que l'égalité de droit, et la notion de justice qu'elle produit, dérive de la préférence que chacun se donne, et par conséquent de la nature de l'homme; que la volonté générale, pour être vraiment telle, doit l'être dans son objet ainsi que dans son essence; qu'elle doit partir de tous pour s'appliquer à tous; et qu'elle perd sa rectitude naturelle lorsqu'elle tend à quelque objet individuel et déterminé, parce qu'alors, jugeant de ce qui nous est étranger, nous n'avons aucun vrai principe d'équité qui nous guide.

En effet, sitôt qu'il s'agit d'un fait ou d'un droit particulier sur un point

---

(1) « Vera cosa è, dit Machiavel, che alcuni divisioni nuocono alle republiche, e alcune « giovano : quelle nuocono che sono dalle sette e da partigiani accompagnate : quelle « giovano che senza sette, senza partigiani, si mantengono. Non potendo adunque provedere un fondatore d'una republica che non siano nimicizie in quella, hà da proveder « almeno che non vi siano sette. (*Hist. Florent.*, liv. VII.) »

Il est avéré que certaines division nuisent à la république, tandis que d'autres lui profitent : les premières sont formées par les sectes et leurs partisans; les autres se maintiennent sans ces causes. Ainsi, le fondateur d'un état, ne pouvant empêcher qu'il ne s'y forme des inimitiés, doit au moins en bannir les sectes.

(2) Lecteurs attentifs, ne vous pressez pas, je vous prie, de m'accuser ici de contradiction. Je n'ai pu l'éviter dans les termes, vu la pauvreté de la langue; mais attendez.

qui n'a pas été réglé par une convention générale et antérieure, l'affaire devient contentieuse : c'est un procès où les particuliers intéressés sont une des parties, et le public l'autre, mais où je ne vois ni la loi qu'il faut suivre, ni le juge qui doit prononcer. Il serait ridicule de vouloir alors s'en rapporter à une expresse décision de la volonté générale, qui ne peut être que la conclusion de l'une des parties, et qui par conséquent n'est pour l'autre qu'une volonté étrangère, particulière, portée en cette occasion à l'injustice et sujette à l'erreur. Ainsi, de même qu'une volonté particulière ne peut représenter la volonté générale, la volonté générale à son tour change de nature, ayant un objet particulier, et ne peut, comme générale, prononcer ni sur un homme ni sur un fait. Quand le peuple d'Athènes, par exemple, nommait ou cassait ses chefs, décernait des honneurs à l'un, imposait des peines à l'autre, et, par des multitudes de décrets particuliers, exerçait indistinctement tous les actes du gouvernement, le peuple alors n'avait plus de volonté générale proprement dite, il n'agissait plus comme souverain, mais comme magistrat. Ceci paraîtra contraire aux idées communes ; mais il faut me laisser le temps d'exposer les miennes.

On doit concevoir par là que ce qui généralise la volonté est moins le nombre des voix que l'intérêt commun qui les unit ; car, dans cette institution, chacun se soumet nécessairement aux conditions qu'il impose aux autres : accord admirable de l'intérêt et de la justice, qui donne aux délibérations communes un caractère d'équité qu'on voit évanouir dans la discussion de toute affaire particulière, faute d'un intérêt commun qui unisse et identifie la règle du juge avec celle de la patrie.

Par quelque côté qu'on remonte au principe, on arrive toujours à la même conclusion : savoir, que le pacte social établit entre les citoyens une telle égalité, qu'ils s'engagent tous sous les mêmes conditions et doivent jouir tous des mêmes droits. Ainsi, par la nature du pacte, tout acte de souveraineté, c'est-à-dire tout acte authentique de la volonté générale, oblige ou favorise également tous les citoyens ; en sorte que le souverain connaît seulement le corps de la nation, et ne distingue aucun de ceux qui la composent. Qu'est-ce donc proprement qu'un acte de souveraineté ? Ce n'est pas une convention du supérieur avec l'inférieur, mais une convention du corps avec chacun de ses membres : convention légitime, parce qu'elle a pour base le contrat social ; équitable, parce qu'elle est commune à tous ; utile, parce qu'elle ne peut avoir d'autre objet que le bien général ; et solide, parce qu'elle a pour garant la force publique et le pouvoir suprême. Tant que les sujets ne sont soumis qu'à de telles conventions, ils n'obéissent à personne, mais seulement à leur propre volonté ; et demander jusqu'où s'étendent les droits respectifs du souverain et des citoyens, c'est demander jusqu'à quel point ceux-ci peuvent s'engager avec eux-mêmes, chacun envers tous, et tous envers chacun d'eux.

On voit par là que le pouvoir souverain, tout absolu, tout sacré, tout inviolable qu'il est, ne passe ni ne peut passer les bornes des conventions générales, et que tout homme peut disposer pleinement de ce qui lui a été laissé de ses biens et de sa liberté par ces conventions : de sorte que le souverain n'est jamais en droit de charger un sujet plus qu'un autre, parce qu'alors, l'affaire devenant particulière, son pouvoir n'est plus compétent.

Ces distinctions une fois admises, il est si faux que dans le contrat social il y ait de la part des particuliers aucune renonciation véritable, que leur situation, par l'effet de ce contrat, se trouve réellement préférable à ce qu'elle était auparavant, et qu'au lieu d'une aliénation, ils n'ont fait qu'un échange avantageux d'une manière d'être incertaine et précaire contre une autre meilleure et plus sûre, de l'indépendance naturelle contre la liberté, du pouvoir de nuire à autrui contre leur propre sûreté, et de leur force, que d'autres pouvaient surmonter, contre un droit que l'union sociale rend invincible. Leur vie même, qu'ils ont dévouée à l'état, en est continuellement protégée ; et lors-

qu'ils l'exposent pour sa défense, que font-ils alors que lui rendre ce qu'ils o
reçu de lui ? Que font-ils qu'ils ne fissent plus fréquemment et avec plus
danger dans l'état de nature, lorsque, livrant des combats inévitables, ils d
fendraient au péril de leur vie ce qui leur sert à la conserver ? Tous ont
combattre au besoin pour la patrie, il est vrai; mais aussi nul n'a jamais
combattre pour soi. Ne gagne-t-on pas encore à courir, pour ce qui fait not
sûreté, une partie des risques qu'il faudrait courir pour nous-mêmes sit
qu'elle nous serait ôtée?

CHAPITRE V. — Du droit de vie et de mort.

On demande comment les particuliers, n'ayant point droit de disposer
leur propre vie, peuvent transmettre au souverain ce même droit qu'ils n'oi
pas. Cette question ne paraît difficile à résoudre que parce qu'elle est mal p
sée. Tout homme a droit de risquer sa propre vie pour la conserver. A-t-o
jamais dit que celui qui se jette par une fenêtre pour échapper à un incendi
soit coupable de suicide; a-t-on même jamais imputé ce crime à celui q
périt dans une tempête dont en s'embarquant il n'ignorait pas le danger?

Le traité social a pour fin la conservation des contractants. Qui veut la fi
veut aussi les moyens, et ces moyens sont inséparables de quelques risques
même de quelques pertes. Qui veut conserver sa vie aux dépens des autr
doit la donner aussi pour eux quand il faut. Or, le citoyen n'est plus juge d
péril auquel la loi veut qu'il s'expose; et quand le prince lui a dit : « Il est ex
pédient à l'état que tu meures, » il doit mourir, puisque ce n'est qu'à cett
condition qu'il a vécu en sûreté jusque alors, et que sa vie n'est plus seule
ment un bienfait de la nature, mais un don conditionnel de l'état.

La peine de mort infligée aux criminels peut être envisagée à peu près sou
le même point de vue : c'est pour n'être pas la victime d'un assassin que l'o
consent à mourir si on le devient. Dans ce traité, loin de disposer de sa propr
vie, on ne songe qu'à la garantir, et il n'est pas à présumer qu'aucun de
contractants prémédite alors de se faire pendre.

D'ailleurs, tout malfaiteur, attaquant le droit social, devient par ses forfait
rebelle et traître à la patrie; il cesse d'en être membre en violant ses lois; e
même il lui fait la guerre. Alors la conservation de l'état est incompatibl
avec la sienne; il faut qu'un des deux périsse; et quand on fait mourir l
coupable, c'est moins comme citoyen que comme ennemi. Les procédures, l
jugement, sont les preuves et la déclaration qu'il a rompu le traité social, e
par conséquent qu'il n'est plus membre de l'état. Or, comme il s'est reconn
tel, tout au moins par son séjour, il en doit être retranché par l'exil comm
infracteur du pacte, ou par la mort comme ennemi public; car un tel ennem
n'est pas une personne morale, c'est un homme, et c'est alors que le droit d
guerre est de tuer le vaincu.

Mais, dira-t-on, la condamnation d'un criminel est un acte particulier.
D'accord, aussi cette condamnation n'appartient-elle point au souverain: c'es
un droit qu'il peut conférer sans pouvoir l'exercer lui-même. Toutes mes
idées se tiennent, mais je ne saurais les exposer toutes à la fois.

Au reste, la fréquence des supplices est toujours un signe de faiblesse ou
de paresse dans le gouvernement. Il n'y a point de méchant qu'on ne pût
rendre bon à quelque chose. On n'a droit de faire mourir, même pour l'exemple,
que celui qu'on ne peut conserver sans danger.

A l'égard du droit de faire grâce ou d'exempter un coupable de la peine
portée par la loi et prononcée par le juge, il n'appartient qu'à celui qui est
au-dessus du juge et de la loi, c'est-à-dire au souverain; encore son droit en
ceci n'est-il pas bien net, et les cas d'en user sont-ils très rares. Dans un état
bien gouverné, il y a peu de punitions, non parce qu'on fait beaucoup de
grâces, mais parce qu'il y a peu de criminels : la multitude des crimes en assure l'impunité lorsque l'état dépérit. Sous la république romaine, jamais le

sénat ni les consuls ne tentèrent de faire grâce; le peuple même n'en faisait pas, quoiqu'il révoquât quelquefois son propre jugement. Les fréquentes grâces annoncent que bientôt les forfaits n'en auront plus besoin, et chacun voit où cela mène. Mais je sens que mon cœur murmure et retient ma plume:

..... Il n'a point vu qu'il n'était pas mûr pour la police......

laissons discuter ces questions à l'homme juste qui n'a point failli, et qui jamais n'eut lui-même besoin de grâce.

CHAPITRE VI. — De la loi.

Par le pacte social, nous avons donné l'existence et la vie au corps politique: il s'agit maintenant de lui donner le mouvement et la volonté par la législation. Car l'acte primitif par lequel ce corps se forme et s'unit ne détermine rien encore de ce qu'il doit faire pour se conserver.

Ce qui est bien conforme à l'ordre est tel par la nature des choses et indépendamment des conventions humaines. Toute justice vient de Dieu, lui seul en est la source; mais si nous savions la recevoir de si haut, nous n'aurions besoin ni de gouvernement ni de lois. Sans doute il est une justice universelle émanée de la raison seule, mais cette justice, pour être admise entre nous, doit être réciproque. A considérer humainement les choses, faute de sanction naturelle, les lois de la justice sont vaines parmi les hommes; elles ne font que le bien du méchant et le mal du juste, quand celui-ci les observe avec tout le monde sans que personne les observe avec lui. Il faut donc des conventions et des lois pour unir les droits aux devoirs et ramener la justice à son objet. Dans l'état de nature, où tout est commun, je ne dois rien à ceux à qui je n'ai rien promis; je ne reconnais pour être à autrui que ce qui m'est inutile. Il n'en est pas ainsi dans l'état civil, où tous les droits sont fixés par la loi.

Mais qu'est-ce donc enfin qu'une loi? Tant qu'on se contentera de n'attacher à ce mot que des idées métaphysiques, on continuera de raisonner sans s'entendre, et quand on aura dit ce que c'est qu'une loi de la nature, on n'en saura pas mieux ce que c'est qu'une loi de l'état.

J'ai déjà dit qu'il n'y avait point de volonté générale sur un objet particulier. En effet, cet objet particulier est dans l'état, ou hors de l'état. S'il est hors de l'état, une volonté qui lui est étrangère n'est point générale par rapport à lui; et si cet objet est dans l'état, il en fait partie : alors il se forme entre le tout et sa partie une relation qui en fait deux êtres séparés, dont la partie est l'un, et le tout moins cette même partie est l'autre. Mais le tout moins une partie n'est point le tout; et tant que ce rapport subsiste, il n'y a plus de tout, mais deux parties égales; d'où il suit que la volonté de l'une n'est point non plus générale par rapport à l'autre.

Mais quand tout le peuple statue sur tout le peuple, il ne considère que lui-même, et s'il se forme alors un rapport, c'est de l'objet entier sous un point de vue à l'objet entier sous un autre point de vue, sans aucune division du tout. Alors la matière sur laquelle on statue est générale comme la volonté qui statue. C'est cet acte que j'appelle une loi.

Quand je dis que l'objet des lois est toujours général, j'entends que la loi considère les sujets en corps et les actions comme abstraites, jamais un homme comme individu ni une action particulière. Ainsi la loi peut bien statuer qu'il y aura des privilèges, mais elle n'en peut donner nommément à personne; la loi peut faire plusieurs classes de citoyens, assigner même les qualités qui donneront droit à ces classes, mais elle ne peut nommer tels et tels pour y être admis; elle peut établir un gouvernement royal et une succession héréditaire, mais elle ne peut élire un roi, ni nommer une famille royale : en un mot, toute fonction qui se rapporte à un objet individuel n'appartient point à la puissance législative.

Sur cette idée, on voit à l'instant qu'il ne faut plus demander à qui il appartient de faire des lois, puisqu'elles sont des actes de la volonté générale; ni si le prince est au-dessus des lois, puisqu'il est membre de l'état; ni si la loi peut être injuste, puisque nul n'est injuste envers lui-même; ni comment on est libre et soumis aux lois, puisqu'elles ne sont que des registres de nos volontés.

On voit encore que, la loi réunissant l'universalité de la volonté et celle de l'objet, ce qu'un homme, quel qu'il puisse être, ordonne de son chef n'est point une loi : ce qu'ordonne même le souverain sur un objet particulier n'est pas non plus une loi, mais un décret; ni un acte de souveraineté, mais de magistrature.

J'appelle donc république tout état régi par des lois, sous quelque forme d'administration que ce puisse être; car alors seulement l'intérêt public gouverne, et la chose publique est quelque chose. Tout gouvernement légitime est républicain (1) : j'expliquerai ci-après ce que c'est que gouvernement.

Les lois ne sont proprement que les conditions de l'association civile. Le peuple, soumis aux lois, en doit être l'auteur; il n'appartient qu'à ceux qui s'associent de régler les conditions de la société. Mais comment les régleront-ils ? Sera-ce d'un commun accord, par une inspiration subite? Le corps politique a-t-il un organe pour énoncer ses volontés? Qui lui donnera la prévoyance nécessaire pour en former les actes et les publier d'avance? ou comment les prononcera-t-il au moment du besoin ? Comment une multitude aveugle, qui souvent ne sait ce qu'elle veut, parce qu'elle sait rarement ce qui lui est bon, exécuterait-elle d'elle-même une entreprise aussi grande, aussi difficile, qu'un système de législation ? De lui-même, le peuple veut toujours le bien ; mais de lui-même, il ne le voit pas toujours. La volonté générale est toujours droite, mais le jugement qui la guide n'est pas toujours éclairé. Il faut lui faire voir les objets tels qu'ils sont, quelquefois tels qu'ils doivent lui paraître, lui montrer le bon chemin qu'elle cherche, la garantir des séductions des volontés particulières, rapprocher à ses yeux les lieux et les temps, balancer l'attrait des avantages présents et sensibles par le danger des maux éloignés et cachés. Les particuliers voient le bien qu'ils rejettent; le public veut le bien qu'il ne voit pas. Tous ont également besoin de guides. Il faut obliger les uns à conformer leurs volontés à leur raison; il faut apprendre à l'autre à connaître ce qu'il veut. Alors des lumières publiques résulte l'union de l'entendement et de la volonté dans le corps social; de là l'exact concours des parties, et enfin la plus grande force du tout. Voilà d'où naît la nécessité d'un législateur.

CHAPITRE VII. — Du législateur.

Pour découvrir les meilleures règles de société qui conviennent aux nations, il faudrait une intelligence supérieure qui vît toutes les passions des hommes, et qui n'en éprouvât aucune; qui n'eût aucun rapport avec notre nature, et qui la connût à fond; dont le bonheur fût indépendant de nous, et qui pourtant voulût bien s'occuper du nôtre; enfin, qui, dans le progrès des temps se ménageant une gloire éloignée, pût travailler dans un siècle et jouir dans un autre (2). Il faudrait des dieux pour donner des lois aux hommes.

Le même raisonnement que faisait Caligula quant au fait, Platon le faisait, quant au droit, pour définir l'homme civil ou royal qu'il cherche dans son livre *du Règne* (3). Mais s'il est vrai qu'un grand prince est un homme rare, que sera-ce d'un grand législateur ? Le premier n'a qu'à suivre le modèle que l'autre doit proposer. Celui-ci est le mécanicien qui invente la machine, celui-là n'est que l'ouvrier qui la monte et la fait marcher. « Dans la naissance des sociétés, dit Montesquieu (4), ce sont les chefs des républiques qui font l'institution, et c'est ensuite l'institution qui forme les chefs des républiques. »

Celui qui ose entreprendre d'instituer un peuple doit se sentir en état de changer pour ainsi dire la nature humaine, de transformer chaque individu, qui par lui-même est un tout parfait et solitaire, en partie d'un plus grand tout dont cet individu reçoive en quelque sorte sa vie et son être; d'altérer la

---

(1) Je n'entends pas seulement par ce mot une aristocratie ou une démocratie, mais en général tout gouvernement guidé par la volonté générale, qui est la loi. Pour être légitime, il ne faut pas que le gouvernement se confonde avec le souverain, mais qu'il en soit le ministre, alors la monarchie elle-même est république. Ceci s'éclaircira dans livre suivant.

(2) Un peuple ne devient célèbre que quand sa législation commence à décliner. On ignore durant combien de siècles l'institution de Lycurgue fit le bonheur des Spartiates avant qu'il fût question d'eux dans le reste de la Grèce.

(3) Voyez le dialogue de Platon qui, dans les traductions latines, a pour titre : *Politicus* ou *Vir civilis*. Quelques-uns l'ont intitulé *de Regno*.

(4) *Grandeur et décadence des Romains*, chap. 1ᵉʳ.

constitution de l'homme pour la renforcer, de substituer une existence partielle et morale à l'existence physique et indépendante que nous avons tous reçue de la nature. Il faut, en un mot, qu'il ôte à l'homme ses forces propres pour lui en donner qui lui soient étrangères, et dont il ne puisse faire usage sans le secours d'autrui. Plus ces forces naturelles sont mortes et anéanties, plus les acquises sont grandes et durables, plus aussi l'institution est solide et parfaite : en sorte que si chaque citoyen n'est rien, ne peut rien que par tous les autres, et que la force acquise par le tout soit égale ou supérieure à la somme des forces naturelles de tous les individus, on peut dire que la législation est au plus haut point de perfection qu'elle puisse atteindre.

Le législateur est à tous égards un homme extraordinaire dans l'état. S'il doit l'être par son génie, il ne l'est pas moins par son emploi. Ce n'est point magistrature, ce n'est point souveraineté. Cet emploi, qui constitue la république, n'entre point dans sa constitution : c'est une fonction particulière et supérieure qui n'a rien de commun avec l'empire humain; car si celui qui commande aux hommes ne doit pas commander aux lois, celui qui commande aux lois ne doit pas non plus commander aux hommes; autrement ses lois, ministres de ses passions, ne feraient souvent que perpétuer ses injustices; jamais il ne pourrait éviter que des vues particulières n'altérassent la sainteté de son ouvrage.

Quand Lycurgue donna des lois à sa patrie, il commença par abdiquer sa royauté. C'était la coutume de la plupart des villes grecques de confier à des étrangers l'établissement des leurs. Les républiques modernes de l'Italie imitèrent souvent cet usage; celle de Genève en fit autant, et s'en trouva bien (1). Rome, dans son plus bel âge, vit renaître en son sein tous les crimes de la tyrannie, et se vit prête à périr, pour avoir réuni sur les mêmes têtes l'autorité législative et le pouvoir souverain.

Cependant les décemvirs eux-mêmes ne s'arrogèrent jamais le droit de faire passer aucune loi de leur seule autorité. « Rien de ce que nous vous proposons, disaient-ils au peuple, ne peut passer en loi sans votre consentement. Romains, soyez vous-mêmes les auteurs des lois qui doivent faire votre bonheur. »

Celui qui rédige les lois n'a donc ou ne doit avoir aucun droit législatif; et le peuple même ne peut, quand il le voudrait, se dépouiller de ce droit incommunicable, parce que, selon le pacte fondamental, il n'y a que la volonté générale qui oblige les particuliers, et qu'on ne peut jamais s'assurer qu'une volonté particulière est conforme à la volonté générale qu'après l'avoir soumise aux suffrages libres du peuple : j'ai déjà dit cela; mais il n'est pas inutile de le répéter.

Ainsi l'on trouve à la fois dans l'ouvrage de la législation deux choses qui sont incompatibles : une entreprise au-dessus de la force humaine, et, pour l'exécuter, une autorité qui n'est rien.

Autre difficulté qui mérite attention. Les sages qui veulent parler au vulgaire leur langage au lieu du sien, n'en sauraient être entendus. Or, il y a mille sortes d'idées qu'il est impossible de traduire dans la langue du peuple. Les vues trop générales et les objets trop éloignés sont également hors de sa portée : chaque individu, ne goûtant d'autre plan de gouvernement que celui qui se rapporte à son intérêt particulier, aperçoit difficilement les avantages qu'il doit retirer des privations continuelles qu'imposent les bonnes lois. Pour qu'un peuple naissant pût goûter les saines maximes de la politique et suivre les règles fondamentales de la raison d'état, il faudrait que l'effet pût devenir la cause; que l'esprit social, qui doit être l'ouvrage de l'institution, présidât

(1) Ceux qui ne considèrent Calvin que comme théologien connaissent mal l'étendue de son génie. La rédaction de nos sages édits, à laquelle il eut beaucoup de part, lui fait autant d'honneur que son institution. Quelque révolution que le temps puisse amener dans notre culte, tant que l'amour de la patrie et de la liberté ne sera pas éteint parmi nous, jamais la mémoire de ce grand homme ne cessera d'y être en bénédiction.

à l'institution même, et que les hommes fussent avant les lois ce qu'ils doivent devenir par elles. Ainsi donc, le législateur ne pouvant employer ni la force ni le raisonnement, c'est une nécessité qu'il recoure à une autorité d'un autre ordre, qui puisse entraîner sans violence et persuader sans convaincre.

Voilà ce qui força de tout temps les pères des nations de recourir à l'intervention du ciel et d'honorer les dieux de leur propre sagesse, afin que les peuples, soumis aux lois de l'état comme à celles de la nature, et reconnaissant le même pouvoir dans la formation de l'homme et dans celle de la cité, obéissent avec liberté et portassent docilement le joug de la félicité publique.

Cette raison sublime, qui s'élève au-dessus de la portée des hommes vulgaires, est celle dont le législateur met les décisions dans la bouche des immortels, pour entraîner par l'autorité divine ceux que ne pourrait ébranler la prudence humaine(1). Mais il n'appartient pas à tout homme de faire parler les dieux, ni d'en être cru quand il s'annonce pour être leur interprète. La grande âme du législateur est le vrai miracle qui doit prouver sa mission. Tout homme peut graver des tables de pierre, ou acheter un oracle, ou feindre un secret commerce avec quelque divinité, ou dresser un oiseau pour lui parler à l'oreille, ou trouver d'autres moyens grossiers d'en imposer au peuple. Celui qui ne saura que cela pourra même assembler par hasard une troupe d'insensés; mais il ne fondera jamais un empire, et son extravagant ouvrage périra bientôt avec lui. De vains prestiges forment un lien passager; il n'y a que la sagesse qui le rende durable. La loi judaïque toujours subsistante, celle de l'enfant d'Ismaël, qui depuis dix siècles régit la moitié du monde, annoncent encore aujourd'hui les grands hommes qui les ont dictées; et tandis que l'orgueilleuse philosophie ou l'aveugle esprit de parti ne voit en eux que d'heureux imposteurs, le vrai politique admire dans leurs institutions ce grand et puissant génie qui préside aux établissements durables.

Il ne faut pas, de tout ceci, conclure avec Warburton(2) que la politique et la religion aient parmi nous un objet commun, mais que, dans l'origine des nations, l'une sert d'instrument à l'autre.

CHAPITRE VIII. — Du peuple.

Comme, avant d'élever un grand édifice, l'architecte observe et sonde le sol pour voir s'il en peut soutenir le poids, le sage instituteur ne commence pas par rédiger de bonnes lois en elles-mêmes, mais il examine auparavant si le peuple auquel il les destine est propre à les supporter. C'est pour cela que Platon refusa de donner des lois aux Arcadiens et aux Cyrénéens, sachant que ces deux peuples étaient riches et ne pouvaient souffrir l'égalité : c'est pour cela qu'on vit en Crète de bonnes lois et de méchants hommes, parce que Minos n'avait discipliné qu'un peuple chargé de vices.

Mille nations ont brillé sur la terre, qui n'auraient jamais pu souffrir de bonnes lois; et celles même qui l'auraient pu, n'ont eu, dans toute leur durée, qu'un temps fort court pour cela. La plupart des peuples, ainsi que des hommes, ne sont dociles que dans leur jeunesse; ils deviennent incorrigibles en vieillissant. Quand une fois les coutumes sont établies et les préjugés enracinés, c'est une entreprise dangereuse et vaine de vouloir les réformer; le peuple ne peut pas même souffrir qu'on touche à ses maux pour les détruire, semblable

---

(1) « E veramente, dit Machiavel, mai non fu alcuno ordinatore di leggi straordinarie in un popolo, che non ricorresse a Dio, perche altrimenti non sarebbero accettate : perche sono molti boni conosciuti da uno prudente, i quali non hanno in se raggioni evidenti da potergli persuadere ad altrui. » (*Discorsi sopra Tito Livio*, lib. I, c. 11.)

« Au fond, dit Machiavel, il n'y eut jamais parmi les peuples un seul fondateur de lois nouvelles, qui n'eût recours à la Divinité, sans quoi ces lois n'eussent point été acceptées : car un homme prudent peut connaître beaucoup de choses utiles qui ne portent pas en elles-mêmes des motifs évidents propres à persuader la majorité. »

(2) Théologien anglais, mort en 1779, auteur du traité intitulé : *La divine mission de Moïse*.

à ces malades stupides et sans courage qui frémissent à l'aspect du médecin.

Ce n'est pas que, comme quelques maladies bouleversent la tête des hommes et leur ôtent le souvenir du passé, il ne se trouve quelquefois dans la durée des états des époques violentes où les révolutions font sur les peuples ce que certaines crises font sur les individus, où l'horreur du passé tient lieu d'oubli, et où l'état, embrasé par les guerres civiles, renaît pour ainsi dire de sa cendre et reprend la vigueur de la jeunesse en sortant des bras de la mort.

Telle fut Sparte au temps de Lycurgue, telle fut Rome après les Tarquins, et telles ont été parmi nous la Hollande et la Suisse après l'expulsion des tyrans.

Mais ces évènements sont rares; ce sont des exceptions dont la raison se trouve toujours dans la constitution particulière de l'état excepté. Elles ne sauraient même avoir lieu deux fois pour le même peuple; car il peut se rendre libre tant qu'il n'est que barbare, mais il ne le peut plus quand le ressort civil est usé. Alors les troubles peuvent le détruire sans que les révolutions puissent le rétablir; et sitôt que ses fers sont brisés, il tombe épars et n'existe plus : il lui faut désormais un maître et non pas un libérateur. Peuples libres, souvenez-vous de cette maxime : On peut acquérir la liberté, mais on ne la recouvre jamais.

La jeunesse n'est pas l'enfance. Il est, pour les nations comme pour les hommes, un temps de jeunesse, ou si l'on veut de maturité, qu'il faut attendre avant de les soumettre à des lois; mais la maturité d'un peuple n'est pas toujours facile à connaître; et si on la prévient, l'ouvrage est manqué. Tel peuple est disciplinable en naissant, tel autre ne l'est pas au bout de dix siècles. Les Russes ne seront jamais vraiment policés, parce qu'ils l'ont été trop tôt. Pierre avait le génie imitatif; il n'avait pas le vrai génie, celui qui crée et fait tout de rien. Quelques-unes des choses qu'il fit étaient bien, la plupart étaient déplacées. Il a vu que son peuple était barbare; il n'a point vu qu'il n'était pas mûr pour la police : il l'a voulu civiliser, quand il ne fallait que l'aguerrir. Il a d'abord voulu faire des Allemands, des Anglais, quand il fallait commencer par faire des Russes : il a empêché ses sujets de devenir jamais ce qu'ils pourraient être, en leur persuadant qu'ils étaient ce qu'ils ne sont pas. C'est ainsi qu'un précepteur français forme son élève pour briller un moment dans son enfance, et puis n'être jamais rien. L'empire de Russie voudra subjuguer l'Europe, et sera subjugué lui-même. Les Tartares, ses sujets ou ses voisins, deviendront ses maîtres et les nôtres : cette révolution me paraît infaillible. Tous les rois de l'Europe travaillent de concert à l'accélérer.

CHAPITRE IX. — Suite.

Comme la nature a donné des termes à la stature d'un homme bien conformé, passé lesquels elle ne fait plus que des géants ou des nains, il y a de même, eu égard à la meilleure constitution d'un état, des bornes à l'étendue qu'il peut avoir, afin qu'il ne soit ni trop grand pour pouvoir être bien gouverné, ni trop petit pour pouvoir se maintenir par lui-même. Il y a dans tout corps politique un *maximum* de force qu'il ne saurait passer, et duquel souvent il s'éloigne à force de s'agrandir. Plus le lien social s'étend, plus il se relâche; et en général un petit état est proportionnellement plus fort qu'un grand.

Mille raisons démontrent cette maxime. Premièrement, l'administration devient plus pénible dans les grandes distances, comme un poids devient plus lourd au bout d'un plus grand levier. Elle devient aussi plus onéreuse à mesure que les degrés se multiplient; car chaque ville a d'abord la sienne, que le peuple paie; chaque district la sienne, encore payée par le peuple; ensuite chaque province, puis les grands gouvernements, les satrapies, les vices-royautés, qu'il faut toujours payer plus cher à mesure qu'on monte, et toujours aux dépens du malheureux peuple; enfin vient l'administration suprême qui écrase tout. Tant de surcharges épuisent continuellement les sujets : loin d'être mieux gouvernés par tous ces différents ordres, ils le sont bien moins que s'il n'y en avait qu'un seul au-dessus d'eux. Cependant à peine reste-t-il des ressources pour les cas extraordinaires; et quand il y faut recourir, l'état est toujours à la veille de sa ruine.

Ce n'est pas tout : non-seulement le gouvernement a moins de vigueur et de célérité pour faire observer les lois, empêcher les vexations, corriger les abus, prévenir les entreprises séditieuses qui peuvent se faire dans des lieux éloignés; mais le peuple a moins d'affection pour ses chefs, qu'il ne voit jamais, pour la patrie qui est à ses yeux comme le monde, et pour ses concitoyens, dont la plupart lui sont étrangers. Les mêmes lois ne peuvent convenir à tant de provinces diverses qui ont des mœurs différentes, qui vivent sous des climats opposés, et qui ne peuvent souffrir la même forme de gouvernement. Des lois différentes n'engendrent que trouble et confusion parmi des peuples qui, vivant sous les mêmes chefs et dans une communication continuelle, passent ou se marient les uns chez les autres, et, soumis à d'autres coutumes, ne savent jamais si leur patrimoine est bien à eux. Les talents sont enfouis, les vertus ignorées, les vices impunis, dans cette multitude d'hommes inconnus les uns aux autres, que le siége de l'administration suprême rassemble dans un même lieu. Les chefs, accablés d'affaires, ne voient rien par eux-mêmes; des commis gouvernent l'état. Enfin, les mesures qu'il faut prendre pour maintenir l'autorité générale, à laquelle tant d'officiers éloignés veulent se soustraire ou en imposer, absorbent tous les soins publics; il n'en reste plus pour le bonheur du peuple, à peine en reste-t-il pour sa défense au besoin; et c'est ainsi qu'un corps trop grand pour sa constitution s'affaisse et périt écrasé sous son propre poids.

D'un autre côté, l'état doit se donner une certaine base pour avoir de la solidité, pour résister aux secousses qu'il ne manquera pas d'éprouver et aux efforts qu'il sera contraint de faire pour se soutenir : car tous les peuples ont une espèce de force centrifuge, par laquelle ils agissent continuellement les uns contre les autres, et tendent à s'agrandir aux dépens de leurs voisins, comme les tourbillons de Descartes. Ainsi les faibles risquent d'être bientôt engloutis; et nul ne peut guère se conserver qu'en se mettant avec tous dans une espèce d'équilibre qui rende la compression partout à peu près égale.

On voit par là qu'il y a des raisons pour s'étendre et des raisons de se resserrer; et ce n'est pas le moindre talent du politique de trouver entre les unes et les autres la proportion la plus avantageuse à la conservation de l'état. On peut dire en général que les premières, n'étant qu'extérieures et relatives, doivent être subordonnées aux autres, qui sont internes et absolues. Une saine et forte constitution est la première chose qu'il faut rechercher; et l'on doit plus compter sur la vigueur qui naît d'un bon gouvernement, que sur les ressources que fournit un grand territoire.

Au reste, on a vu des états tellement constitués, que la nécessité des conquêtes entrait dans leur constitution même, et que, pour se maintenir, ils étaient forcés de s'agrandir sans cesse. Peut-être se félicitaient-ils beaucoup de cette heureuse nécessité, qui leur montrait pourtant, avec le terme de leur grandeur, l'inévitable moment de leur chute.

CHAPITRE X. — Suite.

On peut mesurer un corps politique de deux manières: savoir, par l'étendue du territoire, et par le nombre du peuple : et il y a, entre l'une et l'autre de ces mesures, un rapport convenable pour donner à l'état sa véritable grandeur. Ce sont les hommes qui font l'état, et c'est le terrain qui nourrit les hommes : ce rapport est donc que la terre suffise à l'entretien de ses habitants, et qu'il y ait autant d'habitants que la terre en peut nourrir. C'est dans cette proportion que se trouve le *maximum* de force d'un nombre donné de peuple: car s'il y a du terrain de trop, la garde en est onéreuse, la culture insuffisante, le produit superflu; c'est la cause prochaine des guerres défensives : s'il n'y en a pas assez, l'état se trouve pour le supplément à la discrétion de ses voisins; c'est la cause prochaine des guerres offensives. Tout peuple qui n'a, par sa position, que l'alternative entre le commerce ou la guerre, est faible en lui-même; il dépend de ses voisins, il dépend des événements; il n'a jamais qu'une existence incertaine et courte. Il subjugue et change de situation; ou il est subjugué et n'est rien. Il ne peut se conserver libre qu'à force de petitesse ou de grandeur.

On ne peut donner en calcul un rapport fixe entre l'étendue de terre et le nombre d'hommes qui se suffisent l'un à l'autre, tant à cause des différences qui se trouvent dans les qualités du terrain, dans ses degrés de fertilité, dans la nature de ses productions, dans l'influence des climats, que de celles qu'on remarque dans les tempéraments des hommes qui les habitent, dont les uns consomment peu dans un pays fertile, les autres beaucoup sur un sol ingrat. Il faut encore avoir égard à la plus grande ou moindre fécondité des femmes, à ce que le pays peut avoir de plus ou moins favorable à la population, à la quantité dont le législateur peut espérer d'y concourir par ses établissements: de sorte qu'il ne doit pas fonder son jugement sur ce qu'il voit, mais sur ce qu'il prévoit; ni s'arrêter autant à l'état actuel de la population, qu'à celui où elle doit naturellement parvenir. Enfin il y a mille occasions où les accidents particuliers du lieu exigent ou permettent qu'on embrasse plus de terrain qu'il ne paraît nécessaire. Ainsi, l'on s'étendra beaucoup dans un pays de montagnes, où les productions naturelles, savoir, les bois, les pâturages, demandent moins de travail, où l'expérience apprend que les femmes sont plus fécondes que dans les plaines, et où un grand sol incliné ne donne qu'une petite base horizontale, la seule qu'il faut compter pour la végétation. Au contraire, on peut se resserrer au bord de la mer, même dans des rochers et des sables presque stériles, parce que la pêche y peut suppléer en grande partie aux productions de la terre, que les hommes doivent être plus rassemblés pour repousser les pirates, et qu'on a d'ailleurs plus de facilités pour délivrer le pays, par les colonies, des habitants dont il est surchargé.

A ces conditions pour instituer un peuple, il en faut ajouter une qui ne peut suppléer à nulle autre, mais sans laquelle elles sont toutes inutiles; c'est qu'on jouisse de l'abondance et de la paix; car le temps où s'ordonne un état est, comme celui où se forme un bataillon, l'instant où le corps est le moins capable de résistance et le plus facile à détruire. On résisterait mieux dans un désordre absolu que dans un moment de fermentation, où chacun s'occupe de son rang et non du péril. Qu'une guerre, une famine, une sédition survienne en ce temps de crise, l'état est infailliblement renversé.

Ce n'est pas qu'il n'y ait beaucoup de gouvernements établis durant ces orages; mais alors ce sont ces gouvernements mêmes qui détruisent l'état. Les usurpateurs amènent ou choisissent toujours ces temps de troubles pour faire passer, à la faveur de l'effroi public, des lois destructives que le peuple n'adopterait jamais de sang froid. Le choix du moment de l'institution est un des caractères les plus sûrs par lesquels on peut distinguer l'œuvre du législateur d'avec celle du tyran.

Quel peuple est donc propre à la législation. Celui qui, se trouvant déjà lié par quelque union d'origine, d'intérêt ou de convention, n'a point encore porté le vrai joug des lois; celui qui n'a ni coutumes ni superstitions bien enracinées; celui qui ne craint pas d'être accablé par une invasion subite; qui, sans entrer dans les querelles de ses voisins, peut résister seul à chacun d'eux, ou s'aider de l'un pour repousser l'autre; celui dont chaque membre peut être connu de tous, et où l'on n'est point forcé de charger un homme d'un plus grand fardeau qu'un homme ne peut porter; celui qui peut se passer des autres peuples, et dont tout autre peuple peut se passer (1); celui qui n'est ni riche ni pauvre, et peut se suffire à lui-même; enfin celui qui réunit la consistance d'un ancien peuple avec la docilité d'un peuple nouveau. Ce qui rend pénible l'ouvrage de la législation est moins ce qu'il faut établir que ce qu'il faut détruire; et ce qui rend le succès si rare, c'est l'impossibilité de trouver la simplicité de la nature jointe aux besoins de la société. Toutes ces conditions, il est vrai, se trouvent difficilement rassemblées. Aussi voit-on peu d'états bien constitués.

Il est encore en Europe un pays capable de législation : c'est l'île de Corse. La valeur et la constance avec laquelle ce brave peuple a su recouvrer et défendre sa liberté mériterait bien que quelque homme sage lui apprît à la conserver. J'ai quelque pressentiment qu'un jour cette petite île étonnera l'Europe.

CHAPITRE XI. — Des divers systèmes de législation.

Si l'on recherche en quoi consiste précisément le plus grand bien de tous, qui doit être la fin de tout système de législation, on trouvera qu'il se réduit à ces deux objets principaux, la *liberté* et l'*égalité* : la liberté, parce que toute dépendance particulière est autant de force ôtée au corps de l'état; l'égalité, parce que la liberté ne peut subsister sans elle.

J'ai déjà dit ce que c'est que la liberté civile : à l'égard de l'égalité, il ne faut pas entendre par ce mot que les degrés de puissance et de richesse soient absolument les mêmes; mais que, quant à la puissance, elle soit au-dessous de toute violence, et ne s'exerce jamais qu'en vertu du rang et des lois; et, quant à la richesse, que nul citoyen ne soit assez opulent pour en pouvoir acheter un autre, et nul assez pauvre pour être contraint de se vendre (2) : ce qui suppose, du côté des grands, modération de biens et de crédit, et, du côté des petits, modération d'avarice et de convoitise.

Cette égalité, disent-ils, est une chimère de spéculation qui ne peut exister dans la pratique. Mais si l'abus est inévitable, s'ensuit-il qu'il ne faille pas au moins le régler? C'est précisément parce que la force des choses tend toujours à détruire l'égalité, que la force de la législation doit toujours tendre à la maintenir.

Mais ces objets généraux de toute bonne institution doivent être modifiés en chaque pays par les rapports qui naissent tant de la situation locale que du caractère des habitants : et c'est sur ces rapports qu'il faut assigner à chaque peuple un système particulier d'institutions, qui soit le meilleur, non peut-être en lui-même, mais pour l'état auquel il est destiné. Par exemple, le sol est-il ingrat et stérile, ou le pays trop serré pour les habitants; tournez-vous du côté de l'industrie et des arts, dont vous échangerez les productions contre les denrées qui vous manquent. Au contraire, occupez-vous de riches plaines et des coteaux fertiles; dans un bon terrain, manquez-vous d'habitants : donnez tous vos soins à l'agriculture, qui multiplie les hommes, et chassez les arts, qui ne feraient qu'achever de dépeupler le pays en attroupant sur quelques points du territoire le peu d'habitants qu'il a. Occupez-vous des rivages étendus et commodes; couvrez la mer de vaisseaux, cultivez le commerce et

---

(1) Si de deux peuples voisins l'un ne pouvait se passer de l'autre, ce serait une situation très dure pour le premier, et très dangereuse pour le second. Toute nation sage, en pareil cas, s'efforcera bien vite de délivrer l'autre de cette dépendance. La république de Tlascala, enclavée dans l'empire du Mexique, aima mieux se passer de sel que d'en accepter gratuitement. Les sages Tlascalans virent le piège caché sous cette libéralité. Ils se conservèrent libres; et ce petit état, enfermé dans ce grand empire, fut enfin l'instrument de sa ruine.

(2) Voulez-vous donc donner à l'état de la consistance : rapprochez les degrés extrêmes autant qu'il est possible; ne souffrez ni des gens opulents, ni des gueux. Ces deux états, naturellement inséparables, sont également funestes au bien commun. De l'un sortent les fauteurs de la tyrannie, et de l'autre les tyrans : c'est toujours entre eux que se fait le trafic de la liberté publique; l'un l'achète, et l'autre la vend.

la navigation : vous aurez une existence brillante et courte (1). La mer ne baigne-t-elle sur vos côtes que des rochers presque inaccessibles ; restez barbares et ichthyophages ; vous en vivrez plus tranquilles, et meilleurs peut-être, et sûrement plus heureux. En un mot, outre les maximes communes à tous, chaque peuple renferme en lui quelque cause qui les ordonne d'une manière particulière, et rend sa législation propre à lui seul. C'est ainsi qu'autrefois les Hébreux, et récemment les Arabes, ont eu pour principal objet la religion, les Athéniens les lettres, Carthage et Tyr le commerce, Rhodes la marine, Sparte la guerre, et Rome la vertu. L'auteur de l'*Esprit des Lois* a montré dans des foules d'exemples, par quel art le législateur dirige l'institution vers chacun de ces objets.

Ce qui rend la constitution d'un état véritablement solide et durable, c'est quand les convenances sont tellement observées que les rapports naturels et les lois tombent toujours de concert sur les mêmes points, et que celles-ci ne font, pour ainsi dire, qu'assurer, accompagner, rectifier les autres. Mais si le législateur, se trompant dans son objet, prend un principe différent de celui qui naît de la nature des choses ; que l'un tende à la servitude, et l'autre à la liberté ; l'un aux richesses, l'autre à la population ; l'un à la paix, l'autre aux conquêtes : on verra les lois s'affaiblir insensiblement, la constitution s'altérer ; et l'état ne cessera d'être agité jusqu'à ce qu'il soit détruit ou changé, et que l'invincible nature ait repris son empire.

CHAPITRE XII.—Division des lois.

Pour ordonner le tout, ou donner la meilleure forme possible à la chose publique, il y a diverses relations à considérer. Premièrement, l'action du corps entier agissant sur lui-même, c'est-à-dire le rapport du tout au tout, ou du souverain à l'état, et ce rapport est composé de celui des termes intermédiaires, comme nous le verrons ci-après.

Les lois qui règlent ce rapport portent le nom de lois politiques, et s'appellent aussi lois fondamentales, non sans quelque raison si ces lois sont sages ; car, s'il n'y a dans chaque état qu'une bonne manière de l'ordonner, le peuple qui l'a trouvée doit s'y tenir ; mais si l'ordre établi est mauvais, pourquoi prendrait-on pour fondamentales des lois qui l'empêchent d'être bon ! D'ailleurs en tout état de cause, un peuple est toujours le maître de changer ses lois, même les meilleures ; car, s'il lui plaît de se faire mal à lui-même, qui est-ce qui a le droit de l'en empêcher ?

La seconde relation est celle des membres entre eux, ou avec le corps entier ; et ce rapport doit être au premier égard aussi petit, et au second aussi grand qu'il est possible, en sorte que chaque citoyen soit dans une parfaite indépendance de tous les autres, et dans une excessive dépendance de la cité : ce qui se fait toujours par les mêmes moyens ; car il n'y a que la force de l'état qui fasse la liberté de ses membres. C'est de ce deuxième rapport que naissent les lois civiles.

On peut considérer une troisième sorte de relation entre l'homme et la loi, savoir, celle de la désobéissance à la peine ; et celle-ci donne lieu à l'établissement des lois criminelles, qui, dans le fond, sont moins une espèce particulière de lois, que la sanction de toutes les autres.

A ces trois sortes de lois, il s'en joint une quatrième, la plus importante de toutes, qui ne se grave ni sur le marbre, ni sur l'airain, mais dans les cœurs des citoyens ; qui fait la véritable constitution de l'état ; qui prend tous les jours de nouvelles forces ; qui, lorsque les autres lois vieillissent ou s'éteignent, les ranime ou les supplée, conserve un peuple dans l'esprit de son in-

---

(1) Quelque branche de commerce extérieur, dit M. d'Argenson, ne répand guère qu'une fausse utilité pour un royaume en général : elle peut enrichir quelques particuliers, même quelques villes ; mais la nation entière n'y gagne rien, et le peuple n'en est pas mieux.

stitution, et substitue insensiblement la force de l'habitude à celle de l'autorité. Je parle des mœurs, des coutumes, et surtout de l'opinion; partie inconnue à nos politiques, mais de laquelle dépend le succès de toutes les autres; partie dont le grand législateur s'occupe en secret, tandis qu'il paraît se borner à des règlements particuliers, qui ne sont que le cintre de la voûte, dont les mœurs, plus lentes à naître, forment enfin l'inébranlable clef.

Entre ces diverses classes, les lois politiques, qui constituent la forme du gouvernement, sont la seule relative à mon sujet.

LIVRE III.

Avant de parler des diverses formes de gouvernement, tâchons de fixer le sens précis de ce mot, qui n'a pas encore été fort bien expliqué.

CHAPITRE PREMIER. — Du gouvernement en général.

J'avertis le lecteur que ce chapitre doit être lu posément, et que je ne sais pas l'art d'être clair pour qui ne veut pas être attentif.

Toute action libre a deux causes qui concourent à la produire : l'une morale, savoir la volonté qui détermine l'acte; l'autre physique, savoir la puissance qui l'exécute. Quand je marche vers un objet, il faut premièrement que j'y veuille aller; en second lieu, que mes pieds m'y portent. Qu'un paralytique veuille courir, qu'un homme agile ne le veuille pas, tous deux resteront en place. Le corps politique a les mêmes mobiles : on y distingue de même la force et la volonté; celle-ci sous le nom de *puissance exécutive*, l'autre sous le nom de *puissance législative*. Rien ne s'y fait ou ne s'y doit faire sans leur concours.

Nous avons vu que la puissance législative appartient au peuple, et ne peut appartenir qu'à lui. Il est aisé de voir, au contraire, par les principes ci-devant établis, que la puissance exécutive ne peut appartenir à la généralité comme législatrice ou souveraine, parce que cette puissance ne consiste qu'en des actes particuliers qui ne sont point du ressort de la loi, ni par conséquent de celui du souverain, dont tous les actes ne peuvent être que des lois.

Il faut donc à la force publique un agent propre qui la réunisse et la mette en œuvre selon les directions de la volonté générale, qui serve à la communication de l'état et du souverain, qui fasse en quelque sorte dans la personne publique ce que fait dans l'homme l'union de l'âme et du corps. Voilà quelle est, dans l'état, la raison du gouvernement, confondu mal à propos avec le souverain, dont il n'est que le ministre.

Qu'est-ce donc que le gouvernement ? Un corps intermédiaire établi entre les sujets et le souverain pour leur mutuelle correspondance, chargé de l'exécution des lois et du maintien de la liberté tant civile que politique.

Les membres de ce corps s'appellent magistrats ou *rois*, c'est-à-dire, *gouverneurs*; et le corps entier porte le nom de *prince* (1). Ainsi ceux qui prétendent que l'acte par lequel un peuple se soumet à des chefs n'est point un contrat, ont grande raison. Ce n'est absolument qu'une commission, un emploi, dans lequel, simples officiers du souverain, ils exercent en son nom le pouvoir dont il les a faits dépositaires, et qu'il peut limiter, modifier, et reprendre quand il lui plaît. L'aliénation d'un tel droit, étant incompatible avec la nature du corps social, est contraire au but de l'association.

J'appelle donc *gouvernement* ou suprême administration l'exercice légitime de la puissance exécutive, et prince ou magistrat l'homme ou le corps chargé de cette administration.

---

(1) C'est ainsi qu'à Venise on donne au collège le nom de *sérénissime prince*, même quand le doge n'y assiste pas.

C'est dans le gouvernement que se trouvent les forces intermédiaires dont les rapports composent celui du tout au tout ou du souverain à l'état. On peut représenter ce dernier rapport par celui des extrêmes d'une proportion continue, dont la moyenne proportionnelle est le gouvernement. Le gouvernement reçoit du souverain les ordres qu'il donne au peuple; et, pour que l'état soit dans un bon équilibre, il faut, tout compensé, qu'il y ait égalité entre le produit ou la puissance du gouvernement pris en lui-même, et le produit ou la puissance des citoyens, qui sont souverains d'un côté et sujets de l'autre.

De plus, on ne saurait altérer aucun des trois termes sans rompre à l'instant la proportion. Si le souverain veut gouverner, ou si le magistrat veut donner des lois, ou si les sujets refusent d'obéir, le désordre succède à la règle, la force et la volonté n'agissent plus de concert, et l'état dissous tombe ainsi dans le despotisme ou dans l'anarchie. Enfin, comme il n'y a qu'une moyenne proportionnelle entre chaque rapport, il n'y a non plus qu'un bon gouvernement possible dans un état; mais comme mille événements peuvent changer les rapports d'un peuple, non-seulement différents gouvernements peuvent être bons à divers peuples, mais au même peuple en différents temps.

Pour tâcher de donner une idée des divers rapports qui peuvent régner entre ces deux extrêmes, je prendrai pour exemple le nombre du peuple, comme un rapport plus facile à exprimer.

Supposons que l'état soit composé de dix mille citoyens. Le souverain ne peut être considéré que collectivement et en corps; mais chaque particulier, en qualité de sujet, est considéré comme individu : ainsi le souverain est au sujet comme dix mille est à un; c'est-à-dire que chaque membre de l'état n'a pour sa part que la dix millième partie de l'autorité souveraine, quoiqu'il lui soit soumis tout entier. Que le peuple soit composé de cent mille hommes, l'état des sujets ne change pas, et chacun porte également tout l'empire des lois, tandis que son suffrage, réduit à un cent millième, a dix fois moins d'influence dans leur rédaction. Alors le sujet restant toujours un, le rapport du souverain augmente en raison du nombre des citoyens. D'où il suit que, plus l'état s'agrandit, plus la liberté diminue.

Quand je dis que le rapport augmente, j'entends qu'il s'éloigne de l'égalité. Ainsi, plus le rapport est grand dans l'acception des géomètres, moins il y a de rapport dans l'acception commune : dans la première, le rapport, considéré selon la quantité, se mesure par l'exposant; et dans l'autre, considéré selon l'identité, il s'estime par la similitude.

Or, moins les volontés particulières se rapportent à la volonté générale, c'est-à-dire les mœurs aux lois, plus la force réprimante doit augmenter. Donc, le gouvernement, pour être bon, doit être relativement plus fort à mesure que le peuple est plus nombreux.

D'un autre côté, l'agrandissement de l'état donnant aux dépositaires de l'autorité publique plus de tentations et de moyens d'abuser de leur pouvoir, plus le gouvernement doit avoir de force pour contenir le peuple, plus le souverain doit en avoir à son tour pour contenir le gouvernement. Je ne parle pas ici d'une force absolue, mais de la force relative des diverses parties de l'état.

Il suit de ce double rapport que la proportion continue entre le souverain, le prince et le peuple, n'est point une idée arbitraire, mais une conséquence nécessaire de la nature du corps politique. Il suit encore que l'un des extrêmes, savoir le peuple, comme sujet, étant fixe et représenté par l'unité, toutes les fois que la raison doublée augmente ou diminue, la raison simple augmente ou diminue semblablement, et que par conséquent le moyen terme est changé. Ce qui fait voir qu'il n'y a pas une constitution de gouvernement unique et absolue, mais qu'il peut y avoir autant de gouvernements différents en nature, que d'états différents en grandeur.

Si, tournant ce système en ridicule, on disait que, pour trouver cette moyenne proportionnelle et former le corps du gouvernement, il ne faut, selon moi, que tirer la racine carrée du nombre du peuple : je répondrais que je ne prends ici ce nombre que pour un exemple; que les rapports dont je parle ne se mesurent pas seulement par le nombre des hommes, mais en général par la quantité d'action, laquelle se combine par des multitudes de causes, qu'au reste, si, pour m'exprimer en moins de paroles, j'emprunte un moment des termes de géométrie, je n'ignore pas cependant que la précision géométrique n'a point lieu dans les quantités morales.

Le gouvernement est en petit ce que le corps politique qui le renferme est en grand. C'est une personne morale douée de certaines facultés, active comme le souverain, passive comme l'état, et qu'on peut décomposer en d'autres rapports semblables, d'où naît par conséquent une nouvelle proportion, une autre encore, dans celle-ci, selon l'ordre des tribunaux, jusqu'à ce qu'on arrive à un moyen terme indivisible, c'est-à-dire à un seul chef ou magistrat suprême, qu'on peut se représenter, au milieu de cette progression, comme l'unité entre la série des fractions et celle des nombres.

Sans nous embarrasser de cette multiplication de termes, contentons-nous de considérer le gouvernement comme un nouveau corps dans l'état, distinct du peuple et du souverain, et intermédiaire entre l'un et l'autre.

Il y a cette différence essentielle entre ces deux corps, que l'état existe par lui-même, et que le gouvernement n'existe que par le souverain. Ainsi la volonté dominante du prince n'est ou ne doit être que la volonté générale ou la loi; sa force n'est que la force publique concentrée en lui : sitôt qu'il veut tirer de lui-même quelque acte absolu et indépendant, la liaison du tout commence à se relâcher. S'il arrivait enfin que le prince eût une volonté particulière plus active que celle du souverain, et qu'il usât, pour obéir à cette volonté particulière, de la force publique qui est dans ses mains, en sorte qu'on eût, pour ainsi dire, deux souverains, l'un de droit et l'autre de fait; à l'instant l'union sociale s'évanouirait, et le corps politique serait dissous.

Cependant, pour que le corps du gouvernement ait une existence, une vie réelle qui le distingue du corps de l'état, pour que tous ses membres puissent agir de concert et répondre à la fin pour laquelle il est institué, il lui faut un *moi* particulier, une sensibilité commune à ses membres, une force, une volonté propre qui tende à sa conservation. Cette existence particulière suppose des assemblées, des conseils, un pouvoir de délibérer, de résoudre, des droits, des titres, des priviléges qui appartiennent au prince exclusivement, et qui rendent la condition du magistrat plus honorable à proportion qu'elle est plus pénible. Les difficultés sont dans la manière d'ordonner, dans le tout, ce tout subalterne, de sorte qu'il n'altère point la constitution générale en affermissant la sienne; qu'il distingue toujours sa force particulière, destinée à sa propre conservation, de la force publique destinée à la conservation de l'état; et qu'en un mot il soit toujours prêt à sacrifier le gouvernement au peuple, et non le peuple au gouvernement.

D'ailleurs, bien que le corps artificiel du gouvernement soit l'ouvrage d'un autre corps artificiel, et qu'il n'ait en quelque sorte qu'une vie empruntée et subordonnée, cela n'empêche pas qu'il ne puisse agir avec plus ou moins de vigueur ou de célérité, jouir, pour ainsi dire, d'une santé plus ou moins robuste. Enfin, sans s'éloigner directement du but de son institution, il peut s'en écarter plus ou moins, selon la manière dont il est constitué.

C'est de toutes ces différences que naissent les rapports divers que le gouvernement doit avoir avec le corps de l'état, selon les rapports accidentels et particuliers par lesquels ce même état est modifié. Car souvent le gouvernement le meilleur en soi deviendra le plus vicieux, si ses rapports ne sont altérés selon les défauts du corps politique auquel il appartient.

CHAPITRE II. — Du principe qui constitue les diverses formes de gouvernement.

Pour exposer la cause générale de ces différences, il faut distinguer ici le prince et le gouvernement, comme j'ai distingué ci-devant l'état et le souverain.

Le corps du magistrat peut être composé d'un plus grand ou moindre nombre de membres. Nous avons dit que le rapport du souverain aux sujets était d'autant plus grand que le peuple était plus nombreux; et, par une évidente analogie, nous en pouvons dire autant du gouvernement à l'égard des magistrats.

Or, la force totale du gouvernement, étant toujours celle de l'état, ne varie point : d'où il suit que, plus il use de cette force sur ses propres membres, moins il lui en reste pour agir sur tout le peuple.

Donc, plus les magistrats sont nombreux, plus le gouvernement est faible. Comme cette maxime est fondamentale, appliquons-nous à la mieux éclaircir.

Nous pouvons distinguer dans la personne du magistrat trois volontés essentiellement différentes : premièrement, la volonté propre de l'individu, qui ne tend qu'à son avantage particulier; secondement, la volonté commune des magistrats, qui se rapporte uniquement à l'avantage du prince, et qu'on peut appeler volonté de corps, laquelle est générale par rapport au gouvernement, et particulière par rapport à l'état, dont le gouvernement fait partie; en troisième lieu, la volonté du peuple ou la volonté souveraine, laquelle est générale, tant par rapport à l'état considéré comme le tout, que par rapport au gouvernement considéré comme partie du tout.

Dans une législation parfaite, la volonté particulière ou individuelle doit être nulle; la volonté de corps propre au gouvernement très subordonnée, et par conséquent la volonté générale ou souveraine, toujours dominante, et la règle unique de toutes les autres.

Selon l'ordre naturel, au contraire, ces différentes volontés deviennent plus actives à mesure qu'elles se concentrent. Ainsi, la volonté générale est toujours la plus faible, la volonté du corps a le second rang, et la volonté particulière le premier de tous : de sorte que, dans le gouvernement, chaque membre est premièrement soi-même, et puis magistrat, et puis citoyen; gradation directement opposée à celle qu'exige l'ordre social.

Cela posé, que tout le gouvernement soit entre les mains d'un seul homme: voilà la volonté particulière et la volonté de corps parfaitement réunies, et par conséquent celle-ci au plus haut degré d'intensité qu'elle puisse avoir. Or, comme c'est du degré de la volonté que dépend l'usage de la force, et que la force absolue du gouvernement ne varie point, il s'ensuit que le plus actif des gouvernements est celui d'un seul.

Au contraire, unissons le gouvernement à l'autorité législative; faisons le prince du souverain, et de tous les citoyens autant de magistrats : alors la volonté de corps, confondue avec la volonté générale, n'aura pas plus d'activité qu'elle, et laissera la volonté particulière dans toute sa force. Ainsi, le gouvernement, toujours avec la même force absolue, sera dans son *minimum* de force relative ou d'activité.

Ces rapports sont incontestables, et d'autres considérations servent encore à les confirmer. On voit, par exemple, que chaque magistrat est plus actif dans son corps que chaque citoyen dans le sien, et que par conséquent la volonté particulière a beaucoup plus d'influence dans les actes du gouvernement que dans ceux du souverain; car chaque magistrat est presque toujours chargé de quelque fonction du gouvernement, au lieu que chaque citoyen, pris à part, n'a aucune fonction de la souveraineté. D'ailleurs, plus l'état s'étend, plus sa force réelle augmente, quoiqu'elle n'augmente pas en raison de son étendue; mais l'état restant le même, les magistrats ont beau se multiplier, le gouvernement n'en acquiert pas une plus grande force réelle, parce que cette force est celle de l'état, dont la mesure est toujours égale. Ainsi la force relative ou l'activité du gouvernement diminue, sans que sa force absolue ou réelle puisse augmenter.

Il est sûr encore que l'expédition des affaires devient plus lente à mesure que plus de gens en sont chargés, qu'en donnant trop à la prudence on ne donne pas assez à la fortune; qu'on laisse échapper l'occasion, et qu'à force de délibérer on perd souvent le fruit de la délibération.

Je viens de prouver que le gouvernement se relâche à mesure que les magistrats se multiplient; et j'ai prouvé ci-devant que plus le peuple est nombreux, plus la force réprimante doit augmenter. D'où il suit que le rapport des magistrats au gouvernement doit être inverse du rapport des sujets au souverain; c'est-à-dire que plus l'état s'agrandit, plus le gouvernement doit se resserrer : tellement que le nombre des chefs diminue en raison de l'augmentation du peuple.

Au reste, je ne parle ici que de la force relative du gouvernement, et non de sa rectitude : car, au contraire, plus le magistrat est nombreux, plus la volonté de corps se rapproche de la volonté générale; au lieu que, sous un magistrat unique, cette même volonté de corps n'est, comme je l'ai dit, qu'une volonté particulière. Ainsi, l'on perd d'un côté ce qu'on peut gagner de l'autre, et l'art du législateur est de savoir fixer le point où la force et la volonté du gouvernement, toujours en proportion réciproque, se combinent dans le rapport le plus avantageux à l'état.

CHAPITRE III. — Division des gouvernements.

On a vu, dans le chapitre précédent, pourquoi l'on distingue les diverses espèces ou formes de gouvernements par le nombre des membres qui les composent : il reste à voir dans celui-ci comment se fait cette division.

Le souverain peut, en premier lieu, commettre le dépôt du gouvernement à tout le peuple ou à la plus grande partie du peuple, en sorte qu'il y ait plus de citoyens magistrats que de citoyens simples particuliers. On donne à cette forme de gouvernement le nom de *démocratie*.

Ou bien il peut resserrer le gouvernement entre les mains d'un petit nombre, en sorte qu'il y ait plus de simples citoyens que de magistrats, et cette forme porte le nom d'*aristocratie*.

Enfin, il peut concentrer tout le gouvernement dans les mains d'un magistrat unique dont tous les autres tiennent leur pouvoir. Cette troisième forme est la plus commune, et s'appelle *monarchie* ou gouvernement royal.

On doit remarquer que toutes ces formes, ou du moins les deux premières, sont susceptibles de plus ou de moins, et ont même une assez grande latitude; car la démocratie peut embrasser tout le peuple, ou se resserrer jusqu'à la moitié. L'aristocratie, à son tour, peut, de la moitié du peuple, se resserrer jusqu'au plus petit nombre indéterminément. La royauté même est susceptible de quelque partage. Sparte eut constamment deux rois par sa constitution; et l'on a vu dans l'empire romain jusqu'à huit empereurs à la fois, sans qu'on pût dire que l'empire fût divisé. Ainsi il y a un point où chaque forme de gouvernement se confond avec la suivante; et l'on voit que, sous trois seules dénominations, le gouvernement est réellement susceptible d'autant de formes diverses que l'état a de citoyens.

Il y a plus : ce même gouvernement pouvant, à certains égards, se subdiviser en d'autres parties, l'une administrée d'une manière et l'autre d'une autre, il peut résulter de ces trois formes combinées une multitude de formes mixtes, dont chacune est multipliable par toutes les formes simples.

On a de tout temps beaucoup disputé sur la meilleure forme de gouvernement, sans considérer que chacune d'elles est la meilleure en certains cas, et la pire en d'autres.

Si, dans les différents états, le nombre des magistrats suprêmes doit être en raison inverse de celui des citoyens, il s'ensuit qu'en général le gouvernement démocratique convient aux petits états, l'aristocratique aux médiocres, et le monarchique aux grands. Cette règle se tire immédiatement du principe. Mais comment compter la multitude de circonstances qui peuvent fournir des exceptions ?

CHAPITRE IV. — De la démocratie.

Celui qui fait la loi sait mieux que personne comment elle doit être exécutée et interprétée. Il semble donc qu'on ne saurait avoir une meilleure constitution que celle où le pouvoir exécutif est joint au législatif; mais c'est cela même qui rend ce gouvernement insuffisant à certains égards, parce que les choses qui doivent être distinguées ne le sont pas, et que le prince et le souverain n'étant que la même personne, ne forment, pour ainsi dire, qu'un gouvernement sans gouvernement.

Il n'est pas bon que celui qui fait les lois les exécute, ni que le corps du peuple détourne son attention des vues générales pour les donner aux objets particuliers. Rien n'est plus dangereux que l'influence des intérêts privés dans les affaires publiques; et l'abus des lois par le gouvernement est un mal moindre que la corruption du législateur, suite infaillible des vues particulières. Alors, l'état étant altéré dans sa substance, toute réforme devient impossible. Un peuple qui n'abuserait jamais du gouvernement n'abuserait pas non plus de l'indépendance; un peuple qui gouvernerait toujours bien n'aurait pas besoin d'être gouverné.

A prendre le terme dans la rigueur de l'acception, il n'a jamais existé de véritable démocratie, et il n'en existera jamais. Il est contre l'ordre naturel que le grand nombre gouverne et que le petit soit gouverné. On ne peut imaginer que le peuple reste incessamment assemblé pour vaquer aux affaires publiques, et l'on voit aisément qu'il ne saurait établir pour cela des commissions, sans que la forme de l'administration change.

En effet, je crois pouvoir poser en principe que, quand les fonctions du gouvernement sont partagées entre plusieurs tribunaux, les moins nombreux acquièrent tôt ou tard la plus grande autorité, ne fût-ce qu'à cause de la facilité d'expédier les affaires, qui les y amène naturellement.

D'ailleurs, que de choses difficiles à réunir ne suppose pas ce gouvernement ! Premièrement un état très petit, où le peuple soit facile à rassembler, et où chaque citoyen puisse aisément connaître tous les autres; secondement, une grande simplicité de mœurs qui prévienne la multitude d'affaires et les discussions épineuses; ensuite, beaucoup d'égalité dans les rangs et dans les fortunes, sans quoi l'égalité ne saurait subsister longtemps dans les droits et l'autorité; enfin, peu ou point de luxe; car, ou le luxe est l'effet des richesses, ou il les rend nécessaires : il corrompt à la fois le riche et le pauvre, l'un par la possession, l'autre par la convoitise; il vend la patrie à la mollesse, à la vanité; il ôte à l'état tous ses citoyens pour les asservir les uns aux autres, et tous à l'opinion.

Voilà pourquoi un auteur célèbre a donné la vertu pour principe à la république (1), car toutes ces conditions ne sauraient subsister sans la vertu; mais, faute d'avoir fait les distinctions nécessaires, ce beau génie a manqué souvent de justesse, quelquefois de clarté, et n'a pas vu que, l'autorité souveraine étant partout la même, le même principe doit avoir lieu dans tout état bien constitué; plus ou moins, il est vrai, selon la forme du gouvernement.

Ajoutons qu'il n'y a pas de gouvernement si sujet aux guerres civiles et aux agitations intestines que le démocratique ou populaire, parce qu'il n'y en a aucun qui tende si fortement et si continuellement à changer de forme, ni qui demande plus de vigilance et de courage pour être maintenu dans la sienne. C'est surtout dans cette constitution que le citoyen doit s'armer de force et

---

(1) Montesquieu, *Esprit des lois*, liv. III, chap. 3.

de constance, et dire chaque jour de sa vie au fond de son cœur ce que disait un vertueux palatin (1) dans la diète de Pologne : *Malo periculosam libertatem quam quietum servitium.*

S'il y avait un peuple de dieux, il se gouvernerait démocratiquement. Un gouvernement si parfait ne convient pas à des hommes.

Dans les courts moments de sa liberté, l'usage qu'il en fait mérite bien qu'il la perde

CHAPITRE V. — De l'aristocratie.

Nous avons ici deux personnes morales très distinctes, savoir : le gouvernement et le souverain ; et par conséquent deux volontés générales, l'une par rapport à tous les citoyens, l'autre seulement pour les membres de l'administration. Ainsi, bien que le gouvernement puisse régler sa police intérieure

(1) Le palatin de Posnanie, père du roi de Pologne, duc de Lorraine. — Je préfère, dit-il, une liberté périlleuse à un paisible esclavage.

comme il lui plaît, il ne peut jamais parler au peuple qu'au nom du souverain, c'est-à-dire au nom du peuple même; ce qu'il ne faut jamais oublier.

Les premières sociétés se gouvernèrent aristocratiquement. Les chefs des familles délibéraient entre eux des affaires publiques. Les jeunes gens cédaient sans peine à l'autorité de l'expérience. De là les noms de *prêtres*, d'*anciens*, de *sénat*, de *gérontes*. Les sauvages de l'Amérique septentrionale se gouvernent encore ainsi de nos jours, et sont très bien gouvernés.

Mais, à mesure que l'inégalité d'institution l'emporta sur l'inégalité naturelle, la richesse ou la puissance (1) fut préférée à l'âge, et l'aristocratie devint élective. Enfin, la puissance transmise avec les biens du père aux enfants, rendant les familles patriciennes, rendit le gouvernement héréditaire, et l'on vit des sénateurs de vingt ans.

Il y a donc trois sortes d'aristocratie : naturelle, élective, héréditaire. La première ne convient qu'à des peuples simples, la troisième est le pire de tous les gouvernements, la deuxième est le meilleur : c'est l'aristocratie proprement dite.

Outre l'avantage de la distinction des deux pouvoirs, elle a celui du choix de ses membres; car, dans le gouvernement populaire, tous les citoyens naissent magistrats, mais celui-ci les borne à un petit nombre, et ils ne le deviennent que par élection (2); moyen par lequel la probité, les lumières, l'expérience, et toutes les autres raisons de préférence et d'estime publique, sont autant de nouveaux garants qu'on sera sagement gouverné.

De plus, les assemblées se font plus commodément, les affaires se discutent mieux, s'expédient avec plus d'ordre et de diligence; le crédit de l'état est mieux soutenu chez l'étranger par de vénérables sénateurs que par une multitude inconnue ou méprisée.

En un mot, c'est l'ordre le meilleur et le plus naturel que les plus sages gouvernent la multitude, quand on est sûr qu'ils la gouverneront pour son profit et non pour le leur. Il ne faut point multiplier en vain les ressorts, ni faire, avec vingt mille hommes, ce que cent hommes choisis peuvent faire encore mieux. Mais il faut remarquer que l'intérêt de corps commence à moins diriger ici la force publique sur la règle de la volonté générale, et qu'une autre pente inévitable enlève aux lois une partie de la puissance exécutive.

A l'égard des convenances particulières, il ne faut ni un état si petit, ni un peuple si simple et si droit, que l'exécution des lois suive immédiatement de la volonté publique, comme dans une bonne démocratie. Il ne faut pas non plus une si grande nation, que les chefs épars pour la gouverner puissent trancher du souverain chacun dans son département, et commencer par se rendre indépendants pour devenir enfin les maîtres.

Mais si l'aristocratie exige quelques vertus de moins que le gouvernement populaire, elle en exige aussi d'autres qui lui sont propres, comme la modération dans les riches, et le contentement dans les pauvres; car il semble qu'une égalité rigoureuse y serait déplacée : elle ne fut pas même observée à Sparte.

Au reste, si cette forme comporte une certaine inégalité de fortune, c'est bien pour qu'en général l'administration des affaires publiques soit confiée à ceux qui peuvent le mieux y donner tout leur temps, mais non pas, comme prétend Aristote, pour que les riches soient toujours préférés. Au contraire,

---

(1) Il est clair que le mot *optimates*, chez les anciens, ne veut pas dire les meilleurs, mais les plus puissants.

(2) Il importe beaucoup de régler par des lois la forme de l'élection des magistrats; car, en l'abandonnant à la volonté du prince, on ne peut éviter de tomber dans l'aristocratie héréditaire, comme il est arrivé aux républiques de Venise et de Berne. Aussi la première est-elle, depuis longtemps, un état dissous; mais la seconde se maintient par l'extrême sagesse de son sénat : c'est une exception honorable et bien dangereuse.

il importe qu'un choix opposé apprenne quelquefois au peuple qu'il y a, dans le mérite des hommes, des raisons de préférence plus importantes que la richesse (1).

CHAPITRE VI. — De la monarchie.

Jusqu'ici nous avons considéré le prince comme une personne morale et collective, unie par la force des lois, et dépositaire dans l'état de la puissance exécutive. Nous avons maintenant à considérer cette puissance réunie entre les mains d'une personne naturelle, d'un homme réel, qui seul ait droit d'en disposer selon les lois. C'est ce qu'on appelle un monarque ou un roi.

Tout au contraire des autres administrations où un être collectif représente un individu, dans celui-ci un individu représente un être collectif, en sorte que l'unité morale qui constitue le prince est en même temps une unité physique, dans laquelle toutes les facultés que la loi réunit dans l'autre avec tant d'efforts se trouvent naturellement réunies.

Ainsi la volonté du peuple, et la volonté du prince, et la force publique de l'état, et la force particulière du gouvernement, tout répond au même mobile, tous les ressorts de la machine sont dans la même main, tout marche au même but; il n'y a point de mouvements opposés qui s'entre-détruisent, et l'on ne peut imaginer aucune sorte de constitution dans laquelle un moindre effort produise une action plus considérable. Archimède, assis tranquillement sur le rivage, et tirant sans peine à flot un grand vaisseau, me représente un monarque habile, gouvernant de son cabinet ses vastes états, et faisant tout mouvoir en paraissant immobile.

Mais s'il n'y a point de gouvernement qui ait plus de vigueur, il n'y en a point où la volonté particulière ait plus d'empire et domine plus aisément les autres : tout marche au même but, il est vrai; mais ce but n'est point celui de la félicité publique, et la force même de l'administration tourne sans cesse au préjudice de l'état.

Les rois veulent être absolus, et de loin on leur crie que le meilleur moyen de l'être est de se faire aimer de leurs peuples. Cette maxime est très belle, et même très vraie à certains égards : malheureusement on s'en moquera toujours dans les cours. La puissance qui vient de l'amour des peuples est sans doute la plus grande; mais elle est précaire et conditionnelle; jamais les princes ne s'en contenteront. Les meilleurs rois veulent pouvoir être méchants s'il leur plaît, sans cesser d'être les maîtres. Un sermonneur politique aura beau leur dire que la force du peuple étant la leur, leur plus grand intérêt est que le peuple soit florissant, nombreux, redoutable; ils savent très bien que cela n'est pas vrai. Leur intérêt personnel est premièrement que le peuple soit faible, misérable, et qu'il ne puisse jamais leur résister. J'avoue que, supposant les sujets toujours parfaitement soumis, l'intérêt du prince serait alors que le peuple fût puissant, afin que cette puissance étant la sienne le rendît redoutable à ses voisins; mais comme cet intérêt n'est que secondaire et subordonné, et que les deux suppositions sont incompatibles, il est naturel que les princes donnent toujours la préférence à la maxime qui leur est le plus immédiatement utile. C'est ce que Samuel représentait fortement aux Hébreux : c'est ce que Machiavel a fait voir avec évidence. En feignant de donner des leçons aux rois, il en a donné de grandes aux peuples. Le *Prince* de Machiavel est le livre des républicains (1).

(1) Aristote reconnaît seulement (chap. 10 du liv. IV) qu'il est plus ordinaire de rencontrer parmi les riches le savoir joint à la naissance, et qu'ils sont moins exposés à la tentation de mal faire. Il ajoute d'ailleurs que cette considération peut avoir sa valeur dans une oligarchie, mais que la démocratie n'en doit point tenir compte.

(2) Machiavel était un honnête homme et un bon citoyen; mais, attaché à la maison de Médicis, il était forcé, dans l'oppression de sa patrie, de déguiser son amour pour la liberté. Le choix seul de son exécrable héros (César Borgia) manifeste assez son intention secrète; et l'opposition des maximes de son livre *du Prince*, à celles de ses *Discours sur*

Nous avons trouvé, par les rapports généraux, que la monarchie n'est convenable qu'aux grands états; et nous le trouverons encore en l'examinant en elle-même. Plus l'administration publique est nombreuse, plus le rapport du prince aux sujets diminue et s'approche de l'égalité, en sorte que ce rapport est un ou l'égalité même dans la démocratie. Ce même rapport augmente à mesure que le gouvernement se resserre, et il est dans son *maximum* quand le gouvernement est dans les mains d'un seul. Alors il se trouve une trop grande distance entre le prince et le peuple, et l'état manque de liaison. Pour la former, il faut donc des ordres intermédiaires; il faut des princes, des grands, de la noblesse pour les remplir. Or, rien de tout cela ne convient à un petit état, que ruinent tous ces degrés.

Mais s'il est difficile qu'un grand état soit bien gouverné, il l'est beaucoup plus qu'il soit bien gouverné par un seul homme; chacun sait ce qu'il arrive quand le roi se donne des substituts.

Un défaut essentiel et inévitable, qui mettra toujours le gouvernement monarchique au-dessous du républicain, est que dans celui-ci la voix publique n'élève presque jamais aux premières places que des hommes éclairés et capables, qui les remplissent avec honneur; au lieu que ceux qui parviennent dans les monarchies ne sont le plus souvent que de petits brouillons, de petits fripons, de petits intrigants, à qui les petits talents, qui font dans les cours parvenir aux grandes places, ne servent qu'à montrer au public leur ineptie aussitôt qu'ils y sont parvenus. Le peuple se trompe bien moins sur ce choix que le prince; et un homme d'un vrai mérite est presque aussi rare dans le ministère qu'un sot à la tête d'un gouvernement républicain. Aussi, quand par quelque heureux hasard un de ces hommes nés pour gouverner prend le timon des affaires dans une monarchie presque abîmée par ces tas de jolis régisseurs, on est tout surpris des ressources qu'il trouve, et cela fait époque dans un pays (1).

Pour qu'un état monarchique pût être bien gouverné, il faudrait que sa grandeur ou son étendue fût mesurée aux facultés de celui qui gouverne. Il est plus aisé de conquérir que de régir. Avec un levier suffisant, d'un doigt on peut ébranler le monde; mais pour le soutenir il faut les épaules d'Hercule. Pour peu qu'un état soit grand, le prince est presque toujours trop petit. Quand, au contraire, il arrive que l'état est trop petit pour son chef, ce qui est très rare, il est encore mal gouverné, parce que le chef, suivant toujours la grandeur de ses vues, oublie les intérêts des peuples, et ne les rend pas moins malheureux par l'abus des talents qu'il a de trop, qu'un chef borné par le défaut de ceux qui lui manquent. Il faudrait, pour ainsi dire, qu'un royaume s'étendît ou se resserrât à chaque règne, selon la portée du prince; au lieu que, les talents d'un sénat ayant des mesures plus fixes, l'état peut avoir des bornes constantes, et l'administration n'aller pas moins bien.

Le plus sensible inconvénient du gouvernement d'un seul est le défaut de cette succession continuelle qui forme dans les deux autres une liaison non interrompue. Un roi mort, il en faut un autre: les élections laissent des intervalles dangereux; elles sont orageuses; et à moins que les citoyens ne soient d'un désintéressement, d'une intégrité que ce gouvernement ne comporte guère, la brigue et la corruption s'en mêlent. Il est difficile que celui à qui l'état s'est vendu ne le vende pas à son tour, et ne se dédommage pas sur faibles de l'argent que les puissants lui ont extorqué. Tôt ou tard tout devient

---

Tite-Live, et de son *Histoire de Florence*, démontre que ce profond politique n'a eu jusqu'à que des lecteurs superficiels ou corrompus. La cour de Rome a sévèrement défendu so livre; je le crois bien, c'est elle qu'il dépeint le plus clairement.

(1) C'est au duc de Choiseul que Rousseau fait allusion dans ce passage, en parlant d'*un de ces hommes nés pour gouverner*. Mais ses ennemis persuadèrent le contraire au ministre. Voyez à ce sujet les *Confessions*, tome II, pages 56 et 101, et la lettre du 27 mars 1768, adressée à M. de Choiseul.

vénal sous une pareille administration, et la paix, dont on jouit alors sous les rois, est pire que le désordre des interrègnes.

Qu'a-t-on fait pour prévenir ces maux? On a rendu les couronnes héréditaires dans certaines familles; et l'on a établi un ordre de succession qui prévient toute dispute à la mort des rois; c'est-à-dire que, substituant l'inconvénient des régences à celui des élections, on a préféré une apparente tranquillité à une administration sage, et qu'on a mieux aimé risquer d'avoir pour chefs des enfants, des monstres, des imbéciles, que d'avoir à disputer sur le choix des bons rois. On n'a pas considéré qu'en s'exposant ainsi aux risques de l'alternative, on met presque toutes les chances contre soi. C'était un mot très sensé que celui du jeune Denys, à qui son père, en lui reprochant une action honteuse, disait : « T'en ai-je donné l'exemple? — Ah! répondit le fils, votre père n'était pas roi (1). »

Tout concourt à priver de justice et de raison un homme élevé pour commander aux autres. On prend beaucoup de peine, à ce qu'on dit, pour enseigner aux jeunes princes l'art de régner : il ne paraît pas que cette éducation leur profite. On ferait mieux de commencer par leur enseigner l'art d'obéir. Les plus grands rois qu'ait célébrés l'histoire n'ont point été élevés pour régner; c'est une science qu'on ne possède jamais moins qu'après l'avoir trop apprise, et qu'on acquiert mieux en obéissant qu'en commandant. « Nam uti« lissimus idem ac brevissimus bonarum malarumque rerum delectus, cogi« tare quid aut nolueris sub alio principe, aut volueris (2). »

Une suite de ce défaut de cohérence est l'inconstance du gouvernement royal, qui, se réglant tantôt sur un plan et tantôt sur un autre, selon le caractère du prince qui règne ou des gens qui règnent pour lui, ne peut avoir longtemps un objet fixe ni une conduite conséquente : variation qui rend toujours l'état flottant de maxime en maxime, de projet en projet, et qui n'a pas lieu dans les autres gouvernements où le prince est toujours le même. Aussi voit-on qu'en général, s'il y a plus de ruse dans une cour, il y a plus de sagesse dans un sénat, et que les républiques vont à leurs fins par des vues plus constantes et mieux suivies, au lieu que chaque révolution dans le ministère en produit une dans l'état, la maxime commune à tous les ministres, et presque à tous les rois, étant de prendre en toute chose le contre-pied de leur prédécesseur.

De cette même incohérence se tire encore la solution d'un sophisme très familier aux politiques royaux; c'est non-seulement de comparer le gouvernement civil au gouvernement domestique, et le prince au père de famille, erreur déjà réfutée, mais encore de donner libéralement à ce magistrat toutes les vertus dont il aurait besoin, et de supposer toujours que le prince est ce qu'il devrait être : supposition à l'aide de laquelle le gouvernement royal est évidemment préférable à tout autre, parce qu'il est incontestablement le plus fort, et que, pour être aussi le meilleur, il ne lui manque qu'une volonté de corps plus conforme à la volonté générale.

Mais si, selon Platon (3), le roi par nature est un personnage si rare, combien de fois la nature et la fortune concourront-elles à le couronner? Et si l'éducation royale corrompt nécessairement ceux qui la reçoivent, que doit-on espérer d'une suite d'hommes élevés pour régner? C'est donc bien vouloir s'abuser que de confondre le gouvernement royal avec celui d'un bon roi. Pour voir ce qu'est ce gouvernement en lui-même, il faut le considérer sous des princes bornés ou méchants; car ils arriveront tels au trône, ou le trône les rendra tels.

(1) PLUTARQUE, *Dicts notables des rois et grands capitaines*, § 22.
(2) Car le moyen le plus commode de discerner alors le bien et le mal, c'est de vous demander ce que sous un autre prince vous auriez rejeté et ce que vous auriez choisi. (TACITE, *Hist.*, I, 16).
(3) Voyez le *Dialogue* de Platon, *de Regno*, précédemment cité.

Ces difficultés n'ont pas échappé à nos auteurs, mais ils n'en sont point embarrassés. « Le remède est, disent-ils, d'obéir sans murmure; Dieu donne les mauvais rois dans sa colère, et il faut les supporter comme des châtiments du ciel. » Ce discours est édifiant, sans doute; mais je ne sais s'il ne conviendrait pas mieux en chaire que dans un livre de politique. Que dire d'un médecin qui promet des miracles, et dont tout l'art est d'exhorter son malade à la patience ? On sait bien qu'il faut souffrir un mauvais gouvernement quand on l'a : la question serait d'en trouver un bon.

CHAPITRE VII. — Des gouvernements mixtes.

A proprement parler, il n'y a point de gouvernement simple. Il faut qu'un chef unique ait des magistrats subalternes; il faut qu'un gouvernement populaire ait un chef. Ainsi, dans le partage de la puissance exécutive, il y a toujours gradation du grand nombre au moindre avec cette différence que tantôt le grand nombre dépend du petit, et tantôt le petit du grand.

Quelquefois il y a partage égal, soit quand les parties constitutives sont dans une dépendance mutuelle, comme dans le gouvernement d'Angleterre; soit quand l'autorité de chaque partie est indépendante, mais imparfaite, comme en Pologne. Cette dernière forme est mauvaise, parce qu'il n'y a point d'unité dans le gouvernement, et que l'état manque de liaison.

Lequel vaut le mieux, d'un gouvernement simple ou d'un gouvernement mixte? Question fort agitée chez les politiques, et à laquelle il faut faire la même réponse que j'ai faite ci-devant sur toute forme de gouvernement.

Le gouvernement simple est le meilleur en soi, par cela seul qu'il est simple. Mais quand la puissance exécutive ne dépend pas assez de la législative, c'est-à-dire quand il n'y a pas plus de rapport du prince au souverain que du peuple au prince, il faut remédier à ce défaut de proportion en divisant le gouvernement; car alors toutes ses parties n'ont pas moins d'autorité sur les sujets, et leur division les rend toutes ensemble moins fortes contre le souverain.

On prévient encore le même inconvénient en établissant des magistrats intermédiaires, qui, laissant le gouvernement en son entier, servent seulement à balancer les deux puissances et à maintenir leurs droits respectifs. Alors le gouvernement n'est pas mixte, il est tempéré.

On peut remédier par des moyens semblables à l'inconvénient opposé, et, quand le gouvernement est trop lâche, ériger des tribunaux pour les concentrer. Cela se pratique dans toutes les démocraties. Dans le premier cas, on divise le gouvernement pour l'affaiblir, et dans le second, pour le renforcer: car le *maximum* de force et de faiblesse se trouve également dans les gouvernements simples, au lieu que les forces mixtes donnent une force moyenne.

CHAPITRE VIII. — Que toute forme de gouvernement n'est pas propre à tout pays.

La liberté, n'étant pas un fruit de tous les climats, n'est pas à la portée de tous les peuples. Plus on médite ce principe établi par Montesquieu, plus on en sent la vérité; plus on le conteste, plus on donne occasion de l'établir par de nouvelles preuves.

Dans tous les gouvernements du monde, la personne publique consomme et ne produit rien. D'où lui vient donc la substance consommée? Du travail de ses membres. C'est le superflu des particuliers qui produit le nécessaire du public. D'où il suit que l'état civil ne peut subsister qu'autant que le travail des hommes rend au-delà de leurs besoins.

Or, cet excédant n'est pas le même dans tous les pays du monde. Dans plusieurs il est considérable, dans d'autres médiocre, dans d'autres nul, dans d'autres négatif. Ce rapport dépend de la fertilité du climat, de la sorte de travail que la terre exige, de la nature de ses productions, de la force de ses habitants, de la plus ou moins grande consommation qui leur est nécessaire, et de plusieurs autres rapports semblables desquels il est composé.

D'autre part, tous les gouvernements ne sont pas de même nature; il y en a de plus ou moins dévorants; et les différences sont fondées sur cet autre principe, que, plus les contributions publiques s'éloignent de leur source, et plus elles sont onéreuses. Ce n'est pas sur la quantité des impositions qu'il faut mesurer cette charge, mais sur le chemin qu'elles ont à faire pour retourner dans les mains dont elles sont sorties. Quand cette circulation est prompte et bien établie, qu'on paie peu ou beaucoup, il n'importe; le peuple est toujours riche, et les finances vont toujours bien. Au contraire, quelque peu que le peuple donne, quand ce peu ne lui revient point, en donnant toujours, bientôt il s'épuise; l'état n'est jamais riche, et le peuple est toujours gueux.

Il suit de là que plus la distance du peuple au gouvernement augmente, et plus les tributs deviennent onéreux : ainsi, dans la démocratie, le peuple est le moins chargé; dans l'aristocratie, il l'est davantage; dans la monarchie, il porte le plus grand poids. La monarchie ne convient donc qu'aux nations opulentes; l'aristocratie, aux états médiocres en richesse ainsi qu'en grandeur; la démocratie, aux états petits et pauvres.

En effet, plus on y réfléchit, plus on trouve en ceci de différence entre les états libres et monarchiques. Dans les premiers, tout s'emploie à l'utilité commune; dans les autres, les forces publiques et particulières sont réciproques, et l'un s'augmente par l'affaiblissement de l'autre: enfin, au lieu de gouverner les sujets pour les rendre heureux, le despotisme les rend misérables pour les gouverner.

Voilà donc, dans chaque climat, des causes naturelles sur lesquelles on peut assigner la forme du gouvernement à laquelle la force du climat l'entraîne, et dire même quelle espèce d'habitants il doit avoir. Les lieux ingrats et stériles, où le produit ne vaut pas le travail, doivent rester incultes et déserts, ou seulement peuplés de sauvages : les lieux où le travail des hommes ne rend exactement que le nécessaire doivent être habités par des peuples barbares; toute *politie* y serait impossible; les lieux où l'excès du produit sur le travail est médiocre conviennent aux peuples libres; ceux où le terroir abondant et fertile donne beaucoup de produit pour peu de travail, veulent être gouvernés monarchiquement, pour consumer par le luxe du prince l'excès du superflu des sujets; car il vaut mieux que cet excès soit absorbé par le gouvernement, que dissipé par les particuliers. Il y a des exceptions, je le sais; mais ces exceptions mêmes confirment la règle, en ce qu'elles produisent tôt ou tard des révolutions qui ramènent les choses dans l'ordre de la nature.

Distinguons toujours les lois générales des causes particulières qui peuvent en modifier l'effet. Quand tout le Midi serait couvert de républiques et tout le Nord d'états despotiques, il n'en serait pas moins vrai que, par l'effet du climat, le despotisme convient aux pays chauds, la barbarie aux pays froids, et la bonne *politie* aux régions intermédiaires. Je vois encore qu'en accordant le principe, on pourra disputer sur l'application : on pourra dire qu'il y a des pays froids très fertiles, et des méridionaux très ingrats. Mais cette difficulté n'en est une que pour ceux qui n'examinent pas la chose dans tous ses rapports. Il faut, comme je l'ai déjà dit, compter ceux des travaux, des forces, de consommation, etc.

Supposons que de deux terrains égaux l'un rapporte cinq et l'autre dix. Si les habitants du premier consomment quatre et ceux du dernier neuf, l'excès du premier produit sera un cinquième, et celui du second un dixième. Le rapport de ces deux excès étant donc inverse de celui des produits, le terrain qui ne produira que cinq donnera un superflu double de celui du terrain qui produira dix.

Mais il n'est pas question d'un produit double, et je ne crois pas que personne ose mettre en général la fertilité des pays froids en égalité même avec celle des pays chauds. Toutefois supposons cette égalité; laissons, si l'on veut, en balance l'Angleterre avec la Sicile, et la Pologne avec l'Egypte : plus au midi, nous aurons l'Afrique et les Indes, plus au nord, nous n'aurons plus rien. Pour cette égalité de produit, quelle différence dans la culture! En Sicile, il ne faut que gratter la terre ; en Angleterre, que de soins pour la labourer! Or là où il faut plus de bras pour donner le même produit, le superflu doit être nécessairement moindre.

Considérez, outre cela, que la même quantité d'hommes consomme beaucoup moins dans les pays chauds. Le climat demande qu'on y soit sobre pour se porter bien : les Européens qui veulent y vivre comme chez eux périssent tous de dyssenterie et d'indigestion. « Nous sommes, dit Chardin, des bêtes carnassières, des loups, en comparaison des Asiatiques. Quelques-uns attribuent la sobriété des Persans à ce que leur pays est moins cultivé; et moi, je crois au contraire que leur pays abonde moins en denrées, parce qu'il en faut moins aux habitants. Si leur frugalité, continue-t-il, était un effet de la disette du pays, il n'y aurait que les pauvres qui mangeraient peu, au lieu que c'est généralement tout le monde; et on mangerait plus ou moins en chaque province, selon la fertilité du pays, au lieu que la même sobriété se trouve par tout le royaume. Ils se louent fort de leur manière de vivre, disant qu'il ne faut que regarder leur teint pour reconnaître combien elle est plus excellente que celle des chrétiens. En effet, le teint des Persans est uni; ils ont la peau belle, fine et polie; au lieu que le teint des Arméniens, leurs sujets, qui vivent à l'européenne, est rude, couperosé, et que leurs corps sont gros et pesants.

Plus on approche de la ligne, plus les peuples vivent de peu. Ils ne mangent presque pas de viande ; le riz, le maïs, le cuzcuz, le mil, la cassave, sont leurs aliments ordinaires. Il y a aux Indes des millions d'hommes dont la nourriture ne coûte pas un sou par jour. Nous voyons, en Europe même, des différences sensibles pour l'appétit entre les peuples du nord et ceux du midi. Un Espagnol vivra huit jours du dîner d'un Allemand. Dans les pays où les hommes sont plus voraces, le luxe se tourne aussi vers les choses de consommation : en Angleterre il se montre sur une table chargée de viandes; en Italie on vous régale de sucre et de fleurs.

Le luxe des vêtements offre encore de semblables différences. Dans les climats où les changements des saisons sont prompts et violents, on a des habits meilleurs et plus simples; dans ceux où l'on ne s'habille que pour la parure, on y cherche plus d'éclat que d'utilité : les habits eux-mêmes y sont un luxe. A Naples, vous verrez tous les jours se promener au Pausilippe des hommes en veste dorée, et point de bas. C'est la même chose pour les bâtiments : on donne tout à la magnificence quand on n'a rien à craindre des injures de l'air. A Paris, à Londres, on veut être logé chaudement et commodément : à Madrid, on a des salons superbes, mais point de fenêtres qui ferment, et l'on couche dans des nids à rats.

Les aliments sont beaucoup plus substantiels et succulents dans les pays chauds ; c'est une troisième différence qui ne peut manquer d'influer sur la seconde. Pourquoi mange-t-on tant de légumes en Italie? parce qu'ils y sont bons, nourrissants, d'excellent goût. En France, où ils ne sont nourris que d'eau, ils ne nourrissent point, et sont presque comptés pour rien sur les tables; ils n'occupent pourtant pas moins de terrain et coûtent du moins autant de peine à cultiver. C'est une expérience faite que les blés de Barbarie, d'ailleurs inférieurs à ceux de France, rendent beaucoup plus en farine, et que ceux de France, à leur tour, rendent plus que les blés du Nord. D'où l'on peut inférer qu'une gradation semblable s'observe généralement dans la même direction de la ligne au pôle. Or, n'est-ce pas un désavantage visible d'avoir dans un produit égal une moindre quantité d'aliments?

A toutes ces différentes considérations j'en puis ajouter une qui en découle et qui les fortifie ; c'est que les pays chauds ont moins besoin d'habitants que les pays froids, et pourraient en nourrir davantage, ce qui produit un double superflu toujours à l'avantage du despotisme. Plus le même nombre d'habitants occupe une grande surface, plus les révoltes deviennent difficiles, parce qu'on ne peut se concerter ni promptement ni secrètement, et qu'il est toujours facile au gouvernement d'éventer les projets et de couper les communications. Mais plus un peuple nombreux se rapproche, moins le gouvernement peut usurper sur le souverain : les chefs délibèrent aussi sûrement dans leurs chambres que le prince dans son conseil, et la foule s'assemble aussi tôt dans les places que les troupes dans leurs quartiers. L'avantage d'un gouvernement tyrannique est donc en ceci d'agir à grandes distances. A l'aide des points d'appui qu'il se donne, sa force augmente au loin comme celle des leviers (1).

Celle du peuple, au contraire, n'agit que concentrée : elle s'évapore et se perd en s'étendant, comme l'effet de la poudre éparse à terre, et qui ne prend feu que grain à grain. Les pays les moins peuplés sont ainsi les plus propres à la tyrannie : les bêtes féroces ne règnent que dans les déserts.

CHAPITRE IX. — Des signes d'un bon gouvernement.

Quand donc on demande absolument quel est le meilleur gouvernement, on fait une question insoluble comme indéterminée; ou, si l'on veut, elle a autant de bonnes solutions qu'il y a de combinaisons possibles dans les positions absolues et relatives des peuples.

Mais si l'on demandait à quel signe on peut connaître qu'un peuple donné est bien ou mal gouverné, ce serait autre chose, et la question de fait pourrait se résoudre.

Cependant on ne la résout point, parce que chacun veut la résoudre à sa manière. Les sujets vantent la tranquillité publique, les citoyens la liberté des particuliers; l'un préfère la sûreté des possessions, et l'autre celle des personnes; l'un veut que le meilleur gouvernement soit le plus sévère, l'autre soutient que c'est le plus doux; celui-ci veut qu'on punisse les crimes, et celui-là qu'on les prévienne; l'un trouve beau qu'on soit craint des voisins, l'autre aime mieux qu'on en soit ignoré; l'un est content quand l'argent circule, l'autre exige que le peuple ait du pain. Quand même on conviendrait sur ces points et d'autres semblables, en serait-on plus avancé? Les qualités morales manquant de mesure précise, fût-on d'accord sur le signe, comment l'être sur l'estimation?

Pour moi, je m'étonne toujours qu'on méconnaisse un signe aussi simple, ou qu'on ait la mauvaise foi de n'en pas convenir. Quelle est la fin de l'association politique? c'est la conservation et la prospérité de ses membres. Et quel est le signe le plus sûr qu'ils se conservent et prospèrent? c'est leur nombre et leur population. N'allez donc pas chercher ailleurs ce signe si disputé. Toute chose d'ailleurs égale, le gouvernement sous lequel, sans moyens étrangers, sans naturalisations, sans colonies, les citoyens peuplent et multiplient davantage, est infailliblement le meilleur. Celui sous lequel un peuple diminue et dépérit, est le pire. Calculateurs, c'est maintenant votre affaire; comptez, mesurez, comparez (2).

---

(1) Ceci ne contredit pas ce que j'ai dit ci-devant, liv. II, chap. IX, sur les inconvénients des grands états; car il s'agissait là de l'autorité du gouvernement sur ses membres, et il s'agit ici de sa force contre les sujets. Ses membres épars lui servent de point d'appui pour agir au loin sur le peuple, mais il n'a nul point d'appui pour agir directement sur ses membres mêmes. Ainsi, dans l'un des cas, la longueur du levier en fait la faiblesse, et la force dans l'autre cas.

(2) On doit juger, sur le même principe, des siècles qui méritent la préférence pour la prospérité du genre humain. On a trop admiré ceux où l'on a vu fleurir les lettres et les arts, sans pénétrer le secret de leur culture, sans en considérer le funeste effet : « idque apud imperitos humanitas vocabatur, quum pars servitutis esset. » (Ce qui n'était qu'une condition de la servitude, les gens à courte vue l'appelaient bonté. TAC., *Agric.*, 21.)

CHAPITRE X. — De l'abus du gouvernement, et de sa pente à dégénérer.

Comme la volonté particulière agit sans cesse contre la volonté générale, ainsi le gouvernement fait un effort continuel contre la souveraineté. Plus cet effort augmente, plus la constitution s'altère; et, comme il n'y a point ici d'autre volonté de corps qui, résistant à celle du prince, fasse équilibre avec elle, il doit arriver tôt ou tard que le prince opprime enfin le souverain et rompe le traité social. C'est là le vice inhérent et inévitable qui, dès la naissance du corps politique, tend sans relâche à le détruire, de même que la vieillesse et la mort détruisent enfin le corps de l'homme.

Il y a deux voies générales par lesquelles un gouvernement dégénère : savoir, quand il se resserre, ou quand l'état se dissout.

Le gouvernement se resserre quand il passe du grand nombre au petit, c'est-à-dire de la démocratie à l'aristocratie, et de l'aristocratie à la royauté. C'est là son inclination naturelle (1). S'il rétrogradait du petit nombre au

verrons-nous jamais dans les maximes des livres l'intérêt grossier qui fait parler les auteurs? Non, quoi qu'ils en puissent dire, quand, malgré son éclat, un pays se dépeuple, il n'est pas vrai que tout aille bien, et il ne suffit pas qu'un poète ait cent mille livres de rente, pour que son siècle soit le meilleur de tous. Il faut moins regarder au repos apparent et à la tranquillité des chefs, qu'au bien-être des nations entières, et surtout des états les plus nombreux. La grêle désole quelques cantons, mais elle fait rarement disette. Les émeutes, les guerres civiles effarouchent beaucoup les chefs; mais elles ne font pas les vrais malheurs des peuples, qui peuvent même avoir du relâche, tandis qu'on dispute à qui les tyrannisera. C'est de leur état permanent que naissent leurs prospérités ou leurs calamités réelles : quand tout reste écrasé sous le joug, c'est alors que tout dépérit; c'est alors que les chefs, les détruisant à leur aise, « ubi solitudinem faciunt, pacem appellant. » (Ils font un désert et vous disent : voilà la paix. TAC., *Agric.*, 31.) Quand les tracasseries des grands agitaient le royaume de France, et que le coadjuteur de Paris portait au parlement un poignard dans sa poche, cela n'empêchait pas que le peuple français ne vécût heureux et nombreux dans une honnête et libre aisance. Autrefois la Grèce florissait au sein des plus cruelles guerres; le sang y coulait à flots, et tout le pays était couvert d'hommes. « Il semblait, dit Machiavel, qu'au milieu des meurtres, des proscriptions, des guerres civiles, notre république en devînt plus puissante; la vertu de ses citoyens, leurs mœurs, leur indépendance, avaient plus d'effet pour la renforcer, que toutes ses dissensions n'en avaient pour l'affaiblir. » Un peu d'agitation donne du ressort aux âmes, et ce qui fait vraiment prospérer l'espèce est moins la paix que la liberté.

(1) La formation lente et le progrès de la république de Venise dans ses lagunes offrent un exemple notable de cette succession; et il est bien étonnant que, depuis plus de douze cents ans, les Vénitiens semblent n'en être qu'au second terme, lequel commença au *Serrar di consiglio*, en 1198. Quant aux anciens ducs qu'on leur reproche, quoi qu'en puisse dire le *Squittinio della libertà veneta* (par Marc Velser d'Augsbourg, 1612), il est prouvé qu'ils n'ont point été leurs souverains.

On ne manquera pas de m'objecter la république romaine qui suivit, dira-t-on, un progrès tout contraire, passant de la monarchie à l'aristocratie. Je suis bien éloigné d'en penser ainsi.

Le premier établissement de Romulus fut un gouvernement mixte, qui dégénéra promptement en despotisme. Par des causes particulières, l'état périt avant le temps, comme on voit mourir un nouveau-né avant d'avoir atteint l'âge d'homme. L'expulsion des Tarquins fut la véritable époque de la naissance de la République. Mais elle ne prit pas d'abord une forme constante, parce qu'on ne fit que la moitié de l'ouvrage en n'abolissant pas le patriciat. Car, de cette manière, l'aristocratie héréditaire, qui est la pire des administrations légitimes, restant en conflit avec la démocratie, la forme du gouvernement, toujours incertaine et flottante, ne fut fixée, comme l'a prouvé Machiavel, qu'à l'établissement des tribuns; alors seulement il y eut un vrai gouvernement et une véritable démocratie. En effet, le peuple alors n'était pas seulement souverain, mais aussi magistrat et juge; le sénat n'était qu'un tribunal en sous-ordre, pour tempérer et concentrer le gouvernement; et les consuls eux-mêmes, bien que patriciens, bien que premiers magistrats, bien que généraux absolus à la guerre, n'étaient à Rome que les présidents du peuple.

Dès lors on vit aussi le gouvernement prendre sa pente naturelle et tendre fortement à l'aristocratie. Le patriciat s'abolissant comme de lui-même, l'aristocratie n'était plus dans le corps des patriciens comme elle est à Venise et à Gênes, mais dans le corps du sénat, composé de patriciens et de plébéiens, même dans le corps des tribuns quand ils commencèrent d'usurper une puissance active : car les mots ne font rien aux choses, et grand, on pourrait dire qu'il se relâche; mais ce progrès inverse est impossible.

En effet, jamais le gouvernement ne change de forme que quand son ressort usé le laisse trop affaibli pour pouvoir conserver la sienne. Or, s'il se relâchait encore en s'étendant, sa force deviendrait tout-à-fait nulle, et il subsisterait encore moins. Il faut donc remonter et serrer le ressort à mesure qu'il cède: autrement, l'état qu'il soutient tomberait en ruine.

Le cas de la dissolution de l'état peut arriver de deux manières.

Premièrement, quand le prince n'administre plus l'état selon les lois, et qu'il usurpe le pouvoir souverain. Alors il se fait un changement remarquable; c'est que, non pas le gouvernement, mais l'état se resserre: je veux dire que le grand état se dissout, et qu'il s'en forme un autre dans celui-là, composé seulement des membres du gouvernement, et qu'il n'est plus rien au reste du peuple que son maître et son tyran. De sorte qu'à l'instant que le gouvernement usurpe la souveraineté, le pacte social est rompu; et tous les simples citoyens, rentrés de droit dans leur liberté naturelle, sont forcés, mais non pas obligés d'obéir.

Le même cas arrive aussi quand les membres du gouvernement usurpent séparément le pouvoir qu'ils ne doivent exercer qu'en corps; ce qui n'est pas une moindre infraction des lois, et produit encore un plus grand désordre. Alors on a, pour ainsi dire, autant de princes que de magistrats, et l'état, non moins divisé que le gouvernement, périt ou change de forme.

Quand l'état se dissout, l'abus du gouvernement, quel qu'il soit, prend le nom commun d'*anarchie*. En distinguant, la démocratie dégénère en *ochlocratie*, l'aristocratie en *oligarchie;* j'ajouterais que la royauté dégénère en *tyrannie;* mais ce dernier mot est équivoque et demande explication.

Dans le sens vulgaire, un tyran est un roi qui gouverne avec violence et sans égard à la justice et aux lois. Dans le sens précis, un tyran est un particulier qui s'arroge l'autorité royale sans y avoir droit. C'est ainsi que les Grecs entendaient ce mot de tyran: ils le donnaient indifféremment aux bons et aux mauvais princes dont l'autorité n'était pas légitime (1). Ainsi *tyran* et *usurpateur* sont deux mots parfaitement synonymes.

Pour donner différents noms à différentes choses, j'appelle *tyran* l'usurpateur de l'autorité royale, et *despote* l'usurpateur du pouvoir souverain. Le tyran est celui qui s'ingère contre les lois à gouverner selon les lois; le despote est celui qui se met au-dessus des lois mêmes. Ainsi le tyran peut n'être pas despote, mais le despote est toujours tyran.

CHAPITRE XI. — De la mort du corps politique.

Telle est la pente naturelle et inévitable des gouvernements les mieux constitués. Si Sparte et Rome ont péri, quel état peut espérer de durer toujours? Si nous voulons former un établissement durable, ne songeons donc point à le rendre éternel. Pour réussir il ne faut pas tenter l'impossible, ni se

---

quand le peuple a des chefs qui gouvernent pour lui, quelque nom que portent ces chefs, c'est toujours une aristocratie.

De l'abus de l'aristocratie naquirent les guerres civiles et le triumvirat: Sylla, Jules César, Auguste, devinrent dans le fait de véritables monarques, et enfin, sous le despotisme de Tibère, l'état fut dissous. L'histoire romaine ne dément donc pas mon principe: elle le confirme.

(1) « Omnes enim et habentur et dicuntur tyranni, qui potestate utuntur perpetua in « ea civitate quæ libertate usa est. (Corn. Nep. in *Miltiad.*, cap. 8.) » — Il est vrai qu'Aristote (*Mor. Nicom.*, liv. VIII, cap. 10), distingue le tyran du roi, en ce que le premier gouverne pour sa propre utilité, et le second seulement pour l'utilité de ses sujets; mais, outre que généralement tous les auteurs grecs ont pris le mot *tyran* dans un autre sens, comme il paraît surtout par le *Hiéron* de Xénophon, il s'ensuivrait de la distinction d'Aristote, que, depuis le commencement du monde, il n'aurait pas encore existé un seul roi.

flatter de donner à l'ouvrage des hommes une solidité que les choses humaines ne comportent pas.

Le corps politique, aussi bien que le corps de l'homme, commence à mourir dès sa naissance, et porte en lui-même les causes de sa destruction. Mais l'un et l'autre peuvent avoir une constitution plus ou moins robuste et propre à le conserver plus ou moins longtemps. La constitution de l'homme est l'ouvrage de la nature; celle de l'état est l'ouvrage de l'art. Il ne dépend pas des hommes de prolonger leur vie, il dépend d'eux de prolonger celle de l'état aussi loin qu'il est possible, en lui donnant la meilleure constitution qu'il puisse avoir. Le mieux constitué finira, mais plus tard qu'un autre, si nul accident imprévu n'amène sa perte avant le temps.

Le principe de la vie politique est dans l'autorité souveraine. La puissance législative est le cœur de l'état, la puissance exécutive en est le cerveau, qui donne le mouvement à toutes les parties. Le cerveau peut tomber en paralysie et l'individu vivre encore. Un homme reste imbécille et vit; mais sitôt que le cœur a cessé ses fonctions, l'animal est mort.

Ce n'est point par les lois que l'état subsiste, c'est par le pouvoir législatif. La loi d'hier n'oblige pas aujourd'hui; mais le consentement tacite est présumé du silence, et le souverain est censé confirmer incessamment les lois qu'il n'abroge pas, pouvant le faire. Tout ce qu'il a déclaré vouloir une fois, il le veut toujours, à moins qu'il ne le révoque.

Pourquoi donc porte-t-on tant de respect aux anciennes lois ? C'est pour cela même. On doit croire qu'il n'y a que l'excellence des volontés antiques qui les ait pu conserver si longtemps : si le souverain ne les eût reconnues constamment salutaires, il les eût mille fois révoquées. Voilà pourquoi, loin de s'affaiblir, les lois acquièrent sans cesse une force nouvelle dans tout état bien constitué; le préjugé de l'antiquité les rend chaque jour plus vénérables : au lieu que partout où les lois s'affaiblissent en vieillissant, cela prouve qu'il n'y a plus de pouvoir législatif, et que l'état ne vit plus.

CHAPITRE XII. — Comment se maintient l'autorité souveraine.

Le souverain, n'ayant d'autre force que la puissance législative, n'agit que par des lois; et les lois n'étant que des actes authentiques de la volonté générale, le souverain ne saurait agir que quand le peuple est assemblé. — Le peuple assemblé, dira-t-on, quelle chimère ! — C'est une chimère aujourd'hui; mais ce n'en était pas une il y a deux mille ans. Les hommes ont-ils changé de nature ?

Les bornes du possible, dans les choses morales, sont moins étroites que nous ne pensons : ce sont nos faiblesses, nos vices, nos préjugés qui les rétrécissent. Les âmes basses ne croient point aux grands hommes : de vils esclaves sourient d'un air moqueur à ce mot de *liberté*.

Par ce qui s'est fait considérons ce qui se peut faire. Je ne parlerai pas des anciennes républiques de la Grèce; mais la république romaine était, ce me semble, un grand état, et la ville de Rome une grande ville. Le dernier cens donna dans Rome quatre cent mille citoyens portant armes, et le dernier dénombrement de l'empire plus de quatre millions de citoyens, sans compter les sujets, les étrangers, les femmes, les enfants, les esclaves.

Quelle difficulté n'imaginerait-on pas d'assembler fréquemment le peuple immense de cette capitale et de ses environs ! Cependant il se passait peu de semaines que le peuple romain ne fût assemblé, et même plusieurs fois. Non-seulement il exerçait les droits de la souveraineté, mais une partie de ceux du gouvernement. Il traitait certaines affaires, il jugeait certaines causes, et tout ce peuple était sur la place publique presque aussi souvent magistrat que citoyen.

En remontant aux premiers temps des nations, on trouverait que la plupart des anciens gouvernements, même monarchiques, tels que ceux des

Macédoniens et des Francs, avaient de semblables conseils. Quoi qu'il en soit, ce seul fait incontestable répond à toutes les difficultés : de l'existant au possible la conséquence me paraît bonne.

CHAPITRE XIII. — Suite.

Il ne suffit pas que le peuple assemblé ait une fois fixé la constitution de l'état en donnant la sanction à un corps de lois; il ne suffit pas qu'il ait établi un gouvernement perpétuel, ou qu'il ait pourvu une fois pour toutes à l'élection des magistrats : outre les assemblées extraordinaires que des cas imprévus peuvent exiger, il faut qu'il y en ait de fixes et de périodiques que rien ne puisse abolir ni proroger, tellement qu'au jour marqué le peuple soit légitimement convoqué par la loi, sans qu'il soit besoin pour cela d'aucune autre convocation formelle.

Mais, hors de ces assemblées juridiques par leur seule date, toute assemblée du peuple qui n'aura pas été convoquée par les magistrats préposés à cet effet, et selon les formes prescrites, doit être tenue pour illégitime, et tout ce qui s'y fait pour nul, parce que l'ordre même de s'assembler doit émaner de la loi.

Quant aux retours plus ou moins fréquents des assemblées légitimes, ils dépendent de tant de considérations, qu'on ne saurait donner là-dessus de règles précises. Seulement on peut dire en général que, plus le gouvernement a de force, plus le souverain doit se montrer fréquemment.

Ceci, me dira-t-on, peut être bon pour une seule ville; mais que faire quand l'état en comprend plusieurs? Partagera-t-on l'autorité souveraine? ou bien doit-on la concentrer dans une seule ville et assujettir tout le reste?

Je réponds qu'on ne doit faire ni l'un ni l'autre. Premièrement, l'autorité souveraine est simple et une, et l'on ne peut la diviser sans la détruire. En second lieu, une ville non plus qu'une nation ne peut être légitimement sujette d'une autre, parce que l'essence du corps politique est dans l'accord de l'obéissance et de la liberté, et que ces mots de *sujet* et de *souverain* sont des corrélations identiques dont l'idée se réunit sous le seul mot de citoyen.

Je réponds encore que c'est toujours un mal d'unir plusieurs villes en une seule cité; et que, voulant faire cette union, l'on ne doit pas se flatter d'en éviter les inconvénients naturels. Il ne faut point objecter l'abus des grands états à celui qui n'en veut que de petits. Mais comment donner aux petits états assez de force pour résister aux grands? Comme jadis les villes grecques résistèrent au grand roi, et comme plus récemment la Hollande et la Suisse ont résisté à la maison d'Autriche.

Toutefois, si l'on ne peut réduire l'état à de justes bornes, il reste encore une ressource, c'est de n'y point souffrir de capitale, de faire siéger le gouvernement alternativement dans chaque ville, et d'y rassembler aussi tour à tour les états du pays.

Peuplez également le territoire, étendez-y partout les mêmes droits, portez-y partout l'abondance et la vie; c'est ainsi que l'état deviendra tout à la fois le plus fort et le mieux gouverné qu'il soit possible. Souvenez-vous que les murs des villes ne se forment que du débris des maisons des champs. A chaque palais que je vois élever dans la capitale, je crois voir mettre en masures tout un pays.

CHAPITRE XIV. — Suite.

A l'instant que le peuple est légitimement assemblé en corps souverain, toute juridiction du gouvernement cesse, la puissance exécutive est suspendue, et la personne du dernier citoyen est aussi sacrée et inviolable que celle du premier magistrat, parce que où se trouve le représenté il n'y a plus de représentant. La plupart des tumultes qui s'élevèrent à Rome dans les comices vinrent d'avoir ignoré ou négligé cette règle. Les consuls alors n'étaient que les présidents du peuple; les tribuns, de simples orateurs (1); le sénat n'était rien du tout.

Ces intervalles de suspension où le prince reconnaît ou doit reconnaître un supérieur actuel, lui ont toujours été redoutables; et ces assemblées du peuple, qui sont l'égide du corps politique et le frein du gouvernement, ont été de tout temps l'horreur des chefs : aussi n'épargnent-ils jamais ni soins, ni objections, ni difficultés, ni promesses, pour en rebuter les citoyens. Quand ceux-ci sont avares, lâches, pusillanimes, plus amoureux du repos que de la liberté, ils ne tiennent pas longtemps contre les efforts redoublés du gouvernement : c'est ainsi que, la force résistante augmentant sans cesse, l'autorité souveraine s'évanouit à la fin, et que la plupart des cités tombent et périssent avant le temps.

Mais, entre l'autorité souveraine et le gouvernement arbitraire, il s'introduit quelquefois un pouvoir moyen dont il faut parler.

CHAPITRE XV. — Des députés ou représentants.

Sitôt que le service public cesse d'être la principale affaire des citoyens, et qu'ils aiment mieux servir de leur bourse que de leur personne, l'état est déjà près de sa ruine. Faut-il marcher au combat, ils paient des troupes et restent chez eux : faut-il aller au conseil, ils nomment des députés et restent chez eux. A force de paresse et d'argent, ils ont enfin des soldats pour asservir la patrie, et des représentants pour la vendre.

C'est le tracas du commerce et des arts, c'est l'avide intérêt du gain, c'est la mollesse et l'amour des commodités, qui changent les services personnels en argent. On cède une partie de son profit pour l'augmenter à son aise. Donnez de l'argent, et bientôt vous aurez des fers. Ce mot de *finance* est un mot d'esclave; il est inconnu dans la cité. Dans un état vraiment libre, les citoyens font tout avec leurs bras, et rien avec de l'argent; loin de payer pour s'exempter de leurs devoirs, ils paieraient pour les remplir eux-mêmes. Je suis bien loin des idées communes; je crois les corvées moins contraires à la liberté que les taxes.

Mieux l'état est constitué, plus les affaires publiques l'emportent sur les privées dans l'esprit des citoyens. Il y a même beaucoup moins d'affaires privées, parce que la somme du bonheur commun fournissant une portion plus considérable à celui de chaque individu, il lui en reste moins à chercher dans les soins particuliers. Dans une cité bien conduite, chacun vole aux assemblées; sous un mauvais gouvernement, nul n'aime à faire un pas pour s'y rendre, parce que nul ne prend intérêt à ce qui s'y fait, qu'on prévoit que la volonté générale n'y dominera pas, et qu'enfin les soins domestiques absorbent tout. Les bonnes lois en font faire de meilleures, les mauvaises en amènent de pires. Sitôt que quelqu'un dit des affaires de l'état, *que m'importe?* on doit compter que l'état est perdu.

L'attiédissement de l'amour de la patrie, l'activité de l'intérêt privé, l'immensité des états, les conquêtes, l'abus du gouvernement, ont fait imaginer la voie des députés ou représentants du peuple dans les assemblées de la nation. C'est ce qu'en certains pays on ose appeler le tiers-état. Ainsi, l'intérêt particulier de deux ordres est mis au premier et au second rang; l'intérêt public n'est qu'au troisième.

La souveraineté ne peut être représentée, par la même raison qu'elle ne peut être aliénée; elle consiste essentiellement dans la volonté générale, et la volonté ne se représente point : elle est la même, ou elle est autre; il n'y a point de milieu. Les députés du peuple ne sont donc ni ne peuvent être ses représentants; ils ne sont que ses commissaires; ils ne peuvent rien conclure

---

(1) A peu près selon le sens qu'on donne à ce nom dans le parlement d'Angleterre. La ressemblance de ces emplois eût mis en conflit les consuls et les tribuns, quand même toute juridiction eût été suspendue.

définitivement. Toute loi que le peuple en personne n'a pas ratifiée est nulle : ce n'est point une loi. Le peuple anglais pense être libre, il se trompe fort ; il ne l'est que durant l'élection des membres du parlement : sitôt qu'ils sont élus, il est esclave, il n'est rien. Dans les courts moments de sa liberté, l'usage qu'il en fait mérite bien qu'il la perde.

L'idée des représentants est moderne ; elle nous vient du gouvernement féodal, de cet inique et absurde gouvernement dans lequel l'espèce humaine est dégradée, et où le nom d'homme est en déshonneur. Dans les anciennes républiques, et même dans les monarchies, jamais le peuple n'eut de représentants ; on ne connaissait pas ce mot-là. Il est très singulier qu'à Rome, où les tribuns étaient si sacrés, on n'ait pas même imaginé qu'ils pussent usurper les fonctions du peuple, et qu'au milieu d'une si grande multitude, ils n'aient jamais tenté de passer de leur chef un seul plébiscite. Qu'on juge cependant de l'embarras que causait quelquefois la foule, par ce qui arriva du temps des Gracques, où une partie des citoyens donnait son suffrage de dessus les toits.

Où le droit et la liberté sont toutes choses, les inconvénients ne sont rien. Chez ce sage peuple tout était mis à sa juste mesure : il laissait faire à ses licteurs ce que ses tribuns n'eussent osé faire ; il ne craignait pas que ses licteurs voulussent le représenter.

Pour expliquer cependant comment les tribuns le représentaient quelquefois, il suffit de concevoir comment le gouvernement représente le souverain. La loi n'étant que la déclaration de la volonté générale, il est clair que, dans la puissance législative, le peuple ne peut être représenté ; mais il peut et doit l'être dans la puissance exécutive, qui n'est que la force appliquée à la loi. Ceci fait voir qu'en examinant bien les choses, on trouverait que très peu de nations ont des lois. Quoi qu'il en soit, il est sûr que les tribuns, n'ayant aucune partie du pouvoir exécutif, ne purent jamais représenter le peuple romain par les droits de leurs charges, mais seulement en usurpant sur ceux du sénat.

Chez les Grecs, tout ce que le peuple avait à faire, il le faisait par lui-même ; il était sans cesse assemblé sur la place. Il habitait un climat doux ; il n'était point avide ; des esclaves faisaient ses travaux ; sa grande affaire était sa liberté. N'ayant plus les mêmes avantages, comment conserver les mêmes droits ? Vos climats plus durs vous donnent plus de besoins (1) : six mois de l'année la place publique n'est pas tenable ; vos langues sourdes ne peuvent se faire entendre en plein air ; vous donnez plus à votre gain qu'à votre liberté, et vous craignez bien moins l'esclavage que la misère.

Quoi ! la liberté ne se maintient qu'à l'appui de la servitude ? Peut-être. Les deux excès se touchent. Tout ce qui n'est point dans la nature a ses inconvénients, et la société civile plus que tout le reste. Il y a telles positions malheureuses où l'on ne peut conserver sa liberté qu'aux dépens de celle d'autrui, et où le citoyen ne peut être parfaitement libre que l'esclave ne soit extrêmement esclave. Telle était la position de Sparte. Pour vous, peuples modernes, vous n'avez point d'esclaves, mais vous l'êtes ; vous payez leur liberté de la vôtre. Vous avez beau vanter cette préférence, j'y trouve plus de lâcheté que d'humanité.

Je n'entends point par tout cela qu'il faille avoir des esclaves, ni que le droit d'esclavage soit légitime, puisque j'ai prouvé le contraire : je dis seulement les raisons pourquoi les peuples modernes qui se croient libres ont des représentants, et pourquoi les peuples anciens n'en avaient pas. Quoi qu'il en soit, à l'instant qu'un peuple se donne des représentants, il n'est plus libre ; il n'est plus.

(1) Adopter dans les pays froids le luxe et la mollesse des orientaux, c'est s'y soumettre encore plus nécessairement qu'eux.

Tout bien examiné, je ne vois pas qu'il soit désormais possible au souverain de conserver parmi nous l'exercice de ses droits, si la cité n'est très petite.—Mais si elle est très petite, elle sera subjuguée?—Non. Je ferai voir ci-après (1) comment on peut réunir la puissance extérieure d'un grand peuple avec la police aisée et le bon ordre d'un petit état.

CHAPITRE XVI. — Que l'institution du gouvernement n'est point un contrat.

Le pouvoir législatif une fois bien établi, il s'agit d'établir de même le pouvoir exécutif; car ce dernier, qui n'opère que par des actes particuliers, n'étant pas de l'essence de l'autre, en est naturellement séparé. S'il était possible que le souverain, considéré comme tel, eût la puissance exécutive, le droit et le fait seraient tellement confondus, qu'on ne saurait plus ce qui est loi et ce qui ne l'est pas; et le corps politique, ainsi dénaturé, serait bientôt en proie à la violence contre laquelle il fut institué.

Les citoyens étant tous égaux par le contrat social, ce que tous doivent faire, tous peuvent le prescrire, au lieu que nul n'a droit d'exiger qu'un autre fasse ce qu'il ne fait pas lui-même. Or c'est proprement ce droit, indispensable pour faire vivre et mouvoir le corps politique, que le souverain donne au prince en instituant le gouvernement.

Plusieurs ont prétendu que l'acte de cet établissement était un contrat entre le peuple et les chefs qu'il se donne, contrat par lequel on stipulait entre les deux parties les conditions sous lesquelles l'une s'obligeait à commander et l'autre à obéir. On conviendra, je m'assure, que voilà une étrange manière de contracter. Mais voyons si cette opinion est soutenable.

Premièrement, l'autorité suprême ne peut pas plus se modifier que s'aliéner; la limiter, c'est la détruire. Il est absurde et contradictoire que le souverain se donne un supérieur; s'obliger d'obéir à un maître, c'est se remettre en pleine liberté.

De plus, il est évident que ce contrat du peuple avec telles ou telles personnes serait un acte particulier; d'où il suit que ce contrat ne saurait être une loi ni un acte de souveraineté, et que par conséquent il serait illégitime.

On voit encore que les parties contractantes seraient entre elles sous la seule loi de nature et sans aucun garant de leurs engagements réciproques, ce qui répugne de toutes manières à l'état civil : celui qui a la force en main étant toujours le maître de l'exécution, autant vaudrait donner le nom de contrat à l'acte d'un homme qui dirait à un autre : « Je vous donne tout mon bien, à condition que vous m'en rendrez ce qu'il vous plaira. »

Il n'y a qu'un contrat dans l'état, c'est celui de l'association; et celui-là seul en exclut tout autre. On ne saurait imaginer aucun contrat public qui ne fût une violation du premier.

CHAPITRE XVII. — De l'institution du gouvernement.

Sous quelle idée faut-il donc concevoir l'acte par lequel le gouvernement est institué? Je remarquerai d'abord que cet acte est complexe ou composé de deux autres; savoir, l'établissement de la loi, et l'exécution de la loi.

Par le premier, le souverain statue qu'il y aura un corps de gouvernement établi sous telle ou telle forme ; et il est clair que cet acte est une loi.

---

(1) C'est ce que je m'étais proposé de faire dans la suite de cet ouvrage, lorsqu'en traitant des externes, j'en serais venu aux confédérations; matière toute neuve et où les principes sont encore à établir.

— Le comte d'Antraigues avait émigré. Dans une brochure imprimée à Lausanne, en 1790, sous ce titre : *Quelle est la situation de l'Assemblée nationale?* il annonça que Rousseau lui avait remis en main propre un écrit de 32 pages sur ce sujet, avec l'autorisation d'en faire l'usage qu'il croirait utile. Considérant que cet écrit pouvait être dangereux pour la monarchie, M. d'Antraigues l'a supprimé : tactique bien digne de son parti qui se dit conservateur.

Par le second, le peuple nomme les chefs qui seront chargés du gouvernement établi. Or cette nomination, étant un acte particulier, n'est pas une seconde loi, mais seulement une suite de la première et une fonction du gouvernement.

..... Elle rend un peuple sanguinaire et intolérant, en sorte qu'il ne respire que meurtre et massacre.

La difficulté est d'entendre comment on peut avoir un acte de gouvernement avant que le gouvernement existe, et comment le peuple, qui n'est que souverain ou sujet, peut devenir prince ou magistrat dans certaines circonstances.

C'est encore ici que se découvre une de ces étonnantes propriétés du corps politique par lesquelles il concilie des opérations contradictoires en apparence; car celle-ci se fait par une conversion subite de la souveraineté en démocratie, en sorte que, sans aucun changement sensible, et seulement par une nouvelle relation de tous à tous, les citoyens, devenus magistrats, passent des actes généraux aux actes particuliers, et de la loi à l'exécution.

Ce changement de relation n'est point une subtilité de spéculation sans exemple dans la pratique : il a lieu tous les jours dans le parlement d'Angleterre, où la chambre basse, en certaines occasions, se tourne en grand comité, pour mieux discuter les affaires, et devient ainsi simple commission, de cour souveraine qu'elle était l'instant précédent ; en telle sorte qu'elle se fait ensuite rapport à elle-même, comme chambre des communes, de ce qu'elle vient de régler en grand comité, et délibère de nouveau sous un titre de ce qu'elle a déjà résolu sous un autre.

Tel est l'avantage propre au gouvernement démocratique, de pouvoir être établi dans le fait par un simple acte de la volonté générale. Après quoi ce gouvernement provisionnel reste en possession, si telle est la forme adoptée, ou établit au nom du souverain le gouvernement prescrit par la loi ; et tout se trouve ainsi dans la règle. Il n'est pas possible d'instituer le gouvernement d'aucune autre manière légitime et sans renoncer aux autres principes ci-devant établis.

CHAPITRE XVIII. — Moyen de prévenir les usurpations du gouvernement.

De ces éclaircissements il résulte, en confirmation du chapitre XVI, que l'acte qui institue le gouvernement n'est point un contrat, mais une loi ; que les dépositaires de la puissance exécutive ne sont point les maîtres du peuple, mais ses officiers ; qu'il peut les établir et les destituer quand il lui plaît, qu'il n'est point question pour eux de contracter, mais d'obéir ; et qu'en se chargeant des fonctions que l'état leur impose, ils ne font que remplir leur devoir de citoyens, sans avoir en aucune sorte le droit de disputer sur les conditions.

Quand donc il arrive que le peuple institue un gouvernement héréditaire, soit monarchique dans une famille, soit aristocratique dans un ordre de citoyens, ce n'est point un engagement qu'il prend ; c'est une forme provisionnelle qu'il donne à l'administration, jusqu'à ce qu'il lui plaise d'en ordonner autrement.

Il est vrai que ces changements sont toujours dangereux, et qu'il ne faut jamais toucher au gouvernement établi que lorsqu'il devient incompatible avec le bien public : mais cette circonspection est une maxime de politique, et non pas une règle de droit ; et l'état n'est pas plus tenu de laisser l'autorité civile à ses chefs, que l'autorité militaire aux généraux.

Il est vrai encore qu'on ne saurait en pareil cas observer avec trop de soin les formalités requises pour distinguer un acte régulier et légitime d'un tumulte séditieux, et la volonté de tout un peuple des clameurs d'une faction. C'est ici surtout qu'il ne faut donner au cas odieux que ce qu'on ne peut lui refuser dans toute la rigueur du droit ; et c'est aussi de cette obligation que le prince tire un grand avantage pour conserver sa puissance malgré le peuple, sans qu'on puisse dire qu'il l'ait usurpée ; car, en paraissant n'user que de ses droits, il lui est fort aisé de les étendre, et d'empêcher, sous le prétexte du repos public, les assemblées destinées à rétablir le bon ordre : de sorte qu'il se prévaut d'un silence qu'il empêche de rompre, ou des irrégularités qu'il fait commettre, pour supposer en sa faveur l'aveu de ceux que la crainte fait taire, et pour punir ceux qui osent parler. C'est ainsi que les décemvirs, ayant été d'abord élus pour un an, puis continués pour une autre année, tentèrent de retenir à perpétuité leur pouvoir en ne permettant plus aux comices de s'assembler ; et c'est par ce facile moyen que tous les gouvernements du monde, une fois revêtus de la force publique, usurpent tôt ou tard l'autorité souveraine.

Les assemblées périodiques, dont j'ai parlé ci-devant, sont propres à prévenir ou différer ce malheur, surtout quand elles n'ont pas besoin de convocation formelle; car alors le prince ne saurait les empêcher sans se déclarer ouvertement infracteur des lois et ennemi de l'état.

L'ouverture de ces assemblées, qui n'ont pour objet que le maintien du traité social, doit toujours se faire par deux propositions qu'on ne puisse jamais supprimer, et qui passent séparément par les suffrages.

La première : *S'il plaît au souverain de conserver la présente forme de gouvernement.*

La seconde : *S'il plaît au peuple d'en laisser l'administration à ceux qui en sont actuellement chargés.*

Je suppose ici ce que je crois avoir démontré, savoir, qu'il n'y a dans l'état aucune loi fondamentale qui ne se puisse révoquer, non pas même le pacte social; car si tous les citoyens s'assemblaient pour rompre ce pacte d'un commun accord, on ne peut douter qu'il ne fût très-légitimement rompu. Grotius pense même que chacun peut renoncer à l'état dont il est membre, et reprendre sa liberté naturelle et ses biens en sortant du pays (1). Or il serait absurde que tous les citoyens réunis ne pussent pas ce que peut séparément chacun d'eux.

LIVRE IV.

CHAPITRE PREMIER. — Que la volonté générale est indestructible.

Tant que plusieurs hommes réunis se considèrent comme un seul corps, ils n'ont qu'une volonté qui se rapporte à la commune conservation et au bien-être général. Alors tous les ressorts de l'état sont vigoureux et simples, ses maximes sont claires et lumineuses; il n'a point d'intérêts embrouillés, contradictoires; le bien commun se montre partout avec évidence, et ne demande que du bon sens pour être aperçu. La paix, l'union, l'égalité, sont ennemies des subtilités politiques. Les hommes droits et simples sont difficiles à tromper à cause de leur simplicité : les leurres, les prétextes raffinés ne leur en imposent point; ils ne sont pas même assez fins pour être dupes. Quand on voit, chez le plus heureux peuple du monde, des troupes de paysans régler les affaires de l'état sous un chêne, et se conduire toujours sagement, peut-on s'empêcher de mépriser les raffinements des autres nations, qui se rendent illustres et misérables avec tant d'art et de mystères?

Un état ainsi gouverné a besoin de très peu de lois; et, à mesure qu'il devient nécessaire d'en promulguer de nouvelles, cette nécessité se voit universellement. Le premier qui les propose ne fait que dire ce que tous ont déjà senti; et il n'est question ni de brigues ni d'éloquence pour faire passer en loi ce que chacun a déjà résolu de faire, sitôt qu'il sera sûr que les autres le feront comme lui.

Ce qui trompe les raisonneurs, c'est que, ne voyant que des états mal constitués dès leur origine, ils sont frappés de l'impossibilité d'y maintenir une semblable police; ils rient d'imaginer toutes les sottises qu'un fourbe adroit, un parleur insinuant, pourrait persuader au peuple de Paris et de Londres. Ils ne savent pas que Cromwell eût été mis aux sonnettes par le peuple de Berne, et le duc de Beaufort à la discipline par les Genevois.

Mais quand le nœud social commence à se relâcher et l'état à s'affaiblir, quand les intérêts particuliers commencent à se faire sentir et les petites sociétés à influer sur la grande, l'intérêt commun s'altère et trouve des opposants; l'unanimité ne règne plus dans les voix; la volonté générale n'est plus la volonté

---

(1) Bien entendu qu'on ne quitte pas pour éluder son devoir et se dispenser de servir la patrie au moment qu'elle a besoin de nous. La fuite alors serait criminelle et punissable; ce ne serait plus retraite, mais désertion.

de tous ; il s'élève des contradictions, des débats ; et le meilleur avis ne passe point sans dispute.

Enfin, quand l'état, près de sa ruine, ne subsiste plus que par une forme illusoire et vaine, que le lien social est rompu dans tous les cœurs, que le plus vil intérêt se pare effrontément du nom sacré du bien public, alors la volonté générale devient muette ; tous, guidés par des motifs secrets, n'opinent pas plus comme citoyens que si l'état n'eût jamais existé ; et l'on fait passer faussement sous le nom de lois des décrets iniques qui n'ont pour but que l'intérêt particulier.

S'ensuit-il de là que la volonté générale soit anéantie ou corrompue? Non : elle est toujours constante, inaltérable et pure ; mais elle est subordonnée à d'autres qui l'emportent sur elle. Chacun, détachant son intérêt de l'intérêt commun, voit bien qu'il ne peut l'en détacher tout-à-fait ; mais sa part du mal public ne lui paraît rien auprès du bien exclusif qu'il prétend s'approprier. Ce bien particulier excepté, il veut le bien général pour son propre intérêt, tout aussi fortement qu'aucun autre. Même en vendant son suffrage à prix d'argent, il n'éteint pas en lui la volonté générale; il l'élude. La faute qu'il commet est de changer l'état de la question et de répondre autre chose que ce qu'on lui demande : en sorte qu'au lieu de dire, par un suffrage : « Il est avantageux à l'état, » il dit : « Il est avantageux à tel homme ou à tel parti que tel ou tel avis passe. » Ainsi la loi de l'ordre public dans les assemblées n'est pas tant d'y maintenir la volonté générale, que de faire qu'elle soit toujours interrogée et qu'elle réponde toujours.

J'aurais ici bien des réflexions à faire sur le simple droit de voter dans tout acte de souveraineté, droit que rien ne peut ôter aux citoyens, et sur celui d'opiner, de proposer, de diviser, de discuter, que le gouvernement a toujours grand soin de ne laisser qu'à ses membres ; mais cette importante matière demanderait un traité à part, et je ne puis tout dire dans celui-ci.

CHAPITRE II. — Des suffrages.

On voit, par le chapitre précédent, que la manière dont se traitent les affaires générales peut donner un indice assez sûr de l'état actuel des mœurs et de la santé du corps politique. Plus le concert règne dans les assemblées, c'est-à-dire plus les avis approchent de l'unanimité, plus aussi la volonté générale est dominante ; mais les longs débats, les dissensions, le tumulte, annoncent l'ascendant des intérêts particuliers et le déclin de l'état.

Ceci paraît moins évident quand deux ou plusieurs ordres entrent dans sa constitution, comme à Rome les patriciens et les plébéiens, dont les querelles troublèrent souvent les comices, même dans les plus beaux temps de la république : mais cette exception est plus apparente que réelle ; car alors, par le vice inhérent au corps politique, on a pour ainsi dire deux états en un ; ce qui n'est pas vrai des deux ensemble est vrai de chacun séparément. Et en effet, dans les temps même les plus orageux, les plébiscites du peuple, quand le sénat ne s'en mêlait pas, passaient toujours tranquillement et à la grande pluralité des suffrages : les citoyens n'ayant qu'un intérêt, le peuple n'avait qu'une volonté.

A l'autre extrémité du cercle, l'unanimité revient : c'est quand les citoyens, tombés dans la servitude, n'ont plus ni liberté ni volonté. Alors la crainte et la flatterie changent en acclamations les suffrages ; on ne délibère plus, on adore ou l'on maudit. Telle était la vile manière d'opiner du sénat sous les empereurs. Quelquefois cela se faisait avec des précautions ridicules. Tacite observe (1) que, sous Othon, les sénateurs, accablant Vitellius d'exécrations, affectaient de faire en même temps un bruit épouvantable, afin que, si par hasard il devenait le maître, il ne pût savoir ce que chacun d'eux avait dit.

---

(1) *Histor.*, I, 83.

De ces diverses considérations naissent les maximes sur lesquelles on doit régler la manière de compter les voix et de comparer les avis, selon que la volonté générale est plus ou moins facile à connaître et l'état plus ou moins déclinant.

Il n'y a qu'une seule loi qui, par sa nature, exige un consentement unanime ; c'est le pacte social : car l'association civile est l'acte du monde le plus volontaire ; tout homme étant né libre et maître de lui-même, nul ne peut, sous quelque prétexte que ce puisse être, l'assujettir sans son aveu. Décider que le fils d'une esclave naît esclave, c'est décider qu'il ne naît pas homme.

Si donc, lors du pacte social, il s'y trouve des opposants, leur opposition n'invalide pas le contrat ; elle empêche seulement qu'ils n'y soient compris : ce sont des étrangers parmi les citoyens. Quand l'état est institué, le consentement est dans la résidence : habiter le territoire, c'est se soumettre à la souveraineté (1).

Hors ce contrat primitif, la voix du plus grand nombre oblige toujours tous les autres ; c'est une suite du contrat même. Mais on demande comment un homme peut être libre, et forcé de se conformer à des volontés qui ne sont pas les siennes. Comment les opposants sont-ils libres, et soumis à des lois auxquelles ils n'ont pas consenti ?

Je réponds que la question est mal posée. Le citoyen consent à toutes les lois, et même à celles qui le punissent quand il ose en violer quelqu'une. La volonté constante de tous les membres de l'état est la volonté générale ; c'est par elle qu'ils sont citoyens et libres (2). Quand on propose une loi dans l'assemblée du peuple, ce qu'on leur demande n'est pas précisément s'ils approuvent la proposition ou s'ils la rejettent, mais si elle est conforme, ou non, à la volonté générale, qui est la leur : chacun, en donnant son suffrage, dit son avis là-dessus ; et du calcul des voix se tire la déclaration de la volonté générale. Quand donc l'avis contraire au mien l'emporte, cela ne prouve autre chose, sinon que je m'étais trompé, et que ce que j'estimais être la volonté générale ne l'était pas. Si mon avis particulier l'eût emporté, j'aurais fait autre chose que ce que j'avais voulu ; c'est alors que je n'aurais pas été libre.

Ceci suppose, il est vrai, que tous les caractères de la volonté générale sont encore dans la pluralité : quand ils cessent d'y être, quelque parti qu'on prenne, il n'y a plus de liberté.

En montrant ci-devant comment on substituait des volontés particulières à la volonté générale dans les délibérations publiques, j'ai suffisamment indiqué les moyens praticables de prévenir cet abus ; j'en parlerai encore ci-après. A l'égard du nombre proportionnel des suffrages pour déclarer cette volonté, j'ai aussi donné les principes sur lesquels on peut le déterminer. La différence d'une seule voix rompt l'inégalité, un seul opposant rompt l'unanimité : mais entre l'unanimité et l'égalité, il y a plusieurs partages inégaux, à chacun desquels on peut fixer ce nombre selon l'état et les besoins du corps politique.

Deux maximes générales peuvent servir à régler ces rapports : l'une, que plus les délibérations sont importantes et graves, plus l'avis qui l'emporte doit approcher de l'unanimité ; l'autre, que plus l'affaire agitée exige de célérité, plus on doit resserrer la différence prescrite dans le partage des avis : dans les délibérations qu'il faut terminer sur-le-champ, l'excédant d'une seule voix doit suffire. La première de ces maximes paraît plus convenable aux lois, et la

---

(1) Ceci doit s'entendre d'un état libre, car ailleurs la famille, les biens, le défaut d'asile, la nécessité, la violence, peuvent retenir un habitant dans le pays malgré lui ; et alors son séjour ne suppose plus son consentement au contrat ou à la violation du contrat.

(2) A Gênes, on lit au-devant des prisons et sur les fers des galériens ce mot *Libertas*. Cette application de la devise est belle et juste. En effet, il n'y a que les malfaiteurs de tous états qui empêchent le citoyen d'être libre. Dans un pays où ces gens-là seraient aux galères, on jouirait de la plus parfaite liberté.

seconde aux affaires. Quoiqu'il en soit, c'est sur leur combinaison que s'établissent les meilleurs rapports qu'on peut donner à la pluralité pour prononcer.

CHAPITRE III. — Des élections.

A l'égard des élections du prince et des magistrats, qui sont, comme je l'ai dit, des pactes complexes, il y a deux voies pour y procéder, savoir, le choix et le sort. L'une et l'autre ont été employées en diverses républiques, et l'on voit encore actuellement un mélange très compliqué des deux dans l'élection du doge de Venise.

« Le suffrage par le sort, dit Montesquieu (1), est de la nature de la démocratie. » J'en conviens, mais comment cela ? « Le sort, continue-t-il, est une façon d'élire qui n'afflige personne ; il laisse à chaque citoyen une espérance raisonnable de servir la patrie. » Ce ne sont pas là des raisons.

Si l'on fait attention que l'élection des chefs est une fonction du gouvernement, et non de la souveraineté, on verra pourquoi la voie du sort est plus dans la nature de la démocratie, où l'administration est d'autant meilleure que les actes en sont moins multipliés.

Dans toute véritable démocratie, la magistrature n'est pas un avantage, mais une charge onéreuse qu'on peut justement imposer à un particulier plutôt qu'à un autre. La loi seule peut imposer cette charge à celui sur qui le sort tombera. Car alors, la condition étant égale pour tous, et le choix ne dépendant d'aucune volonté humaine, il n'y a point d'application particulière qui altère l'universalité de la loi.

Dans l'aristocratie, le prince choisit le prince, le gouvernement se conserve par lui-même, et c'est là que les suffrages sont bien placés.

L'exemple de l'élection du doge de Venise confirme cette distinction, loin de la détruire : cette forme mêlée convient dans un gouvernement mixte. Car c'est une erreur de prendre le gouvernement de Venise pour une véritable aristocratie. Si le peuple n'y a nulle part au gouvernement, la noblesse y est peuple elle-même. Une multitude de pauvres barnabotes n'approcha jamais d'aucune magistrature, et n'a de sa noblesse que le vain titre d'excellence et le droit d'assister au grand-conseil. Ce grand-conseil étant aussi nombreux que notre conseil général à Genève, ses illustres membres n'ont pas plus de priviléges que nos simples citoyens. Il est certain qu'ôtant l'extrême disparité des deux républiques, la bourgeoisie de Genève représente exactement le patriciat vénitien ; nos natifs et habitants représentent les citadins et le peuple de Venise ; nos paysans représentent les sujets de terre-ferme ; enfin, de quelque manière que l'on considère cette république, abstraction faite de sa grandeur, son gouvernement n'est pas plus aristocratique que le nôtre. Toute la différence est que, n'ayant aucun chef à vie, nous n'avons pas le même besoin du sort.

Les élections par le sort auraient peu d'inconvénients dans une véritable démocratie, où, tout étant égal aussi bien par les mœurs et par les talents que par les maximes et par la fortune, le choix deviendrait presque indifférent. Mais j'ai déjà dit qu'il n'y avait point de véritable démocratie.

Quand le choix et le sort se trouvent mêlés, le premier doit remplir les places qui demandent des talents propres, telles que les emplois militaires ; l'autre convient à celles où suffisent le bon sens, la justice, l'intégrité, telles que les charges de judicature ; parce que, dans un état bien constitué, ces qualités sont communes à tous les citoyens.

Le sort ni les suffrages n'ont aucun lieu dans le gouvernement monarchique. Le monarque étant de droit seul prince et magistrat unique, le choix de ses lieutenants n'appartient qu'à lui. Quand l'abbé de Saint-Pierre proposait de multiplier les conseils du roi de France et d'en élire les membres

(1) *Esprit des lois*, liv. II,

par scrutin; il ne voyait pas qu'il proposait de changer la forme du gouvernement.

Il me resterait à parler de la manière de donner et de recueillir les voix dans l'assemblée du peuple; mais peut-être l'historique de la police romaine à cet égard expliquera-t-il plus sensiblement toutes les maximes que je pourrais établir. Il n'est pas indigne d'un lecteur judicieux de voir un peu en détail comment se traitaient les affaires publiques et particulières dans un conseil de deux cent mille hommes.

CHAPITRE IV.—Des comices romains.

Nous n'avons nuls monuments bien assurés des premiers temps de Rome; il y a même grande apparence que la plupart des choses qu'on en débite sont des fables (1); et en général la partie la plus instructive des annales des peuples, qui est l'histoire de leur établissement, est celle qui nous manque le plus. L'expérience nous apprend tous les jours de quelles causes naissent les révolutions des empires : mais, comme il ne se forme plus de peuple, nous n'avons guère que des conjectures pour expliquer comment il se sont formés.

Les usages qu'on trouve établis attestent au moins qu'il y eut une origine à ces usages. Des traditions qui remontent à ces origines, celles qu'appuient les plus grandes autorités, et que de plus fortes raisons confirment, doivent passer pour les plus certaines. Voilà les maximes que j'ai tâché de suivre, en recherchant comment le plus libre et le plus puissant peuple de la terre exerçait son pouvoir suprême.

Après la fondation de Rome, la république naissante, c'est-à-dire, l'armée du fondateur, composée d'Albains, de Sabins et d'étrangers, fut divisée en trois classes, qui, de cette division, prirent le nom de *tribus*. Chacune de ces tribus fut subdivisée en dix curies, et chaque curie en décuries, à la tête desquelles on mit des chefs appelés *curions* et *décurions*.

Outre cela, on tira de chaque tribu un corps de cent cavaliers ou chevaliers, appelé *centurie*; par où l'on voit que ces divisions, peu nécessaires dans un bourg, n'étaient d'abord que militaires. Mais il semble qu'un instinct de grandeur portait la petite ville de Rome à se donner d'avance une police convenable à la capitale du monde.

De ce premier partage résulta bientôt un inconvénient; c'est que la tribu des Albains (2) et celle des Sabins (3) restant toujours au même état, tandis que celle des étrangers (4) croissait sans cesse par le concours perpétuel de ceux-ci, cette dernière ne tarda pas à surpasser les deux autres. Le remède que Servius trouva à ce dangereux abus fut de changer la division; et à celle des races qu'il abolit, d'en substituer une autre tirée des lieux de la ville occupés par chaque tribu. Au lieu de trois tribus il en fit quatre, chacune desquelles occupait une des collines de Rome et en portait le nom. Ainsi, remédiant à l'inégalité présente, il la prévint encore pour l'avenir : et afin que cette division ne fût pas seulement de lieux, mais d'hommes, il défendit aux habitants d'un quartier de passer dans un autre; ce qui empêcha les races de se confondre.

Il doubla aussi les trois anciennes centuries de cavalerie, et y en ajouta douze autres, mais toujours sous les anciens noms : moyen simple et judicieux par lequel il acheva de distinguer le corps des chevaliers de celui du peuple, sans faire murmurer ce dernier.

A ces quatre tribus urbaines Servius en ajouta quinze autres, appelées tribus rustiques, parce qu'elles étaient formées des habitants de la campagne, partagés en autant de cantons. Dans la suite on en fit autant de nouvelles;

---

(1) Le nom de *Rome*, qu'on prétend venir de *Romulus*, est grec, et signifie *force*; le nom de *Numa* est grec aussi, et signifie *loi*. Quelle apparence que les deux premiers rois de cette ville aient porté d'avance des noms si bien relatifs à ce qu'ils ont fait?

(2) *Rammenses*. — (3) *Tatienses*. — (4) *Luceres*.

et le peuple romain se trouva enfin divisé en trente-cinq tribus, nombre auquel elles restèrent fixées jusqu'à la fin de la république.

De cette distinction des tribus de la ville et des tribus de la campagne résulta un effet digne d'être observé, parce qu'il n'y en a point d'autre exemple, et que Rome lui dut à la fois la conservation de ses mœurs et l'accroissement de son empire. On croirait que les tribus urbaines s'arrogèrent bientôt la puissance et les honneurs, et ne tardèrent pas d'avilir les tribus rustiques : ce fut tout le contraire. On connaît le goût des premiers Romains pour la vie champêtre. Ce goût leur venait du sage instituteur qui unit à la liberté les travaux rustiques et militaires, et relégua pour ainsi dire à la ville les arts, les métiers, l'intrigue, la fortune et l'esclavage.

Ainsi, tout ce que Rome avait d'illustre vivant aux champs et cultivant les terres, on s'accoutuma à ne chercher que là les soutiens de la république. Cet état, étant celui des plus dignes patriciens, fut honoré de tout le monde; la vie simple et laborieuse des villages fut préférée à la vie oisive et lâche des bourgeois de Rome, et tel n'eût été qu'un malheureux prolétaire à la ville, qui, laboureur aux champs, devint un citoyen respecté. « Ce n'est pas sans raison, disait Varron, que nos magnanimes ancêtres établirent au village la pépinière de ces robustes et vaillants hommes qui les défendaient en temps de guerre et les nourrisaient en temps de paix. » Pline dit positivement que les tribus des champs étaient honorées à cause des hommes qui les composaient; au lieu qu'on transférait par ignominie dans celles de la ville les lâches qu'on voulait avilir. Le Sabin Appius Claudius, étant venu s'établir à Rome, y fut comblé d'honneurs et inscrit dans une tribu rustique, qui prit dans la suite le nom de sa famille. Enfin les affranchis entraient tous dans les tribus urbaines, jamais dans les rurales; et il n'y a pas, durant toute la république, un seul exemple d'aucun de ces affranchis parvenu à aucune magistrature, quoique devenu citoyen.

Cette maxime était excellente, mais elle fut poussée si loin, qu'il en résulta enfin un changement, et certainement un abus dans la police.

Premièrement les censeurs, après s'être arrogé longtemps le droit de transférer arbitrairement les citoyens d'une tribu à l'autre, permirent à la plupart de se faire inscrire dans celle qui leur plaisait : permission qui sûrement n'était bonne à rien, et ôtait un des grands ressorts de la censure. De plus, les grands et les puissants se faisant tous inscrire dans les tribus de la campagne, et les affranchis devenus citoyens restant avec la populace dans celles de la ville, les tribus en général n'eurent plus de lieu ni de territoire, mais toutes se trouvèrent tellement mêlées, qu'on ne pouvait plus discerner les membres de chacune que par les registres; en sorte que l'idée du mot *tribu* passa ainsi du réel au personnel, ou plutôt devint presque une chimère.

Il arriva encore que les tribus de la ville, étant plus à portée, se trouvèrent souvent les plus fortes dans les comices, et vendirent l'état à ceux qui daignaient acheter les suffrages de la canaille qui les composait.

A l'égard des curies, l'instituteur en ayant fait dix en chaque tribu, tout le peuple romain, alors renfermé dans les murs de la ville, se trouva composé de trente curies, dont chacune avait ses temples, ses dieux, ses officiers, ses prêtres et ses fêtes, appelées *compitalia*, semblables aux *paganalia* qu'eurent dans la suite les tribus rustiques.

Au nouveau partage de Servius, ce nombre de trente ne pouvant se répartir également dans ses quatre tribus, il n'y voulut point toucher; et les curies, indépendantes des tribus, devinrent une autre division des habitants de Rome : mais il ne fut point question de curies ni dans les tribus rustiques ni dans le peuple qui les composait, parce que les tribus étant devenues un établissement purement civil, et une autre police ayant été introduite pour la levée des troupes, les divisions militaires de Romulus se trouvèrent superflues.

Ainsi, quoique tout citoyen fût inscrit dans une tribu, il s'en fallait de beaucoup que chacun ne le fût dans une curie.

Servius fit encore une troisième division qui n'avait aucun rapport aux deux précédentes, et devint, par ses effets, la plus importante de toutes. Il distribua tout le peuple romain en six classes, qu'il ne distingua ni par le lieu ni par les hommes, mais par les biens; en sorte que les premières classes étaient remplies par les riches, les dernières par les pauvres, et les moyennes par ceux qui jouissaient d'une fortune médiocre. Ces six classes étaient subdivisées en cent quatre-vingt-treize autres corps, appelés centuries; et ces corps étaient tellement distribués, que la première classe en comprenait seule plus de la moitié, et la dernière n'en formait qu'un seul. Il se trouva ainsi que la classe la moins nombreuse en hommes l'était le plus en centuries, et que la dernière classe entière n'était comptée que pour une subdivision, bien qu'elle contînt seule plus de la moitié des habitants de Rome.

Afin que le peuple pénétrât moins les conséquences de cette dernière forme, Servius affecta de lui donner un air militaire : il inséra dans la seconde classe deux centuries d'armuriers, et deux d'instruments de guerre dans la quatrième : dans chaque classe, excepté la dernière, il distingua les jeunes et les vieux, c'est-à-dire ceux qui étaient obligés de porter les armes, et ceux que leur âge en exemptait par les lois; distinction qui, plus que celle des biens, produisit la nécessité de recommencer souvent le cens ou dénombrement : enfin il voulut que l'assemblée se tînt au champ de Mars, et que tous ceux qui étaient en âge de servir y vinssent avec leurs armes.

La raison pour laquelle il ne suivit pas dans la dernière classe cette même division des jeunes et des vieux, c'est qu'on n'accordait point à la populace, dont elle était composée, l'honneur de porter les armes pour la patrie; il fallait avoir des foyers pour obtenir le droit de les défendre ; et, de ces innombrables troupes de gueux dont brillent aujourd'hui les armées des rois, il n'y en a pas un peut-être qui n'eût été chassé avec dédain d'une cohorte romaine, quand les soldats étaient les défenseurs de la liberté.

On distingua pourtant encore, dans la dernière classe, *les prolétaires* de ceux qu'on appelait *capite censi*. Les premiers, non tout-à-fait réduits à rien, donnaient au moins des citoyens à l'état, quelquefois même des soldats dans les besoins pressants. Pour ceux qui n'avaient rien du tout et qu'on ne pouvait dénombrer que par leurs têtes, ils étaient tout-à-fait regardés comme nuls, et Marius fut le premier qui daigna les enrôler.

Sans décider ici si ce troisième dénombrement était bon ou mauvais en lui-même, je crois pouvoir affirmer qu'il n'y avait que les mœurs simples des premiers Romains, leur désintéressement, leur goût pour l'agriculture, leur mépris pour le commerce et pour l'ardeur du gain, qui pussent le rendre praticable. Où est le peuple moderne chez lequel la dévorante avidité, l'esprit inquiet, les déplacements continuels, les perpétuelles révolutions des fortunes, pussent laisser durer vingt ans un pareil établissement sans bouleverser tout l'état? Il faut même bien remarquer que les mœurs et la censure, plus fortes que cette institution, en corrigèrent le vice à Rome, et que tel riche se vit relégué dans la classe des pauvres pour avoir trop étalé sa richesse.

De tout ceci l'on peut comprendre aisément pourquoi il n'est presque jamais fait mention que de cinq classes, quoiqu'il y en eût réellement six. La sixième, ne fournissant ni soldats à l'armée, ni votants au champ de Mars(1), et n'étant presque d'aucun usage dans la république, était rarement comptée pour quelque chose.

Telles furent les différentes divisions du peuple romain. Voyons à présent l'effet qu'elles produisaient dans les assemblées. Ces assemblées, légitimement

---

(1) Je dis au *champ de Mars*, parce que c'était là que s'assemblaient les comices par centuries : dans les deux autres formes, le peuple s'assemblait au *forum* ou ailleurs, et alors les *capite censi* avaient autant d'influence et d'autorité que les premiers citoyens.

convoquées, s'appelaient *comices* : elles se tenaient ordinairement dans la place de Rome ou au champ de Mars, et se distinguaient en comices par curies, comices par centuries, et comices par tribus, selon celle de ces trois formes sur laquelle elles étaient ordonnées. Les comices par curies étaient de l'institution de Romulus ; ceux par centuries, de Servius ; ceux par tribus, des tribuns du peuple. Aucune loi ne recevait la sanction, aucun magistrat n'était élu, que dans les comices ; et comme il n'y avait aucun citoyen qui ne fût inscrit dans une curie, dans une centurie, ou dans une tribu, il s'ensuit qu'aucun citoyen n'était exclu du droit du suffrage, et que le peuple romain était véritablement souverain de droit et de fait.

Pour que les comices fussent légitimement assemblés, et que ce qui s'y faisait eût force de loi, il fallait trois conditions : la première, que le corps ou le magistrat qui les convoquait fût revêtu pour cela de l'autorité nécessaire ; la seconde, que l'assemblée se fît un des jours permis par la loi ; la troisième, que les augures fussent favorables.

La raison du premier règlement n'a pas besoin d'être expliquée, le second est une affaire de police : ainsi il n'était pas permis de tenir les comices les jours de férie et de marché, où les gens de la campagne, venant à Rome pour leurs affaires, n'avaient pas le temps de passer la journée dans la place publique. Par le troisième, le sénat tenait en bride un peuple fier et remuant, et tempérait à propos l'ardeur des tribuns séditieux ; mais ceux-ci trouvèrent plus d'un moyen de se délivrer de cette gêne.

Les lois et l'élection des chefs n'étaient pas les seuls points soumis au jugement des comices : le peuple romain ayant usurpé les plus importantes fonctions du gouvernement, on peut dire que le sort de l'Europe était réglé dans ses assemblées. Cette variété d'objets donnait lieu aux diverses formes que prenaient ces assemblées, selon les matières sur lesquelles il avait à prononcer.

Pour juger de ces diverses formes, il suffit de les comparer. Romulus, en instituant les curies, avait en vue de contenir le sénat par le peuple et le peuple par le sénat, en dominant également sur tous. Il donna donc au peuple, par cette forme, toute l'autorité du nombre pour balancer celle de la puissance et des richesses qu'il laissait aux patriciens. Mais, selon l'esprit de la monarchie, il laissa cependant plus d'avantage aux patriciens par l'influence de leurs clients sur la pluralité des suffrages. Cette admirable institution des patrons et des clients fut un chef-d'œuvre de politique et d'humanité, sans lequel le patriciat, si contraire à l'esprit de la république, n'eût pu subsister. Rome seule a eu l'honneur de donner au monde ce bel exemple, duquel il ne résulta jamais d'abus, et qui pourtant n'a jamais été suivi.

Cette même forme des curies ayant subsisté sous les rois jusqu'à Servius, et le règne du dernier Tarquin n'étant point compté pour légitime, cela fit distinguer généralement les lois royales par le nom de *leges curiatæ*.

Sous la république, les curies, toujours bornées aux quatre tribus urbaines, et ne contenant plus que la populace de Rome, ne pouvaient convenir ni au sénat, qui était à la tête des patriciens, ni aux tribuns, qui, quoique plébéiens, étaient à la tête des citoyens aisés. Elles tombèrent donc dans le discrédit ; et leur avilissement fut tel, que leurs trente licteurs assemblés faisaient ce que les comices par curies auraient dû faire.

La division par centuries était si favorable à l'aristocratie, qu'on ne voit pas d'abord comment le sénat ne l'emportait pas toujours dans les comices qui portaient ce nom, et par lesquels étaient élus les consuls, les censeurs et les autres magistrats curules. En effet, des cent quatre-vingt-treize centuries qui formaient les six classes de tout le peuple romain, la première classe en comprenant quatre-vingt-dix-huit, et les voix ne se comptant que par centuries, cette seule première classe l'emportait en nombre de voix sur toutes les autres. Quand toutes ces centuries étaient d'accord, on ne continuait pas même à recueillir les suffrages; ce qu'avait décidé le plus petit nombre passait pour une décision de la multitude; et l'on peut dire que, dans les comices par centuries, les affaires se réglaient à la pluralité des écus bien plus qu'à celle des voix.

Mais cette extrême autorité se tempérait par deux moyens : premièrement, les tribuns pour l'ordinaire, et toujours un grand nombre de plébéiens, étant dans la classe des riches, balançaient le crédit des patriciens dans cette première classe.

Le second moyen consistait en ceci, qu'au lieu de faire d'abord voter les centuries selon leur ordre, ce qui aurait toujours fait commencer par la première, on en tirait une au sort, et celle-là (1) procédait seule à l'élection; après quoi toutes les centuries, appelées un autre jour selon leur rang, répétaient la même élection, et la confirmaient ordinairement. On ôtait ainsi l'autorité de l'exemple au rang pour la donner au sort, selon le principe de la démocratie.

Il résultait de cet usage un autre avantage encore, c'est que les citoyens de la campagne avaient le temps, entre les deux élections, de s'informer du mérite du candidat provisionnellement nommé, afin de ne donner leur voix qu'avec connaissance de cause. Mais, sous prétexte de célérité, l'on vint à bout d'abolir cet usage, et les deux élections se firent le même jour.

Les comices par tribus étaient proprement le conseil du peuple romain. Ils ne se convoquaient que par les tribuns; les tribuns y étaient élus et y passaient leurs plébiscites. Non-seulement le sénat n'y avait point de rang, il n'avait pas même le droit d'y assister; et, forcés d'obéir à des lois sur lesquelles ils n'avaient pu voter, les sénateurs, à cet égard, étaient moins libres que les derniers citoyens. Cette injustice était tout-à-fait mal entendue, et suffisait seule pour invalider les décrets d'un corps où tous ses membres n'étaient pas admis. Quand tous les patriciens eussent assisté à ces comices selon le droit qu'ils en avaient comme citoyens, devenus alors simples particuliers ils n'eussent guère influé sur une forme de suffrages qui se recueillaient par tête, et où le moindre prolétaire pouvait autant que le prince du sénat.

On voit donc qu'outre l'ordre qui résultait de ces diverses distributions pour le recueillement des suffrages d'un si grand peuple, ces distributions ne se réduisaient pas à des formes indifférentes en elles-mêmes, mais que chacune avait des effets relatifs aux vues qui la faisaient préférer.

Sans entrer là-dessus en de plus longs détails, il résulte des éclaircissements précédents que les comices par tribus étaient plus favorables au gouvernement populaire, et les comices par centuries à l'aristocratie. A l'égard des comices par curies, où la seule populace de Rome formait la pluralité, comme ils n'étaient bons qu'à favoriser la tyrannie et les mauvais desseins, ils durent tomber dans le décri, les séditieux eux-mêmes s'abstenant d'un moyen qui mettait trop à découvert leurs projets. Il est certain que toute la majesté du peuple romain ne se trouvait que dans les comices par centuries, qui seuls étaient complets : attendu que dans les comices par curies manquaient les tribus rustiques, et dans les comices par tribus le sénat et les patriciens.

Quant à la manière de recueillir les suffrages, elle était chez les premiers Romains aussi simple que leurs mœurs, quoique moins simple encore qu'à Sparte. Chacun donnait son suffrage à haute voix, un greffier les écrivait à mesure; pluralité de voix dans chaque tribu déterminait le suffrage de la tribu : pluralité de voix entre les tribus déterminait le suffrage du peuple; et ainsi des curies et des centuries. Cet usage était bon tant que l'honnêteté régnait entre les citoyens, et que chacun avait honte de donner publiquement

---

(1) Cette centurie, ainsi tirée au sort, s'appelait *prærogativa*, à cause qu'elle était la première à qui l'on demandait son suffrage, et c'est de là qu'est venu le mot de *prérogative*.

son suffrage à un avis injuste ou à un sujet indigne; mais, quand le peuple se corrompit et qu'on acheta les voix, il convint qu'elles se donnassent en secret pour contenir les acheteurs par la défiance, et fournir aux fripons le moyen de n'être pas des traîtres.

Je sais que Cicéron blâme ce changement, et lui attribue en partie la ruine de la république. Mais, quoique je sente le poids que doit avoir ici l'autorité de Cicéron, je ne puis être de son avis : je pense au contraire que, pour n'avoir pas fait assez de changements semblables, on accéléra la perte de l'état. Comme le régime des gens sains n'est pas propre aux malades, il ne faut pas vouloir gouverner un peuple corrompu par les mêmes lois qui conviennent à un bon peuple. Rien ne prouve mieux cette maxime que la durée de la république de Venise, dont le simulacre existe encore, uniquement parce que ses lois ne conviennent qu'à de méchants hommes.

On distribua donc aux citoyens des tablettes par lesquelles chacun pouvait voter sans qu'on sût quel était son avis : on établit aussi de nouvelles formalités pour le recueillement des tablettes, le compte des voix, la comparaison des nombres, etc.; ce qui n'empêcha pas que la fidélité des officiers chargés de ces fonctions (1) ne fût souvent suspectée. On fit enfin, pour empêcher la brigue et le trafic des suffrages, des édits dont la multitude montre l'inutilité.

Vers les derniers temps, on était souvent contraint de recourir à des expédients extraordinaires pour suppléer à l'insuffisance des lois : tantôt on supposait des prodiges; mais ce moyen, qui pouvait en imposer au peuple, n'en imposait pas à ceux qui le gouvernaient : tantôt on convoquait brusquement une assemblée avant que les candidats eussent eu le temps de faire leurs brigues; tantôt on consumait toute une séance à parler quand on voyait le peuple gagné prêt à prendre un mauvais parti. Mais enfin l'ambition éluda tout; et, ce qu'il y a d'incroyable, c'est qu'au milieu de tant d'abus ce peuple immense, à la faveur de ses anciens réglements, ne laissait pas d'élire les magistrats, de passer les lois, de juger les causes, d'expédier les affaires particulières et publiques, presque avec autant de facilité qu'eût pu le faire le sénat lui-même.

CHAPITRE V. — Du Tribunat.

Quand on ne peut établir une exacte proportion entre les parties constitutives de l'état, ou que des causes indestructibles en altèrent sans cesse les rapports, alors on institue une magistrature particulière qui ne fait point corps avec les autres, qui replace chaque terme dans son vrai rapport, et qui fait une liaison ou un moyen terme soit entre le prince et le souverain, soit à la fois des deux côtés s'il est nécessaire.

Ce corps, que j'appellerai *Tribunat*, est le conservateur des lois et du pouvoir législatif. Il sert quelquefois à protéger le souverain contre le gouvernement, comme faisaient à Rome les tribuns du peuple, quelquefois à soutenir le gouvernement contre le peuple, comme fait maintenant à Venise le conseil des dix; et quelquefois à maintenir l'équilibre de part et d'autre, comme faisaient les éphores à Sparte.

Le tribunat n'est point une partie constitutive de la cité, et ne doit avoir aucune portion de la puissance législative ni de l'exécutive : mais c'est en cela même que la sienne est plus grande; car, ne pouvant rien faire, il peut tout empêcher. Il est plus sacré et plus révéré, comme défenseur des lois, que le prince qui les exécute, et que le souverain qui les donne. C'est ce qu'on vit bien clairement à Rome, quand ces fiers patriciens, qui méprisèrent toujours le peuple entier, furent forcés de fléchir devant un simple officier du peuple, qui n'avait ni auspices ni juridiction.

Le tribunat, sagement tempéré, est le plus ferme appui d'une bonne constitution; mais, pour peu de force qu'il ait de trop, il renverse tout : à l'é-

---

(1) *Custodes, diribitores, rogatores suffragiorum.*

gard de la faiblesse, elle n'est pas dans sa nature; et pourvu qu'il soit quelque chose, il n'est jamais moins qu'il ne faut.

Il dégénère en tyrannie quand il usurpe la puissance exécutive, dont il n'est que le modérateur, et qu'il veut dispenser les lois, qu'il ne doit que protéger. L'énorme pouvoir des éphores, qui fut sans danger tant que Sparte conserva ses mœurs, en accéléra la corruption commencée. Le sang d'Agis, égorgé par ces tyrans, fut vengé par son successeur : le crime et le châtiment des éphores hâtèrent également la perte de la république; et après Cléomène Sparte, ne fut plus rien. Rome périt encore par la même voie, et le pouvoir excessif des tribuns, usurpé par degrés, servit enfin, à l'aide des lois faites pour la liberté, de sauvegarde aux empereurs qui la détruisirent. Quant au conseil des dix à Venise, c'est un tribunal de sang, horrible également aux patriciens et au peuple, et qui, loin de protéger hautement les lois, ne sert plus, après leur avilissement, qu'à porter dans les ténèbres des coups qu'on n'ose apercevoir.

Le tribunat s'affaiblit, comme le gouvernement, par la multiplication de ses membres. Quand les tribuns du peuple romain, d'abord au nombre de deux, puis de cinq, voulurent doubler ce nombre, le sénat les laissa faire, bien sûr de contenir les uns par les autres; ce qui ne manqua pas d'arriver.

Le meilleur moyen de prévenir les usurpations d'un si redoutable corps, moyen dont nul gouvernement ne s'est avisé jusqu'ici, serait de ne pas rendre ce corps permanent, mais de régler des intervalles, durant lesquels il resterait supprimé. Ces intervalles, qui ne doivent pas être assez grands pour laisser aux abus le temps de s'affermir, peuvent être fixés par la loi, de manière qu'il soit aisé de les abréger au besoin par des commissions extraordinaires.

Ce moyen me paraît sans inconvénient, parce que, comme je l'ai dit, le tribunat, ne faisant point partie de la constitution, peut être ôté sans qu'elle en souffre; et il me paraît efficace, parce qu'un magistrat nouvellement rétabli ne part point du pouvoir qu'avait son prédécesseur, mais de celui que la loi lui donne.

CHAPITRE VI. — De la Dictature.

L'inflexibilité des lois, qui les empêche de se plier aux événements, peut, en certains cas, les rendre pernicieuses, et causer par elles la perte de l'état dans sa crise. L'ordre et la lenteur des formes demandent un espace de temps que les circonstances refusent quelquefois. Il peut se présenter mille cas auxquels le législateur n'a point pourvu, et c'est une prévoyance très nécessaire de sentir qu'on ne peut tout prévoir.

Il ne faut donc pas vouloir affermir les institutions politiques jusqu'à s'ôter le pouvoir d'en suspendre l'effet. Sparte elle-même a laissé dormir ses lois.

Mais il n'y a que les plus grands dangers qui puissent balancer celui d'altérer l'ordre public, et l'on ne doit jamais arrêter le pouvoir sacré des lois que quand il s'agit du salut de la patrie. Dans ces cas rares et manifestes, on pourvoit à la sûreté publique par un acte particulier qui en remet la charge au plus digne. Cette commission peut se donner de deux manières, selon l'espèce du danger.

Si, pour y remédier, il suffit d'augmenter l'activité du gouvernement, on le concentre dans un ou deux de ses membres : ainsi ce n'est pas l'autorité des lois qu'on altère, mais seulement la forme de leur administration. Que si le péril est tel que l'appareil des lois soit un obstacle à s'en garantir, alors on nomme un chef suprême, qui fasse taire toutes les lois et suspende un moment l'autorité souveraine. En pareil cas, la volonté générale n'est pas douteuse, et il est évident que la première intention du peuple est que l'état ne périsse pas. De cette manière la suspension de l'autorité législative ne l'abolit point : le magistrat qui la fait taire ne peut la faire parler; il la domine sans pouvoir la représenter; il peut tout faire, excepté des lois.

Le premier moyen s'employait par le sénat romain quand il chargeait les consuls, par une formule consacrée, de pourvoir au salut de la république. Le second avait lieu quand un des deux consuls nommait un dictateur (1); usage dont Albe avait donné l'exemple à Rome.

Dans les commencements de la république, on eut très souvent recours à la dictature, parce que l'état n'avait pas encore une assiette assez fixe pour pouvoir se soutenir par la seule force de sa constitution.

Les mœurs rendant alors superflues bien des précautions qui eussent été nécessaires dans un autre temps, on ne craignait ni qu'un dictateur abusât de son autorité, ni qu'il tentât de la garder au-delà du terme. Il semblait, au contraire, qu'un si grand pouvoir fût à charge à celui qui en était revêtu, tant il se hâtait de s'en défaire, comme si c'eût été un poste trop pénible et trop périlleux de tenir la place des lois.

Aussi n'est-ce pas le danger de l'abus, mais celui de l'avilissement, qui me fait blâmer l'usage indiscret de cette suprême magistrature dans les premiers temps ; car, tandis qu'on la prodiguait à des élections, à des dédicaces, à des choses de pure formalité, il était à craindre qu'elle ne devînt moins redoutable au besoin, et qu'on ne s'accoutumât à regarder comme un vain titre celui qu'on n'employait qu'à de vaines cérémonies.

Vers la fin de la république, les Romains, devenus plus circonspects, ménagèrent la dictature avec aussi peu de raison qu'ils l'avaient prodiguée autrefois. Il était aisé de voir que leur crainte était mal fondée ; que la faiblesse de la capitale faisait alors sa sûreté contre les magistrats qu'elle avait dans son sein ; qu'un dictateur pouvait, en certains cas, défendre la liberté publique sans jamais y pouvoir attenter ; et que les fers de Rome ne seraient point forgés dans Rome même, mais dans ses armées. Le peu de résistance que firent Marius à Sylla, et Pompée à César, montra bien ce qu'on pouvait attendre de l'autorité du dedans contre la force du dehors.

Cette erreur lui fit faire de grandes fautes : telle, par exemple, fut celle de n'avoir pas nommé un dictateur dans l'affaire de Catilina ; car, comme il n'était question que du dedans de la ville, et, tout au plus, de quelques provinces d'Italie, avec l'autorité sans bornes que les lois donnaient au dictateur, il eût facilement dissipé la conjuration, qui ne fut étouffée que par un concours d'heureux hasards que jamais la prudence humaine ne devait attendre.

Au lieu de cela, le sénat se contenta de remettre tout son pouvoir aux consuls : d'où il arriva que Cicéron, pour agir efficacement, fut contraint de passer ce pouvoir dans un point capital, et que, si les premiers transports de joie firent approuver sa conduite, ce fut avec justice que, dans la suite, on lui demanda compte du sang des citoyens versé contre les lois, reproche qu'on n'eût pu faire à un dictateur. Mais l'éloquence du consul entraîna tout ; et lui-même, quoique Romain, aimant mieux sa gloire que sa patrie, ne cherchait pas tant le moyen le plus légitime et le plus sûr de sauver l'état, que celui d'avoir tout l'honneur de cette affaire (2). Aussi fut-il honoré justement comme libérateur de Rome, et justement puni comme infracteur des lois. Quelque brillant qu'ait été son rappel, il est certain que ce fut une grâce.

Au reste, de quelque manière que cette importante commission soit conférée, il importe d'en fixer la durée à un terme très court, qui jamais ne puisse être prolongé. Dans les crises qui la font établir, l'état est bientôt détruit ou sauvé ; et, passé le besoin pressant, la dictature devient tyrannique ou vaine. A Rome, les dictateurs ne l'étant que pour six mois, la plupart abdiquèrent avant ce terme. Si le terme eût été plus long, peut-être eussent-ils été tentés de le prolonger encore, comme firent les décemvirs celui d'une année. Le dic-

---

(1) Cette nomination se faisait de nuit et en secret, comme si l'on avait eu honte de mettre un homme au-dessus des lois.

(2) C'est ce dont il ne pouvait se répondre en proposant un dictateur, n'osant se nommer lui-même, et ne pouvant s'assurer que son collègue le nommerait.

tateur n'avait que le temps de pourvoir au besoin qui l'avait fait élire; il n'avait pas celui de songer à d'autres projets.

CHAPITRE VII. — De la censure.

De même que la déclaration de la volonté générale se fait par la loi, la déclaration du jugement public se fait par la censure. L'opinion publique est l'espèce de loi dont le censeur est le ministre, et qu'il ne fait qu'appliquer aux cas particuliers, à l'exemple du prince.

Loin donc que le tribunal censorial soit l'arbitre de l'opinion du peuple, il n'en est que le déclarateur; et sitôt qu'il s'en écarte, ses décisions sont vaines et sans effet.

Il est inutile de distinguer les mœurs d'une nation des objets de son estime; car tout cela tient au même principe et se confond nécessairement. Chez tous les peuples du monde, ce n'est point la nature, mais l'opinion, qui décide du choix de leurs plaisirs. Redressez les opinions des hommes, et leurs mœurs s'épureront d'elles-mêmes. On aime toujours ce qui est beau ou ce qu'on trouve tel; mais c'est sur ce jugement qu'on se trompe : c'est donc ce jugement qu'il s'agit de régler. Qui juge des mœurs juge de l'honneur; et qui juge de l'honneur prend sa loi de l'opinion.

Les opinions d'un peuple naissent de sa constitution. Quoique la loi ne règle pas les mœurs, c'est la législation qui les fait naître : quand la législation s'affaiblit, les mœurs dégénèrent; mais alors le jugement des censeurs ne fera pas ce que la force des lois n'aura pas fait.

Il suit de là que la censure peut être utile pour conserver les mœurs, jamais pour les rétablir. Etablissez des censeurs durant la vigueur des lois, sitôt qu'elles l'ont perdue, tout est désespéré; rien de légitime n'a plus de force lorsque les lois n'en ont plus.

La censure maintient les mœurs en empêchant les opinions de se corrompre, en conservant leur droiture par de sages applications, quelquefois même en les fixant lorsqu'elles sont encore incertaines. L'usage des seconds dans les duels, porté jusqu'à la fureur dans le royaume de France, y fut aboli par ces seuls mots d'un édit du roi : « Quant à ceux qui ont la lâcheté d'appeler des seconds. » Ce jugement, prévenant celui du public, le détermina tout d'un coup. Mais quand les mêmes édits voulurent prononcer que c'était aussi une lâcheté de se battre en duel, ce qui est très vrai, mais contraire à l'opinion commune, le public se moqua de cette décision, sur laquelle son jugement était déjà porté.

J'ai dit ailleurs (1) que l'opinion publique n'étant point soumise à la contrainte, il n'en fallait aucun vestige dans le tribunal établi pour la représenter. On ne peut trop admirer avec quel art ce ressort, entièrement perdu chez les modernes, était mis en œuvre chez les Romains, et mieux chez les Lacédémoniens.

Un homme de mauvaises mœurs ayant ouvert un bon avis dans le conseil de Sparte, les éphores, sans en tenir compte, firent proposer le même avis par un citoyen vertueux (2). Quel honneur pour l'un, quelle note pour l'autre, sans avoir donné ni louange ni blâme à aucun des deux ! Certains ivrognes de Samos (3) souillèrent le tribunal des éphores : le lendemain, par édit public, il fut permis aux Samiens d'être des vilains. Un vrai châtiment eût été

(1) Je ne fais qu'indiquer dans ce chapitre ce que j'ai traité plus au long dans la lettre à M. d'Alembert.
(1) PLUTARQUE, Dicts notables des Lacédémoniens, § 69.
(3) Ils étaient d'une autre île, que la délicatesse de notre langue défend de nommer dans cette occasion.
— Plutarque, dans ses Dicts notables des Lacédémoniens, rapporte le fait sans ménagement, et l'attribue aux habitants de l'île de Chips. On s'expliquera si l'on peut la bizarre délicatesse dont il s'agit.

moins sévère qu'une pareille impunité. Quand Sparte a prononcé sur ce qui est ou n'est pas honnête, la Grèce n'appelle pas de ses jugements.

CHAPITRE VIII. — De la Religion civile (1).

Les hommes n'eurent point d'abord d'autres rois que les dieux, ni d'autre gouvernement que le théocratique. Ils firent le raisonnement de Caligula; et alors ils raisonnaient juste. Il faut une longue altération de sentiments et d'idées pour qu'on puisse se résoudre à prendre son semblable pour maître, et se flatter qu'on s'en trouvera bien.

De cela seul qu'on mettait Dieu à la tête de chaque société politique, il s'ensuivit qu'il y eut autant de dieux que de peuples. Deux peuples étrangers l'un à l'autre, et presque toujours ennemis, ne purent longtemps reconnaître un même maître : deux armées se livrant bataille ne sauraient obéir au même chef. Ainsi des divisions nationales résulta le polythéisme, et de là l'intolérance théologique et civile, qui, naturellement, est la même, comme il sera dit ci-après.

La fantaisie qu'eurent les Grecs de retrouver leurs dieux chez les peuples barbares, vint de celle qu'ils avaient aussi de se regarder comme les souverains naturels de ces peuples. Mais c'est de nos jours une érudition bien ridicule que celle qui roule sur l'identité des dieux de diverses nations : comme si Moloch, Saturne et Chronos, pouvaient être le même dieu! comme si le Baal des Phéniciens, le Zeus des Grecs, et le Jupiter des Latins, pouvaient être le même! comme s'il pouvait rester quelque chose de commun à des êtres chimériques portant des noms différents!

Que si l'on demande comment, dans le paganisme, où chaque état avait son culte et ses dieux, il n'y avait point de guerres de religion, je réponds que c'était par cela même que chaque état, ayant son culte propre aussi bien que son gouvernement, ne distinguait point ses dieux de ses lois. La guerre politique était aussi théologique : les départements des dieux étaient pour ainsi dire fixés par les bornes des nations. Le dieu d'un peuple n'avait aucun droit sur les autres peuples. Les dieux des païens n'étaient point des dieux jaloux; ils partageaient entre eux l'empire du monde : Moïse même et le peuple hébreu se prêtaient quelquefois à cette idée en parlant du dieu d'Israël. Ils regardaient, il est vrai, comme nuls les dieux des Chananéens, peuples proscrits, voués à la destruction, et dont ils devaient occuper la place; mais voyez comment ils parlaient des divinités des peuples voisins qu'il leur était défendu d'attaquer : « La possession de ce qui appartient à Chamos votre dieu, disait Jephté aux Ammonites, ne vous est-elle pas légitimement due ? Nous possédons au même titre les terres que notre dieu vainqueur s'est acquises (2). » C'était là, ce me semble, une parité bien reconnue entre les droits de Chamos et ceux du dieu d'Israël.

Mais quand les Juifs, soumis aux rois de Babylone, et dans la suite aux rois de Syrie, voulurent s'obstiner à ne reconnaître aucun autre dieu que le leur, ce refus, regardé comme une rébellion contre le vainqueur, leur attira les persécutions qu'on lit dans leur histoire, et dont on ne voit aucun autre exemple avant le christianisme (3).

(1) Voyez à ce sujet les *Lettres de la Montagne*, partie I, lettre 1re; ainsi que la *Lettre à M. Ustéri* du 15 juillet 1763.
(2) *Nonne ea quæ possidet Chamos deus tuus, tibi jure debentur?* (Jud., XI, 24) Tel est le texte de la *Vulgate*. Le père de Carrières a traduit : « Ne croyez-vous pas avoir droit de posséder ce qui appartient à Chamos votre dieu ? » J'ignore la force du texte hébreu : mais je vois que, dans la Vulgate, Jephté reconnaît positivement le droit du dieu Chamos, et que le traducteur français affaiblit cette reconnaissance par un *selon vous* qui n'est pas dans le latin.
(3) Il est de la dernière évidence que la guerre des Phocéens, appelée guerre sacrée, n'était point une guerre de religion. Elle avait pour objet de punir des sacriléges, et non de soumettre des mécréants.

Chaque religion étant donc uniquement attachée aux lois de l'état qui la prescrivait, il n'y avait point d'autre manière de convertir un peuple que de l'asservir, ni d'autres missionnaires que les conquérants; et l'obligation de changer de culte étant la loi des vaincus, il fallait commencer par vaincre avant d'en parler. Loin que les hommes combattissent pour les dieux, c'était, comme dans Homère, les dieux qui combattaient pour les hommes : chacun demandait au sien la victoire et la payait par de nouveaux autels. Les Romains, avant de prendre une place, sommaient ses dieux de l'abandonner; et quand ils laissaient aux Tarentins leurs dieux irrités, c'est qu'ils regardaient alors ces dieux comme soumis aux leurs et forcés de leur faire hommage. Ils laissaient aux vaincus leurs dieux comme ils leur laissaient leurs lois. Une couronne au Jupiter du Capitole était souvent le seul tribut qu'ils imposaient.

Enfin, les Romains ayant étendu avec leur empire leur culte et leurs dieux, et ayant souvent eux-mêmes adopté ceux des vaincus, en accordant aux uns et aux autres le droit de cité, les peuples de ce vaste empire se trouvèrent insensiblement avoir des multitudes de dieux et de cultes, à peu près les mêmes partout : et voilà comment le paganisme ne fut enfin dans le monde connu qu'une seule et même religion.

Ce fut dans ces circonstances que Jésus vint établir sur la terre un royaume spirituel : ce qui, séparant le système théologique du système politique, fit que l'état cessa d'être un, et causa les divisions intestines qui n'ont jamais cessé d'agiter les peuples chrétiens. Or, cette idée nouvelle d'un royaume de l'autre monde n'ayant pu jamais entrer dans la tête des païens, ils regardèrent toujours les chrétiens comme de vrais rebelles, qui, sous une hypocrite soumission, ne cherchaient que le moment de se rendre indépendants et maîtres, et d'usurper adroitement l'autorité qu'ils feignaient de respecter dans leur faiblesse. Telle fut la cause des persécutions.

Ce que les païens avaient craint est arrivé. Alors tout a changé de face; les humbles chrétiens ont changé de langage, et bientôt on a vu ce prétendu royaume de l'autre monde devenir, sous un chef visible, le plus violent despotisme dans celui-ci.

Cependant, comme il y a toujours eu un prince et des lois civiles, il a résulté de cette double puissance un perpétuel conflit de juridiction qui a rendu toute bonne *politie* impossible dans les états chrétiens, et l'on n'a jamais pu venir à bout de savoir auquel du maître ou du prêtre on était obligé d'obéir.

Plusieurs peuples cependant, même dans l'Europe ou à son voisinage, ont voulu conserver ou rétablir l'ancien système, mais sans succès; l'esprit du christianisme a tout gagné. Le culte sacré est toujours resté ou redevenu dépendant du souverain, et sans liaison nécessaire avec le corps de l'état. Mahomet eut des vues très saines; il lia bien son système politique; et tant que la forme de son gouvernement subsista sous les califes ses successeurs, ce gouvernement fut exactement un, et bon en cela. Mais les Arabes, devenus florissants, lettrés, polis, mous et lâches, furent subjugués par des barbares : alors la division entre les deux puissances recommença. Quoiqu'elle soit moins apparente chez les mahométans que chez les chrétiens, elle y est pourtant, surtout dans la secte d'Ali; et il y a des états, tels que la Perse, où elle ne cesse de se faire sentir.

Parmi nous, les rois d'Angleterre se sont établis chefs de l'église; autant en ont fait les czars; mais, par ce titre, ils s'en sont rendus moins les maîtres que les ministres; ils ont moins acquis le droit de la changer que le pouvoir de la maintenir : ils n'y sont pas législateurs, ils n'y sont que princes. Partout où le clergé fait un corps (1), il est maître et législateur dans sa patrie. Il y a

(1) Il faut bien remarquer que ce ne sont pas tant des assemblées formelles, comme celles de France, qui lient le clergé en un corps, que la communion des églises. La communion et l'excommunication sont le pacte social du clergé, pacte avec lequel il sera toujours le maître des peuples et des rois. Tous les prêtres qui communiquent ensemble

donc deux puissances, deux souverains, en Angleterre et en Russie, tout comme ailleurs.

De tous les autres chrétiens, le philosophe Hobbes est le seul qui ait bien vu le mal et le remède, qui ait osé proposer de réunir les deux têtes de l'aigle, et de tout ramener à l'unité politique, sans laquelle jamais état ni gouvernement ne sera bien constitué. Mais il a dû voir que l'esprit dominateur du christianisme était incompatible avec son système, et que l'intérêt du prêtre serait toujours plus fort que celui de l'état. Ce n'est pas tant ce qu'il y a d'horrible et de faux dans sa politique, que ce qu'il y a de juste et de vrai, qui l'a rendue odieuse (1).

Je crois qu'en développant sous ce point de vue les faits historiques, on réfuterait aisément les sentiments opposés de Bayle et de Warburton, dont l'un prétend que nulle religion n'est utile au corps politique, et dont l'autre soutient, au contraire, que le christianisme en est le plus ferme appui. On prouverait au premier que jamais état ne fut fondé que la religion ne lui servît de base; et au second, que la loi chrétienne est au fond plus nuisible qu'utile à la forte constitution de l'état. Pour achever de me faire entendre, il ne faut que donner un peu plus de précision aux idées trop vagues de religion relatives à mon sujet.

La religion, considérée par rapport à la société, qui est ou générale ou particulière, peut aussi se diviser en deux espèces : savoir, la religion de l'homme et celle du citoyen. La première, sans temples, sans autels, sans rites, bornée au culte purement intérieur du Dieu suprême et aux devoirs éternels de la morale, est la pure et simple religion de l'Evangile, le vrai théisme, et ce qu'on peut appeler le droit divin naturel. L'autre, inscrite dans un seul pays, lui donne ses dieux, ses patrons propres et tutélaires. Elle a ses dogmes, ses rites, son culte extérieur prescrit par des lois : hors la seule nation qui la suit, tout est pour elle infidèle, étranger, barbare ; elle n'étend les devoirs et les droits de l'homme qu'aussi loin que ses autels. Telles furent toutes les religions des premiers peuples, auxquelles on peut donner le nom de droit divin civil ou positif.

Il y a une troisième sorte de religion plus bizarre, qui, donnant aux hommes deux législations, deux chefs, deux patries, les soumet à des devoirs contradictoires, et les empêche de pouvoir être à la fois dévots et citoyens. Telle est la religion des Lamas, telle est celle des Japonais, tel est le christianisme romain. On peut appeler celle-ci la religion du prêtre. Il en résulte une sorte de droit mixte et insociable qui n'a point de nom.

A considérer politiquement ces trois sortes de religions, elles ont toutes leurs défauts. La troisième est si évidemment mauvaise, que c'est perdre le temps de s'amuser à le démontrer. Tout ce qui rompt l'unité sociale ne vaut rien ; toutes les institutions qui mettent l'homme en contradiction avec lui-même ne valent rien.

La seconde est bonne en ce qu'elle réunit le culte divin et l'amour des lois, et que, faisant de la patrie l'objet de l'adoration des citoyens, elle leur apprend que servir l'état, c'est en servir le dieu tutélaire. C'est une espèce de théocratie, dans laquelle on ne doit point avoir d'autre pontife que le prince, ni d'autres prêtres que les magistrats. Alors mourir pour son pays, c'est aller au martyre ; violer les lois, c'est être impie ; et soumettre un coupable à l'exécration publique, c'est le dévouer au courroux des dieux : *Sacer esto.*

---

sont concitoyens, fussent-ils des deux bouts du monde. Cette invention est un chef-d'œuvre en politique. Il n'y avait rien de semblable parmi les prêtres païens; aussi n'ont-ils jamais fait un corps de clergé.

(1) Voyez, entre autres, dans une lettre de Grotius à son frère, du 11 avril 1643, ce que ce savant homme approuve et ce qu'il blâme dans le livre *de Cive*. Il est vrai que, porté à l'indulgence, il paraît pardonner à l'auteur le bien en faveur du mal; mais tout le le monde n'est pas si clément.

Mais elle est mauvaise en ce qu'étant fondée sur l'erreur et sur le mensonge, elle trompe les hommes, les rend crédules, superstitieux, et noie le vrai culte de la divinité dans un vain cérémonial. Elle est mauvaise encore quand, devenant exclusive et tyrannique, elle rend un peuple sanguinaire et intolérant; en sorte qu'il ne respire que meurtre et massacre, et croit faire une action sainte en tuant quiconque n'admet pas ses dieux. Cela met un tel peuple dans un état naturel de guerre avec tous les autres, très nuisible à sa propre sûreté.

Reste donc la religion de l'homme ou le christianisme, non pas celui d'aujourd'hui, mais celui de l'Évangile, qui en est tout-à-fait différent. Par cette religion sainte, sublime, véritable, les hommes, enfants du même Dieu, se reconnaissent tous pour frères, et la société qui les unit ne se dissout pas même à la mort.

Mais cette religion, n'ayant nulle relation particulière avec le corps politique, laisse aux lois la seule force qu'elles tirent d'elles-mêmes sans leur en ajouter aucune autre; et par là un des grands liens de la société particulière reste sans effet. Bien plus : loin d'attacher les cœurs des citoyens à l'état, elle les en détache comme de toutes les choses de la terre. Je ne connais rien de plus contraire à l'esprit social.

On nous dit qu'un peuple de vrais chrétiens formerait la plus parfaite société que l'on puisse imaginer. Je ne vois, à cette supposition, qu'une grande difficulté, c'est qu'une société de vrais chrétiens ne serait plus une société d'hommes.

Je dis même que cette société supposée ne serait, avec toute sa perfection, ni la plus forte ni la plus durable : à force d'être parfaite, elle manquerait de liaison ; son vice destructeur serait dans sa perfection même.

Chacun remplirait son devoir : le peuple serait soumis aux lois, les chefs seraient justes et modérés, les magistrats intègres, incorruptibles, les soldats mépriseraient la mort, il n'y aurait ni vanité ni luxe : tout cela est fort bien; mais voyons plus loin.

Le christianisme est une religion toute spirituelle, occupée uniquement des choses du ciel : la patrie du chrétien n'est pas de ce monde. Il fait son devoir, il est vrai; mais il le fait avec une profonde indifférence sur le bon ou mauvais succès de ses soins. Pourvu qu'il n'ait rien à se reprocher, peu lui importe que tout aille bien ou mal ici-bas. Si l'état est florissant, à peine ose-t-il jouir de la félicité publique ; il craint de s'enorgueillir de la gloire de son pays : si l'état dépérit, il bénit la main de Dieu qui s'appesantit sur son peuple.

Pour que la société fût paisible et que l'harmonie se maintînt, il faudrait que tous les citoyens sans exception fussent également bons chrétiens ; mais si malheureusement il s'y trouve un seul ambitieux, un seul hypocrite, un Catilina, par exemple, un Cromwell, celui-là très certainement aura bon marché de ses compatriotes. La charité chrétienne ne permet pas aisément de penser mal de son prochain. Dès qu'il aura trouvé par quelque ruse l'art de leur en imposer et de s'emparer d'une partie de l'autorité publique, voilà un homme constitué en dignité; Dieu veut qu'on le respecte : bientôt voilà une puissance; Dieu veut qu'on lui obéisse. Le dépositaire de cette puissance en abuse-t-il; c'est la verge dont Dieu punit ses enfants. On se ferait conscience de chasser l'usurpateur : il faudrait troubler le repos public, user de violence, verser du sang; tout cela s'accorde mal avec la douceur du chrétien ; et, après tout, qu'importe qu'on soit libre ou serf dans cette vallée de misères ? l'essentiel est d'aller en paradis, et la résignation n'est qu'un moyen de plus pour cela.

Survient-il quelque guerre étrangère ? ces citoyens marchent sans peine au combat; nul d'entre eux ne songe à fuir ; ils font leur devoir : mais sans passion pour leur victoire; ils savent plutôt mourir que vaincre. Qu'ils soient vainqueurs ou vaincus, qu'importe ? La Providence ne sait-elle pas mieux qu'eux ce qu'il leur faut? Qu'on imagine quel parti un ennemi fier, impétueux, passionné, peut tirer de leur stoïcisme ! Mettez vis-à-vis d'eux ces peuples généreux que dévorait l'ardent amour de la gloire et de la patrie, supposez votre république chrétienne vis-à-vis de Sparte ou de Rome : les pieux chrétiens seront battus, écrasés, détruits, avant d'avoir eu le temps de se reconnaître, ou ne devront leur salut qu'au mépris que leur ennemi concevra pour eux. C'était un beau serment à mon gré que celui des soldats de Fabius : ils ne jurèrent pas de mourir ou de vaincre ; ils jurèrent de revenir vainqueurs, et tinrent leur serment (1). Jamais des chrétiens n'en eussent fait un pareil ; ils auraient cru tenter Dieu.

Mais je me trompe en disant une république chrétienne : chacun de ces deux mots exclut l'autre. Le christianisme ne prêche que servitude et dépendance. Son esprit est trop favorable à la tyrannie pour qu'elle n'en profite pas toujours. Les vrais chrétiens sont faits pour être esclaves : ils le savent et ne s'en émeuvent pas ; cette courte vie a trop peu de prix à leurs yeux.

Les troupes chrétiennes sont excellentes, nous dit-on. Je le nie. Qu'on m'en montre de telles. Quant à moi, je ne connais point de troupes chrétiennes. On me citera les croisades. Sans disputer sur la valeur des croisés, je remarquerai que, bien loin d'être chrétiens, c'étaient des soldats du prêtre, c'étaient des citoyens de l'église : ils se battaient pour son pays spirituel, qu'elle avait rendu temporel on ne sait comment. A le bien prendre, ceci rentre sous le paganisme : comme l'Evangile n'établit point une religion nationale, toute guerre sacrée est impossible parmi les chrétiens.

Sous les empereurs païens, les soldats chrétiens étaient braves : tous les auteurs chrétiens l'assurent, et je le crois : c'était une émulation d'honneur contre les troupes païennes. Dès que les empereurs furent chrétiens, cette émulation ne subsista plus ; et, quand la croix eut chassé l'aigle, toute la valeur romaine disparut.

Mais, laissant à part les considérations politiques, revenons au droit, et fixons les principes sur ce point important. Le droit que le pacte social donne au souverain sur les sujets ne passe point, comme je l'ai dit, les bornes de l'utilité publique (2). Les sujets ne doivent donc compte au souverain de leurs opinions qu'autant que ces opinions importent à la communauté. Or il importe bien à l'état que chaque citoyen ait une religion qui lui fasse aimer ses devoirs ; mais les dogmes de cette religion n'intéressent ni l'état ni ses membres qu'autant que ces dogmes se rapportent à la morale et aux devoirs que celui qui la professe est tenu de remplir envers autrui. Chacun peut avoir, au surplus, telles opinions qu'il lui plaît, sans qu'il appartienne au souverain d'en connaître ; car comme il n'a point de compétence dans l'autre monde, quel que soit le sort des sujets dans la vie à venir, ce n'est pas son affaire, pourvu qu'ils soient bons citoyens dans celle-ci.

Il y a donc une profession de foi purement civile dont il appartient au souverain de fixer les articles, non pas précisément comme dogmes de religion, mais comme sentiments de sociabilité sans lesquels il est impossible d'être bon citoyen ni sujet fidèle (3). Sans pouvoir obliger personne à les croire, il

(1) Tit. Liv., lib. II, cap. XLV.
(2) « Dans la république, dit le marquis d'Argenson, chacun est parfaitement libre en ce qui ne nuit pas aux autres. » Voilà la borne invariable ; on ne peut la poser plus exactement. Je n'ai pu me refuser au plaisir de citer quelquefois ces manuscrits, quoique non connus du public, pour rendre honneur à la mémoire d'un homme illustre et respectable, qui avait conservé jusque dans le ministère le cœur d'un vrai citoyen, et des vues droites et saines sur le gouvernement de son pays.
— Voyez l'ouvrage du marquis d'Argenson intitulé : *Considérations sur le Gouvernement ancien et présent de la France*, in-8. Amesterdam, 1764, et Paris, 1784.
(3) César, plaidant pour Catilina, tâchait d'établir le dogme de la mortalité de l'âme : Caton et Cicéron, pour le réfuter ne s'amusèrent pas à philosopher ; ils se contentèrent de montrer que César parlait en mauvais citoyen, et avançait une doctrine pernicieuse à l'état. En effet, voilà de quoi devait juger le sénat de Rome, et non d'une question de théologie.

peut bannir de l'état quiconque ne les croit pas ; il peut le bannir, non comme impie, mais comme insociable, comme incapable d'aimer sincèrement les lois, la justice, et d'immoler au besoin sa vie au devoir. Que si quelqu'un, après avoir reconnu publiquement ces mêmes dogmes, se conduit comme ne les croyant pas, qu'il soit puni de mort : il a commis le plus grand des crimes, il a menti devant les lois.

Les dogmes de la religion civile doivent être simples, en petit nombre, énoncés avec précision, sans explication ni commentaires. L'existence de la divinité puissante, intelligente, bienfaisante, prévoyante et pourvoyante, la vie à venir, le bonheur des justes, le châtiment des méchants, la sainteté du contrat social et des lois : voilà les dogmes positifs. Quant aux dogmes négatifs, je les borne à un seul, c'est l'intolérance : elle rentre dans les cultes que nous avons exclus.

Ceux qui distinguent l'intolérance civile et l'intolérance théologique se trompent, à mon avis. Ces deux intolérances sont inséparables. Il est impossible de vivre en paix avec des gens qu'on croit damnés ; les aimer serait haïr Dieu qui les punit : il faut absolument qu'on les ramène ou qu'on les tourmente. Partout où l'intolérance théologique est admise, il est impossible qu'elle n'ait pas quelque effet civil (1) ; sitôt qu'elle en a, le souverain n'est plus souverain, même au temporel : dès lors les prêtres sont les vrais maîtres; les rois ne sont que leurs officiers.

Maintenant qu'il n'y a plus et qu'il ne peut plus y avoir de religion nationale exclusive, on doit tolérer toutes celles qui tolèrent les autres, autant que leurs dogmes n'ont rien de contraire aux devoirs du citoyen. Mais quiconque ose dire : « Hors de l'église point de salut, » doit être chassé de l'état, à moins que l'état ne soit l'église, et que le prince ne soit le pontife. Un tel dogme n'est bon que dans un gouvernement théocratique ; dans tout autre, il est pernicieux. La raison sur laquelle on dit que Henri IV embrassa la religion romaine la devrait faire quitter à tout honnête homme, et surtout à tout prince qui saurait raisonner (2).

CHAPITRE IX. — Conclusion.

Après avoir posé les vrais principes du droit politique, et tâché de fonder

(1) Le mariage, par exemple, étant un contrat civil, a des effets civils, sans lesquels il est même impossible que la société subsiste. Supposons donc qu'un clergé vienne à bout de s'attribuer à lui seul le droit de passer cet acte, droit qu'il doit nécessairement usurper dans toute religion intolérante ; alors n'est-il pas clair qu'en faisant valoir à propos l'autorité de l'église, il rendra vaine celle du prince, qui n'aura plus de sujets que ceux que le clergé voudra bien lui donner ? Maître de marier ou de ne pas marier les gens, selon qu'ils auront ou n'auront pas telle ou telle doctrine, selon qu'ils admettront ou rejetteront tel ou tel formulaire, selon qu'ils lui seront plus ou moins dévoués, en se conduisant prudemment et tenant ferme, n'est-il pas clair qu'il disposera seul des héritages, des charges des citoyens, de l'état même, qui ne saurait subsister n'étant plus composé que de bâtards ? Mais, dira-t-on, l'on appellera comme d'abus, on ajournera, décrétera, saisira le temporel. Quelle pitié ! le clergé, pour peu qu'il ait, je ne dis pas de courage, mais de bon sens, laissera faire et ira son train ; il laissera tranquillement appeler, ajourner, décréter, saisir, et finira par rester le maître. Ce n'est pas, ce me semble, un grand sacrifice d'abandonner une partie, quand on est sûr de s'emparer du tout.

(2) Le roi faisant faire devant lui une conférence entre les docteurs de l'une et l'autre église, et voyant qu'un ministre tombait d'accord qu'on se pouvait sauver dans la religion des catholiques, sa majesté prit la parole et dit à ce ministre : « Quoi ! tombez-vous d'accord qu'on puisse se sauver dans la religion de ces messieurs-là ? » Le ministre répondant qu'il n'en doutait pas, pourvu qu'on y vécût bien, le roi repartit très judicieusement : « La prudence veut donc que je sois de leur religion, et non pas de la vôtre, parce que, étant de la leur, je me sauve selon eux et selon vous, et étant de la vôtre, je me sauve bien selon vous, mais non selon eux. Or la prudence veut que je suive le plus assuré. » (PÉRÉFIXE, *Histoire de Henri IV.*)

l'état sur sa base, il resterait à l'appuyer par ses relations externes, ce comprendrait le droit des gens, le commerce, le droit de la guerre et les conquêtes, le droit public, les ligues, les négociations, les traités, etc. Mais tout cela forme un nouvel objet trop vaste pour ma courte vue; j'aurais dû la fixer toujours plus près de moi.

CONSIDÉRATIONS

SUR LE

GOUVERNEMENT DE POLOGNE

ET SUR SA RÉFORMATION PROJETÉE EN AVRIL 1772.

NOTE PRELIMINAIRE.

A l'époque où Rousseau écrivit ce livre, la Pologne était divisée en trente-trois palatiuats, et avait environ huit millions d'habitants, gouvernés par cent mille nobles (palatins, castellans, starostes et tenanciers du roi), plus un sénat perpétuel et un roi électif. Les habitants des villes n'avaient aucun droit politique ; le commerce était entre les mains des Juifs, et les paysans étaient tous réduits à l'état de servage.

Dans les *diétines* de chaque palatinat, les nobles en général élisaient périodiquement les *nonces*, leurs représentants à la diète générale, qui était bisannuelle.

Le sénat, formé des trois premières classes de la noblesse, possédait le gouvernement et presque toute l'administration.

Les droits de *liberum veto*, de *confédération*, les instructions positives de chaque palatinat auxquelles les nonces étaient astreints, se joignaient à ces éléments anarchiques et paralysaient complétement le pouvoir central.

Telles furent les causes de l'affaiblissement d'un état dominé par la Russie dès 1733, à l'élection d'Auguste III, puis en 1764 à celle de Stanislas Poniatowski. En 1768, la Confédération polonaise de Bar tenta de s'opposer aux entreprises illégales de ce favori de Catherine II. Vaincus d'abord par les Russes comme les Turcs leurs alliés, les confédérés obtinrent une suspension d'armes en 1771, et c'est dans cet intervalle que Rousseau et Mably furent chargés par eux d'élaborer le plan d'une constitution mieux pondérée.

Au moment où ces travaux furent terminés, en 1773, une diète nouvelle cédait aux séductions des puissances voisines, et le premier traité de partage était signé.

On sait la suite des usurpations des trois puissances, frappées de nullité par les protestations non interrompues du droit public européen.

L. B.

CHAPITRE PREMIER. — Etat de la question.

Le tableau du gouvernement de Pologne fait par M. le comte Wielhorski, et les réflexions qu'il y a jointes, sont des pièces instructives pour quiconque voudra former un plan régulier pour la refonte de ce gouvernement. Je ne connais personne plus en état de tracer ce plan que lui-même, qui joint aux connaissances générales que ce travail exige, toutes celles du local et des détails particuliers, impossibles à donner par écrit, et néanmoins nécessaires à savoir pour approprier une institution au peuple auquel on la destine. Si l'on ne connaît à fond la nation pour laquelle on travaille, l'ouvrage qu'on fera pour elle, quelque excellent qu'il puisse être en lui-même, pêchera toujours par l'application, et bien plus encore lorsqu'il s'agira d'une nation déjà tout

instituée, dont les goûts, les mœurs, les préjugés et les vices sont trop en[ra]-
cinés pour pouvoir être aisément étouffés par des semences nouvelles. U[ne]
bonne institution pour la Pologne ne peut être l'ouvrage que des Polonais, [ou]
de quelqu'un qui ait bien étudié sur les lieux la nation polonaise et celles [qui]
l'avoisinent. Un étranger ne peut guère donner que des vues générales, po[ur]
éclairer, non pour guider l'instituteur. Dans toute la vigueur de ma tête [je]
n'aurais pu saisir l'ensemble de ces rapports. Aujourd'hui qu'il me reste [à]
peine la faculté de lier des idées, je dois me borner, pour obéir à M. le con[te]
Wielhorski et faire acte de mon zèle pour sa patrie, à lui rendre compte des
impressions que m'a faites la lecture de son travail, et des réflexions qu'il m'a
suggérées.

En lisant l'histoire du gouvernement de Pologne, on a peine à comprendre
comment un état si bizarrement constitué a pu subsister si longtemps. Un
grand corps, formé d'un grand nombre de membres morts, et d'un petit nombre
de membres désunis, dont tous les mouvements presque indépendants les uns
des autres, loin d'avoir une fin commune, s'entre-détruisent mutuellement,
qui s'agite beaucoup pour ne rien faire, qui ne peut faire aucune résistance à
quiconque veut l'entamer, qui tombe en dissolution cinq ou six fois chaque
siècle, qui tombe en paralysie à chaque effort qu'il veut faire, à chaque besoin
auquel il veut pourvoir, et qui, malgré tout cela, vit et se conserve en
vigueur; voilà, ce me semble, un des plus singuliers spectacles qui puissent
frapper un être pensant. Je vois tous les états de l'Europe courir à leur ruine.
Monarchies, républiques, toutes ces nations si magnifiquement instituées,
tous ces beaux gouvernements si sagement pondérés, tombés en décrépitude,
menacent d'une mort prochaine; et la Pologne, cette région dépeuplée, dé-
vastée, opprimée, ouverte à ses agresseurs, au fort de ses malheurs et de son
anarchie, montre encore tout le feu de la jeunesse; elle ose demander un
gouvernement et des lois, comme si elle ne faisait que de naître. Elle est
dans les fers, et discute les moyens de se conserver libre; elle sent en elle
cette force que celle de la tyrannie ne peut subjuguer; je crois voir Rome as-
siégée régir tranquillement les terres sur lesquelles son ennemi venait d'asseoir son camp. Braves Polonais, prenez garde; prenez garde que, pour vouloir trop bien être, vous n'empiriez votre situation. En songeant à ce que
vous voulez acquérir, n'oubliez pas ce que vous pouvez perdre. Corrigez, s'il
se peut, les abus de votre constitution; mais ne méprisez pas celle qui vous
a faits ce que vous êtes.

Vous aimez la liberté, vous en êtes dignes; vous l'avez défendue contre un
agresseur puissant et rusé, qui, feignant de vous présenter les liens de l'amitié, vous chargeait des fers de la servitude. Maintenant, las des troubles de
votre patrie, vous soupirez après la tranquillité. Je crois fort aisé de l'obtenir; mais la conserver avec la liberté, voilà ce qui me paraît difficile. C'est
au sein de cette anarchie qui vous est odieuse que se sont formées ces âmes
patriotiques qui vous ont garantis du joug. Elles s'endormaient dans un repos léthargique; l'orage les a réveillées. Après avoir brisé les fers qu'on leur
destinait, elles sentent le poids de la fatigue. Elles voudraient allier la paix du
despotisme aux douceurs de la liberté. J'ai peur qu'elles ne veuillent des
choses contradictoires. Le repos et la liberté me paraissent incompatibles; il
faut opter.

Je ne dis pas qu'il faille laisser les choses dans l'état où elles sont; mais je
dis qu'il n'y faut toucher qu'avec une circonspection extrême. En ce moment
on est plus frappé des abus que des avantages. Le temps viendra, je le crains,
qu'on sentira mieux ces avantages, et malheureusement ce sera quand on les
aura perdus.

Qu'il soit aisé, si l'on veut, de faire de meilleures lois. Il est impossible d'en
faire dont les passions des hommes n'abusent pas, comme ils ont abusé des
premières. Prévoir et peser tous ces abus à venir est peut-être une chose im-

possible à l'homme d'état le plus consommé. Mettre la loi au-dessus de l'homme est un problème en politique, que je compare à celui de la quadrature du cercle en géométrie. Résolvez bien ce problème, et le gouvernement fondé sur cette solution sera bon et sans abus. Mais jusque-là soyez sûrs que, vous croirez faire régner les lois, ce seront les hommes qui régneront.

Il n'y aura jamais de bonne et solide constitution que celle où la loi régnera sur les cœurs des citoyens : tant que la force législative n'ira pas jusque-là, les lois seront toujours éludées. Mais comment arriver aux cœurs? c'est à quoi nos instituteurs, qui ne voient jamais que la force et les châtiments, ne songent guère, et c'est à quoi les récompenses matérielles ne mèneraient peut-être pas mieux; la justice même la plus intègre n'y mène pas, parce que la justice est, ainsi que la santé, un bien dont on jouit sans le sentir, qui n'inspire point d'enthousiasme, et dont on ne sent le prix qu'après l'avoir perdu.

Par où donc émouvoir les cœurs, et faire aimer la patrie et ses lois? L'oserais-je dire? par des jeux d'enfants, par des institutions oiseuses aux yeux des hommes superficiels, mais qui forment des habitudes chéries et des attachements invincibles. Si j'extravague ici, c'est du moins bien complètement, car j'avoue que je vois ma folie sous tous les traits de la raison.

CHAPITRE II. — Esprit des anciennes institutions.

Quand on lit l'histoire ancienne, on se croit transporté dans un autre univers et parmi d'autres êtres. Qu'ont de commun les Français, les Anglais, les Russes, avec les Romains et les Grecs? rien presque que la figure. Les fortes âmes de ceux-ci paraissent aux autres des exagérations de l'histoire. Comment eux, qui se sentent si petits, penseraient-ils qu'il y ait eu d'aussi grands hommes? Ils existèrent pourtant, et c'étaient des humains comme nous. Qu'est-ce qui nous empêche d'être des hommes comme eux? nos préjugés, notre basse philosophie, et les passions du petit intérêt, concentrées avec l'égoïsme dans tous les cœurs par des institutions ineptes que le génie ne dicta jamais.

Je regarde les nations modernes. J'y vois force faiseurs de lois et pas un législateur. Chez les anciens, j'en vois trois principaux qui méritent une attention particulière : Moïse, Lycurgue et Numa. Tous trois ont mis leurs principaux soins à des objets qui paraîtraient à nos docteurs dignes de risée. Tous trois ont eu des succès qu'on jugerait impossibles, s'ils étaient moins attestés.

Le premier forma et exécuta l'étonnante entreprise d'instituer en corps de nation un essaim de malheureux fugitifs, sans arts, sans armes, sans talents, sans vertus, sans courage, et qui, n'ayant pas en propre un seul pouce de terrain, faisaient une troupe étrangère sur la face de la terre. Moïse osa faire de cette troupe errante et servile un corps politique, un peuple libre; et, tandis qu'elle errait dans les déserts sans avoir une pierre pour y reposer sa tête, il lui donnait cette institution durable, à l'épreuve du temps, de la fortune et des conquérants, que cinq mille ans n'ont pu détruire ni même altérer, et qui subsiste encore aujourd'hui dans toute sa force, lors même que le corps de la nation ne subsiste plus.

Pour empêcher que son peuple ne se fondît parmi les peuples étrangers, il lui donna des mœurs et des usages inalliables avec ceux des autres nations; il le surchargea de rites, de cérémonies particulières; il le gêna de mille façons pour le tenir sans cesse en haleine et le rendre toujours étranger parmi les autres hommes; et tous les liens de fraternité qu'il mit entre les membres de sa république étaient autant de barrières qui le tenaient séparé de ses voisins et l'empêchaient de se mêler avec eux. C'est par là que cette singulière nation, si souvent subjuguée, si souvent dispersée, et détruite en apparence, mais toujours idolâtre de sa règle, s'est pourtant conservée jusqu'à nos jours, éparse parmi les autres sans s'y confondre, et que ses mœurs, ses lois, ses rites, subsistent et dureront autant que le monde, malgré la haine et la persécution du reste du genre humain.

Lycurgue entreprit d'instituer un peuple déjà dégradé par la servitude et par les vices qui en sont l'effet. Il lui imposa ce joug de fer, tel qu'aucun autre peuple n'en porta jamais un semblable; mais il l'attacha, l'identifia pour ainsi dire à ce joug, en l'occupant toujours. Il lui montra sans cesse la patrie dans ses lois, dans ses jeux, dans sa maison, dans ses amours, dans ses festins; il ne lui laissa pas un instant de relâche pour être à lui seul : et de cette continuelle contrainte, ennoblie par son objet, naquit en lui cet ardent amour de la patrie qui fut toujours la plus forte ou plutôt l'unique passion des Spartiates, et qui en fit des êtres au-dessus de l'humanité. Sparte n'était qu'une ville, il est vrai; mais, par la seule force de son institution, cette ville donna des lois à toute la Grèce, en devint la capitale, et fit trembler l'empire persan. Sparte était le foyer d'où sa législation étendait ses effets tout autour d'elle.

Ceux qui n'ont vu dans Numa qu'un instituteur de rites et de cérémonies religieuses ont bien mal jugé ce grand homme. Numa fut le vrai fondateur de Rome. Si Romulus n'eût fait qu'assembler des brigands qu'un revers pouvait disperser, son ouvrage imparfait n'eût pu résister au temps. Ce fut Numa qui le rendit solide et durable en unissant ces brigands en un corps indissoluble; en les transformant en citoyens, moins par des lois, dont leur rustique pauvreté n'avait guère encore besoin, que par des institutions douces qui les attachaient les uns aux autres, et tous à leur sol, en rendant enfin leur ville sacrée par ces rites frivoles et superstitieux en apparence, dont si peu de gens sentent la force et l'effet, et dont cependant Romulus, le farouche Romulus lui-même, avait jeté les premiers fondements.

Le même esprit guida tous les anciens législateurs dans leurs institutions. Tous cherchèrent des liens qui attachassent les citoyens à la patrie et les uns aux autres; ils les trouvèrent dans des usages particuliers, dans des cérémonies religieuses qui par leur nature étaient toujours exclusives et nationales (1); dans des jeux qui tenaient beaucoup les citoyens rassemblés; dans des exercices qui augmentaient, avec leur vigueur et leurs forces, leur fierté et l'estime d'eux-mêmes; dans des spectacles qui, leur rappelant l'histoire de leurs ancêtres, leurs malheurs, leurs vertus, leurs victoires, intéressaient leurs cœurs, les enflammaient d'une vive émulation, et les attachaient fortement à cette patrie dont on ne cessait de les occuper. Ce sont les poésies d'Homère récitées aux Grecs solennellement assemblés, non dans des coffres, sur des planches et l'argent à la main, mais en plein air et en corps de nation; ce sont les tragédies d'Eschyle, de Sophocle et d'Euripide, représentées souvent devant eux; ce sont les prix dont, aux acclamations de toute la Grèce, on couronnait les vainqueurs dans leurs jeux, qui, les embrasant continuellement d'émulation et de gloire, portèrent leur courage et leurs vertus à ce degré d'énergie dont rien aujourd'hui ne nous donne l'idée, et qu'il n'appartient pas même aux modernes de croire. S'ils ont des lois, c'est uniquement pour leur apprendre à bien obéir à leurs maîtres, à ne pas voler dans les poches, et à donner beaucoup d'argent aux fripons publics. S'ils ont des usages, c'est pour savoir amuser l'oisiveté des femmes galantes, et promener la leur avec grâce. S'ils s'assemblent, c'est dans des temples, pour un culte qui n'a rien de national, qui ne rappelle en rien la patrie; c'est dans des salles bien fermées et à prix d'argent, pour voir sur des théâtres efféminés, dissolus, où l'on ne sait parler que d'amour, déclamer des histrions, minauder des prostituées, et pour y prendre des leçons de corruption, les seules qui profitent de toutes celles qu'on fait semblant d'y donner; c'est dans des fêtes où le peuple, toujours méprisé, est toujours sans influence, où le blâme et l'appro-

---

(1) Voyez la fin du *Contrat social* (liv. VIII, chap. 8).

duisent rien ; c'est dans des cohues licencieuses, pour
*rètes, pour y chercher les plaisirs qui séparent, isolent
qui relâchent le plus les cœurs. Sont-ce là des stimu-
*ae ? Faut-il s'étonner que des manières de vivre si
*nt des effets si différents, et que les modernes ne re-
*ux de cette vigueur d'âme que tout inspirait aux an-
*ligressions à un reste de chaleur que vous avez rani-
plaisir à celui de tous les peuples d'aujourd'hui qui
*eux dont je viens de parler.

CHAPITRE III. — Application.

La Pologne est un grand état environné d'états encore plus considérables, qui, par leur despotisme et par leur discipline militaire, ont une grande force offensive. Faible au contraire par son anarchie, elle est, malgré la valeur polonaise, en butte à tous leurs outrages. Elle n'a point de places fortes pour arrêter leurs incursions. Sa dépopulation la met presque absolument hors d'état de défense. Aucun ordre économique, peu ou point de troupes, nulle discipline militaire, nul ordre, nulle subordination ; toujours divisée au dedans, toujours menacée au dehors, elle n'a par elle-même aucune consistance, et dépend du caprice de ses voisins. Je ne vois dans l'état présent des choses qu'un seul moyen de lui donner cette consistance qui lui manque ; c'est d'infuser pour ainsi dire dans toute la nation l'âme des confédérés : c'est d'établir tellement la république dans le cœur des Polonais, qu'elle y subsiste malgré tous les efforts de ses oppresseurs. C'est là, ce me semble, l'unique asile où la force ne peut ni l'atteindre ni la détruire. On vient d'en voir une preuve à jamais mémorable. La Pologne était dans les fers du Russe, mais les Polonais sont restés libres. Grand exemple qui vous montre comment vous pouvez braver la puissance et l'ambition de vos voisins. Vous ne sauriez empêcher qu'ils ne vous engloutissent ; faites au moins qu'ils ne puissent vous digérer. De quelque façon qu'on s'y prenne, avant qu'on ait donné à la Pologne tout ce qui lui manque pour être en état de résister à ses ennemis, elle en sera cent fois accablée. La vertu de ses citoyens, leur zèle patriotique, la forme particulière que des institutions nationales peuvent donner à leurs âmes, voilà le seul rempart toujours prêt à la défendre, et qu'aucune armée ne saurait forcer. Si vous faites en sorte qu'un Polonais ne puisse jamais devenir un Russe, je vous réponds que la Russie ne subjuguera pas la Pologne.

Ce sont les institutions nationales qui forment le génie, le caractère, les goûts et les mœurs d'un peuple, qui le font être lui et non pas un autre, qui lui inspirent cet ardent amour de la patrie fondé sur des habitudes impossibles à déraciner, qui le font mourir d'ennui chez les autres peuples au sein des délices dont il est privé dans son pays. Souvenez-vous de ce Spartiate gorgé des voluptés de la cour du grand roi, à qui l'on reprochait de regretter la sauce noire. « Ah ! dit-il au satrape en soupirant, je connais tes plaisirs, mais tu ne connais pas les nôtres. »

Il n'y a plus aujourd'hui de Français, d'Allemands, d'Espagnols, d'Anglais même, quoiqu'on en dise ; il n'y a que des Européens. Tous ont les mêmes goûts, les mêmes passions, les mêmes mœurs, parce qu'aucun n'a reçu de forme nationale par une institution particulière. Tous, dans les mêmes circonstances, feront les mêmes choses ; tous se diront désintéressés et seront fripons ; tous parleront du bien public et ne penseront qu'à eux-mêmes ; tous vanteront la médiocrité et voudront être des Crésus ; ils n'ont d'ambition que pour le luxe ; ils n'ont de passion que celle de l'or : sûrs d'avoir avec lui tout ce qui les tente, tous se vendront au premier qui voudra les payer. Que leur importe à quel maître ils obéissent, de quel état ils suivent les lois, pourvu qu'ils trouvent de l'argent à voler, et des femmes à corrompre, ils sont partout dans leur pays.

que des objets dignes de son estime. Les Romains, d... ...phes,
étalaient un luxe énorme, mais c'était le luxe des va... ...brillait,
moins il séduisait : son éclat même était une grande leç...
Les rois captifs étaient enchaînés avec des chaînes d'or...
du luxe bien entendu. Souvent on vient au même but p...
sées. Les deux balles de laine mises dans la chambre des...
devant la place du chancelier, forment à mes yeux une...
et sublime. Deux gerbes de blé, placées de même dans le sénat de Pologne,
n'y feraient pas un moins bel effet à mon gré.

L'immense distance des fortunes, qui sépare les seigneurs de la petite noblesse, est un grand obstacle aux réformes nécessaires pour faire de l'amour de la patrie la passion dominante. Tant que le luxe régnera chez les grands, la cupidité régnera dans tous les cœurs. Toujours l'objet de l'admiration publique sera celui des vœux des particuliers; et, s'il faut être riche pour briller, la passion dominante sera toujours d'être riche. Grand moyen de corruption qu'il faut affaiblir autant qu'il est possible. Si d'autres objets attrayants, si des marques de rang distinguaient les hommes en place, ceux qui ne seraient que riches en seraient privés, les vœux secrets prendraient naturellement la route de ces distinctions honorables, c'est-à-dire celles du mérite et de la vertu, quand on ne parviendrait que par là. Souvent les consuls de Rome étaient très pauvres, mais ils avaient des licteurs; l'appareil de ces licteurs fut convoité par le peuple, et les plébéiens parvinrent au consulat.

Oter tout-à-fait le luxe où règne l'inégalité me paraît, je l'avoue, une entreprise bien difficile. Mais n'y aurait-il pas moyen de changer les objets de ce luxe et d'en rendre l'exemple moins pernicieux ? Par exemple, autrefois la pauvre noblesse en Pologne s'attachait aux grands qui lui donnaient l'éducation et la subsistance à leur suite. Voilà un luxe vraiment grand et noble, dont je sens parfaitement l'inconvénient, mais qui du moins, loin d'avilir les âmes, les élève, leur donne des sentiments, du ressort, et fut sans abus chez les Romains tant que dura la république. J'ai lu que le duc d'Epernon, rencontrant un jour le duc de Sully, voulait lui chercher querelle, mais que, n'ayant que six cents gentilshommes à sa suite, il n'osa attaquer Sully qui en avait huit cents. Je doute qu'un luxe de cette espèce laisse une grande place à celui des colifichets; et l'exemple du moins n'en séduira pas les pauvres. Ramenez les grands en Pologne à n'en avoir que de ce genre, il en résultera peut-être des divisions, des partis, des querelles; mais il ne corrompra pas la nation. Après celui-là, tolérons le luxe militaire, celui des armes, des chevaux; mais que toute parure efféminée soit en mépris; et, si l'on n'y peut faire renoncer les femmes, qu'on leur apprenne au moins à l'improuver et dédaigner dans les hommes.

Au reste, ce n'est pas par des lois somptuaires qu'on vient à bout d'extirper le luxe, c'est du fond des cœurs qu'il faut l'arracher, en y imprimant des goûts plus sains et plus nobles. Défendre les choses qu'on ne doit pas faire est un expédient inepte et vain, si l'on ne commence par les faire haïr et mépriser; et jamais l'improbation de la loi n'est efficace que quand elle vient à l'appui de celle du jugement. Quiconque se mêle d'instituer un peuple doit savoir changer les opinions, et par elles gouverner les passions des hommes. Cela est vrai, surtout dans l'objet dont je parle. Les lois somptuaires irritent le désir par la contrainte plutôt qu'elles ne l'éteignent par le châtiment. La simplicité dans les mœurs et dans la parure est moins le fruit de la loi que celui de l'éducation.

CHAPITRE IV. — Education.

C'est ici l'article important. C'est l'éducation qui doit donner aux âmes la forme nationale, et diriger tellement leurs opinions et leurs goûts, qu'elles soient patriotes par inclination, par passion, par nécessité. Un enfant, en ouvrant les yeux, doit voir la patrie, et jusqu'à la mort ne doit plus voir qu'elle. Tout vrai républicain suça avec le lait de sa mère l'amour de sa patrie, c'est-à-dire des lois et de la liberté. Cet amour fait toute son existence : il ne voit que la patrie, il ne vit que pour elle; sitôt qu'il est seul, il est nul; sitôt qu'il n'a plus de patrie, il n'est plus : et s'il n'est pas mort, il est pis.

L'éducation nationale n'appartient qu'aux hommes libres; il n'y a qu'eux qui aient une existence commune et qui soient vraiment liés par la loi. Un Français, un Anglais, un Espagnol, un Italien, un Russe, sont tous à peu près le même homme; il sort du collége, déjà tout façonné pour la licence, c'est-à-dire pour la servitude. A vingt ans, un Polonais ne doit pas être un autre homme; il doit être un Polonais. Je veux qu'en apprenant à lire il lise des choses de son pays; qu'à dix ans il en connaisse toutes les productions, à douze toutes les provinces, tous les chemins, toutes les villes; qu'à quinze il en sache toute l'histoire, à seize toutes les lois; qu'il n'y ait pas eu dans toute la Pologne une belle action ni un homme illustre dont il n'ait la mémoire et le cœur pleins, et dont il ne puisse rendre compte à l'instant. On peut juger par là que ce ne sont pas les études ordinaires dirigées par des étrangers et des prêtres, que je voudrais faire suivre aux enfants. La loi doit régler la matière, l'ordre et la forme de leurs études. Ils ne doivent avoir pour instituteurs que des Polonais, tous mariés, s'il est possible, tous distingués par leurs mœurs, par leur probité, par leur bon sens, par leurs lumières, et tous destinés à des emplois, non plus importants ni plus honorables, car cela n'est pas possible, mais moins pénibles et plus éclatants, lorsqu'au bout d'un certain nombre d'années ils auront bien rempli celui-là. Gardez-vous surtout de faire un métier de l'état de pédagogue. Tout homme public en Pologne ne doit avoir d'autre état permanent que celui de citoyen. Tous les postes qu'il remplit, et surtout ceux qui sont importants, comme celui-ci, ne doivent être considérés que comme des places d'épreuve et des degrés pour monter plus haut après l'avoir mérité. J'exhorte les Polonais à faire attention à cette maxime, sur laquelle j'insisterai souvent : je la crois la clef d'un grand ressort dans l'état. On verra ci-après comment on peut, à mon avis, la rendre praticable sans exception.

Je n'aime point ces distinctions de colléges et d'académies, qui font que la noblesse riche et la noblesse pauvre sont élevées différemment et séparément. Tous, étant égaux par la constitution de l'état, doivent être élevés ensemble et de la même manière; et si l'on ne peut établir une éducation publique tout-à-fait gratuite, il faut du moins la mettre à un prix que les pauvres puissent payer. Ne pourrait-on pas fonder dans chaque collége un certain nombre de places purement gratuites, c'est-à-dire aux frais de l'état, et qu'on appelle en France des bourses? Ces places, données aux enfants des pauvres gentilshommes qui auraient bien mérité de la patrie, non comme une aumône, mais comme une récompense des bons services des pères, deviendraient à ce titre honorables, et pourraient produire un double avantage qui ne serait pas à négliger. Il faudrait pour cela que la nomination n'en fût pas arbitraire, mais se fît par une espèce de jugement dont je parlerai ci-après. Ceux qui rempliraient ces places seraient appelés enfants de l'état, et distingués par quelque marque honorable qui leur donnerait la préséance sur les autres enfants de leur âge, sans excepter ceux des grands.

Dans tous les colléges, il faut établir un gymnase, ou lieu d'exercices corporels pour les enfants. Cet article si négligé est, selon moi, la partie la plus importante de l'éducation, non-seulement pour former des tempéraments robustes et sains, mais encore plus pour l'objet moral, qu'on néglige ou qu'on ne remplit que par un tas de préceptes pédantesques et vains qui sont autant de paroles perdues. Je ne redirai jamais assez que la bonne éducation doit être négative. Empêchez les vices de naître, vous aurez assez fait pour la vertu. Le moyen en est de la dernière facilité dans la bonne éducation publique : c'est de tenir toujours les enfants en haleine, non par d'ennuyeuses étu... ils n'entendent rien et qu'ils prennent en haine par cela seul qu'ils s... ...és de rester en place, mais par des exercices qui leur plaisent, en satisf... ...au besoin qu'en croissant a le corps de s'agiter, et dont l'agrément pou... ...ne se bornera pas là.

On ne doit point permettre qu'ils jouent séparément à leur fantai... ...s tous ensemble et en public, de manière qu'il y ait toujours un but ...... auquel tous aspirent et qui excite la concurrence et l'émulation. Le...... qui préféreront l'éducation domestique, et feront élever leurs enfa... ...s leurs yeux, doivent cependant les envoyer à ces exercices. Leur ins...... peut être domestique et particulière, mais leurs jeux doivent toujo...... publics et communs à tous; car il ne s'agit pas seulement ici de les occuper, de leur former une constitution robuste, de les rendre agiles et découplés, mais de les accoutumer de bonne heure à la règle, à l'égalité, à la fraternité, aux concurrences, à vivre sous les yeux de leurs concitoyens, et à désirer l'approbation publique. Pour cela il ne faut pas que les prix et récompenses des vainqueurs soient distribués arbitrairement par les maîtres des exercices, ni par les chefs des colléges, mais par acclamation et au jugement des spectateurs; et l'on peut compter que ces jugements seront toujours justes, surtout si l'on a soin de rendre ces jeux attirants pour le public, en les ordonnant avec un peu d'appareil, et de façon qu'ils fassent spectacle. Alors il est à présumer que tous les honnêtes gens et tous les bons patriotes se feront un devoir et un plaisir d'y assister.

A Berne, il y a un exercice bien singulier pour les jeunes patriciens qui sortent du collége. C'est ce qu'on appelle *l'état extérieur*. C'est une copie en petit de tout ce qui compose le gouvernement de la république. Un sénat, des avoyers, des causes, des jugements, des solennités. L'état extérieur a même un petit gouvernement et quelques rentes; et cette institution, autorisée et protégée par le souverain, est la pépinière des hommes d'état qui dirigeront un jour les affaires publiques dans les mêmes emplois qu'ils n'exercent d'abord que par jeu.

Quelque forme qu'on donne à l'éducation publique, dont je n'entreprends pas ici le détail, il convient d'établir un collége de magistrats du premier rang qui en ait la suprême administration, et qui nomme, révoque et change à sa volonté, tant les principaux et chefs des colléges, (lesquels seront eux-mêmes, comme je l'ai déjà dit, des candidats pour les hautes magistratures), que les maîtres des exercices, dont on aura soin d'exciter aussi le zèle et la vigilance par des places plus élevées, qui leur seront ouvertes ou fermées selon la manière dont ils auront rempli celles-là. Comme c'est de ces établissements que dépend l'espoir de la république, la gloire et le sort de la nation, je les trouve, je l'avoue, d'une importance que je suis bien surpris qu'on n'ait songé à leur donner nulle part. Je suis affligé pour l'humanité que tant d'idées, qui me paraissent bonnes et utiles, se trouvent toujours, quoique très praticables, si loin de tout ce qui se fait.

Au reste, je ne fais ici qu'indiquer : mais c'est assez pour ceux à qui je m'adresse. Ces idées, mal développées, montrent de loin les routes, inconnues aux modernes, par lesquelles les anciens menaient les hommes à cette vigueur d'âme, à ce zèle patriotique, à cette estime pour les qualités vraiment personnelles, sans égard à ce qui n'est qu'étranger à l'homme, qui sont parmi nous sans exemple, mais dont les levains dans les cœurs de tous les hommes n'attendent pour fermenter que d'être mis en action par des institutions convenables. Dirigez dans cet esprit l'éducation, les usages, les coutumes, les mœurs des Polonais, vous développerez en eux ce levain qui n'est pas encore éventé par des maximes corrompues, par des institutions usées, par une philosophie égoïste qui prêche et qui tue. La nation datera sa seconde naissance de la crise terrible dont elle sort; et voyant ce qu'ont fait ses membres encore indisciplinés, elle attendra beaucoup et obtiendra davantage d'une institution bien pondérée; elle chérira, elle respectera des lois qui flatteront son noble orgueil, qui la rendront, qui la maintiendront heureuse et libre; arrachant de son sein les passions qui les éludent, elle y nourrira celles qui les font aimer; enfin, se renouvelant pour ainsi dire elle-même, elle reprendra dans ce nouvel âge toute la vigueur d'une nation naissante. Mais, sans ces précautions, n'attendez rien de vos lois : quelque sages, quelque prévoyantes qu'elles puissent être, elles seront éludées et vaines; et vous aurez corrigé quelques abus qui vous blessent, pour en introduire d'autres que vous n'aurez pas prévus. Voilà des préliminaires que j'ai crus indispensables. Jetons maintenant les yeux sur la constitution.

CHAPITRE V. — Vice radical.

Évitons, s'il se peut, de nous jeter dès les premiers pas dans des projets chimériques. Quelle entreprise, messieurs, vous occupe en ce moment? celle de réformer le gouvernement de Pologne, c'est-à-dire de donner à la constitution d'un grand royaume la consistance et la vigueur de celle d'une petite république. Avant de travailler à l'exécution de ce projet, il faudrait voir d'abord s'il est possible d'y réussir. Grandeur des nations, étendue des états : première et principale source des malheurs du genre humain, et surtout des calamités sans nombre qui minent et détruisent les peuples policés. Presque tous les petits états, républiques et monarchies indifféremment, prospèrent par cela seul qu'ils sont petits, que tous les citoyens s'y connaissent mutuellement et s'entregardent, que les chefs peuvent voir par eux-mêmes le mal qui se fait, le bien qu'ils ont à faire, et que leurs ordres s'exécutent sous leurs yeux. Tous les grands peuples, écrasés par leurs propres masses, gémissent, ou comme vous dans l'anarchie, ou sous les oppresseurs subalternes qu'une gradation nécessaire force les rois de leur donner. Il n'y a que Dieu qui puisse gouverner le monde, et il faudrait des facultés plus qu'humaines pour gouverner de grandes nations. Il est étonnant, il est prodigieux que la vaste étendue de la Pologne n'ait pas déjà cent fois opéré la conversion du gouvernement en despotisme, abâtardi les âmes des Polonais, et corrompu la masse de la nation. C'est un exemple unique dans l'histoire qu'après des siècles un pareil état n'en soit encore qu'à l'anarchie. La lenteur de ce progrès est due à des avantages inséparables des inconvénients dont vous voulez vous délivrer. Ah! je ne saurais trop le redire; pensez-y bien avant de toucher à vos lois, et surtout à celles qui vous firent ce que vous êtes. La première réforme dont vous auriez besoin serait celle de votre étendue. Vos vastes provinces ne comporteront jamais la sévère administration des petites républiques. Commencez par resserrer vos limites, si vous voulez réformer votre gouvernement. Peut-être vos voisins songent-ils à vous rendre ce service. Ce serait sans doute un grand mal pour les parties démembrées; mais ce serait un grand bien pour le corps de la nation.

Que si ces retranchements n'ont pas lieu, je ne vois qu'un moyen qui pût y suppléer peut-être; et, ce qui est heureux, ce moyen est déjà dans l'esprit de votre institution. Que la séparation des deux Pologne soit aussi marquée que celle de la Lithuanie : ayez trois états réunis en un. Je voudrais, s'il était possible, que vous en eussiez autant que de palatinats. Formez dans chacun autant d'administrations particulières. Perfectionnez la forme des diétines, étendez leur autorité dans leurs palatinats respectifs; mais marquez-en soigneusement les bornes, et faites que rien ne puisse rompre entre elles le lien de la commune législation, et de la subordination au corps de la république. En un mot, appliquez-vous à étendre et perfectionner le système des gouvernements fédératifs, le seul qui réunisse les avantages des grands et des petits états, et par là le seul qui puisse vous convenir. Si vous négligez ce conseil, je doute que jamais vous puissiez faire un bon ouvrage.

CHAPITRE VI. — Question des trois ordres.

Je n'entends guère parler de gouvernement sans trouver qu'on remonte à des principes qui me paraissent faux ou louches. La république de Pologne, a-t-on souvent dit et répété, est composée de trois ordres : l'ordre équestre, le sénat et le roi. J'aimerais mieux dire que la nation polonaise est composée de trois ordres : les nobles, qui sont tout ; les bourgeois, qui ne sont rien ; et les paysans, qui sont moins que rien. Si l'on compte le sénat pour un ordre dans l'état, pourquoi ne compte-t-on pas aussi pour tel la chambre des nonces, qui n'est pas moins distincte et qui n'a pas moins d'autorité ? bien plus ; cette division, dans le sens même qu'on la donne, est évidemment incomplète ; car il y fallait ajouter les ministres, qui ne sont ni rois, ni sénateurs, ni nonces, et qui, dans la plus grande indépendance, n'en sont pas moins dépositaires de tout le pouvoir exécutif. Comment me fera-t-on jamais comprendre que la partie, qui n'existe que par le tout, forme pourtant, par rapport au tout, un ordre indépendant de lui ? La pairie, en Angleterre, attendu qu'elle est héréditaire, forme, je l'avoue, un ordre existant par lui-même. Mais en Pologne, ôtez l'ordre équestre, il n'y a plus de sénat, puisque nul ne peut être sénateur s'il n'est premièrement noble Polonais. De même il n'y a plus de roi, puisque c'est l'ordre équestre qui le nomme, et que le roi ne peut rien sans lui ; mais ôtez le sénat et le roi, l'ordre équestre, et par lui l'état et le souverain, demeurent en leur entier ; et dès demain, s'il lui plaît, il aura un sénat et un roi comme auparavant.

Mais, pour n'être pas un ordre dans l'état, il ne s'ensuit pas que le sénat n'y soit pour rien ; et quand il n'aurait pas encore le dépôt des lois, ses membres, indépendamment de l'autorité du corps, ne le seraient pas moins de la puissance législative, et ce serait leur ôter le droit qu'ils tiennent de leur naissance que de les empêcher d'y voter en pleine diète toutes les fois qu'il s'agit de faire ou de révoquer des lois ; mais ce n'est plus alors comme sénateurs qu'ils votent, c'est simplement comme citoyens. Sitôt que la puissance législative parle, tout rentre dans l'égalité : toute autre autorité se tait devant elle ; sa voix est la voix de Dieu sur la terre. Le roi même, qui préside à la diète, n'a pas alors, je le soutiens, le droit d'y voter s'il n'est noble Polonais.

On me dira sans doute ici que je prouve trop, et que si les sénateurs n'ont pas voix comme tels à la diète, ils ne doivent pas non plus l'avoir comme citoyens, puisque les membres de l'ordre équestre n'y votent pas par eux-mêmes, mais seulement par leurs représentants, au nombre desquels les sénateurs ne sont pas. Et pourquoi voteraient-ils comme particuliers dans la diète, puisque aucun autre noble, s'il n'est nonce, n'y peut voter ? Cette objection me paraît solide dans l'état présent des choses ; mais quand les changements projetés seront faits, elle ne le sera plus, parce qu'alors les sénateurs eux-mêmes seront des représentants perpétuels de la nation, mais qui ne pourront agir en matière de législation qu'avec le concours de leurs collègues.

Qu'on ne dise donc pas que le concours du roi, du sénat et de l'ordre équestre est nécessaire pour former une loi. Ce droit n'appartient qu'au seul ordre équestre, dont les sénateurs sont membres comme les nonces, mais où le sénat en corps n'entre pour rien. Telle est ou doit être en Pologne la loi de l'état ; mais la loi de la nature, cette loi sainte, imprescriptible, qui parle au cœur de l'homme et à sa raison, ne permet pas qu'on resserre ainsi l'autorité législative, et que les lois obligent quiconque n'y a pas voté personnellement comme les nonces, ou du moins par ses représentants comme le corps de la noblesse. On ne viole point impunément cette loi sacrée ; et l'état de faiblesse où une si grande nation se trouve réduite est l'ouvrage de cette barbarie féodale qui fait retrancher du corps de l'état sa partie la plus nombreuse, et quelquefois la plus saine.

À Dieu ne plaise que je croie avoir besoin de prouver ici ce qu'un peu de bon sens et d'entrailles suffit pour faire sentir à tout le monde! Et d'où la Pologne prétend-elle tirer la puissance et les forces qu'elle étouffe à plaisir dans son sein? Nobles Polonais, soyez plus, soyez hommes : alors seulement vous serez heureux et libres; mais ne vous flattez jamais de l'être tant que vous tiendrez vos frères dans les fers.

Je sens la difficulté du projet d'affranchir vos peuples. Ce que je crains n'est pas seulement l'intérêt mal entendu, l'amour-propre et les préjugés des maîtres. Cet obstacle vaincu, je craindrais les vices et la lâcheté des serfs. La liberté est un aliment de bon suc, mais de forte digestion; il faut des estomacs bien sains pour le supporter. Je ris de ces peuples avilis qui, se laissant ameuter par des ligueurs, osent parler de liberté sans même en avoir l'idée, et, le cœur plein de tous les vices des esclaves, s'imaginent que, pour être libres, il suffit d'être des mutins. Fière et sainte liberté! si ces pauvres gens pouvaient te connaître; s'ils savaient à quel prix on t'acquiert et te conserve; s'ils sentaient combien tes lois sont plus austères que n'est dur le joug des tyrans; leurs faibles âmes, esclaves de passions qu'il faudrait étouffer, te craindraient plus cent fois que la servitude : ils te fuiraient avec effroi comme un fardeau prêt à les écraser.

Affranchir les peuples de Pologne est une grande et belle opération, mais hardie, périlleuse, et qu'il ne faut pas tenter inconsidérément. Parmi les précautions à prendre, il en est une indispensable et qui demande du temps: c'est, avant toute chose, de rendre dignes de la liberté et capables de la supporter les serfs qu'on veut affranchir. J'exposerai ci-après un des moyens qu'on peut employer pour cela. Il serait téméraire à moi d'en garantir le succès, quoique je n'en doute pas. S'il est quelque meilleur moyen, qu'on le prenne. Mais, quel qu'il soit, songez que vos serfs sont des hommes comme vous, qu'ils ont en eux l'étoffe pour devenir tout ce que vous êtes; travaillez d'abord à la mettre en œuvre, et n'affranchissez leurs corps qu'après avoir affranchi leurs âmes. Sans ce préliminaire, comptez que votre opération réussira mal.

CHAPITRE VII.—Moyens de maintenir la constitution.

La législation de Pologne a été faite successivement de pièces et de morceaux, comme toutes celles de l'Europe. A mesure qu'on voyait un abus, on faisait une loi pour y remédier. De cette loi naissaient d'autres abus qu'il fallait corriger encore. Cette manière d'opérer n'a point de fin, et mène au plus terrible de tous les abus, qui est d'énerver toutes les lois à force de les multiplier.

L'affaiblissement de la législation s'est fait en Pologne d'une manière bien particulière, et peut-être unique. C'est qu'elle a perdu sa force sans avoir été subjuguée par la puissance exécutive. En ce moment encore la puissance législative conserve toute son autorité; elle est dans l'inaction, mais sans rien voir au-dessus d'elle. La diète est aussi souveraine qu'elle l'était lors de son établissement. Cependant elle est sans force; rien ne la domine, mais rien ne lui obéit. Cet état est remarquable et mérite réflexion.

Qu'est-ce qui a conservé jusqu'ici l'autorité législative? c'est la présence continuelle du législateur. C'est la fréquence des diètes, c'est le fréquent renouvellement des nonces, qui ont maintenu la république. L'Angleterre, qui jouit du premier de ces avantages, a perdu sa liberté pour avoir négligé l'autre. Le même parlement dure si longtemps, que la cour, qui s'épuiserait à l'acheter tous les ans, trouve son compte à l'acheter pour sept; et n'y manque pas. Première leçon pour vous.

Un second moyen, par lequel la puissance législative s'est conservée en Pologne, est premièrement le partage de la puissance exécutive, qui a empêché ses dépositaires d'agir de concert pour l'opprimer, et en second lieu le passage fréquent de cette même puissance exécutive par différentes mains, ce qui a empêché tout système suivi d'usurpation. Chaque roi faisait, dans le cours de son règne, quelques pas vers la puissance arbitraire : mais l'élection de son successeur forçait celui-ci de rétrograder au lieu de poursuivre ; et les rois, au commencement de chaque règne, étaient contraints, par les *pacta conventa*, de partir tous du même point. De sorte que, malgré la pente habituelle vers le despotisme, il n'y avait aucun progrès réel.

Il en était de même des ministres et grands officiers. Tous, indépendants et du sénat et les uns des autres, avaient dans leurs départements respectifs une autorité sans bornes ; mais outre que ces places se balançaient mutuellement, en ne se perpétuant pas dans les mêmes familles, elles n'y portaient aucune force absolue ; et tout le pouvoir, même usurpé, retournait toujours à sa source. Il n'en eût pas été de même si toute la puissance exécutive eût été, soit dans un seul corps comme le sénat, soit dans une famille par l'hérédité de la couronne. Cette famille ou ce corps auraient probablement opprimé tôt ou tard la puissance législative, et par là mis les Polonais sous le joug que portent toutes les nations, et dont eux seuls sont encore exempts ; car je ne compte déjà plus la Suède (1). Deuxième leçon.

Voilà l'avantage : il est grand sans doute ; mais voici l'inconvénient, qui n'est guère moindre. La puissance exécutive, partagée entre plusieurs individus, manque d'harmonie entre ses parties, et cause un tiraillement continuel incompatible avec le bon ordre. Chaque dépositaire d'une partie de cette puissance se met, en vertu de cette partie, à tous égards au-dessus des magistrats et des lois. Il reconnaît, à la vérité, l'autorité de la diète : mais ne reconnaissant que celle-là, quand la diète est dissoute il n'en reconnaît plus du tout ; il méprise les tribunaux et brave leurs jugements. Ce sont de petits despotes, qui, sans usurper précisément l'autorité souveraine, ne laissent pas d'opprimer en détail les citoyens, et donnent l'exemple funeste et trop suivi de violer sans scrupule et sans crainte les droits et la liberté des particuliers.

Je crois que voilà la première et principale cause de l'anarchie qui règne dans l'état. Pour ôter cette cause, je ne vois qu'un moyen : ce n'est pas d'armer les tribunaux particuliers de la force publique contre ces petits tyrans ; car cette force, tantôt mal administrée, et tantôt surmontée par une force supérieure, pourrait exciter des troubles et des désordres capables d'aller par degrés jusqu'aux guerres civiles ; mais c'est d'armer de toute la force exécutive un corps respectable et permanent, tel que le sénat, capable, par sa consistance et par son autorité, de contenir dans leur devoir les magistrats tentés de s'en écarter. Ce moyen me paraît efficace, et le serait certainement ; mais le danger en serait terrible et très difficile à éviter ; car, comme on peut voir dans le *Contrat social*, tout corps dépositaire de la puissance exécutive tend fortement et continuellement à subjuguer la puissance législative, et y parvient tôt ou tard.

Pour parer à cet inconvénient, on vous propose de partager le sénat en plusieurs conseils ou départements, présidés chacun par le ministre chargé de ce département ; lequel ministre, ainsi que les membres de chaque conseil, changerait au bout d'un temps fixé, et roulerait avec ceux des autres départements. Cette idée peut être bonne ; c'était celle de l'abbé de Saint-Pierre, et il l'a bien développée dans sa *Polysynodie*. La puissance exécutive, ainsi divisée et passagère, sera plus subordonnée à la législative, et les diverses parties de l'administration seront plus approfondies et mieux traitées séparément. Ne comptez pourtant pas trop sur ce moyen : si elles sont toujours séparées, elles manqueront de concert, et bientôt, se contrecarrant mutuellement, elles useront presque toutes leurs forces les unes contre les autres, jusqu'à ce qu'une

(1) Rousseau fait allusion ici à la révolution du 19 août 1772. En un jour, et sans verser une goutte de sang, Gustave III détruisit le pouvoir aristocratique du sénat, et ressaisit, de l'aveu des quatre ordres de l'état, l'intégrité du pouvoir monarchique.

d'entre elles ait pris l'ascendant et les domine toutes : ou bien si elles s'accordent et se concertent, elles ne feront réellement qu'un même corps et n'auront qu'un même esprit, comme les chambres d'un parlement ; et de toutes manières, je tiens pour impossible que l'indépendance et l'équilibre se maintiennent si bien entre elles, qu'il n'en résulte pas toujours un centre ou foyer d'administration où les forces particulières se réuniront toujours pour opprimer le souverain. Dans presque toutes nos républiques, les conseils sont ainsi distribués en départements, qui, dans leur origine, étaient indépendants les uns des autres, et qui bientôt ont cessé de l'être.

L'invention de cette division par chambres ou départements est moderne. Les anciens, qui savaient mieux que nous comment se maintient la liberté, ne connurent point cet expédient. Le sénat de Rome gouvernait la moitié du monde connu, et n'avait pas même l'idée de ces partages. Ce sénat cependant ne parvint jamais à opprimer la puissance législative, quoique les sénateurs fussent à vie : mais les lois avaient des censeurs, le peuple avait des tribuns, et le sénat n'élisait pas les consuls.

Pour que l'administration soit forte, bonne, et marche bien à son but, toute la puissance exécutive doit être dans les mêmes mains : mais il ne suffit pas que ces mains changent ; il faut qu'elles n'agissent, s'il est possible, que sous les yeux du législateur, et que ce soit lui qui les guide. Voilà le vrai secret pour qu'elles n'usurpent pas son autorité.

Tant que les états s'assembleront et que les nonces changeront fréquemment, il sera difficile que le sénat ou le roi oppriment ou usurpent l'autorité législative. Il est remarquable que jusqu'ici les rois n'aient pas tenté de rendre les diètes plus rares, quoiqu'ils ne fussent pas forcés, comme ceux d'Angleterre, à les assembler fréquemment sous peine de manquer d'argent. Il faut ou que les choses se soient toujours trouvées dans un état de crise qui ait rendu l'autorité royale suffisante pour y pourvoir, ou que les rois se soient assurés, par leurs brigues dans les diétines, d'avoir toujours la pluralité des nonces à leur disposition, ou qu'à la faveur du *liberum veto* ils aient été sûrs d'arrêter toujours les délibérations qui pouvaient leur déplaire et de dissoudre les diètes à leur volonté. Quand tous ces motifs ne subsisteront plus, on doit s'attendre que le roi, ou le sénat, ou tous les deux ensemble, feront de grands efforts pour se délivrer des diètes et les rendre aussi rares qu'il se pourra. Voilà ce qu'il faut surtout prévenir et empêcher. Le moyen proposé est le seul ; il est simple et ne peut manquer d'être efficace. Il est bien singulier qu'avant le *Contrat social*, où je le donne (1), personne ne s'en fût avisé.

Un des plus grands inconvénients des grands états, celui de tous qui y rend la liberté le plus difficile à conserver, est que la puissance législative ne peut s'y montrer elle-même, et ne peut agir que par députation. Cela a son mal et son bien, mais le mal l'emporte. Le législateur en corps est impossible à corrompre, mais facile à tromper. Ses représentants sont difficilement trompés, mais aisément corrompus, et il arrive rarement qu'il ne le soient pas. Vous avez sous les yeux l'exemple du parlement d'Angleterre, et par le *liberum veto* celui de votre propre nation. Or on peut éclairer celui qui s'abuse, mais comment retenir celui qui se vend? Sans être instruit des affaires de Pologne, je parierais tout au monde qu'il y a plus de lumières dans la diète et plus de vertu dans les diétines.

Je vois deux moyens de prévenir ce mal terrible de la corruption, qui de l'organe de la liberté fait l'instrument de la servitude.

La premier est, comme j'ai déjà dit, la fréquence des diètes, qui, changeant souvent les représentants, rend leur séduction plus coûteuse et plus difficile. Sur ce point votre constitution vaut mieux que celle de la Grande-Bretagne ;

---

(1) Livre III, chap. 13.

et quand on aura ôté ou modifié le *liberum veto*, je n'y vois aucun autre changement à faire, si ce n'est d'ajouter quelques difficultés à l'envoi des mêmes nonces à deux diètes consécutives, et d'empêcher qu'ils ne soient élus un grand nombre de fois. Je reviendrai ci-après sur cet article.

Le second moyen est d'assujettir les représentants à suivre exactement leurs instructions, et à rendre un compte sévère à leurs constituants de leur conduite à la diète. Là-dessus je ne puis qu'admirer la négligence, l'incurie, et, j'ose dire, la stupidité de la nation anglaise, qui, après avoir armé ses députés de la suprême puissance, n'y ajoute aucun frein pour régler l'usage qu'ils en pourront faire pendant sept ans entiers que dure leur commission.

Je vois que les Polonais ne sentent pas assez l'importance de leurs diétines, ni tout ce qu'ils leur doivent, ni tout ce qu'ils peuvent en obtenir en étendant leur autorité et leur donnant une forme plus régulière. Pour moi, je suis convaincu que si les confédérations ont sauvé la patrie, ce sont les diétines qui l'ont conservée; et que c'est là qu'est le vrai palladium de la liberté.

Les instructions des nonces doivent être dressées avec grand soin, tant sur les articles annoncés dans les *universaux* (1), que sur les autres besoins présents de l'état où de la province, et cela par une commission présidée, si l'on veut, par le maréchal de la diétine, mais composée au reste de membres choisis à la pluralité des voix; et la noblesse ne doit point se séparer que ces instructions n'aient été lues, discutées et consenties en pleine assemblée. Outre l'original de ces instructions, remis aux nonces avec leurs pouvoirs, il en doit rester un double signé d'eux dans les registres de la diétine. C'est sur ces instructions qu'ils doivent, à leur retour, rendre compte de leur conduite aux diétines de relation qu'il faut absolument rétablir, et c'est sur ce compte rendu qu'ils doivent être ou exclus de toute autre nonciature subséquente, ou déclarés derechef admissibles, quand ils auront suivi leurs instructions à la satisfaction de leurs constituants. Cet examen est de la dernière importance; on n'y saurait donner trop d'attention ni en marquer l'effet avec trop de soin. Il faut qu'à chaque mot que le nonce dit à la diète, à chaque démarche qu'il fait, il se voie d'avance sous les yeux de ses constituants, et qu'il sente l'influence qu'aura leur jugement, tant sur ses projets d'avancement, que sur l'estime de ses compatriotes, indispensable pour leur exécution; car enfin ce n'est pas pour y dire leur sentiment particulier, mais pour y déclarer les volontés de la nation, qu'elle envoie des nonces à la diète. Ce frein est absolument nécessaire pour les contenir dans leur devoir et prévenir toute corruption, de quelque part qu'elle vienne. Quoi qu'on en puisse dire, je ne vois aucun inconvénient à cette gêne, puisque la chambre des nonces, n'ayant ou ne devant avoir aucune part au détail de l'administration, ne peut jamais avoir à traiter aucune matière imprévue; d'ailleurs, pourvu qu'un nonce ne fasse rien de contraire à l'expresse volonté de ses constituants, ils ne lui feraient pas un crime d'avoir opiné en bon citoyen sur une matière qu'ils n'auraient pas prévue, et sur laquelle ils n'auraient rien déterminé. J'ajoute enfin que, quand il y aurait en effet quelque inconvénient à tenir ainsi les nonces asservis à leurs instructions, il n'y aurait point encore à balancer vis-à-vis l'avantage immense que la loi ne soit jamais que l'expression réelle des volontés de la nation.

Mais aussi, ces précautions prises, il ne doit jamais y avoir conflit de juridiction entre la diète et les diétines; et quand une loi a été portée en pleine diète, je n'accorde pas même à celles-ci droit de protestation. Qu'elles punissent leurs nonces; que, s'il le faut, elles leur fassent même couper la tête quand ils ont prévariqué : mais qu'elles obéissent pleinement, toujours, sans exception, sans protestation; qu'elles portent, comme il est juste, la peine de

---

(1) Lettres de convocation pour la diète générale, expédiées au nom du roi dans tous les palatinats.

leur mauvais choix ; sauf à faire à la prochaine diète, si elles le jugent à propos, des représentations aussi vives qu'il leur plaira.

Les diètes, étant fréquentes, ont moins besoin d'être longues, et six semaines de durée me paraissent bien suffisantes pour les besoins ordinaires de l'état. Mais il est contradictoire que l'autorité souveraine se donne des entraves à elle-même, surtout quand elle est immédiatement entre les mains de la nation. Que cette durée des diètes ordinaires continue d'être fixée à six semaines, à la bonne heure : mais il dépendra toujours de l'assemblée de prolonger ce terme par une délibération expresse lorsque les affaires le demanderont. Car enfin, si la diète, qui, par sa nature, est au-dessus de la loi, dit : « Je veux rester ! » qui est-ce qui lui dira : « Je ne veux pas que tu restes ! » Il n'y a que le seul cas qu'une diète voulût durer plus de deux ans, qu'elle ne le pourrait pas ; ses pouvoirs alors finiraient, et ceux d'une autre diète commenceraient avec la troisième année. La diète, qui peut tout, peut sans contredit prescrire un plus long intervalle entre les diètes: mais cette nouvelle loi ne pourrait regarder que les diètes subséquentes, et celle qui la porte n'en peut profiter. Les principes dont ces règles se déduisent sont établis dans le *Contrat social*.

À l'égard des diètes extraordinaires, le bon ordre exige en effet qu'elles soient rares, et convoquées uniquement pour d'urgentes nécessités. Quand le roi les juge telles, il doit, je l'avoue, en être cru : mais ces nécessités pourraient exister et qu'il n'en convînt pas; faut-il alors que le sénat en juge? Dans un état libre on doit prévoir tout ce qui peut attaquer la liberté. Si les confédérations restent, elles peuvent en certain cas suppléer les diètes extraordinaires : mais si vous abolissez les confédérations, il faut un règlement pour ces diètes nécessairement.

Il me paraît impossible que la loi puisse fixer raisonnablement la durée des diètes extraordinaires, puisqu'elle dépend exclusivement de la nature des affaires qui les font convoquer. Pour l'ordinaire, la célérité y est nécessaire; mais cette célérité étant relative aux matières à traiter qui ne sont pas dans l'ordre des affaires courantes, on ne peut rien statuer là-dessus d'avance, et l'on pourrait se trouver en tel état qu'il importerait que la diète restât assemblée jusqu'à ce que cet état eût changé, ou que le temps des diètes ordinaires fît tomber les pouvoirs de celle-là.

Pour ménager le temps, si précieux dans les diètes, il faudrait tâcher d'ôter de ces assemblées les vaines discussions qui ne servent qu'à le faire perdre. Sans doute il y faut non-seulement de la règle et de l'ordre, mais du cérémonial et de la majesté. Je voudrais même qu'on donnât un soin particulier à cet article, et qu'on sentît, par exemple, la barbarie et l'horrible indécence de voir l'appareil des armes profaner le sanctuaire des lois. Polonais, êtes-vous plus guerriers que ne l'étaient les Romains? et jamais, dans les plus grands troubles de leur république, l'aspect d'un glaive ne souilla les comices ni le sénat. Mais je voudrais aussi qu'en s'attachant aux choses importantes et nécessaires, on évitât tout ce qui peut se faire ailleurs également bien. Le *rugi*, par exemple, c'est-à-dire l'examen de la légitimité des nonces, est un temps perdu dans la diète : non que cet examen ne soit en lui-même une chose importante, mais parce qu'il peut se faire aussi bien et mieux dans le lieu même où ils ont été élus, où ils sont le plus connus, et où ils ont tous leurs concurrents. C'est dans leur palatinat même, c'est dans la diétine qui les députe, que la validité de leur élection peut être mieux constatée et en moins de temps, comme cela se pratique pour les commissaires de Radom et les députés au tribunal. Cela fait, la diète doit les admettre sans discussion sur le *laudum* dont ils sont porteurs, et cela non-seulement pour prévenir les obstacles qui peuvent retarder l'élection du maréchal (1), mais surtout les

(1) La diète nommait un fonctionnaire qui, sous le titre de *Maréchal des nonces*, exerçait la présidence avec les attributions les plus étendues.

intrigues par lesquelles le sénat ou le roi pourraient gêner les élections et chicaner les sujets qui leur seraient désagréables. Ce qui vient de se passer à Londres est une leçon pour les Polonais. Je sais bien que ce Wilkes n'est qu'un brouillon; mais par l'exemple de sa réjection la planche est faite, et désormais on n'admettra plus dans la chambre des communes que des sujets qui conviennent à la cour.

Il faudrait commencer par donner plus d'attention au choix des membres qui ont voix dans les diétines. On discernerait par là plus aisément ceux qui sont éligibles pour la nonciature. Le Livre d'or de Venise est un modèle à suivre à cause des facilités qu'il donne. Il serait commode et très aisé de tenir dans chaque *grod* un registre exact de tous les nobles qui auraient, aux conditions requises, entrée et voix aux diétines : on les inscrirait dans le registre de leur district à mesure qu'ils atteindraient l'âge requis par les lois; et l'on rayerait ceux qui devraient en être exclus dès qu'ils tomberaient dans ce cas, en marquant la raison de leur exclusion. Par ces registres, auxquels il faudrait donner une forme bien authentique, on distinguerait aisément, tant les membres légitimes des diétines, que les sujets éligibles pour la nonciature; et la longueur des discussions serait fort abrégée sur cet article.

Une meilleure police dans les diètes et diétines serait assurément une chose fort utile; mais je ne le redirais jamais trop, il ne faut pas vouloir à la fois deux choses contradictoires. La police est bonne, mais la liberté vaut mieux; et plus vous gênerez la liberté par des formes, plus ces formes fourniront de moyens à l'usurpation. Tous ceux dont vous userez pour empêcher la licence dans l'ordre législatif, quoique bons en eux-mêmes, seront tôt ou tard employés pour l'opprimer. C'est un grand mal que les longues et vaines harangues qui font perdre un temps si précieux, mais c'en est un bien plus grand qu'un bon citoyen n'ose parler quand il a des choses utiles à dire. Dès qu'il n'y aura dans les diètes que certaines bouches qui s'ouvrent, et qu'il leur sera défendu de tout dire, elles ne diront bientôt plus que ce qui peut plaire aux puissants.

Après les changements indispensables dans la nomination des emplois et dans la distribution des grâces, il y aura vraisemblablement, et moins de vaines harangues, et moins de flagorneries adressées au roi sous cette forme. On pourrait cependant, pour élaguer un peu les tortillages et les amphigouris, obliger tout harangueur à énoncer au commencement de son discours la proposition qu'il veut faire, et, après avoir déduit ses raisons, de donner ses conclusions sommaires, comme font les gens du roi dans les tribunaux. Si cela n'abrégeait pas les discours, cela contiendrait du moins ceux qui ne veulent parler que pour ne rien dire, et faire consumer le temps à ne rien faire.

Je ne sais pas bien quelle est la forme établie dans les diètes pour donner la sanction aux lois; mais je sais que, pour des raisons dites ci-devant, cette forme ne doit pas être la même que dans le parlement de la Grande-Bretagne; que le sénat de Pologne doit avoir l'autorité d'administration, non de législation; que, dans toute cause législative, les sénateurs doivent voter seulement comme membres de la diète, non comme membres du sénat, et que les voix doivent être comptées par tête également dans les deux chambres. Peut-être l'usage du *liberum veto* a-t-il empêché de faire cette distinction, mais elle sera très nécessaire quand le *liberum veto* sera ôté; et cela, d'autant plus que ce sera un avantage immense de moins dans la chambre des nonces, car je ne suppose pas que les sénateurs, bien moins les ministres, aient jamais eu part à ce droit. Le *veto* des nonces polonais représente celui des tribuns du peuple à Rome; or ils n'exerçaient pas ce droit comme citoyens, mais comme représentants du peuple romain. La perte du *liberum veto* n'est donc que pour la chambre des nonces, et que le corps du sénat, n'y perdant rien, y gagne par conséquent.

Ceci posé, je vois un défaut à corriger dans la diète; c'est que, le nombre des sénateurs égalant presque celui des nonces, le sénat a une trop grande influence dans les délibérations, et peut aisément, par son crédit dans l'ordre équestre, gagner le petit nombre de voix dont il a besoin pour être toujours prépondérant.

Je dis que c'est un défaut, parce que le sénat, étant un corps particulier dans l'état, a nécessairement des intérêts de corps différents de ceux de la nation, et qui même, à certains égards, y peuvent être contraires. Or la loi, qui n'est que l'expression de la volonté générale, est bien le résultat de tous les intérêts particuliers combinés et balancés par leur multitude; mais les intérêts du corps, faisant un poids trop considérable, rompraient l'équilibre, et ne doivent pas y entrer collectivement. Chaque individu doit avoir sa voix; nul corps, quel qu'il soit, n'en doit avoir une. Or si le sénat avait trop de poids dans la diète, non-seulement il y porterait son intérêt, mais il le rendrait prépondérant.

Un remède naturel à ce défaut se présente de lui-même; c'est d'augmenter le nombre des nonces; mais je craindrais que cela ne fît trop de mouvement dans l'état et n'approchât trop du tumulte démocratique. S'il fallait absolument changer la proportion, au lieu d'augmenter le nombre des nonces, j'aimerais mieux diminuer le nombre des sénateurs. Et, dans le fond, je ne vois pas trop pourquoi, y ayant déjà un palatin à la tête de chaque province, il y faut encore de grands castellans. Mais ne perdons jamais de vue l'importante maxime de ne rien changer sans nécessité, ni pour retrancher ni pour ajouter.

Il vaut mieux, à mon avis, avoir un conseil moins nombreux, et laisser plus de liberté à ceux qui le composent, que d'en augmenter le nombre et de gêner la liberté dans les délibérations, comme on est toujours forcé de faire quand ce nombre devient trop grand : à quoi j'ajouterai, s'il est permis de prévoir le bien ainsi que le mal, qu'il faut éviter de rendre la diète aussi nombreuse qu'elle peut l'être, pour ne pas s'ôter le moyen d'y admettre un jour, sans confusion, de nouveaux députés, si jamais on en vient à l'anoblissement des villes et à l'affranchissement des serfs, comme il est à désirer pour la force et le bonheur de la nation.

Cherchons donc un moyen de remédier à ce défaut d'une autre manière et avec le moins de changement qu'il se pourra.

Tous les sénateurs sont nommés par le roi, et conséquemment sont ses créatures : de plus, ils sont à vie, et, à ce titre, ils forment un corps indépendant et du roi et de l'ordre équestre, qui, comme je l'ai dit, a son intérêt à part et doit tendre à l'usurpation. Et l'on ne doit pas ici m'accuser de contradiction parce que j'admets le sénat comme un corps distinct dans la république, quoique je ne l'admette pas comme un ordre composant de la république; car cela est fort différent.

Premièrement, il faut ôter au roi la nomination du sénat, non pas tant à cause du pouvoir qu'il conserve par là sur les sénateurs, et qui peut n'être pas grand, que par celui qu'il a sur tous ceux qui aspirent à l'être, et par eux sur le corps entier de la nation. Outre l'effet de ce changement dans la constitution, il en résultera l'avantage inestimable d'amortir, parmi la noblesse, l'esprit courtisan, et d'y substituer l'esprit patriotique. Je ne vois aucun inconvénient que les sénateurs soient nommés par la diète, et j'y vois de grands biens, trop clairs pour avoir besoin d'être détaillés. Cette nomination peut se faire tout d'un coup dans la diète, ou premièrement dans les diétines, par la présentation d'un certain nombre de sujets pour chaque place vacante dans leurs palatinats respectifs. Entre ces élus la diète ferait son choix, ou bien elle en élirait un moindre nombre, parmi lesquels on pourrait laisser encore au roi le droit de choisir. Mais, pour aller tout d'un coup au plus simple, pourquoi chaque palatin ne serait-il pas élu définitivement dans la diétine de sa province? quel inconvénient a-t-on vu naître de cette élection pour les palatins de Polóczk, de Witepsk, et pour le staroste de Samogitie? et quel mal y aurait-il que le privilége de ces trois provinces devînt un droit commun pour toutes? Ne perdons pas de vue l'importance dont il est pour la Pologne de tourner sa constitution vers la forme fédérative, pour écarter, autant qu'il est possible, les maux attachés à la grandeur ou plutôt à l'étendue de l'état.

En second lieu, si vous faites que les sénateurs ne soient plus à vie, vous affaiblirez considérablement l'intérêt de corps qui tend à l'usurpation. Mais cette opération a ses difficultés ; premièrement, parce qu'il est dur à des hommes accoutumés à manier les affaires publiques de se voir réduits tout d'un coup à l'état privé sans avoir démérité ; secondement, parce que les places de sénateurs sont unies à des titres de palatins et de castellans, et à l'autorité locale qui y est attachée, et qu'il résulterait du désordre et des mécontentements du passage perpétuel de ces titres et de cette autorité d'un individu à un autre. Enfin cette amovibilité ne peut pas s'étendre aux évêques, et ne doit peut-être pas s'étendre aux ministres, dont les places, exigeant des talents particuliers, ne sont pas toujours faciles à bien remplir. Si les évêques seuls étaient à vie, l'autorité du clergé, déjà trop grande, augmenterait considérablement ; et il est important que cette autorité soit balancée par des sénateurs qui soient à vie ainsi que les évêques, et qui ne craignent pas plus qu'eux d'être déplacés.

Voici ce que j'imaginerais pour remédier à ces divers inconvénients. Je voudrais que les places des sénateurs du premier rang continuassent d'être à vie. Cela ferait, en y comprenant, outre les évêques et palatins, tous les castellans du premier rang, quatre-vingt-neuf sénateurs inamovibles.

Quant aux castellans du second rang, je les voudrais tous à temps, soit pour deux ans, en faisant à chaque diète une nouvelle élection, soit pour plus longtemps s'il était jugé à propos ; mais toujours sortant de place à chaque terme, sauf à élire de nouveau ceux que la diète voudrait continuer, ce que je permettrais un certain nombre de fois seulement, selon le projet qu'on trouvera ci-après.

L'obstacle des titres serait faible, parce que ces titres, ne donnant presque d'autre fonction que de siéger au sénat, pourraient être supprimés sans inconvénient, et qu'au lieu du titre de castellans à bans, ils pourraient porter simplement celui de sénateurs députés. Comme, par la réforme, le sénat, revêtu de la puissance exécutive, serait perpétuellement assemblé dans un certain nombre de ses membres, un nombre proportionnel de sénateurs députés seraient de même tenus d'y assister toujours à tour de rôle. Mais il ne s'agit pas ici de ces sortes de détail.

Par ce changement à peine sensible, ces castellans ou sénateurs députés deviendraient réellement autant de représentants de la diète, qui feraient contrepoids au corps du sénat, et renforceraient l'ordre équestre dans les assemblées de la nation, en sorte que les sénateurs à vie, quoique devenus plus puissants, tant par l'abolition du *veto* que par la diminution de la puissance royale et de celle des ministres fondue en partie dans leur corps, n'y pourraient pourtant faire dominer l'esprit de ce corps ; et le sénat, ainsi mi-parti de membres à temps et de membres à vie, serait aussi bien constitué qu'il est possible pour faire un pouvoir intermédiaire entre la chambre des nonces et le roi, ayant à la fois assez de consistance pour régler l'administration, et assez de dépendance pour être soumis aux lois. Cette opération me paraît bonne, parce qu'elle est simple, et cependant d'un grand effet.

On propose, pour modérer les abus du *veto*, de ne plus compter les voix par tête de nonce, mais de les compter par palatinats. On ne saurait trop réfléchir sur ce changement avant que de l'adopter, quoiqu'il ait ses avantages et qu'il soit favorable à la forme fédérative. Les voix, prises par masses et collectivement, vont toujours moins directement à l'intérêt commun que prises ségrégativement par individu. Il arrivera très souvent que parmi les nonces d'un palatinat, un d'entre eux, dans leurs délibérations particulières, prendra l'ascendant sur les autres, et déterminera pour son avis la pluralité, qu'il n'aurait pas si chaque voix demeurait indépendante. Ainsi les corrupteurs auront moins à faire et sauront mieux à qui s'adresser. De plus, il vaut mieux que chaque nonce ait à répondre pour lui seul à sa diétine, afin que nul ne s'excuse sur les autres, que l'innocent et le coupable ne soient pas confondus; et que la justice distributive soit mieux observée. Il se présente bien des raisons contre cette forme, qui relâcherait beaucoup le lien commun, et pourrait, à chaque diète, exposer l'état à se diviser. En rendant les nonces plus dépendants de leurs instructions et de leurs constituants, on gagne à peu près le même avantage sans aucun inconvénient. Ceci suppose, il est vrai, que les suffrages ne se donnent point par scrutin, mais à haute voix, afin que la conduite et l'opinion de chaque nonce à la diète soient connues, et qu'il en réponde en son propre et privé nom. Mais cette matière des suffrages étant une de celles que j'ai discutées avec le plus de soin dans le *Contrat social* (1), il est superflu de me répéter ici.

Quant aux élections, on trouvera peut-être d'abord quelque embarras à nommer à la fois dans chaque diète tant de sénateurs députés, et en général aux élections d'un grand nombre sur un plus grand nombre qui reviendront quelquefois dans le projet que j'ai à proposer; mais, en recourant pour cet article au scrutin, l'on ôterait aisément cet embarras au moyen de cartons imprimés et numérotés qu'on distribuerait aux électeurs la veille de l'élection, et qui contiendraient les noms de tous les candidats entre lesquels cette élection doit être faite. Le lendemain les électeurs viendraient à la file rapporter dans une corbeille tous leurs cartons, après avoir marqué, chacun dans le sien, ceux qu'il élit ou ceux qu'il exclut, selon l'avis qui serait en tête des cantons. Le déchiffrement de ces mêmes cartons se ferait tout de suite, en présence de l'assemblée, par le secrétaire de la diète, assisté de deux autres secrétaires *ad actum*, nommés sur-le-champ par le maréchal dans le nombre des nonces présents. Par cette méthode, l'opération deviendrait si courte et si simple, que, sans dispute et sans bruit, tout le sénat se remplirait aisément dans une séance. Il est vrai qu'il faudrait encore une règle pour déterminer la liste des candidats; mais cet article aura sa place et ne sera pas oublié.

Reste à parler du roi, qui préside à la diète, et qui doit être, par sa place, le suprême administrateur des lois.

CHAPITRE VIII. — Du roi.

C'est un grand mal que le chef d'une nation soit l'ennemi-né de la liberté, dont il devrait être le défenseur. Ce mal, à mon avis, n'est pas tellement inhérent à cette place qu'on ne pût l'en détacher, ou du moins l'amoindrir considérablement. Il n'y a point de tentation sans espoir. Rendez l'usurpation impossible à vos rois, vous leur en ôterez la fantaisie; et ils mettront, à vous bien gouverner et à vous défendre, tous les efforts qu'ils font maintenant pour vous asservir. Les instituteurs de la Pologne, comme l'a remarqué M. le comte de Wielhorski, ont bien songé à ôter aux rois les moyens de nuire, mais non pas celui de corrompre: et les grâces dont ils sont les distributeurs leur donnent abondamment ce moyen. La difficulté est qu'en leur ôtant cette distribution l'on paraît leur tout ôter: c'est pourtant ce qu'il ne faut pas faire; car autant vaudrait n'avoir point de roi; et je crois impossible à un aussi grand état que la Pologne de s'en passer, c'est-à-dire d'un chef suprême qui soit à vie. Or, à moins que le chef d'une nation ne soit tout à fait nul, et par

---

(1) Liv. IV, chap. 2 et 4.

conséquent inutile, il faut bien qu'il puisse faire quelque chose; et, si peu qu'il fasse, il faut nécessairement que ce soit du bien ou du mal.

Maintenant tout le sénat est à la nomination du roi : c'est trop. S'il n'a aucune part à cette nomination, ce n'est pas assez. Quoique la pairie en Angleterre soit aussi à la nomination du roi, elle en est bien moins dépendante, parce que cette pairie une fois donnée est héréditaire; au lieu que les évêchés, palatinats, et castellanies, n'étant qu'à vie, retournent, à la mort de chaque titulaire, à la nomination du roi.

J'ai dit comment il me paraît que cette nomination devrait se faire : savoir, les palatins et grands castellans, à vie et par leurs diétines respectives; les castellans du second rang, à temps et par la diète. A l'égard des évêques, il me paraît difficile, à moins qu'on ne les fasse élire par leurs chapitres, d'en ôter la nomination au roi : et je crois qu'on peut la lui laisser, excepté toutefois celle de l'archevêque de Gnesne (1), qui appartient naturellement à la diète; à moins qu'on n'en sépare la primatie, dont elle seule doit disposer. Quant aux ministres, surtout les grands généraux et grands trésoriers, quoique leur puissance, qui fait contre-poids à celle du roi, doive être diminuée en proportion de la sienne, il ne me paraît pas prudent de laisser au roi le droit de remplir ces places par ses créatures, et je voudrais au moins qu'il n'eût que le choix sur un petit nombre de sujets présentés par la diète. Je conviens que, ne pouvant plus ôter ces places après les avoir données, il ne peut plus compter absolument sur ceux qui les remplissent : mais c'est assez du pouvoir qu'elles lui donnent sur les aspirants, sinon pour le mettre en état de changer la face du gouvernement, du moins pour lui en laisser l'espérance; et c'est surtout cette espérance qu'il importe de lui ôter à tout prix.

Pour le grand chancelier, il doit, ce me semble, être de nomination royale. Les rois sont les juges-nés de leur peuple; c'est pour cette fonction, quoiqu'ils l'aient tous abandonnée, qu'ils ont été établis : elle ne peut leur être ôtée; et quand ils ne veulent pas la remplir eux-mêmes, la nomination de leurs substituts en cette partie est de leur droit, parce que c'est toujours à eux de répondre des jugements qui se rendent en leur nom. La nation peut, il est vrai, leur donner des assesseurs, et le doit lorsqu'ils ne jugent pas eux-mêmes : ainsi le tribunal de la couronne, où préside, non le roi, mais le grand chancelier, est sous l'inspection de la nation, et c'est avec raison que les diétines en nomment les autres membres. Si le roi jugeait en personne, j'estime qu'il aurait le droit de juger seul. En tout état de cause son intérêt serait toujours d'être juste, et jamais des jugements iniques ne furent une bonne voie pour parvenir à l'usurpation.

A l'égard des autres dignités, tant de la couronne que des palatinats, qui ne sont que des titres honorifiques et donnent plus d'éclat que de crédit, on ne peut mieux faire que de lui en laisser la pleine disposition : qu'il puisse honorer le mérite et flatter la vanité, mais qu'il ne puisse conférer la puissance.

La majesté du trône doit être entretenue avec splendeur : mais il importe que, de toute la dépense nécessaire à cet effet, on en laisse faire au roi le moins qu'il est possible. Il serait à désirer que tous les officiers du roi fussent aux gages de la république, et non pas aux siens, et qu'on réduisît en même rapport tous les revenus royaux, afin de diminuer autant qu'il se peut le maniement des deniers par les mains du roi.

On a proposé de rendre la couronne héréditaire. Assurez-vous qu'au moment que cette loi sera portée, la Pologne peut dire adieu pour jamais à

---

(1) Gnesne était autrefois la capitale de la Pologne. Son archevêque, primat du royaume et légat-né du saint-siége, était chef de la république pendant l'interrègne, et c'était en son nom que s'expédiaient les universaux pour la diète dite *d'élection*; il couronnait les rois et les reines.

sa liberté (1). On pense y pourvoir suffisamment en bornant la puissance royale. On ne voit pas que ces bornes posées par les lois seront franchies à trait de temps par des usurpations graduelles, et qu'un système adopté et suivi sans interruption par une famille royale doit l'emporter à la longue sur une législation qui, par sa nature, tend sans cesse au relâchement. Si le roi ne peut corrompre les grands par des grâces, il peut toujours les corrompre par des promesses dont ses successeurs sont garants; et comme les plans formés par la famille royale se perpétuent avec elle, on prendra bien plus de confiance en ses engagements, et l'on comptera bien plus sur leur accomplissement, que quand la couronne élective montre la fin des projets du monarque avec celle de sa vie. La Pologne est libre, parce que chaque règne est précédé d'un intervalle où la nation, rentrée dans tous ses droits et reprenant une vigueur nouvelle, coupe le progrès des abus et des usurpations, où la législation se remonte et reprend son premier ressort. Que deviendront les *pacta conventa*, l'égide de la Pologne, quand une famille établie sur le trône à perpétuité le remplira sans intervalle, et ne laissera à la nation, entre la mort du père et le couronnement du fils, qu'une vaine ombre de liberté sans effet, qu'anéantira bientôt la simagrée du serment fait par tous les rois à leur sacre, et par tous oublié pour jamais l'instant d'après? Vous avez vu le Danemark, vous voyez l'Angleterre et vous allez voir la Suède: profitez de ces exemples pour apprendre une fois pour toutes que, quelques précautions qu'on puisse entasser, hérédité dans le trône et liberté dans la nation seront à jamais des choses incompatibles.

Les Polonais ont toujours eu du penchant à transmettre la couronne du père au fils, ou au plus proche par voie d'héritage, quoique toujours par droit d'élection. Cette inclination, s'ils continuent à la suivre, les mènera tôt ou tard au malheur de rendre la couronne héréditaire; et il ne faut pas qu'ils espèrent lutter aussi longtemps de cette manière contre la puissance royale, que les membres de l'empire germanique ont lutté contre celle de l'empereur, parce que la Pologne n'a point en elle-même de contre-poids suffisant pour maintenir un roi héréditaire dans la subordination légale. Malgré la puissance de plusieurs membres de l'empire, sans l'élection accidentelle de Charles VII (2) les capitulations impériales ne seraient déjà plus qu'un vain formulaire, comme elles l'étaient au commencement de ce siècle; et les *pacta conventa* deviendront bien plus vains encore quand la famille royale aura eu le temps de s'affermir et de mettre toutes les autres au-dessous d'elle. Pour dire en un mot mon sentiment sur cet article, je pense qu'une couronne élective, avec le plus absolu pouvoir, vaudrait encore mieux pour la Pologne qu'une couronne héréditaire avec un pouvoir presque nul.

Au lieu de cette fatale loi qui rendrait la couronne héréditaire, j'en proposerais une bien contraire, qui, si elle était admise, maintiendrait la liberté de la Pologne: ce serait d'ordonner, par une loi fondamentale, que jamais la couronne ne passerait du père au fils, et que tout fils d'un roi de Pologne serait pour toujours exclu du trône. Je dis que je proposerais cette loi si elle était nécessaire: mais, occupé d'un projet qui ferait le même effet sans elle, je renvoie à sa place l'explication de ce projet, et supposant que par son effet les fils seront exclus du trône de leur père, au moins immédiatement, je crois voir que la liberté bien assurée ne sera pas le seul avantage qui résultera de cette exclusion. Il en naîtra encore un autre très considérable; c'est, en ôtant tout espoir aux rois d'usurper et transmettre à leurs enfants un pouvoir arbitraire, de porter toute leur activité vers la gloire et la prospérité de l'état, la seule voie qui reste ouverte à leur ambition. C'est ainsi que le chef de la nation en deviendra, non plus l'ennemi-né, mais le premier citoyen; c'est

(1) Mably au contraire réclame l'hérédité de la couronne.
(2) Electeur de Bavière, élu empereur en 1742, ce qui amena la guerre *de la succession d'Allemagne*.

ainsi qu'il fera sa grande affaire d'illustrer son règne par des établissements utiles qui le rendent cher à son peuple, respectable à ses voisins, qui fassent bénir après lui sa mémoire ; et c'est ainsi que, hors les moyens de nuire et de séduire qu'il ne faut jamais lui laisser, il conviendra d'augmenter sa puissance en tout ce qui peut concourir au bien public. Il aura peu de force immédiate et directe pour agir par lui-même ; mais il aura beaucoup d'autorité, de surveillance et d'inspection pour contenir chacun dans son devoir et pour diriger le gouvernement à son véritable but. La présidence de la diète, du sénat et de tous les corps, un sévère examen de la conduite de tous les gens en place, un grand soin de maintenir la justice et l'intégrité dans tous les tribunaux, de conserver l'ordre et la tranquillité dans l'état, de lui donner une bonne assiette au dehors, le commandement des armées en temps de guerre, les établissements utiles en temps de paix, sont des devoirs qui tiennent particulièrement à son office de roi, et qui l'occuperont assez s'il veut les remplir par lui-même ; car les détails de l'administration étant confiés à des ministres établis pour cela, ce doit être un crime à un roi de Pologne de confier aucune partie de la sienne à des favoris. Qu'il fasse son métier en personne, ou qu'il y renonce : article important, sur lequel la nation ne doit jamais se relâcher.

C'est sur de semblables principes qu'il faut établir l'équilibre et la pondération des pouvoirs qui composent la législation et l'administration. Ces pouvoirs, dans les mains de leurs dépositaires et dans la meilleure proportion possible, devraient être en raison directe de leur nombre et inverse du temps qu'ils restent en place. Les parties composantes de la diète suivront d'assez près ce meilleur rapport. La chambre des nonces, la plus nombreuse, sera aussi la plus puissante ; mais tous ses membres changeront fréquemment. Le sénat, moins nombreux, aura une moindre part à la législation, mais une plus grande à la puissance exécutive ; et ses membres, participant à la constitution des deux extrêmes, seront partie à temps et partie à vie, comme il convient à un corps intermédiaire. Le roi, qui préside à tout, continuera d'être à vie ; et son pouvoir, toujours très grand pour l'inspection, sera borné par la chambre des nonces quant à la législation, et par le sénat quant à l'administration. Mais pour maintenir l'égalité, principe de la constitution, rien n'y doit être héréditaire que la noblesse. Si la couronne était héréditaire, il faudrait, pour conserver l'équilibre, que la pairie ou l'ordre sénatorial le fût aussi comme en Angleterre. Alors l'ordre équestre abaissé perdrait son pouvoir, la chambre des nonces n'ayant pas, comme celle des communes, celui d'ouvrir et fermer tous les ans le trésor public, et la constitution polonaise serait renversée de fond en comble.

CHAPITRE IX. — Causes particulières de l'anarchie.

La diète, bien proportionnée et bien pondérée ainsi dans toutes ses parties, sera la source d'une bonne législation et d'un bon gouvernement : mais il faut pour cela que ses ordres soient respectés et suivis. Le mépris des lois, et l'anarchie où la Pologne a vécu jusqu'ici, ont des causes faciles à voir. J'en ai déjà ci-devant marqué la principale, et j'en ai indiqué le remède. Les autres causes concourantes sont, 1° le *liberum veto*, 2° les confédérations, et 3° l'abus qu'ont fait les particuliers du droit qu'on leur a laissé d'avoir des gens de guerre à leur service.

Ce dernier abus est tel, que, si l'on ne commence pas par l'ôter, toutes les autres réformes sont inutiles. Tant que les particuliers auront le pouvoir de résister à la force exécutive, ils croiront en avoir le droit ; et tant qu'ils auront entre eux de petites guerres, comment veut-on que l'état soit en paix ? J'avoue que les places fortes ont besoin de gardes ; mais pourquoi faut-il des places qui sont fortes seulement contre les citoyens et faibles contre l'ennemi ? J'ai peur que cette réforme ne souffre des difficultés : cependant je ne crois pas impossible de les vaincre ; et, pour peu qu'un citoyen puissant soit raisonnable, il consentira sans peine à n'avoir plus à lui des gens de guerre quand aucun autre n'en aura.

J'ai dessein de parler ci-après des établissements militaires ; ainsi je renvoie à cet article ce que j'aurais à dire dans celui-ci.

Le *liberum veto* n'est pas un droit vicieux en lui-même ; mais, sitôt qu'il passe sa borne, il devient le plus dangereux des abus : il était le garant de la liberté publique ; il n'est plus que l'instrument de l'oppression. Il ne reste, pour ôter cet abus funeste, que d'en détruire la cause tout-à-fait. Mais il est dans le cœur de l'homme de tenir aux priviléges individuels plus qu'à des avantages plus grands et plus généraux. Il n'y a qu'un patriotisme éclairé par l'expérience qui puisse apprendre à sacrifier à de plus grands biens un droit brillant devenu pernicieux par son abus, et dont cet abus est désormais inséparable. Tous les Polonais doivent sentir vivement les maux que leur a fait souffrir ce malheureux droit. S'ils aiment l'ordre et la paix, ils n'ont aucun moyen d'établir chez eux l'un et l'autre tant qu'ils y laisseront subsister ce droit, bon dans la formation du corps politique, ou quand il a toute sa perfection ; mais absurde et funeste tant qu'il reste des changements à faire : et il est impossible qu'il n'en reste pas toujours, surtout dans un grand état entouré de voisins puissants et ambitieux.

Le *liberum veto* serait moins déraisonnable s'il tombait uniquement sur les points fondamentaux de la constitution : mais qu'il ait lieu généralement dans toutes les délibérations des diètes, c'est ce qui ne peut s'admettre en aucune façon. C'est un vice dans la constitution polonaise que la législation et l'administration n'y soient pas assez distinguées, et que la diète exerçant le pouvoir législatif y mêle des parties d'administration, fasse indifféremment des actes de souveraineté et de gouvernement, souvent même des actes mixtes par lesquels ses membres sont magistrats et législateurs tout à la fois.

Les changements proposés tendent à mieux distinguer ces deux pouvoirs, et par là même à mieux marquer les bornes du *liberum veto* ; car je ne crois pas qu'il soit jamais tombé dans l'esprit de personne de l'étendre aux matières de pure administration, ce qui serait anéantir l'autorité civile et tout le gouvernement.

Par le droit naturel des sociétés, l'unanimité a été requise pour la formation du corps politique et pour les lois fondamentales qui tiennent à son existence, telles, par exemple, que la première corrigée, la cinquième, la neuvième et l'onzième, marquées dans la pseudo-diète de 1768. Or, l'unanimité requise pour l'établissement de ces lois doit l'être de même pour leur abrogation. Ainsi voilà des points sur lesquels le *liberum veto* peut continuer de subsister ; et puisqu'il ne s'agit pas de le détruire totalement, les Polonais, qui, sans beaucoup de murmure, ont vu resserrer ce droit par la diète de 1768, devront sans peine le voir réduire et limiter dans une diète plus libre et plus légitime.

Il faut bien peser et bien méditer les points capitaux qu'on établira comme lois fondamentales, et l'on fera porter sur ces points seulement la force du *liberum veto*. De cette manière on rendra la constitution solide et ces lois irrévocables autant qu'elles peuvent l'être ; car il est contre la nature du corps politique de s'imposer des lois qu'il ne puisse révoquer ; mais il n'est ni contre la nature ni contre la raison qu'il ne puisse révoquer ces lois qu'avec la même solennité qu'il mit à les établir. Voilà toute la chaîne qu'il peut se donner pour l'avenir. C'en est assez, et pour affermir la constitution, et pour contenter l'amour des Polonais pour le *liberum veto*, sans s'exposer dans la suite aux abus qu'il a fait naître.

Quant à ces multitudes d'articles qu'on a mis ridiculement au nombre des lois fondamentales, et qui font seulement le corps de la législation, de même que tous ceux qu'on range sous le titre de matières d'état, ils sont sujets, par la vicissitude des choses, à des variations indispensables qui ne permettent pas d'y requérir l'unanimité. Il est encore absurde que, dans quelque cas que ce puisse être, un membre de la diète en puisse arrêter l'activité, et que la retraite ou la protestation d'un nonce ou de plusieurs puisse dissoudre l'assemblée et casser ainsi l'autorité souveraine. Il faut abolir ce droit barbare, et décerner la peine capitale contre quiconque serait tenté de s'en prévaloir. S'il y avait des cas de protestation contre la diète, ce qui ne peut être tant qu'elle sera libre et complète, ce serait aux palatinats et diétines que cet droit pourrait être conféré, mais jamais à des nonces qui, comme membres de la diète, ne doivent avoir sur elle aucun degré d'autorité ni récuser ses décisions.

Entre le *veto*, qui est la plus grande force individuelle que puissent avoir les membres de la souveraine puissance, et qui ne doit avoir lieu que pour les lois véritablement fondamentales, et la pluralité, qui est la moindre et qui se rapporte aux matières de simple administration, il y a différentes proportions sur lesquelles on peut déterminer la prépondérance des avis en raison de l'importance des matières. Par exemple, quand il s'agira de législation, l'on peut exiger les trois quarts au moins des suffrages, les deux tiers dans les matières d'état, la pluralité seulement pour les élections et autres affaires courantes et momentanées. Ceci n'est qu'un exemple pour expliquer mon idée, et non une proportion que je détermine.

Dans un état tel que la Pologne, où les âmes ont encore un grand ressort, peut-être eût-on pu conserver dans son entier ce beau droit du *liberum veto* sans beaucoup de risque, et peut-être même avec avantage, pourvu qu'on eût rendu ce droit dangereux à exercer, et qu'on y eût attaché de grandes conséquences pour celui qui s'en serait prévalu ; car il est, j'ose le dire, extravagant que celui qui rompt ainsi l'activité de la diète, et laisse l'état sans ressource, s'en aille jouir chez lui tranquillement et impunément de la désolation publique qu'il a causée.

Si donc, dans une résolution presque unanime, un seul opposant conservait le droit de l'annuler, je voudrais qu'il répondît de son opposition sur sa tête, non-seulement à ses constituants dans la diétine post-comitiale, mais ensuite à toute la nation dont il a fait le malheur. Je voudrais qu'il fût ordonné par la loi que six mois après son opposition il serait jugé solennellement par un tribunal extraordinaire établi pour cela seul, composé de tout ce que la nation a de plus sage, de plus illustre et de plus respecté, et qui ne pourrait le renvoyer simplement absous, mais serait obligé de le condamner à mort sans aucune grâce, ou de lui décerner une récompense et des honneurs publics pour toute sa vie, sans pouvoir jamais prendre aucun milieu entre ces deux alternatives.

Des établissements de cette espèce, si favorables à l'énergie du courage et à l'amour de la liberté, sont trop éloignés de l'esprit moderne pour qu'on puisse espérer qu'ils soient adoptés ni goûtés ; mais ils n'étaient pas inconnus aux anciens, et c'est par là que leurs instituteurs savaient élever les âmes et les enflammer au besoin d'un zèle vraiment héroïque. On a vu, dans des républiques où régnaient des lois plus dures encore, de généreux citoyens se dévouer à la mort dans le péril de la patrie pour ouvrir un avis qui pût la sauver. Un *veto* suivi du même danger peut sauver l'état dans l'occasion, et n'y sera jamais fort à craindre.

Oserais-je parler ici des confédérations et n'être pas de l'avis des savants ? Ils ne voient que le mal qu'elles font ; il faudrait voir aussi celui qu'elles empêchent. Sans contredit, la confédération est un état violent dans la république ; mais il est des maux extrêmes qui rendent les remèdes violents nécessaires, et dont il faut tâcher de guérir à tout prix. La confédération est en Pologne ce qu'était la dictature chez les Romains. L'une et l'autre font taire les lois dans un péril pressant, mais avec cette grande différence, que la dictature, directement contraire à la législation romaine et à l'esprit du gouvernement, a fini par le détruire, et que les confédérations, au contraire, n'étant qu'un moyen de raffermir et rétablir la constitution ébranlée par de grands efforts, peuvent tendre et renforcer le ressort relâché de l'état sans pouvoir jamais le briser. Cette forme fédérative, qui peut-être, dans son origine, eut une cause fortuite, me paraît être un chef-d'œuvre de politique. Partout où la liberté règne, elle est incessamment attaquée et très souvent en péril. Tout état libre où les grandes crises n'ont pas été prévues est à chaque orage en danger de périr. Il n'y a que les Polonais qui, de ces crises mêmes, aient su tirer un nouveau moyen de maintenir la constitution. Sans les confédérations, il y a longtemps que la république de Pologne ne serait plus, et j'ai grand'peur qu'elle ne dure pas longtemps après elles si l'on prend le parti de les abolir. Jetez les yeux sur ce qui vient de se passer. Sans les confédérations, l'état était subjugué, la liberté était pour jamais anéantie. Voulez-vous ôter à la république la ressource qui vient de la sauver?

Et qu'on ne pense pas que, quand le *liberum veto* sera aboli et la pluralité rétablie, les confédérations deviendront inutiles, comme si tout leur avantage consistait dans cette pluralité. Ce n'est pas la même chose. La puissance exécutive attachée aux confédérations leur donnera toujours, dans les besoins extrêmes, une vigueur, une activité, une célébrité que ne peut avoir la diète, forcée à marcher à pas plus lents, avec plus de formalités, et qui ne peut faire un seul mouvement irrégulier sans renverser la constitution.

Non, les confédérations sont le bouclier, l'asile, le sanctuaire de cette constitution. Tant qu'elles subsisteront, il me paraît impossible qu'elle se détruise. Il faut les laisser, mais il faut les régler. Si tous les abus étaient ôtés, les confédérations deviendraient presque inutiles. La réforme de votre gouvernement doit opérer cet effet. Il n'y aura plus que les entreprises violentes qui mettent dans la nécessité d'y recourir; mais ces entreprises sont dans l'ordre des choses qu'il faut prévoir. Au lieu donc d'abolir les confédérations, déterminez les cas où elles peuvent légitimement avoir lieu, et puis réglez-en bien la forme et l'effet, pour leur donner une sanction légale autant qu'il est possible, sans gêner leur formation ni leur activité. Il y a même de ces cas où, par le seul fait, toute la Pologne doit être à l'instant confédérée, comme, par exemple, au moment où, sous quelque prétexte que ce soit et hors le cas d'une guerre ouverte, des troupes étrangères mettent le pied dans l'état; parce qu'enfin, quel que soit le sujet de cette entrée, et le gouvernement même y eût-il consenti, confédération chez soi n'est pas hostilité chez les autres. Lorsque, par quelque obstacle que ce puisse être, la diète est empêchée de s'assembler au temps marqué par la loi, lorsqu'à l'instigation de qui que ce soit on fait trouver des gens de guerre au temps et au lieu de son assemblée, ou que sa forme est altérée, ou que son activité est suspendue, ou que sa liberté est gênée en quelque façon que ce soit; dans tous ces cas la confédération générale doit exister par le seul fait: les assemblées et signatures particulières n'en sont que des branches; et tous les maréchaux en doivent être subordonnés à celui qui aura été nommé le premier.

CHAPITRE X. — Administration.

Sans entrer dans des détails d'administration pour lesquels les connaissances et les vues me manquent également, je risquerai seulement sur les deux parties des finances et de la guerre quelques idées que je dois dire, puisque je les crois bonnes, quoique presque assuré qu'elles ne seront pas goûtées: mais avant tout je ferai sur l'administration de la justice une remarque qui s'éloigne un peu moins de l'esprit du gouvernement polonais.

Les deux états d'homme d'épée et d'homme de robe étaient inconnus des anciens. Les citoyens n'étaient par métier ni soldats, ni juges, ni prêtres, ils étaient tout par devoir. Voilà le vrai secret de faire que tout marche au but commun, d'empêcher que l'esprit d'état ne s'enracine dans les corps aux dépens du patriotisme, et que l'hydre de la chicane ne dévore une nation. La fonction de juge, tant dans les tribunaux suprêmes que dans les justices terrestres, doit être un état passager d'épreuves sur lequel la nation puisse apprécier le mérite et la probité d'un citoyen pour l'élever ensuite aux postes plus éminents dont il est trouvé capable. Cette manière de s'envisager eux-mêmes ne peut que rendre les juges très attentifs à se mettre à l'abri de tout reproche, et leur donner généralement toute l'attention et toute l'intégrité que leur place exige. C'est ainsi que dans les beaux temps de Rome on passait par la préture pour arriver au consulat. Voilà le moyen qu'avec peu de lois claires et simples, même avec peu de juges, la justice soit bien administrée, en laissant aux juges le pouvoir de les interpréter et d'y suppléer au besoin par les lumières naturelles de la droiture et du bon sens. Rien de plus puéril que les précautions prises sur ce point par les Anglais. Pour ôter les jugements arbitraires, ils se sont soumis à mille jugements iniques et même extravagants : des nuées de gens de loi les dévorent, d'éternels procès les consument; et avec la folle idée de vouloir tout prévoir, ils ont fait de leurs lois un dédale immense où la mémoire et la raison se perdent également.

Il faut faire trois codes : l'un politique, l'autre civil, et l'autre criminel; tous trois clairs, courts et précis autant qu'il sera possible. Ces codes seront enseignés non-seulement dans les universités, mais dans tous les colléges, et l'on a pas besoin d'autre corps de droit. Toutes les règles du droit naturel sont mieux gravées dans les cœurs des hommes que dans tout le fatras de Justinien : rendez-les seulement honnêtes et vertueux, et je vous réponds qu'ils sauront assez de droit. Mais il faut que tous les citoyens, et surtout les hommes publics, soient instruits des lois positives de leur pays et des règles particulières sur lesquelles ils sont gouvernés. Ils les trouveront dans ces codes qu'ils doivent étudier; et tous les nobles, avant d'être inscrits dans le Livre d'or qui doit leur ouvrir l'entrée d'une diétine, doivent soutenir sur ces codes, et en particulier sur le premier, un examen qui ne soit pas une simple formalité, et sur lequel, s'ils ne sont pas suffisamment instruits, ils seront renvoyés jusqu'à ce qu'ils le soient mieux. A l'égard du droit romain et des coutumes, tout cela, s'il existe, doit être ôté des écoles et des tribunaux. On n'y doit connaître d'autre autorité que les lois de l'état; elles doivent être uniformes dans toutes les provinces, pour tarir une source de procès; et les questions qui n'y seront pas décidées doivent l'être par le bon sens et l'intégrité des juges. Comptez que, quand la magistrature ne sera pour ceux qui l'exercent qu'un état d'épreuve pour monter plus haut, cette autorité n'aura pas en eux l'abus qu'on en pourrait craindre, ou que, si cet abus a lieu, il sera toujours moindre que celui de ces foules de lois qui souvent se contredisent, dont le nombre rend les procès éternels, et dont le conflit rend également les jugements arbitraires.

Ce que je dis ici des juges doit s'entendre à plus forte raison des avocats. Cet état, si respectable en lui-même, se dégrade et s'avilit sitôt qu'il devient un métier. L'avocat doit être le premier juge de son client et le plus sévère : son emploi doit être, comme il était à Rome, et comme il est encore à Genève, le premier pas pour arriver aux magistratures; et en effet les avocats sont fort considérés à Genève et méritent de l'être. Ce sont des postulants pour le conseil, très attentifs à ne rien faire qui leur attire l'improbation publique. Je voudrais que toutes les fonctions publiques menassent ainsi l'une à l'autre, afin que nul, ne s'arrangeant pour rester dans la sienne, ne s'en fît un métier lucratif et ne se mît au-dessus du jugement des hommes. Ce moyen remplirait parfaitement le vœu de faire passer les enfants des citoyens opulents par l'état d'avocat, ainsi rendu honorable et passager. Je développerai mieux cette idée dans un moment.

Je dois dire en passant, puisque cela me vient à l'esprit, qu'il est contre le système d'égalité dans l'ordre équestre d'y établir des substitutions et des majorats. Il faut que la législation tende toujours à diminuer la grande inégalité de fortune et de pouvoir qui met trop de distance entre les seigneurs et les simples nobles, et qu'un progrès naturel tend toujours à augmenter. A l'égard du cens, par lequel on fixerait la quantité de terre qu'un noble doit posséder pour être admis aux diétines, voyant à cela du bien et du mal, et ne connaissant pas assez le pays pour comparer les effets, je n'ose absolument décider cette question. Sans contredit, il serait à désirer qu'un citoyen, ayant voix dans un palatinat, y possédât quelques terres, mais je n'aimerais pas trop qu'on en fixât la quantité : en comptant les possessions pour beaucoup de choses, faut-il donc tout-à-fait compter les hommes pour rien? Eh quoi! parce qu'un gentilhomme aura peu ou point de terres, cesse-t-il pour cela d'être libre et noble? et sa pauvreté seule est-elle un crime assez grave pour lui faire perdre son droit de citoyen?

Au reste, il ne faut jamais souffrir qu'aucune loi tombe en désuétude. Fût-elle indifférente, fût-elle mauvaise, il faut l'abroger formellement ou la maintenir en vigueur. Cette maxime, qui est fondamentale, obligera de passer en revue toutes les anciennes lois, d'en abroger beaucoup, et de donner la sanction la plus sévère à celles qu'on voudra conserver. On regarde en France comme une maxime d'état de fermer les yeux sur beaucoup de choses : c'est à quoi le despotisme oblige toujours; mais, dans un gouvernement libre, c'est le moyen d'énerver la législation et d'ébranler la constitution. Peu de lois, mais bien digérées, et surtout bien observées. Tous les abus qui ne sont pas défendus sont encore sans conséquence : mais qui dit une loi dans un état libre dit une chose devant laquelle tout citoyen tremble, et le roi tout le premier. En un mot, souffrez tout plutôt que d'user le ressort des lois ; car, quand une fois ce ressort est usé, l'état est perdu sans ressource.

CHAPITRE XI. — Système économique.

Le choix du système économique que doit adopter la Pologne dépend de l'objet qu'elle se propose en corrigeant sa constitution. Si vous ne voulez que devenir bruyants, brillants, redoutables, et influer sur les autres peuples de l'Europe, vous avez leur exemple, appliquez-vous à l'imiter. Cultivez les sciences, les arts, le commerce, l'industrie ; ayez des troupes réglées, des places fortes, des académies, surtout un bon système de finances qui fasse bien circuler l'argent, qui par là le multiplie, qui vous en procure beaucoup ; travaillez à le rendre très nécessaire, afin de tenir le peuple dans une plus grande dépendance, et pour cela, fomentez et le luxe matériel, et le luxe de l'esprit, qui en est inséparable. De cette manière, vous formerez un peuple ingrat, avide, ambitieux, servile et fripon comme les autres, toujours sans aucun milieu à l'un des deux extrêmes de la misère ou de l'opulence, de la licence ou de l'esclavage : mais on vous comptera parmi les grandes puissances de l'Europe, vous entrerez dans les systèmes politiques; dans toutes les négociations, on recherchera votre alliance; on vous liera par des traités : il n'y aura pas une guerre en Europe où vous n'ayez l'honneur d'être fourrés : si le bonheur vous en veut, vous pourrez rentrer dans vos anciennes possessions, peut-être en conquérir de nouvelles, et puis dire comme Pyrrhus ou comme les Russes, c'est-à-dire comme les enfants : « Quand tout le monde sera à moi, je mangerai bien du sucre. »

Mais si, par hasard, vous aimiez mieux former une nation libre, paisible et sage, qui n'a ni peur ni besoin de personne, qui se suffit à elle-même et qui est heureuse; alors il faut prendre une méthode toute différente, maintenir, rétablir chez vous des mœurs simples, des goûts sains, un esprit matériel sans ambition; former des âmes courageuses et désintéressées, appliquer vos peuples à l'agriculture et aux arts nécessaires à la vie; rendre l'argent méprisable, et, s'il se peut, inutile; chercher, trouver, pour opérer de grandes choses, des ressorts plus puissants et plus sûrs. Je conviens qu'en suivant cette route vous ne remplirez pas les gazettes du bruit de vos fêtes, de vos négociations, de vos exploits, que les philosophes ne vous encenseront pas, que les poètes ne vous chanteront pas, qu'en Europe on parlera peu de vous : peut-être même affectera-t-on de vous dédaigner ; mais vous vivrez dans la véritable abondance, dans la justice et dans la liberté ; mais on ne vous cherchera pas querelle, on vous craindra sans en faire semblant, et je vous réponds que les Russes ni d'autres ne viendront plus faire les maîtres chez vous, ou que, si pour leur malheur ils y viennent, ils seront beaucoup plus pressés d'en sortir. Ne tentez pas surtout d'allier ces deux projets, ils sont trop contradictoires ; et vouloir aller aux deux par une marche composée, c'est vouloir les manquer tous deux. Choisissez donc, et si vous préférez le premier parti, cessez ici de me lire ; car, de tout ce qui me reste à proposer, rien ne se rapporte plus qu'au second.

Il y a, sans contredit, d'excellentes vues économiques dans les papiers qui m'ont été communiqués. Le défaut que j'y vois est d'être plus favorables à la richesse qu'à la prospérité. En fait de nouveaux établissements, il ne faut pas se contenter d'en voir l'effet immédiat ; il faut encore en bien prévoir les conséquences éloignées, mais nécessaires. Le projet, par exemple, pour la vente des starosties (1), et pour la manière d'en employer le produit, me paraît bien entendu et d'une exécution facile dans le système établi dans toute l'Europe de tout faire avec de l'argent. Mais ce système est-il bon en lui-même et va-t-il bien à son but ? Est-il sûr que l'argent soit le nerf de la guerre ? Les peuples riches ont toujours été battus et conquis par les peuples pauvres. Est-il sûr que l'argent soit le ressort d'un bon gouvernement ? Les systèmes de finances sont modernes. Je n'en vois rien sortir de bon ni de grand. Les gouvernements anciens ne connaissaient pas même ce mot de *finance*, et ce qu'ils faisaient avec des hommes est prodigieux. L'argent est tout au plus le supplément des hommes, et le supplément ne vaudra jamais la chose. Polonais, laissez-moi tout cet argent aux autres, ou contentez-vous de celui qu'il faudra bien qu'ils vous donnent, puisqu'ils ont plus besoin de vos blés que vous de leur or. Il vaut mieux, croyez-moi, vivre dans l'abondance que dans l'opulence ; soyez mieux que pécunieux, soyez riches : cultivez bien vos champs, sans vous soucier du reste ; bientôt vous moissonnerez de l'or, et plus qu'il n'en faut pour vous procurer l'huile et le vin qui vous manquent, puisqu'à cela près, la Pologne abonde ou peut abonder de tout. Pour vous maintenir heureux et libres, ce sont des têtes, des cœurs et des bras qu'il vous faut ; c'est là ce qui fait la force d'un état et la prospérité d'un peuple. Les systèmes de finances font des âmes vénales ; et dès qu'on ne veut que gagner, on gagne toujours plus à être fripon qu'honnête homme. L'emploi de l'argent se dévoie et se cache ; il est destiné à une chose et employé à une autre. Ceux qui le manient apprennent bientôt à le détourner ; et que sont tous les surveillants qu'on leur donne, sinon d'autres fripons qu'on envoie partager avec eux ? S'il n'y avait que des richesses publiques et manifestes, si la marche de l'or laissait une marque ostensible et ne pouvait se cacher, il n'y aurait point d'expédient plus commode pour acheter des services, du courage, de la fidélité, des vertus ; mais, vu sa circulation secrète, il est plus commode encore pour faire des pillards et des traîtres, pour mettre à l'enchère le bien public et la liberté. En un mot, l'argent est à la fois le ressort le plus faible et le plus vain que je connaisse pour faire marcher à son but la machine politique, le plus fort et le plus sûr pour l'en détourner.

On ne peut faire agir les hommes que par leur intérêt, je le sais ; mais l'intérêt pécuniaire est le plus mauvais de tous, le plus vil, le plus propre à la corruption, et même, je le répète avec confiance et le soutiendrai toujours, le moindre et le plus faible aux yeux de qui connaît bien le cœur

---

(1) On comptait, dans la grande et petite Pologne et en Lithuanie, cinq cents domaines de cette espèce, dont le revenu pouvait s'élever, terme moyen, à 60,000 fr.

humain. Il est naturellement dans tous les cœurs de grandes passions en réserve : quand il n'y reste plus que celle de l'argent, c'est qu'on a énervé, étouffé toutes les autres qu'il fallait exciter et développer. L'avare n'a point proprement de passion qui le domine : il n'aspire à l'argent que par prévoyance, pour contenter celles qui pourront lui venir. Sachez les fomenter et les contenter directement sans cette ressource; bientôt elle perdra tout son prix.

Les depenses publiques sont inévitables, j'en conviens encore ; faites-les avec tout autre chose qu'avec de l'argent. De nos jours, encore on voit en Suisse les officiers, magistrats et autres stipendiaires publics, payés avec des denrées. Ils ont des dîmes, du vin, du bois, des droits utiles, honorifiques. Tout le service public se fait par corvées, l'état ne paye presque rien en argent Il en faut, dira-t-on, pour le payement des troupes. Cet article aura sa place dans un moment. Cette manière de payement n'est pas sans inconvénient ; il y a de la perte, du gaspillage : l'administration de ces sortes de biens est plus embarrassante ; elle déplaît surtout à ceux qui en sont chargés, parce qu'ils y trouvent moins à faire leur compte. Tout cela est vrai; mais que le mal est petit en comparaison de la foule de maux qu'il sauve ! Un homme voudrait malverser qu'il ne le pourrait pas, du moins sans qu'il y parût. On m'objectera les baillis de quelques cantons suisses; mais d'où viennent leurs vexations? des amendes pécuniaires qu'ils imposent. Ces amendes arbitraires sont un grand mal déjà par elles-mêmes, cependant s'ils ne les pouvaient exiger qu'en denrées, ce ne serait presque rien. L'argent extorqué se cache aisément, des magasins ne se cacheraient pas de même. Cherchez en tout pays, en tout gouvernement, et par toute la terre, vous n'y trouverez pas un grand mal en morale et en politique où l'argent ne soit mêlé.

On me dira que l'égalité des fortunes qui règne en Suisse rend la parcimonie aisée dans l'administration ; au lieu que tant de puissantes maisons et de grands seigneurs qui sont en Pologne demandent pour leur entretien de grandes dépenses et des finances pour y pourvoir. Point du tout. Ces grands seigneurs sont riches par leurs patrimoines; et leurs dépenses seront moindres quand le luxe cessera d'être en honneur dans l'état, sans qu'elles les distinguent moins des fortunes inférieures qui suivront la même proportion. Payez leurs services par de l'autorité, des honneurs, de grandes places. L'inégalité des rangs est compensée en Pologne par l'avantage de la noblesse qui rend ceux qui les remplissent plus jaloux des honneurs que du profit. La république, en graduant et distribuant à propos ses récompenses purement honorifiques, se ménage un trésor qui ne la ruinera pas, et qui lui donnera des héros pour citoyens. Ce trésor des honneurs est une ressource inépuisable chez un peuple qui a de l'honneur; et plût à Dieu que la Pologne eût l'espoir d'épuiser cette ressource ! O heureuse la nation qui ne trouvera plus dans son sein des distinctions possibles pour la vertu.

Au défaut de n'être pas dignes d'elles, les récompenses pécuniaires joignent celui de n'être pas assez publiques, de ne parler pas sans cesse aux yeux et aux cœurs, de disparaître aussitôt qu'elles sont accordées, et de ne laisser aucune trace visible qui excite l'émulation en perpétuant l'honneur qui doit les accompagner. Je voudrais que tous les grades, tous les emplois, toutes les récompenses honorifiques, se marquassent par des signes extérieurs; qu'il ne fût jamais permis à un homme en place de marcher *incognito*; que les marques de son rang ou de sa dignité le suivissent partout, afin que le peuple le respectât toujours lui-même; qu'il pût ainsi toujours dominer l'opulence, qu'un riche qui n'est pas noble, sans cesse offusqué par des citoyens titrés et pauvres, ne trouvât ni considération ni agrément dans sa patrie, qu'il fût forcé de la servir pour y briller; d'être intègre par ambition, et d'aspirer malgré sa richesse à des rangs où la seule approbation publique mène, et d'où le blâme peut toujours faire déchoir. Voilà comment on énerve la force des richesses, et comment on fait des hommes qui ne sont point à vendre. J'insiste beaucoup sur ce point, bien persuadé que vos voisins, et surtout les Russes, n'épargneront rien pour corrompre vos gens en place, et que la grande affaire votre gouvernement est de travailler à les rendre incorruptibles.

Si l'on me dit que je veux faire de la Pologne un peuple de capucins, je réponds d'abord que ce n'est là qu'un argument à la française, et que plaisanter n'est pas raisonner. Je réponds encore qu'il ne faut pas outrer mes maximes au-delà de mes intentions et de la raison ; que mon dessein n'est pas de supprimer la circulation des espèces, mais seulement de la ralentir, et de prouver surtout combien il importe qu'un bon système économique ne soit pas un système de finance et d'argent. Lycurgue, pour déraciner la cupidité dans Sparte, n'anéantit pas la monnaie, mais il en fit une de fer. Pour moi, je n'entends proscrire ni l'argent ni l'or, mais les rendre moins nécessaires, et faire que celui qui n'en a pas soit pauvre sans être gueux. Au fond, l'argent n'est pas la richesse, il n'en est que le signe : ce n'est pas le signe qu'il faut multiplier, mais la chose représentée. J'ai vu, malgré les fables des voyageurs, que les Anglais, au milieu de tout leur or, n'étaient pas en détail moins nécessiteux que les autres peuples. Eh ! que m'importe, après tout, d'avoir cent guinées au lieu de dix, si ces cent guinées ne me rapportent pas une subsistance plus aisée ? La richesse pécuniaire n'est que relative : et, selon des rapports qui peuvent changer par mille causes, on peut se trouver successivement riche et pauvre avec la même somme, mais non pas avec des biens en nature ; car, comme immédiatement utiles à l'homme, ils ont toujours leur valeur absolue, qui ne dépend point d'une opération de commerce. J'accorderai que le peuple anglais est plus riche que les autres peuples : mais il ne s'ensuit pas qu'un bourgeois de Londres vive plus à son aise qu'un bourgeois de Paris. De peuple à peuple, celui qui a plus d'argent a de l'avantage ; mais cela ne fait rien au sort des particuliers, et ce n'est pas là que gît la prospérité d'une nation.

Favorisez l'agriculture et les arts utiles, non pas en enrichissant les cultivateurs, ce qui ne serait que les exciter à quitter leur état, mais en le leur rendant honorable et agréable. Établissez les manufactures de première nécessité ; multipliez sans cesse vos blés et vos hommes, sans vous mettre en souci du reste. Le superflu du produit de vos terres, qui, par les monopoles multipliés, va manquer au reste de l'Europe, vous apportera nécessairement plus d'argent que vous n'en aurez besoin. Au-delà de ce produit nécessaire et sûr, vous serez pauvres tant que vous voudrez en avoir : sitôt que vous saurez vous en passer, vous serez riches. Voilà l'esprit que je voudrais faire régner dans votre système économique : peu songer à l'étranger, peu vous soucier du commerce, mais multiplier chez vous autant qu'il est possible et la denrée et les consommateurs. L'effet infaillible et naturel d'un gouvernement libre et juste est la population. Plus donc vous perfectionnerez votre gouvernement, plus vous multiplierez votre peuple sans même y songer. Vous n'aurez ainsi ni mendiants ni millionnaires. Le luxe et l'indigence disparaîtront ensemble insensiblement ; et les citoyens, guéris des goûts frivoles que donne l'opulence, et des vices attachés à la misère, mettront leurs soins et leur gloire à bien servir la patrie, et trouveront leur bonheur dans leurs devoirs.

Je voudrais qu'on imposât toujours les bras des hommes plus que leurs bourses ; que les chemins, les ponts, les édifices publics, le service du prince et de l'état, se fissent par des corvées et non à prix d'argent. Cette sorte d'impôt est au fonds la moins onéreuse, et surtout celle dont on peut le moins abuser ; car l'argent disparaît en sortant des mains qui le payent ; mais chacun voit à quoi les hommes sont employés, et l'on ne peut les surcharger à pure perte. Je sais que cette méthode est impraticable où règnent le luxe, le commerce et les arts : mais rien n'est si facile chez un peuple simple et de bonnes mœurs, et rien n'est plus utile pour les conserver telles : c'est une raison de plus pour la préférer.

Je reviens donc aux starosties, et je conviens derechef que le projet de les vendre pour en faire valoir le produit au profit du trésor public est bon et bien entendu, quant à son objet économique ; mais quant à l'objet politique et moral, ce projet est si peu de mon goût, que, si les starosties étaient vendues, je voudrais qu'on les rachetât pour en faire le fonds des salaires et récompenses de ceux qui serviraient la patrie ou qui auraient bien mérité d'elle. En un mot, je voudrais, s'il était possible, qu'il n'y eût point de trésor public, et que le fisc ne connût pas même les payements en argent. Je sens que la chose à la rigueur n'est pas possible ; mais l'esprit du gouvernement doit toujours tendre à la rendre telle, et rien n'est plus contraire à cet esprit que la vente dont il s'agit. La république en serait plus riche, il est vrai ; mais le ressort du gouvernement en serait plus faible en proportion.

J'avoue que la régie des biens publics en deviendrait plus difficile, et surtout moins agréable aux régisseurs, quand tous ces biens seront en nature et point en argent : mais il faut faire alors de cette régie et de son inspection autant d'épreuves de bon sens, de vigilance, et surtout d'intégrité, pour parvenir à des places plus éminentes. On ne fera qu'imiter à cet égard l'administration municipale établie à Lyon, où il faut commencer pas être administrateur de l'Hôtel-Dieu pour parvenir aux charges de la ville, et c'est sur la manière dont on s'acquitte de celle-là qu'on fait juger si l'on est digne des autres. Il n'y avait rien de plus intègre que les questeurs des armées romaines, parce que la questure était le premier pas pour arriver aux charges curules. Dans les places qui peuvent tenter la cupidité, il faut faire en sorte que l'ambition la réprime. Le plus grand bien qui résulte de là n'est pas l'épargne des friponneries, mais c'est de mettre en honneur le désintéressement, et de rendre la pauvreté respectable quand elle est le fruit de l'intégrité.

Les revenus de la république n'égalent pas sa dépense ; je le crois bien : les citoyens ne veulent rien payer du tout. Mais des hommes qui veulent être libres ne doivent pas être esclaves de leur bourse, et où est l'état où la liberté ne s'achète pas et même très cher? On me citera la Suisse ; mais, comme je l'ai déjà dit, dans la Suisse les citoyens remplissent eux-mêmes les fonctions : partout ailleurs ils aiment mieux payer pour les faire remplir par d'autres. Ils sont soldats, officiers, magistrats, ouvriers : ils sont tout pour le service de l'état ; et, toujours prêts à payer de leur personne, ils n'ont pas besoin de payer encore de leur bourse. Quand les Polonais voudront en faire autant, ils n'auront pas plus besoin d'argent que les Suisses ; mais si un grand état refuse de se conduire sur les maximes des petites républiques, il ne faut pas qu'il en cherche les avantages, ni qu'il veuille l'effet en rejetant les moyens de l'obtenir. Si la Pologne était, selon mon désir, une confédération de trente-trois petits états, elle réunirait la force des grandes monarchies et la liberté des petites républiques ; mais il faudrait pour cela renoncer à l'ostentation, et j'ai peur que cet article ne soit le plus difficile.

De toutes les manières d'asseoir un impôt, la plus commode, et celle qui coûte le moins de frais, est sans contredit la capitation ; mais c'est aussi la plus forcée, la plus arbitraire, et c'est sans doute pour cela que Montesquieu la trouve servile, quoiqu'elle ait été la seule pratiquée par les Romains, et qu'elle existe encore en ce moment en plusieurs républiques, sous d'autres noms à la vérité, comme à Genève, où l'on appelle cela *payer les garées*, et où les seuls citoyens et bourgeois payent cette taxe, tandis que les habitants et natifs en payent d'autres ? ce qui est exactement le contraire de l'idée de Montesquieu.

Mais comme il est injuste et déraisonnable d'imposer les gens qui n'ont rien, les impositions réelles valent toujours mieux que les personnelles : seulement il faut éviter celles dont la perception est difficile et coûteuse, et celles surtout qu'on élude par la contrebande, qui fait des non-valeurs, remplit l'état de fraudeurs et de brigands, et corrompt la fidélité des citoyens. Il faut que l'imposition soit si bien proportionnée, que l'embarras de la fraude en surpasse le profit. Ainsi jamais d'impôt sur ce qui se cache aisément, comme la dentelle et les bijoux : il vaut mieux défendre de les porter que de les entrer. En France, on excite à plaisir la tentation de la contrebande, et cela me fait croire que la ferme trouve son compte à ce qu'il y ait des contrebandiers. Ce système est abominable et contraire à tout bon sens. L'expérience apprend que le papier timbré est un impôt singulièrement onéreux aux pauvres, gênant pour le commerce, qui multiplie extrêmement les chicanes, et fait beaucoup crier le peuple partout où il est établi : je ne conseillerais pas d'y penser. Celui sur les bestiaux me paraît beaucoup meilleur, pourvu qu'on évite la fraude ; car toute fraude possible est toujours une source de maux. Mais il peut être onéreux aux contribuables en ce qu'il faut le payer en argent, et le produit des contributions de cette espèce est trop sujet à être dévoyé de sa destination.

L'impôt le meilleur, à mon avis, le plus naturel, et qui n'est point sujet à la fraude, est une taxe proportionnelle sur les terres, et sur toutes les terres sans exception, comme l'ont proposée le maréchal de Vauban et l'abbé de Saint-Pierre? car enfin c'est ce qui produit qui doit payer. Tous les biens royaux, terrestres, ecclésiastiques et en roture, doivent payer également, c'est-à-dire proportionnellement à leur étendue et à leur produit, quel qu'en soit le propriétaire. Cette imposition paraîtrait demander une opération préliminaire qui serait longue et coûteuse, savoir un cadastre général. Mais cette dépense peut très-bien s'éviter, et même avec avantage, en asseyant l'impôt, non sur la terre directement, mais sur son produit, ce qui serait encore plus juste? c'est-à-dire en établissant, dans la proportion qui serait jugée convenable, une dîme qui se lèverait en nature sur la récolte, comme la dîme ecclésiastique ; et, pour éviter l'embarras des détails et des magasins, on affermerait ces dîmes à l'enchère comme font les curés : en sorte que les particuliers ne seraient tenus de payer la dîme que sur leur récolte, et ne la payeraient de leur bourse que lorsqu'ils l'aimeraient mieux ainsi, sur un tarif réglé par le gouvernement. Ces fermes réunies pourraient être un objet de commerce, par le débit des denrées qu'elles produiraient, et qui pourraient passer à l'étranger par la voie de Dantzick ou de Riga. On éviterait encore par là tous les frais de perception et de régie, toutes ces nuées de commis et d'employés si odieux au peuple, si incommodes au public ; et, ce qui est le plus grand point, la république aurait de l'argent sans que les citoyens fussent obligés d'en donner ; car je ne répéterai jamais assez que ce qui rend la taille et tous les impôts onéreux au cultivateur est qu'ils sont pécuniaires, et qu'il est premièrement obligé de vendre pour parvenir à payer.

CHAPITRE XII. — Système militaire.

De toutes les dépenses de la république, l'entretien de l'armée de la couronne est la plus considérable, et certainement les services que rend cette armée ne sont pas proportionnés à ce qu'elle coûte. Il faut pourtant, va-t-on dire aussitôt, des troupes pour garder l'état. J'en conviendrais si ces troupes le gardaient en effet ; mais je ne vois pas que cette armée l'ait jamais garanti d'aucune invasion, et j'ai grand'peur qu'elle ne l'en garantisse pas plus dans la suite.

La Pologne est environnée de puissances belliqueuses qui ont continuellement sur pied de nombreuses troupes parfaitement disciplinées, auxquelles, avec les plus grands efforts, elle n'en pourra jamais opposer de pareilles sans s'épuiser en très peu de temps, surtout dans l'état déplorable où celles qui la désolent vont la laisser. D'ailleurs on ne la laisserait pas faire ; et si, avec les ressources de la plus vigoureuse administration, elle voulait mettre son armée sur un pied respectable, ses voisins, attentifs à la prévenir, l'écraseraient bien vite avant qu'elle pût exécuter son projet. Non, si elle ne veut que les imiter, elle ne leur résistera jamais.

La nation polonaise est différente, de naturel, de gouvernement, de mœurs, de langage, non-seulement de celles qui l'avoisinent, mais de tout le reste de l'Europe. Je voudrais qu'elle en différât encore dans sa constitution militaire, dans sa tactique, dans sa discipline, qu'elle fût toujours elle et non pas une autre. C'est alors seulement qu'elle sera tout ce qu'elle peut être, et qu'elle tirera de son sein toutes les ressources qu'elle peut avoir. La plus inviolable loi de la nature est la loi du plus fort. Il n'y a point de législation, point de constitution qui puisse exempter de cette loi. Chercher les moyens de vous garantir des invasions d'un voisin plus fort que vous, c'est chercher une chimère. C'en serait une encore plus grande de vouloir faire des conquêtes et vous donner une force offensive; elle est incompatible avec la force de votre gouvernement. Quiconque veut être libre ne doit pas vouloir être conquérant. Les Romains le furent par nécessité, et, pour ainsi dire, malgré eux-mêmes. La guerre était un remède nécessaire au vice de leur constitution. Toujours attaqués et toujours vainqueurs, ils étaient le seul peuple discipliné parmi les barbares, et devinrent les maîtres du monde en se défendant toujours. Votre position est si différente que vous ne sauriez même vous défendre contre qui vous attaquera. Vous n'aurez jamais la force offensive; de longtemps vous n'aurez la défensive; mais vous aurez bientôt, ou pour mieux dire vous avez déjà la force conservatrice, qui, même subjugués, vous garantira de la destruction, et conservera votre gouvernement et votre liberté dans son seul et vrai sanctuaire, qui est le cœur des Polonais.

Les troupes réglées, peste et dépopulation de l'Europe, ne sont bonnes qu'à deux fins; ou pour attaquer et conquérir les voisins, ou pour enchaîner et asservir les citoyens. Ces deux fins vous sont également étrangères: renoncez donc au moyen par lequel on y parvient. L'état ne doit pas rester sans défenseurs, je le sais; mais ses vrais défenseurs sont ses membres. Tout citoyen doit être soldat par devoir, nul ne doit l'être par métier. Tel fut le système militaire des Romains; tel est aujourd'hui celui des Suisses; tel doit être celui de tout état libre, et surtout de la Pologne. Hors d'état de solder une armée suffisante pour la défendre, il faut qu'elle trouve au besoin cette armée dans ses habitants. Une bonne milice, une véritable milice bien exercée, est seule capable de remplir cet objet. Cette milice coûtera peu de chose à la république, sera toujours prête à la servir, et la servira bien, parce qu'enfin l'on défend toujours mieux son propre bien que celui d'autrui.

Monsieur le comte de Wielhorski propose de lever un régiment par palatinat, et de l'entretenir toujours sur pied. Ceci suppose qu'on licencierait l'armée de la couronne, ou du moins l'infanterie; car je crois que l'entretien de ces trente-trois régiments surchargerait trop la république si elle avait outre cela l'armée de la couronne à payer. Ce changement aurait son utilité, et me paraît facile à faire; mais il peut devenir onéreux encore, et l'on préviendra difficilement les abus. Je ne serais pas d'avis d'éparpiller les soldats pour maintenir l'ordre dans les bourgs et villages; cela serait pour eux une mauvaise discipline. Les soldats, surtout ceux qui sont tels par métier, ne doivent jamais être livrés seuls à leur propre conduite, et bien moins chargés de quelque inspection sur les citoyens. Ils doivent toujours marcher et séjourner en corps: toujours surbordonnés et surveillés, ils ne doivent être que des instruments aveugles dans les mains de leurs officiers. De quelque petite inspection qu'on les chargeât, il en résulterait des violences, des vexations, des abus sans nombre: les soldats et les habitants deviendraient ennemis les uns des autres. C'est un malheur attaché partout aux troupes réglées: ces régiments toujours subsistants en prendraient l'esprit, et jamais cet esprit n'est favorable à la liberté. La république romaine fut détruite par ses légions quand l'éloignement de ses conquêtes la força d'en avoir toujours sur pied. Encore une fois, les Polonais ne doivent point jeter les yeux autour d'eux pour imiter ce qui s'y fait même de bien. Ce bien, relatif à des constitutions toutes différentes, serait un mal dans la leur. Ils doivent rechercher uniquement ce qui leur est convenable, et non pas ce que d'autres font.

Pourquoi donc, au lieu des troupes réglées, cent fois plus onéreuses qu'utiles à tout peuple qui n'a pas l'esprit de conquêtes, n'établirait-on pas en Pologne une véritable milice exactement comme elle est établie en Suisse, où tout habitant est soldat, mais seulement quand il faut l'être. La servitude établie en Pologne ne permet pas, je l'avoue, qu'on arme sitôt les paysans : les armes dans des mains serviles seront toujours plus dangereuses qu'utiles à l'état ; mais, en attendant que l'heureux moment de les affranchir soit venu, la Pologne fourmille de villes, et leurs habitants enrégimentés pourraient fournir au besoin des troupes nombreuses dont, hors le temps de ce même besoin, l'entretien ne coûterait rien à l'état. La plupart de ces habitants, n'ayant point de terres, payeraient ainsi leur contingent en service, et ce service pourrait aisément être distribué de manière à ne leur être point onéreux, quoiqu'ils fussent suffisamment exercés.

En Suisse, tout particulier qui se marie est obligé d'être fourni d'un uniforme, qui devient son habit de fête, d'un fusil de calibre, et de tout l'équipage d'un fantassin ; et il est inscrit dans la compagnie de son quartier. Durant l'été, les dimanches et les jours de fêtes, on exerce ces milices selon l'ordre de leurs rôles, d'abord par petites escouades, ensuite par compagnies, puis par régiments, jusqu'à ce que leur tour étant venu, ils se rassemblent en campagne, et forment successivement de petits camps, dans lesquels on les exerce à toutes les manœuvres qui conviennent à l'infanterie. Tant qu'ils ne sortent pas du lieu de leur demeure, peu ou point détournés de leurs travaux, ils n'ont aucune paye ; mais sitôt qu'ils marchent en campagne, ils ont le pain de munition et sont à la solde de l'état ; et il n'est permis à personne d'envoyer un autre homme à sa place, afin que chacun soit exercé lui-même et que tous fassent le service. Dans un état tel que la Pologne, on peut tirer de ses vastes provinces de quoi remplacer aisément l'armée de la couronne par un nombre suffisant de milice toujours sur pied, mais qui, changeant au moins tous les ans, et prise par petits détachements sur tous les corps, serait peu onéreuse aux particuliers, dont le tour viendrait à peine de douze à quinze ans une fois. De cette manière, toute la nation serait exercée ; on aurait une belle et nombreuse armée toujours prête au besoin, et qui coûterait beaucoup moins, surtout en temps de paix, que ne coûte aujourd'hui l'armée de la couronne.

Mais, pour bien réussir dans cette opération, il faudrait commencer par changer sur ce point l'opinion publique sur un état qui change en effet du tout au tout, et faire qu'on ne regardât plus en Pologne un soldat comme un bandit qui, pour vivre, se vend à cinq sous par jour, mais comme un citoyen qui sert la patrie et qui est à son devoir. Il faut remettre cet état dans le même honneur où il était jadis, où il est encore en Suisse et à Genève, où les meilleurs bourgeois sont aussi fiers à leur corps et sous les armes qu'à l'hôtel de ville et au conseil souverain. Pour cela, il importe que dans le choix des officiers on n'ait aucun égard au rang, au crédit et à la fortune, mais uniquement à l'expérience et aux talents. Rien n'est plus aisé que de jeter sur le bon maniement des armes un point d'honneur qui fait que chacun s'exerce avec zèle pour le service de la patrie aux yeux de sa famille et des siens : zèle qui ne peut s'allumer de même chez de la canaille enrôlée au hasard, et qui ne sent que la peine de s'exercer. J'ai vu le temps qu'à Genève les bourgeois manœuvraient beaucoup mieux que des troupes réglées ; mais les magistrats, trouvant que cela jetait dans la bourgeoisie un esprit militaire qui n'allait pas à leurs vues, ont pris peine à étouffer cette émulation, et n'ont que trop bien réussi.

Dans l'exécution de ce projet, on pourrait, sans aucun danger, rendre au roi l'autorité militaire naturellement attachée à sa place; car il n'est pas concevable que la nation puisse être employée à s'opprimer elle-même, du moins quand tous ceux qui la composent auront part à la liberté. Ce n'est jamais qu'avec des troupes réglées et toujours subsistantes que la puissance exécutive peut asservir l'état. Les grandes armées romaines furent sans abus tant qu'elles changèrent à chaque consul; et, jusqu'à Marius, il ne vint pas même à l'esprit d'aucun d'eux qu'ils en pussent tirer aucun moyen d'asservir la république. Ce ne fut que quand le grand éloignement des conquêtes força les Romains de tenir longtemps sur pied les mêmes armées, de les recruter de gens sans aveu, et d'en perpétuer le commandement à des proconsuls, que ceux-ci commencèrent à sentir leur indépendance et à vouloir s'en servir pour établir leur pouvoir. Les armées de Sylla, de Pompée et de César, devinrent de véritables troupes réglées, qui substituèrent l'esprit du gouvernement militaire à celui du républicain; et cela est si vrai, que les soldats de César se tinrent très offensés quand, dans un mécontentement réciproque, il les traita de citoyens, *quirites* (1). Dans le plan que j'imagine et que j'achèverai bientôt de tracer, toute la Pologne deviendra guerrière, autant pour défense de sa liberté contre les entreprises du prince que contre celles de ses voisins; et j'oserai dire que, ce projet une fois bien exécuté, l'on pourrait supprimer la charge de grand-maréchal et la réunir à la couronne, sans qu'il en résultât le moindre danger pour la liberté, à moins que la nation ne se laissât leurrer par des projets de conquêtes, auquel cas je ne répondrais plus de rien. Quiconque veut ôter aux autres leur liberté finit presque toujours par perdre la sienne : cela est vrai même pour les rois, et bien plus vrai surtout pour les peuples.

Pourquoi l'ordre équestre, en qui réside véritablement la république, ne suivrait-il pas lui-même un plan pareil à celui que je propose pour l'infanterie? Établissez dans tous les palatinats des corps de cavalerie où toute la noblesse soit inscrite, et qui ait ses officiers, son état-major, ses étendards, ses quartiers assignés en cas d'alarme, ses temps marqués pour s'y rassembler tous les ans; que cette brave noblesse s'exerce à escadronner, à faire toutes sortes de mouvements, d'évolutions, à mettre de l'ordre et de la précision dans toutes ses manœuvres, à connaître la subordination militaire. Je ne voudrais point qu'elle imitât servilement la tactique des autres nations. Je voudrais qu'elle s'en fît une qui lui fût propre, qui développât et perfectionnât ses dispositions naturelles et nationales; qu'elle s'exerçât surtout à la vitesse et à la légèreté, à se rompre, s'éparpiller et se rassembler sans peine et sans confusion; qu'elle excellât dans ce qu'on appelle la petite guerre, dans toutes les manœuvres qui conviennent à des troupes légères, dans l'art d'inonder un pays comme un torrent, d'atteindre partout, et de n'être jamais atteinte, d'agir toujours de concert quoique séparée, de couper les communications, d'intercepter les convois, de charger des arrières-gardes, d'enlever des gardes avancées, de surprendre des détachements, de harceler de grands corps qui marchent et campent réunis; qu'elle prît la manière des anciens Parthes comme elle en a la valeur, et qu'elle apprît comme eux à vaincre et détruire les armées les mieux disciplinées sans jamais livrer de bataille et sans leur laisser le moment de respirer. En un mot, ayez de l'infanterie puisqu'il en faut, mais ne comptez que sur votre cavalerie, et n'oubliez rien pour inventer un système qui mette tout le sort de la guerre entre ses mains.

(1) Voyez Suétone (*in Jul. Cæs.*, cap. 70), et Tacite (*Annal.*, I, 42.). *Quirites* était le nom qu'on donnait au peuple romain assemblé dans Rome en temps de paix; et c'est en cela qu'il blesse les soldats de César.

C'est un mauvais conseil pour un peuple libre que celui d'avoir des places fortes : elles ne conviennent point au génie polonais, et partout elles deviennent tôt ou tard des nids à tyrans (1). Les places que vous croirez fortifier contre les Russes, vous les fortifierez infailliblement pour eux; elles deviendront pour vous des entraves dont vous ne vous délivrerez plus. Négligez même les avantages des postes, et ne vous ruinez pas en artillerie : ce n'est pas tout cela qu'il vous faut. Une invasion brusque est un grand malheur, sans doute; mais des chaînes permanentes en sont un beaucoup plus grand. Vous ne ferez jamais en sorte qu'il soit difficile à vos voisins d'entrer chez vous; mais vous pouvez faire en sorte qu'il soit difficile d'en sortir impunément, et c'est à quoi vous devez mettre tous vos soins. Antoine et Crassus entrèrent aisément, mais pour leur malheur, chez les Parthes. Un pays aussi vaste que le vôtre offre toujours à ses habitants des refuges et de grandes ressources pour échapper à ses agresseurs. Tout l'art humain ne saurait empêcher l'action brusque du fort contre le faible; mais il peut se ménager des ressorts pour la réaction; et quand l'expérience apprendra que la sortie de chez vous est si difficile, on deviendra moins pressé d'y entrer. Laissez donc votre pays tout ouvert comme Sparte, mais bâtissez-vous comme elle de bonnes citadelles dans les cœurs des citoyens; et comme Thémistocle emmenait Athènes sur sa flotte, emportez au besoin vos villes sur vos chevaux. L'esprit d'imitation produit peu de bonnes choses et ne produit jamais rien de grand. Chaque pays a des avantages qui lui sont propres, et que l'institution doit étendre et favoriser. Ménagez, cultivez ceux de la Pologne, elle aura peu d'autres nations à envier.

Une seule chose suffit pour la rendre impossible à subjuguer : l'amour de la patrie et de la liberté animé par les vertus qui en sont inséparables. Vous venez d'en donner un exemple mémorable à jamais. Tant que cet amour brûlera dans les cœurs, il ne vous garantira pas peut-être d'un joug passager; mais tôt ou tard il fera son explosion, secouera le joug et vous rendra libres. Travaillez donc sans relâche, sans cesse, à porter le patriotisme au plus haut degré dans tous les cœurs polonais. J'ai ci-devant indiqué quelques-uns des moyens propres à cet effet : il me reste à développer ici celui que je crois être le plus fort, le plus puissant, et même infaillible dans son succès, s'il est bien exécuté : c'est de faire en sorte que tous les citoyens se sentent incessamment sous les yeux du public; que nul n'avance et ne parvienne que par la faveur publique; qu'aucun poste, aucun emploi ne soit rempli que par le vœu de la nation; et qu'enfin depuis le dernier noble, depuis le dernier manant jusqu'au roi, s'il est possible, tous dépendent tellement de l'estime publique, qu'on ne puisse rien faire, rien acquérir, parvenir à rien sans elle. De l'effervescence excitée par cette commune émulation naîtra cette ivresse patriotique qui seule sait élever les hommes au-dessus d'eux-mêmes, et sans laquelle la liberté n'est qu'un vain nom et la législation qu'une chimère.

Dans l'ordre équestre, ce système est facile à établir, si l'on a soin d'y suivre partout une marche graduelle, et de n'admettre personne aux honneurs et dignités de l'état qu'il n'ait préalablement passé par les grades inférieurs, lesquels serviront d'entrée et d'épreuve pour arriver à une plus grande élévation. Puisque l'égalité parmi la noblesse est une loi fondamentale de la Pologne, la carrière des affaires publiques y doit toujours commencer par les emplois subalternes; c'est l'esprit de la constitution. Ils doivent être ouverts à tout citoyen que son zèle porte à s'y présenter, et qui croit se sentir en état de les remplir avec succès : mais ils doivent être le premier pas indispensable à quiconque, grand ou petit, veut avancer dans cette carrière. Chacun est libre de ne s'y pas présenter; mais sitôt que quelqu'un y entre, il faut, à moins d'une retraite volontaire, qu'il avance, ou qu'il soit rebuté avec improbation. Il faut que, dans toute sa conduite, vu et jugé par ses concitoyens, il sache que tous ses pas sont suivis, que toutes ses actions sont pesées, et qu'on tient du bien et du mal un compte dont l'influence s'étendra sur tout le reste de sa vie.

CHAPITRE XIII. — Projet pour assujettir à une marche graduelle tous les membres du gouvernement.

Voici, pour graduer cette marche, un projet que j'ai tâché d'adapter aussi bien qu'il était possible à la forme du gouvernement établi, réformé seulement quant à la nomination des sénateurs, de la manière et par les raisons ci-devant déduites.

Tous les membres actifs de la république, j'entends ceux qui auront part à l'administration, seront partagés en trois classes, marquées par autant de signes distinctifs que ceux qui composeront ces classes porteront sur leurs personnes. Les ordres de chevalerie, qui jadis étaient des preuves de vertu, ne sont maintenant que des signes de la faveur des rois. Les rubans et bijoux qui en sont la marque ont un air de colifichet et de parure féminine qu'il faut éviter dans notre institution. Je voudrais que les marques des trois ordres que je propose fussent des plaques de divers métaux, dont le prix matériel serait en raison inverse du grade de ceux qui les porteraient.

Le premier pas dans les affaires publiques sera précédé d'une épreuve pour la jeunesse, dans les places d'avocats, d'assesseurs, de juges même dans les tribunaux subalternes, de régisseurs de quelque portion des deniers publics, et en général dans tous les postes inférieurs qui donnent à ceux qui les remplissent occasion de montrer leur mérite, leur capacité, leur exactitude, et surtout leur intégrité. Cet état d'épreuve doit durer au moins trois ans, au bout desquels, munis des certificats de leurs supérieurs et du témoignage de la voix publique, ils se présenteront à la diétine de leur province, où, après un examen sévère de leur conduite, on honorera ceux qui en seront jugés dignes d'une plaque d'or portant leur nom, celui de leur province, la date de leur réception, et au-dessous cette inscription en plus gros caractères : *Spes patriæ*. Ceux qui auront reçu cette plaque la porteront toujours attachée à leur bras droit ou sur leur cœur ; ils prendront le titre de *servants d'état ;* et jamais dans l'ordre équestre il n'y aura que des servants d'état qui puissent être élus nonces à la diète, députés au tribunal, commissaires à la chambre des comptes, ni chargés d'aucune fonction publique qui appartienne à la souveraineté.

Pour arriver au second grade, il sera nécessaire d'avoir été trois fois nonce à la diète, et d'avoir obtenu chaque fois aux diétines de relation l'approbation de ses constituants, et nul ne pourra être élu nonce une seconde ou troisième fois s'il n'est muni de cet acte pour sa précédente nonciature. Le service au tribunal ou à Radom en qualité de commissaire ou de député équivaudra à une nonciature (1); et il suffira d'avoir siégé trois fois dans ces assemblées indifféremment, mais toujours avec approbation, pour arriver de droit au second grade. En sorte que, sur les trois certificats présentés à la diète, le servant d'état qui les aura obtenus sera honoré de la seconde plaque et du titre dont elle est la marque.

Cette plaque sera d'argent, de même forme et grandeur que la précédente; elle portera les mêmes inscriptions, excepté qu'au lieu des deux mots *Spes*

---

(1) C'est à Radom, dans la Petite-Pologne, que siégeait la *Commission du trésor*, composée de membres choisis par la diète dans l'ordre équestre, et seulement élus pour deux ans. Les fonctions de ce tribunal étaient d'examiner les comptes du grand-trésorier, ceux des préposés à la régie des douanes, et de juger toutes les affaires de finances.

Il y avait de plus deux *Grands-Tribunaux*, l'un pour la Pologne, l'autre pour la Lithuanie, chargés de juger en dernière instance toutes les causes civiles et criminelles. Chacun d'eux se composait de huit députés ecclésiastiques nommés par les chapitres, et de dix-neuf députés laïques nommés par les diétines. Leurs fonctions duraient encore deux ans.

patriæ, on y gravera ces deux-ci : *Civis electus*. Ceux qui porteront ces plaques seront appelés *citoyens de choix*, ou simplement *élus*, et ne pourront plus être simples nonces, députés au tribunal, ni commissaires à la chambre; mais ils seront autant de candidats pour les places de sénateurs. Nul ne pourra entrer au sénat qu'il n'ait passé par ce second grade, qu'il n'en ait porté la marque; et tous les sénateurs députés, qui, selon le projet, en seront immédiatement tirés, continueront de la porter jusqu'à ce qu'ils parviennent au troisième grade.

C'est parmi ceux qui auront atteint le second que je voudrais choisir les principaux des colléges et inspecteurs de l'éducation des enfants. Ils pourraient être obligés de remplir un certain temps cet emploi avant que d'être admis au sénat, et seraient tenus de présenter à la diète, l'approbation du collége des administrateurs de l'éducation : sans oublier que cette approbation, comme toutes les autres, doit toujours être visée par la voix publique, qu'on a mille moyens de consulter.

L'élection des sénateurs députés se fera dans la chambre des nonces à chaque diète ordinaire, en sorte qu'ils ne resteront que deux ans en place; mais ils pourront être continués ou élus derechef deux autres fois, pourvu que chaque fois, en sortant de place, ils aient préalablement obtenu de la même chambre un acte d'approbation semblable à celui qu'il est nécessaire d'obtenir des diétines pour être élu nonce une seconde et troisième fois ; car, sans un acte pareil obtenu à chaque gestion, l'on ne parviendra plus à rien; et l'on n'aura, pour n'être pas exclus du gouvernement, que la ressource de recommencer par les grades inférieurs, ce qui doit être permis pour ne pas ôter à un citoyen zélé, quelque faute qu'il puisse avoir commise, tout espoir de l'effacer et de parvenir. Au reste, on ne doit jamais charger aucun comité particulier d'expédier ou refuser ces certificats ou approbations; il faut toujours que ces jugements soient portés par toute la chambre, ce qui se fera sans embarras ni perte de temps, si l'on suit, pour le jugement des sénateurs députés sortant de place, la même méthode des cartons que j'ai proposée pour leur élection.

On dira peut-être ici que tous ces actes d'approbation, donnés d'abord par des corps particuliers, ensuite par les diétines, et enfin par la diète, seront moins accordés au mérite, à la justice et à la vérité, qu'extorqués par la brigue et le crédit. A cela je n'ai qu'une chose à répondre. J'ai cru parler à un peuple qui, sans être exempt de vices, avait encore du ressort et des vertus; et, cela supposé, mon projet est bon. Mais si déjà la Pologne en est à ce point que tout y soit vénal et corrompu jusqu'à la racine, c'est en vain qu'elle cherche à réformer ses lois et à conserver sa liberté; il faut qu'elle y renonce et qu'elle plie sa tête au joug. Mais revenons.

Tout sénateur député, qui l'aura été trois fois avec approbation, passera de droit au troisième grade le plus élevé dans l'état, et la marque lui en sera conférée par le roi sur la nomination de la diète. Cette marque sera une plaque d'acier bleu semblable aux précédentes, et portera cette inscription : *Custos legum*. Ceux qui l'auront reçue la porteront tout le reste de leur vie, à quelque poste éminent qu'ils parviennent, et même sur le trône quand il leur arrivera d'y monter.

Les palatins et grands castellans ne pourront être tirés que du corps des gardiens des lois, de la même manière que ceux-ci l'ont été des citoyens élus, c'est-à-dire par le choix de la diète; et comme ces palatins occupent les postes les plus éminents de la république, et qu'ils les occupent à vie, afin que leur émulation ne s'endorme pas dans les places où ils ne voient plus que le trône au-dessus d'eux, l'accès leur en sera ouvert, mais de manière à n'y pouvoir arriver encore que par la voix publique et à force de vertu.

Remarquons, avant que d'aller plus loin, que la carrière que je donne à parcourir aux citoyens pour arriver graduellement à la tête de la république, paraît assez bien proportionnée aux mesures de la vie humaine pour que ceux qui tiennent les rênes du gouvernement, ayant passé la fougue de la jeunesse, puissent néanmoins être encore dans la vigueur de l'âge, et qu'après quinze ou vingt ans d'épreuve continuellement sous les yeux du public, il leur reste encore un assez grand nombre d'années à faire jouir la patrie de leurs talents, de leur expérience et de leurs vertus, et à jouir eux-mêmes, dans les premières places de l'état, du respect et des honneurs qu'ils auront si bien mérités. En supposant qu'un homme commence à vingt ans d'entrer dans les affaires, il est possible qu'à trente-cinq il soit déjà palatin; mais comme il est bien difficile et qu'il n'est pas même à propos que cette marche graduelle se fasse si rapidement, on n'arrivera guère à ce poste éminent avant la quarantaine; et c'est l'âge, à mon avis, le plus convenable pour réunir toutes les qualités qu'on doit rechercher dans un homme d'état. Ajoutons ici que cette marche paraît appropriée, autant qu'il est possible, aux besoins du gouvernement. Dans le calcul des probabilités, j'estime qu'on aura tous les deux ans au moins cinquante nouveaux citoyens élus et vingt gardiens des lois; nombres plus que suffisants pour recruter les deux parties du sénat auxquelles mènent respectivement ces deux grades. Car on voit aisément que, quoique le premier rang du sénat soit le plus nombreux, étant à vie, il aura moins souvent des places à remplir que le second, qui, dans mon projet, se renouvelle à chaque diète ordinaire.

On a déjà vu, et l'on verra bientôt encore, que je ne laisse pas oisifs les *élus* surnuméraires en attendant qu'ils entrent au sénat comme députés : pour ne pas laisser oisifs non plus les gardiens des lois, en attendant qu'ils y rentrent comme palatins ou castellans, c'est de leur corps que je formerais le collége des administrateurs de l'éducation dont j'ai parlé ci-devant. On pourrait donner pour président à ce collége le primat ou un autre évêque, en statuant au surplus qu'aucun autre ecclésiastique, fût-il évêque et sénateur, ne pourrait y être admis.

Voilà, ce me semble, une marche assez bien graduée pour la partie essentielle et intermédiaire du tout, savoir la noblesse et les magistrats; mais il nous manque encore les deux extrêmes, savoir le peuple et le roi. Commençons par le premier, jusqu'ici compté pour rien, mais qu'il importe enfin de compter pour quelque chose, si l'on veut donner une certaine force, une certaine consistance à la Pologne. Rien de plus délicat que l'opération dont il s'agit; car enfin, bien que chacun sente quel grand mal c'est pour la république que la nation soit en quelque façon renfermée dans l'ordre équestre, et que tout le reste, paysans et bourgeois, soit nul, tant dans le gouvernement que dans la législation, telle est l'antique constitution. Il ne serait ni prudent ni possible de la changer tout d'un coup; mais il peut l'être d'amener par degrés ce changement, de faire, sans révolution sensible, que la partie la plus nombreuse de la nation s'attache d'affection à la patrie et même au gouvernement. Cela s'obtiendra par deux moyens : le premier, une exacte observation de la justice, en sorte que le serf et le roturier, n'ayant jamais à craindre d'être injustement vexés par le noble, se guérissent de l'aversion qu'ils doivent naturellement avoir pour lui. Ceci demande une grande réforme dans les tribunaux, et un soin particulier pour la formation du corps des avocats.

Le second moyen, sans lequel le premier n'est rien, est d'ouvrir une porte aux serfs pour acquérir la liberté, et aux bourgeois pour acquérir la noblesse. Quand la chose dans le fait ne serait pas praticable, il faudrait au moins qu'on la vît telle en possibilité; mais on peut faire plus, ce me semble, et cela sans courir aucun risque. Voici, par exemple, un moyen qui me paraît mener de cette manière au but proposé.

Tous les deux ans, dans l'intervalle d'une diète à l'autre, on choisirait dans chaque province un temps et un lieu convenables, où les *élus* de la même province qui ne seraient pas encore sénateurs députés s'assembleraient, sous la présidence d'un *custos legum* qui ne serait pas encore sénateur à vie, dans un comité censorial ou de bienfaisance, auquel on inviterait, non tous les curés, mais seulement ceux qu'on jugerait les plus dignes de cet honneur. Je crois même que cette préférence, formant un jugement tacite aux yeux du peuple, pourrait jeter aussi quelque émulation parmi les curés de village, et en garantir un grand nombre des mœurs crapuleuses auxquelles ils ne sont que trop sujets.

Dans cette assemblée, où l'on pourrait encore appeler des vieillards et notables de tous les états, on s'occuperait à l'examen des projets d'établissements utiles pour la province, on entendrait les rapports des curés sur l'état de leurs paroisses et des paroisses voisines, celui des notables sur l'état de la culture, sur celui des familles de leur canton; on vérifierait soigneusement ces rapports; chaque membre du comité y ajouterait ses propres observations, et l'on tiendrait de tout cela un fidèle registre, dont on tirerait des mémoires succincts pour les diétines.

On examinerait en détail les besoins des familles surchargées, des infirmes, des veuves, des orphelins, et l'on y pourvoirait proportionnellement sur un fonds formé par les contributions gratuites des aisés de la province. Ces contributions seraient d'autant moins onéreuses qu'elles deviendraient le seul tribut de charité, attendu qu'on ne doit souffrir dans toute la Pologne ni mendiants ni hôpitaux. Les prêtres, sans doute, crieront beaucoup pour la conservation des hôpitaux, et ces cris ne sont qu'une raison de plus pour les détruire.

Dans ce même comité, qui ne s'occuperait jamais de punitions ni de réprimandes, mais seulement de bienfaits, de louanges et d'encouragements, on ferait, sur de bonnes informations, des listes exactes des particuliers de tous états dont la conduite serait digne d'honneur et de récompense (1). Ces listes seraient envoyées au sénat et au roi pour y avoir égard dans l'occasion, et placer toujours bien leur choix et leurs préférences; et c'est sur les indications des mêmes assemblées que seraient données, dans les colléges, par les administrateurs de l'éducation, les places gratuites dont j'ai parlé ci-devant.

Mais la principale et plus importante occupation de ce comité serait de dresser, sur de fidèles mémoires, et sur le rapport de la voix publique bien vérifié, un rôle des paysans qui se distingueraient par une bonne conduite, une bonne culture, de bonnes mœurs, par le soin de leur famille, par tous les devoirs de leur état bien remplis. Ce rôle serait ensuite présenté à la diétine, qui y choisirait un nombre fixé par la loi pour être affranchi, et qui pourvoirait, par des moyens convenus, au dédommagement des patrons, en les faisant jouir d'exemptions, de prérogatives, d'avantages enfin proportionnés au nombre de leurs paysans qui auraient été trouvés dignes de la liberté : car il faudrait absolument faire en sorte qu'au lieu d'être onéreux au maître, l'affranchissement du serf lui devînt honorable et avantageux; bien entendu que, pour éviter l'abus, ces affranchissements ne se feraient point par les maîtres, mais dans les diétines, par jugement, et seulement jusqu'au nombre fixé par la loi.

Quand on aurait affranchi successivement un certain nombre de familles

(1) Il faut, dans ces estimations, avoir beaucoup plus d'égard aux personnes qu'à quelques actions isolées. Le vrai bien se fait avec peu d'éclat. C'est par une conduite uniforme et soutenue, par des vertus privées et domestiques, par tous les devoirs de son état bien remplis, par des actions enfin qui découlent de son caractère et de ses principes, qu'un homme peut mériter des honneurs, plutôt que par quelques grands coups de théâtre qui trouvent déjà leur récompense dans l'admiration publique. L'ostentation philosophique aime beaucoup les actions d'éclat; mais tel, avec cinq ou six actions de cette espèce, bien brillantes, bien bruyantes bien prônées, n'a pour but que de donner le change sur son compte, et d'être toute sa vie injuste et dur impunément. « Donnez-nous la monnaie des grandes actions. » Ce mot de femme est un mot très judicieux.

CHAPITRE XIII.

dans un canton, l'on pourrait affranchir des villages entiers, y former peu à peu des communes, leur assigner quelques biens-fonds, quelques terres communales comme en Suisse, y établir des officiers communaux; et lorsqu'on aurait amené par degrés les choses jusqu'à pouvoir, sans révolution sensible, achever l'opération en grand, leur rendre enfin le droit, que leur donna le nature, de participer à l'administration de leur pays en envoyant des députés aux diétines.

Tout cela fait, on armerait tous ces paysans devenus hommes libres et citoyens, on les enrégimenterait, on les exercerait, et l'on finirait par avoir une milice vraiment excellente, plus que suffisante pour la défense de l'état.

On pourrait suivre une méthode semblable pour l'anoblissement d'un certain nombre de bourgeois, et même, sans les anoblir, leur destiner certains postes brillants qu'ils rempliraient seuls à l'exclusion des nobles, et cela à l'indication des Vénitiens, si jaloux de leur noblesse, qui néanmoins, outre d'autres emplois subalternes, donnent toujours à un citadin la seconde place de l'état, savoir celle de grand chancelier, sans qu'aucun patricien puisse jamais y prétendre. De cette manière, ouvrant à la bourgeoisie la porte de la noblesse et des honneurs, on l'attacherait d'affection à la patrie et au maintien de la constitution. On pourrait encore, sans anoblir les individus, anoblir collectivement certaines villes, en préférant celles où fleuriraient davantage le commerce, l'industrie et les arts, et où, par conséquent, l'administration municipale serait la meilleure. Ces villes anoblies pourraient, à l'instar des villes impériales, envoyer des nonces à la diète; et leur exemple ne manquerait pas d'exciter dans toutes les autres un vif désir d'obtenir le même honneur.

Les comités censoriaux, chargés de ce département de bienfaisance, qui jamais, à la honte des rois et des peuples, n'a encore existé nulle part, seraient, quoique sans élection, composés de la manière la plus propre à remplir leurs fonctions avec zèle et intégrité, attendu que leurs membres, aspirant aux places sénatoriales où mènent leurs grades respectifs, porteraient une grande attention à mériter par l'approbation publique les suffrages de la diète, et ce serait une occupation suffisante pour tenir ces aspirants en haleine et sous les yeux du public dans les intervalles qui pourraient séparer leurs élections successives. Remarquez que cela se ferait cependant sans les tirer, pour ces intervalles, de l'état de simples citoyens gradués, puisque cette espèce de tribunal, si utile et si respectable, n'ayant jamais que du bien à faire, ne serait revêtu d'aucune puissance coactive : ainsi je ne multiplie point ici les magistratures; mais je me sers, chemin faisant, du passage de l'une à l'autre pour tirer parti de ceux qui les doivent remplir.

Sur ce plan, gradué dans son exécution par une marche successive, qu'on pourrait précipiter, ralentir, ou même arrêter selon son bon ou mauvais succès, on n'avancerait qu'à volonté, guidé par l'expérience; on allumerait dans tous les états inférieurs un zèle ardent pour contribuer au bien public; on parviendrait enfin à vivifier toutes les parties de la Pologne, et à les lier de manière à ne faire plus qu'un même corps, dont la vigueur et les forces seraient au moins décuplées de ce qu'elles peuvent être aujourd'hui, et cela avec l'avantage inestimable d'avoir évité tout changement vif et brusque, et le danger des révolutions.

Vous avez une belle occasion de commencer cette opération d'une manière éclatante et noble, qui doit faire le plus grand effet. Il n'est pas possible que, dans les malheurs que vient d'essuyer la Pologne, les confédérés n'aient reçu des assistances et des marques d'attachement de quelques bourgeois, et même de quelques paysans. Imitez la magnanimité des Romains, si soigneux, après les grandes calamités de leur république, de combler des témoignages de leur gratitude les étrangers, les sujets, les esclaves, et même jusqu'aux animaux, qui durant leurs disgrâces leur avaient rendu quelques services signalés. Oh! e beau début, à mon gré, que de donner solennellement la noblesse à ces bourgeois et la franchise à ces paysans, et cela avec toute la pompe et tout l'appareil qui peuvent rendre cette cérémonie auguste, touchante et mémorable! Et ne vous en tenez pas à ce début. Ces hommes ainsi distingués doivent demeurer toujours les enfants de choix de la patrie. Il faut veiller sur eux, les protéger, les aider, les soutenir, fussent-ils même de mauvais sujets. Il faut à tout prix les faire prospérer toute leur vie, afin que, par cet exemple mis sous les yeux du public, la Pologne montre à l'Europe ce que doit attendre d'elle dans ses succès quiconque osa l'assister dans sa détresse.

Voilà quelque idée grossière, et seulement par forme d'exemple, de la manière dont on peut procéder pour que chacun voie devant lui la route libre pour arriver à tout; que tout tende graduellement, en bien servant la patrie, aux rangs les plus honorables, et que la vertu puisse ouvrir toutes les portes que la fortune se plaît à fermer.

Mais tout n'est pas fait encore, et la partie de ce projet qui me reste à exposer est sans contredit la plus embarrassante et la plus difficile; elle offre à surmonter des obstacles contre lesquels la prudence et l'expérience des politiques les plus consommés ont toujours échoué. Cependant il me semble qu'en supposant mon projet adopté, avec le moyen très simple que j'ai à proposer, toutes les difficultés sont levées, tous les abus sont prévenus, et ce qui semblait faire un nouvel obstacle se tourne en avantage dans l'exécution.

CHAPITRE XIV. — Election des rois.

Toutes ces difficultés se réduisent à celle de donner à l'état un chef dont le choix ne cause pas des troubles, et qui n'attente pas à la liberté. Ce qui augmente la même difficulté est que ce chef doit être doué des grandes qualités nécessaires à quiconque ose gouverner des hommes libres. L'hérédité de la couronne prévient les troubles, mais elle amène la servitude; l'élection maintient la liberté, mais à chaque règne elle ébranle l'état. Cette alternative est fâcheuse; mais avant de parler des moyens de l'éviter, qu'on me permette un moment de réflexion sur la manière dont les Polonais disposent ordinairement de leur couronne.

D'abord, je le demande, pourquoi faut-il qu'ils se donnent des rois étrangers? Par quel singulier aveuglement ont-ils pris ainsi le moyen le plus sûr d'asservir leur nation, d'abolir leurs usages, de se rendre le jouet des autres cours, et d'augmenter à plaisir l'orage des interrègnes? Quelle injustice envers eux-mêmes! quel affront fait à leur patrie! comme si, désespérant de trouver dans son sein un homme digne de les commander, ils étaient forcés de l'aller chercher au loin! Comment n'ont-ils pas senti, comment n'ont-ils pas vu que c'était tout le contraire? Ouvrez les annales de votre nation, vous ne la verrez jamais illustre et triomphante que sous des rois polonais; vous la verrez presque toujours opprimée et avilie sous les étrangers. Que l'expérience vienne enfin à l'appui de la raison : voyez quels maux vous vous faites et quels biens vous vous ôtez.

Car, je le demande encore, comment la nation polonaise, ayant tant fait que de rendre sa couronne élective, n'a-t-elle point songé à tirer parti de cette loi pour jeter parmi les membres de l'administration une émulation de zèle et de gloire, qui seule eût plus fait pour le bien de la patrie que toutes les autres lois ensemble? Quel ressort puissant sur des âmes grandes et ambitieuses, que cette couronne destinée au plus digne, et mise en perspective devant les yeux de tout citoyen qui saura mériter l'estime publique! Que de vertus, que de nobles efforts l'espoir d'en acquérir le plus haut prix ne doit-il pas exciter dans la nation! quel ferment de patriotisme dans tous les cœurs, quand on saurait bien que ce n'est que par là qu'on peut obtenir cette place devenue l'objet secret des vœux de tous les particuliers, sitôt qu'à force de mérite et de services il dépendra d'eux de s'en approcher toujours davantage, et, si la fortune les seconde, d'y parvenir enfin tout-à-fait? Cherchons le meilleur moyen de mettre

CHAPITRE XIV.

en jeu ce grand ressort si puissant dans la république, et si négligé jusqu'ici. L'on me dira qu'il ne suffit pas de ne donner la couronne qu'à des Polonais pour lever les difficultés dont il s'agit : c'est ce que nous verrons tout à l'heure, après que j'aurai proposé mon expédient. Cet expédient est simple, mais il paraîtra d'abord manquer le but que je viens de marquer moi-même, quand j'aurai dit qu'il consiste à faire entrer le sort dans l'élection des rois. Je demande en grâce qu'on me laisse le temps de m'expliquer, ou seulement qu'on me relise avec attention.

Car si l'on dit : Comment s'assurer qu'un roi tiré au sort ait les qualités requises pour remplir dignement sa place ? on fait une objection que j'ai déjà résolue, puisqu'il suffit pour cet effet que le roi ne puisse être tiré que des sénateurs à vie; car puisqu'ils seront tirés eux-mêmes de l'ordre des *gardiens des lois*, et qu'ils auront passé avec honneur par tous les grades de la république, l'épreuve de toute leur vie et l'approbation publique dans tous les postes qu'ils auront remplis seront des garants suffisants du mérite et des vertus de chacun d'eux.

Je n'entends pas néanmoins que même entre les sénateurs à vie le sort décide seul de la préférence : ce serait toujours manquer en partie le grand but qu'on doit se proposer. Il faut que le sort fasse quelque chose, et que le choix fasse beaucoup, afin, d'un côté, d'amortir les brigues et les menées des puissances étrangères, et d'engager, de l'autre, tous les palatins par un si grand intérêt à ne point se relâcher dans leur conduite, mais à continuer de servir la patrie avec zèle pour mériter la préférence sur leurs concurrents.

J'avoue que la classe de ces concurrents me paraît bien nombreuse, si l'on y fait entrer les grands castellans, presque égaux en rang aux palatins par la constitution présente; mais je ne vois pas quel inconvénient il y aurait à donner aux seuls palatins l'accès immédiat au trône. Cela ferait dans le même ordre un nouveau grade que les grands castellans auraient encore à passer pour devenir palatins, et par conséquent au moyen de plus pour tenir le sénat dépendant du législateur. On a déjà vu que ces grands castellans me paraissent superflus dans la constitution. Que néanmoins, pour éviter tout grand changement, on laisse leurs places et leur rang au sénat; je l'approuve. Mais, dans la graduation que je propose, rien n'oblige de les mettre au niveau des palatins; et comme rien n'en empêche non plus, on pourra sans inconvénient se décider pour le parti qu'on jugera le meilleur. Je suppose ici que ce parti préféré sera d'ouvrir aux seuls palatins l'accès immédiat au trône.

Aussitôt donc après la mort du roi, c'est-à-dire dans le moindre intervalle qu'il sera possible, et qui sera fixé par la loi, la diète d'élection sera solennellement convoquée; les noms de tous les palatins seront mis en concurrence, et il en sera tiré trois au sort avec toutes les précautions possibles pour qu'aucune fraude n'altère cette opération. Ces trois noms seront à haute voix déclarés à l'assemblée, qui, dans la même séance et à la pluralité des voix, choisira celui qu'elle préfère; et il sera proclamé roi le même jour.

On trouvera dans cette forme d'élection un grand inconvénient, je l'avoue, c'est que la nation ne puisse choisir librement dans le nombre des palatins celui qu'elle honore et chérit davantage, et qu'elle juge le plus digne de la royauté. Mais cet inconvénient n'est pas nouveau en Pologne, où l'on a vu, dans plusieurs élections, que, sans égard pour ceux que la nation favorisait, on l'a forcée de choisir celui qu'elle aurait rebuté; mais pour cet avantage qu'elle n'a plus et qu'elle sacrifie, combien d'autres plus importants elle gagne par cette forme d'élection !

Premièrement, l'action du sort amortit tout d'un coup les factions et brigues des nations étrangères, qui ne peuvent influer sur cette élection, trop incertaines du succès pour y mettre beaucoup d'efforts, vu que la fraude même serait insuffisante en faveur d'un sujet que la nation peut toujours rejeter. La grandeur seule de cet avantage est telle qu'il assure le repos de la

Pologne, étouffe la vénalité dans la république, et laisse à l'élection presque toute la tranquillité de l'hérédité.

Le même avantage a lieu contre les brigues mêmes des candidats : car qui d'entre eux voudra se mettre en frais pour s'assurer une préférence qui ne dépend point des hommes, et sacrifier sa fortune à un événement qui tient à tant de chances contraires pour une favorable? Ajoutons que ceux que le sort a favorisés ne sont plus à temps d'acheter des électeurs, puisque l'élection doit se faire dans la même séance.

Le choix libre de la nation entre trois candidats la préserve des inconvénients du sort, qui, par supposition, tomberait sur un sujet indigne ; car, dans cette supposition, la nation se gardera de le choisir ; et il n'est pas possible qu'entre trente-trois hommes illustres, l'élite de la nation, où l'on ne comprend pas même comment il peut se trouver un seul sujet indigne, ceux que favorisera le sort le soient tous les trois.

Ainsi, et cette observation est d'un grand poids, nous réunissons par cette forme tous les avantages de l'élection à ceux de l'hérédité.

Car premièrement, la couronne ne passant point du père au fils, il n'y aura jamais continuité de système pour l'asservissement de la république. En second lieu, le sort même dans cette forme est l'instrument d'une élection éclairée et volontaire. Dans le corps respectable des gardiens des lois et des palatins qui en sont tirés, il ne peut faire un choix, quel qu'il puisse être, qui n'ait été déjà fait par la nation.

Mais voyez quelle émulation cette perspective doit porter dans le corps des palatins et grands castellans, qui, dans des places à vie, pourraient se relâcher par la certitude qu'on ne peut plus les leur ôter. Ils ne peuvent plus être contenus par la crainte ; mais l'espoir de remplir un trône que chacun d'eux voit si près de lui est un nouvel aiguillon qui les tient sans cesse attentifs sur eux-mêmes. Ils savent que le sort les favoriserait en vain s'ils sont rejetés à l'élection, et que le seul moyen d'être choisis est de le mériter. Cet avantage est trop grand, trop évident, pour qu'il soit nécessaire d'y insister.

Supposons un moment, pour aller au pis, qu'on ne pût éviter la fraude dans l'opération du sort ; et qu'un des concurrents vînt à tromper la vigilance de tous les autres, si intéressés à cette opération. Cette fraude serait un malheur pour les candidats exclus ; mais l'effet pour la république serait le même que si la décision du sort eût été fidèle, car on n'en aurait pas moins l'avantage de l'élection, on n'en préviendrait pas moins les troubles des interrègnes et les dangers de l'hérédité ; le candidat que son ambition séduirait jusqu'à recourir à cette fraude n'en serait pas moins, au surplus, un homme de mérite, capable, au jugement de la nation, de porter la couronne avec honneur ; et enfin, même après cette fraude, il n'en dépendrait pas moins, pour en profiter, du choix subséquent et formel de la république.

Par ce projet adopté dans toute son étendue, tout est lié dans l'état ; et depuis le dernier particulier jusqu'au premier palatin, nul ne voit aucun moyen d'avancer que par la route du devoir et de l'approbation publique. Le roi seul, une fois élu, ne voyant plus que les lois au-dessus de lui, n'a nul autre frein qui le contienne ; et n'ayant plus besoin de l'approbation publique, il peut s'en passer sans risque, si ses projets le demandent. Je ne vois guère à cela qu'un remède, auquel même il ne faut pas songer : ce serait que la couronne fût en quelque manière amovible, et qu'au bout de certaines périodes, les rois eussent besoin d'être confirmés. Mais, encore une fois, cet expédient n'est pas proposable : tenant le trône et l'état dans une agitation continuelle, il ne laisserait jamais l'administration dans une assiette assez solide pour pouvoir s'appliquer uniquement et utilement au bien public.

Il fut un usage antique, qui n'a jamais été pratiqué que chez un seul peuple, mais dont il est étonnant que le succès n'ait tenté aucun autre de l'imiter. Il est vrai qu'il n'est guère propre qu'à un royaume électif, quoique inventé et

CHAPITRE XV.

pratiqué dans un royaume héréditaire. Je parle du jugement des rois d'Egypte après leur mort, et de l'arrêt par lequel la sépulture et les honneurs royaux leur étaient accordés ou refusés, selon qu'ils avaient bien ou mal gouverné l'état durant leur vie. L'indifférence des modernes sur tous les objets moraux et sur tout ce qui peut donner du ressort aux âmes leur fera sans doute regarder l'idée de rétablir cet usage pour les rois de Pologne comme une folie ; et ce n'est pas à des Français, surtout à des philosophes, que je voudrais tenter de la faire adopter ; mais je crois qu'on peut la proposer à des Polonais. J'ose même avancer que cet établissement aurait chez eux de grands avantages, auxquels il est impossible de suppléer d'aucune autre manière, et pas un seul inconvénient. Dans l'objet présent, on voit qu'à moins d'une âme vile et insensible à l'honneur de sa mémoire, il n'est pas possible que l'intégrité d'un jugement inévitable n'en impose au roi, et ne mette à ses passions un frein plus ou moins fort, je l'avoue, mais toujours capable de les contenir jusqu'à certain point, surtout quand on y joindra l'intérêt de ses enfants, dont le sort sera décidé par l'arrêt porté sur la mémoire du père.

Je voudrais donc qu'après la mort de chaque roi son corps fût déposé dans dans un lieu sortable, jusqu'à ce qu'il eût été prononcé sur sa mémoire ; que le tribunal qui doit en décider et décerner sa sépulture fût assemblé le plus tôt qu'il serait possible ; que là sa vie et son règne fussent examinés sévèrement, et qu'après des informations dans lesquelles tout citoyen serait admis à l'accuser et à le défendre, le procès, bien instruit, fût suivi d'un arrêt porté avec toute la solennité possible.

En conséquence de cet arrêt, s'il était favorable, le feu roi serait déclaré bon et juste prince, son nom inscrit avec honneur dans la liste des rois de Pologne, son corps mis avec pompe dans leur sépulture, l'épithète de *glorieuse mémoire* ajoutée à son nom dans tous les actes et discours publics, un douaire assigné à sa veuve ; et ses enfants, déclarés princes royaux, seraient honorés leur vie durant de tous les avantages attachés à ce titre.

Que si, au contraire, il était trouvé coupable d'injustice, de violence, de malversation, et surtout d'avoir attenté à la liberté publique, sa mémoire serait condamnée et flétrie ; son corps, privé de la sépulture royale, serait enterré sans honneur comme celui d'un particulier, son nom effacé du registre public des rois ; et ses enfants, privés du titre de princes royaux et des prérogatives qui y sont attachées, rentreraient dans la classe des simples citoyens, sans aucune distinction honorable ni flétrissante.

Je voudrais que ce jugement se fît avec le plus grand appareil, mais qu'il précédât, s'il était possible, l'élection de son successeur, afin que le crédit de celui-ci ne pût influer sur la sentence dont il aurait pour lui-même intérêt d'adoucir la sévérité. Je sais qu'il serait à désirer qu'on eût plus de temps pour dévoiler bien des vérités cachées, et mieux instruire le procès. Mais si l'on tardait après l'élection, j'aurais peur que cet acte important ne devînt bientôt qu'une vaine cérémonie, et, comme il arriverait infailliblement dans un royaume héréditaire, plutôt une oraison funèbre du roi défunt qu'un jugement juste et sévère sur sa conduite. Il vaut mieux, en cette occasion, donner davantage à la voix publique, et perdre quelques lumières de détail, pour conserver l'intégrité et l'austérité d'un jugement qui sans cela deviendrait inutile.

A l'égard du tribunal qui prononcerait cette sentence, je voudrais que ce ne fût ni le sénat, ni la diète, ni aucun corps revêtu de quelque autorité dans le gouvernement, mais un ordre entier de citoyens, qui ne peut être aisément ni trompé ni corrompu. Il me paraît que les *cives electi*, plus instruits, plus expérimentés que *les servants d'état*, et moins intéressés que *les gardiens des lois*, déjà trop voisins du trône, seraient précisément le corps intermédiaire où l'on trouverait à la fois le plus de lumières et d'intégrité, le plus propre à ne porter que des jugements sûrs, et par là préférable aux deux autres en cette occasion. Si même il arrivait que ce corps ne fût pas assez nombreux pour un jugement de cette importance, j'aimerais mieux qu'on lui donnât des adjoints tirés des servants d'état que des gardiens des lois. Enfin je voudrais que ce tribunal ne fût présidé par aucun homme en place, mais par un maréchal tiré de son corps, et qu'il élirait lui-même comme ceux des diètes et des confédérations : tant il faudrait éviter qu'aucun intérêt particulier n'influât dans cet acte, qui peut devenir très auguste ou très ridicule, selon la manière dont il y sera procédé !

En finissant cet article de l'élection et du jugement des rois, je dois dire ici qu'une chose dans vos usages m'a paru bien choquante et bien contraire à l'esprit de votre constitution : c'est de la voir presque renversée et anéantie à la mort du roi, jusqu'à suspendre et fermer tous les tribunaux, comme si cette constitution tenait tellement à ce prince que la mort de l'un fût la destruction de l'autre. Eh mon Dieu ! ce devrait être exactement le contraire. Le roi mort, tout devrait aller comme s'il vivait encore : on devrait s'apercevoir à peine qu'il manque une pièce à la machine, tant cette pièce était peu essentielle à sa solidité. Heureusement cette inconséquence ne tient à rien. Il n'y a qu'à dire qu'elle n'existera plus, et rien au surplus ne doit être changé ; mais il ne faut pas laisser subsister cette étrange contradiction ; car si c'en est une déjà dans la présente constitution, c'en serait une bien plus grande encore après la réforme.

CHAPITRE XV. — Conclusion.

Voilà mon plan suffisamment esquissé : je m'arrête. Quel que soit celui qu'on adoptera, l'on ne doit pas oublier ce que j'ai dit dans le *Contrat social*, (livre II, ch. 10,) de l'état de faiblesse et d'anarchie où se trouve une nation tandis qu'elle établit ou réforme sa constitution. Dans ce moment de désordre et d'effervescence, elle est hors d'état de faire aucune résistance, et le moindre choc est capable de tout renverser. Il importe donc de se ménager à tout prix un intervalle de tranquillité durant lequel on puisse sans risque agir sur soi-même et rajeunir sa constitution. Quoique les changements à faire dans la vôtre ne soient pas fondamentaux et ne paraissent pas fort grands, ils sont suffisants pour exiger cette précaution ; et il faut nécessairement un certain temps pour sentir l'effet de la meilleure réforme et prendre la consistance qui doit en être le fruit. Ce n'est qu'en supposant que le succès réponde au courage des confédérés et à la justice de leur cause, qu'on peut songer à l'entreprise dont il s'agit. Vous ne serez jamais libres tant qu'il restera un seul soldat russe en Pologne, et vous serez toujours menacés de cesser de l'être tant que la Russie se mêlera de vos affaires. Mais si vous parvenez à la forcer de traiter avec vous comme de puissance à puissance, et non plus comme de protecteur à protégé, profitez alors de l'épuisement où l'aura jetée la guerre de Turquie pour faire votre œuvre avant qu'elle puisse la troubler. Quoique je ne fasse aucun cas de la sûreté qu'on se procure au dehors par des traités, cette circonstance unique vous forcera peut-être de vous étayer, autant qu'il se peut, de cet appui, ne fût-ce que pour connaître la disposition présente de ceux qui traiteront avec vous. Mais ce cas excepté, et peut-être en d'autres temps quelques traités de commerce, ne vous fatiguez pas à de vaines négociations, ne vous ruinez pas en ambassadeurs et ministres dans d'autres cours, et ne comptez pas les alliances et traités pour quelque chose. Tout cela ne sert de rien avec les puissances chrétiennes : elles ne connaissent d'autres liens que ceux de leur intérêt : quand elles le trouveront à remplir leurs engagements, elles les rempliront ; quand elles le trouveront à les rompre, elles les rompront : autant vaudrait n'en point prendre. Encore si cet intérêt était toujours vrai, la connaissance de ce qu'il leur convient de faire pourrait faire prévoir ce qu'elles feront. Mais ce n'est presque jamais la raison d'état qui les guide, c'est l'intérêt momentané d'un ministre, d'une fille, d'un favori ;

c'est le motif qu'aucune sagesse humaine n'a pu prévoir, qui les détermine tantôt pour, tantôt contre leurs vrais intérêts. De quoi peut-on s'assurer avec des gens qui n'ont aucun système fixe, et qui ne se conduisent que par des impulsions fortuites ? Rien n'est plus frivole que la science politique des cours : comme elle n'a nul principe assuré, l'on n'en peut tirer aucune conséquence certaine ; et toute cette belle doctrine des intérêts des princes est un jeu d'enfant qui fait rire les hommes sensés.

Ne vous appuyez donc pas avec confiance ni sur vos alliés ni sur vos voisins. Vous n'en avez qu'un seul sur lequel vous puissiez un peu compter, c'est le Grand-Seigneur; et vous ne devez rien épargner pour vous en faire un appui : non que ses maximes d'état soient beaucoup plus certaines que celles des autres puissances ; tout y dépend également d'un visir, d'une favorite, d'une intrigue de sérail ; mais l'intérêt de la Porte est clair, simple : il s'agit de tout pour elle; et généralement il y règne, avec bien moins de lumières et de finesse, plus de droiture et de bon sens. On a du moins avec elle cet avantage de plus qu'avec les puissances chrétiennes, qu'elle aime à remplir ses engagements et respecte ordinairement les traités. Il faut tâcher d'en faire avec elle un pour vingt ans, aussi fort, aussi clair qu'il sera possible. Ce traité, tant qu'une autre puissance cachera ses projets, sera le meilleur, peut-être le seul garant que vous puissiez avoir ; et, dans l'état où la présente guerre laissera vraisemblablement la Russie, j'estime qu'il peut vous suffire pour entreprendre avec sûreté votre ouvrage; d'autant plus que l'intérêt commun des puissances de l'Europe, et surtout de vos autres voisins, est de vous laisser toujours pour barrière entre eux et les Russes , et qu'à force de changer de folies, il faut bien qu'ils soient sages au moins quelquefois.

Une chose me fait croire que généralement on vous verra sans jalousie travailler à la réforme de votre constitution : c'est que cet ouvrage ne tend qu'à l'affermissement de la législation, par conséquent de la liberté, et que cette liberté passe dans toutes les cours pour une manie de visionnaires qui tend plus à affaiblir qu'à renforcer un état. C'est pour cela que la France a toujours favorisé la liberté du corps germanique et de la Hollande, et c'est pour cela qu'aujourd'hui la Russie favorise le gouvernement présent de Suède, et contrecarre de toutes ses forces les projets du roi. Tous ces grands ministres qui, jugeant les hommes en général sur eux-mêmes et ceux qui les entourent, croient les connaître, sont bien loin d'imaginer quel ressort l'amour de la patrie et l'élan de la vertu peuvent donner à des âmes libres. Ils ont beau être les dupes de la basse opinion qu'ils ont des républiques, et y trouver dans toutes leurs entreprises une résistance qu'ils n'attendaient pas, ils ne reviendront jamais d'un préjugé fondé sur le mépris dont ils se sentent dignes, et sur lequel ils apprécient le genre humain. Malgré l'expérience assez frappante que les Russes viennent de faire en Pologne, rien ne les fera changer d'opinion. Ils regarderont toujours les hommes libres comme il faut les regarder eux-mêmes, c'est-à-dire comme des hommes nuls, sur lesquels deux seuls instruments ont prise, savoir, l'argent et le knout. S'ils voient donc que la république de Pologne, au lieu de s'appliquer à remplir ses coffres, à grossir ses finances, à lever bien des troupes réglées, songe au contraire à licencier son armée et à se passer d'argent, ils croiront qu'elle travaille à s'affaiblir ; et, persuadés qu'ils n'auront pour en faire la conquête qu'à s'y présenter quand ils voudront, ils la laisseront se régler tout à son aise, en se moquant en eux-mêmes de son travail. Et il faut convenir que l'état de liberté ôte à un peuple la force offensive, et qu'en suivant le plan que je propose, on doit renoncer à tout espoir de conquête. Mais que, votre œuvre faite, dans vingt ans, les Russes tentent de vous envahir, et ils connaîtront quels soldats sont pour la défense de leurs foyers ces hommes de paix qui ne savent pas attaquer ceux des autres, et qui ont oublié le prix de l'argent.

Au reste, quand vous serez délivrés de ces cruels hôtes, gardez-vous de prendre envers le roi qu'ils ont voulu vous donner aucun parti mitigé. Il faut ou lui faire couper la tête, comme il l'a mérité, ou, sans avoir égard à sa première élection, qui est de toute nullité, l'élire de nouveau avec d'autres *pacta conventa*, par lesquels vous le ferez renoncer à la nomination des grandes places. Le second parti n'est pas seulement le plus humain, mais le plus sage; j'y trouve même une certaine fierté généreuse, qui peut-être mortifiera bien autant la cour de Pétersbourg que si vous faisiez une autre élection. Poniatowski fut très criminel sans doute; peut-être aujourd'hui n'est-il plus que malheureux : du moins, dans la situation présente, il me paraît se conduire assez comme il doit le faire en ne se mêlant de rien du tout. Naturellement il doit, au fond de son cœur, désirer ardemment l'expulsion de ses durs maîtres. Il y aurait peut-être un héroïsme patriotique à se joindre, pour les chasser, aux confédérés; mais on sait bien que Poniatowski n'est pas un héros; d'ailleurs (outre qu'on ne le laisserait pas faire, et qu'il est gardé à vue infailliblement), devant tout au Russe, je déclare franchement que, si j'étais à sa place, je ne voudrais pour rien au monde être capable de cet héroïsme-là.

Je sais bien que ce n'est pas là le roi qu'il vous faut quand votre réforme sera faite; mais c'est peut-être celui qu'il vous faut pour la faire tranquillement. Qu'il vive seulement encore huit ou dix ans, votre machine alors ayant commencé d'aller, et plusieurs palatinats étant déjà remplis par des gardiens des lois, vous n'aurez pas peur de lui donner un successeur qui lui ressemble; mais j'ai peur, moi, qu'en le destituant simplement, vous ne sachiez qu'en faire, et que vous ne vous exposiez à de nouveaux troubles.

De quelque embarras néanmoins que vous puisse délivrer sa libre élection, il n'y faut songer qu'après s'être bien assuré de ses véritables dispositions, et dans la supposition qu'on lui trouvera encore quelque bon sens, quelque sentiment d'honneur, quelque amour pour son pays, quelque connaissance de ses vrais intérêts, et quelque désir de les suivre; car en tout temps, et surtout dans la triste situation où les malheurs de la Pologne vont la laisser, il n'y aurait rien pour elle de plus funeste que d'avoir un traître à la tête du gouvernement (1).

Quant à la manière d'entamer l'œuvre dont il s'agit, je ne puis goûter toutes les subtilités qu'on vous propose pour surprendre et tromper en quelque sorte la nation sur les changements à faire à ses lois. Je serais d'avis seulement, en montrant votre plan dans toute son étendue, de n'en point commencer brusquement l'exécution par remplir la république de mécontents, de laisser en place la plupart de ceux qui y sont, de ne conférer les emplois selon la nouvelle réforme qu'à mesure qu'ils viendront à vaquer. N'ébranlez jamais trop brusquement la machine. Je ne doute point qu'un bon plan une fois adopté ne change même l'esprit de ceux qui auront eu part au gouvernement sous un autre. Ne pouvant créer tout d'un coup de nouveaux citoyens, il faut commencer par tirer parti de ceux qui existent; et offrir une route nouvelle à leur ambition, c'est le moyen de les disposer à la suivre.

Que si, malgré le courage et la constance des confédérés, et malgré la justice de leur cause, la fortune et toutes les puissances les abandonnent, et livrent la patrie à ses oppresseurs..... Mais je n'ai pas l'honneur d'être Polonais, et, dans une situation pareille à celle où vous êtes, il n'est permis de donner son avis que par son exemple.

Je viens de remplir selon la mesure de mes forces, et plût à Dieu que ce fût avec autant de succès que d'ardeur, la tâche que M. le comte de Wielhorski

(1) Rousseau ignorait qu'en avril 1770, les chefs de la confédération avaient proclamé l'interrègne. Instruit de ce fait, il aura sans doute supprimé, dans le manuscrit, les trois alinéas ci-dessus où il est question de Poniatowski. Ils sont extraits d'un manuscrit du comte de Mirabeau, qui paraît avoir été égaré depuis.

m'a imposée. Peut-être tout ceci n'est-il qu'un tas de chimères; mais voilà mes idées. Ce n'est pas ma faute si elles ressemblent si peu à celles des autres hommes, et il n'a pas dépendu de moi d'organiser ma tête d'une autre façon. J'avoue même que, quelque singularité qu'on leur trouve, je n'y vois rien, quant à moi, que de bien adapté au cœur humain, de bon, de praticable, surtout en Pologne, m'étant appliqué dans mes vues à suivre l'esprit de cette république, et à n'y proposer que le moins de changements que j'ai pu pour en corriger les défauts. Il me semble qu'un gouvernement monté sur de pareils ressorts doit marcher à son vrai but aussi directement, aussi sûrement, aussi longtemps qu'il est possible; n'ignorant pas, au surplus, que tous les ouvrages des hommes sont imparfaits, passagers et périssables comme eux.

J'ai omis à dessein beaucoup d'articles très importants, sur lesquels je ne me sentais pas les lumières suffisantes pour en bien juger. Je laisse ce soin à des hommes plus éclairés et plus sages que moi; et je mets fin à ce long fatras en faisant à M. le comte de Wielhorski mes excuses de l'en avoir occupé si longtemps. Quoique je pense autrement que les autres hommes, je ne me flatte pas d'être plus sage qu'eux, ni qu'il trouve dans mes rêveries rien qui puisse être réellement utile à sa patrie; mais ces vœux pour sa prospérité sont trop vrais, trop purs, trop désintéressés, pour que l'orgueil d'y contribuer puisse ajouter à mon zèle. Puisse-t-elle triompher de ses ennemis, devenir, demeurer paisible, heureuse et libre, donner un grand exemple à l'univers, et, profitant des travaux patriotiques de M. le comte de Wielhorski, trouver et former dans son sein beaucoup de citoyens qui lui ressemblent!

LETTRES A M. BUTTAFUOCO

SUR LA LÉGISLATION DE LA CORSE.

LETTRE PREMIÈRE.

Motiers-Travers, le 22 septembre 1764.

Il est superflu, monsieur, de chercher à exciter mon zèle pour l'entreprise que vous me proposez (1). La seule idée m'élève l'âme et me transporte. Je croirais le reste de mes jours bien noblement, bien vertueusement, bien heureusement employé ; je croirais même avoir bien racheté l'inutilité des autres, si je pouvais rendre ce triste reste bon en quelque chose à vos braves compatriotes, si je pouvais concourir, par quelque conseil utile, aux vues de leur digne chef et aux vôtres : de ce côté-là donc soyez sûr de moi ; ma vie et mon cœur sont à vous.

Mais, monsieur, le zèle ne donne pas les moyens, et le désir n'est pas le pouvoir. Je ne veux pas faire ici sottement le modeste : je sens bien ce que j'ai ; mais je sens encore mieux ce qui me manque. Premièrement, par rapport à la chose, il me manque une multitude de connaissances relatives à la nation et au pays : connaissances indispensables, et qui, pour les acquérir, demanderont de votre part beaucoup d'instructions, d'éclaircissements, de mémoires, etc.; de la mienne, beaucoup d'études et de réflexions. Par rapport à moi, il ne manque plus de jeunesse, un esprit plus tranquille, un cœur moins épuisé d'ennuis, une certaine vigueur de génie, qui, même quand on l'a, n'est pas à l'épreuve des années et des chagrins ; il me manque la santé, le temps ; il me manque, accablé d'une maladie incurable et cruelle, l'espoir de voir la fin d'un long travail, que la seule attente du succès peut donner le courage de suivre ; il me manque enfin l'expérience dans les affaires, qui seule éclaire plus sur l'art de conduire les hommes que toutes les méditations.

Si je me portais passablement, je me dirais : « J'irai en Corse ; six mois passés sur les lieux m'instruiront plus que cent volumes. » Mais comment entreprendre un voyage aussi pénible, aussi long, dans l'état où je suis ? le soutiendrais-je ? me laisserait-on passer ? Mille obstacles m'arrêteraient en allant, l'air de la mer achèverait de me détruire avant le retour. Je vous avoue que je désire mourir parmi les miens.

Vous pouvez être pressé : un travail de cette importance ne peut être qu'une affaire de très longue haleine, même pour un homme qui se porterait bien. Avant de soumettre mon ouvrage à l'examen de la nation et de ses chefs, je veux commencer par en être content moi-même : je ne veux rien donner par morceaux ; l'ouvrage doit être un ; l'on n'en saurait juger séparément. Ce n'est déjà pas peu de chose que de me mettre en état de commencer ; pour achever, cela va loin.

(1) Dans son *Contrat social* (liv. II, chap. x), Rousseau avait fait l'éloge des Corses, et souhaité que *quelque homme sage* leur apprît à conserver leur liberté. Ayant lu ce passage, M. Buttafuoco, capitaine au service de France, invita Rousseau à se charger de cette tâche, en cela d'accord avec Paoli, chef civil et militaire de la Corse.

Il se présente aussi des réflexions sur l'état précaire où se trouve encore votre île. Je sais que, sous un chef tel qu'ils l'ont aujourd'hui, les Corses n'ont rien à craindre de Gênes : je crois qu'ils n'ont rien à craindre non plus des troupes qu'on dit que la France y envoie; et ce qui me confirme dans ce sentiment est de voir un aussi bon patriote que vous me paraissez l'être resté, malgré l'envoi de ces troupes, au service de la puissance qui les donne. Mais, monsieur, l'indépendance de votre pays n'est point assurée tant qu'aucune puissance ne la reconnaît; et vous m'avouerez qu'il n'est pas encourageant pour un aussi grand travail de l'entreprendre sans savoir s'il peut avoir son usage, même en le supposant bon.

Ce n'est point pour me refuser à vos invitations, monsieur, que je vous fais ces objections, mais pour les soumettre à votre examen et à celui de M. Paoli. Je vous crois trop gens de bien l'un et l'autre pour vouloir que mon affection pour votre patrie me fasse consumer le peu de temps qui me reste à des soins qui ne seraient bons à rien.

Examinez donc, messieurs; jugez vous-mêmes : et soyez sûrs que l'entreprise dont vous m'avez trouvé digne ne manquera point par ma volonté.

Recevez, je vous prie, mes très humbles salutations.

P. S. En relisant votre lettre, je vois, monsieur, qu'à la première lecture j'ai pris le change sur votre objet. J'ai cru que vous me demandiez un corps complet de législation, et je vois que vous me demandez seulement une institution politique; ce qui me fait juger que vous avez déjà un corps de lois civiles autre que le droit écrit, sur lequel il s'agit de calquer une forme de gouvernement qui s'y rapporte. La tâche est moins grande, sans être petite, et il n'est pas sûr qu'il en résulte un tout aussi parfait; on n'en peut juger que sur le recueil complet de vos lois.

LETTRE II.

AU MÊME.

Motiers, le 15 octobre 1764.

Je ne sais, monsieur, pourquoi votre lettre du 3 ne m'est parvenue qu'hier. Ce retard me force, pour profiter du courrier, de vous répondre à la hâte, sans quoi ma lettre n'arriverait pas à Aix assez tôt pour vous y trouver.

Je ne puis guère espérer d'être en état d'aller en Corse. Quand je pourrais entreprendre ce voyage, ne serait que dans la belle saison : d'ici là le temps est précieux; il faut l'épargner tant qu'il est possible, et il sera perdu jusqu'à ce que j'aie reçu vos instructions. Je joins ici une note rapide des premières dont j'ai besoin; les vôtres me seront toujours nécessaires dans cette entreprise. Il ne faut point là-dessus me parler, monsieur, de votre insuffisance; à juger de vous par vos lettres, je dois plus me fier à vos yeux qu'aux miens; et à juger par vous de votre peuple, il a tort de chercher ses guides hors de chez lui.

Il s'agit d'un si grand objet que ma témérité me fait trembler : n'y joignons pas du moins l'étourderie. J'ai l'esprit très lent; l'âge et les maux le ralentissent encore. Un gouvernement provisionnel a ses inconvénients : quelque attention qu'on ait à ne faire que les changements nécessaires, un établissement tel que celui que nous cherchons ne se fait point sans un peu de commotion, et l'on doit tâcher au moins de n'en avoir qu'une. On pourrait d'abord jeter les fondements, puis élever plus à loisir l'édifice. Mais cela suppose un plan déjà fait, et c'est pour tracer ce plan même qu'il faut le plus méditer. D'ailleurs il est à craindre qu'un établissement imparfait ne fasse plus sentir ses embarras que ses avantages, et que cela ne dégoûte le peuple de l'achever. Voyons toutefois ce qui se peut faire : les mémoires dont j'ai besoin reçus, il me faut bien six mois pour m'instruire, et autant au moins pour digérer mes instructions; de sorte que, du printemps prochain en un an, je pourrais proposer mes premières idées sur une formule provisionnelle, et au bout de trois autres années mon plan complet d'institution. Comme on ne doit promettre que ce qui dépend de soi, je ne suis pas sûr de mettre en état mon travail en si peu de temps; mais je suis si sûr de ne pouvoir l'abréger, que, s'il faut rapprocher un de ces deux termes, il vaut mieux que je n'entreprenne rien.

Je suis charmé du voyage que vous faites en Corse dans ces circonstances; il ne peut que nous être très utile. Si, comme je n'en doute pas, vous vous y occupez de notre objet, vous verrez mieux ce qu'il faut me dire que je ne puis voir ce que je dois vous demander. Mais permettez-moi une curiosité que m'inspirent l'estime et l'admiration. Je voudrais savoir tout ce qui regarde M. Paoli : quel âge a-t-il? est-il marié? a-t-il des enfants? où a-t-il appris l'art militaire? comment le bonheur de sa nation l'a-t-il mis à la tête de ses troupes? quelles fonctions exerce-t-il dans l'administration politique et civile? ce grand homme se résoudrait-il à n'être que citoyen dans sa patrie après en avoir été le sauveur? Surtout parlez-moi sans déguisement à tous égards : la gloire, le repos, le bonheur de votre peuple, dépendent ici plus de vous que de moi. Je vous salue, monsieur, de tout mon cœur.

MÉMOIRE JOINT A CETTE RÉPONSE.

Une bonne carte de la Corse, où les divers districts soient marqués et distingués par leurs noms, même, s'il se peut, par des couleurs.

Une exacte description de l'île, son histoire naturelle, ses productions, sa culture, sa division par districts; le nombre, la grandeur, la situation des villes, bourgs, paroisses; le dénombrement du peuple aussi exact qu'il sera possible; l'état des forteresses, des ports; l'industrie, les arts, la marine; le commerce qu'on fait, celui qu'on pourrait faire, etc.

Quel est le nombre, le crédit du clergé? quelles sont ses maximes? quelle est sa conduite relativement à la patrie? Y a-t-il des maisons anciennes, des corps privilégiés, de la noblesse? Les villes ont-elles des droits municipaux? en sont-elles fort jalouses?

Quelles sont les mœurs du peuple, ses goûts, ses occupations, ses amusements, l'ordre et les divisions militaires, la discipline, la manière de faire la guerre, etc.?

L'histoire de la nation jusqu'à ce moment, les lois, les statuts; tout ce qu regarde l'administration actuelle, les inconvénients qu'on y trouve, l'exercice de la justice, les revenus publics, l'ordre économique, la manière de poser et de lever les taxes, ce que paie à peu près le peuple, et ce qu'il peut payer annuellement et l'un portant l'autre.

Ceci contient en général les instructions nécessaires : mais les unes veulent être détaillées; il suffit de dire les autres sommairement. En général tout ce qui fait le mieux connaître le génie national ne saurait être trop expliqué. Souvent un trait, un mot, une action dit plus que tout un livre; mais il vaut mieux trop que pas assez.

LETTRE III.

AU MÊME.

Motiers-Travers, le 24 mars 1765.

Je vois, monsieur, que vous ignorez dans quel gouffre de nouveaux malheurs je me trouve englouti. Depuis votre pénultième lettre on ne m'a pas laissé reprendre haleine un instant. J'ai reçu votre premier envoi sans pouvoir presque y jeter les yeux. Quant à celui de Perpignan, je n'en ai pas ouï parler. Cent fois j'ai voulu vous écrire; mais l'agitation continuelle, toutes les souffrances du corps et de l'esprit, l'accablement de mes propres affaires, ne m'ont pas permis de songer aux vôtres. J'attendais un moment d'intervalle ; il ne me vient point, il ne viendra point ; et, dans l'instant même où je vous réponds, je suis, malgré mon état, dans le risque de ne pouvoir finir ma lettre ici.

Il est inutile, monsieur, que vous comptiez sur le travail que j'avais entrepris : il m'eût été trop doux de m'occuper d'une si glorieuse tâche, cette consolation m'est ôtée. Mon âme épuisée d'ennuis n'est plus en état de penser ; mon cœur est le même encore, mais je n'ai plus de tête ; ma faculté intelligente est éteinte ; je ne suis plus capable de suivre un objet avec quelque attention ; et d'ailleurs que voudriez-vous que fît un malheureux fugitif qui, malgré la protection du roi de Prusse souverain du pays, malgré la protection de mylord maréchal qui en est gouverneur, mais malheureusement trop éloignés l'un et l'autre, y boit les affronts comme l'eau, et, ne pouvant plus vivre avec honneur dans cet asile, et forcé d'aller errant en chercher un autre sans savoir plus où le trouver ?...

Si fait pourtant, monsieur, j'en sais un digne de moi et dont je ne me crois pas indigne : c'est parmi vous, braves Corses, qui savez être libres, qui savez être justes, et qui fûtes trop malheureux pour n'être pas compatissants. Voyez, monsieur, ce qui se peut faire : parlez-en à M. Paoli. Je demande à pouvoir louer, dans quelque canton solitaire, une petite maison pour y finir mes jours en paix. J'ai ma gouvernante qui depuis vingt ans me soigne dans mes infirmités continuelles : c'est une fille de quarante-cinq ans, française, catholique, honnête et sage, et qui se résout de venir, s'il le faut, au bout de l'univers partager mes misères et me fermer les yeux. Je tiendrai mon petit ménage avec elle, et je tâcherai de ne point rendre les soins de l'hospitalité incommodes à mes voisins.

Mais, monsieur, je dois vous tout dire ; il faut que cette hospitalité soit gratuite, non quant à la subsistance (je ne serai là-dessus à charge à personne), mais quant au droit d'asile qu'il faut qu'on m'accorde sans intérêt : car, sitôt que je serai parmi vous, n'attendez rien de moi sur le projet qui vous occupe. Je le répète, je suis désormais hors d'état d'y songer ; et quand je ne le serais pas, je m'en abstiendrais par cela même que je vivrais au milieu de vous ; car j'eus et j'aurai toujours pour maxime inviolable de porter le plus profond respect au gouvernement sous lequel je vis, sans me mêler de vouloir jamais le censurer et critiquer, ou réformer en aucune manière. J'ai même ici une raison de plus, et pour moi d'une très grande force. Sur le peu que j'ai parcouru de vos mémoires, je vois que mes idées diffèrent prodigieusement de celles de votre nation. Il ne serait pas possible que le plan que je proposerais ne fît beaucoup de mécontents, et peut-être vous-même tout le premier. Or, monsieur, je suis rassasié de disputes et de querelles. Je ne veux plus voir ni faire de mécontents autour de moi, à quelque prix que ce puisse être. Je soupire après la tranquillité la plus profonde, et mes derniers vœux sont d'être aimé de tout ce qui m'entoure, et de mourir en paix. Ma résolution là-dessus est inébranlable. D'ailleurs mes maux continuels m'absorbent, et augmentent mon indolence. Mes propres affaires exigent de mon temps plus que je n'y en peux donner. Mon esprit usé n'est plus capable d'aucune autre application. Que si peut-être la douceur d'une vie calme prolonge mes jours assez pour me ménager des loisirs, et que vous me jugiez capable d'écrire votre histoire, j'entreprendrai volontiers ce travail honorable, qui satisfera mon cœur sans trop fatiguer ma tête ; et je serais fort flatté de laisser à la postérité ce monument de mon séjour parmi vous. Mais ne me demandez rien de plus : comme je ne veux pas vous tromper, je me reprocherais d'acheter votre protection au prix d'une vaine attente.

Dans cette idée qui m'est venue j'ai plus consulté mon cœur que mes forces ; car, dans l'état où je suis, il est peu apparent que je soutienne un si long voyage, d'ailleurs très embarrassant, surtout avec ma gouvernante et mon petit bagage. Cependant, pour peu que vous m'encouragiez, je le tenterai, cela est certain, dussé-je rester et périr en route : mais il me faut au moins une assurance morale d'être en repos pour le reste de ma vie, car c'en est fait, monsieur, je ne veux plus courir. Malgré mon état critique et précaire, j'attendrai dans ce pays votre réponse avant de prendre aucun parti; mais je vous prie de différer le moins possible, car, malgré toute ma patience, je puis n'être pas le maître des événements Je vous embrasse et vous salue, monsieur, de tout mon cœur.

P. S. J'oubliais de vous dire, quant à vos prêtres, qu'ils seront bien difficiles s'ils ne sont contents de moi. Je ne dispute jamais sur rien, je ne parle jamais de religion. J'aime naturellement même autant votre clergé que je hais le nôtre. J'ai beaucoup d'amis parmi le clergé de France, et j'ai toujours très bien vécu avec eux. Mais, quoi qu'il arrive, je ne veux point changer de religion, et je souhaite qu'on ne m'en parle jamais, d'autant plus que cela serait inutile.

Pour ne pas perdre de temps, en cas d'affirmation, il faudrait m'indiquer quelqu'un à Livourne à qui je pusse demander des instructions pour le passage.

LETTRE IV.

AU MÊME.

Motiers, le 26 mai 1765.

La crise orageuse que je viens d'essuyer, monsieur, et l'incertitude du parti qu'elle me ferait prendre, m'ont fait différer de vous répondre et de vous remercier jusqu'à ce que je fusse déterminé. Je le suis maintenant par une suite d'événements qui, m'offrant en ce pays, sinon la tranquillité, du moins la sûreté, me font prendre le parti d'y rester sous la protection déclarée et confirmée du roi et du gouvernement. Ce n'est pas que j'aie perdu le plus vrai désir de vivre dans le vôtre; mais l'épuisement total de mes forces, les soins qu'il faudrait prendre, les fatigues qu'il faudrait essuyer, d'autres obstacles encore qui naissent de ma situation, me font du moins pour le moment abandonner mon entreprise, à laquelle, malgré ces difficultés, mon cœur ne peut se résoudre à renoncer tout-à-fait encore. Mais, mon cher monsieur, je vieillis, je dépéris, les forces me quittent, le désir s'irrite et l'espoir s'éteint. Quoi qu'il en soit, recevez et faites agréer à M. Paoli mes plus vifs, mes plus tendres remercîments de l'asile qu'il a bien voulu m'accorder. Peuple brave et hospitalier..... non, je n'oublierai jamais un moment de ma vie que vos cœurs, vos bras, vos foyers m'ont été ouverts à l'instant qu'il ne me restait presque aucun autre asile en Europe. Si je n'ai point le bonheur de laisser mes cendres dans votre île, je tâcherai d'y laisser du moins quelque monument de ma reconnaissance, et je m'honorerai aux yeux de toute la terre, de vous appeler mes hôtes et mes protecteurs.

Je reçus bien par M. le chevalier R..... la lettre de M. Paoli : mais, pour vous faire entendre pourquoi j'y répondis par si peu de mots et d'un ton si vague, il faut vous dire, monsieur, que le bruit de la proposition que vous m'aviez faite s'étant répandu sans que je sache comment, M. de Voltaire fit entendre à tout le monde que cette proposition était une invention de sa façon : il prétendait m'avoir écrit au nom des Corses une lettre contrefaite dont j'avais été la dupe. Comme j'étais très sûr de vous, je le laissai dire, j'allai mon train, et je ne vous en parlai pas même. Mais il fit plus : il se vanta l'hiver dernier que, malgré mylord maréchal et le roi même, il me ferait chasser du pays. Il avait des émissaires, les uns connus, les autres secrets. Dans le fort de la fermentation à laquelle mon dernier écrit donnait le prétexte, arrive ici M. de R.... : il vient me voir de la part de M. Paoli, sans m'apporter aucune lettre ni de la sienne, ni de la vôtre, ni de personne; il refuse de se nommer; il venait de Genève, il avait vu mes plus ardents ennemis : on me l'écrivait. Son long séjour en ce pays sans y avoir aucune affaire avait l'air du monde le plus mystérieux. Ce séjour fut précisément le temps où l'orage fut excité contre moi. Ajoutez qu'il avait fait tous ses efforts pour savoir quelles relations je pouvais avoir en Corse. Comme il ne vous avait point nommé, je ne voulus point vous nommer non plus. Enfin il m'apporte la lettre de M. Paoli, dont je ne connaissais point l'écriture. Jugez si tout cela devait m'être suspect. Qu'avais-je à faire en pareil cas? lui remettre une réponse dont à tout événement on ne pût tirer d'éclaircissement : c'est ce que je fis.

Je voudrais à présent vous parler de nos affaires et de nos projets; mais ce n'en est guère le moment. Accablé de soins, d'embarras, forcé d'aller me chercher une autre habitation à cinq ou six lieues d'ici, les seuls soucis d'un déménagement très incommode m'absorberaient, quand je n'en aurais point d'autres; et ce sont les moindres des miens. A vue de pays, quand ma tête se remettrait, ce que je regarde comme impossible de plus d'un an d'ici, il ne serait pas en moi de m'occuper d'autre chose que de moi-même. Ce que je vous promets, et sur quoi vous pouvez compter dès à présent, est que, pour le reste de ma vie, je ne serai plus occupé que de moi ou de la Corse; toute autre affaire est entièrement bannie de mon esprit. En attendant, ne négligez pas de rassembler des matériaux, soit pour l'histoire, soit pour l'institution : ils sont les mêmes. Votre gouvernement me paraît être sur un pied à pouvoir attendre. J'ai parmi vos papiers un mémoire daté de Vescovado, 1764, que je présume être de votre façon, et que je trouve excellent. L'âme et la tête du vertueux Paoli feront plus que tout le reste. Avec tout cela, pouvez-vous manquer d'un bon gouvernement provisionnel? aussi bien, tant que des puissances étrangères se mêleront de vous, ne pourrez-vous guère établir autre chose.

Je voudrais bien, monsieur, que nous pussions nous voir : deux ou trois jours de conférences éclairciraient bien des choses. Je ne puis guère être assez tranquille cette année pour vous rien proposer; mais vous serait-il possible, l'année prochaine, de vous ménager un passage par ce pays? J'ai dans la tête que nous nous verrions avec plaisir, et que nous nous quitterions contents l'un de l'autre. Voyez, puisque voilà l'hospitalité établie entre nous, venez user de votre droit. Je vous embrasse (1).

(1) Le mémoire daté de Vescovado était réellement de M. Buttafuoco, comme il le déclare dans sa lettre en réponse à celle-ci. — Rousseau avait projeté une visite en Corse et devait s'arrêter chez son correspondant.

EXTRAIT
DU
PROJET DE PAIX PERPÉTUELLE

DE M. L'ABBÉ DE SAINT-PIERRE

> Tunc genus humanum positis sibi consulat armis,
> Inque vicem gens omnis amet (1).
> (LUCAN., lib. I, 60.)

Comme jamais projet plus grand, plus beau, ni plus utile, n'occupa l'esprit humain, que celui d'une paix perpétuelle et universelle entre tous les peuples de l'Europe, jamais auteur ne mérita mieux l'attention du public que celui qui propose des moyens pour mettre ce projet en exécution. Il est même bien difficile qu'une pareille matière laisse un homme sensible et vertueux exempt d'un peu d'enthousiasme ; et je ne sais si l'illusion d'un cœur véritablement humain, à qui son zèle rend tout facile, n'est pas en cela préférable à cette âpre et repoussante raison qui trouve toujours dans son indifférence pour le bien public le premier obstacle à tout ce qui peut le favoriser.

Je ne doute pas que beaucoup de lecteurs ne s'arment d'avance d'incrédulité pour résister au plaisir de la persuasion, et je les plains de prendre si tristement l'entêtement pour la sagesse. Mais j'espère que quelque âme honnête partagera l'émotion délicieuse avec laquelle je prends la plume sur un sujet si intéressant pour l'humanité. Je vais voir, du moins en idée, les hommes s'unir et s'aimer ; je vais penser à une douce et paisible société de frères, vivant dans une concorde éternelle, tous conduits par les mêmes maximes, tous heureux du bonheur commun ; et, réalisant en moi-même un tableau si touchant, l'image d'une félicité qui n'est point m'en fera goûter quelques instants une véritable.

Je n'ai pu refuser ces premières lignes au sentiment dont j'étais plein. Tâchons maintenant de raisonner de sang-froid. Bien résolu de ne rien avancer que je ne le prouve, je crois pouvoir prier le lecteur à son tour de ne rien nier qu'il ne le réfute ; car ce ne sont pas tant les raisonneurs que je crains, que ceux qui, sans se rendre aux preuves, n'y veulent rien objecter.

Il ne faut pas avoir longtemps médité sur les moyens de perfectionner un gouvernement quelconque pour apercevoir des embarras et des obstacles, qui naissent moins de sa constitution que de ses relations externes ; de sorte que la plupart des soins qu'il faudrait consacrer à sa police, on est contraint de les donner à sa sûreté, et de songer plus à le mettre en état de résister aux autres qu'à le rendre parfait en lui-même. Si l'ordre social était, comme on le prétend, l'ouvrage de la raison plutôt que des passions, eût-on tardé si

---

(1) Qu'alors le genre humain, déposant les armes, s'occupe de ses vrais intérêts, et que tous les peuples s'aiment entre eux.

longtemps à voir qu'on en a fait trop ou trop peu pour notre bonheur; que chacun de nous étant dans l'état civil avec ses concitoyens, et dans l'état de nature avec tout le reste du monde, nous n'avons prévenu les guerres particulières que pour en allumer de générales, qui sont mille fois plus terribles; et qu'en nous unissant à quelques hommes nous devenons réellement les ennemis du genre humain?

S'il y a quelque moyen de lever ces dangereuses contradictions, ce ne peut être que par une forme de gouvernement confédérative, qui, unissant les peuples par des liens semblables à ceux qui unissent les individus, soumette également les uns et les autres à l'autorité des lois. Ce gouvernement paraît d'ailleurs préférable à tout autre, en ce qu'il comprend à la fois les grands et les petits états, qu'il est redoutable au dehors par sa puissance, que les lois y sont en vigueur, et qu'il est le seul propre à contenir également les sujets, les chefs et les étrangers.

Quoique cette forme paraisse nouvelle à certains égards, et qu'elle n'ait en effet été bien entendue que par les modernes, les anciens ne l'ont pas ignorée. Les Grecs eurent leurs amphictyons, les Étrusques leurs lucumonies, les Latins leurs féries, les Gaules leurs cités, et les derniers soupirs de la Grèce devinrent encore illustres dans la ligue achéenne. Mais nulles de ces confédérations n'approchèrent, pour la sagesse, de celle du corps germanique, de la ligue helvétique, et des États-Généraux. Que si ces corps politiques sont encore en si petit nombre et si loin de la perfection dont on sent qu'ils seraient susceptibles, c'est que le mieux ne s'exécute pas comme il s'imagine, et qu'en politique ainsi qu'en morale l'étendue de nos connaissances ne prouve guère que la grandeur de nos maux.

Outre ces confédérations publiques, il s'en peut former tacitement d'autres moins apparentes et non moins réelles, par l'union des intérêts, par le rapport de nos maximes, par la conformité des coutumes, ou par d'autres circonstances qui laissent subsister des relations communes entre des peuples divisés. C'est ainsi que toutes les puissances de l'Europe forment entre elles une sorte de système qui les unit par une même religion, par un même droit des gens, par les mœurs, par les lettres, par le commerce, par une sorte d'équilibre qui est l'effet nécessaire de tout cela, et qui, sans que personne songe en effet à le conserver, ne serait pourtant pas si facile à rompre que le pensent beaucoup de gens.

Cette société des peuples de l'Europe n'a pas toujours existé, et les causes particulières qui l'ont fait naître servent encore à la maintenir. En effet, avant les conquêtes des Romains, tous les peuples de cette partie du monde, barbares et inconnus les uns aux autres, n'avaient rien de commun que leur qualité d'hommes, qualité qui, ravalée alors par l'esclavage, ne différait guère dans leur esprit de celle de brute. Aussi les Grecs, raisonneurs et vains, distinguaient-ils, pour ainsi dire, deux espèces dans l'humanité; dont l'une, savoir la leur, était faite pour commander; et l'autre, qui comprenait tout le reste du monde, uniquement pour servir. De ce principe, il résultait qu'un Gaulois et un Ibère n'étaient rien de plus pour un Grec que n'eût été un Cafre ou un Américain; et les barbares eux-mêmes n'avaient pas plus d'affinité entre eux que n'en avaient les Grecs avec les uns et les autres.

Mais quand ce peuple, souverain par nature, eut été soumis aux Romains ses esclaves, et qu'une partie de l'hémisphère connu eut subi le même joug, il se forma une union politique et civile entre tous les membres d'un même empire. Cette union fut beaucoup resserrée par la maxime, ou très sage, ou très insensée, de communiquer aux vaincus tous les droits des vainqueurs, et surtout par le fameux décret de Claude, qui incorporait tous les sujets de Rome au nombre de ses citoyens.

A la chaîne politique qui réunissait ainsi tous les membres en un corps se joignirent les institutions civiles et les lois, qui donnèrent une nouvelle force à ces liens, en déterminant d'une manière équitable, claire et précise, du moins autant qu'on le pouvait dans un si vaste empire, les devoirs et les droits réciproques du prince et des sujets, et ceux des citoyens entre eux. Le code de Théodose, et ensuite les livres de Justinien, furent une nouvelle chaîne de justice et de raison, substituée à propos à celle du pouvoir souverain, qui se relâchait très sensiblement. Ce supplément retarda beaucoup la dissolution de l'empire, et lui conserva longtemps une sorte de juridiction sur les barbares même qui le désolaient.

Un troisième lien, plus fort que les précédents, fut celui de la religion : et l'on ne peut nier que ce ne soit surtout au christianisme que l'Europe doit encore aujourd'hui l'espèce de société qui s'est perpétuée entre ses membres : tellement que celui de ses membres qui n'a point adopté sur ce point le sentiment des autres est toujours demeuré comme étranger parmi eux. Le christianisme, si méprisé à sa naissance, servit enfin d'asile à ses détracteurs. Après l'avoir si cruellement et si vainement persécuté, l'empire romain y trouva les ressources qu'il n'avait plus dans ses forces; ses missions lui valaient mieux que des victoires; il envoyait des évêques réparer les fautes de ses généraux, et triomphait par ses prêtres quand ses soldats étaient battus. C'est ainsi que les Francs, les Goths, les Bourguignons, les Lombards, les Avares et mille autres, reconnurent enfin l'autorité de l'empire après l'avoir subjugué, et reçurent, du moins en apparence, avec la loi de l'Évangile celle du prince qui la leur faisait annoncer.

Tel était le respect qu'on portait encore à ce grand corps expirant, que jusqu'au dernier instant, ses destructeurs s'honoraient de ses titres, on voyait devenir officiers de l'empire les mêmes conquérants qui l'avaient avili; les plus grands rois accepter, briguer même les honneurs patriciaux, la préfecture, le consulat; et, comme un lion qui flatte l'homme qu'il pourrait dévorer, on voyait ces vainqueurs terribles rendre hommage au trône impérial, qu'ils étaient maîtres de renverser.

Voilà comment le sacerdoce et l'empire ont formé le lien social de divers peuples qui, sans avoir aucune communauté réelle d'intérêts, de droits ou de dépendance, en avaient une de maximes et d'opinions, dont l'influence est encore demeurée quand le principe a été détruit. Le simulacre antique de l'empire romain a continué de former une sorte de liaison entre les membres qui l'avaient composé; et Rome ayant dominé d'une autre manière après la destruction de l'empire, il est resté de ce double lien (1) une société plus étroite entre les nations de l'Europe, où était le centre des deux puissances, que dans les autres parties du monde, dont les divers peuples, trop épars pour se corrompre, n'ont de plus aucun point de réunion.

Joignez à cela la situation particulière de l'Europe, plus également peuplée, plus également fertile, mieux réunie en toutes ses parties; le mélange continuel des intérêts que les liens du sang et les affaires du commerce, des arts, des colonies, ont mis entre les souverains; la multitude des rivières et la variété de leur cours, qui rend toutes les communications faciles; l'humeur inconstante des habitants, qui les porte à voyager sans cesse et à se transporter fréquemment les uns chez les autres; l'invention de l'imprimerie et le goût général des lettres, qui a mis entre eux une communauté d'études et de connaissances; enfin la multitude et la petitesse des états, qui, jointe aux besoins du luxe et à la diversité des climats, rend les uns toujours nécessaires aux autres. Toutes ces causes réunies forment de l'Europe, non-seulement, comme l'Asie ou l'Afrique, une idéale collection de peuples qui n'ont de commun qu'un

(1) Le respect pour l'empire romain a tellement survécu à sa puissance, que bien des jurisconsultes ont mis en question si l'empereur d'Allemagne n'était pas le souverain naturel du monde; et Berthole a poussé les choses jusqu'à traiter d'hérétique quiconque oserait en douter. Les livres des canonistes sont pleins de décisions semblables sur l'autorité temporelle de l'église romaine.

nom, mais une société réelle qui a sa religion, ses mœurs, ses coutumes, et même ses lois, dont aucun des peuples qui la composent ne peut s'écarter sans causer aussitôt des troubles.

A voir, d'un autre côté, les dissensions perpétuelles, les brigandages, les usurpations, les révoltes, les guerres, les meurtres, qui désolent journellement ce respectable séjour des sages, ce brillant asile des sciences et des arts; à considérer nos beaux discours et nos procédés horribles, tant d'humanité dans les maximes et de cruauté dans les actions, une religion si douce et une si sanguinaire intolérance, une politique si sage dans les livres et si dure dans la pratique, des chefs si bienfaisants et des peuples si misérables, des gouvernements si modérés et des guerres si cruelles : on sait à peine comment concilier ces étranges contrariétés ; et cette fraternité prétendue des peuples de l'Europe ne semble être qu'un nom de dérision pour exprimer avec ironie leur mutuelle animosité.

Cependant les choses ne font que suivre en cela leur cours naturel. Toute société sans lois ou sans chefs, toute union formée ou maintenue par le hasard, doit nécessairement dégénérer en querelle et en dissension à la première circonstance qui vient à changer. L'antique union des peuples de l'Europe a compliqué leurs intérêts et leurs droits de mille manières ; ils se touchent par tant de points, que le moindre mouvement des uns ne peut manquer de choquer les autres ; leurs divisions sont d'autant plus funestes, que leurs liaisons sont plus intimes, et leurs fréquentes querelles ont presque la cruauté des guerres civiles.

Convenons donc que l'état relatif des puissances de l'Europe est proprement un état de guerre, et que tous les traités partiels entre quelques-unes de ces puissances sont plutôt des trèves passagères que de véritables paix, soit parce que ces traités n'ont point communément d'autres garants que les parties contractantes, soit parce que les droits des uns et des autres n'y sont jamais décidés radicalement, et que ces droits mal éteints, ou les prétentions qui en tiennent lieu entre des puissances qui ne reconnaissent aucun supérieur, seront infailliblement des sources de nouvelles guerres, sitôt que d'autres circonstances auront donné de nouvelles forces aux prétendants.

D'ailleurs, le droit public de l'Europe n'étant point établi ou autorisé de concert, n'ayant aucuns principes généraux, et variant incessamment selon les temps et les lieux, il est plein de règles contradictoires, qui ne se peuvent concilier que par le droit du plus fort ; de sorte que la raison, sans guide assuré, se pliant toujours vers l'intérêt personnel dans les choses douteuses, la guerre serait encore inévitable, quand même chacun voudrait être juste. Tout ce qu'on peut faire avec de bonnes intentions, c'est de décider ces sortes d'affaires par la voie des armes, ou de les assoupir par des traités passagers ; mais bientôt, aux occasions qui raniment les mêmes querelles, il s'en joint d'autres qui les modifient ; tout s'embrouille, tout se complique ; on ne voit plus rien au fond des choses ; l'usurpation passe pour droit, la faiblesse pour injustice ; et, parmi ce désordre continuel, chacun se trouve insensiblement si fort déplacé, que si l'on pouvait remonter au droit solide et primitif, il y aurait peu de souverains en Europe qui ne dussent rendre tout ce qu'ils ont.

Une autre semence de guerre plus cachée et non moins réelle, c'est que les choses ne changent point de forme en changeant de nature : que des états, héréditaires en effet, restent électifs en apparence ; qu'il y ait des parlements ou états nationaux dans des monarchies, des chefs héréditaires dans des républiques ; qu'une puissance dépendante d'une autre conserve encore une apparence de liberté ; que tous les peuples soumis au même pouvoir ne soient pas gouvernés par les mêmes lois ; que l'ordre de succession soit différent dans les divers états d'un même souverain ; enfin, que chaque gouvernement tende toujours à s'altérer sans qu'il soit possible d'empêcher ce progrès. Voilà les causes générales et particulières qui nous unissent pour nous détruire, et nous font écrire une si belle doctrine sociale avec des mains toujours teintes de sang humain.

Les causes du mal étant une fois connues, le remède, s'il existe, est suffisamment indiqué par elles. Chacun voit que toute société se forme par les intérêts communs, que toute division naît des intérêts opposés; que mille événements fortuits pouvant changer et modifier les uns et les autres, dès qu'il y a société, il faut nécessairement une force coactive qui ordonne et concerte les mouvements de ses membres, afin de donner aux communs intérêts et aux engagements réciproques la solidité qu'ils ne sauraient avoir par eux-mêmes.

Ce serait d'ailleurs une grande erreur d'espérer que cet état pût jamais changer par la seule force des choses et sans le secours de l'art. Le système de l'Europe a précisément le degré de solidité qui peut la maintenir dans une agitation perpétuelle, sans la renverser tout-à-fait; et si nos maux ne peuvent augmenter, ils peuvent encore moins finir, parce que toute grande révolution est désormais impossible.

Pour donner à ceci l'évidence nécessaire, commençons par jeter un coup d'œil général sur l'état présent de l'Europe. La situation des montagnes, des mers et des fleuves, qui servent de bornes aux nations qui l'habitent, semble avoir décidé du nombre et de la grandeur de ces nations; et l'on peut dire que l'ordre politique de cette partie du monde est, à certains égards, l'ouvrage de la nature.

En effet, ne pensons pas que cet équilibre si vanté ait été établi par personne, et que personne ait rien fait à dessein de le conserver. On trouve qu'il existe; et ceux qui ne se sentent pas eux-mêmes assez de poids pour le rompre, couvrent leurs vues particulières du prétexte de le soutenir. Mais qu'on y songe ou non, cet équilibre subsiste, et n'a besoin que de lui-même pour se conserver, sans que personne s'en mêle; et quand il se romprait un moment d'un côté, il se rétablirait bientôt d'un autre : de sorte que si les princes qu'on accusait d'aspirer à la monarchie universelle y ont réellement aspiré, ils montraient en cela plus d'ambition que de génie. Car, comment envisager un moment ce projet, sans en voir aussitôt le ridicule? Comment ne pas sentir qu'il n'y a point de potentat en Europe assez supérieur aux autres pour pouvoir jamais en devenir le maître? Tous les conquérants qui ont fait des révolutions se présentaient toujours avec des forces inattendues, ou avec des troupes étrangères et différemment aguerries, à des peuples ou désarmés, ou divisés, ou sans discipline; mais où prendrait un prince européen des forces inattendues pour accabler tous les autres, tandis que le plus puissant d'entre eux est une si petite partie du tout, et qu'ils ont de concert une si grande vigilance? Aura-t-il plus de troupes qu'eux tous? Il ne le peut, ou n'en sera que plus tôt ruiné, ou ses troupes seront plus mauvaises, en raison de leur plus grand nombre. En aura-t-il de mieux aguerries? Il en aura moins à proportion. D'ailleurs, la discipline est partout à peu près la même, ou le deviendra dans peu. Aura-t-il plus d'argent? Les sources en sont communes, et jamais l'argent ne fit de grandes conquêtes. Fera-t-il une invasion subite? La famine ou des places fortes l'arrêteront à chaque pas. Voudra-t-il s'agrandir pied à pied? Il donne aux ennemis le moyen de s'unir pour résister; le temps, l'argent et les hommes ne tarderont pas à lui manquer. Divisera-t-il les autres puissances pour les vaincre l'une par l'autre? Les maximes de l'Europe rendent cette politique vaine; et le prince le plus borné ne donnerait pas dans ce piége. Enfin, aucun d'eux ne pouvant avoir de ressources exclusives, la résistance est, à la longue, égale à l'effort, et le temps rétablit bientôt les brusques accidents de la fortune, sinon pour chaque prince en particulier, au moins pour la constitution générale.

Veut-on maintenant supposer à plaisir l'accord de deux ou trois potentats pour subjuguer tout le reste? Ces trois potentats, quels qu'ils soient, ne feront pas ensemble la moitié de l'Europe. Alors l'autre moitié s'unira certainement contre eux; ils auront donc à vaincre plus fort qu'eux-mêmes. J'ajoute que les vues des uns sont trop opposées à celles des autres, et qu'il règne une trop grande jalousie entre eux, pour qu'ils puissent même former un semblable projet. J'ajoute encore que quand ils l'auraient formé, qu'ils le mettraient en exécution, et qu'il aurait quelques succès, ces succès mêmes seraient, pour les conquérants alliés, des semences de discorde; parce qu'il ne serait pas possible que les avantages fussent tellement partagés, que chacun se trouvât également satisfait des siens; et que le moins heureux s'opposerait bientôt aux progrès des autres, qui, par une semblable raison, ne tarderaient pas à se diviser eux-mêmes. Je doute que, depuis que le monde existe, on ait jamais vu trois ni même deux grandes puissances bien unies en subjuguer d'autres sans se brouiller sur les contingents ou sur les partages, et sans donner bientôt, par leur mésintelligence, de nouvelles ressources aux faibles. Ainsi, quelque supposition qu'on fasse, il n'est pas vraisemblable que ni prince, ni ligue, puisse désormais changer considérablement et à demeure l'état des choses parmi nous.

Ce n'est pas à dire que les Alpes, le Rhin, la mer, les Pyrénées, soient des obstacles insurmontables à l'ambition; mais ces obstacles sont soutenus par d'autres qui les fortifient, ou ramènent les états aux mêmes limites quand des efforts passagers les en ont écartés. Ce qui fait le vrai soutien du système de l'Europe, c'est bien en partie le jeu des négociations, qui presque toujours se balancent mutuellement; mais ce système a un autre appui plus solide encore. Cet appui, c'est le corps germanique, placé presque au centre de l'Europe; lequel en tient presque toutes les autres parties en respect, et sert peut-être encore plus au maintien de ses voisins qu'à celui de ses propres membres : corps redoutable aux étrangers par son étendue, par le nombre et la valeur de ses peuples; mais utile à tous par sa constitution, qui, lui ôtant les moyens et la volonté de rien conquérir, en fait l'écueil des conquérants. Malgré les défauts de cette constitution de l'empire, il est certain que tant qu'elle subsistera, jamais l'équilibre de l'Europe ne sera rompu, qu'aucun potentat n'aura à craindre d'être détrôné par un autre, et que le traité de Westphalie sera peut-être à jamais parmi nous la base du système politique. Ainsi le droit public, que les Allemands étudient avec tant de soin, est encore plus important qu'ils ne pensent, et n'est pas seulement le droit public germanique, mais, à certains égards, celui de toute l'Europe.

Mais si le présent système est inébranlable, c'est en cela même qu'il est plus orageux; car il y a, entre les puissances européennes, une action et une réaction qui, sans les déplacer tout-à-fait, les tient dans une agitation continuelle; et leurs efforts sont toujours vains et toujours renaissants, comme les flots de la mer, qui sans cesse agitent sa surface sans jamais en changer le niveau : de sorte que les peuples sont incessamment désolés sans aucun profit sensible pour les souverains.

Il me serait aisé de déduire la même vérité des intérêts particuliers de toutes les cours de l'Europe; car je ferais voir aisément que ces intérêts se croisent de manière à tenir toutes leurs forces mutuellement en respect : mais les idées de commerce et d'argent, ayant produit une espèce de fanatisme politique, font si promptement changer les intérêts apparents de tous les princes, qu'on ne peut établir aucune maxime stable sur leurs vrais intérêts, parce que tout dépend maintenant des systèmes économiques, la plupart fort bizarres, qui passent par la tête des ministres. Quoi qu'il en soit, le commerce, qui tend journellement à se mettre en équilibre, ôtant à certaines puissances l'avantage exclusif qu'elles en tiraient, leur ôte en même temps un des grands moyens qu'elles avaient de faire la loi aux autres (1).

(1) Les choses ont changé depuis que j'écrivais ceci; mais mon principe sera toujours

Si j'ai insisté sur l'égale distribution de force qui résulte en Europe de la constitution actuelle, c'était pour en déduire une conséquence importante à l'établissement d'une association générale; car, pour former une confédération solide et durable, il faut en mettre tous les membres dans une dépendance tellement mutuelle, qu'aucun ne soit seul en état de résister à tous les autres, et que les associations particulières, qui pourraient nuire à la grande, y rencontrent des obstacles suffisants pour empêcher leur exécution; sans quoi la confédération serait vaine, et chacun serait réellement indépendant, sous une apparente sujétion. Or, si ces obstacles sont tels que j'ai dit, ci-devant, maintenant que toutes les puissances sont dans une entière liberté de former entre elles des ligues et des traités offensifs, qu'on juge de ce qu'ils seraient quand il y aurait une grande ligue armée, toujours prête à prévenir ceux qui voudraient entreprendre de la détruire ou de lui résister. Ceci suffit pour montrer qu'une telle association ne consisterait pas en délibérations vaines, auxquelles chacun pût résister impunément; mais qu'il en naîtrait une puissance effective, capable de forcer les ambitieux à se tenir dans les bornes du traité général.

Il résulte de cet exposé trois vérités incontestables. L'une, qu'excepté le Turc, il règne entre tous les peuples de l'Europe une liaison sociale imparfaite, mais plus étroite que les nœuds généraux et lâches de l'humanité. La seconde, que l'imperfection de cette société rend la condition de ceux qui la composent pire que la privation de toute société entre eux. La troisième, que ces premiers liens, qui rendent cette société nuisible, la rendent en même temps facile à perfectionner : en sorte que tous ses membres pourraient tirer leur bonheur de ce qui fait actuellement leur misère, et changer en une paix éternelle l'état de guerre qui règne entre eux.

Voyons maintenant de quelle manière ce grand ouvrage, commencé par la fortune, peut être achevé par la raison; et comment la société libre et volontaire qui unit tous les états européens, prenant la force et la solidité d'un vrai corps politique, peut se changer en une confédération réelle. Il est indubitable qu'un pareil établissement, donnant à cette association la perfection qui lui manquait, en détruira l'abus, en étendra les avantages, et forcera toutes les parties à concourir au bien commun : mais il faut pour cela que cette confédération soit tellement générale, que nulle puissance considérable ne s'y refuse; qu'elle ait un tribunal judiciaire qui puisse établir les lois et règlements qui doivent obliger tous les membres; qu'elle ait une force coactive et coërcitive pour contraindre chaque état de se soumettre aux délibérations communes, soit pour agir, soit pour s'abstenir; enfin, qu'elle soit ferme et durable, pour empêcher que les membres ne s'en détachent à leur volonté, sitôt qu'ils croiront voir leur intérêt particulier contraire à l'intérêt général. Voilà les signes certains auxquels on reconnaîtra que l'institution est sage, utile et inébranlable. Il s'agit maintenant d'étendre cette supposition, pour chercher par analyse quels effets doivent en résulter, quels moyens sont propres à l'établir, et quel espoir raisonnable on peut avoir de la mettre en exécution.

Il se forme de temps en temps parmi nous des espèces de diètes générales sous le nom de congrès, où l'on se rend solennellement de tous les états de l'Europe pour s'en retourner de même; où l'on s'assemble pour ne rien dire; où toutes les affaires publiques se traitent en particulier; où l'on délibère en commun si la table sera ronde ou carrée, si la salle aura plus ou moins de portes, si un tel plénipotentiaire aura le visage ou le dos tourné vers la fe-

---

vrai. Il est, par exemple, très aisé de prévoir que, dans vingt ans d'ici, l'Angleterre, avec toute sa gloire, sera ruinée, et de plus, aura perdu le reste de sa liberté. Tout le monde assure que l'agriculture fleurit dans cette île; et moi, je parie qu'elle y dépérit. Londres s'agrandit tous les jours; donc le royaume se dépeuple. Les Anglais veulent être conquérants; donc ils ne tarderont pas d'être esclaves.

nêtre, si tel autre fera deux pouces de chemin de plus ou de moins dans une visite, et sur mille questions de pareille importance, inutilement agitées depuis trois siècles, et très dignes assurément d'occuper les politiques du nôtre.

Il se peut faire que les membres d'une de ces assemblées soient une fois doués du sens commun; il n'est pas même impossible qu'ils veuillent sincèrement le bien public; et, par les raisons qui seront ci-après déduites, on peut concevoir encore qu'après avoir aplani bien des difficultés, ils auront ordre de leurs souverains respectifs de signer la confédération générale que je suppose sommairement contenue dans les cinq articles suivants.

Par le premier, les souverains contractants établiront entre eux une alliance perpétuelle et irrévocable, et nommeront des plénipotentiaires pour tenir, dans un lieu déterminé, une diète ou un congrès permanent, dans lequel tous les différends des parties contractantes seront réglés et terminés par voie d'arbitrage ou de jugement.

Par le second, on spécifiera le nombre des souverains dont les plénipotentiaires auront voix à la diète; ceux qui seront invités d'accéder au traité; l'ordre, le temps et la manière dont la présidence passera de l'un à l'autre par intervalles égaux; enfin la quotité relative des contributions, et la manière de les lever pour fournir aux dépenses communes.

Par le troisième, la confédération garantira à chacun de ses membres la possession et le gouvernement de tous les états qu'il possède actuellement, de même que la succession élective ou héréditaire, selon que le tout est établi par les lois fondamentales de chaque pays, et, pour supprimer tout d'un coup la source des démêlés qui renaissent incessamment, on conviendra de prendre la possession actuelle et les derniers traités pour base de tous les droits mutuels des puissances contractantes; renonçant pour jamais et réciproquement à toute autre prétention antérieure; sauf les successions futures contentieuses, et autres droits à échoir, qui seront tous réglés à l'arbitrage de la diète, sans qu'il soit permis de s'en faire raison par voies de fait, ni de prendre jamais les armes l'un contre l'autre, sous quelque prétexte que ce puisse être.

Par le quatrième, on spécifiera les cas où tout allié infracteur du traité serait mis au ban de l'Europe, et proscrit comme ennemi public : savoir s'il refusait d'exécuter les jugements de la grande alliance, qu'il fît des préparatifs de guerre, qu'il négociât des traités contraires à la confédération, qu'il prît les armes pour lui résister ou pour attaquer quelqu'un des alliés.

Il sera encore convenu par le même article qu'on armera et agira offensivement, conjointement et à frais communs, contre tout état au ban de l'Europe, jusqu'à ce qu'il ait mis bas les armes, exécuté les jugements et règlements de la diète, réparé les torts, remboursé les frais, et fait raison même des préparatifs de guerre contraires au traité.

Enfin, par le cinquième, les plénipotentiaires du corps européen auront toujours le pouvoir de former dans la diète, à la pluralité des voix pour la provision, et aux trois quarts des voix cinq ans après pour la définitive, sur les instructions de leurs cours, les règlements qu'ils jugeront importants pour procurer à la république européenne et à chacun de ses membres tous les avantages possibles; mais on ne pourra jamais rien changer à ces cinq articles fondamentaux que du consentement unanime des confédérés.

Ces cinq articles, ainsi abrégés et couchés en règles générales, sont, je ne l'ignore pas, sujets à mille petites difficultés, dont plusieurs demanderaient de longs éclaircissements : mais les petites difficultés se lèvent aisément au besoin, et ce n'est pas d'elles qu'il s'agit dans une entreprise de l'importance de celle-ci. Quand il sera question du détail de la police du congrès, on trouvera mille obstacles et dix mille moyens de les lever. Ici il est question d'examiner, par la nature des choses, si l'entreprise est possible ou non. On se perdrait dans des volumes de riens, s'il fallait tout prévoir et répondre à tout.

En se tenant aux principes incontestables, on ne doit pas vouloir contenter tous les esprits, ni résoudre toutes les objections, ni dire comment tout se fera ; il suffit de montrer que tout se peut faire.

Que faut-il donc examiner pour bien juger de ce système ? Deux questions seulement ; car c'est une insulte que je ne veux pas faire au lecteur, de lui prouver qu'en général l'état de paix est préférable à l'état de guerre.

La première question est, si la confédération proposée irait sûrement à son but et serait suffisante pour donner à l'Europe une paix solide et perpétuelle.

La seconde, s'il est de l'intérêt des souverains d'établir cette confédération et d'acheter une paix constante à ce prix.

Quand l'utilité générale et particulière sera ainsi démontrée, on ne voit plus, dans la raison des choses, quelle cause pourrait empêcher l'effet d'un établissement qui ne dépend que de la volonté des intéressés.

Pour discuter d'abord le premier article, appliquons ici ce que j'ai dit ci-devant du système général de l'Europe, et de l'effort commun qui circonscrit chaque puissance à peu près dans ses bornes, et ne lui permet pas d'en écraser entièrement d'autres. Pour rendre sur ce point mes raisonnements plus sensibles, je joins ici la liste des dix-neuf puissances qu'on suppose composer la république européenne ; en sorte que, chacune ayant voix égale, il y aurait dix-neuf voix dans la diète :

SAVOIR : L'empereur des Romains ; — l'empereur de Russie ; — le roi de France ; — le roi d'Espagne ; — le roi d'Angleterre ; — les Etats-Généraux ; — le roi de Danemark ; — la Suède ; — la Pologne ; — le roi de Portugal ; — le souverain de Rome ; — le roi de Prusse ; — l'électeur de Bavière et ses co-associés ; — l'électeur palatin et ses co-associés ; — les Suisses et leurs co-associés ; — les électeurs ecclésiastiques et leurs associés ; — la république de Venise et ses co-associés ; — le roi de Naples ; — le roi de Sardaigne.

Plusieurs souverains moins considérables, tels que la république de Gênes, les ducs de Modène et de Parme, et d'autres, étant omis dans cette liste, seront joints aux moins puissants, par forme d'association, et auront avec eux un droit de suffrage, semblable au *votum curiatum* des comtes de l'empire. Il est inutile de rendre ici cette énumération plus précise, parce que, jusqu'à l'exécution du projet, il peut survenir d'un moment à l'autre des accidents sur lesquels il la faudrait réformer, mais qui ne changeraient rien au fond du système.

Il ne faut que jeter les yeux sur cette liste pour voir avec la dernière évidence qu'il n'est pas possible ni qu'aucune des puissances qui la composent soit en état de résister à toutes les autres unies en corps, ni qu'il s'y forme aucune ligue partielle capable de faire tête à la grande confédération.

Car comment se ferait cette ligue ? serait-ce entre les plus puissants ? Nous avons montré qu'elle ne saurait être durable ; et il est bien aisé maintenant de voir encore qu'elle est incompatible avec le système particulier de chaque grande puissance, et avec les intérêts inséparables de sa constitution. Serait-ce entre un grand état et plusieurs petits ? mais les autres grands états, unis à la confédération, auront bientôt écrasé la ligue : et l'on doit sentir que la grande alliance étant toujours unie et armée, il lui sera facile, en vertu du quatrième article, de prévenir et d'étouffer d'abord toute alliance partielle et séditieuse qui tendrait à troubler la paix et l'ordre public. Qu'on voie ce qui se passe dans le corps germanique, malgré les abus de sa police et l'extrême inégalité de ses membres : y en a-t-il un seul, même parmi les plus puissants, qui osât s'exposer au ban de l'empire en blessant ouvertement sa constitution, à moins qu'il ne crût avoir de bonnes raisons de ne point craindre que l'empire voulût agir contre lui tout de bon ?

Ainsi je tiens pour démontré que la diète européenne, une fois établie, n'aura jamais de rébellion à craindre, et que, bien qu'il s'y puisse introduire quelque abus, ils ne peuvent jamais aller jusqu'à éluder l'objet de l'institution. Reste à voir si cet objet sera bien rempli par l'institution même.

Pour cela, considérons les motifs qui mettent aux princes les armes à la main. Ces motifs sont, ou de faire des conquêtes, ou de se défendre d'un conquérant, ou d'affaiblir un trop puissant voisin, ou de soutenir ses droits attaqués, ou de vider un différend qu'on n'a pu terminer à l'amiable, ou enfin de remplir les engagements d'un traité. Il n'y a ni cause ni prétexte de guerre qu'on ne puisse ranger sous quelqu'un de ces six chefs : or il est évident qu'aucun des six ne peut exister dans ce nouvel état de choses.

Premièrement, il faut renoncer aux conquêtes, par l'impossibilité d'en faire, attendu qu'on est sûr d'être arrêté dans son chemin par de plus grandes forces que celles qu'on peut avoir ; de sorte qu'en risquant de tout perdre on est dans l'impuissance de rien gagner. Un prince ambitieux, qui veut s'agrandir en Europe, fait deux choses : il commence par se fortifier de bonnes alliances, puis il tâche de prendre son ennemi au dépourvu. Mais les alliances particulières ne serviraient de rien contre une alliance plus forte, et toujours subsistante ; et nul prince n'ayant plus aucun prétexte d'armer, il ne saurait le faire sans être aperçu, prévenu et puni par la confédération toujours armée.

La même raison qui ôte à chaque prince tout espoir de conquêtes lui ôte en même temps toute crainte d'être attaqué ; et, non-seulement ses états, garantis par toute l'Europe, lui sont aussi assurés qu'aux citoyens leurs possessions dans un pays bien policé, mais plus que s'il était leur unique et propre défenseur, dans le même rapport que l'Europe entière est plus forte que lui seul.

On n'a plus de raisons de vouloir affaiblir un voisin dont on n'a plus rien à craindre ; et l'on n'en est pas même tenté, quand on n'a nul espoir de réussir.

A l'égard du soutien de ses droits, il faut d'abord remarquer qu'une infinité de chicanes et de prétentions obscures et embrouillées seront toutes anéanties par le troisième article de la confédération, qui règle définitivement tous les droits réciproques des souverains alliés sur leur actuelle possession : ainsi toutes les demandes et prétentions possibles deviendront claires à l'avenir, et seront jugées dans la diète, à mesure qu'elles pourront naître. Ajoutez que si l'on attaque mes droits, je les dois soutenir par la même voie : or, on ne peut les attaquer par les armes, sans encourir le ban de la diète ; ce n'est donc pas non plus par les armes que j'ai besoin de les défendre. On doit dire la même chose des injures, des torts, des réparations, et de tous les différends imprévus qui peuvent s'élever entre deux souverains ; et le même pouvoir qui doit défendre leurs droits doit aussi redresser leurs griefs.

Quant au dernier article, la solution saute aux yeux. On voit d'abord que, n'ayant plus d'agresseur à craindre, on n'a plus besoin de traité défensif, et que, comme on n'en saurait faire de plus solide et de plus sûr que celui de la grande confédération, tout autre serait inutile, illégitime, et par conséquent nul.

Il n'est donc pas possible que la confédération, une fois établie, puisse laisser aucune semence de guerre entre les confédérés, et que l'objet de la paix perpétuelle ne soit exactement rempli par l'exécution du système proposé.

Il nous reste maintenant à examiner l'autre question, qui regarde l'avantage des parties contractantes ; car on sent bien que vainement ferait-on parler l'intérêt public au préjudice de l'intérêt particulier. Prouver que la paix est en général préférable à la guerre, c'est ne rien dire à celui qui croit avoir des raisons de préférer la guerre à la paix ; et lui montrer les moyens d'établir une paix durable, ce n'est que l'exciter à s'y opposer.

« En effet, dira-t-on, vous ôtez aux souverains le droit de se faire justice à eux-mêmes, c'est-à-dire le précieux droit d'être injustes quand il leur plaît ; vous leur ôtez le pouvoir de s'agrandir aux dépens de leurs voisins ; vous les faites renoncer à ces antiques prétentions qui tirent leur prix de leur obscurité, parce qu'on les étend avec sa fortune; à cet appareil de puissance et de terreur dont ils aiment à effrayer le monde, à cette gloire des conquêtes dont ils tirent leur honneur; et, pour tout dire enfin, vous les forcez d'être équitables et pacifiques. Quels seront les dédommagements de tant de cruelles privations? »

Je n'oserais répondre, avec l'abbé de Saint-Pierre, que la véritable gloire des princes consiste à procurer l'utilité publique et le bonheur de leurs sujets; que tous leurs intérêts sont subordonnés à leur réputation, et que la réputation qu'on acquiert auprès des sages se mesure sur le bien que l'on fait aux hommes; que l'entreprise d'une paix perpétuelle, étant la plus grande qui ait jamais été faite, est la plus capable de couvrir son auteur d'une gloire immortelle; que cette même entreprise, étant aussi la plus utile aux peuples, est encore la plus honorable aux souverains, la seule surtout qui ne soit pas souillée de sang, de rapines, de pleurs, de malédictions; et qu'enfin le plus sûr moyen de se distinguer dans la foule des rois est de travailler au bonheur public. Laissons aux harangueurs ces discours qui, dans les cabinets des ministres, ont couvert de ridicule l'auteur et ses projets, mais ne méprisons pas comme eux ses raisons; et, quoi qu'il en soit des vertus des princes, parlons de leurs intérêts.

Toutes les puissances de l'Europe ont des droits ou des prétentions les unes contre les autres; ces droits ne sont pas de nature à pouvoir jamais être parfaitement éclaircis, parce qu'il n'y a point, pour en juger, de règle commune et constante, et qu'ils sont souvent fondés sur des faits équivoques ou incertains. Les différends qu'ils causent ne sauraient non plus être jamais terminés sans retour, tant faute d'arbitre compétent, que parce que chaque prince revient dans l'occasion sans scrupule sur les cessions qui lui ont été arrachées par force dans des traités par les plus puissants, ou après des guerres malheureuses. C'est donc une erreur de ne songer qu'à ses prétentions sur les autres, et d'oublier celles des autres sur nous, lorsqu'il n'y a d'aucun côté ni plus de justice ni plus d'avantage dans les moyens de faire valoir ces prétentions réciproques. Sitôt que tout dépend de la fortune, la possession actuelle est d'un prix que la sagesse ne permet pas de risquer contre le profit à venir, même à chance égale; et tout le monde blâme un homme à son aise qui, dans l'espoir de doubler son bien, l'ose risquer en un coup de dé. Mais nous avons fait voir que, dans les projets d'agrandissement, chacun, même dans le système actuel, doit trouver une résistance supérieure à son effort; d'où il suit que, les plus puissants n'ayant aucune raison de jouer, ni les plus faibles aucun espoir de profit, c'est un bien pour tous de renoncer à ce qu'ils désirent, pour s'assurer ce qu'ils possèdent.

Considérons la consommation d'hommes, d'argent, de forces de toute espèce, l'épuisement où la plus heureuse guerre jette un état quelconque, et comparons ce préjudice aux avantages qu'il en retire, nous trouverons qu'il perd souvent quand il croit gagner, et que le vainqueur, toujours plus faible qu'avant la guerre, n'a de consolation que de voir le vaincu plus affaibli que lui; encore cet avantage est-il moins réel qu'apparent, parce que la supériorité qu'on peut avoir acquis sur son adversaire, on l'a perdue en même temps contre les puissances neutres, qui, sans changer d'état, se fortifient, par rapport à nous, de tout notre affaiblissement.

Si tous les rois ne sont pas revenus encore de la folie des conquêtes, il semble au moins que les plus sages commencent à entrevoir qu'elles coûtent, quelquefois plus qu'elles ne valent. Sans entrer à cet égard dans mille distinctions qui nous mèneraient trop loin, on peut dire en général qu'un prince qui, pour reculer ses frontières, perd autant de ses anciens sujets qu'il en acquiert de nouveaux, s'affaiblit en s'agrandissant, parce qu'avec un plus grand espace à défendre il n'a pas plus de défenseurs. Or, on ne peut ignorer que, par la manière dont la guerre se fait aujourd'hui, la moindre dépopulation qu'elle produit est celle qui se fait dans les armées. C'est bien là la perte apparente et sensible; mais il s'en fait en même temps dans tout l'état une plus grave et plus irréparable que celle des hommes qui meurent, par ceux qui ne naissent pas, par l'augmentation des impôts, par l'interruption du commerce, par la désertion des campagnes, par l'abandon de l'agriculture : ce mal, qu'on n'aperçoit point d'abord, se fait sentir cruellement dans la suite ; et c'est alors qu'on est étonné d'être si faible, pour s'être rendu si puissant.

Ce qui rend encore les conquêtes moins intéressantes, c'est qu'on sait maintenant par quels moyens on peut doubler et tripler sa puissance, non-seulement sans étendre son territoire, mais quelquefois en le resserrant, comme fit très sagement l'empereur Adrien (1). On sait que ce sont les hommes seuls qui font la force des rois ; et c'est une proposition qui découle de ce que je viens de dire, que de deux états qui nourrissent le même nombre d'habitants, celui qui occupe une moindre étendue de terre est réellement le plus puissant. C'est donc par de bonnes lois, par une sage police, par de grandes vues économiques, qu'un souverain judicieux est sûr d'augmenter ses forces sans rien donner au hasard. Les véritables conquêtes qu'il fait sur ses voisins sont les établissements plus utiles qu'il forme dans ses états ; et tous les sujets de plus qui lui naissent sont autant d'ennemis qu'il tue.

Il ne faut point m'objecter ici que je prouve trop, en ce que, si les choses étaient comme je les représente, chacun ayant un véritable intérêt de ne pas entrer en guerre, et les intérêts particuliers s'unissant à l'intérêt commun pour maintenir la paix, cette paix devrait s'établir d'elle-même et durer toujours sans aucune confédération. Ce serait faire un mauvais raisonnement dans la présente constitution ; car, quoiqu'il fût beaucoup meilleur pour tous d'être toujours en paix, le défaut commun de sûreté à cet égard fait que chacun, ne pouvant s'assurer d'éviter la guerre, tâche au moins de la commencer à son avantage quand l'occasion la favorise ; et de prévenir un voisin qui ne manquerait pas de le prévenir à son tour dans l'occasion contraire ; de sorte que beaucoup de guerres, même offensives, sont d'injustes précautions pour mettre en sûreté son propre bien, plutôt que des moyens d'usurper celui des autres. Quelque salutaires que puissent être généralement les maximes du bien public, il est certain qu'à ne considérer que l'objet qu'on regarde en politique, et souvent même en morale, elles deviennent pernicieuses à celui qui s'obstine à les pratiquer avec tout le monde quand personne ne les pratique avec lui.

Je n'ai rien à dire sur l'appareil des armes, parce que, destitué de fondements solides, soit de crainte, soit d'espérance, cet appareil est un jeu d'enfants, et que les rois ne doivent point avoir de poupées. Je ne dis rien non plus de la gloire des conquérants, parce que, s'il y avait quelques monstres qui s'affligeassent uniquement pour n'avoir personne à massacrer, il ne faudrait point leur parler raison, mais leur ôter les moyens d'exercer leur rage meurtrière. La garantie de l'article troisième ayant prévenu toutes solides raisons de guerre, on ne saurait avoir de motif de l'allumer contre autrui qui ne puisse en fournir autant à autrui contre-nous-mêmes ; et c'est gagner beaucoup que de s'affranchir d'un risque où chacun est seul contre tous.

Quant à la dépendance où chacun sera du tribunal commun, il est très clair qu'elle ne diminuera rien des droits de la souveraineté; mais les affermira, au contraire, et les rendra plus assurés par l'article troisième, en garantissant à chacun, non-seulement ses états contre toute invasion étrangere, mais encore son autorité contre toute rébellion de ses sujets. Ainsi les princes n'en seront pas moins absolus, et leur couronne en sera plus assurée; de sorte qu'en se soumettant au jugement de la diète dans leurs démêlés

(1) Adrien abandonna les provinces au-delà du Danube et sur le territoire des Parthes que Trajan, son prédécesseur, avait conquises et réunies à l'empire romain.

d'égal à égal, et s'ôtant le dangereux pouvoir de s'emparer du bien d'autrui, ils ne font que s'assurer de leurs véritables droits, et renoncer à ceux qu'ils n'ont pas. D'ailleurs, il y a bien de la différence entre dépendre d'autrui ou seulement d'un corps dont on est membre et dont chacun est chef à son tour; car, en ce dernier cas, on ne fait qu'assurer sa liberté par les garants qu'on lui donne : elle s'aliénerait dans les mains d'un maître, mais elle s'affermit dans celles des associés. Ceci se confirme par l'exemple du corps germanique; car, bien que la souveraineté de ses membres soit altérée à bien des égards par sa constitution, et qu'ils soient par conséquent dans un cas moins favorable que ne seraient ceux du corps européen, il n'y en a pourtant pas un seul, quelque jaloux qu'il soit de son autorité, qui voulût, quand il le pourrait, s'assurer une indépendance absolue en se détachant de l'empire.

Remarquez de plus que, le corps germanique ayant un chef permanent, l'autorité de ce chef doit nécessairement tendre sans cesse à l'usurpation; ce qui ne peut arriver de même dans la diète européenne, où la présidence doit être alternative et sans égard à l'inégalité de puissance.

A toutes ces considérations il s'en joint une autre bien plus importante encore pour des gens aussi avides d'argent que le sont toujours les princes : c'est une grande facilité de plus d'en avoir beaucoup, par tous les avantages qui résulteront pour leurs peuples et pour eux d'une paix continuelle, et par l'excessive dépense, qu'épargne la réforme de l'état militaire, de ces multitudes de forteresses et de cette énorme quantité de troupes qui absorbe leurs revenus, et devient chaque jour plus à charge à leurs peuples et à eux-mêmes. Je sais qu'il ne convient pas à tous les souverains de supprimer toutes leurs troupes, et de n'avoir aucune force publique en main pour étouffer une émeute inopinée, ou une invasion subite (1). Je sais encore qu'il y aura un contingent à fournir à la confédération, tant pour la garde des frontières de l'Europe que pour l'entretien de l'armée confédérative destinée à soutenir au besoin les décrets de la diète. Mais toutes ces dépenses faites, et l'extraordinaire des guerres à jamais supprimé, il resterait encore plus de la moitié de la dépense militaire ordinaire à répartir entre le soulagement des sujets et les coffres du prince : de sorte que le peuple paierait beaucoup moins; que le prince, beaucoup plus riche, serait en état d'exciter le commerce, l'agriculture, les arts, de faire des établissements utiles qui augmenteraient encore la richesse du peuple et la sienne ; et que l'état serait avec cela dans une sûreté beaucoup plus parfaite que celle qu'il peut tirer de ses armées et de tout cet appareil de guerre qui ne cesse de l'épuiser au sein de la paix.

On dira peut-être que les pays frontières de l'Europe seraient alors dans une position plus désavantageuse, et pourraient avoir également des guerres à soutenir, ou avec le Turc, ou avec les corsaires d'Afrique, ou avec les Tartares.

A cela je réponds, 1° que ces pays sont dans le même cas aujourd'hui, et que par conséquent ce ne serait pas pour eux un désavantage positif à citer, mais seulement un avantage de moins et un inconvénient inévitable auquel leur situation les expose; 2° que, délivrés de toute inquiétude du côté de l'Europe, ils seraient beaucoup plus en état de résister au dehors; 3° que la suppression de toutes les forteresses de l'intérieur de l'Europe et des frais nécessaires à leur entretien mettrait la confédération en état d'en établir un grand nombre sur les frontières sans être à charge aux confédérés ; 4° que ces forteresses, construites, entretenues et gardées à frais communs, seraient autant de sûretés et de moyens d'épargne pour les puissances frontières dont elles garantiraient les états; 5° que les troupes de la confédération, distribuées sur les confins de l'Europe, seraient toujours prêtes à repousser l'agresseur; 6° qu'enfin un corps aussi redoutable que la république européenne ôterait aux

---

(1) Il se présente encore ici d'autres objections, mais comme l'auteur du Projet ne se les est pas faites, je les ai rejetées dans l'examen.

étrangers l'envie d'attaquer aucun de ses membres, comme le corps germanique, infiniment moins puissant, ne laisse pas de l'être assez pour se faire respecter de ses voisins et protéger utilement tous les princes qui le composent.

On pourra dire encore que les Européens n'ayant plus de guerres entre eux, l'art militaire tomberait insensiblement dans l'oubli ; que les troupes perdraient leur courage et leur discipline ; qu'il n'y aurait plus ni généraux, ni soldats, et que l'Europe resterait à la merci du premier venu.

Je réponds qu'il arrivera de deux choses l'une : ou les voisins de l'Europe l'attaqueront et lui feront la guerre, ou ils redouteront la confédération et la laisseront en paix.

Dans le premier cas, voilà les occasions de cultiver le génie et les talents militaires, d'aguerrir et former des troupes ; les armées de la confédération seront à cet égard l'école de l'Europe ; on ira sur la frontière apprendre la guerre ; dans le sein de l'Europe on jouira de la paix, et l'on réunira par ce moyen les avantages de l'une et de l'autre. Croit-on qu'il soit toujours nécessaire de se battre chez soi pour devenir guerrier ? et les Français sont-ils moins braves parce que les provinces de Touraine et d'Anjou ne sont pas en guerre l'une contre l'autre ?

Dans le second cas, on ne pourra plus s'aguerrir, il est vrai ; mais on n'en aura plus besoin ; car à quoi bon s'exercer à la guerre pour ne la faire à personne ? Lequel vaut mieux de cultiver un art funeste ou de le rendre inutile ? S'il y avait un secret pour jouir d'une santé inaltérable, y aurait-il du bon sens à le rejeter pour ne pas ôter aux médecins l'occasion d'acquérir de l'expérience ? Il reste à voir dans ce parallèle lequel des deux arts est plus salutaire en soi, et mérite mieux d'être conservé.

Qu'on ne nous menace pas d'une invasion subite ; on sait bien que l'Europe n'en a point à craindre, et que ce premier venu ne viendra jamais. Ce n'est plus le temps de ces irruptions de barbares qui semblaient tombés des nues. Depuis que nous parcourons d'un œil curieux toute la surface de la terre, il ne peut plus rien venir jusqu'à nous qui ne soit prévu de très loin. Il n'y a nulle puissance au monde qui soit maintenant en état de menacer l'Europe entière ? et si jamais il en vient une, ou l'on aura le temps de se préparer, ou l'on sera du moins plus en état de lui résister, étant unis en un corps, que quand il faudra terminer tout d'un coup de longs différends et se réunir à la hâte.

Nous venons de voir que tous les prétendus inconvénients de l'état de confédération bien pesés se réduisent à rien. Nous demandons maintenant si quelqu'un dans le monde en oserait dire autant de ceux qui résultent de la manière actuelle de vider les différends entre prince et prince par le droit du plus fort, c'est-à-dire de l'état d'impolice et de guerre qu'engendre nécessairement l'indépendance absolue et mutuelle de tous les souverains dans la société imparfaite qui règne entre eux dans l'Europe. Pour qu'on soit mieux en état de peser ces inconvénients, j'en vais résumer en peu de mots le sommaire que je laisse examiner au lecteur.

1. Nul droit assuré que celui du plus fort. 2. Changements continuels et inévitables de relations entre les peuples, qui empêchent aucun d'eux de pouvoir fixer en ses mains la force dont il jouit. 3. Point de sûreté parfaite, aussi longtemps que les voisins ne sont pas soumis ou anéantis. 4. Impossibilité générale de les anéantir, attendu qu'en subjuguant les premiers on en trouve d'autres. 5. Précautions et frais immenses pour se tenir sur ses gardes. 6. Défaut de force et de défense dans les minorités et dans les révoltes ; car quand l'état se partage, qui peut soutenir un des partis contre l'autre ? 7. Défaut de sûreté dans les engagements mutuels. 8. Jamais de justice à espérer d'autrui sans des frais et des pertes immenses, qui ne l'obtiennent pas toujours, et dont l'objet disputé ne dédommage que rarement. 9. Risque inévitable de ses états et quelquefois de sa vie dans la poursuite de ses droits. 10. Nécessité de prendre

part malgré soi aux querelles de ses voisins, et d'avoir la guerre quand on la voudrait le moins. 11. Interruption du commerce et des ressources publiques au moment qu'elles sont le plus nécessaires. 12. Danger continuel de la part d'un voisin puissant si l'on est faible, et d'une ligue si l'on est fort. 13. Enfin inutilité de la sagesse où préside la fortune; désolation continuelle des peuples; affaiblissement de l'état dans les succès et dans les revers; impossibilité totale d'établir jamais un bon gouvernement, de compter sur son propre bien, et de rendre heureux ni soi ni les autres.

Récapitulons de même les avantages de l'arbitrage européen pour les princes confédérés.

1. Sûreté entière que leurs différends présents et futurs seront toujours terminés sans aucune guerre; sûreté incomparablement plus utile pour eux que ne serait, pour les particuliers, celle de n'avoir jamais de procès.

2. Sujets de contestations ôtés ou réduits à très peu de chose par l'anéantissement de toutes prétentions antérieures, qui compensera les renonciations et affermira les possessions.

3. Sûreté entière et perpétuelle, et de la personne du prince, et de sa famille, et de ses états, et de l'ordre de succession fixé par les lois de chaque pays, tant contre l'ambition des prétendants injustes et ambitieux, que contre les révoltes des sujets rebelles.

4. Sûreté parfaite de l'exécution de tous les engagements réciproques entre prince et prince par la garantie de la république européenne.

5. Liberté et sûreté parfaite et perpétuelle à l'égard du commerce, tant d'état à état, que de chaque état dans les régions éloignées.

6. Suppression totale et perpétuelle de leur dépense militaire extraordinaire par terre et par mer en temps de guerre, et considérable diminution de leur dépense ordinaire en temps de paix.

7. Progrès sensibles de l'agriculture et de la population, des richesses de l'état, et des revenus du prince.

8. Facilité de tous les établissements qui peuvent augmenter la gloire et l'autorité du souverain, les ressources publiques et le bonheur des peuples.

Je laisse, comme je l'ai déjà dit, au jugement des lecteurs l'examen de tous ces articles, et la comparaison de l'état de paix qui résulte de la confédération, avec l'état de guerre qui résulte de l'impolice européenne.

Si nous avons bien raisonné dans l'exposition de ce projet, il est démontré premièrement que l'établissement de la paix perpétuelle dépend uniquement du consentement des souverains, et n'offre point à lever d'autre difficulté que leur résistance; secondement, que cet établissement leur serait utile de toute manière, et qu'il n'y a nulle comparaison à faire, même pour eux, entre les inconvénients et les avantages; en troisième lieu, qu'il est raisonnable de supposer que leur volonté s'accorde avec leur intérêt; enfin que cet établissement, une fois formé sur le plan proposé, serait solide et durable, et remplirait parfaitement son objet. Sans doute ce n'est pas à dire que les souverains adopteront ce projet (qui peut répondre de la raison d'autrui?), mais seulement qu'ils l'adopteraient s'ils consultaient leurs vrais intérêts : car on doit bien remarquer que nous n'avons point supposé les hommes tels qu'ils devraient être, bons, généreux, désintéressés, et aimant le bien public par humanité; mais tels qu'ils sont, injustes, avides, et préférant leur intérêt à tout. La seule chose qu'on leur suppose, c'est assez de raison pour voir ce qui leur est utile, et assez de courage pour faire leur propre bonheur. Si, malgré tout cela, ce projet demeure sans exécution, ce n'est donc pas qu'il soit chimérique; c'est que les hommes sont insensés, et que c'est une sorte de folie d'être sage au milieu des fous.

JUGEMENT SUR LA PAIX PERPÉTUELLE.

Le projet de la paix perpétuelle, étant par son objet le plus digne d'occuper un homme de bien, fut aussi, de tous ceux de l'abbé de Saint-Pierre, celui qu'il médita le plus longtemps et qu'il suivit avec le plus d'opiniâtreté; car on a peine à nommer autrement ce zèle de missionnaire qui ne l'abandonna jamais sur ce point, malgré l'évidente impossibilité du succès, le ridicule qu'il se donnait de jour en jour, et les dégoûts qu'il eut sans cesse à essuyer. Il semble que cette âme saine, uniquement attentive au bien public, mesurait les soins qu'elle donnait aux choses uniquement sur le degré de leur utilité, sans jamais se laisser rebuter par les obstacles ni songer à l'intérêt personnel.

Si jamais vérité morale fut démontrée, il me semble que c'est l'utilité générale et particulière de ce projet. Les avantages qui résulteraient de son exécution, et pour chaque prince, et pour chaque peuple, et pour toute l'Europe, sont immenses, clairs, incontestables; on ne peut rien de plus solide et de plus exact que les raisonnements par lesquels l'auteur les établit. Réalisez sa république européenne durant un seul jour, c'en est assez pour la faire durer éternellement, tant chacun trouverait par l'expérience son profit particulier dans le bien commun. Cependant ces mêmes princes, qui la défendraient de toutes leurs forces si elle existait, s'opposeront maintenant de même à son exécution, et l'empêcheront infailliblement de s'établir comme ils l'empêcheraient de s'éteindre. Ainsi, l'ouvrage de l'abbé de Saint-Pierre sur la paix perpétuelle paraît d'abord inutile pour la produire et superflu pour la conserver. C'est donc une vaine spéculation, dira quelque lecteur impatient. Non, c'est un livre solide et sensé, et il est très important qu'il existe.

Commençons par examiner les difficultés de ceux qui ne jugent pas des raisons par la raison, mais seulement par l'événement, et qui n'ont rien à objecter contre ce projet, sinon qu'il n'a pas été exécuté. En effet, diront-ils sans doute, si ses avantages sont si réels, pourquoi donc les souverains de l'Europe ne l'ont-ils pas adopté? pourquoi négligent-ils leur propre intérêt, si cet intérêt leur est si bien démontré? Voit-on qu'ils rejettent d'ailleurs les moyens d'augmenter leurs revenus et leur puissance? Si celui-ci était aussi bon pour cela qu'on le prétend, est-il croyable qu'ils en fussent moins empressés que de tous ceux qui les égarent depuis si longtemps, et qu'ils préférassent mille ressources trompeuses à un profit évident?

Sans doute cela est croyable, à moins qu'on ne suppose que leur sagesse est égale à leur ambition, et qu'ils voient d'autant mieux leurs avantages qu'ils les désirent plus fortement; au lieu que c'est la grande punition des excès de l'amour-propre de recourir toujours à des moyens qui l'abusent, et que l'ardeur même des passions est presque toujours ce qui les détourne de leur but. Distinguons donc, en politique ainsi qu'en morale, l'intérêt réel de l'intérêt apparent : le premier se trouverait dans la paix perpétuelle, cela est démontré dans le projet; le second se trouve dans l'état d'indépendance absolue qui soustrait les souverains à l'empire de la loi pour les soumettre à celui de la fortune. Semblables à un pilote insensé, qui, pour faire montre d'un vain savoir et commander à ses matelots, aimerait mieux flotter entre des rochers durant la tempête, que d'assujettir son vaisseau par des ancres.

Toute l'occupation des rois, ou de ceux qu'ils chargent de leurs fonctions, se rapporte à deux seuls objets, étendre leur domination au dehors, et la rendre plus absolue au dedans : toute autre vue, ou se rapporte à l'une de ces deux, ou ne leur sert que de prétexte; telles sont celles du *bien public*, du *bonheur des sujets*, de la *gloire de la nation*; mots à jamais proscrits du cabinet, et si lourdement employés dans les édits publics, qu'ils n'annoncent jamais que des ordres funestes, et que le peuple gémit d'avance quand ses maîtres lui parlent de leurs soins paternels.

Qu'on juge, sur ces deux maximes fondamentales, comment les princes peuvent recevoir une proposition qui choque directement l'une, et qui n'est guère plus favorable à l'autre. Car on sent bien que, par la diète européenne, le gouvernement de chaque état n'est pas moins fixé que par ses limites, qu'on ne peut garantir les princes de la révolte des sujets sans garantir en même temps les sujets de la tyrannie des princes, et qu'autrement l'institution ne saurait subsister. Or, je demande s'il y a dans le monde un seul souverain qui, borné ainsi pour jamais dans ses projets les plus chéris, supportât sans indignation la seule idée de se voir forcé d'être juste, non-seulement avec les étrangers, mais même avec ses propres sujets.

Il est facile encore de comprendre que d'un côté la guerre et les conquêtes, et de l'autre les progrès du despotisme, s'entr'aident mutuellement; qu'on prend à discrétion, dans un peuple d'esclaves, de l'argent et des hommes pour en subjuguer d'autres; que réciproquement la guerre fournit un prétexte aux exactions pécuniaires, et un autre non moins spécieux d'avoir toujours de grandes armées pour tenir le peuple en respect. Enfin chacun voit assez que les princes conquérants font pour le moins autant la guerre à leurs sujets qu'à leurs ennemis, et que la condition des vainqueurs n'est pas meilleure que celle des vaincus. « J'ai battu les Romains, écrivait Annibal aux Carthaginois, envoyez-moi des troupes; j'ai mis l'Italie à contribution, envoyez-moi de l'argent. » Voilà ce que signifient les *Te Deum*, les feux de joie, et l'allégresse du peuple au triomphe de ses maîtres.

Quant aux différends entre prince et prince, peut-on espérer de soumettre à un tribunal supérieur des hommes qui s'osent vanter de ne tenir leur pouvoir que de leur épée, et qui ne font mention de Dieu même que parce qu'il est au ciel? Les souverains se soumettront-ils dans leurs querelles à des voies juridiques, que toute la rigueur des lois n'a jamais pu forcer les particuliers d'admettre dans les leurs? Un simple gentilhomme offensé dédaigne de porter ses plaintes au tribunal des maréchaux de France, et vous voulez qu'un roi porte les siennes à la diète européenne? Encore y a-t-il cette différence, que l'un pèche contre les lois et expose doublement sa vie, au lieu que l'autre n'expose guère que ses sujets; qu'il use, en prenant les armes, d'un droit avoué de tout le genre humain, et dont il prétend n'être comptable qu'à Dieu seul.

Un prince qui met sa cause au hasard de la guerre n'ignore pas qu'il court des risques; mais il en est moins frappé que des avantages qu'il se promet, parce qu'il craint bien moins la fortune qu'il n'espère de sa propre sagesse : s'il est puissant, il compte sur ses forces; s'il est faible, il compte sur ses alliances; quelquefois il lui est utile au dedans de purger de mauvaises humeurs, d'affaiblir des sujets indociles, d'essuyer même des revers, et le politique habile sait tirer avantage de ses propres défaites. J'espère qu'on se souviendra que ce n'est pas moi qui raisonne ainsi, mais le sophiste de cour, qui préfère un grand territoire et peu de sujets pauvres et soumis, à l'empire inébranlable que donnent au prince la justice et les lois sur un peuple heureux et florissant.

C'est encore par le même principe qu'il réfute en lui-même l'argument tiré de la suspension du commerce, de la dépopulation, du dérangement des finances et des pertes réelles que cause une vaine conquête. C'est un calcul très-fautif que d'évaluer toujours en argent les gains ou les pertes des souverains: le degré de puissance qu'ils ont en vue ne se compte point par les millions qu'on possède. Le prince fait toujours circuler ses projets : il veut commander pour s'enrichir, et s'enrichir pour commander; il sacrifiera tour à tour l'un et l'autre pour acquérir celui des deux qui lui manque. Mais ce n'est qu'afin de parvenir à les posséder enfin tous les deux ensemble qu'il les poursuit séparément; car, pour être le maître des hommes et des choses, il faut qu'il ait à la fois l'empire et l'argent.

Ajoutons enfin, sur les grands avantages qui doivent résulter, pour le commerce, d'une paix générale et perpétuelle, qu'ils sont bien en eux-mêmes certains et incontestables, mais qu'étant communs à tous, ils ne seront réels pour personne, attendu que de tels avantages ne se sentent que par leurs différences, et que pour augmenter sa puissance relative, on ne doit chercher que des biens exclusifs.

Sans cesse abusés par l'apparence des choses, les princes rejetteraient donc cette paix, quand ils pèseraient leurs intérêts eux-mêmes : que sera-ce quand ils les feront peser par leurs ministres, dont les intérêts sont toujours opposés à ceux du peuple et presque toujours à ceux du prince? Les ministres ont besoin de la guerre pour se rendre nécessaires, pour jeter le prince dans des embarras dont il ne se puisse tirer sans eux, et pour perdre l'état, s'il le faut, plutôt que leur place; ils en ont besoin pour vexer le peuple sous prétexte des nécessités publiques; ils en ont besoin pour placer leurs créatures, gagner sur les marchés, et faire en secret mille odieux monopoles; ils en ont besoin pour satisfaire leurs passions, et s'expulser mutuellement; ils en ont besoin pour s'emparer du prince en le tirant de la cour quand il s'y forme contre eux des intrigues dangereuses : ils perdraient toutes ces ressources par la paix perpétuelle. Et le public ne laisse pas de demander pourquoi, si ce projet est possible, ils ne l'ont pas adopté! Il ne voit pas qu'il n'y a rien d'impossible dans ce projet, sinon qu'il soit adopté par eux. Que feront-ils donc pour s'y opposer? ce qu'ils ont toujours fait; ils le tourneront en ridicule.

Il ne faut pas non plus croire avec l'abbé de Saint-Pierre que, même avec la bonne volonté que les princes ni leurs ministres n'auront jamais, il fût aisé de trouver un moment favorable à l'exécution de ce système, car il faudrait pour cela que la somme des intérêts particuliers ne l'emportât pas sur l'intérêt commun, et que chacun crût voir dans le bien de tous le plus grand bien qu'il peut espérer pour lui-même. Or, ceci demande un concours de sagesse dans tant de têtes, et un concours de rapports dans tant d'intérêts, qu'on ne doit guère espérer du hasard l'accord fortuit de toutes les circonstances nécessaires : cependant si cet accord n'a pas lieu, il n'y a que la force qui puisse y suppléer; et alors il n'est plus question de persuader, mais de contraindre, et il ne faut plus écrire des livres, mais lever des troupes.

Ainsi, quoique le projet fût très-sage, les moyens de l'exécuter se sentaient de la simplicité de l'auteur. Il s'imaginait bonnement qu'il ne fallait qu'assembler un congrès, y proposer ses articles, qu'on les allait signer, et que tout serait fait. Convenons que, dans tous les projets de cet honnête homme, il voyait assez bien l'effet des choses quand elles seraient établies, mais il jugeait comme un enfant des moyens de les établir.

Je ne voudrais, pour prouver que le projet de la république chrétienne n'est pas chimérique, que nommer son premier auteur; car, assurément, Henri IV n'était pas fou, ni Sully visionnaire. L'abbé de Saint-Pierre s'autorisait de ces grands noms pour renouveler leur système. Mais quelle différence dans le temps, dans les circonstances, dans la proposition, dans la manière de la faire et dans son auteur! Pour en juger, jetons un coup d'œil sur la situation générale des choses au moment choisi par Henri IV pour l'exécution de son projet.

La grandeur de Charles-Quint, qui régnait sur une partie du monde et faisait trembler l'autre, l'avait fait aspirer à la monarchie universelle avec de grands moyens de succès et de grands talents pour les employer; son fils, plus riche et moins puissant, suivant sans relâche un projet qu'il n'était pas capable d'exécuter, ne laissa pas de donner à l'Europe des inquiétudes continuelles; et la maison d'Autriche avait pris un tel ascendant sur les autres puissances, que nul prince ne régnait en sûreté s'il n'était bien avec elle. Philippe III, moins habile encore que son père, hérita de toutes ses prétentions. L'effroi de la puissance espagnole tenait encore l'Europe en respect, et l'Espagne continuait à dominer plutôt par l'habitude de commander que par le pouvoir de se faire obéir. En effet, la révolte des Pays-Bas, les armements contre l'Angleterre, les guerres civiles de France, avaient épuisé les forces d'Espagne et les trésors des Indes ; la maison d'Autriche, partagée en deux branches, n'agissait plus avec le même concert ; et, quoique l'empereur s'efforçât de maintenir ou recouvrer en Allemagne l'autorité de Charles-Quint, il ne faisait qu'aliéner les princes et fomenter des ligues qui ne tardèrent pas d'éclore et faillirent à le détrôner. Ainsi se préparait de loin la décadence de la maison d'Autriche et le rétablissement de la liberté commune. Cependant nul n'osait le premier hasarder de secouer le joug, et s'exposer seul à la guerre ; l'exemple de Henri IV même, qui s'en était tiré si mal, ôtait le courage à tous les autres. D'ailleurs, si l'on excepte le duc de Savoie, trop faible et trop subjugué pour rien entreprendre, il n'y avait pas parmi tant de souverains un seul homme de tête en état de former et soutenir une entreprise ; chacun attendait du temps et des circonstances le moment de briser ses fers. Voilà quel était en gros l'état des choses, quand Henri forma le plan de la république chrétienne, et se prépara à l'exécuter. Projet bien grand, bien admirable en lui-même, et dont je ne veux pas ternir l'honneur, mais qui, ayant pour raison secrète l'espoir d'abaisser un ennemi redoutable, recevait de ce pressant motif une activité qu'il eût difficilement tirée de la seule utilité commune.

Voyons maintenant quels moyens ce grand homme avait employés à préparer une si haute entreprise. Je compterais volontiers pour le premier d'en avoir bien vu toutes les difficultés ; de telle sorte qu'ayant formé ce projet dès son enfance, il le médita toute sa vie, et réserva l'exécution pour sa vieillesse : conduite qui prouve premièrement ce désir ardent et soutenu qui seul, dans les choses difficiles, peut vaincre les grands obstacles ; et, de plus, cette sagesse patiente et réfléchie qui s'aplanit les routes de longue main à force de prévoyance et de préparation. Car il y a bien de la différence entre les entreprises nécessaires dans lesquelles la prudence même veut qu'on donne quelque chose au hasard, et celles que le succès seul peut justifier, parce qu'ayant pu se passer de les faire on n'a dû les tenter qu'à coup sûr. Le profond secret qu'il garda toute sa vie, jusqu'au moment de l'exécution, était encore aussi essentiel que difficile, dans une si grande affaire, où le concours de tant de gens était nécessaire, et que tant de gens avaient intérêt de traverser. Il paraît que, quoiqu'il eût mis la plus grande partie de l'Europe dans son parti, et qu'il fût ligué avec les plus puissants potentats, il n'eut jamais qu'un seul confident qui connût toute l'étendue de son plan ; et, par un bonheur que le ciel n'accorda qu'au meilleur des rois, ce confident fut un ministre intègre. Mais sans que rien transpirât de ses grands desseins, tout marchait en silence vers leur exécution. Deux fois Sully était allé à Londres ; la partie était liée avec le roi Jacques, et le roi de Suède était engagé de son côté ; la ligue était conclue avec les protestants d'Allemagne ; on était même sûr des princes d'Italie, et tous concouraient au grand but sans pouvoir dire quel il était, comme les ouvriers qui travaillent séparément aux pièces d'une nouvelle machine dont ils ignorent la forme et l'usage. Qu'est-ce donc qui favorisait ce mouvement général ? Était-ce la paix perpétuelle que nul ne prévoyait, et dont peu se seraient souciés ? Était-ce l'intérêt public, qui n'est jamais celui de personne ? L'abbé de Saint-Pierre eût pu l'espérer. Mais réellement chacun ne travaillait que dans la vue de son intérêt particulier, que Henri avait eu le secret de leur montrer à tous sous une face très attrayante. Le roi d'Angleterre avait à se délivrer des continuelles conspirations des catholiques de son royaume, toutes fomentées par l'Espagne. Il trouvait de plus un grand avantage à l'affranchissement des Provinces-Unies, qui lui coûtaient beaucoup à soutenir, et le mettaient chaque jour à la veille d'une guerre qu'il redoutait, ou à laquelle il aimait mieux contribuer une fois avec tous les autres, afin de s'en délivrer pour toujours. Le roi de

Suède voulait s'assurer de la Poméranie et mettre un pied dans l'Allemagne. L'électeur palatin, alors protestant et chef de la confession d'Augsbourg, avait des vues sur la Bohême et entrait dans toutes celles du roi d'Angleterre. Les princes d'Allemagne avaient à réprimer les usurpations de la maison d'Autriche. Le duc de Savoie obtenait Milan et la couronne de Lombardie, qu'il désirait avec ardeur. Le pape même, fatigué de la tyrannie espagnole, était de la partie au moyen du royaume de Naples, qu'on lui avait promis. Les Hollandais, mieux payés que tous les autres, gagnaient l'assurance de leur liberté. Enfin, outre l'intérêt commun d'abaisser une puissance orgueilleuse qui voulait dominer partout, chacun en avait un particulier, très vif, très sensible, et qui n'était point balancé par la crainte de substituer un tyran à l'autre, puisqu'il était convenu que les conquêtes seraient partagées entre tous les alliés excepté la France et l'Angleterre, qui ne pouvaient rien garder pour elles. C'en était assez pour calmer les plus inquiets sur l'ambition de Henri IV. Mais ce sage prince n'ignorait pas qu'en ne se réservant rien par ce traité, il y gagnait pourtant plus qu'aucun autre ; car, sans rien ajouter à son patrimoine, il lui suffisait de diviser celui du seul plus puissant que lui, pour devenir le plus puissant lui-même ; et l'on voit très clairement qu'en prenant toutes les précautions qui pouvaient assurer le succès de l'entreprise, il ne négligeait pas celles qui devaient lui donner la primauté dans le corps qu'il voulait instituer.

De plus, ses apprêts ne se bornaient point à former au dehors des ligues redoutables ni à contracter alliance avec ses voisins et ceux de son ennemi. En intéressant tant de peuples à l'abaissement du premier potentat de l'Europe, il n'oubliait pas de se mettre en état par lui-même de le devenir à son tour. Il employa quinze ans de paix à faire des préparatifs dignes de l'entreprise qu'il méditait. Il remplit d'argent ses coffres, ses arsenaux d'artillerie, d'armes, de munitions ; il ménagea de loin des ressources pour des besoins imprévus : mais il fit plus que tout cela sans doute en gouvernant sagement ses peuples, en déracinant insensiblement toutes les semences de divisions et en mettant un si bon ordre à ses finances, qu'elles pussent fournir à tout sans fouler ses sujets ; de sorte que, tranquille au dedans et redoutable au dehors, il se vit en état d'armer et d'entretenir soixante mille hommes et vingt vaisseaux de guerre, de quitter son royaume sans y laisser la moindre source de désordre, et de faire la guerre durant six ans sans toucher à ses revenus ordinaires ni mettre un sou de nouvelles impositions.

A tant de préparatifs, ajoutez, pour la conduite de l'entreprise, le même zèle et la même prudence qui l'avaient formée, tant de la part de son ministre que de la sienne ; enfin, à la tête des expéditions militaires, un capitaine tel que lui, tandis que son adversaire n'en avait plus à lui opposer ; et vous jugerez si rien de ce qui peut annoncer un heureux succès manquait à l'espoir du sien. Sans avoir pénétré ses vues, l'Europe, attentive à ses immenses préparatifs, en attendait l'effet avec une sorte de frayeur. Un léger prétexte allait commencer cette grande révolution ; une guerre qui devait être la dernière, préparait une paix immortelle, quand un événement dont l'horrible mystère doit augmenter l'effroi vint bannir à jamais le dernier espoir du monde. Le même coup qui trancha les jours de ce bon roi replongea l'Europe dans d'éternelles guerres qu'elle ne doit plus espérer de voir finir. Quoi qu'il en soit, voilà les moyens que Henri IV avait rassemblés pour former le même établissement que l'abbé de Saint-Pierre prétendait faire avec un livre.

Qu'on ne dise donc point que si son système n'a pas été adopté, c'est qu'il n'était pas bon : qu'on dise au contraire qu'il était trop bon pour être adopté ; car le mal et les abus, dont tant de gens profitent, s'introduisent d'eux-mêmes. Mais ce qui est utile au public ne s'introduit guère que par la force, attendu que les intérêts particuliers y sont presque toujours opposés. Sans doute la paix perpétuelle est à présent un projet bien absurde ; mais qu'on nous rende un Henri IV et un Sully, la paix perpétuelle redeviendra un projet raisonnable : ou plutôt, admirons un si beau plan, mais consolons-nous de ne pas le voir exécuter; car cela ne peut se faire que par des moyens violents et redoutables à l'humanité.

On ne voit point de ligues fédératives s'établir autrement que par des révolutions ; et, sur ce principe, qui de nous oserait dire si cette ligue européenne est à désirer ou à craindre? Elle ferait peut-être plus de mal tout d'un coup qu'elle n'en préviendrait pour des siècles.

POLYSYNODIE

DE L'ABBÉ DE SAINT-PIERRE.

CHAPITRE PREMIER. — Nécessité, dans la monarchie, d'une forme de gouvernement subordonnée au prince.

Si les princes regardaient les fonctions du gouvernement comme des devoirs indispensables, les plus capables s'en trouveraient les plus surchargés; leurs travaux, comparés à leurs forces, leur paraîtraient toujours excessifs ; on les verrait aussi ardents à resserrer leurs états ou leurs droits, qu'ils sont avides d'étendre les uns et les autres; et le poids de la couronne écraserait bientôt la plus forte tête qui voudrait sérieusement la porter. Mais, loin d'envisager leur pouvoir par ce qu'il a de pénible et d'obligatoire, ils n'y voient que le plaisir de commander; et, comme le peuple n'est à leurs yeux que l'instrument de leurs fantaisies, plus ils ont de fantaisies à contenter, plus le besoin d'usurper augmente; et plus ils sont bornés et petits d'entendement, plus ils veulent être grands et puissants en autorité.

Cependant le plus absolu despotisme exige encore un travail pour se soutenir : quelques maximes qu'il établisse à son avantage, il faut toujours qu'il les couvre d'un leurre d'utilité publique; qu'employant la force des peuples contre eux-mêmes, il les empêche de la réunir contre lui; qu'il étouffe continuellement la voix de la nature, et le cri de la liberté toujours prêt à sortir de l'extrême oppression. Enfin, quand le peuple ne serait qu'un vil troupeau sans raison, encore faudrait-il des soins pour le conduire, et le prince qui ne songe point à rendre heureux ses sujets n'oublie pas, au moins, s'il n'est insensé, de conserver son patrimoine.

Qu'a-t-il donc à faire pour concilier l'indolence avec l'ambition, la puissance avec les plaisirs, et l'empire des dieux avec la vie animale? Choisir pour soi les vains honneurs, l'oisiveté, et remettre à d'autres les fonctions pénibles du gouvernement, en se réservant tout au plus de chasser ou changer ceux qui s'en acquittent trop mal ou trop bien. Par cette méthode, le dernier des hommes tiendra paisiblement et commodément le sceptre de l'univers ; plongé dans d'insipides voluptés, il promènera, s'il veut, de fête en fête son ignorance et son ennui. Cependant on le traitera de conquérant, d'invincible, de roi des rois, d'empereur auguste, de monarque du monde, et de majesté sacrée. Oublié sur le trône, nul aux yeux de ses voisins, et même à ceux de ses sujets, encensé de tous sans être obéi de personne; faible instrument de la tyrannie des courtisans et de l'esclavage du peuple, on lui dira qu'il règne, et il croira régner. Voilà le tableau général du gouvernement de toute monarchie trop étendue. Qui veut soutenir le monde, et n'a pas les épaules d'Hercule, doit s'attendre d'être écrasé.

Le souverain d'un grand empire n'est guère au fond que le ministre de ses ministres, ou le représentant de ceux qui gouvernent sous lui. Ils sont obéis en son nom; et quand il croit leur faire exécuter sa volonté, c'est lui qui, sans le savoir, exécute la leur. Cela ne saurait être autrement; car comme il ne peut voir que par leurs yeux, il faut nécessairement qu'il les laisse agir par ses mains. Forcé d'abandonner à d'autres ce qu'on appelle le détail (1), et que j'appellerais, moi, l'essentiel du gouvernement, il se réserve les grandes affaires, le verbiage des ambassadeurs, les tracasseries de ses favoris, et tout au plus le choix de ses maîtres; car il en faut avoir malgré soi, sitôt qu'on a tant d'esclaves. Que lui importe, au reste, une bonne ou une mauvaise administration? Comment son bonheur serait-il troublé par la misère du peuple, qu'il ne peut voir; par ses plaintes, qu'il ne peut entendre; et par les désordres publics, dont il ne saura jamais rien? Il en est de la gloire des princes comme des trésors de cet insensé, propriétaire en idée de tous les vaisseaux qui arrivaient au port : l'opinion de jouir de tout l'empêchait de rien désirer, et il n'était pas moins heureux des richesses qu'il n'avait point, que s'il les eût possédées.

Que ferait de mieux le plus juste prince avec les meilleures intentions, sitôt qu'il entreprend un travail que la nature a mis au-dessus de ses forces? Il est homme, et se charge des fonctions d'un Dieu; comment peut-il espérer de les remplir? Le sage, s'il en peut être sur le trône, renonce à l'empire ou le partage; il consulte ses forces; il mesure sur elles les fonctions qu'il veut remplir; et pour être un roi vraiment grand, il ne se charge point d'un grand royaume. Mais ce que ferait le sage a peu de rapport à ce que feront les princes. Ce qu'ils feront toujours, cherchons au moins comment ils peuvent le faire le moins mal qu'il soit possible.

Avant que d'entrer en matière, il est bon d'observer que si, par miracle, quelque grande âme peut suffire à la pénible charge de la royauté, l'ordre héréditaire établi dans les successions, et l'extravagante éducation des héritiers du trône, fourniront toujours cent imbéciles pour un vrai roi; qu'il y aura des minorités, des maladies, des temps de délire et de passions, qui ne laisseront souvent à la tête de l'état qu'un simulacre de prince. Il faut cependant que les affaires se fassent. Chez tous les peuples qui ont un roi, il est donc absolument nécessaire d'établir une forme de gouvernement qui se puisse passer du roi; et dès qu'il est posé qu'un souverain peut rarement gouverner par lui-même, il ne s'agit plus que de savoir comment il peut gouverner par autrui : c'est à résoudre cette question qu'est destiné le discours sur la Polysynodie.

CHAPITRE II. — Trois formes spécifiques de gouvernement subordonné.

Un monarque, dit l'abbé de Saint-Pierre, peut n'écouter qu'un seul homme dans toutes ses affaires, et lui confier toute son autorité, comme autrefois les rois de France la donnaient aux maires du palais, et comme les princes orientaux la confient encore aujourd'hui à celui qu'on nomme grand visir en Turquie. Pour abréger, j'appellerai visirat cette sorte de ministère.

Ce monarque peut aussi partager son autorité entre deux ou plusieurs hommes qu'il écoute chacun séparément sur la sorte d'affaires qui leur est commise, à peu près comme faisait Louis XIV avec Colbert et Louvois. C'est cette forme que je nommerai dans la suite demi-visirat.

Enfin ce monarque peut faire discuter dans des assemblées les affaires du gouvernement, et former à cet effet autant de conseils qu'il y a de genres d'affaires à traiter. Cette forme de ministère, que l'abbé de Saint-Pierre ap-

(1) Ce qui importe aux citoyens, c'est d'être gouvernés justement et paisiblement. Au surplus, que l'état soit grand, puissant et florissant, c'est l'affaire particulière du prince, et les sujets n'y ont aucun intérêt. Le monarque doit donc premièrement s'occuper du détail en quoi consiste la liberté civile, la sûreté du peuple, et même la sienne, à bien des égards. Après cela, s'il lui reste du temps à perdre, il peut le donner à toutes ces grandes affaires qui n'intéressent personne, qui ne naissent jamais que des vices du gouvernement, qui, par conséquent, ne sont rien pour un peuple heureux, et sont peu de chose pour un roi sage.

pelle pluralité des conseils ou Polysynodie, est à peu près, selon lui, celle que le régent, duc d'Orléans, avait établie sous son administration ; et, ce qui lui donne un plus grand poids encore, c'était aussi celle qu'avait adoptée l'élève du vertueux Fénelon.

Pour choisir entre ces trois formes, et juger de celle qui mérite la préférence, il ne suffit pas de les considérer en gros et par la première face qu'elles présentent ; il ne faut pas non plus opposer les abus de l'une à la perfection de l'autre, ni s'arrêter seulement à certains moments passagers de désordre ou d'éclat, mais les supposer toutes aussi parfaites qu'elles peuvent l'être dans leur durée, et chercher en cet état leurs rapports et leurs différences. Voilà de quelle manière on peut en faire un parallèle exact.

CHAPITRE III. — Rapport de ces formes à celles du gouvernement suprême.

Les maximes élémentaires de la politique peuvent déjà trouver ici leur application : car le visirat, le demi-visirat, et la polysynodie, se rapportent manifestement, dans l'économie du gouvernement subalterne, aux trois formes spécifiques du gouvernement suprême, et plusieurs des principes qui conviennent à l'administration souveraine peuvent aisément s'appliquer au ministère. Ainsi le visirat doit avoir généralement plus de vigueur et de célérité, le demi-visirat plus d'exactitude et de soin, et la polysynodie plus de justice et de constance. Il est sûr encore que comme la démocratie tend naturellement à l'aristocratie, et l'aristocratie à la monarchie, de même la polysynodie tend au demi-visirat, et le demi-visirat au visirat. Ce progrès de la force publique vers le relâchement, qui oblige de renforcer les ressorts, se retarde ou s'accélère à proportion que toutes les parties de l'état sont bien ou mal constituées ; et, comme on ne parvient au despotisme et au visirat que quand tous les autres ressorts sont usés, c'est, à mon avis, un projet mal conçu de prétendre abandonner cette forme pour en prendre une des précédentes ; car nulle autre ne peut plus suffire à tout un peuple qui a pu supporter celle-là. Mais, sans vouloir quitter l'une pour l'autre, il est cependant utile de connaître celle des trois qui vaut le mieux. Nous venons de voir que, par une analogie assez naturelle, la polysynodie mérite déjà la préférence ; il reste à rechercher si l'examen des choses mêmes pourra la lui confirmer ; mais, avant d'entrer dans cet examen, commençons par une idée plus précise de la forme que, selon notre auteur, doit avoir la polysynodie.

CHAPITRE IV. — Partage et départements des conseils.

Le gouvernement d'un grand état tel que la France renferme en soi huit objets principaux qui doivent former autant de départements, et, par conséquent, avoir chacun leur conseil particulier. Ces huit parties sont : la justice, la police, les finances, le commerce, la marine, la guerre, les affaires étrangères et celles de la religion. Il doit y avoir encore un neuvième conseil, qui, formant la liaison de tous les autres, unisse toutes les parties du gouvernement, où les grandes affaires, traitées et discutées en dernier ressort, n'attendent plus que de la volonté du prince leur entière décision, et qui, pensant et travaillant au besoin pour lui, supplée à son défaut, lorsque les maladies, la minorité, la vieillesse, ou l'aversion du travail, empêchent le roi de faire ses fonctions ; ainsi ce conseil général doit toujours être sur pied, ou pour la nécessité présente, ou par précaution pour le besoin à venir.

CHAPITRE V. — Manière de les composer.

A l'égard de la manière de composer ces conseils, la plus avantageuse qu'on y puisse employer paraît être la méthode du scrutin ; car, par toute autre voie, il est évident que la synodie ne sera qu'apparente, que les conseils n'étant remplis que des créatures des favoris il n'y aura point de liberté réelle dans les suffrages, et qu'on n'aura, sous d'autres noms, qu'un véritable visirat ou demi-visirat. Je ne m'étendrai point ici sur la méthode et les avantages du scrutin ; comme il fait un des points capitaux du système de gouvernement de l'abbé de Saint-Pierre, j'en traite ailleurs plus au long. Je me contenterai de remarquer que, quelque forme de ministère qu'on admette, il n'y a point d'autre méthode par laquelle on puisse être assuré de donner toujours la préférence au plus vrai mérite ; raison qui montre plutôt l'avantage que la facilité de faire adopter le scrutin dans les cours des rois.

Cette première précaution en suppose d'autres qui la rendent utile : car il le serait peu de choisir au scrutin entre des sujets qu'on ne connaîtrait pas, et l'on ne saurait connaître la capacité de ceux qu'on n'a point vus travailler dans le genre auquel on les destine. Si donc il faut des grades dans le militaire, depuis l'enseigne jusqu'au maréchal de France, pour former les jeunes officiers et les rendre capables des fonctions qu'ils doivent remplir un jour, n'est-il pas plus important encore d'établir des grades semblables dans l'administration civile, depuis les commis jusqu'aux présidents des conseils? Faut-il moins de temps et d'expérience pour apprendre à conduire un peuple que pour commander une armée? Les connaissances de l'homme d'état sont-elles plus faciles à acquérir que celles de l'homme de guerre? ou le bon ordre est-il moins nécessaire dans l'économie politique que dans la discipline militaire? Les grades scrupuleusement observés ont été l'école de tant de grands hommes qu'a produit la république de Venise ; et pourquoi ne commencerait-on pas d'aussi loin à Paris pour servir le prince qu'à Venise pour servir l'état?

Je n'ignore pas que l'intérêt des visirs s'oppose à cette nouvelle police : je sais bien qu'ils ne veulent point être assujettis à des formes qui gênent leur despotisme ; qu'ils ne veulent employer que des créatures qui leur soient entièrement dévouées, et qu'ils puissent d'un mot replonger dans la poussière d'où ils les tirent. Un homme de naissance, de son côté, qui n'a pour cette foule de valets que le mépris qu'ils méritent, dédaigne d'entrer en concurrence avec eux dans la même carrière, et le gouvernement de l'état est toujours prêt à devenir la proie du rebut de ses citoyens. Aussi n'est-ce point sous le visirat, mais sous la seule polysynodie, qu'on peut espérer d'établir dans l'administration civile des grades honnêtes, qui ne supposent pas la bassesse, mais le mérite, et qui puissent rapprocher la noblesse des affaires, dont on affecte de l'éloigner, et qu'elle affecte de mépriser à son tour.

CHAPITRE VI. — Circulation des départements.

De l'établissement des grades s'ensuit la nécessité de faire circuler les départements entre les membres de chaque conseil, et même d'un conseil à l'autre, afin que chaque membre, éclairé successivement sur toutes les parties du gouvernement, devienne un jour capable d'opiner dans le conseil général, et de participer à la grande administration.

Cette vue de faire circuler les départements est due au régent, qui l'établit dans le conseil des finances ; et si l'autorité d'un homme qui connaissait si bien les ressorts du gouvernement ne suffit pas pour la faire adopter, on ne peut disconvenir au moins des avantages sensibles qui naîtraient de cette méthode. Sans doute il peut y avoir des cas où cette circulation paraîtrait peu utile, ou difficile à établir dans la polysynodie : mais elle n'y est jamais impossible, et jamais praticable dans le visirat ni dans le demi-visirat ; or il est important, par beaucoup de très fortes raisons, d'établir une forme d'administration où cette circulation puisse avoir lieu.

1° Premièrement, pour prévenir les malversations des commis qui, changeant de bureaux avec leurs maîtres, n'auront pas le temps de s'arranger pour leurs friponneries aussi commodément qu'ils le font aujourd'hui : ajoutez qu'étant, pour ainsi dire, à la discrétion de leurs successeurs, ils seront plus réservés, en changeant de département, à laisser les affaires de celui qu'ils quittent dans un état qui pourrait les perdre, si, par hasard, leur successeur se trouvait honnête homme ou leur ennemi. 2° En second lieu, pour obliger les conseillers mêmes à mieux veiller sur leur conduite ou sur celle de leurs commis, de peur d'être taxés de négligence et de pis encore, quand leur gestion changera d'objet sans cesse, et chaque fois sera connue de leur successeur. 3° Pour exciter, entre les membres d'un même corps, une émulation louable à qui passera son prédécesseur dans le même travail. 4° Pour corriger par ces fréquents changements les abus que les erreurs, les préjugés et les passions de chaque sujet auront introduits dans son administration : car, parmi tant de caractères différents qui régiront successivement la même partie, leurs fautes se corrigeront mutuellement, et tout ira plus constamment à l'objet commun. 5° Pour donner à chaque membre d'un conseil des connaissances plus nettes et plus étendues des affaires et de leurs divers rapports; en sorte qu'ayant manié les autres parties, il voie distinctement ce que la sienne est au tout, qu'il ne se croie pas toujours le plus important personnage de l'état, et ne nuise pas au bien général pour mieux faire celui de son département. 6° Pour que tous les avis soient mieux portés en connaissance de cause, que chacun entende toutes les matières sur lesquelles il doit opiner, et qu'une plus grande uniformité de lumières mette plus de concorde et de raison dans les délibérations communes. 7° Pour exercer l'esprit et les talents des ministres : car, portés à se reposer et s'appesantir sur un même travail, ils ne s'en font enfin qu'une routine qui resserre et circonscrit pour ainsi dire le génie par l'habitude. Or, l'attention est à l'esprit ce que l'exercice est au corps; c'est elle qui lui donne de la vigueur, de l'adresse, et qui le rend propre à supporter le travail : ainsi l'on peut dire que chaque conseiller d'état, en revenant après quelques années de circulation à l'exercice de son premier département, s'en trouvera réellement plus capable que s'il n'en eût point du tout changé. Je ne nie pas que, s'il fût demeuré dans le même, il n'eût acquis plus de facilité à expédier les affaires qui en dépendent; mais je dis qu'elles eussent été moins bien faites, parce qu'il eût eu des vues plus bornées, et qu'il n'eût pas acquis une connaissance aussi exacte des rapports qu'ont ces affaires avec celles des autres départements : de sorte qu'il ne perd d'un côté dans la circulation que pour gagner d'un autre beaucoup davantage. 8° Enfin, pour ménager plus d'égalité dans le pouvoir, plus d'indépendance entre les conseillers d'état, et, par conséquent, plus de liberté dans les suffrages. Autrement, dans un conseil nombreux en apparence, on n'aurait réellement que deux ou trois opinants auxquels tous les autres seraient assujettis, à peu près comme ceux qu'on appelait autrefois à Rome *senatores pedarii*, qui pour l'ordinaire regardaient moins à l'avis qu'à l'auteur : inconvénient d'autant plus dangereux que ce n'est jamais en faveur du meilleur parti qu'on a besoin de gêner les voix.

On pourrait pousser encore plus loin cette circulation des départements en l'étendant jusqu'à la présidence même; car s'il était de l'avantage de la république romaine que les consuls redevinssent, au bout de l'an, simples sénateurs, en attendant un nouveau consulat, pourquoi ne serait-il pas de l'avantage du royaume que les présidents redevinssent, après deux ou trois ans, simples conseillers, en attendant une nouvelle présidence? Ne serait-ce pas pour ainsi dire proposer un prix tous les trois ans à ceux de la compagnie qui, durant cet intervalle, se distingueraient dans leur corps? ne serait-ce pas un nouveau ressort très propre à entretenir dans une continuelle activité le mouvement de la machine publique? et le vrai secret d'animer le travail commun n'est-il pas d'y proportionner toujours le salaire?

CHAPITRE VII. — Autres avantages de cette circulation.

Je n'entrerai point dans le détail des avantages de la circulation portée à ce dernier étage. Chacun doit voir que les déplacements, devenus nécessaires par la décrépitude ou l'affaiblissement des présidents, se feront ainsi sans dureté et sans effort; que les ex-présidents des conseils particuliers auront encore un objet d'élévation, qui sera de siéger dans le conseil général, et les membres de ce conseil celui d'y pouvoir présider à leur tour; que cette alternative de subordination et d'autorité rendra l'une et l'autre en même temps plus parfaite et plus douce; que cette circulation de la présidence est le plus sûr moyen d'empêcher la polysynodie de pouvoir dégénérer en visirat; et qu'en général la circulation répartissant avec plus d'égalité les lumières et le pouvoir du ministère entre plusieurs membres, l'autorité royale domine plus aisément sur chacun d'eux : tout cela doit sauter aux yeux d'un lecteur intelligent; et s'il fallait tout dire, il ne faudrait rien abréger.

CHAPITRE VIII. — Que la polysynodie est l'administration en sous-ordre la plus naturelle.

Je m'arrête ici par la même raison sur la forme de la polysynodie, après avoir établi les principes généraux sur lesquels on la doit ordonner pour la rendre utile et durable. S'il s'y présente d'abord quelque embarras, c'est qu'il est toujours difficile de maintenir longtemps ensemble deux gouvernements aussi différents dans leurs maximes que le monarchique et le républicain, quoique au fond cette union produisît peut-être un tout parfait, et le chef-d'œuvre de la politique. Il faut donc bien distinguer la forme apparente qui règne partout, de la forme réelle dont il est ici question : car on peut dire en un sens que la polysynodie est la première et la plus naturelle de toutes les administrations en sous-ordre, même dans la monarchie.

En effet, comme les premières lois nationales furent faites par la nation assemblée en corps, de même les premières délibérations du prince furent faites avec les principaux de la nation assemblés en conseil. Le prince a des conseillers avant que d'avoir des visirs; il trouve les uns, et fait les autres. L'ordre le plus élevé de l'état en forme naturellement le synode ou conseil général. Quand le monarque est élu, il n'a qu'à présider, et tout est fait : mais quand il faut choisir un ministre, ou des favoris, on commence à introduire une forme arbitraire où la brigue et l'inclination naturelle ont bien plus de part que la raison ni la voix du peuple. Il n'est pas moins simple que, dans autant d'affaires de différentes natures qu'en offre le gouvernement, le parlement national se divise en divers comités, toujours sous la présidence du roi, qui leur assigne à chacun les matières sur lesquelles ils doivent délibérer : et voilà les conseils particuliers nés du conseil général, dont ils sont les membres naturels, et la synodie changée en polysynodie; forme que je ne dis pas être, en cet état, la meilleure, mais bien la première et la plus naturelle.

CHAPITRE IX. — Et la plus utile.

Considérons maintenant la droite fin du gouvernement et les obstacles qui l'en éloignent. Cette fin est sans contredit le plus grand intérêt de l'état et du roi; ces obstacles sont, outre le défaut de lumières, l'intérêt particulier des administrateurs; d'où il suit que, plus ces intérêts particuliers trouvent de gêne et d'opposition, moins ils balancent l'intérêt public; de sorte que s'ils pouvaient se heurter et se détruire mutuellement, quelque vifs qu'on les supposât, ils deviendraient nuls dans la délibération, et l'intérêt public serait seul écouté. Quel moyen plus sûr peut-on donc avoir d'anéantir tous ces intérêts particuliers que de les opposer entre eux par la multiplication des opinants? Ce qui fait les intérêts particuliers, c'est qu'ils ne s'accordent point; car s'ils s'accordaient, ce ne serait plus un intérêt particulier, mais commun. Or, en détruisant tous ces intérêts l'un par l'autre, reste l'intérêt public, qui doit gagner dans la délibération tout ce que perdent les intérêts particuliers.

Quand un visir opine sans témoins devant son maître, qu'est-ce qui gêne alors son intérêt personnel? A-t-il besoin de beaucoup d'adresse pour en imposer à un homme aussi borné que doivent l'être ordinairement les rois, circonscrits par tout ce qui les environne dans un petit cercle de lumières? Sur des exposés falsifiés, sur des prétextes spécieux, sur des raisonnements sophistiques, qui l'empêche de déterminer le prince, avec ces grands mots d'*honneur de la couronne* et de *bien de l'état*, aux entreprises les plus funestes, quand elles lui sont personnellement avantageuses? Certes, c'est grand hasard si deux intérêts particuliers aussi actifs que celui du visir et celui du prince laissent quelque influence à l'intérêt public dans les délibérations du cabinet.

Je sais bien que les conseillers de l'état seront des hommes comme les visirs; je ne doute pas qu'ils n'aient souvent, ainsi qu'eux, des intérêts particuliers opposés à ceux de la nation, et qu'ils ne préférassent volontiers les premiers aux autres en opinant. Mais, dans une assemblée dont tous les membres sont clairvoyants et n'ont pas les mêmes intérêts, chacun entreprendrait vainement d'amener les autres à ce qui lui convient exclusivement : sans persuader personne, il ne ferait que se rendre suspect de corruption et d'infidélité. Il aura beau vouloir manquer à son devoir, il n'osera le tenter, ou le tentera vainement au milieu de tant d'observateurs. Il fera donc de nécessité vertu, en sacrifiant publiquement son intérêt particulier au bien de la patrie; et, soit réalité, soit hypocrisie, l'effet sera le même en cette occasion pour le bien de la société. C'est qu'alors un intérêt particulier très fort, qui est celui de sa réputation, concourt avec l'intérêt public. Au lieu qu'un visir qui sait, à la faveur des ténèbres du cabinet, dérober à tous les yeux le secret de l'état, se flatte toujours qu'on ne pourra distinguer ce qu'il fait en apparence pour l'intérêt public, de ce qu'il fait réellement pour le sien; et comme, après tout, ce visir ne dépend que de son maître, qu'il trompe aisément, il s'embarrasse fort peu des murmures de tout le reste.

CHAPITRE X. — Autres avantages.

De ce premier avantage on en voit découler une foule d'autres qui ne peuvent avoir lieu sans lui. Premièrement, les résolutions de l'état seront moins souvent fondées sur des erreurs de fait, parce qu'il ne sera pas aussi aisé à ceux qui feront le rapport des faits de les déguiser devant une assemblée éclairée, où se trouveront presque toujours d'autres témoins de l'affaire, que devant un prince qui n'a rien vu que par les yeux de son visir. Or, il est certain que la plupart des résolutions d'état dépendent de la connaissance des faits; et l'on peut dire même en général qu'on ne prend guère d'opinions fausses qu'en supposant vrais des faits qui sont faux, ou faux des faits qui sont vrais. En second lieu, les impôts seront portés à un excès moins insupportable, lorsque le prince pourra être éclairé sur la véritable situation de ses peuples et sur ses véritables besoins : mais ces lumières, ne les trouvera-t-il pas plus aisément dans un conseil dont plusieurs membres n'auront aucun maniement de finances ni aucun ménagement à garder, que dans un visir qui veut fomenter les passions de son maître, ménager les fripons en faveur, enrichir ses créatures, et faire sa main pour lui-même? On voit encore que les femmes auront moins de pouvoir, et que, par conséquent, l'état en ira mieux. Car il est plus aisé à une femme intrigante de placer un visir que cinquante conseillers, et de séduire un homme que tout un collége. On voit que les affaires ne seront plus suspendues ou bouleversées par le déplacement d'un visir; qu'elles seront plus exactement expédiées quand, liées par une commune délibération, l'exécution sera cependant partagée entre plusieurs conseillers, qui auront chacun leur département, que lorsqu'il faut que tout sorte d'un même bureau; que les systèmes politiques seront mieux suivis et les règlements beaucoup mieux observés quand il n'y aura plus de révolutions dans le ministère, et que chaque visir ne se fera plus un point d'honneur de détruire tous les établissements utiles de celui qui l'aura précédé; de sorte qu'on sera sûr qu'un projet une fois formé ne sera plus abandonné que lorsque l'exécution en aura été reconnue impossible ou mauvaise.

A toutes ces conséquences, ajoutez-en deux non moins certaines, mais plus importantes encore, qui n'en sont que le dernier résultat, et doivent leur donner un prix que rien ne balance aux yeux du vrai citoyen. La première, que, dans un travail commun, le mérite, les talents, l'intégrité, se feront plus aisément connaître et récompenser, soit dans les membres des conseils qui seront sans cesse sous les yeux les uns des autres et de tout l'état, soit dans le royaume entier, où nulles actions remarquables, nuls hommes dignes d'être distingués, ne peuvent se dérober longtemps aux regards d'une assemblée qui veut et peut tout voir, et où la jalousie et l'émulation des membres les porteront souvent à se faire des créatures qui effacent en mérite celles de leurs rivaux. La seconde et dernière conséquence est que les honneurs et les emplois distribués avec plus d'équité et de raison, l'intérêt de l'état et du prince mieux écouté dans les délibérations, les affaires mieux expédiées et le mérite plus honoré, doivent nécessairement réveiller dans le cœur du peuple cet amour de la patrie qui est le plus puissant ressort d'un sage gouvernement, et qui ne s'éteint jamais chez les citoyens que par la faute des chefs (1).

Tels sont les effets nécessaires d'une forme de gouvernement qui force l'intérêt particulier à céder à l'intérêt général. La polysynodie offre encore d'autres avantages qui donnent un nouveau prix à ceux-là. Des assemblées nombreuses et éclairées fourniront plus de lumières sur les expédients, et l'expérience confirme que les délibérations d'un sénat sont en général plus sages et mieux digérées que celles d'un visir. Les rois seront plus instruits de leurs affaires; ils ne sauraient assister aux conseils sans s'en instruire, car c'est là qu'on ose dire la vérité; et les membres de chaque conseil auront le plus grand intérêt que le prince y assiste assidûment pour en soutenir le pouvoir ou pour en autoriser les résolutions. Il y aura moins de vexations et d'injustices de la part des plus forts; car un conseil sera plus accessible que le trône aux opprimés; ils courront moins de risque à y porter leurs plaintes, et ils y trouveront toujours dans quelques membres plus de protecteurs contre les violences des autres, que sous le visirat contre un seul homme qui peut tout, ou contre un demi-visir d'accord avec ses collègues pour faire renvoyer à chacun d'eux le jugement des plaintes qu'on fait contre lui. L'état souffrira moins de la minorité, de la faiblesse ou de la caducité du prince. Il n'y aura jamais de ministre assez puissant pour se rendre, s'il est de grande naissance, redoutable à son maître même, ou pour écarter et mécontenter les grands, s'il est né de bas lieu; par conséquent, il y aura d'un côté moins de levains de guerres civiles, et de l'autre plus de sûreté pour la conservation des droits de la maison royale. Il y aura moins aussi de guerres étrangères, parce qu'il y aura moins de gens intéressés à les susciter, et qu'ils auront moins de pouvoir pour en venir à bout. Enfin le trône en sera mieux affermi de toutes manières; la volonté du prince, qui n'est ou ne doit être que la volonté publique, mieux exécutée, et par conséquent la nation plus heureuse.

Au reste, mon auteur convient lui-même que l'exécution de son plan ne serait pas également avantageuse en tous temps, et qu'il y a des moments de crise et de trouble où il faut substituer aux conseils permanents des commissions extraordinaires, et que quand les finances, par exemple, sont dans un certain désordre, il faut nécessairement les donner à débrouiller à un seul homme, comme Henri IV fit à Rosny, et Louis XIV à Colbert. Ce qui signifierait que les conseils ne sont bons pour faire aller les affaires que quand

(1) Il y a plus de ruse et de secret dans le visirat, mais il y a plus de lumières et de droiture dans la synodie.

elles vont toutes seules. En effet, pour ne rien dire de la polysynodie même du régent, l'on sait les risées qu'excita, dans des circonstances épineuses, ce ridicule conseil de raison étourdiment demandé par les notables de l'assemblée de Rouen, et adroitement accordé par Henri IV. Mais, comme les finances des républiques sont en général mieux administrées que celles des monarchies, il est à croire qu'elles le seront mieux, ou du moins plus fidèlement, par un conseil que par un ministre; et que si, peut-être, un conseil est d'abord moins capable de l'activité nécessaire pour les tirer d'un état de désordre, il est aussi moins sujet à la négligence ou à l'infidélité qui les y font tomber : ce qui ne doit pas s'entendre d'une assemblée passagère et subordonnée, mais d'une véritable polysynodie, où les conseils aient réellement le pouvoir qu'ils paraissent avoir, où l'administration des affaires ne leur soit pas enlevée par des demi-visirs, et où, sous les noms spécieux de *conseil d'état* ou de *conseil des finances*, ces corps ne soient pas seulement des tribunaux de justice ou des chambres des comptes.

CHAPITRE XI. — Conclusion.

Quoique les avantages de la polysynodie ne soient pas sans inconvénients, et que les inconvénients des autres formes d'administration ne soient pas sans avantages, du moins apparents, quiconque fera sans partialité le parallèle des uns et des autres trouvera que la polysynodie n'a point d'inconvénients essentiels qu'un bon gouvernement ne puisse aisément supporter; au lieu que tous ceux du visirat et du demi-visirat attaquent les fondements mêmes de la constitution; qu'une administration non interrompue peut se perfectionner sans cesse, progrès impossible dans les intervalles et révolutions du visirat; que la marche égale et unie d'une polysynodie, comparée avec quelques moments brillants du visirat, est un sophisme grossier qui n'en saurait imposer au vrai politique, parce que ce sont deux choses fort différentes que l'administration rare et passagère d'un bon visir, et la forme générale du visirat, où l'on a toujours des siècles de désordre sur quelques années de bonne conduite; que la diligence et le secret, les seuls vrais avantages du visirat, beaucoup plus nécessaires dans les mauvais gouvernements que dans les bons, sont de faibles suppléments au bon ordre, à la justice et à la prévoyance, qui préviennent les maux au lieu de les réparer; qu'on peut encore se procurer ces suppléments au besoin dans la polysynodie par des commissions extraordinaires, sans que le visirat ait jamais pareille ressource pour les avantages dont il est privé; que même l'exemple de l'ancien sénat de Rome et de celui de Venise prouve que des commissions ne sont pas toujours nécessaires dans un conseil pour expédier les plus importantes affaires promptement et secrètement; que le visirat et le demi-visirat, avilissant, corrompant, dégradant les ordres inférieurs, exigeraient pourtant des hommes parfaits dans ce premier rang; qu'on n'y peut guère monter ou s'y maintenir qu'à force de crimes, ni s'y bien comporter qu'à force de vertus; qu'ainsi toujours en obstacle à lui-même, ce gouvernement engendre continuellement les vices qui le dépravent, et, consumant l'état pour se renforcer, périt enfin comme un édifice qu'on voudrait élever sans cesse avec des matériaux tirés de ses fondements. C'est ici la considération la plus importante aux yeux de l'homme d'état, et celle à laquelle je vais m'arrêter. La meilleure forme de gouvernement, ou du moins la plus durable, est celle qui fait les hommes tels qu'elle a besoin qu'ils soient. Laissons les lecteurs réfléchir sur cet axiome; ils en feront aisément l'application.

JUGEMENT SUR LA POLYSYNODIE.

De tous les ouvrages de l'abbé de Saint-Pierre, le discours sur la polysynodie est, à mon avis, le plus approfondi, le mieux raisonné, celui où l'on trouve le moins de répétitions, et même le mieux écrit ; éloge dont le sage auteur se serait fort peu soucié, mais qui n'est pas indifférent aux lecteurs superficiels. Aussi cet écrit n'était-il qu'une ébauche qu'il prétendait n'avoir pas eu le temps d'abréger, mais qu'en effet il n'avait pas eu le temps de gâter pour vouloir tout dire, et Dieu garde un lecteur impatient des abrégés de sa façon !

Il a su même éviter dans ce discours le reproche si commode aux ignorants qui ne savent mesurer le possible que sur l'existant, ou aux méchants qui ne trouvent bon que ce qui sert à leur méchanceté, lorsqu'on montre aux uns et aux autres que ce qui est pourrait être mieux. Il a, dis-je, évité cette grande prise que la sottise routinée a presque toujours sur les nouvelles vues de la raison, avec ces mots tranchants de *projets en l'air* et de *rêveries ;* car, quand il écrivait en faveur de la polysynodie, il la trouvait établie dans son pays. Toujours paisible et sensé, il se plaisait à montrer à ses compatriotes les avantages du gouvernement auquel ils étaient soumis ; il en faisait une comparaison raisonnable et discrète avec celui dont ils venaient d'éprouver la rigueur. Il louait le système du prince régnant, il en déduisait les avantages ; il montrait ceux qu'on y pouvait ajouter ; et les additions même qu'il demandait consistaient moins, selon lui, dans des changements à faire, que dans l'art de perfectionner ce qui était fait. Une partie de ces vues lui étaient venues sous le règne de Louis XIV ; mais il avait eu la sagesse de les taire jusqu'à ce que l'intérêt de l'état, celui du gouvernement et le sien, lui permissent de les publier.

Il faut convenir cependant que, sous un même nom, il y aurait une extrême différence entre la polysynodie qui existait, et celle que proposait l'abbé de Saint-Pierre ; et, pour peu qu'on y réfléchisse, on trouvera que l'administration qu'il citait en exemple lui servait bien plus de prétexte que de modèle pour celle qu'il avait imaginée. Il tournait même avec assez d'adresse en objections contre son propre système les défauts à relever dans celui du régent, et, sous le nom de réponses à ses objections, il montrait sans danger et ces défauts et leurs remèdes. Il n'est pas impossible que le régent, quoique souvent loué dans cet écrit par des tours qui ne manquent pas d'adresse, ait pénétré la finesse de cette critique, et qu'il ait abandonné l'abbé de Saint-Pierre par pique autant que par faiblesse, plus offensé peut-être des défauts qu'on trouvait dans son ouvrage, que flatté des avantages qu'on y faisait remarquer. Peut-être aussi lui sut-il mauvais gré d'avoir, en quelque manière, dévoilé ses vues secrètes, en montrant que son établissement n'était rien moins que ce qu'il devait être pour devenir avantageux à l'état, et prendre une assiette fixe et durable. En effet, on voit clairement que c'était la forme de polysynodie établie sous la régence que l'abbé de Saint-Pierre accusait de pouvoir trop aisément dégénérer en demi-visirat, et même en visirat ; d'être susceptible, aussi bien que l'un et l'autre, de corruption dans ses membres, et de concert entre eux contre l'intérêt public ; de n'avoir jamais d'autre sûreté pour sa durée que la volonté du monarque régnant, enfin de n'être propre que pour les princes laborieux, et d'être, par conséquent, plus souvent contraire que favorable au bon ordre et à l'expédition des affaires. C'était l'espoir de remédier à ces divers inconvénients qui l'engageait à proposer une autre polysynodie entièrement différente de celle qu'il feignait de ne vouloir que perfectionner.

Il ne faut donc pas que la conformité des noms fasse confondre son projet avec cette ridicule polysynodie dont il voulait autoriser la sienne, mais qu'on appelait dès lors par dérision les soixante-dix ministres, et qui fut réformée au bout de quelques mois sans avoir rien fait qu'achever de tout gâter : car la manière dont cette administration avait été établie fait assez voir qu'on ne s'était pas beaucoup soucié qu'elle allât mieux, et qu'on avait bien plus songé à rendre le parlement méprisable au peuple qu'à donner réellement à ses membres l'autorité qu'on feignait de leur confier (1). C'était un piège aux pouvoirs intermédiaires semblable à celui que leur avait déjà tendu Henri IV à l'assemblée de Rouen, piège dans lequel la vanité les fera toujours donner, et qui les humiliera toujours (2). L'ordre politique et l'ordre civil ont, dans les monarchies, des principes si différents et des règles si contraires, qu'il est presque impossible d'allier les deux administrations, et qu'en général les membres des tribunaux sont peu propres pour les conseils; soit que l'habitude des formalités nuise à l'expédition des affaires qui n'en veulent point, soit qu'il y ait une incompatibilité naturelle entre ce qu'on appelle maxime d'état et la justice et les lois.

Au reste, laissant les faits à part, je croirais, quant à moi, que le prince et le philosophe pouvaient avoir tous deux raison sans s'accorder dans leur système : car autre chose est l'administration passagère et souvent orageuse d'une régence, et autre chose une forme de gouvernement durable et constante qui doit faire partie de la constitution de l'état. C'est ici, ce me semble, qu'on retrouve le défaut ordinaire à l'abbé de Saint-Pierre, qui est de n'appliquer jamais assez bien ses vues aux hommes, aux temps, aux circonstances, et d'offrir toujours, comme des facilités pour l'exécution d'un projet, des avantages qui lui servent souvent d'obstacles. Dans le plan dont il s'agit, il voulait modifier un gouvernement que sa longue durée a rendu déclinant, par des moyens tout-à-fait étrangers à sa constitution présente : il voulait lui rendre cette vigueur universelle qui met pour ainsi dire toute la personne en action. C'était comme s'il eût dit à un vieillard décrépit et goutteux : Marchez, travaillez, servez-vous de vos bras et de vos jambes; car l'exercice est bon à la santé.

En effet, ce n'est rien moins qu'une révolution dont il est question dans la polysynodie; et il ne faut pas croire, parce qu'on voit actuellement des conseils dans les cours des princes, et que ce sont des conseils qu'on propose, qu'il y ait peu de différence d'un système à l'autre. La différence est telle, qu'il faudrait commencer par détruire tout ce qui existe pour donner au gouvernement la forme imaginée par l'abbé de Saint-Pierre; et nul n'ignore combien est dangereux dans un grand état le moment d'anarchie et de crise qui précède nécessairement un état nouveau. La seule introduction du scrutin devait faire un renversement épouvantable, et donner plutôt un mouvement convulsif et continuel à chaque partie, qu'une nouvelle vigueur au corps. Qu'on juge du danger d'émouvoir une fois les masses énormes qui composent la monarchie française. Qui pourra retenir l'ébranlement donné, ou prévoir tous les effets qu'il peut produire? Quand tous les avantages du nouveau plan seraient incontestables, quel homme de sens oserait entreprendre d'abolir les vieilles coutumes, de changer les vieilles maximes, et de donner une autre forme à l'état que celle où l'a successivement amené une durée de treize cents ans? Que le gouvernement actuel soit encore celui d'autrefois, ou que, durant tant de siècles, il ait changé de nature insensiblement, il est également imprudent d'y toucher. Si c'est le même, il faut le respecter; s'il a dégénéré, c'est par la force du temps et des choses, et la sagesse humaine n'y peut rien. Il ne suffit pas de considérer les moyens qu'on veut employer, si l'on ne regarde encore les hommes dont on se veut servir. Or, quand toute une nation ne sait plus s'occuper que de niaiseries, quelle attention peut-elle donner aux

(1) Marmontel, dans le chapitre III de son ouvrage sur la *Régence du duc d'Orléans*, fait connaître la composition des conseils dont il s'agit; et l'intérêt qui fit établir cette forme d'administration, intérêt qui n'était nullement celui de l'état. Ce qu'en dit ici Rousseau est parfaitement confirmé par le récit de l'historien.
(2) Voyez les *Mémoires de Sully*, liv. VIII, année 1596. — Il prouve que le consentement donné par le roi à l'établissement du *Conseil de raison* proposé par les notables, était une suite nécessaire de la promesse qu'il avait faite de se conformer aux résolutions de cette assemblé.

grandes choses? et dans un pays où la musique est devenue une affaire d'état, que seront les affaires d'état sinon des chansons? Quand on voit tout Paris en fermentation pour une place de baladin ou de bel-esprit, et les affaires de l'Académie ou de l'Opéra faire oublier l'intérêt du prince et la gloire de la nation, que doit-on espérer des affaires publiques rapprochées d'un tel peuple et transportées de la cour à la ville? Quelle confiance peut-on avoir au scrutin des conseils, quand on voit celui d'une académie au pouvoir des femmes? seront-elles moins empressées à placer des ministres que des savants? ou se connaîtront-elles mieux en politique qu'en éloquence? Il est bien à craindre que de tels établissements, dans un pays où les mœurs sont en dérision, ne se fissent pas tranquillement, ne se maintinssent guère sans troubles, et ne donnassent pas les meilleurs sujets.

D'ailleurs, sans entrer dans cette vieille question de la vénalité des charges, qu'on ne peut agiter que chez des gens mieux pourvus d'argent que de mérite, imagine-t-on quelque moyen praticable d'abolir en France cette vénalité? ou penserait-on qu'elle pût subsister dans une partie du gouvernement, et le scrutin dans l'autre; l'une dans les tribunaux, l'autre dans les conseils; et que les seules places qui restent à la faveur seraient abandonnées aux élections? Il faudrait avoir des vues bien courtes et bien fausses pour vouloir allier des choses si dissemblables, et fonder un même système sur des principes si différents. Mais laissons ces applications, et considérons la chose en elle-même.

Quelles sont les circonstances dans lesquelles une monarchie héréditaire peut, sans révolutions, être tempérée par des formes qui la rapprochent de l'aristocratie? Les corps intermédiaires entre le prince et le peuple peuvent-ils, doivent-ils avoir une juridiction indépendante l'une de l'autre? ou, s'ils sont précaires et dépendants du prince, peuvent-ils jamais entrer comme parties intégrantes dans la constitution de l'état, et même avoir une influence réelle dans les affaires? Questions préliminaires qu'il fallait discuter, et qui ne semblent pas faciles à résoudre : car s'il est vrai que la pente naturelle est toujours vers la corruption et par conséquent vers le despotisme, il est difficile de voir par quelles ressources de politique le prince, même quand il le voudrait, pourrait donner à cette pente une direction contraire, qui ne pût être changée par ses successeurs ni par leurs ministres. L'abbé de Saint-Pierre ne prétendait pas, à la vérité, que sa nouvelle forme ôtât rien à l'autorité royale; car il donne aux conseils la délibération des matières, et laisse au roi seul la décision. « Ces différents conseils, dit-il, sans empêcher le roi de faire tout ce qu'il voudra, le préserveront souvent de vouloir des choses nuisibles à sa gloire et à son bonheur, ils porteront devant lui le flambeau de la vérité pour lui montrer le meilleur chemin et le garantir des pièges. » Mais cet homme éclairé pouvait-il se payer lui-même de si mauvaises raisons? espérait-il que les yeux des rois pussent voir les objets à travers les lunettes des sages? Ne sentait-il pas qu'il fallait nécessairement que la délibération des conseils devînt bientôt un vain formulaire, ou que l'autorité royale en fût altérée? et n'avouait-il pas lui-même que c'était introduire un gouvernement mixte, où la forme républicaine s'alliait à la monarchie? En effet, des corps nombreux, dont le choix ne dépendrait pas entièrement du prince, et qui n'auraient par eux-mêmes aucun pouvoir, deviendraient bientôt un fardeau inutile à l'état, sans mieux faire aller les affaires, ils ne feraient qu'en retarder l'expédition par de longues formalités, et, pour me servir de ses propres termes, ne seraient que des conseils de parade. Les favoris du prince, qui le sont rarement du public, et qui, par conséquent, auraient peu d'influence dans les conseils formés au scrutin, décideraient seuls toutes les affaires; le prince n'assisterait jamais aux conseils sans avoir déjà pris son parti sur tout ce qu'on y devrait agiter, ou n'en sortirait jamais sans consulter de nouveau dans son cabinet avec ses favoris sur les résolutions qu'on y aurait prises; enfin, il faudrait nécessairement que les conseils devinssent méprisables, ridicules et tout-à-fait inutiles, ou que les rois perdissent de leur pouvoir : alternative à laquelle ceux-ci ne s'exposeront certainement pas, quand même il en devrait résulter le plus grand bien de l'état et le leur.

Voilà, ce me semble, à peu près les côtés par lesquels l'abbé de Saint-Pierre eût dû considérer le fond de son système pour en bien établir les principes ; mais il s'amuse, au lieu de cela, à résoudre cinquante mauvaises objections qui ne valaient pas la peine d'être examinées, ou, qui pis est, à faire lui-même de mauvaises réponses quand les bonnes se présentent naturellement, comme s'il cherchait à prendre plutôt le tour d'esprit de ses opposants pour les ramener à la raison, que le langage de la raison pour convaincre les sages.

Par exemple, après s'être objecté que dans la polysynodie chacun des conseillers a son plan général, que cette diversité produit nécessairement des décisions qui se contredisent, et des embarras dans le mouvement total ; il répond à cela qu'il ne peut y avoir d'autre plan général que de chercher à perfectionner les règlements qui roulent sur toutes les parties du gouvernement. Le meilleur plan général n'est-ce pas, dit-il, celui qui va le plus droit au plus grand bien de l'état dans chaque affaire particulière ? D'où il tire cette conclusion très fausse que les divers plans généraux, ni, par conséquent, les règlements et les affaires qui s'y rapportent, ne peuvent jamais se croiser ou se nuire mutuellement.

En effet, le plus grand bien de l'état n'est pas toujours une chose si claire, ni qui dépende autant qu'on le croirait du plus grand bien de chaque partie ; comme si les mêmes affaires ne pouvaient pas avoir entre elles une infinité d'ordres divers et de liaisons plus ou moins fortes qui forment autant de différences dans les plans généraux. Ces plans bien dirigés sont toujours doubles, et renferment dans un système comparé la forme actuelle de l'état et sa forme perfectionnée selon les vues de l'auteur. Or, cette perfection dans un tout aussi composé que le corps politique ne dépend pas seulement de celle de chaque partie, comme pour ordonner un palais il ne suffit pas d'en bien disposer chaque pièce, mais il faut de plus considérer les rapports du tout, les liaisons les plus convenables, l'ordre le plus commode, la plus facile communication, le plus parfait ensemble, et la symétrie la plus régulière. Ces objets généraux sont si importants, que l'habile architecte sacrifie au mieux du tout mille avantages particuliers qu'il aurait pu conserver dans une ordonnance moins parfaite et moins simple. De même, le politique ne regarde en particulier ni les finances, ni la guerre, ni le commerce ; mais il rapporte toutes ces parties à un objet commun ; et des proportions qui leur conviennent le mieux résultent les plans généraux dont les dimensions peuvent varier de mille manières, selon les idées et les vues de ceux qui les ont formés, soit en cherchant la plus grande perfection du tout, soit en cherchant la plus facile exécution, sans qu'il soit aisé quelquefois de démêler celui de ces plans qui mérite la préférence. Or c'est de ces plans qu'on peut dire que, si chaque conseil et chaque conseiller a le sien, il n'y aura que contradictions dans les affaires, et qu'embarras dans le mouvement commun : mais le plan général, au lieu d'être celui d'un homme ou d'un autre, ne doit être et n'est en effet dans la polysynodie que celui du gouvernement ; et c'est à ce grand modèle que se rapportent nécessairement les délibérations communes de chaque conseil, et le travail particulier de chaque membre. Il est certain même qu'un pareil plan se médite et se conserve mieux dans le dépôt d'un conseil que dans la tête d'un ministre et même d'un prince ; car chaque visir a son plan qui n'est jamais celui de son devancier, et chaque demi-visir a aussi le sien qui n'est ni celui de son devancier, ni celui de son collègue : aussi voit-on généralement les républiques changer moins de systèmes que les monarchies.

D'où je conclus avec l'abbé de Saint-Pierre, mais par d'autres raisons, que la polysynodie est plus favorable que le visirat et le demi-visirat à l'unité du plan général.

A l'égard de la forme particulière de sa polysynodie et des détails dans lesquels il entre pour la déterminer, tout cela est très bien vu et fort bon séparément pour prévenir les inconvénients auxquels chaque chose doit remédier : mais, quand on en viendrait à l'exécution, je ne sais s'il régnerait assez d'harmonie dans le tout ensemble; car il paraît que l'établissement des grades s'accorde mal avec celui de la circulation, et le scrutin plus mal encore avec l'un et l'autre. D'ailleurs, si l'établissement est dangereux à faire, il est à craindre que, même après l'établissement fait, ces différents ressorts ne causent mille embarras et mille dérangements dans le jeu de la machine, quand il s'agira de la faire marcher.

La circulation de la présidence en particulier serait un excellent moyen pour empêcher la polysynodie de dégénérer bientôt en visirat, si cette circulation pouvait durer, et qu'elle ne fût pas arrêtée par la volonté du prince en faveur du premier des présidents qui aura l'art toujours recherché de lui plaire. C'est-à-dire que la polysynodie durera jusqu'à ce que le roi trouve un visir à son gré; mais, sous le visirat même, on n'a pas un visir plus tôt que cela. Faible remède, que celui dont la vertu s'éteint à l'approche du mal qu'il devrait guérir.

N'est-ce pas encore un mauvais expédient de nous donner la nécessité d'obtenir les suffrages une seconde fois comme un frein pour empêcher les présidents d'abuser de leur crédit la première? ne sera-t-il pas plus court et plus sûr d'en abuser au point de n'avoir plus que faire de suffrages? et notre auteur lui-même n'accorde-t-il pas au prince le droit de prolonger au besoin les présidents à sa volonté, c'est-à-dire d'en faire de véritables visirs? Comment n'a-t-il pas aperçu mille fois, dans le cours de sa vie et de ses écrits, combien c'est une vaine occupation de rechercher des formes durables pour un état de choses qui dépend toujours de la volonté d'un seul homme?

Ces difficultés n'ont pas échappé à l'abbé de Saint-Pierre; mais peut-être lui convenait-il mieux de les dissimuler que de les résoudre. Quand il parle de ces contradictions et qu'il feint de les concilier, c'est par des moyens si absurdes et des raisons si peu raisonnables, qu'on voit bien qu'il est embarrassé, ou qu'il ne procède pas de bonne foi. Serait-il croyable qu'il eût mis en avant si hors de propos et compté parmi ces moyens l'amour de la patrie, le bien public, le désir de la vraie gloire, et d'autres chimères évanouies depuis longtemps, ou dont il ne reste plus de traces que dans quelques petites républiques? Penserait-il sérieusement que rien de tout cela pût réellement influer dans la forme d'un gouvernement monarchique? et, après avoir cité les Grecs, les Romains, et même quelques modernes qui avaient des âmes anciennes, n'avoue-t-il pas lui-même qu'il serait ridicule de fonder la constitution de l'état sur des maximes éteintes? Que fait-il donc pour suppléer à ces moyens étrangers dont il reconnaît l'insuffisance? Il lève une difficulté par une autre, établit un système sur un système, et fonde sa polysynodie sur sa république européenne. Cette république, dit-il, étant garantie de l'exécution des capitulations impériales pour l'Allemagne, des capitulations parlementaires pour l'Angleterre, des *pacta conventa* pour la Pologne, ne pourrait-elle pas l'être aussi des capitulations royales signées au sacre des rois pour la forme du gouvernement, lorsque cette forme serait passée en loi fondamentale? et, après tout, garantir les rois de tomber dans la tyrannie des Néron, n'est-ce pas les garantir eux et leur postérité de leur ruine totale?

On peut, dit-il encore, faire passer le règlement de la polysynodie en forme de loi fondamentale dans les états-généraux du royaume, la faire jurer au sacre des rois, et lui donner ainsi la même autorité qu'à la loi salique.

La plume tombe des mains, quand on voit un homme sensé proposer sérieusement de semblables expédients

Ne quittons point cette matière sans jeter un coup d'œil général sur les trois formes de ministère comparées dans cet ouvrage.

Le visirat est la dernière ressource d'un état défaillant; c'est un palliatif quelquefois nécessaire qui peut lui rendre pour un temps une certaine vigueur apparente : mais il y a dans cette forme d'administration une multiplication de forces tout-à-fait superflue dans un gouvernement sain. Le monarque et le visir sont deux machines exactement semblables, dont l'une devient inutile sitôt que l'autre est en mouvement : car en effet, selon le mot de Grotius, *qui regit rex est*. Ainsi l'état supporte un double poids qui ne produit qu'un effet simple. Ajoutez à cela qu'une grande partie de la force du visirat, étant employée à rendre le visir nécessaire et à le maintenir en place, est inutile ou nuisible à l'état. Aussi l'abbé de Saint-Pierre appelle-t-il avec raison le visirat une forme de gouvernement grossière, barbare, pernicieuse aux peuples, dangereuse pour les rois, funeste aux maisons royales; et l'on peut dire qu'il n'y a point de gouvernement plus déplorable au monde que celui où le peuple est réduit à désirer un visir. Quant au demi-visirat, il est avantageux sous un roi qui sait gouverner et réunir dans ses mains toutes les rênes de l'état; mais, sous un prince faible ou peu laborieux, cette administration est mauvaise, embarrassée, sans système et sans vues, faute de liaison entre les parties et d'accord entre les ministres, surtout si quelqu'un d'entre eux, plus adroit ou plus méchant que les autres, tend en secret au visirat. Alors tout se passe en intrigues de cour, l'état demeure en langueur; et, pour trouver la raison de tout ce qui se fait sous un semblable gouvernement, il ne faut pas demander à quoi cela sert, mais à quoi cela nuit.

Pour la polysynodie de l'abbé de Saint-Pierre, je ne saurais voir qu'elle puisse être utile ni praticable dans aucune véritable monarchie, mais seulement dans une sorte de gouvernement mixte, où le chef ne soit que le président des conseils, n'ait que la puissance exécutive, et ne puisse rien par lui-même : encore ne saurais-je croire qu'une pareille administration pût durer longtemps sans abus; car les intérêts des sociétés partielles ne sont pas moins séparés de ceux de l'état, ni moins pernicieux à la république que ceux des particuliers; et ils ont même cet inconvénient de plus, qu'on se fait gloire de soutenir à quelque prix que ce soit les droits ou les prétentions du corps dont on est membre, et que ce qu'il y a de malhonnête à se préférer aux autres, s'évanouissant à la faveur d'une société nombreuse dont on fait partie, à force d'être bon sénateur on devient enfin mauvais citoyen. C'est ce qui rend l'aristocratie la pire des souverainetés (1); c'est ce qui rendrait peut-être la polysynodie le pire de tous les ministères.

(1) Je parierais que mille gens trouveront encore ici une contradiction avec le *Contrat social* (liv. III, ch. 5). Cela prouve qu'il y a encore plus de lecteurs qui devraient apprendre à lire, que d'auteurs qui devraient apprendre à être conséquents.

LETTRES
ÉCRITES DE LA MONTAGNE.

Vitam impendere vero.

APERÇU DE LA CONSTITUTION DE GENÈVE.

Quelques détails sur ce sujet, que nous avons déjà effleuré (voyez la note 1 de la page 8 ci-dessus), nous paraissent nécessaires pour l'intelligence de quelques écrits de Rousseau, d'une partie de sa correspondance et particulièrement des *Lettres écrites de la montagne*.

Les habitants de Genève étaient divisés en cinq classes bien distinctes : les *citoyens* les *bourgeois*, les *habitants*, les *natifs* et les *sujets*.

Les deux premières classes prenaient part au gouvernement et à la législation, mais les citoyens seuls pouvaient parvenir aux principales magistratures. Le citoyen, fils d'un citoyen ou d'un bourgeois, devait être né dans la ville. Le bourgeois avait obtenu des lettres de bourgeoisie, qui lui donnaient le droit de se livrer à tous les genres de commerce, et il ne pouvait être expulsé que par jugement. Le fils d'un bourgeois restait bourgeois comme son père, s'il naissait hors du territoire. Le nombre des citoyens et bourgeois ensemble n'a jamais excédé seize cents.

La classe des habitants se composait des étrangers qui avaient acheté le droit d'habiter dans la ville.

Les natifs étaient les enfants de ces habitants, nés dans la ville. Ils n'avaient le droit de faire aucun commerce; beaucoup de professions leur étaient interdites, et cependant c'était sur eux principalement que portait le fardeau des impôts.

Enfin, les sujets étaient les habitants du territoire, qu'ils y fussent nés ou non.

Cette espèce d'ilotisme, sur laquelle Rousseau a peu insisté, fut la cause première de tous les troubles de Genève.

Le gouvernement offrait également dans son ensemble cinq *ordres* ou centres d'autorité dépendant les uns des autres.

1° Le *petit Conseil* ou Conseil des Vingt-Cinq, quelquefois nommé *Sénat*, composé de membres à vie, avait la haute police et l'administration des affaires publiques, était juge en troisième ressort des procès civils et juge souverain des causes criminelles ; il donnait le droit de bourgeoisie, et avait l'initiative dans tous les autres Conseils dont il faisait lui-même partie.

2° Quatre *syndics*, élus annuellement par le Conseil général dont il sera ci-après parlé, et choisis parmi les membres du petit Conseil, dirigeaient ce dernier, et se partageaient toutes les branches d'administration. Le premier syndic présidait tous les Conseils.

3° Le Conseil appelé le Deux-Cents nommait aux places vacantes dans le petit Conseil, qui présentait lui-même deux candidats pour chacune d'elles. Le Deux-Cents était élu par le petit Conseil, à mesure des vacances. Il avait le droit de faire grâce, de battre monnaie, jugeait en second ressort les procès civils, présentait au Conseil général les candidats pour les premières charges de la république, et faisait au petit Conseil toutes les propositions qu'il jugeait convenables au bien de l'état.

4° Le Conseil des *Soixante*, formé des membres du petit Conseil et de trente-cinq membres du Deux-Cents, délibérait sur les affaires secrètes et de politique extérieure.

5° Enfin, le *Conseil général* ou Conseil souverain, formé de tous les citoyens et bourgeois sans exception, avait seulement le droit d'approuver ou de rejeter les propositions d'impôts et de guerre ou de paix qui devaient lui être soumises.

Un *Procureur général*, pris dans le Conseil des Deux-Cents, faisait office de partie publique dans tous les procès. Il était nommé pour trois ans par le Conseil général.

La surveillance de la police ordinaire et le jugement des causes civiles en première instance appartenaient à un tribunal de six membres, nommés *Auditeurs*, et élus par le Conseil général. Il était présidé par un membre du petit Conseil, qui portait le titre de *Lieutenant*. Deux *Châtelains*, élus de même, rendaient la justice dans la campagne.

L'armée se composait d'une garnison soldée de sept cent vingt hommes, divisée en douze compagnies, et de quatre régiments de milice bourgeoise, commandés par des membres du petit Conseil. Il y avait en outre trois cents artilleurs, et une compagnie de dragons.

Tout citoyen en charge était sujet au *grabeau*, véritable censure, exercée par les Conseils, qui pouvaient prononcer l'exclusion.

Outre cette censure dans l'ordre politique, il en existait une seconde dans l'ordre moral, exercée d'un côté par le Consistoire, et de l'autre par la *Chambre de réforme*, composée de quelques membres du petit Conseil et du Deux-Cents, pour veiller au maintien des lois somptuaires.

Les citoyens ou bourgeois, réunis en plus ou moins grand nombre, adressaient, sous forme de *représentations*, soit au petit Conseil, soit au Deux-Cents, leurs plaintes ou griefs contre quelque transgression de loi, ou empiétement d'autorité.

Le gouvernement de Genève, sous ses formes populaires en apparence, formait une véritable aristocratie héréditaire. Un assez petit nombre de familles patriciennes étaient en possession des honneurs et des places importantes. Les affaires de l'état se traitaient presque uniquement dans le petit Conseil ou dans celui des Deux-Cents, et le Conseil général n'était assemblé chaque année que pour quelques élections, qui tombaient toujours sur les mêmes familles.

En général, le gouvernement était paternel et les citoyens vivaient paisibles et heureux sous sa tutelle. Mais les faits cités par Rousseau, et bien d'autres également avérés prouvent que les lois fondamentales et les formes protectrices de la vie et de la liberté des citoyens ont été souvent violées de la manière la plus odieuse.

On en a un premier exemple dans le mouvement populaire de 1707, à la suite duquel des soldats étrangers fusillèrent en secret le patriote Fatio. Bientôt après, au mépris d'une amnistie solennelle, plus de quatre-vingts personnes furent exilées et flétries.

De nouveaux abus d'autorité excitèrent, en 1738, une autre prise d'armes et des hostilités ouvertes, pour la cessation desquelles la France, Zurich et Berne, offrirent leur arbitrage.

Enfin, le décret lancé contre Rousseau, en 1762, fut le signal d'une troisième révolution, en donnant lieu à des représentations sur l'inobservation des lois à son égard. Le petit Conseil ne répondit aux *représentants* que par l'exercice du droit négatif. Ce refus de justice amena de la part des citoyens et bourgeois, réunis en conseil général, celui d'élire des syndics.

A peu près dans le même temps, un citoyen, nommé Robert Covelle, qui avait encouru les censures ecclésiastiques pour un acte immoral, refusa de se mettre à genoux devant le Consistoire, suivant l'usage ; et ce fut une cause nouvelle de discorde. Dans ces circonstances, l'ouvrage de Rousseau et une *Réponse aux Lettres écrites de la campagne*, brochure composée par quelques représentants, ne contribuèrent pas peu à exaspérer les esprits.

Quatre ans s'étaient passés ainsi, quand le Sénat, pressé plus vivement que jamais, eut recours aux trois puissances garantes de l'exécution de l'édit de 1738. Les médiateurs rédigèrent une espèce de jugement sous le nom de *prononcé*, auquel le duc de Choiseul tenta de soumettre les Genevois en employant contre eux tous les moyens possibles de contrainte, excepté pourtant la force ouverte; mais la fermeté des citoyens rendit ces moyens inutiles. Ils avaient réussi d'un autre côté à intéresser l'Angleterre en leur faveur, et Voltaire lui-même s'occupait de leur cause. Enfin, le Sénat entama avec les citoyens des négociations qui amenèrent le traité de 1768, nommé *Edit de pacification*. Par cet édit, le Conseil général obtint l'élection de la moitié des membres du petit Conseil, et il peut, chaque année, exclure du Sénat quatre de ses membres.

Deux ans après, les dissensions recommencèrent, et cette fois ce furent les prétentions des natifs qui les firent naître. Mais ces dissenssions deviennent étrangères à Rousseau et à ses œuvres.

Mais enfin les idées démocratiques dont l'auteur du *Contrat social* fut l'apôtre universel triomphèrent dans sa patrie. Le 24 août 1814, la *nation genevoise* accepta, à une immense majorité des suffrages, un édit constitutionnel maintenant en pleine vigueur. Plus de distinction de classes; tous les Genevois, habitant la ville ou son territoire, sont égaux en droits politiques et civils, avec la seule restriction électorale du payement d'une somme fixe en contributions directes. On trouve dans cette charte la distinction des trois pouvoirs, l'admissibilité de tous les citoyens aux emplois, la liberté de la presse et la tolérance religieuse.

Genève, après avoir enfanté un grand citoyen, a reçu de lui plus qu'elle n'avait donné. Puisse-t-elle, dans des circonstances graves, ne point déroger de son plus beau titre.

L. B.

LETTRES ÉCRITES DE LA MONTAGNE.

AVERTISSEMENT.

C'est revenir tard, je le sens, sur un sujet trop rebattu, et déjà presque oublié. Mon état, qui ne me permet plus aucun travail suivi, mon aversion pour le genre polémique, ont causé ma lenteur à écrire et ma répugnance à publier. J'aurais même tout-à-fait supprimé ces lettres, ou plutôt je ne les aurais point écrites, s'il n'eût été question que de moi; mais ma patrie ne m'est pas tellement devenue étrangère, que je puisse voir tranquillement opprimer ses citoyens, surtout lorsqu'ils n'ont compromis leur droit qu'en défendant ma cause. Je serais le dernier des hommes, si, dans une telle occasion, j'écoutais un sentiment qui n'est plus ni douceur ni patience, mais faiblesse et lâcheté, dans celui qu'il empêche de remplir son devoir.

Rien de moins important pour le public, j'en conviens, que la matière de ces lettres. La constitution d'une petite république, le sort d'un petit particulier, l'exposé de quelques injustices, la réfutation de quelques sophismes; tout cela n'a rien en soi d'assez considérable pour mériter beaucoup de lecteurs : mais si mes sujets sont petits, mes objets sont grands, et dignes de l'attention de tout honnête homme. Laissons Genève à sa place, et Rousseau dans sa dépression; mais la religion, mais la liberté, la justice! voilà, qui que vous soyez, ce qui n'est pas au-dessous de vous.

Qu'on ne cherche pas même ici dans le style le dédommagement de l'aridité de la matière. Ceux que quelques traits heureux de ma plume ont si fort irrités, trouveront de quoi s'apaiser dans ces Lettres. L'honneur de défendre un opprimé eût enflammé mon cœur si j'avais parlé pour un autre : réduit au triste emploi de me défendre moi-même, j'ai dû me borner à raisonner; m'échauffer eût été m'avilir. J'aurai donc trouvé grâce en ce point devant ceux qui s'imaginent qu'il est essentiel à la vérité d'être dite froidement : opinion que pourtant j'ai peine à comprendre. Lorsqu'une vive persuasion nous anime, le moyen d'employer un langage glacé? Quand Archimède, tout transporté, courait nu dans les rues de Syracuse, en avait-il moins trouvé la vérité, parce qu'il se passionnait pour elle? Tout au contraire, celui qui la sent ne peut s'abstenir de l'adorer; celui qui demeure froid ne l'a pas vue.

Quoi qu'il en soit, je prie les lecteurs de vouloir bien mettre à part mon beau style, et d'examiner seulement si je raisonne bien ou mal; car enfin, de cela seul qu'un auteur s'exprime en bons termes, je ne vois pas comment il peut s'ensuivre que cet auteur ne sait ce qu'il dit.

PREMIÈRE PARTIE.

LETTRE PREMIÈRE.

Etat de la question par rapport à l'auteur. Si elle est de la compétence des tribunaux civils. Manière injuste de la résoudre.

Non, monsieur, je ne vous blâme point de ne vous être pas joint aux représentants pour soutenir ma cause. Loin d'avoir approuvé moi-même cette démarche, je m'y suis opposé de tout mon pouvoir, et mes parents s'en sont retirés à ma sollicitation. L'on s'est tu quand il fallait parler; on a parlé quand il ne restait qu'à se taire. Je prévis l'inutilité des représentations, j'en pressentis les conséquences : je jugeai que leurs suites inévitables troubleraient le repos public, ou changeraient la constitution de l'état. L'événement a trop justifié mes craintes. Vous voilà réduits à l'alternative qui m'effrayait. La crise où vous êtes exige une autre délibération dont je ne suis plus l'objet. Sur ce qui a été fait, vous demandez ce que vous devez faire : vous considérez que l'effet de ces démarches, étant relatif au corps de la bourgeoisie, ne retombera pas moins sur ceux qui s'en sont abstenus que sur ceux qui les ont faites. Ainsi, quels qu'aient été d'abord les divers avis, l'intérêt commun doit ici tout réunir. Vos droits réclamés et attaqués ne peuvent plus demeurer en doute; il faut qu'ils soient reconnus ou anéantis, et c'est leur évidence qui les met en péril. Il ne fallait pas approcher le flambeau durant l'orage; mais aujourd'hui le feu est à la maison.

Quoiqu'il ne s'agisse plus de mes intérêts, mon honneur me rend toujours partie dans cette affaire; vous le savez, et vous me consultez toutefois comme un homme neutre; vous supposez que le préjugé ne m'aveuglera point, et que la passion ne me rendra point injuste : je l'espère aussi; mais, dans des circonstances si délicates, qui peut répondre de soi? Je sens qu'il m'est impossible de m'oublier dans une querelle dont je suis le sujet, et qui a mes malheurs pour première cause. Que ferai-je donc, monsieur, pour répondre à votre confiance et justifier votre estime autant qu'il est en moi? Le voici. Dans la juste défiance de moi-même, je vous dirai moins mon avis que mes raisons : vous les pèserez, vous comparerez, et vous choisirez. Faites plus, défiez-vous toujours, non de mes intentions (Dieu le sait, elles sont pures), mais de mon jugement. L'homme le plus juste, quand il est ulcéré, voit rarement les choses comme elles sont. Je ne veux sûrement pas vous tromper; mais je puis me tromper : je le pourrais en toute autre chose, et cela doit arriver ici plus probablement. Tenez-vous donc sur vos gardes, et quand je n'aurai pas dix fois raison, ne me l'accordez pas une

Voilà, monsieur, la précaution que vous devez prendre, et voici celle que je veux prendre à mon tour. Je commencerai par vous parler de moi, de mes griefs, des durs procédés de vos magistrats : quand cela sera fait et que j'aurai bien soulagé mon cœur, je m'oublierai moi-même ; je vous parlerai de vous, de votre situation, c'est-à-dire de la république ; et je ne crois pas trop présumer de moi, si j'espère, au moyen de cet arrangement, traiter avec équité la question que vous me faites.

J'ai été outragé d'une manière d'autant plus cruelle, que je me flattais d'avoir bien mérité de la patrie. Si ma conduite eût eu besoin de grâce, je pouvais raisonnablement espérer de l'obtenir. Cependant, avec un empressement sans exemple, sans avertissement, sans citation, sans examen, on s'est hâté de flétrir mes livres ; on a fait plus : sans égard pour mes malheurs, pour mes maux, pour mon état, on a décrété ma personne avec la même précipitation ; l'on ne m'a pas même épargné les termes qu'on emploie pour les malfaiteurs. Ces messieurs n'ont pas été indulgents ; ont-ils du moins été justes ? C'est ce que je veux rechercher avec vous. Ne vous effrayez pas, je vous prie, de l'étendue que je suis forcé de donner à ces Lettres. Dans la multitude de questions qui se présentent, je voudrais être sobre de paroles : mais, monsieur, quoi qu'on puisse faire, il en faut pour raisonner.

Rassemblons d'abord les motifs qu'ils ont donnés de cette procédure, non dans le réquisitoire, non dans l'arrêt, porté dans le secret et resté dans les ténèbres (1), mais dans les réponses du Conseil aux représentations des citoyens et bourgeois, ou plutôt dans les *Lettres écrites de la campagne*, ouvrage qui lui sert de manifeste, et dans lequel seul ils daignent raisonner avec vous.

« Mes livres sont, disent-ils, impies, scandaleux, téméraires, pleins de blasphèmes et de calomnies contre la religion. Sous l'apparence des doutes, l'auteur y a rassemblé tout ce qui peut tendre à saper, ébranler et détruire les principaux fondements de la religion chrétienne révélée.

« Ils attaquent tous les gouvernements.

« Ces livres sont d'autant plus dangereux et répréhensibles, qu'ils sont écrits en français du style le plus séducteur, qu'ils paraissent sous le nom et la qualification d'un citoyen de Genève, et que, selon l'intention de l'auteur, l'*Emile* doit servir de guide aux pères, aux mères, aux précepteurs.

« En jugeant ces livres, il n'a pas été possible au Conseil de ne jeter aucun regard sur celui qui en était présumé l'auteur. »

Au reste, le décret porté contre moi n'est, continuent-ils, « ni un jugement, ni une sentence, mais un simple appointement provisoire, qui laissait dans leur entier mes exceptions et défenses, et qui, dans le cas prévu, servait de préparatoire à la procédure prescrite par les édits et par l'ordonnance ecclésiastique. »

A cela, les représentants, sans entrer dans l'examen de la doctrine, objectèrent : « Que le Conseil avait jugé sans formalités préliminaires ; que l'article LXXXVIII de l'ordonnance ecclésiastique avait été violé dans ce jugement ; que la procédure faite en 1562 contre Jean Morelli à forme de cet article en montrait clairement l'usage, et donnait par cet exemple une jurisprudence qu'on n'aurait pas dû mépriser ; que cette nouvelle manière de procéder était même contraire à la règle du droit naturel admise chez tous les

---

(1) Ma famille demanda par requête communication de cet arrêt. Voici la réponse :

Du 25 juin 1762.

« En conseil ordinaire, vu la présente requête, arrête qu'il n'y a pas lieu d'accorder aux suppliants les fins d'icelle. »

LULLIN.

L'arrêt du parlement de Paris fut imprimé aussitôt que rendu. Imaginez ce que c'est qu'un état libre où l'on tient cachés de pareils décrets contre l'honneur et la liberté des citoyens.

peuples, laquelle exige que nul ne soit condamné sans avoir été entendu dans ses défenses; qu'on ne peut flétrir un ouvrage sans flétrir en même temps l'auteur dont il porte le nom; qu'on ne voit pas quelles exceptions et défenses il reste à un homme déclaré impie, téméraire, scandaleux dans ses écrits, et après la sentence rendue et exécutée contre ces mêmes écrits, puisque les choses n'étant point susceptibles d'infamie, celle qui résulte de la combustion d'un livre par la main du bourreau rejaillit nécessairement sur l'auteur : d'où il suit qu'on n'a pu enlever à un citoyen le bien le plus précieux, l'honneur; qu'on ne pouvait détruire sa réputation, son état, sans commencer par l'entendre; que les ouvrages condamnés et flétris méritaient du moins autant de support et de tolérance que divers autres écrits où l'on fait de cruelles satires sur la religion, et qui ont été répandus et même imprimés dans la ville; qu'enfin, par rapport aux gouvernements, il a toujours été permis dans Genève de raisonner librement sur cette matière générale; qu'on n'y défend aucun livre qui en traite; qu'on n'y flétrit aucun auteur pour en avoir traité, quel que soit son sentiment; et que, loin d'attaquer le gouvernement de la république en particulier, je ne laisse échapper aucune occasion d'en faire l'éloge. »

À ces objections il fut répliqué de la part du Conseil, « que ce n'est point manquer à la règle qui veut que nul ne soit condamné sans l'entendre, que de condamner un livre après en avoir pris lecture et l'avoir examiné suffisamment; que l'article LXXXVIII des ordonnances n'est applicable qu'à un homme qui dogmatise, et non à un livre destructif de la religion chrétienne; qu'il n'est pas vrai que la flétrissure d'un ouvrage se communique à l'auteur, lequel peut n'avoir été qu'imprudent ou maladroit; qu'à l'égard des ouvrages scandaleux, tolérés ou même imprimés dans Genève, il n'est pas raisonnable de prétendre que, pour avoir dissimulé quelquefois, un gouvernement soit obligé de dissimuler toujours; que d'ailleurs les livres où l'on ne fait que tourner en ridicule la religion ne sont pas à beaucoup près aussi punissables que ceux où sans détour on l'attaque par le raisonnement; qu'enfin ce que le Conseil doit au maintien de la religion chrétienne dans sa pureté, au bien public, aux lois, et à l'honneur du gouvernement, lui ayant fait porter cette sentence, ne lui permet ni de la changer ni de l'affaiblir. »

Ce ne sont pas là, toutes les raisons, objections et réponses qui ont été alléguées de part et d'autre, mais ce sont les principales, et elles suffisent pour établir par rapport à moi la question de fait et de droit.

Cependant comme l'objet, ainsi présenté, demeure encore un peu vague, je vais tâcher de le fixer avec plus de précision, de peur que vous n'entendiez ma défense à la partie de cet objet que je n'y veux pas embrasser.

Je suis homme, et j'ai fait des livres; j'ai donc fait aussi des erreurs (1). J'en aperçois moi-même en assez grand nombre : je ne doute pas que d'autres n'en voient beaucoup davantage, et qu'il n'y en ait bien plus encore que ni moi ni d'autres ne voyons point. Si l'on ne dit que cela, j'y souscris.

Mais quel auteur n'est pas dans le même cas, ou s'ose flatter de n'y pas être? Là-dessus donc point de dispute. Si l'on me réfute et qu'on ait raison, l'erreur est corrigée, et je me tais. Si l'on me réfute et qu'on ait tort, je me tais encore : dois-je répondre du fait d'autrui? En tout état de cause, après avoir entendu les deux parties, le public est juge; il prononce : le livre triomphe ou tombe, et le procès est fini.

Les erreurs des auteurs sont souvent fort indifférentes; mais il en est aussi de dommageables, même contre l'intention de celui qui les commet. On peut se tromper au préjudice du public comme au sien propre; on peut nuire

(1) Exceptons, si l'on veut, les livres de géométrie et leurs auteurs. Encore, s'il n'y a point d'erreurs dans les propositions mêmes, qui nous assurera qu'il n'y en ait point dans l'ordre de déduction, dans le choix, dans la méthode? Euclide démontre, et parvient à son but; mais quel chemin prend-il? combien n'erre-t-il pas dans sa route! La science a beau être infaillible, l'homme qui la cultive se trompe souvent.

innocemment. Les controverses sur les matières de jurisprudence, de morale, de religion, tombent fréquemment dans ce cas. Nécessairement un des deux disputants se trompe, et l'erreur sur ces matières, important toujours, devient faute; cependant on ne la punit pas quand on la présume involontaire. Un homme n'est pas coupable pour nuire en voulant servir; et si l'on poursuivait criminellement un auteur pour des fautes d'ignorance ou d'inadvertance, pour de mauvaises maximes qu'on pourrait tirer de ses écrits très conséquemment, mais contre son gré, quel écrivain pourrait se mettre à l'abri des poursuites? Il faudrait être inspiré du Saint-Esprit pour se faire auteur, et n'avoir que des gens inspirés du Saint-Esprit pour juges.

Si l'on ne m'impute que de pareilles fautes, je ne m'en défends pas plus que de simples erreurs. Je ne puis affirmer n'en avoir point commis de telles, parce que je ne suis pas un ange; mais ces fautes qu'on prétend trouver dans mes écrits peuvent fort bien n'y pas être, parce que ceux qui les y trouvent ne sont pas des anges non plus. Hommes et sujets à l'erreur ainsi que moi, sur quoi prétendent-ils que leur raison soit l'arbitre de la mienne, et que je sois punissable pour n'avoir pas pensé comme eux?

Le public est donc aussi le juge des semblables fautes; son blâme en est le seul châtiment. Nul ne peut se soustraire à ce juge; et quant à moi je n'en appelle pas. Il est vrai que si le magistrat trouve ces fautes nuisibles, il peut défendre le livre qui les contient; mais, je le répète, il ne peut punir pour cela l'auteur qui les a commises, puisque ce serait punir un délit qui peut être involontaire, et qu'on ne doit punir dans le mal que la volonté. Ainsi ce n'est point encore là ce dont il s'agit.

Mais il y a bien de la différence entre un livre qui contient des erreurs nuisibles et un livre pernicieux. Des principes établis, la chaîne d'un raisonnement suivi, des conséquences déduites, manifestent l'intention de l'auteur, et cette intention, dépendant de sa volonté, rentre sous la juridiction des lois. Si cette intention est évidemment mauvaise, ce n'est plus erreur ni faute, c'est crime; ici tout change. Il ne s'agit plus d'une dispute littéraire dont le public juge selon la raison, mais d'un procès criminel qui doit être jugé dans les tribunaux selon toute la rigueur des lois : telle est la position critique où m'ont mis des magistrats qui se disent justes, et des écrivains zélés qui les trouvent trop cléments. Sitôt qu'on m'apprête des prisons, des bourreaux, des chaînes, quiconque m'accuse est un délateur; il sait qu'il n'attaque pas seulement l'auteur, mais l'homme; il sait que ce qu'il écrit peut influer sur mon sort (1) : ce n'est plus à ma seule réputation qu'il en veut, c'est à mon bonheur, à ma liberté, à ma vie.

Ceci, monsieur, nous ramène tout d'un coup à l'état de la question dont il me paraît que le public s'écarte. Si j'ai écrit des choses répréhensibles, on peut m'en blâmer, on peut supprimer le livre. Mais, pour le flétrir, pour m'attaquer personnellement, il faut plus : la faute ne suffit pas, il faut un délit, un crime; il faut que j'aie écrit à mauvaise intention un livre pernicieux, et que cela soit prouvé, non comme un auteur prouve qu'un autre auteur se

---

(1) Il y a quelques années qu'à la première apparition d'un livre célèbre (le livre de l'*Esprit*), je résolus d'en attaquer les principes que je trouvais dangereux. J'exécutais cette entreprise quand j'appris que l'auteur était poursuivi. A l'instant, je jetai mes feuilles au feu, jugeant qu'aucun devoir ne pouvait autoriser la bassesse de s'unir à la foule pour accabler un homme d'honneur opprimé. Quand tout fut pacifié, j'eus occasion de dire mon sentiment sur le même sujet dans d'autres écrits; mais je l'ai dit sans nommer le livre ni l'auteur. J'ai cru devoir ajouter ce respect pour son malheur à l'estime que j'eus toujours pour sa personne. Je ne crois point que cette façon de penser me soit particulière; elle est commune à tous les honnêtes gens. Sitôt qu'une affaire est portée au criminel, ils doivent se taire, à moins qu'ils ne soient appelés pour témoigner.

— Voyez ces notes sur l'ouvrage d'Helvétius dans notre tome IV, pag. 260 et suiv. Rousseau avait effectivement brûlé une copie de ses observations, mais on les a retrouvées sur l'exemplaire du livre où il les avait écrites en marge.

trompe, mais comme un accusateur doit convaincre devant le juge l'accusé. Pour être traité comme un malfaiteur, il faut que je sois convaincu de l'être. C'est la première question qu'il s'agit d'examiner. La seconde, en supposant le délit constaté, est d'en fixer la nature, le lieu où il a été commis, le tribunal qui doit en juger, la loi qui le condamne et la peine qui doit le punir. Ces deux questions une fois résolues décideront si j'ai été traité justement ou non.

Pour savoir si j'ai écrit des livres pernicieux, il faut en examiner les principes, et voir ce qu'il en résulterait si ces principes étaient admis. Comme j'ai traité beaucoup de matières, je dois me restreindre à celles sur lesquelles je suis poursuivi, savoir, la religion et le gouvernement. Commençons par le premier article, à l'exemple des juges, qui ne se sont pas expliqués sur le second.

On trouve dans l'*Emile* la Profession de foi d'un prêtre catholique, et dans l'*Héloïse* celle d'une femme dévote. Ces deux pièces s'accordent assez pour qu'on puisse expliquer l'une par l'autre, et de cet accord on peut présumer avec quelque vraisemblance que, si l'auteur qui a publié les livres où elles sont contenues ne les adopte pas en entier l'une et l'autre, du moins il les favorise beaucoup. De ces deux professions de foi, la première étant la plus étendue, et la seule où l'on ait trouvé le corps du délit, doit être examinée par préférence.

Cet examen, pour aller à son but, rend encore un éclaircissement nécessaire. Car, remarquez bien qu'éclaircir et distinguer les propositions que brouillent et confondent mes accusateurs, c'est leur répondre. Comme ils disputent contre l'évidence, quand la question est bien posée ils sont réfutés.

Je distingue dans la religion deux parties, outre la forme du culte qui n'est qu'un cérémonial. Ces deux parties sont le dogme et la morale. Je divise les dogmes encore en deux parties; savoir : celle qui, posant les principes de nos devoirs, sert de base à la morale, et celle qui, purement de foi, ne contient que des dogmes spéculatifs.

De cette division, qui me paraît exacte, résulte celle des sentiments sur la religion, d'une part en vrais, faux ou douteux, et de l'autre en bons, mauvais ou indifférents.

Le jugement des premiers appartient à la raison seule; et si les théologiens s'en sont emparés, c'est comme raisonneurs, c'est comme professeurs de la science par laquelle on parvient à la connaissance du vrai et du faux en matière de foi. Si l'erreur en cette partie est nuisible, c'est seulement à ceux qui errent, et c'est seulement un préjudice pour la vie à venir, sur laquelle les tribunaux humains ne peuvent étendre leur compétence. Lorsqu'ils connaissent de cette matière, ce n'est plus comme juges du vrai et du faux, mais comme ministres des lois civiles qui règlent la forme extérieure du culte : il ne s'agit pas encore ici de cette partie; il en sera traité ci-après.

Quant à la partie de la religion qui regarde la morale, c'est-à-dire la justice, le bien public, l'obéissance aux lois naturelles et positives, les vertus sociales et tous les devoirs de l'homme et du citoyen, il appartient au gouvernement d'en connaître : c'est en ce point seul que la religion rentre directement sous sa juridiction, et qu'il doit bannir, non l'erreur dont il n'est pas juge, mais tout sentiment nuisible qui tend à couper le nœud social.

Voilà, monsieur, la distinction que vous avez à faire pour juger de cette pièce, portée au tribunal, non des prêtres, mais des magistrats. J'avoue qu'elle n'est pas toute affirmative. On y voit des objections et des doutes. Posons, ce qui n'est pas, que ces doutes soient des négations. Mais elle est affirmative dans sa plus grande partie; elle est affirmative et démonstrative sur tous les points fondamentaux de la religion civile; elle est tellement décisive sur tout ce qui tient à la Providence éternelle, à l'amour du prochain, à la justice, à la paix, au bonheur des hommes, aux lois de la société, à toutes les vertus, que les objections, les doutes mêmes, y ont pour objet quelque avantage; et je défie qu'on m'y montre un seul point de doctrine attaqué que je ne prouve être nuisible aux hommes ou par lui-même ou par ses inévitables effets.

La religion est utile et même nécessaire aux peuples. Cela n'est-il pas dit, soutenu, prouvé dans ce même écrit? Loin d'attaquer les vrais principes de la religion, l'auteur les pose, les affermit de tout son pouvoir; ce qu'il attaque, ce qu'il combat, ce qu'il doit combattre, c'est le fanatisme aveugle, la superstition cruelle, le stupide préjugé. Mais il faut, disent-ils, respecter tout cela. Mais pourquoi? parce que c'est ainsi qu'on mène les peuples. Oui, c'est ainsi qu'on les mène à leur perte. La superstition est le plus terrible fléau du genre humain; elle abrutit les simples, elle persécute les sages, elle enchaîne les nations, elle fait partout cent maux effroyables : quel bien fait-elle? Aucun; si elle en fait, c'est aux tyrans; elle est leur arme la plus terrible, et cela même est le plus grand mal qu'elle ait jamais fait.

Ils disent qu'en attaquant la superstition je veux détruire la religion même : comment le savent-ils? Pourquoi confondent-ils ces deux causes que je distingue avec tant de soin? Comment ne voient-ils point que cette imputation réfléchit contre eux dans toute sa force, et que la religion n'a point d'ennemis plus terribles que les défenseurs de la superstition? Il serait bien cruel qu'il fût si aisé d'inculper l'intention d'un homme, quand il est si difficile de la justifier. Par cela même qu'il n'est pas prouvé qu'elle est mauvaise, on la doit juger bonne : autrement qui pourrait être à l'abri des jugements arbitraires de ses ennemis? Quoi! leur simple affirmation fait preuve de ce qu'ils ne peuvent savoir; et la mienne, jointe à toute ma conduite, n'établit point mes propres sentiments? Quel moyen me reste donc de les faire connaître? Le bien que je sens dans mon cœur, je ne puis le montrer, je l'avoue; mais quel est l'homme abominable qui s'ose vanter d'y voir le mal qui n'y fut jamais?

Plus on serait coupable de prêcher l'irréligion, dit très bien M. d'Alembert, plus il est criminel d'en accuser ceux qui ne la prêchent pas en effet. Ceux qui jugent publiquement de mon christianisme montrent seulement l'espèce du leur; et la seule chose qu'ils ont prouvée est qu'eux et moi n'avons pas la même religion. Voilà précisément ce qui les fâche : on sent que le mal prétendu les aigrit moins que le bien même. Ce bien qu'ils sont forcés de trouver dans mes écrits les dépite et les gêne; réduits à le tourner en mal encore, ils sentent qu'ils se découvrent trop. Combien ils seraient plus à leur aise si ce bien n'y était pas!

Quand on ne me juge point sur ce que j'ai dit, mais sur ce qu'on assure que j'ai voulu dire, quand on cherche dans mes intentions le mal qui n'est pas dans mes écrits, que puis-je faire? Ils démentent mes discours par mes pensées; quand j'ai dit blanc, ils affirment que j'ai voulu dire noir; ils se mettent à la place de Dieu pour faire l'œuvre du diable : comment dérober ma tête à des coups portés de si haut?

Pour prouver que l'auteur n'a point eu l'horrible intention qu'ils lui prêtent, je ne vois qu'un moyen, c'est d'en juger sur l'ouvrage. Ah! qu'on en juge ainsi, j'y consens; mais cette tâche n'est pas la mienne, et un examen suivi sous ce point de vue serait de ma part une indignité. Non, monsieur, il n'y a ni malheur ni flétrissure qui puissent me réduire à cette abjection. Je croirais outrager l'auteur, l'éditeur, le lecteur même, par une justification d'autant plus honteuse qu'elle est plus facile. C'est dégrader la vertu que montrer qu'elle n'est pas un crime : c'est obscurcir l'évidence que prouver qu'elle est la vérité. Non, lisez et jugez vous-même. Malheur à vous, si, durant cette lecture, votre cœur ne bénit pas cent fois l'homme vertueux et ferme qui ose instruire ainsi les humains!

Eh! comment me résoudrais-je à justifier cet ouvrage, moi qui crois effacer par lui les fautes de ma vie entière, moi qui mets les maux qu'il m'attire en compensation de ceux que j'ai faits, moi qui, plein de confiance, espère un jour dire au Juge suprême : « Daigne juger dans ta clémence un homme faible ; j'ai fait le mal sur la terre, mais j'ai publié cet écrit. »

Mon cher monsieur, permettez à mon cœur gonflé d'exhaler de temps en temps ses soupirs ; mais soyez sûr que dans mes discussions je ne mêlerai ni déclamations ni plaintes : je n'y mettrai pas même la vivacité de mes adversaires ; je raisonnerai toujours de sang-froid. Je reviens donc.

Tâchons de prendre un milieu qui vous satisfasse et qui ne m'avilisse pas. Supposons un moment la Profession de foi du vicaire adoptée en un coin du monde chrétien, et voyons ce qu'il en résulterait en bien et en mal. Ce ne sera ni l'attaquer ni la défendre ; ce sera la juger par ses effets.

Je vois d'abord les choses les plus naturelles sans aucune apparence de nouveautés ; nul changement dans le culte, et de grands changements dans les cœurs, des conversions sans éclat, de la foi sans dispute, du zèle sans fanatisme, de la raison sans impiété, peu de dogmes et beaucoup de vertus, la tolérance du philosophe et la charité du chrétien.

Nos prosélytes auront deux règles de foi qui n'en font qu'une : la raison et l'Evangile ; la seconde sera d'autant plus immuable qu'elle ne se fondera que sur la première, et nullement sur certains faits, lesquels, ayant besoin d'être attestés, remettent la religion sous l'autorité des hommes.

Toute la différence qu'il y aura d'eux aux autres chrétiens est que ceux-ci sont des gens qui disputent beaucoup sur l'Evangile sans se soucier de le pratiquer, au lieu que nos gens s'attacheront beaucoup à la pratique, et ne disputeront point.

Quand les chrétiens disputeurs viendront leur dire : « Vous vous dites chrétiens sans l'être, car, pour être chrétiens, il faut croire en Jésus-Christ, et vous n'y croyez point ! » les chrétiens leur répondront : « Nous ne savons pas bien si nous croyons en Jésus-Christ dans votre idée, parce nous ne l'entendons pas ; mais nous tâchons d'observer ce qu'il nous prescrit. Nous sommes chrétiens, chacun à notre manière, nous, en gardant sa parole, et vous, en croyant en lui. Sa charité veut que nous soyons tous frères : nous la suivons en vous admettant pour tels ; pour l'amour de lui ne nous ôtez pas un titre que nous honorons de toutes nos forces et qui nous est aussi cher qu'à vous. »

Les chrétiens disputeurs insisteront sans doute. « En vous renommant de Jésus, il faudrait nous dire à quel titre. Vous gardez, dites-vous, sa parole ; mais quelle autorité lui donnez-vous ? Reconnaissez-vous la révélation ? ne la reconnaissez-vous pas ? Admettez-vous l'Evangile en entier ? ne l'admettez-vous qu'en partie ? Sur quoi fondez-vous ces distinctions ? Plaisants chrétiens, qui marchandent avec le maître, qui choisissent dans sa doctrine ce qu'il leur plaît d'admettre et de rejeter ! »

A cela les autres diront paisiblement : « Mes frères, nous ne marchandons point ; car notre foi n'est pas un commerce : vous supposez qu'il dépend de nous d'admettre ou de rejeter comme il nous plaît ; mais cela n'est pas, et notre raison n'obéit point à notre volonté. Nous aurions beau vouloir que ce qui nous paraît faux nous parût vrai, il nous paraîtrait faux malgré nous. Tout ce qui dépend de nous est de parler selon notre pensée ou contre notre pensée, et notre seul crime est de ne vouloir pas vous tromper.

« Nous reconnaissons l'autorité de Jésus-Christ parce que notre intelligence acquiesce à ses préceptes et nous en découvre la sublimité. Elle nous dit qu'il convient aux hommes de suivre ces préceptes, mais qu'il était au-dessus d'eux de les trouver. Nous admettons la révélation comme émanée de l'esprit de Dieu, sans en savoir la manière, et sans nous tourmenter pour la découvrir ; pourvu que nous sachions que Dieu a parlé, peu nous importe d'expliquer comment il s'y est pris pour se faire entendre. Ainsi, reconnaissant dans l'Evangile l'autorité divine, nous croyons Jésus-Christ revêtu de cette autorité; nous reconnaissons une vertu plus qu'humaine dans sa conduite, et une sagesse plus qu'humaine dans ses leçons. Voilà ce qui est bien décidé pour nous. Comment cela s'est-il fait? Voilà ce qui ne l'est pas; cela nous passe. Cela ne vous passe pas, vous; à la bonne heure : nous vous en félicitons de tout notre cœur. Votre raison peut être supérieure à la nôtre; mais ce n'est pas à dire qu'elle doive nous servir de loi. Nous consentons que vous sachiez tout; souffrez que nous ignorions quelque chose.

« Vous nous demandez si nous admettons tous les enseignements qu'a donnés Jésus-Christ. L'utilité, la nécessité de la plupart de ces enseignements nous frappe, et nous tâchons de nous y conformer. Quelques-uns ne sont pas à notre portée; ils ont été donnés sans doute pour des esprits plus intelligents que nous. Nous ne croyons point avoir atteint les limites de la raison humaine, et les hommes plus pénétrants ont besoin de préceptes plus élevés.

« Beaucoup de choses dans l'Évangile passent notre raison, et même la choquent; nous ne les rejetons pourtant pas. Convaincus de la faiblesse de notre entendement, nous savons respecter ce que nous ne pouvons concevoir, quand l'association de ce que nous concevons nous le fait juger supérieur à nos lumières. Tout ce qui nous est nécessaire à savoir pour être saints nous paraît clair dans l'Évangile; qu'avons-nous besoin d'entendre le reste? Sur ce point nous demeurerons ignorants, mais exempts d'erreur, et nous n'en serons pas moins gens de bien; cette humble réserve elle-même est l'esprit de l'Évangile.

« Nous ne respectons pas précisément ce livre sacré comme livre, mais comme la parole et la vie de Jésus-Christ. Le caractère de vérité, de sagesse et de sainteté qui s'y trouve, nous apprend que cette histoire n'a pas été essentiellement altérée (1), mais il n'est pas démontré pour nous qu'elle ne l'ait point été du tout. Qui sait si les choses que nous n'y comprenons pas ne sont point des fautes glissées dans le texte? Qui sait si des disciples si fort inférieurs à leur maître l'ont bien compris et bien rendu partout? Nous ne décidons point là-dessus; nous ne présumons pas même, et nous ne vous proposons des conjectures que parce que vous l'exigez.

« Nous pouvons nous tromper dans nos idées, mais vous pouvez aussi vous tromper dans les vôtres. Pourquoi ne le pourriez-vous pas étant hommes? Vous pouvez avoir autant de bonne foi que nous, mais vous n'en sauriez avoir davantage; vous pouvez être plus éclairés, mais vous n'êtes pas infaillibles. Qui jugera donc entre les deux partis? Sera-ce vous? Cela n'est pas juste. Bien moins sera-ce nous, qui nous défions si fort de nous-mêmes. Laissons donc cette décision au Juge commun qui nous entend; et, puisque nous sommes d'accord sur les règles de nos devoirs réciproques, supportez-nous sur le reste comme nous vous supportons. Soyons hommes de paix, soyons frères; unissons-nous dans l'amour de notre commun maître, dans la pratique des vertus qu'il nous prescrit. Voilà ce qui fait le vrai chrétien.

« Que si vous vous obstinez à nous refuser ce précieux titre après avoir tout fait pour vivre fraternellement avec vous, nous nous consolerons de cette injustice, en songeant que les mots ne sont pas les choses, que les premiers disciples de Jésus ne prenaient point le nom de chrétiens, que le martyr Étienne ne le porta jamais, et que, quand Paul fut converti à la loi de Christ, il n'y avait encore aucuns chrétiens (2) sur la terre. »

Croyez-vous, monsieur, qu'une controverse ainsi traitée sera fort animée et fort longue, et qu'une des parties ne sera pas bientôt réduite au silence quand l'autre ne voudra point disputer?

Si nos prosélytes sont maîtres du pays où ils vivent, ils établiront une forme

---

(1) Où en seraient les simples fidèles, si l'on ne pouvait savoir cela que par des discussions de critique, ou par l'autorité des pasteurs? de quel front ose-t-on faire dépendre la foi de tant de science ou de tant de soumission?

(2) Ce nom leur fut donné quelques années après à Antioche pour la première fois.

de culte aussi simple que leur croyance, et la religion qui résultera de tout cela sera la plus utile aux hommes par sa simplicité même. Dégagée de tout ce qu'ils mettent à la place des vertus, et, n'ayant ni rites superstitieux ni subtilités dans la doctrine, elle ira tout entière à son vrai but, qui est la pratique de nos devoirs. Les mots de *dévot* et d'*orthodoxe* y seront sans usage; la monotonie de certains sons articulés n'y sera pas la piété; il n'y aura d'impies que les méchants, ni de fidèles que les gens de bien.

Cette institution une fois faite, tous seront obligés par les lois de s'y soumettre, parce qu'elle n'est point fondée sur l'autorité des hommes, qu'elle n'a rien qui ne soit dans l'ordre des lumières naturelles, qu'elle ne contient aucun article qui ne se rapporte au bien de la société, et qu'elle n'est mêlée d'aucun dogme inutile à la morale, d'aucun point de pure spéculation.

Nos prosélytes seront-ils intolérants pour cela? Au contraire, ils seront tolérants par principe; ils le seront plus qu'on ne peut l'être dans aucune autre doctrine, puisqu'ils admettront toutes les bonnes religions qui ne s'admettent pas entre elles, c'est-à-dire toutes celles qui, ayant l'essentiel qu'elles négligent, font l'essentiel de ce qui ne l'est point. En s'attachant, eux, à ce seul essentiel, ils laisseront les autres en faire à leur gré l'accessoire, pourvu qu'ils ne le rejettent pas, ils les laisseront expliquer ce qu'ils n'expliquent point, décider ce qu'ils ne décident point. Ils laisseront à chacun ses rites, ses formules de foi, sa croyance; ils diront : « Admettez avec nous les principes des devoirs de l'homme et du citoyen; du reste, croyez tout ce qu'il vous plaira. » Quant aux religions qui sont essentiellement mauvaises, qui portent l'homme à faire le mal, ils ne les toléreront point, parce que cela même est contraire à la véritable tolérance, qui n'a pour but que la paix du genre humain. Le vrai tolérant ne tolère point le crime, il ne tolère aucun dogme qui rend les hommes méchants.

Maintenant supposons, au contraire, que nos prosélytes soient sous la domination d'autrui : comme gens de paix, ils seront soumis aux lois de leurs maîtres, même en matière de religion, à moins que cette religion ne fût essentiellement mauvaise; car alors, sans outrager ceux qui la professent, ils refuseraient de la professer. Ils leur diraient : « Puisque Dieu nous appelle à la servitude, nous voulons être de bons serviteurs, et vos sentiments nous empêcheraient de l'être : nous connaissons nos devoirs, nous les aimons, nous rejetons ce qui nous en détache : c'est afin de vous être fidèles que nous n'adoptons pas la loi de l'iniquité. »

Mais si la religion du pays est bonne en elle-même, et que ce qu'elle a de mauvais soit seulement dans des interprétations particulières, ou dans des dogmes purement spéculatifs, ils s'attacheront à l'essentiel, et toléreront le reste, tant par respect pour les lois que par amour pour la paix. Quand ils seront appelés à déclarer expressément leur croyance, ils le feront, parce qu'il ne faut point mentir; ils diront au besoin leur sentiment avec fermeté, même avec force; ils se défendront par la raison, si on les attaque. Du reste, ils ne disputeront point contre leurs frères; et, sans s'obstiner à vouloir les convaincre, ils leur resteront unis par la charité, ils assisteront à leurs assemblées, ils adopteront leurs formules, et, ne se croyant pas plus infaillibles qu'eux, ils se soumettront à l'avis du plus grand nombre en ce qui n'intéresse pas leur conscience et ne leur paraît pas importer au salut.

Voilà le bien, me direz-vous; voyons le mal. Il sera dit en peu de paroles. Dieu ne sera plus l'organe de la méchanceté des hommes. La religion ne servira plus d'instrument à la tyrannie des gens d'église et à la vengeance des usurpateurs; elle ne servira plus qu'à rendre les croyants bons et justes : ce n'est pas là le compte de ceux qui les mènent; c'est pis pour eux que si elle ne servait à rien.

Ainsi donc la doctrine en question est bonne au genre humain, et mauvaise à ses oppresseurs. Dans quelle classe absolue la faut-il mettre? J'ai dit fidèlement le pour et le contre ; comparez, et choisissez.

Tout bien examiné, je crois que vous conviendrez de deux choses : l'une, que ces hommes que je suppose se conduiraient en ceci très-conséquemment à la Profession de foi du vicaire; l'autre, que cette conduite serait non-seulement irréprochable, mais vraiment chrétienne, et qu'on aurait tort de refuser à ces hommes bons et pieux le nom de chrétiens, puisqu'ils le mériteraient parfaitement par leur conduite, et qu'ils seraient moins opposés par leurs sentiments à beaucoup de sectes qui le prennent, et à qui on ne le dispute pas, que plusieurs de ces mêmes sectes ne sont opposées entre elles. Ce ne seraient pas, si l'on veut, des chrétiens à la mode de saint Paul, qui était naturellement persécuteur, et qui n'avait pas entendu Jésus-Christ lui-même; mais ce seraient des chrétiens à la mode de saint Jacques, choisi par le maître en personne, et qui avait reçu de sa propre bouche les instructions qu'il nous transmet. Tout ce raisonnement est bien simple, mais il me paraît concluant.

Vous me demanderez peut-être comment on peut accorder cette doctrine avec celle d'un homme qui dit que l'Evangile est absurde et pernicieux à la société? En avouant franchement que cet accord me paraît difficile, je vous demanderai à mon tour où est cet homme qui dit que l'Evangile est absurde et pernicieux. Vos messieurs m'accusent de l'avoir dit : et où? Dans le *Contrat social*, au chapitre de la religion civile. Voici qui est singulier ! Dans ce même livre et dans ce même chapitre je pense avoir dit précisément le contraire ; je pense avoir dit que l'Evangile est sublime, et le plus fort lien de la société. Je ne veux pas taxer ces messieurs de mensonge ; mais avouez que deux propositions si contraires dans le même livre et dans le même chapitre doivent faire un tout bien extravagant.

N'y aurait-il point ici quelque nouvelle équivoque, à la faveur de laquelle on me rendît plus coupable ou plus fou que je ne suis? Ce mot de *société* présente un sens un peu vague : il y a dans le monde des sociétés de bien des sortes, et il n'est pas impossible que ce qui sert à l'une nuise à l'autre. Voyons : la méthode favorite de mes agresseurs est toujours d'offrir avec art des idées indéterminées; continuons pour toute réponse à tâcher de les fixer.

Le chapitre dont je parle est destiné, comme on le voit par le titre, à examiner comment les institutions religieuses peuvent entrer dans la constitution de l'état. Ainsi ce dont il s'agit ici n'est point de considérer les religions comme vraies ou fausses, ni même comme bonnes ou mauvaises en elles-mêmes, mais de les considérer uniquement par leurs rapports aux corps politiques, et comme parties de la législation.

Dans cette vue, l'auteur fait voir que toutes les anciennes religions, sans en excepter la juive, furent nationales dans leur origine, appropriées, incorporées à l'état, et formant la base, ou du moins faisant partie du système législatif.

Le christianisme, au contraire, est dans son principe une religion universelle, qui n'a rien d'exclusif, rien de local, rien de propre à tel pays plutôt qu'à tel autre. Son divin auteur, embrassant également tous les hommes dans sa charité sans bornes, est venu lever la barrière qui séparait les nations, et réunir tout le genre humain dans un peuple de frères: « Car, en toute nation, celui qui le craint et qui s'adonne à la justice lui est agréable (*Act.* x, 35). » Tel est le véritable esprit de l'Evangile.

Ceux donc qui ont voulu faire du christianisme une religion nationale et l'introduire comme partie constitutive dans le système de la législation, ont fait par là deux fautes nuisibles, l'une à la religion, et l'autre à l'état. Ils se sont écartés de l'esprit de Jésus-Christ, dont le règne n'est pas de ce monde; et, mêlant aux intérêts terrestres ceux de la religion, ils ont souillé sa pureté céleste, ils en ont fait l'arme des tyrans et l'instrument des persécuteurs. Ils n'ont pas moins blessé les saines maximes de la politique, puisqu'au lieu de simplifier la machine du gouvernement, ils l'ont composée, ils lui ont donné des ressorts étrangers, superflus; et, l'assujettissant à deux mobiles différents, souvent contraires, ils ont causé les tiraillements qu'on sent dans tous les états chrétiens où l'on a fait entrer la religion dans le système politique.

Le parfait christianisme est l'institution sociale universelle ; mais, pour montrer qu'il n'est point un établissement politique, et qu'il ne concourt point aux bonnes institutions particulières, il fallait ôter les sophismes de ceux qui mêlent la religion à tout, comme une prise avec laquelle ils s'emparent de tout. Tous les établissements humains sont fondés sur les passions humaines, et se conservent par elles : ce qui combat et détruit les passions n'est donc pas propre à fortifier ces établissements. Comment ce qui détache les cœurs de la terre nous donnerait-il plus d'intérêt pour ce qui s'y fait? comment ce qui nous occupe uniquement d'une autre patrie nous attacherait-il davantage à celle-ci ?

Les religions nationales sont utiles à l'état comme parties de sa constitution, cela est incontestable; mais elles sont nuisibles au genre humain, et même à l'état dans un autre sens : j'ai montré comment et pourquoi.

Le christianisme, au contraire, rendant les hommes justes, modérés, amis de la paix, est très avantageux à la société générale ; mais il énerve la force du ressort politique, il complique les mouvements de la machine, il rompt l'unité du corps moral; et ne lui étant pas assez approprié, il faut qu'il dégénère, ou qu'il demeure une pièce étrangère et embarrassante.

Voilà donc un préjudice et des inconvénients des deux côtés relativement au corps politique. Cependant il importe que l'état ne soit pas sans religion, et cela importe par des raisons graves, sur lesquelles j'ai partout fortement insisté; mais il vaudrait mieux encore n'en point avoir, que d'en avoir une barbare et persécutante, qui, tyrannisant les lois mêmes, contrarierait les devoirs du citoyen. On dirait que tout ce qui s'est passé dans Genève à mon égard n'est fait que pour établir ce chapitre en exemple, pour prouver par ma propre histoire que j'ai très bien raisonné.

Que doit faire un sage législateur dans cette alternative? De deux choses l'une: la première, d'établir une religion purement civile, dans laquelle, renfermant les dogmes fondamentaux de toute bonne religion, tous les dogmes vraiment utiles à la société, soit universelle, soit particulière, il omette tous les autres qui peuvent importer à la foi, mais nullement au bien terrestre, unique objet de la législation : car comment le mystère de la Trinité, par exemple, peut-il concourir à la bonne constitution de l'état? en quoi ses membres seront-ils meilleurs citoyens quand ils auront rejeté le mérite des bonnes œuvres ? et que fait au lien de la société civile le dogme du péché originel? Bien que le vrai christianisme soit une institution de paix, qui ne voit que le christianisme dogmatique ou théologique est, par la multitude et l'obscurité de ses dogmes, surtout par l'obligation de les admettre, un champ de bataille toujours ouvert entre les hommes, et cela sans qu'à force d'interprétations et de décisions on puisse prévenir de nouvelles disputes sur les décisions mêmes ?

L'autre expédient est de laisser le christianisme tel qu'il est dans son véritable esprit, libre, dégagé de tout lien de chair, sans autre obligation que celle de la conscience, sans autre gêne dans les dogmes que les mœurs et les lois. La religion chrétienne est, pour la pureté de sa morale, toujours bonne et saine dans l'état, pourvu qu'on n'en fasse pas une partie de sa constitution, pourvu qu'elle y soit admise uniquement comme religion, sentiment, opinion, croyance; mais, comme loi politique, le christianisme dogmatique est un mauvais établissement.

Telle est, monsieur, la plus forte conséquence qu'on puisse tirer de ce chapitre, où, bien loin de taxer le *pur Evangile* (1) d'être pernicieux à la société, je le trouve, en quelque sorte, trop sociable, embrassant trop tout le genre humain, pour une législation qui doit être exclusive ; inspirant l'humanité plutôt que le patriotisme, et tendant à former des hommes plutôt que des citoyens (2). Si je me suis trompé, j'ai fait une erreur en politique ; mais où est mon impiété ?

La science du salut et celle du gouvernement sont très différentes : vouloir que la première embrasse tout est un fanatisme de petit esprit ; c'est penser comme les alchimistes, qui, dans l'art de faire de l'or, voient aussi la médecine universelle, ou comme les mahométans, qui prétendent trouver toutes les sciences dans l'Alcoran. La doctrine de l'Evangile n'a qu'un objet, c'est d'appeler et sauver tous les hommes ; leur liberté, leur bien-être ici-bas n'y entre pour rien ; Jésus l'a dit mille fois. Mêler à cet objet des vues terrestres, c'est altérer sa simplicité sublime, c'est souiller sa sainteté par des intérêts humains : c'est cela qui est vraiment une impiété.

Ces distinctions sont de tout temps établies ; on ne les a confondues que pour moi seul. En ôtant des institutions nationales la religion chrétienne, je l'établis la meilleure pour le genre humain. L'auteur de l'*Esprit des lois* a fait plus ; il a dit que la musulmane était la meilleure pour les contrées asiatiques (3). Il raisonnait en politique, et moi aussi. Dans quel pays a-t-on cherché querelle, je ne dis pas à l'auteur, mais au livre (4) ? Pourquoi donc suis-je coupable ? ou pourquoi ne l'était-il pas ?

Voilà, monsieur, comment, par des extraits fidèles, un critique équitable parvient à connaître les vrais sentiments d'un auteur et le dessein dans lequel il a composé son livre. Qu'on examine tous les miens par cette méthode, je ne crains point les jugements que tout honnête homme en pourra porter. Mais ce n'est pas ainsi que ces messieurs s'y prennent ; ils n'ont garde, ils n'y trouveraient pas ce qu'ils cherchent. Dans le projet de me rendre coupable à tout prix, ils écartent le vrai but de l'ouvrage : ils lui donnent pour but chaque erreur, chaque négligence échappée à l'auteur ; et si par hasard il laisse un passage équivoque, ils ne manquent pas de l'interpréter dans le sens qui n'est pas le sien. Sur un grand champ couvert d'une moisson fertile, ils vont triant avec soin quelques mauvaises plantes, pour accuser celui qui l'a semé d'être un empoisonneur.

Mes propositions ne pouvaient faire aucun mal à leur place, elles étaient vraies, utiles, honnêtes, dans le sens que je leur donnais. Ce sont leurs falsifications, leurs subreptions, leurs interprétations frauduleuses, qui les rendent punissables ; il faut les brûler dans leurs livres, et les couronner dans les miens.

Combien de fois les auteurs diffamés et le public indigné n'ont-ils pas réclamé contre cette manière odieuse de déchiqueter un ouvrage, d'en défigurer toutes les parties, d'en juger sur des lambeaux enlevés çà et là, au choix d'un accusateur infidèle, qui produit le mal lui-même en le détachant du bien qui le corrige et l'explique, en détorquant partout le vrai sens ! Qu'on juge La Bruyère

(1) *Lettres écrites de la campagne*, page 30.
(2) C'est merveille de voir l'assortiment de beaux sentiments qu'on va nous entassant dans les livres ; il ne faut pour cela que des mots, et les vertus en papier ne coûtent guère ; mais elles ne s'agencent pas ainsi tout-à-fait ainsi dans le cœur de l'homme, et il y a loin des peintures aux réalités. Le patriotisme et l'humanité sont, par exemple, deux vertus incompatibles dans leur énergie, et surtout chez un peuple entier. Le législateur qui les voudra toutes deux n'obtiendra ni l'une ni l'autre : cet accord ne s'est jamais vu ; il ne se verra jamais, parce qu'il est contraire à la nature, et qu'on ne peut donner deux objets à la même passion.
(3) Voyez livre xxiv, chap. 26.
(4) Il est bon de remarquer que le livre de l'*Esprit des lois* fut imprimé pour la première fois à Genève, sans que les scholarques y trouvassent rien à reprendre, et que ce fut un pasteur qui corrigea l'édition.

ou La Rochefoucauld sur des maximes isolées, à la bonne heure ; encore sera-t-il juste de comparer et de compter. Mais, dans un livre de raisonnement, combien de sens divers ne peut pas avoir la même proposition, selon la manière dont l'auteur l'emploie et dont il la fait envisager! Il n'y a peut-être pas une de celles qu'on m'impute, à laquelle, au lieu où je l'ai mise, la page qui précède ou celle qui suit ne serve de réponse, et que je n'aie prise en un sens différent de celui que lui donnent mes accusateurs. Vous verrez, avant la fin de ces lettres, des preuves de cela qui vous surprendront.

Mais, qu'il y ait des propositions fausses, répréhensibles, blâmables en elles-mêmes, cela suffit-il pour rendre un livre pernicieux? Un bon livre n'est pas celui qui ne contient rien de mauvais ou rien qu'on puisse interpréter en mal : autrement il n'y aurait point de bons livres ; mais un bon livre est celui qui contient plus de bonnes choses que de mauvaises ; un bon livre est celui dont l'effet total est de mener au bien, malgré le mal qui peut s'y trouver. Eh! que serait-ce, mon Dieu! si dans un grand ouvrage, plein de vérités utiles, de leçons d'humanité, de piété, de vertu, il était permis d'aller cherchant avec une maligne exactitude toutes les erreurs, toutes les propositions équivoques, suspectes, ou inconsidérées ; toutes les inconséquences qui peuvent échapper dans le détail à un auteur surchargé de matière, accablé de nombreuses idées qu'elle lui suggère, distrait des unes par les autres, et qui peut à peine assembler dans sa tête toutes les parties de son vaste plan : s'il était permis de faire un amas de toutes ses fautes, de les aggraver les unes par les autres, en rapprochant ce qui est épars, en liant ce qui est isolé ; puis, taisant la multitude de choses bonnes et louables qui les démentent, qui les expliquent, qui les rachètent, qui montrent le vrai but de l'auteur, de donner cet affreux recueil pour celui de ses principes, d'avancer que c'est là le résumé de ses vrais sentiments, et de le juger sur un pareil extrait? Dans quel désert faudrait-il fuir, dans quel autre faudrait-il se cacher, pour échapper aux poursuites de pareils hommes, qui, sous l'apparence du mal, puniraient le bien ; qui compteraient pour rien le cœur, les intentions, la droiture partout évidente, et traiteraient la faute la plus légère et la plus involontaire comme le crime d'un scélérat? Y a-t-il un seul livre au monde, quelque vrai, quelque bon, quelque excellent qu'il puisse être, qui pût échapper à cette inquisition? Non, monsieur, il n'y en a pas un seul ; non pas l'Évangile même : car le mal qui n'y serait pas, ils sauraient l'y mettre par leurs extraits infidèles, par leurs fausses interprétations.

« Nous vous déférons, oseraient-ils dire, un livre scandaleux, téméraire, impie, dont la morale est d'enrichir le riche et de dépouiller (1) le pauvre ; d'apprendre aux enfants à renier leur mère et leurs frères (2), de s'emparer sans scrupule du bien d'autrui (3), de n'instruire point les méchants, de peur qu'ils ne se corrigent et qu'ils ne soient pardonnés (4), de haïr père, mère, femme, enfants, tous ses proches (5) ; un livre où l'on souffle partout le feu de la discorde (6), où l'on se vante d'armer le fils contre le père (7), les parents l'un contre l'autre (8), les domestiques contre leurs maîtres (9), où l'on approuve la violation des lois (10), où l'on impose en devoir la persécution (11), où, pour porter les peuples au brigandage, on fait du bonheur éternel le prix de la force et la conquête des hommes violents (12). »

Figurez-vous une âme infernale analysant ainsi tout l'Évangile ; formant de cette calomnieuse analyse, sous le nom de *Profession de foi évangélique*, un écrit qui ferait horreur, et les dévots pharisiens prônant cet écrit d'un air de triomphe comme l'abrégé des leçons de Jésus-Christ. Voilà pourtant jusqu'où peut mener cette indigne méthode. Quiconque aura lu mes livres, et lira les

(1) *Matth.*, XIII, 12 ; *Luc*, XIX, 26. — (2) *Matth.*, XII, 48 ; *Marc*, III, 33. — (3) *Marc*, XI, 2 ; *Luc*, XIX, 30. — (4) *Marc*, IV, 12 ; *Jean*, XII, 40. — (5) *Luc*, XIV, 26. — (6) *Matth.*, X, 34 ; *Luc*, XII, 51, 52. — (7) *Matth.*, X, 35 ; *Luc*, XII, 55. — (8) *Ibid.* — (9) *Matth.*, X, 36. — (10) *Matth.*, XII, 2 et seq. — (11) *Luc*, XIV, 23. — (12) *Matth.*, XI, 12.

imputations de ceux qui m'accusent, qui me jugent, qui me condamnent, qui me poursuivent, verra que c'est ainsi que tous m'ont traité.

Je crois vous avoir prouvé que ces messieurs ne m'ont pas jugé selon la la raison : j'ai maintenant à vous prouver qu'ils ne m'ont pas jugé selon les lois. Mais laissez-moi reprendre un instant haleine. A quels tristes essais me vois-je réduit à mon âge ! Devais-je apprendre si tard à faire mon apologie? Etait-ce la peine de commencer?

LETTRE II.

De la religion de Genève. Principes de la réformation. L'auteur entame la discussion des miracles.

J'ai supposé, monsieur, dans ma précédente lettre, que j'avais commis en effet contre la foi les erreurs dont on m'accuse, et j'ai fait voir que ces erreurs, n'étant point nuisibles à la société, n'étaient pas punissables devant la justice humaine. Dieu s'est réservé sa propre défense et le châtiment des fautes qui n'offensent que lui. C'est un sacrilége à des hommes de se faire les vengeurs de la Divinité, comme si leur protection lui était nécessaire. Les magistrats, les rois, n'ont aucune autorité sur les âmes ; et pourvu qu'on soit fidèle aux lois de la société dans ce monde, ce n'est point à eux de se mêler de ce qu'on deviendra dans l'autre, où ils n'ont aucune inspection. Si l'on perdait ce principe de vue, les lois faites pour le bonheur du genre humain en seraient bientôt le tourment; et, sous leur inquisition terrible, les hommes, jugés par leur foi plus que par leurs œuvres, seraient tous à la merci de quiconque voudrait les opprimer.

Si les lois n'ont nulle autorité sur les sentiments des hommes en ce qui tient uniquement à la religion, elles n'en ont point non plus en cette partie sur les écrits où l'on manifeste ces sentiments. Si les auteurs de ces écrits sont punissables, ce n'est jamais précisément pour avoir enseigné l'erreur, puisque la loi ni ses ministres ne jugent pas de ce qui n'est précisément qu'une erreur. L'auteur des *Lettres écrites de la campagne* paraît convenir de ce principe (1). Peut-être même, en accordant que *la politique et la philosophie pourront soutenir la liberté de tout écrire*, le pousserait-il trop loin (p. 30). Ce n'est pas ce que je veux examiner ici.

Mais voici comment vos messieurs et lui tournent la chose pour autoriser le jugement rendu contre mes livres et contre moi. Ils me jugent moins comme impie envers Dieu que comme rebelle aux lois; ils voient moins en moi le péché que le crime, et l'hérésie que la désobéissance. J'ai, selon eux, attaqué la religion de l'état ; j'ai donc encouru la peine portée par la loi contre ceux qui l'attaquent. Voilà, je crois, le sens de ce qu'ils ont dit d'intelligible pour justifier leur procédé.

Je ne vois à cela que trois petites difficultés : la première, de savoir quelle est cette religion de l'état; la seconde, de montrer comment je l'ai attaquée; la troisième, de trouver cette loi selon laquelle j'ai été jugé.

Qu'est-ce que la religion de l'état? c'est la sainte réformation évangélique. Voilà, sans contredit, des mots bien sonnants. Mais qu'est-ce, à Genève aujourd'hui, que la sainte réformation évangélique? Le sauriez-vous, monsieur, par hasard? En ce cas, je vous en félicite : quant à moi, je l'ignore. J'avais cru le savoir ci-devant; mais je me trompais aussi que bien d'autres, plus savants que moi sur tout autre point, et non moins ignorants sur celui-là.

Quand les réformateurs se détachèrent de l'église romaine, ils l'accusèrent d'erreur; et, pour corriger cette erreur dans sa source, ils donnèrent à l'Ecriture un autre sens que celui que l'église lui donnait. On leur demanda de

---

(1) « A cet égard, dit-il page 22, je retrouve assez mes maximes dans celles des représentations. Et page 29, il regarde comme incontestable que personne ne peut être poursuivi pour ses idées sur la religion. »

quelle autorité ils s'écartaient ainsi de la doctrine reçue : ils dirent que c'était de leur autorité propre, de celle de leur raison. Ils dirent que le sens de la Bible étant intelligible et clair à tous les hommes en ce qui était du salut, chacun était juge compétent de la doctrine, et pouvait interpréter la Bible, qui en est la règle, selon son esprit particulier ; que tous s'accorderaient ainsi sur les choses essentielles ; et que celles sur lesquelles ils ne pourraient s'accorder, ne l'étaient point.

Voilà donc l'esprit particulier établi pour unique interprète de l'Ecriture ; voilà l'autorité de l'église rejetée ; voilà chacun mis, pour la doctrine, sous sa propre juridiction. Tels sont les deux points fondamentaux de la réforme : reconnaître la Bible pour règle de sa croyance, et n'admettre d'autre interprète du sens de la Bible que soi. Ces deux points combinés forment le principe sur lequel les chrétiens réformés se sont séparés de l'église romaine : et ils ne pouvaient moins faire sans tomber en contradiction ; car quelle autorité interprétative auraient-ils pu se réserver, après avoir rejeté celle du corps de l'église ?

Mais, dira-t-on, comment, sur un tel principe, les réformés ont-ils pu se réunir ? Comment, voulant avoir chacun leur façon de penser, ont-ils fait corps contre l'église catholique ? Ils le devaient faire : ils se réunissaient en ceci, que tous reconnaissaient chacun d'eux comme juge compétent pour lui-même. Ils toléraient et ils devaient tolérer toutes les interprétations hors une, savoir, celle qui ôte la liberté des interprétations. Or cette unique interprétation qu'ils rejetaient était celle des catholiques. Ils devaient donc proscrire de concert Rome seule, qui les proscrivait également tous. La diversité même de leurs façons de penser sur tout le reste était le lien commun qui les unissait. C'étaient autant de petits états ligués contre une grande puissance, et dont la confédération générale n'ôtait rien à l'indépendance de chacun.

Voilà comment la réformation évangélique s'est établie, et voilà comment elle doit se conserver. Il est bien vrai que la doctrine du plus grand nombre peut être proposée à tous comme la plus probable ou la plus autorisée ; le souverain peut même la rédiger en formule et la prescrire à ceux qu'il charge d'enseigner, parce qu'il faut quelque ordre, quelque règle dans les instructions publiques ; et qu'au fond l'on ne gêne en ceci la liberté de personne, puisque nul n'est forcé d'enseigner malgré lui : mais il ne s'ensuit pas de là que les particuliers soient obligés d'admettre précisément ces interprétations qu'on leur donne et cette doctrine qu'on leur enseigne. Chacun en demeure seul juge pour lui-même, et ne reconnaît en cela d'autre autorité que la sienne propre. Les bonnes instructions doivent moins fixer le choix que nous devons faire, que nous mettre en état de bien choisir. Tel est le véritable esprit de la réformation, tel en est le vrai fondement. La raison particulière y prononce, en tirant la foi de la règle commune qu'elle établit, savoir, l'Evangile ; et il est tellement de l'essence de la raison d'être libre, que, quand elle voudrait s'asservir à l'autorité, cela ne dépendrait pas d'elle. Portez la moindre atteinte à ce principe, et tout l'évangélisme croule à l'instant. Qu'on me prouve aujourd'hui qu'en matière de foi je suis obligé de me soumettre aux décisions de quelqu'un, dès demain je me fais catholique, et tout homme conséquent et vrai fera comme moi.

Or la libre interprétation de l'Ecriture emporte non-seulement le droit d'en expliquer les passages, chacun selon son sens particulier, mais celui de rester dans le doute sur ceux qu'on trouve douteux, et celui de ne pas comprendre ceux qu'on trouve incompréhensibles. Voilà le droit de chaque fidèle, droit sur lequel ni les pasteurs ni les magistrats n'ont rien à voir. Pourvu qu'on respecte toute la Bible et qu'on s'accorde sur les points capitaux, on vit selon la réformation évangélique. Le serment des bourgeois de Genève n'emporte rien de plus que cela.

Or je vois déjà vos docteurs triompher sur ces points capitaux, et prétendre que je m'en écarte. Doucement, messieurs, de grâce; ce n'est pas encore de moi qu'il s'agit, c'est de vous. Sachons d'abord quels sont, selon vous, ces points capitaux; sachons quel droit vous avez de me contraindre à les voir où je ne les vois pas, et où peut-être vous ne les voyez pas vous-mêmes. N'oubliez point, s'il vous plaît, que me donner vos décisions pour lois, c'est vous écarter de la sainte réformation évangélique, c'est en ébranler les vrais fondements; c'est vous qui, par la loi, méritez punition.

Soit que l'on considère l'état politique de votre république lorsque la réformation fut instituée, soit que l'on pèse les termes de vos anciens édits par rapport à la religion qu'ils prescrivent, on voit que la réformation est partout mise en opposition avec l'église romaine, et que les lois n'ont pour objet que d'abjurer les principes et le culte de celle-ci, destructifs de la liberté dans tous les sens.

Dans cette position particulière, l'état n'existait pour ainsi dire que par la séparation des deux églises, et la république était anéantie si le papisme reprenait le dessus. Ainsi la loi qui fixait le culte évangélique n'y considérait que l'abolition du culte romain. C'est ce qu'attestent les invectives, même indécentes, qu'on voit contre celui-ci dans vos premières ordonnances, et qu'on a sagement retranchées dans la suite quand le même danger n'existait plus : c'est ce qu'atteste aussi le serment du consistoire, lequel consiste uniquement à empêcher « toutes idolâtries, blasphèmes, dissolutions, et autres choses contrevenantes à l'honneur de Dieu et à la réformation de l'Evangile. » Tels sont les termes de l'ordonnance passée en 1562. Dans la revue de la même ordonnance en 1576, on mit à la tête du serment, *de veiller sur tous scandales* (1) : ce qui montre que, dans la première formule du serment, on n'avait pour objet que la séparation de l'église romaine. Dans la suite on pourvut encore à la police : cela est naturel quand un établissement commence à prendre de la consistance; mais enfin, dans l'une et dans l'autre leçon, ni dans aucun serment de magistrats, de bourgeois, de ministres, il n'est question ni d'erreur ni d'hérésie. Loin que ce fût là l'objet de la réformation ni des lois, c'eût été se mettre en contradiction avec soi-même. Ainsi vos édits n'ont fixé, sous ce mot de *réformation*, que les points controversés avec l'église romaine.

Je sais que votre histoire; et celle en général de la réforme, est pleine de faits qui montrent une inquisition très sévère, et que, de persécutés, les réformateurs devinrent bientôt persécuteurs : mais ce contraste, si choquant dans toute l'histoire du christianisme, ne prouve autre chose dans la vôtre que l'inconséquence des hommes et l'empire des passions sur la raison. A force de disputer contre le clergé catholique, le clergé protestant prit l'esprit disputeur et pointilleux. Il voulait tout décider, tout régler, prononcer sur tout; chacun proposait modestement son sentiment pour loi suprême à tous les autres : ce n'était pas le moyen de vivre en paix. Calvin, sans doute, était un grand homme, mais enfin c'était un homme, et, qui pis est, un théologien ; il avait d'ailleurs tout l'orgueil du génie qui sent sa supériorité, et qui s'indigne qu'on la lui dispute. La plupart de ses collègues étaient dans le même cas; tous en cela d'autant plus coupables qu'ils étaient plus inconséquents.

Aussi quelle prise n'ont-ils pas donnée en ce point aux catholiques! et quelle pitié n'est-ce pas de voir dans leur défense ces savants hommes, ces esprits éclairés, qui raisonnaient si bien sur tout autre article, déraisonner si sottement sur celui-là! ces contradictions ne prouvaient cependant autre chose, sinon qu'ils suivaient bien plus leurs passions que leurs principes. Leur dure orthodoxie était elle-même une hérésie. C'était bien là l'esprit des réformateurs, mais ce n'était pas celui de la réformation.

La religion protestante est tolérante par principe, elle est tolérante essen-

(1) *Ordon. ecclés.*, tit. III, art. LXXV.

tiellement; elle l'est autant qu'il est possible de l'être, puisque le seul dogme qu'elle ne tolère pas est celui de l'intolérance. Voilà l'insurmontable barrière qui nous sépare des catholiques, et qui réunit les autres communions entre elles; chacune regarde bien les autres comme étant dans l'erreur; mais nulle ne regarde ou ne doit regarder cette erreur comme un obstacle au salut (1).

Les réformés de nos jours, du moins les ministres, ne connaissent ou n'aiment plus leur religion. S'ils l'avaient connue et aimée, à la publication de mon livre ils auraient poussé de concert un cri de joie, ils se seraient tous unis avec moi, qui n'attaquais que leurs adversaires; mais ils aiment mieux abandonner leur propre cause que de soutenir la mienne; avec leur ton risiblement arrogant, avec leur rage de chicane et d'intolérance, ils ne savent plus ce qu'ils croient, ni ce qu'ils veulent, ni ce qu'ils disent. Je ne les vois plus que comme de mauvais valets des prêtres, qui les servent moins par amour pour eux que par haine contre moi (2). Quand ils auront bien disputé, bien chamaillé, bien ergoté, bien prononcé, tout au fort de leur petit triomphe, le clergé romain, qui maintenant rit et les laisse faire, viendra les chasser, armé d'arguments *ad hominem* sans réplique; et les battant de leurs propres armes, il leur dira : « Cela va bien; mais à présent ôtez-vous de là, méchants intrus que vous êtes; vous n'avez travaillé que pour nous. » Je reviens à mon sujet.

L'église de Genève n'a donc et ne doit avoir, comme réformée, aucune profession de foi précise, articulée, et commune à tous ses membres. Si l'on voulait en avoir une, en cela même on blesserait la liberté évangélique, on renoncerait au principe de la réformation; on violerait la loi de l'état. Toutes les églises protestantes qui ont dressé des formules de profession de foi, tous les synodes qui ont déterminé des points de doctrine, n'ont voulu que prescrire aux pasteurs celle qu'ils devaient enseigner, et cela était bon et convenable. Mais si ces églises et ces synodes ont prétendu faire plus par ces formules, et prescrire aux fidèles ce qu'ils devaient croire; alors, par de telles décisions, ces assemblées n'ont prouvé autre chose, sinon qu'elles ignoraient leur propre religion.

L'église de Genève paraissait depuis longtemps s'écarter moins que les autres du véritable esprit du christianisme, et c'est sur cette trompeuse apparence que j'honorai ses pasteurs d'éloges dont je les croyais dignes; car mon intention n'était assurément pas d'abuser le public. Mais qui peut voir aujourd'hui ces mêmes ministres, jadis si coulants et devenus tout à coup si rigides, chicaner sur l'orthodoxie d'un laïc, et laisser la leur dans une si scandaleuse incertitude? On leur demande si Jésus-Christ est Dieu, ils n'osent répondre; on leur demande quels mystères ils admettent, ils n'osent répondre. Sur quoi donc répondront-ils, et quels seront les articles fondamentaux, différents des miens, sur lesquels ils veulent qu'on se décide, si ceux-là n'y sont pas compris?

Un philosophe jette sur eux un coup d'œil rapide; il les pénètre, il les voit ariens, sociniens : il le dit, et pense leur faire honneur; mais il ne voit pas qu'il expose leur intérêt temporel, la seule chose qui généralement décide ici-bas de la foi des hommes.

Aussitôt alarmés, effrayés, ils s'assemblent, ils discutent, ils s'agitent, ils

---

(1) De toutes les sectes du christianisme, la luthérienne me paraît la plus inconséquente. Elle a réuni comme à plaisir contre elle seule toutes les objections qu'elles se font l'une à l'autre. Elle est en particulier intolérante comme l'église romaine; mais le grand argument de celle-ci lui manque : elle est intolérante sans savoir pourquoi.

(2) Il est assez superflu, je crois, d'avertir que j'excepte ici mon pasteur, et ceux qui sur ce point pensent comme lui.

— J'ai appris depuis cette note à n'excepter personne, mais je la laisse selon ma promesse, pour l'instruction de tout honnête homme qui peut être tenté de louer des gens d'église.

ne savent à quel saint se vouer; et après force consultations (1), délibérations, conférences, le tout aboutit à un amphigouri où l'on ne dit ni oui ni non, et auquel il est aussi peu possible de rien comprendre qu'aux deux plaidoyers de Rabelais (2). La doctrine orthodoxe n'est-elle pas bien claire; et ne la voilà-t-il pas en de sûres mains?

Cependant, parce qu'un d'entre eux, compilant force plaisanteries scolastiques, aussi bénignes qu'élégantes, pour juger mon christianisme, ne craint pas d'abjurer le sien; tout charmés du savoir de leur confrère, et surtout de sa logique, ils avouent son docte ouvrage, et l'en remercient par une députation. Ce sont en vérité de singulières gens que messieurs vos ministres! on ne sait ni ce qu'ils croient, ni ce qu'ils ne croient pas; on ne sait pas même ce qu'ils font semblant de croire : leur seule manière d'établir leur foi est d'attaquer celle des autres : ils sont comme les jésuites, qui, dit-on, forçaient tout le monde à signer la constitution, sans vouloir la signer eux-mêmes. Au lieu de s'expliquer sur la doctrine qu'on leur impute, ils pensent donner le change aux autres églises, en cherchant querelle à leur propre défenseur; ils veulent prouver par leur ingratitude qu'ils n'avaient pas besoin de mes soins, et croient se montrer assez orthodoxes en se montrant persécuteurs.

De tout ceci je conclus qu'il n'est pas aisé de dire en quoi consiste à Genève aujourd'hui la sainte réformation. Tout ce qu'on peut avancer de certain sur cet article est qu'elle doit consister principalement à rejeter les points contestés à l'église romaine par les premiers réformateurs, et surtout par Calvin. C'est là l'esprit de votre institution; c'est par là que vous êtes un peuple libre, et c'est par ce côté seul que la religion fait chez vous partie de la loi de l'état.

De cette première question je passe à la seconde, et je dis : Dans un livre où la vérité, l'utilité, la nécessité de la religion en général est établie avec la plus grande force, où, sans donner aucune exclusion (3), l'auteur préfère la religion chrétienne à tout autre culte, et la réformation évangélique à toute autre secte, comment se peut-il que cette même réformation soit attaquée? Cela paraît difficile à concevoir. Voyons cependant.

J'ai prouvé ci-devant en général, et je prouverai plus en détail ci-après, qu'il n'est pas vrai que le christianisme soit attaqué dans mon livre. Or, lorsque les principes communs ne sont pas attaqués, on ne peut attaquer en particulier aucune secte que de deux manières : savoir, indirectement, en soutenant les dogmes distinctifs de ses adversaires; ou directement, en attaquant les siens.

Mais comment aurais-je soutenu les dogmes distinctifs des catholiques, puisqu'au contraire ce sont les seuls que j'aie attaqués, et puisque c'est cette attaque même qui a soulevé contre moi le parti catholique, sans lequel il est sûr que les protestants n'auraient rien dit? Voilà, je l'avoue, une des choses les plus étranges dont on ait jamais ouï parler; mais elle n'en est pas moins vraie. Je suis confesseur de la foi protestante à Paris, et c'est pour cela que je le suis encore à Genève.

Et comment aurais-je attaqué les dogmes distinctifs des protestants, puisqu'au contraire ce sont ceux que j'ai soutenus avec le plus de force, puisque je n'ai cessé d'insister sur l'autorité de la raison en matière de foi, sur la libre interprétation des écritures, sur la tolérance évangélique, et sur l'obéissance aux lois, même en matière de culte; tous dogmes distinctifs et radicaux de

---

(1) « Quand on est bien décidé sur ce qu'on croit, disait à ce sujet un journaliste, une profession de foi doit être bientôt faite. »

(2) Il y aurait peut-être eu quelque embarras à s'expliquer plus clairement sans être obligé de se rétracter sur certaines choses.

(3) J'exhorte tout lecteur équitable à relire et peser dans l'*Emile* ce qui suit immédiatement la *Profession du vicaire*, et où je reprends la parole.

l'église réformée, et sans lesquels, loin d'être solidement établie, elle ne pourrait pas même exister?

Il y a plus : voyez quelle force la forme même de l'ouvrage ajoute aux arguments en faveur des réformés. C'est un prêtre catholique qui parle, et ce prêtre n'est ni un impie ni un libertin : c'est un homme croyant et pieux, plein de candeur, de droiture, et malgré ses difficultés, ses objections, ses doutes, nourrissant au fond de son cœur le plus vrai respect pour le culte qu'il professe ; un homme qui, dans les épanchements les plus intimes, déclare qu'appelé dans ce culte au service de l'église, il y remplit avec toute l'exactitude possible les soins qui lui sont prescrits; que sa conscience lui reprocherait d'y manquer volontairement dans la moindre chose, que, dans le mystère qui choque le plus sa raison, il se recueille au moment de la consécration, pour la faire avec toutes les dispositions qu'exigent l'église et la grandeur du sacrement; qu'il prononce avec respect les mots sacramentaux; qu'il donne à leur effet toute la foi qui dépend de lui; et que, quoiqu'il en soit de ce mystère inconcevable, il ne craint pas qu'au jour du jugement il soit puni pour l'avoir jamais profané dans son cœur (livre IV).

Voilà comment parle et pense cet homme vénérable, vraiment bon, sage, vraiment chrétien, et le catholique le plus sincère qui peut-être ait jamais existé.

Ecoutez toutefois ce que dit ce vertueux prêtre à un jeune homme protestant qui s'était fait catholique, et auquel il donne des conseils. « Retournez dans votre patrie, reprenez la religion de vos pères, suivez-la dans la sincérité de votre cœur, et ne la quittez plus : elle est très simple et très sainte ; je la crois, de toutes les religions qui sont sur la terre, celle dont la morale est la plus pure, et dont la raison se contente le mieux. »

Il ajoute un moment après : « Quand vous voudrez écouter votre conscience, mille obstacles vains disparaitront à sa voix. Vous sentirez que, dans l'incertitude où nous sommes, c'est une inexcusable présomption de professer une autre religion que celle où l'on est né, et une fausseté de ne pas pratiquer sincèrement celle qu'on professe. Si l'on s'égare, on s'ôte une grande excuse au tribunal du souverain Juge. Ne pardonnera-t-il pas plutôt l'erreur où l'on fut nourri, que celle qu'on osa choisir soi-même ? »

Quelques pages auparavant, il avait dit : « Si j'avais des protestants à mon voisinage ou dans ma paroisse, je ne les distinguerais point de mes paroissiens en ce qui tient à la charité chrétienne ; je les porterais tous également à s'entr'aimer, à se regarder comme frères, à respecter toutes les religions, et à vivre en paix chacun dans la sienne. Je pense que solliciter quelqu'un de quitter celle où il est né, c'est le solliciter de mal faire, et par conséquent faire mal soi-même. En attendant de plus grandes lumières, gardons l'ordre public; dans tous pays respectons les lois, ne troublons point le culte qu'elles prescrivent, ne portons point les citoyens à la désobéissance : car nous ne savons point certainement si c'est un bien pour eux de quitter leurs opinions pour d'autres, et nous savons certainement que c'est un mal de désobéir aux lois. »

Voilà, monsieur, comment parle un prêtre catholique, dans un écrit où l'on m'accuse d'avoir attaqué le culte des réformés, et où il n'en est pas dit autre chose. Ce qu'on aurait pu me reprocher, peut-être, était une partialité outrée en leur faveur, et un défaut de convenance en faisant parler un prêtre catholique comme jamais prêtre catholique n'a parlé. Ainsi j'ai fait en toute chose précisément le contraire de ce qu'on m'accuse d'avoir fait. On dirait que vos magistrats se sont conduits par gageure : quand ils auraient parié de juger contre l'évidence, ils n'auraient pu mieux réussir.

Mais ce livre contient des objections, des difficultés, des doutes ! Et pourquoi non, je vous prie ? Où est le crime à un protestant de proposer ses doutes sur ce qu'il trouve douteux, et ses objections sur ce qu'il en trouve susceptible? Si ce qui vous paraît clair me paraît obscur, si ce que vous jugez démontré ne me semble pas l'être, de quel droit prétendez-vous soumettre ma raison à la vôtre, et me donner votre autorité pour loi, comme si vous prétendiez à l'infaillibilité du pape? N'est-il pas plaisant qu'il faille raisonner en catholique, pour m'accuser d'attaquer les protestants?

Mais ces objections et ces doutes tombent sur les points fondamentaux de la foi? Sous l'apparence de ces doutes, on a rassemblé tout ce qui peut tendre à saper, ébranler et détruire les principaux fondements de la religion chrétienne? Voilà qui change la thèse : et si cela est vrai, je puis être coupable; mais aussi c'est un mensonge, et un mensonge bien impudent de la part de gens qui ne savent pas eux-mêmes en quoi consistent les principes fondamentaux de leur christianisme. Pour moi, je sais très bien en quoi consistent les principes fondamentaux du mien, et je l'ai dit. Presque toute la profession de la *Julie* est affirmative; toute la première partie de celle du vicaire est affirmative, la moitié de la seconde partie est encore affirmative; la *Lettre à M. l'archevêque de Paris* est affirmative. Voilà, messieurs, mes articles fondamentaux : voyons les vôtres.

Ils sont adroits, ces messieurs; ils établissent la méthode de discussion la plus nouvelle, et la plus commode pour des persécuteurs. Ils laissent avec art tous les principes de la doctrine incertains et vagues. Mais un auteur a-t-il le malheur de leur déplaire, ils vont furetant dans ses livres quelles peuvent être ses opinions. Quand ils croient les avoir bien constatées, ils prennent les contraires de ces mêmes opinions et en font autant d'articles de foi : ensuite ils crient à l'impie, au blasphème, parce que l'auteur n'a pas d'avance admis dans ses livres les prétendus articles de foi qu'ils ont bâtis après coup pour le tourmenter.

Comment les suivre dans ces multitudes de points sur lesquels ils m'ont attaqué? comment rassembler tous leurs libelles; comment les lire? qui peut aller trier tous ces lambeaux, toutes ces guenilles, chez les fripiers de Genève ou dans le fumier du *Mercure de Neufchâtel?* Je me perds, je m'embourbe au milieu de tant de bêtises. Tirons de ce fatras un seul article pour servir d'exemple, leur article le plus triomphant, celui pour lequel leurs prédicants (1) se sont mis en campagne, et dont ils ont fait le plus de bruit : les miracles.

J'entre dans un long examen. Pardonnez-m'en l'ennui, je vous supplie. Je ne veux discuter ce point si terrible que pour vous épargner ceux sur lesquels ils ont moins insisté.

Ils disent donc : « Jean-Jacques Rousseau n'est pas chrétien, quoiqu'il se donne pour tel; car nous, qui certainement le sommes, ne pensons pas comme lui. Jean-Jacques Rousseau ne croit point à la révélation, quoiqu'il dise y croire : en voici la preuve.

« Dieu ne révèle pas sa volonté immédiatement à tous les hommes. Il leur parle par ses envoyés, et ces envoyés ont pour preuve de leur mission les miracles. Donc quiconque rejette les miracles rejette les envoyés de Dieu; et qui rejette les envoyés de Dieu rejette la révélation. Or Jean-Jacques Rousseau rejette les miracles. »

Accordons d'abord et le principe et le fait comme s'ils étaient vrais; nous y reviendrons dans la suite. Cela supposé, le raisonnement précédent n'a qu'un défaut, c'est qu'il est fait directement contre ceux qui s'en servent. Il est très-bon pour les catholiques, mais très mauvais pour les protestants. Il faut prouver à mon tour.

Vous trouverez que je me répète souvent; mais qu'importe? Lorsqu'une même proposition m'est nécessaire à des arguments tous différents, dois-je éviter de la reprendre? Cette affectation serait puérile. Ce n'est pas de variété

(1) Je n'aurais point employé ce terme, que je trouvais déprisant, si l'exemple du Conseil de Genève, qui s'en servait en écrivant au cardinal de Fleury, ne m'eût appris que mon scrupule était mal fondé.

qu'il s'agit, c'est de vérité, de raisonnements justes et concluants. Passez le reste, et ne songez qu'à cela.

Quand les premiers réformateurs commencèrent à se faire entendre, l'église universelle était en paix; tous les sentiments étaient unanimes, il n'y avait pas un dogme essentiel débattu parmi les chrétiens.

Dans cet état tranquille, tout à coup deux ou trois hommes élèvent leur voix, et crient dans toute l'Europe: «Chrétiens, prenez garde à vous; on vous trompe, on vous égare, on vous mène dans le chemin de l'enfer : le pape est l'antechrist, le suppôt de Satan; son église est l'école du mensonge. Vous êtes perdus si vous ne nous écoutez. »

A ces premières clameurs, l'Europe étonnée resta quelques moments en silence, attendant ce qu'il en arriverait. Enfin le clergé, revenu de sa première surprise, et voyant que ces nouveau-venus se faisaient des sectateurs, comme s'en fait toujours tout homme qui dogmatise, comprit qu'il fallait s'expliquer avec eux. Il commença par leur demander à qui ils en avaient avec tout ce vacarme. Ceux-ci répondent fièrement qu'ils sont les apôtres de la vérité, appelés à réformer l'église, et à ramener les fidèles de la voie de perdition où les conduisaient les prêtres.

« Mais, leur réplique-t-on, qui vous a donné cette belle commission, de venir troubler la paix de l'église et la tranquillité publique?—Notre conscience, dirent-ils, la raison, la lumière intérieure, la voix de Dieu, à laquelle nous ne pouvons résister sans crime : c'est lui qui nous appelle à ce saint ministère, et nous suivons notre vocation.

—Vous êtes donc envoyés de Dieu? reprirent les catholiques. En ce cas, nous convenons que vous devez prêcher, réformer, instruire, et qu'on doit vous écouter. Mais, pour obtenir ce droit, commencez par nous montrer vos lettres de créance. Prophétisez, guérissez, illuminez, faites des miracles, déployez les preuves de votre mission. »

La réplique des réformateurs est belle, et vaut bien la peine d'être transcrite.

« Oui, nous sommes les envoyés de Dieu ; mais notre mission n'est point extraordinaire ; elle est dans l'impulsion d'une conscience droite, dans les lumières d'un entendement sain. Nous ne vous apportons point une révélation nouvelle, nous nous bornons à celle qui vous a été donnée, et que vous n'entendez plus. Nous venons à vous non pas avec des prodiges, qui peuvent être trompeurs, et dont tant de fausses doctrines se sont étayées, mais avec les signes de la vérité et de la raison, qui ne trompe point, avec ce livre saint, que vous défigurez, et que nous vous expliquons. Nos miracles sont des arguments invincibles, nos prophéties sont des démonstrations; nous vous prédisons que si vous n'écoutez la voix de Christ qui vous parle par nos bouches, vous serez punis comme des serviteurs infidèles, à qui l'on dit la volonté de leurs maîtres, et qui ne veulent pas l'accomplir. »

Il n'était pas naturel que les catholiques convinssent de l'évidence de cette nouvelle doctrine, et c'est aussi ce que la plupart d'entre eux se gardèrent bien de faire. Or on voit bien que la dispute, étant réduite à ce point, ne pouvait plus finir, et que chacun devait se donner gain de cause; les protestants soutenant toujours que leurs interprétations et leurs preuves étaient si claires qu'il fallait être de mauvaise foi pour s'y refuser; et les catholiques, de leur côté, trouvant que les petits arguments de quelques particuliers, qui même n'étaient pas sans réplique, ne devaient pas l'emporter sur l'autorité de toute l'église, qui, de tout temps, avait autrement décidé qu'eux les points débattus.

Tel est l'état où la querelle est restée. On n'a cessé de disputer sur la force des preuves : dispute qui n'aura jamais de fin, tant que les hommes n'auront pas tous la même tête.

Mais ce n'était pas de cela qu'il s'agissait pour les catholiques. Ils prirent le change; et si, sans s'amuser à chicaner les preuves de leurs adversaires, ils s'en fussent tenus à leur disputer le droit de prouver, ils les auraient embarrassés, ce me semble.

« Premièrement, leur auraient-ils dit, votre manière de raisonner n'est qu'une pétition de principe; car si la force de vos preuves est le signe de votre mission, il s'ensuit, pour ceux qu'elles ne convainquent pas, que votre mission est fausse, et qu'ainsi nous pouvons légitimement, tous tant que nous sommes, vous punir comme hérétiques, comme faux apôtres, comme perturbateurs de l'église et du genre humain.

« Vous ne prêchez pas, dites-vous, des doctrines nouvelles; eh! que faites-vous donc en nous prêchant vos nouvelles explications? Donner un nouveau sens aux paroles de l'Ecriture, n'est-ce pas établir une nouvelle doctrine, n'est-ce pas faire parler Dieu tout autrement qu'il n'a fait? ce ne sont pas les sons, mais les sens des mots, qui sont révélés : changer ces sens reconnus et fixés par l'église, c'est changer la révélation.

« Voyez de plus combien vous êtes injustes! Vous convenez qu'il faut des miracles pour autoriser une mission divine; et cependant vous, simples particuliers, de votre propre aveu, vous venez nous parler avec empire, et comme les envoyés de Dieu (1). Vous réclamez l'autorité d'interpréter l'Ecriture à votre fantaisie, et vous prétendez nous ôter la même liberté. Vous vous arrogez à vous seuls un droit que vous refusez et à chacun de nous, et à nous tous qui composons l'église. Quel titre avez-vous donc pour soumettre ainsi nos jugements communs à votre esprit particulier? Quelle insupportable suffisance de prétendre avoir toujours raison, et raison seuls contre tout le monde, sans vouloir laisser dans leur sentiment ceux qui ne sont pas du vôtre, et qui pensent avoir raison aussi (2)! Les distinctions dont vous nous payez seraient tout au plus tolérables si vous disiez simplement votre avis, et que vous en restassiez là ; mais point. Vous nous faites une guerre ouverte; vous soufflez le feu de toutes parts. Résister à vos leçons, c'est être rebelle, idolâtre, digne de l'enfer. Vous voulez absolument convertir, convaincre, contraindre même. Vous dogmatisez, vous prêchez, vous censurez, vous anathématisez, vous excommuniez, vous punissez, vous mettez à mort : vous exercez l'autorité des prophètes, et vous ne vous donnez que pour des particuliers. Quoi! vous novateurs, sur votre seule opinion, soutenus de quelques centaines d'hommes, vous brûlez vos adversaires! et nous, avec quinze siècles d'antiquité, et la voix de cent millions d'hommes, nous aurons tort de vous brûler? Non, cessez de parler, d'agir en apôtres, ou montrez vos titres; ou, quand nous serons les plus forts, vous serez très justement traités en imposteurs. »

A ce discours, voyez-vous, monsieur, ce que nos réformateurs auraient eu de solide à répondre? Pour moi je ne le vois pas. Je pense qu'ils auraient été réduits à se taire ou à faire des miracles. Triste ressource pour des amis de la vérité!

Je conclus de là qu'établir la nécessité des miracles en preuve de la mission des envoyés de Dieu qui prêchent une doctrine nouvelle, c'est renverser la

---

(1) Farel déclara, en propres termes, à Genève, devant le Conseil épiscopal, qu'il était envoyé de Dieu : ce qui fit dire à l'un des membres du Conseil ces paroles de Caïphe : « Il a blasphémé : qu'est-il besoin d'autre témoignage? Il a mérité la mort. » Dans la doctrine des miracles, il en fallait un pour répondre à cela. Cependant Jésus n'en fit point en cette occasion, ni Farel non plus. Froment déclara de même au magistrat qui lui défendait de prêcher, *qu'il valait mieux obéir à Dieu qu'aux hommes*, et continua de prêcher malgré la défense ; conduite qui certainement ne pouvait s'autoriser que par un ordre exprès de Dieu.

(2) Quel homme par exemple, fut jamais plus tranchant, plus impérieux, plus décisif, plus divinement infaillible, à son gré, que Calvin, pour qui la moindre opposition, la moindre objection qu'on osait lui faire, était toujours une œuvre de Satan, un crime digne du feu? Ce n'est pas au seul Servet qu'il en a coûté la vie pour avoir osé penser autrement que lui.

réformation de fond en comble; c'est faire, pour me combattre, ce qu'on m'accuse faussement d'avoir fait.

Je n'ai pas tout dit, monsieur, sur ce chapitre; mais ce qui me reste à dire ne peut se couper, et ne fera qu'une trop longue lettre : il est temps d'achever celle-ci.

LETTRE III.

Continuation du même sujet (les miracles). Court examen de quelques autres accusations.

Je reprends, monsieur, cette question des miracles que j'ai entrepris de discuter avec vous; et, après avoir prouvé qu'établir leur nécessité c'était détruire le protestantisme, je vais chercher à présent quel est leur usage pour prouver la révélation.

Les hommes, ayant des têtes si diversement organisées, ne sauraient être affectés tous également des mêmes arguments, surtout en matière de foi. Ce qui paraît évident à l'un ne paraît pas même probable à l'autre; l'un par son tour d'esprit n'est frappé que d'un genre de preuves, l'autre ne l'est que d'un genre tout différent. Tous peuvent bien quelquefois convenir des mêmes choses; mais il est très rare qu'ils en conviennent par les mêmes raisons : ce qui, pour le dire en passant, montre combien la dispute en elle-même est peu sensée : autant vaudrait vouloir forcer autrui de voir par nos yeux.

Lors donc que Dieu donne aux hommes une révélation que tous sont obligés de croire, il faut qu'il l'établisse sur des preuves bonnes pour tous, et qui par conséquent soient aussi diverses que les manières de voir de ceux qui doivent les adopter.

Sur ce raisonnement, qui me paraît juste et simple, on a trouvé que Dieu avait donné à la mission de ses envoyés divers caractères qui rendaient cette mission reconnaissable à tous les hommes, petits et grands, sages et sots, savants et ignorants. Celui d'entre eux qui a le cerveau assez flexible pour s'affecter à la fois de tous ces caractères est heureux sans doute; mais celui qui n'est frappé que de quelques-uns n'est pas à plaindre, pourvu qu'il en soit frappé suffisamment pour être persuadé.

Le premier, le plus important, le plus certain de ces caractères, se tire de la nature de la doctrine, c'est-à-dire de son utilité, de sa beauté (1), de sa sainteté, de sa vérité, de sa profondeur, et de toutes les autres qualités qui peuvent annoncer aux hommes les instructions de la suprême sagesse et les préceptes de la suprême bonté. Ce caractère est, comme j'ai dit, le plus sûr, le plus infaillible; il porte en lui-même une preuve qui dispense de toute autre : mais il est le moins facile à constater; il exige, pour être senti, de l'étude, de la réflexion, des connaissances, des discussions qui ne conviennent qu'aux hommes sages qui sont instruits et qui savent raisonner.

Le second caractère est dans celui des hommes choisis de Dieu pour annoncer sa parole; leur sainteté, leur véracité, leur justice, leurs mœurs pures et sans tache, leurs vertus inaccessibles aux passions humaines, sont, avec les qualités de l'entendement, la raison, l'esprit, le savoir, la prudence, autant d'indices respectables, dont la réunion, quand rien ne s'y dément, forme une preuve complète en leur faveur, et dit qu'ils sont plus que des hommes.

(1) Je ne sais pourquoi l'on veut attribuer au progrès de la philosophie la belle morale de nos livres. Cette morale, tirée de l'Evangile, était chrétienne avant d'être philosophique. Les chrétiens l'enseignent sans la pratiquer, je l'avoue; mais que font de plus les philosophes, si ce n'est de se donner à eux-mêmes beaucoup de louanges, qui n'étant répétées par personne autre, ne prouvent pas grand'chose, à mon avis?
Les préceptes de Platon sont souvent très sublimes; mais combien n'erre-t-il pas quelquefois, et jusqu'où ne vont pas ses erreurs. Quant à Cicéron, peut-on croire que sans Platon ce rhéteur eût trouvé ses *Offices*? L'Evangile seul est, quant à la morale, toujours sûr, toujours vrai, toujours unique et toujours semblable à lui-même.

Ceci est le signe qui frappe par préférence les gens bons et droits, qui voient la vérité partout où ils voient la justice, et n'entendent la voix de Dieu que dans la bouche de la vertu. Ce caractère a sa certitude encore, mais il n'est pas impossible qu'il trompe; et ce n'est pas un prodige qu'un imposteur abuse les gens de bien, ni qu'un homme de bien s'abuse lui-même, entraîné par l'ardeur d'un saint zèle qu'il prendra pour de l'inspiration.

Le troisième caractère des envoyés de Dieu est une émanation de la puissance divine, qui peut interrompre et changer le cours de la nature à la volonté de ceux qui reçoivent cette émanation. Ce caractère est sans contredit le plus brillant des trois, le plus frappant, le plus prompt à sauter aux yeux; celui qui, se marquant par un effet subit et sensible, semble exiger le moins d'examen et de discussion : par là ce caractère est aussi celui qui saisit spécialement le peuple, incapable de raisonnements suivis, d'observations lentes et sûres, et en toute chose esclave de ses sens; mais c'est ce qui rend ce même caractère équivoque, comme il sera prouvé ci-après : et en effet, pourvu qu'il frappe ceux auxquels il est destiné, qu'importe qu'il soit apparent ou réel? C'est une distinction qu'ils sont hors d'état de faire; ce qui montre qu'il n'y a de signe vraiment certain que celui qui se tire de la doctrine, et qu'il n'y a par conséquent que les bons raisonneurs qui puissent avoir une foi solide et sûre : mais la bonté divine se prête aux faiblesses du vulgaire, et veut bien lui donner des preuves qui fassent pour lui.

Je m'arrête ici sans rechercher si ce dénombrement peut aller plus loin; c'est une discussion inutile à la nôtre; car il est clair que quand tous ces signes se trouvent réunis, c'en est assez pour persuader tous les hommes, les sages, les bons, et le peuple; tous, excepté les fous, incapables de raison, et les méchants, qui ne veulent être convaincus de rien.

Ces caractères sont des preuves de l'autorité de ceux en qui ils résident; ce sont les raisons sur lesquelles on est obligé de les croire. Quand tout cela est fait, la vérité de leur mission est établie; ils peuvent alors agir avec droit et puissance en qualité d'envoyés de Dieu. Les preuves sont les moyens; la foi due à la doctrine est la fin. Pourvu qu'on admette la doctrine, c'est la chose la plus vaine de disputer sur le nombre et le choix des preuves; et si une seule me persuade, vouloir m'en faire adopter d'autres est un soin perdu. Il serait du moins bien ridicule de soutenir qu'un homme ne croit pas ce qu'il dit croire, parce qu'il ne le croit pas précisément par les mêmes raisons que nous disons avoir de le croire aussi.

Voilà, ce me semble, des principes clairs et incontestables : venons à l'application. Je me déclare chrétien; mes persécuteurs disent que je ne le suis pas. Ils prouvent que je ne suis pas chrétien, parce que je rejette la révélation; et ils prouvent que je rejette la révélation parce que je ne crois pas aux miracles.

Mais pour que cette conséquence fût juste, il faudrait de deux choses l'une : ou que les miracles fussent l'unique preuve de la révélation, ou que je rejetasse également les autres preuves qui l'attestent. Or, il n'est pas vrai que les miracles soient l'unique preuve de la révélation; et il n'est pas vrai que je rejette les autres preuves, puisqu'au contraire on les trouve établies dans l'ouvrage même où l'on m'accuse de détruire la révélation (1).

Voilà précisément à quoi nous en sommes. Ces messieurs, déterminés à me faire, malgré moi, rejeter la révélation, comptent pour rien que je l'admette sur les preuves qui me convainquent, si je ne l'admets encore sur celles

(1) Il importe de remarquer que le vicaire pourrait trouver beaucoup d'objections comme catholique, qui sont nulles pour un protestant. Ainsi le scepticisme dans lequel il reste ne prouve en aucune façon le mien, surtout après la déclaration très expresse que j'ai faite à la fin de ce même écrit. On voit clairement, dans mes principes, que plusieurs des objections qu'il contient portent à faux.

qui ne me convainquent pas ; et, parce que je ne le puis, ils disent que je la rejette. Peut-on rien concevoir de plus injuste et de plus extravagant ?

Et voyez de grâce si j'en dis trop, lorsqu'ils me font un crime de ne pas admettre une preuve que non-seulement Jésus n'a pas donnée, mais qu'il a refusée expressément.

Il ne s'annonça pas d'abord par des miracles, mais par la prédication. A douze ans il disputait déjà dans le temple avec les docteurs, tantôt les interrogeant et tantôt les surprenant par la sagesse de ses réponses. Ce fut là le commencement de ses fonctions, comme il le déclara lui-même à sa mère et à Joseph (1). Dans le pays, avant qu'il fît aucun miracle, il se mit à prêcher aux peuples le royaume des cieux (2) ; et il avait déjà rassemblé plusieurs disciples sans s'être autorisé près d'eux d'aucun signe, puisqu'il est dit que ce fut à Cana qu'il fit le premier (3).

Quand il fit ensuite des miracles, c'était le plus souvent dans des occasions particulières, dont le choix n'annonçait pas un témoignage public, et dont le but était si peu de manifester sa puissance, qu'on ne lui en a jamais demandé pour cette fin qu'il ne les ait refusés. Voyez là-dessus toute l'histoire de sa vie ; écoutez surtout sa propre déclaration : elle est si décisive, que vous n'y trouverez rien à répliquer.

Sa carrière était déjà fort avancée, quand les docteurs, le voyant faire tout de bon le prophète au milieu d'eux, s'avisèrent de lui demander un signe. A cela qu'aurait dû répondre Jésus, selon vos messieurs ? « Vous demandez un signe, vous en avez eu cent. Croyez-vous que je sois venu m'annoncer à vous pour le Messie sans commencer par rendre témoignage de moi, comme si j'avais voulu vous forcer à me méconnaître et vous faire errer malgré vous ? Non : Cana, le centenier, le lépreux, les aveugles, les paralytiques, la multiplication des pains, toute la Galilée, toute la Judée, déposent pour moi. Voilà mes signes : pourquoi feignez-vous de ne les pas voir ? »

Au lieu de cette réponse, que Jésus ne fit point, voici, monsieur, celle qu'il fit :

« La nation méchante et adultère demande un signe, et il ne lui en sera point donné. » Ailleurs il ajoute : « Il ne lui sera point donné d'autre signe que celui de Jonas le prophète. Et leur tournant le dos, il s'en alla (4). »

Voyez d'abord comment, blâmant cette manie des signes miraculeux, il traite ceux qui les demandent. Et cela ne lui arrive pas une fois seulement, mais plusieurs (5). Dans le système de vos messieurs cette demande était très légitime : pourquoi donc insulter ceux qui la faisaient ?

Voyez ensuite à qui nous devons ajouter foi par préférence : d'eux, qui soutiennent que c'est rejeter la révélation chrétienne, que de ne pas admettre les miracles de Jésus pour les signes qui l'établissent ; ou de Jésus lui-même, qui déclare qu'il n'a point de signe à donner.

Ils demanderont ce que c'est donc que le signe de Jonas le prophète ? Je leur répondrai que c'est sa prédication aux Ninivites, précisément le même signe qu'employait Jésus avec les Juifs, comme il l'explique lui-même (6). On ne peut donner au second passage qu'un sens qui se rapporte au premier, autrement Jésus se serait contredit. Or, dans le premier passage où l'on demande un miracle en signe, Jésus dit positivement qu'il n'en sera donné aucun. Donc le sens du second passage n'indique aucun signe miraculeux.

« Un troisième passage, insisteront-ils, explique ce signe par la résurrection,

(1) Luc, XI, 46, 47, 49. — (2) Matth., IV, 17. — (3) Jean, II, 11. Je ne puis penser que personne veuille mettre au nombre des signes publics de sa mission la tentation du diable et le jeûne de quarante jours.
(4) Marc, VIII, 12 ; Matth., XVI, 4. Pour abréger, j'ai fondu ensemble ces deux passages ; mais j'ai conservé la distinction essentielle à la question.
(5) Conférez les passages suivants : Matth., XII, 39, 41 ; Marc, VIII, 12 ; Luc, II, 7 et suiv. ; III, 18, 19 ; IV, 48 ; V, 34, 36, 39. — (6) Matth., XII, 41 ; Luc, XI, 30, 32.

de Jésus (1). » Je le nie; il l'explique tout au plus par sa mort. Or, la mort d'un homme n'est pas un miracle; ce n'en est pas même un qu'après avoir resté trois jours dans la terre un corps en soit retiré. Dans ce passage il n'est pas dit un mot de la résurrection. D'ailleurs quel genre de preuve serait-ce de s'autoriser durant sa vie sur un signe qui n'aura lieu qu'après sa mort? Ce serait vouloir ne trouver que des incrédules, ce serait cacher la chandelle sous le boisseau. Comme cette conduite serait injuste, cette interprétation serait impie.

De plus, l'argument invincible revient encore. Le sens du troisième passage ne doit pas attaquer le premier, et le premier affirme qu'il ne sera point donné de signe, point du tout, aucun. Enfin, quoi qu'il en puisse être, il reste toujours prouvé, par le témoignage de Jésus même, que, s'il a fait des miracles durant sa vie, il n'en a point fait en signe de sa mission.

Toutes les fois que les Juifs ont insisté sur ce genre de preuve, il les a toujours renvoyés avec mépris, sans daigner jamais les satisfaire. Il n'approuvait pas même qu'on prît en ce sens ses œuvres de charité. « Si vous ne voyez des prodiges et des miracles, vous ne croyez point, » disait-il à celui qui le priait de guérir son fils (2). Parle-t-on sur ce ton-là quand on veut donner des prodiges en preuves?

Combien n'était-il pas étonnant que, s'il en eût tant donné de telles, on continuât sans cesse à lui en demander? « Quel miracle fais-tu, lui disaient les Juifs, afin que, l'ayant vu, nous croyions à toi? Moïse donna la manne dans le désert à nos pères; mais toi, quelle œuvre fais-tu (3)? » C'est à peu près, dans le sens de vos messieurs, et laissant à part la majesté royale, comme si quelqu'un venait dire à Frédéric : « On te dit un grand capitaine; et pourquoi donc? Qu'as-tu fait qui te montre tel? Gustave vainquit à Leipsick, à Lutzen; Charles à Frawstat, à Narva : mais où sont tes monuments? quelle victoire as-tu remportée? quelle place as-tu prise? quelle marche as-tu faite? quelle campagne t'a couvert de gloire? de quel droit portes-tu le nom de grand? » L'impudence d'un pareil discours est-elle concevable? et trouverait-on sur la terre entière un homme capable de le tenir?

Cependant, sans faire honte à ceux qui lui en tenaient un semblable, sans leur accorder aucun miracle, sans les édifier au moins sur ceux qu'il avait faits, Jésus, en réponse à leur question, se contente d'allégoriser sur le pain du ciel : aussi, loin que sa réponse lui donnât de nouveaux disciples, elle lui en ôta plusieurs de ceux qu'il avait, et qui sans doute pensaient comme vos théologiens. La désertion fut telle, qu'il dit aux douze : « Et vous, ne voulez-vous pas aussi vous en aller? » Il ne paraît pas qu'il eût fort à cœur de conserver ceux qu'il ne pouvait retenir que par des miracles.

Les Juifs demandaient un signe du ciel. Dans leur système, ils avaient raison. Le signe qui devait constater la venue du Messie ne pouvait pour eux être trop évident, trop décisif, trop au-dessus de tout soupçon, ni avoir trop de témoins oculaires : comme le témoignage immédiat de Dieu vaut toujours mieux que celui des hommes, il était plus sûr d'en croire au signe même, qu'aux gens qui disaient l'avoir vu; et pour cet effet le ciel était préférable à la terre.

Les Juifs avaient donc raison dans leur vue, parce qu'ils voulaient un Messie apparent et tout miraculeux. Mais Jésus dit, après le prophète, que le royaume des cieux ne vient point avec apparence; que celui qui l'annonce ne débat point, ne crie point; qu'on n'entend point sa voix dans les rues. Tout cela ne respire pas l'ostentation des miracles; aussi n'était-elle pas le but qu'il se proposait dans les siens. Il n'y mettait ni l'appareil ni l'authenticité nécessaires pour constater de vrais signes, parce qu'il ne les donnait point pour tels. Au contraire, il recommandait le secret aux malades qu'il

---

(1) *Matth.*, XII, 40. — (2) *Jean*, IV, 48. — (3) *Jean*, VI, 30, 31 et suiv.

guérissait, aux boiteux qu'il faisait marcher, aux possédés qu'il délivrait du démon. L'on eût dit qu'il craignait que sa vertu miraculeuse ne fût connue : on m'avouera que c'était une étrange manière d'en faire la preuve de sa mission.

Mais tout cela s'explique de soi-même, sitôt que l'on conçoit que les Juifs allaient cherchant cette preuve où Jésus ne voulait point qu'elle fût. « Celui qui me rejettera, disait-il, qui le juge? » Ajoutait-il : « Les miracles que j'ai faits le condamneront? » Non; mais, « La parole que j'ai portée le condamnera. » La preuve est donc dans la parole, et non pas dans les miracles.

On voit dans l'Evangile que ceux de Jésus étaient tous utiles; mais ils étaient sans éclat, sans apprêt, sans pompe; ils étaient simples comme ses discours, comme sa vie, comme toute sa conduite. Le plus apparent, le plus palpable qu'il ait fait, est sans contredit celui de la multiplication des cinq pains et des deux poissons, qui nourrirent cinq mille hommes. Non-seulement ses disciples avaient vu le miracle, mais il avait, pour ainsi dire, passé par leur mains; et cependant ils n'y pensaient pas, ils ne s'en doutaient pas. Concevez-vous qu'on puisse donner pour signes notoires au genre humain, dans tous les siècles, des faits auxquels les témoins les plus immédiats font à peine attention (1)?

Et tant s'en faut que l'objet réel des miracles de Jésus fût d'établir la foi, qu'au contraire il commençait par exiger la foi avant que de faire le miracle. Rien n'est si fréquent dans l'Evangile. C'est précisément pour cela, c'est parce qu'un prophète n'est sans honneur que dans son pays, qu'il fit dans le sien très peu de miracles (2); il est dit même qu'il n'en put faire à cause de l'incrédulité (3). Comment! c'était à cause de leur incrédulité qu'il en fallait faire pour les convaincre, si ces miracles avaient eu cet objet : mais ils ne l'avaient pas : c'étaient simplement des actes de bonté, de charité, de bienfaisance, qu'il faisait en faveur de ses amis et de ceux qui croyaient en lui; et c'était dans de pareils actes que consistaient les œuvres de miséricorde, vraiment dignes d'être siennes, qu'il disait rendre témoignage de lui (4). Ces œuvres marquaient le pouvoir de bien faire plutôt que la volonté d'étonner; c'étaient des vertus (5) plus que des miracles. Et comment la suprême sagesse eût-elle employé des moyens si contraires à la fin qu'elle se proposait? comment n'eût-elle pas prévu que les miracles dont elle appuyait l'autorité de ses envoyés produiraient un effet tout opposé; qu'ils feraient suspecter la vérité de l'histoire, tant sur les miracles que sur la mission; et que, parmi tant de solides preuves, cela ne ferait que rendre plus difficiles sur toutes les autres les gens éclairés et vrais? Oui, je le soutiendrai toujours, l'appui qu'on veut donner à la croyance en est le plus grand obstacle : ôtez les miracles de l'Evangile, et toute la terre est aux pieds de Jésus-Christ (6).

Vous voyez, monsieur, qu'il est attesté par l'Ecriture même que dans la mission de Jésus-Christ les miracles ne sont point un signe tellement nécessaire à la foi qu'on n'en puisse avoir sans les admettre. Accordons que d'autres passages présentent un sens contraire à ceux-ci, ceux-ci réciproquement présentent un sens contraire aux autres; et alors je choisis, usant de mon

(1) *Marc*, VI, 52. Il est dit que c'était à cause que leur cœur était stupide; mais qui s'oserait vanter d'avoir un cœur plus intelligent dans les choses saintes que les disciples choisis par Jésus?

(2) *Matth.*, XIII, 58. — (3) *Marc*, VI, 5. — (4) *Jean*, X, 25, 32, 38.

(5) C'est le mot employé dans l'Ecriture; nos traducteurs le rendent par celui de miracles.

(6) Paul, prêchant aux Athéniens, fut écouté fort paisiblement jusqu'à ce qu'il leur parlât d'un homme ressuscité. Alors les uns se mirent à rire, les autres lui dirent : « Cela suffit, nous entendrons le reste une autre fois. » Je ne sais pas bien ce que pensent au fond de leurs cœurs ces bons chrétiens à la mode; mais s'ils croient à Jésus par ses miracles, moi j'y crois malgré ses miracles, et j'ai dans l'esprit que ma foi vaut mieux que la leur.

droit, celui de ces sens qui me paraît le plus raisonnable et le plus clair. Si j'avais l'orgueil de vouloir tout expliquer, je pourrais, en vrai théologien, tordre et tirer chaque passage à mon sens; mais la bonne foi ne me permet point ces interprétations sophistiques : suffisamment autorisé dans mon sentiment (1) par ce que je comprends, je reste en paix sur ce que je ne comprends pas, et que ceux qui me l'expliquent me font encore moins comprendre. L'autorité que je donne à l'Évangile, je ne la donne point aux interprétations des hommes, et je n'entends pas plus les soumettre à la mienne que me soumettre à la leur. La règle est commune et claire en ce qui importe; la raison qui l'explique est particulière, et chacun a la sienne, qui ne fait autorité que pour lui. Se laisser mener par autrui sur cette matière, c'est substituer l'explication au texte, c'est se soumettre aux hommes et non pas à Dieu.

Je reprends mon raisonnement; et, après avoir établi que les miracles ne sont pas un signe nécessaire à la foi, je vais montrer, en confirmation de cela, que les miracles ne sont pas un signe infaillible, et dont les hommes puissent juger.

Un miracle est, dans un fait particulier, un acte immédiat de la puissance divine, un changement sensible dans l'ordre de la nature, une exception réelle et visible à ses lois. Voilà l'idée dont il ne faut pas s'écarter, si l'on veut s'entendre en raisonnant sur cette matière. Cette idée offre deux questions à résoudre.

La première : Dieu peut-il faire des miracles? c'est-à-dire peut-il déroger aux lois qu'il a établies? Cette question, sérieusement traitée, serait impie si elle n'était absurde : ce serait faire trop d'honneur à celui qui la résoudrait négativement que de le punir; il suffirait de l'enfermer. Mais aussi quel homme a jamais nié que Dieu pût faire des miracles? Il fallait être Hébreu pour demander si Dieu pouvait dresser des tables dans le désert.

Seconde question : Dieu veut-il faire des miracles? C'est autre chose. Cette question en elle-même, et abstraction faite de toute autre considération, est parfaitement indifférente; elle n'intéresse en rien la gloire de Dieu, dont nous ne pouvons sonder les desseins. Je dirai plus : s'il pouvait y avoir quelque différence quant à la foi dans la manière d'y répondre, les plus grandes idées que nous puissions avoir de la sagesse et de la majesté divine seraient pour la négative : il n'y a que l'orgueil humain qui soit contre. Voilà jusqu'où la raison peut aller. Cette question, du reste, est purement oiseuse; et, pour la résoudre, il faudrait lire dans les décrets éternels; car, comme on verra tout à l'heure, elle est impossible à décider par les faits. Gardons-nous donc d'oser porter un œil curieux sur ces mystères. Rendons ce respect à l'essence infinie, de ne rien prononcer d'elle : nous n'en connaissons que l'immensité.

---

(1) Ce sentiment ne m'est point tellement particulier, qu'il ne soit aussi celui de plusieurs théologiens, dont l'orthodoxie est mieux établie que celle du clergé de Genève. Voici ce que m'écrivait là-dessus un de ces messieurs, le 28 février 1764 :

« Quoi qu'en dise la cohue des modernes apologistes du christianisme, je suis persuadé qu'il n'y a pas un mot dans les livres sacrés d'où l'on puisse légitimement conclure que les miracles aient été destinés à servir de preuves pour les hommes de tous les temps et de tous les lieux. Bien loin de là, ce n'était pas, à mon avis, le principal objet pour ceux qui en furent les témoins oculaires. Lorsque les Juifs demandaient des miracles à saint Paul, pour toute réponse il leur prêchait Jésus crucifié. A coup sûr, si Grotius, les auteurs de la société de Boyle, Vernes, Vernet, etc., eussent été à la place de cet apôtre, ils n'auraient rien eu de plus pressé que d'envoyer chercher des tréteaux pour satisfaire à une demande qui cadre si bien avec leurs principes. Ces gens-là croient faire merveille avec leurs ramas d'arguments; mais un jour on doutera, j'espère, s'ils n'ont pas été compilés par une société d'incrédules, sans qu'il faille être Hardouin pour cela. »

Qu'on ne pense pas, au reste, que l'auteur de cette lettre soit mon partisan; tant s'en faut, il est un de mes adversaires. Il trouve seulement que les autres ne savent ce qu'ils disent. Il soupçonne peut-être pis : car la foi de ceux qui croient sur les miracles sera toujours très suspecte aux gens éclairés. C'était le sentiment d'un des plus illustres réformateurs, *Non satis tuta fides eorum qui miraculis nituntur.* (BEZ., *In Johan.*, II, 28.)

Cependant, quand un mortel vient hardiment nous affirmer qu'il a vu un miracle, il tranche net cette grande question : jugez si l'on doit l'en croire sur sa parole ! Ils seraient mille, que je ne les en croirais pas.

Je laisse à part le grossier sophisme d'employer la preuve morale à constater des faits naturellement impossibles, puisque alors le principe même de la crédibilité, fondé sur la possibilité naturelle, est en défaut. Si les hommes veulent bien, en pareil cas, admettre cette preuve dans des choses de pure spéculation, ou dans des faits dont la vérité ne les touche guère, assurons-nous qu'ils seraient plus difficiles s'il s'agissait pour eux du moindre intérêt temporel. Supposons qu'un mort vînt redemander ses biens à ses héritiers, affirmant qu'il est ressuscité, et requérant d'être admis à la preuve (1) ; croyez-vous qu'il y ait un seul tribunal sur la terre où cela lui fût accordé ? Mais encore un coup n'entamons pas ici ce débat : laissons aux faits toute la certitude qu'on leur donne, et contentons-nous de distinguer ce que le sens peut attester de ce que la raison peut conclure.

Puisqu'un miracle est une exception aux lois de la nature, pour en juger il faut connaître ces lois ; et pour en juger sûrement, il faut les connaître toutes : car une seule qu'on ne connaîtrait pas pourrait, en certains cas inconnus aux spéculateurs, changer l'effet de celles qu'on connaîtrait. Ainsi, celui qui prononce qu'un tel ou tel acte est un miracle, déclare qu'il connaît toutes les lois de la nature, et qu'il sait que cet acte en est une exception.

Mais quel est ce mortel qui connaît toutes les lois de la nature. Un homme sage, témoin d'un fait inouï, peut attester qu'il a vu ce fait, et l'on peut le croire : mais ni cet homme sage, ni nul autre homme sage sur la terre, n'affirmera jamais que ce fait, quelque étonnant qu'il puisse être, soit un miracle ; car comment peut-il le savoir ?

Tout ce qu'on peut dire de celui qui se vante de faire des miracles, est qu'il fait des choses fort extraordinaires : mais qui est-ce qui nie qu'il se fasse des choses fort extraordinaires ? J'en ai vu, moi, de ces choses-là et même j'en ai fait (2).

L'étude de la nature y fait faire tous les jours de nouvelles découvertes : l'industrie humaine se perfectionne tous les jours. La chimie curieuse a de transmutations, des précipitations, des détonations, des explosions, des phosphores, des pyrophores, des tremblements de terre, et mille autres merveilles à faire signer mille fois le peuple qui les verrait. L'huile de gaïac et l'esprit de nitre ne sont pas des liqueurs fort rares : mêlez-les ensemble, et vous verrez ce qu'il en arrivera ; mais n'allez pas faire cette épreuve dans une chambre, car vous pourriez bien mettre le feu à la maison (3). Si les prêtres de Baal avaient eu M. Rouelle au milieu d'eux, leur bûcher eût pris feu de lui-même, et Élie eût été pris pour dupe.

Vous versez de l'eau dans de l'eau, voilà de l'encre ; vous versez de l'eau dans de l'eau, voilà un corps dur. Un prophète du collège de Harcourt va en

(1) Prenez bien garde que, dans ma supposition, c'est une résurrection véritable, et non pas une fausse mort, qu'il s'agit de constater.

(2) J'ai vu à Venise, en 1745, une manière de sorts assez nouvelle, et plus étranges que ceux de Préneste. Celui qui les voulait consulter entrait dans une chambre, et y restait seul s'il le désirait. Là, d'un livre plein de feuillets blancs, il en tirait un à son choix ; puis tenant cette feuille, il demandait, non à voix haute, mais mentalement, ce qu'il voulait savoir ; ensuite il pliait sa feuille blanche, l'enveloppait, la cachetait, la plaçait dans un livre ainsi cacheté ; enfin, après avoir récité certaines formules fort baroques, sans perdre son livre de vue, il en allait tirer le papier, reconnaître le cachet, l'ouvrir, et il trouvait sa réponse écrite.

Le magicien qui faisait ces sorts était le premier secrétaire de l'ambassadeur de France, et il s'appelait J.-J. Rousseau.

Je me contentais d'être sorcier, parce que j'étais modeste ; mais si j'avais eu l'ambition d'être prophète, qui m'eût empêché de le devenir ?

(3) Il y a des précautions à prendre pour réussir dans cette opération : l'on me dispensera bien, je pense, d'en mettre ici le récipé.

Guinée, et dit au peuple : « Reconnaissez le pouvoir de celui qui m'envoie; je vais convertir de l'eau en pierre. » Par des moyens connus du moindre écolier, il fait de la glace : voilà les Nègres prêts à l'adorer.

Jadis les prophètes faisaient descendre à leur voix le feu du ciel; aujourd'hui les enfants en font autant avec un petit morceau de verre. Josué fit arrêter le soleil; un faiseur d'almanachs va le faire éclipser : le prodige est encore plus sensible. Le cabinet de M. l'abbé Nollet est un laboratoire de magie, les récréations mathématiques sont un recueil de miracles; que dis-je? les foires même en fourmilleront, les Briochés n'y sont pas rares : le seul paysan de Nord-Hollande, que j'ai vu vingt fois allumer sa chandelle avec son couteau, a de quoi subjuguer tout le peuple, même à Paris; que pensez-vous qu'il eût fait en Syrie?

C'est un spectacle bien singulier que ces foires de Paris; il n'y en a pas une où l'on ne voie les choses les plus étonnantes, sans que le public daigne presque y faire attention; tant on est accoutumé aux choses étonnantes, et même à celles qu'on ne peut concevoir! On y voit, au moment que j'écris ceci, deux machines portatives séparées, dont l'une marche ou s'arrête exactement à la volonté de celui qui fait marcher ou arrêter l'autre. J'y ai vu une tête de bois qui parlait, et dont on ne parlait pas tant que de celle d'Albert-le-Grand. J'ai vu même une chose plus surprenante : c'était force têtes d'hommes, de savants, d'académiciens, qui couraient aux miracles des convulsions, et qui en revenaient tout émerveillés.

Avec le canon, l'optique, l'aimant, le baromètre, quels prodiges ne fait-on pas chez les ignorants? Les Européens, avec leurs arts, ont toujours passé pour des dieux parmi les barbares. Si, dans le sein même des arts, des sciences, des colléges, des académies, si, dans le milieu de l'Europe, en France, en Angleterre, un homme fût venu, le siècle dernier, armé de tous les miracles de l'électricité, que nos physiciens opèrent aujourd'hui, l'eût-on brûlé comme un sorcier, l'eût-on suivi comme un prophète? Il est à présumer qu'on eût fait l'un ou l'autre : il est certain qu'on aurait eu tort.

Je ne sais si l'art de guérir est trouvé, ni s'il se trouvera jamais : ce que je sais, c'est qu'il n'est pas hors de la nature. Il est tout aussi naturel qu'un homme guérisse, qu'il l'est qu'il tombe malade; il peut tout aussi bien guérir subitement que mourir subitement. Tout ce qu'on pourra dire de certaines guérisons, c'est qu'elles sont surprenantes, mais non pas qu'elles sont impossibles : comment prouverez-vous donc que ce sont des miracles? Il y a pourtant, je l'avoue, des choses qui m'étonneraient fort, si j'en étais le témoin : ce ne serait pas tant de voir marcher un boiteux, qu'un homme qui n'avait point de jambes; ni de voir un paralytique mouvoir son bras, qu'un homme qui n'en a qu'un reprendre les deux. Cela me frapperait encore plus, je l'avoue, que de voir ressusciter un mort, car enfin un mort peut n'être pas mort (1). Voyez le livre de M. Bruhier (2).

(1) « Lazare était déjà dans la terre. » Serait-il le premier homme qu'on aurait enterré vivant ? « Il y était depuis quatre jours. » Qui les a comptés? Ce n'est pas Jésus, qui était absent. « Il puait déjà. » Qu'en savez-vous? Sa sœur le dit : voilà toute la preuve. L'effroi, le dégoût en eût fait dire autant à toute autre femme, quand même cela n'eût pas été vrai. « Jésus ne fait que l'appeler, et il sort. » Prenez garde de mal raisonner. Il s'agissait de l'impossibilité physique; elle n'y est plus. Jésus faisait bien plus de façons dans d'autres cas qui n'étaient pas plus difficiles : voyez la note qui suit. Pourquoi cette différence, si tout était également miraculeux? Ceci peut-être une exagération, et ce n'est pas la plus forte que saint Jean ait faite; j'en atteste le dernier verset de son Évangile : *Sunt autem et alia multa quæ fecit Jesus ; quæ si scribantur per singula, nec ipsum arbitror mundum capere posse eos, qui scribendi sunt, libros.* Il y a encore beaucoup d'autres choses qu'a faites Jésus : mais si l'on en voulait écrire le détail, je ne crois pas que le monde entier pût contenir les livres qui en seraient remplis.

(2) Bruhier d'Ablaincourt, médecin célèbre, mort en 1756, a publié une *Dissertation sur l'incertitude des signes de la mort et l'abus des enterrements précipités.*

Au reste, quelque frappant que pût me paraître un pareil spectacle, je ne voudrais pour rien au monde en être témoin ; car que sais-je ce qu'il en pourrait arriver ? Au lieu de me rendre credule, j'aurais grand' peur qu'il ne me rendît que fou. Mais ce n'est pas de moi qu'il s'agit : revenons.

On vient de trouver le secret de ressusciter des noyés; on a déjà cherché celui de ressusciter les pendus : qui sait si, dans d'autres genres de mort, on ne parviendra pas à rendre la vie à des corps qu'on en avait crus privés? On ne savait jadis ce que c'était que d'abattre la cataracte; c'est un jeu maintenant pour nos chirurgiens. Qui sait s'il n'y a pas quelque secret trouvable pour la faire tomber tout d'un coup? qui sait si le possesseur d'un pareil secret ne peut pas faire avec simplicité ce qu'un spectateur ignorant va prendre pour un miracle, et ce qu'un auteur prévenu peut donner pour tel(1)? Tout cela n'est pas vraisemblable; soit : mais nous n'avons point de preuve que cela soit impossible, et c'est de l'impossibilité physique qu'il s'agit ici. Sans cela, Dieu, déployant à nos yeux sa puissance, n'aurait pu nous donner que des signes vraisemblables, de simples probabilités ; et il arriverait de là que, l'autorité des miracles n'étant fondée que sur l'ignorance de ceux pour qui ils auraient été faits, ce qui serait miraculeux pour un siècle ou pour un peuple ne le serait plus pour d'autres ; de sorte que, la preuve universelle étant en défaut, le système établi sur elle serait détruit. Non, donnez-moi des miracles qui demeurent tels, quoi qu'il arrive, dans tous les temps et dans tous les lieux. Si plusieurs de ceux qui sont rapportés dans la Bible paraissent être dans ce cas, d'autres aussi paraissent n'y pas être. Réponds-moi donc, théologien ; prétends-tu que je passe le tout en bloc, ou si tu me permets le triage ? Quand tu m'auras décidé ce point, nous verrons après.

Remarquez bien, monsieur, qu'en supposant tout au plus quelque amplification dans les circonstances, je n'établis aucun doute sur le fond de tous les faits. C'est ce que j'ai déjà dit, et qu'il n'est pas superflu de redire. Jésus, éclairé de l'esprit de Dieu, avait des lumières si supérieures à celles de ses disciples, qu'il n'est pas étonnant qu'il ait opéré des multitudes de choses extraordinaires où l'ignorance des spectateurs a vu le prodige qui n'y était pas. A quel point, en vertu de ces lumières, pouvait-il agir par des voies naturelles inconnues à eux et à nous (2)? Voilà ce que nous ne savons point, et ce que nous ne pouvons savoir. Les spectateurs des choses merveilleuses sont naturellement portés à les décrire avec exagération. Là-dessus on peut, de très bonne foi, s'abuser soi-même en abusant les autres : pour peu qu'un fait soit au-dessus de nos lumières, nous le supposons au-dessus de la raison, et l'esprit voit enfin du prodige où le cœur nous fait désirer fortement d'en voir.

(1) On voit quelquefois, dans le détail des faits rapportés, une gradation qui ne convient point à une opération surnaturelle On présente à Jésus un aveugle. Au lieu de le guérir à l'instant, il l'emmène hors de la bourgade ; là il oint ses yeux de salive, il pose ses mains sur lui, après quoi il lui demande s'il voit quelque chose. L'aveugle répond qu'il voit marcher des hommes qui lui paraissent comme des arbres; sur quoi jugeant que la première opération n'est pas suffisante, Jésus la recommence, et enfin l'homme guérit.

Une autre fois, au lieu d'employer de la salive pure, il la délaie avec de la terre.

Or, je le demande, à quoi bon tout cela pour un miracle ? La nature dispute-t-elle avec son maître ? a t-il besoin d'effort, d'obstination, pour se faire obéir? a-t-il besoin de salive, de terre, d'ingrédients ? a-t-il même besoin de parler, et ne suffit-il pas qu'il veuille ? ou bien osera-t-on dire que Jésus, sûr de son fait, ne laisse pas d'user d'un petit manége de charlatan, comme pour se faire valoir davantage et amuser les spectateurs? Dans le système de vos messieurs, il faut pourtant l'un ou l'autre. Choisissez.

(2) Nos hommes de Dieu veulent à toute force que j'aie fait de Jésus un imposteur. Ils s'échauffent pour répondre à cette indigne accusation, afin qu'on pense que je l'ai faite ; ils la supposent avec un air de certitude : ils insistent, ils y reviennent affectueusement. Ah! si ces doux chrétiens pouvaient m'arracher à la fin quelque blasphème, quel triomphe, quel contentement, quelle édification pour leurs charitables âmes! avec quelle sainte joie ils apporteraient les tisons allumés au feu de leur zèle pour embraser mon bûcher!

Les miracles sont, comme j'ai dit, les preuves des simples, pour qui les lois de la nature forment un cercle très étroit autour d'eux. Mais la sphère s'étend à mesure que les hommes s'instruisent et qu'ils sentent combien il leur reste encore à savoir. Le grand physicien voit si loin les bornes de cette sphère, qu'il ne saurait discerner un miracle au delà. *Cela ne se peut* est un mot qui sort rarement de la bouche des sages; ils disent plus fréquemment : *Je ne sais.*

Que devons-nous donc penser de tant de miracles rapportés par des auteurs, véridiques, je n'en doute pas, mais d'une si crasse ignorance, et si pleins d'ardeur pour la gloire de leur maître? Faut-il rejeter tous ces faits? Non. Faut-il tous les admettre? Je l'ignore (1). Nous devons les respecter sans prononcer sur leur nature, dussions-nous être cent fois décrétés. Car enfin l'autorité des lois ne peut s'étendre jusqu'à nous forcer de mal raisonner; et c'est pourtant ce qu'il faut faire pour trouver nécessairement un miracle où la raison ne peut voir qu'un fait étonnant.

Quand il serait vrai que les catholiques ont un moyen sûr pour eux de faire cette distinction, que s'ensuivrait-il pour nous? Dans leur système, lorsque l'église une fois reconnue a décidé qu'un tel fait est un miracle, il est un miracle; car l'église ne peut se tromper. Mais ce n'est pas aux catholiques que j'ai affaire ici, c'est aux réformés. Ceux-ci ont très bien réfuté quelques parties de la Profession de foi du vicaire, qui, n'étant écrite que contre l'église romaine, ne pouvait ni ne devait rien prouver contre eux. Les catholiques pourront de même réfuter aisément ces lettres, parce que je n'ai point affaire ici aux catholiques, et que nos principes ne sont pas les leurs. Quand il s'agit de montrer que je ne prouve pas ce que je n'ai pas voulu prouver, c'est là que mes adversaires triomphent.

Dans tout ce que je viens d'exposer, je conclus que les faits les plus attestés, quand même on les admettrait dans toutes leurs circonstances, ne prouveraient rien, et qu'on peut même y soupçonner de l'exagération dans les circonstances, sans inculper la bonne foi de ceux qui les ont rapportés. Les découvertes continuelles qui se font dans les lois de la nature, celles qui probablement se feront encore, celles qui resteront toujours à faire; les progrès passés, présents et futurs de l'industrie humaine; les diverses bornes que donnent les peuples à l'ordre des possibles, selon qu'ils sont plus ou moins éclairés; tout nous prouve que nous ne pouvons connaître ces bornes. Cependant il faut qu'un miracle, pour être vraiment tel, les passe. Soit donc qu'il y ait des miracles, soit qu'il n'y en ait pas, il est impossible au sage de s'assurer que quelque fait que ce puisse être, en est un.

Indépendamment des preuves de cette impossibilité que je viens d'établir, j'en vois une autre non moins forte dans la supposition même : car, accordons qu'il y ait des miracles; de quoi nous serviront-ils s'il y a aussi de faux mi-

(1) Il y en a dans l'Evangile qu'il n'est pas même possible de prendre au pied de la lettre sans renoncer au bon sens. Tels sont, par exemple, ceux des possédés. On reconnaît le diable à son œuvre, et les vrais possédés sont les méchants; la raison n'en reconnaîtra jamais d'autres. Mais passons : voici plus.

Jésus demande à un groupe de démons comment il s'appelle. Quoi! les démons ont des noms? les anges ont des noms? Des purs esprits ont des noms? Sans doute, pour s'entr'appeler entre eux ou pour entendre quand Dieu les appelle? Mais qui leur a donné ces noms? en quelle langue en sont les mots? quelles sont les bouches qui prononcent ces mots, les oreilles que leurs sons frappent? Ce nom c'est *Légion*, car ils sont plusieurs, ce qu'apparemment Jésus ne savait pas. Ces anges, ces intelligences sublimes dans le mal comme dans le bien, ces êtres célestes qui ont pu se révolter contre Dieu, qui osent combattre ces décrets éternels, se logent en tas dans le corps d'un homme! forcés d'abandonner ce malheureux, ils demandent de se jeter dans un troupeau de cochons; ils l obtiennent, et ces cochons se précipitent dans la mer. Et ce sont là les augustes preuves de la mission du rédempteur du genre humain, les preuves qui doivent l'attester à tous les peuples de tous les âges, et dont nul ne saurait douter, sous peine de damnation! Juste Dieu! la tête tourne; on ne sait où l'on est. Ce sont donc là, messieurs, les fondements de votre foi? La mienne en a de plus sûrs, ce me semble.

racles, desquels il est impossible de les discerner? Et faites bien attention que je n'appelle pas ici faux miracle un miracle qui n'est pas réel, mais un acte bien réellement surnaturel, fait pour soutenir une doctrine. Comme le mot de *miracle* en ce sens peut blesser les oreilles pieuses, employons un autre mot, et donnons-lui le nom de *prestige* : mais souvenons-nous qu'il est impossible aux sens humains de discerner un prestige d'un miracle.

La même autorité qui atteste les miracles atteste aussi les prestiges; et cette autorité prouve encore que l'apparence des prestiges ne diffère en rien de celle des miracles. Comment donc distinguer les uns des autres? et que peut prouver le miracle, si celui qui le voit ne peut discerner par aucune marque assurée et tirée de la chose même, si c'est l'œuvre de Dieu, ou si c'est l'œuvre du démon? Il faudrait un second miracle pour certifier le premier.

Quand Aaron jeta sa verge devant Pharaon et qu'elle fut changée en serpent, les magiciens jetèrent aussi leurs verges, et elles furent changées en serpents. Soit que ce changement fût réel des deux côtés, comme il est dit dans l'Ecriture, soit qu'il n'y eût de réel que le miracle d'Aaron et que le prestige des magiciens ne fût qu'apparent, comme le disent quelques théologiens; il n'importe : cette apparence était exactement la même; l'*Exode* n'y remarque aucune différence; et, s'il y en eût eu, les magiciens se seraient gardés de s'exposer au parallèle, ou, s'ils l'avaient fait, ils auraient été confondus.

Or les hommes ne peuvent juger des miracles que par leurs sens; et, si la sensation est la même, la différence réelle, qu'ils ne peuvent apercevoir, n'est rien pour eux. Ainsi le signe, comme signe, ne prouve pas plus d'un côté que de l'autre, et le prophète en ceci n'a pas plus d'avantage que le magicien. Si c'est encore là de mon beau style, convenez qu'il en faut un bien plus beau pour le réfuter.

Il est vrai que le serpent d'Aaron dévora les serpents des magiciens : mais, forcé d'admettre une fois la magie, Pharaon put fort bien n'en conclure autre chose sinon qu'Aaron était plus habile qu'eux dans cet art; c'est ainsi que Simon, ravi des choses que faisait Philippe, voulut acheter des apôtres le secret d'en faire autant qu'eux.

D'ailleurs, l'infériorité des magiciens était due à la présence d'Aaron. Mais, Aaron absent, eux, faisant les mêmes signes, avaient droit de prétendre à la même autorité. Le signe en lui-même ne prouvait donc rien.

Quand Moïse changea l'eau en sang, les magiciens changèrent l'eau en sang; quand Moïse produisit des grenouilles, les magiciens produisirent des grenouilles. Ils échouèrent à la troisième plaie : mais tenons-nous aux deux premières dont Dieu même avait fait la preuve du pouvoir divin (1). Les magiciens firent aussi cette preuve-là.

Quant à la troisième plaie, qu'ils ne purent imiter, on ne voit pas ce qui la rendait si difficile, au point de marquer *que le doigt de Dieu était là*. Pourquoi ceux qui purent produire un animal, ne purent-ils produire un insecte? et comment, après avoir fait des grenouilles, ne purent-ils faire des poux? S'il est vrai qu'il n'y ait dans ces choses-là que le premier pas qui coûte, c'était assurément s'arrêter en beau chemin.

Le même Moïse, instruit par toutes ces expériences, ordonne que si un faux prophète vient annoncer d'autres dieux, c'est-à-dire une fausse doctrine, et que ce faux prophète autorise son dire par des prédictions ou des prodiges qui réussissent, il ne faut point l'écouter, mais le mettre à mort. On peut donc employer de vrais signes en faveur d'une fausse doctrine; un signe en lui-même ne prouve donc rien.

La même doctrine des signes par des prestiges est établie en mille endroits de l'écriture.

---

(1) *Exode*, VII, 17.

Bien plus : après avoir déclaré qu'il ne fera point de signes, Jésus annonce de faux Christs qui en feront, il dit qu'*ils feront de grands signes, des miracles capables de séduire les élus mêmes, s'il était possible* (1). Ne serait-on pas tenté, sur ce langage, de prendre les signes pour des preuves de fausseté ?

Quoi ! Dieu, maître du choix de ses preuves, quand il veut parler aux hommes, choisit par préférence celles qui supposent des connaissances qu'il sait qu'ils n'ont pas ! Il prend pour les instruire la même voie qu'il sait que prendra le démon pour les tromper ! Cette marche serait-elle donc celle de la Divinité ? Se pourrait-il que Dieu et le diable suivissent la même route ? Voilà ce que je ne puis concevoir.

Nos théologiens, meilleurs raisonneurs, mais de moins bonne foi que les anciens, sont fort embarrassés de cette magie : ils voudraient bien pouvoir tout-à-fait s'en délivrer, mais ils n'osent ; ils sentent que la nier ce serait nier trop. Ces gens, toujours si décisifs, changent ici de langage ; ils ne la nient ni ne l'admettent : ils prennent le parti de tergiverser, de chercher des faux-fuyants ; à chaque pas ils s'arrêtent ; ils ne savent sur quel pied danser.

Je crois, monsieur, vous avoir fait sentir où gît la difficulté. Pour que rien ne manque à sa clarté, la voici mise en dilemme.

Si l'on nie les prestiges, on ne peut prouver les miracles, parce que les uns et les autres sont fondés sur la même autorité.

Et si l'on admet les prestiges avec les miracles, on n'a point de règle sûre, précise et claire, pour distinguer les uns des autres : ainsi les miracles ne prouvent rien.

Je sais bien que nos gens, ainsi pressés, reviennent à la doctrine : mais ils oublient bonnement que, si la doctrine est établie, le miracle est superflu ; et que si elle ne l'est pas, elle ne peut rien prouver.

Ne prenez pas ici le change, je vous supplie, et de ce que je n'ai pas regardé les miracles comme essentiels au christianisme, n'allez pas conclure que j'ai rejeté les miracles. Non, monsieur, je ne les ai rejetés ni ne les rejette : si j'ai dit des raisons pour en douter, je n'ai point dissimulé les raisons d'y croire. Il y a une grande différence entre nier une chose et ne la pas affirmer, entre la rejeter et ne pas l'admettre ; et j'ai si peu décidé ce point, que je défie qu'on trouve un seul endroit dans tous mes écrits où je sois affirmatif contre les miracles.

Eh ! comment l'aurais-je été malgré mes propres doutes, puisque partout où je suis, quant à moi, le plus décidé, je n'affirme rien encore ? Voyez quelles affirmations peut faire un homme qui parle ainsi dès sa préface (2).

« A l'égard de ce qu'on appellera la partie systématique, qui n'est autre chose ici que la marche de la nature, c'est là ce qui déroutera le plus les lecteurs ; c'est aussi par là qu'on m'attaquera sans doute, et peut-être n'aura-t-on pas tort. On croira moins lire un traité d'éducation que les rêveries d'un visionnaire sur l'éducation. Qu'y faire ? Ce n'est pas sur les idées d'autrui que j'écris, c'est sur les miennes. Je ne vois point comme les autres hommes ; il y a longtemps qu'on me l'a reproché. Mais dépend-il de moi de me donner d'autres yeux, et de m'affecter d'autres idées ? Non ; il dépend de moi de ne point abonder dans mon sens, de ne point croire être seul plus sage que tout le monde ; il dépend de moi, non de changer de sentiment, mais de me défier du mien : voilà tout ce que je puis faire, et ce que je fais. Que si je prends quelquefois le ton affirmatif, ce n'est point pour en imposer au lecteur, c'est pour lui parler comme je pense. Pourquoi proposerais-je par forme de doute ce dont, quant à moi, je ne doute point ? Je dis exactement ce qui se passe dans mon esprit.

En exposant avec liberté mon sentiment, j'entends si peu qu'il fasse auto-

(1) *Matth.*, XXIV, 24 ; *Marc*, XIII, 22.
(2) Préface d'*Emile*, page 2.

rité, que j'y joins toujours mes raisons, afin qu'on les pèse, et qu'on me juge. Mais quoique je ne veuille point m'obstiner à défendre mes idées, je ne me crois pas moins obligé de les proposer; car les maximes sur lesquelles je suis d'un avis contraire à celui des autres ne sont point indifférentes : ce sont de celles dont la vérité ou la fausseté importe à connaître, et qui font le bonheur ou le malheur du genre humain. »

Un auteur qui ne sait lui-même s'il n'est point dans l'erreur, qui craint que tout ce qu'il dit ne soit un tissu de rêveries, qui, ne pouvant changer de sentiment, se défie du sien, qui ne prend point le ton affirmatif pour le donner, mais pour parler comme il pense; qui, ne voulant point faire autorité, dit toujours ses raisons afin qu'on le juge, et qui même ne veut point s'obstiner à défendre ses idées; un auteur qui parle ainsi à la tête de son livre, y veut-il prononcer des oracles? veut-il donner des décisions? et, par cette déclaration préliminaire, ne met-il pas au nombre des doutes ses plus fortes assertions ?

Et qu'on ne dise point que je manque à mes engagements en m'obstinant à défendre ici mes idées; ce serait le comble de l'injustice. Ce ne sont point mes idées que je défends, c'est ma personne. Si l'on n'eût attaqué que mes livres, j'aurais constamment gardé le silence, c'était un point résolu. Depuis ma déclaration, faite en 1753, m'a-t-on vu répondre à quelqu'un, ou me taisais-je faute d'agresseurs? Mais quand on me poursuit, quand on me décrète, quand on me déshonore pour avoir dit ce que je n'ai pas dit, il faut bien, pour me défendre, montrer que je ne l'ai pas dit. Ce sont mes ennemis qui, malgré moi, me remettent la plume à la main. Eh! qu'ils me laissent en repos, et j'y laisserai le public; j'en donne de bon cœur ma parole.

Ceci sert déjà de réponse à l'objection rétorsive que j'ai prévenue, de vouloir faire moi-même le réformateur en bravant les opinions de tout mon siècle; car rien n'a moins l'air de bravade qu'un pareil langage, et ce n'est pas assurément prendre un ton de prophète que de parler avec tant de circonspection. J'ai regardé comme un devoir de dire mon sentiment en choses importantes et utiles; mais ai-je dit un mot, ai-je fait un pas pour le faire adopter à d'autres? quelqu'un a-t-il vu dans ma conduite l'air d'un homme qui cherchait à se faire des sectateurs?

En transcrivant l'écrit particulier qui fait tant d'imprévus zélateurs de la foi, j'avertis encore le lecteur qu'il doit se défier de mes jugements; que c'est à lui de voir s'il peut tirer de cet écrit quelques réflexions utiles; que je ne lui propose ni le sentiment d'autrui ni le mien pour règle, que je le lui présente à examiner.

Et lorsque je reprends la parole, voici ce que j'ajoute encore à la fin :

« J'ai transcrit cet écrit, non comme une règle des sentiments qu'on doit suivre en matière de religion, mais comme un exemple de la manière dont on peut raisonner avec son élève, pour ne point s'écarter de la méthode que j'ai tâché d'établir. Tant qu'on ne donne rien à l'autorité des hommes ni aux préjugés des pays où l'on est né, les seules lumières de la raison ne peuvent, dans l'institution de la nature, nous mener plus loin que la religion naturelle, et c'est à quoi je me borne avec mon Émile. S'il en doit avoir une autre, je n'ai plus en cela le droit d'être son guide; c'est à lui seul de la choisir (1). »

Quel est après cela l'homme assez impudent pour m'oser taxer d'avoir nié les miracles, qui ne sont pas même niés dans cet écrit? je n'en ai pas parlé ailleurs (2).

Quoi! parce que l'auteur d'un écrit, publié par un autre, y introduit un

---

(1) *Émile*, livre IV, page 245.

(2) J'en ai parlé depuis dans ma lettre à M. de Beaumont; mais outre qu'on n'a rien dit sur cette Lettre, ce n'est pas sur ce qu'elle contient qu'on peut fonder les procédures faites avant qu'elle ait paru.

raisonneur qu'il désapprouve (2), et qui, dans une dispute, rejette les miracles, il s'ensuit de là que non-seulement l'auteur de cet écrit, mais l'éditeur, rejette aussi les miracles? Quel tissu de témérités! Qu'on se permette de telles présomptions dans la chaleur d'une querelle littéraire, cela est très blâmable et trop commun : mais les prendre pour des preuves dans les tribunaux ; voilà une jurisprudence à faire trembler l'homme le plus juste et le plus ferme, qui a le malheur de vivre sous de pareils magistrats.

L'auteur de la Profession de foi fait des objections, tant sur l'utilité que sur la réalité des miracles ; mais ces objections ne sont point des négations. Voici là-dessus ce qu'il dit de plus fort : « C'est l'ordre inaltérable de la nature qui montre le mieux l'Être suprême. S'il arrivait beaucoup d'exceptions, je ne saurais plus qu'en penser ; et pour moi je crois trop en Dieu pour croire à tant de miracles si peu dignes de lui (1). »

Or, je vous prie, qu'est-ce que cela dit ? Qu'une trop grande multitude de miracles les rendrait suspects à l'auteur ; qu'il n'admet point indistinctement toute sorte de miracles, et que sa foi en Dieu lui fait rejeter tous ceux qui ne sont pas dignes de Dieu. Quoi donc ! celui qui n'admet pas tous les miracles, rejette-t-il tous les miracles? et faut-il croire à tous ceux de la légende, pour croire l'ascension de Christ ?

Pour comble, loin que les doutes contenus dans cette seconde partie de la Profession de foi puissent être pris pour des négations, les négations, au contraire, qu'elle peut contenir ne doivent être prises que pour des doutes. C'est la déclaration de l'auteur en la commençant, sur les sentiments qu'il va combattre. « Ne donnez, dit-il, à mes discours que l'autorité de la raison. J'ignore si je suis dans l'erreur. Il est difficile, quand on discute, de ne pas prendre quelquefois le ton affirmatif ; mais souvenez-vous qu'ici toutes mes affirmations ne sont que des raisons de douter (2). » Peut-on parler plus positivement ?

Quant à moi, je vois des faits attestés dans les saintes Écritures : cela suffit pour arrêter sur ce point mon jugement. S'ils étaient ailleurs, je rejetterais ces faits, ou je leur ôterais le nom de miracles ; mais parce qu'ils sont dans l'Écriture, je ne les rejette point. Je ne les admets pas non plus, parce que ma raison s'y refuse, et que ma décision sur cet article n'intéresse point mon salut. Nul chrétien judicieux ne peut croire que tout soit inspiré dans la Bible, jusqu'aux mots et aux erreurs. Ce qu'on doit croire inspiré est tout ce qui tient à nos devoirs ; car pourquoi Dieu aurait-il inspiré le reste? Or, la doctrine des miracles n'y tient nullement ; c'est ce que je viens de prouver. Ainsi le sentiment qu'on peut avoir en cela n'a nul trait au respect qu'on doit aux livres sacrés.

D'ailleurs, il est impossible aux hommes de s'assurer que quelque fait que ce puisse être est un miracle (3) ; c'est encore ce que j'ai prouvé. Donc, en admettant tous les faits contenus dans la Bible, on peut rejeter les miracles sans impiété, et même sans inconséquence. Je n'ai pas été jusque-là.

Voilà comment vos messieurs tirent des miracles, qui ne sont pas certains, qui ne sont pas nécessaires, qui ne prouvent rien, et que je n'ai pas rejetés, la preuve évidente que je renverse les fondements du christianisme, et que je ne suis pas chrétien.

L'ennui vous empêcherait de me suivre si j'entrais dans le même détail sur les autres accusations qu'ils entassent pour tâcher de couvrir par le nombre

(1) *Émile*, livre IV, *Profession de foi du Vicaire savoyard*, page 230 et suiv.
(2) *Émile*, livre IV, *ibid*.
(3) *Émile*, livre IV, *ibid*.
(4) Si ces messieurs disent que cela est décidé dans l'Écriture, et que je dois reconnaître pour miracle ce qu'elle me donne pour tel ; je réponds que c'est ce qui est en question, et j'ajoute que ce raisonnement de leur part est un cercle vicieux. Car puisqu'ils veulent que le miracle serve de preuve à la révélation, ils ne doivent pas employer l'autorité de la révélation pour constater le miracle.

l'injustice de chacune en particulier. Ils m'accusent, par exemple, de rejeter la prière. Voyez le livre, et vous trouverez une prière dans l'endroit même dont il s'agit. L'homme pieux qui parle (1) ne croit pas, il est vrai, qu'il soit absolument nécessaire de demander à Dieu telle ou telle chose en particulier (2); il ne désapprouve point qu'on le fasse. « Quant moi, dit-il, je ne le fais pas, persuadé que Dieu est un bon père, qui sait mieux que ses enfants ce qui leur convient. Mais ne peut-on lui rendre aucun autre culte aussi digne de lui? » Les hommages d'un cœur plein de zèle, les adorations, les louanges, la contemplation de sa grandeur, l'aveu de notre néant, la résignation à sa volonté, la soumission à ses lois, une vie pure et sainte, tout cela ne vaut-il pas bien des vœux intéressés et mercenaires? Près d'un Dieu juste, la meilleure manière de demander est de mériter d'obtenir. Les anges qui le louent autour de son trône, le prient-ils? Qu'auraient-ils à lui demander? Ce mot de *prière* est souvent employé dans l'Écriture pour *hommage*, *adoration* ; et qui fait le plus est quitte du moins. Pour moi, je ne rejette aucune des manières d'honorer Dieu ; j'ai toujours approuvé qu'on se joignît à l'église qui le prie : je le fais ; le prêtre savoyard le faisait lui-même. L'écrit si violemment attaqué est plein de tout cela. N'importe : je rejette, dit-on, la prière ; je suis un impie à brûler. Me voilà jugé.

Ils disent encore que j'accuse la morale chrétienne de rendre tous nos devoirs impraticables en les outrant. La morale chrétienne est celle de l'Évangile ; je n'en reconnais point d'autre, et c'est en ce sens aussi que l'entend mon accusateur, puisque c'est des imputations où celle-là se trouve comprise qu'il conclut, quelques lignes après, que c'est par dérision que j'appelle l'Évangile divin (3).

Or, voyez si l'on peut avancer une fausseté plus noire, et montrer une mauvaise foi plus marquée, puisque, dans le passage de mon livre où ceci se rapporte, il n'est pas même possible que j'aie voulu parler de l'Évangile.

Voici, monsieur, ce passage ; il est dans le second tome d'*Emile* : « En n'asservissant les honnêtes femmes qu'à de tristes devoirs, on a banni du mariage tout ce qui pouvait le rendre agréable aux hommes. Faut-il s'étonner si la taciturnité qu'ils voient régner chez eux les en chasse, ou s'ils sont peu tentés d'embrasser un état si déplaisant? A force d'outrer tous les devoirs, le christianisme les rend impraticables et vains : à force d'interdire aux femmes le chant, la danse, et tous les amusements du monde, il les rend maussades, grondeuses, insupportables dans leurs maisons. »

Mais où est-ce que l'Évangile interdit aux femmes le chant et la danse? où est-ce qu'il les asservit à de tristes devoirs? Tout au contraire, il y est parlé des devoirs des maris, mais il n'y est pas dit un mot de ceux des femmes. Donc on a tort de me faire dire de l'Évangile ce que je n'ai dit que

---

(1) Un ministre de Genève, difficile assurément en christianisme, dans les jugements qu'il porte du mien, affirme que j'ai dit, moi, J.-J. Rousseau, que je ne priais pas Dieu : il l'assure en tout autant de termes, cinq ou six fois de suite, et toujours en me nommant. Je veux porter respect à l'église ; mais oserais-lui demander où j'ai dit cela ? Il est permis à tout barbouilleur de papier de déraisonner et bavarder tant qu'il veut ; mais il n'est pas permis à un bon chrétien d'être un calomniateur public.

(2) « Quand vous prierez, dit Jésus, priez ainsi. » Quand on prie avec des paroles, c'est bien fait de préférer celles-là ; mais je ne vois point ici l'ordre de prier avec des paroles. Une autre prière est préférable, c'est d'être disposé à tout ce que Dieu veut. « Me voici, Seigneur, pour faire ta volonté. » De toutes les formules, l'oraison dominicale est, sans contredit, la plus parfaite ; mais ce qui est plus parfait encore est l'entière résignation aux volontés de Dieu. « Non point ce que je veux, mais ce que tu veux. » Que dis-je? c'est l'oraison dominicale elle-même. Elle est tout entière dans ces paroles : « Que ta volonté soit faite. » Toute autre prière est superflue, ne fait que contrarier celle-là. Que celui qui pense ainsi se trompe, cela peut être. Mais celui qui publiquement l'accuse à cause de cela de détruire la morale chrétienne, et de n'être pas chrétien, est-il un fort bon chrétien lui-même?

(3) *Lettres écrites de la campagne*, page 11.

des jansénistes, des méthodistes et d'autres dévots d'aujourd'hui, qui font du christianisme une religion aussi terrible et déplaisante (1), qu'elle est agréable et douce sous la véritable loi de Jésus-Christ.

Je ne voudrais pas prendre le ton du père Berruyer, que je n'aime guère, et que je trouve même de très mauvais goût; mais je ne puis m'empêcher de dire qu'une des choses qui me charment dans le caractère de Jésus n'est pas seulement la douceur des mœurs, la simplicité, mais la facilité, la grâce, et même l'élégance. Il ne fuyait ni les plaisirs ni les fêtes, il allait aux noces, il voyait les femmes, il jouait avec les enfants, il aimait les parfums, il mangeait chez les financiers. Ses disciples ne jeûnaient point; son austérité n'était point fâcheuse. Il était à la fois indulgent et juste, doux aux faibles et terrible aux méchants. Sa morale avait quelque chose d'attrayant, de caressant, de tendre; il avait le cœur sensible, il était homme de bonne société. Quand il n'eût pas été le plus sage des mortels, il en eût été le plus aimable.

Certains passages de saint Paul, outrés ou mal entendus, ont fait bien des fanatiques, et ces fanatiques ont souvent défiguré et déshonoré le christianisme. Si l'on s'en fût tenu à l'esprit du maître, cela ne serait pas arrivé. Qu'on m'accuse de n'être pas toujours de l'avis de saint Paul; on peut me réduire à prouver que j'ai quelquefois raison de n'en pas être; mais il ne s'ensuivra jamais de là que ce soit par dérision que je trouve l'Evangile divin. Voilà pourtant comment raisonnent mes persécuteurs.

Pardon, monsieur; je vous excède avec ces longs détails, je le sens, et je les termine : je n'en ai déjà que trop dit pour ma défense, et je m'ennuie moi-même de répondre toujours par des raisons à des accusations sans raison.

LETTRE IV.

L'auteur se suppose coupable; il compare la procédure à la loi.

Je vous ai fait voir, monsieur, que les imputations tirées de mes livres, en preuve que j'attaquais la religion établie par les lois, étaient fausses. C'est cependant sur ces imputations que j'ai été jugé coupable, et traité comme tel. Supposons maintenant que je le fusse en effet, et voyons en cet état la punition qui m'était due.

Ainsi que la vertu le vice a ses degrés.

Pour être coupable d'un crime, on ne l'est pas de tous. La justice consiste à mesurer exactement la peine à la faute; et l'extrême justice elle-même est une injure, lorsqu'elle n'a nul égard aux considérations raisonnables qui doivent tempérer la rigueur de la loi.

Le délit supposé réel, il nous reste à chercher quelle est sa nature, et quelle procédure est prescrite en pareil cas par vos lois.

Si j'ai violé mon serment de bourgeois comme on m'en accuse, j'ai commis un crime d'état, et la connaissance de ce crime appartient directement au conseil; cela est incontestable.

Mais si tout mon crime consiste en erreur sur la doctrine, cette erreur fût-elle même une impiété, c'est autre chose. Selon vos édits, il appartient à un autre tribunal d'en connaître en premier ressort.

Et quand même mon crime serait un crime d'état; si, pour le déclarer tel,

(1) Les premiers réformés donnèrent d'abord dans cet excès avec une dureté qui fit bien des hypocrites; et les premiers jansénistes ne manquèrent pas de les imiter en cela. Un prédicateur de Genève, appelé Henri de La Marre, soutenait en chaire que c'était pécher que d'aller à la noce plus joyeusement que Jésus-Christ n'était allé à la mort. Un curé janséniste soutenait de même que les festins des noces étaient une invention du diable. Quelqu'un lui objecta là-dessus que Jésus-Christ y avait pourtant assisté, et qu'il avait même daigné y faire son premier miracle pour prolonger la gaîté du festin. Le cvré un peu embarrassé, répondit en grondant : « Ce n'est pas ce qu'il fit de mieux. »

il faut préalablement une décision sur la doctrine, ce n'est pas au conseil de la donner. C'est bien à lui de punir le crime, mais non pas de le constater. Cela est formel par vos édits, comme nous verrons ci-après.

Il s'agit d'abord de savoir si j'ai violé mon serment de bourgeois, c'est-à-dire le serment qu'ont prêté mes ancêtres quand ils ont été admis à la bourgeoisie ; car pour moi, n'ayant pas habité la ville, et n'ayant fait aucune fonction de citoyen, je n'en ai point prêté le serment. Mais passons.

Dans la formule de ce serment, il n'y a que deux articles qui puissent regarder mon délit. On promet, par le premier, « de vivre selon la réformation du saint Évangile, » et par le dernier, « de ne faire, ne souffrir aucunes pratiques, machinations ou entreprises contre la réformation du saint Évangile. »

Or, loin d'enfreindre le premier article, je m'y suis conformé avec une fidélité et même une hardiesse qui ont peu d'exemples, professant hautement ma religion chez les catholiques, quoique j'eusse autrefois vécu dans la leur ; et l'on ne peut alléguer cet écart de mon enfance comme une infraction au serment, surtout depuis ma réunion authentique à notre église en 1754, et mon rétablissement dans mes droits de bourgeoisie, notoire à tout Genève, et dont j'ai d'ailleurs des preuves positives.

On ne saurait dire, non plus, que j'ai enfreint ce premier article par les livres condamnés, puisque je n'ai point cessé de m'y déclarer protestant. D'ailleurs, autre chose est la conduite, autre chose sont les écrits. Vivre selon la réformation, c'est professer la réformation, quoiqu'on se puisse écarter par erreur de sa doctrine dans de blâmables écrits, ou commettre d'autres péchés qui offensent Dieu, mais qui, par le seul fait, ne retranchent pas le délinquant de l'Église. Cette distinction, quand on pourrait la disputer en général, est ici dans le serment même, puisqu'on y sépare en deux articles ce qui n'en pourrait faire qu'un, si la profession de la religion était incompatible avec toute entreprise contre la religion. On y jure, par le premier, de vivre selon la réformation ; et l'on y jure, par le dernier, de ne rien entreprendre contre la réformation. Ces deux articles sont très distincts, et même séparés par beaucoup d'autres. Dans le sens du législateur, ces deux choses sont donc séparables. Donc, quand j'aurais violé ce dernier article, il ne s'ensuit pas que j'aie violé le premier.

Mais ai-je violé ce dernier article ?

Voici comment l'auteur des *Lettres écrites de la campagne* établit l'affirmative, page 30 :

« Le serment des bourgeois leur impose l'obligation de ne faire, ne souffrir être faites aucunes pratiques, machinations ou entreprises contre la sainte réformation évangélique. Il semble que c'est *un peu* (1) pratiquer et machiner contre elle, que de chercher à prouver dans deux livres si séduisants, que le pur Évangile est absurde en lui-même et pernicieux à la société. Le Conseil était donc obligé de jeter un regard sur celui que tant de présomptions si véhémentes accusaient de cette entreprise. »

Voyez d'abord que ces messieurs sont agréables ! Il leur semble entrevoir de loin *un peu* de pratique et de machination : sur ce petit semblant éloigné d'une petite manœuvre, ils jettent un regard sur celui qu'ils en présument l'auteur ; et ce regard est un décret de prise de corps.

Il est vrai que le même auteur s'égaie à prouver ensuite que c'est par pure bonté pour moi qu'ils m'ont décrété. « Le Conseil, dit-il, pouvait ajourner personnellement M. Rousseau, il pouvait l'assigner pour être ouï, il pouvait le décréter..... De ces trois partis, le dernier était incomparablement le plus

(1) Cet *un peu*, si plaisant et si différent du ton grave et décent du reste des lettres ayant été retranché dans la seconde édition, je m'abstiens d'aller en quête de la griffe à qui ce petit bout, non d'oreille, mais d'ongle, appartient.

doux..... ce n'était au fond qu'un avertissement de ne pas revenir, s'il ne voulait pas s'exposer à une procédure, ou, s'il voulait s'y exposer, de bien préparer ses défenses (page 31). »

Ainsi plaisantait, dit Brantôme, l'exécuteur de l'infortuné don Carlos, infant d'Espagne. Comme le prince criait et voulait se debattre : « Paix, monseigneur, lui disait-il en l'étranglant, tout ce qu'on sa fait n'est que pour votre bien. »

Mais quelles sont donc ces pratiques et machinations dont on m'accuse? *Pratiquer*, si j'entends ma langue, c'est se ménager des intelligences secrètes; *machiner*, c'est faire de sourdes menées, c'est faire ce que certaines gens font contre le christianisme et contre moi. Mais je ne conçois rien de moins secret, rien de moins caché dans le monde, que de publier un livre et d'y mettre son nom. Quand j'ai dit mon sentiment sur quelque matière que ce fût, je l'ai dit hautement, à la face du public; je me suis nommé, et puis je suis demeuré tranquille dans ma retraite : on me persuadera difficilement que cela ressemble à des pratiques et machinations.

Pour bien entendre l'esprit du serment et le sens des termes, il faut se transporter au temps où la formule en fut dressée, et où il s'agissait essentiellement pour l'état de ne pas retomber sous le double joug qu'on venait de secouer. Tous les jours on découvrait quelque nouvelle trame en faveur de la maison de Savoie, ou des évêques, sous prétexte de religion. Voilà sur quoi tombent clairement les mots de *pratiques* et de *machinations*, qui, depuis que la langue française existe, n'ont sûrement jamais été employés pour les sentiments généraux qu'un homme publie dans un livre où il se nomme, sans projet, sans vue particulière, et sans trait à aucun gouvernement. Cette accusation paraît si peu sérieuse à l'auteur même qui l'ose faire, qu'il me reconnaît « fidèle aux devoirs du citoyen (page 8). » Or, comment pourrais-je l'être, si j'avais enfreint mon serment de bourgeois?

Il n'est donc pas vrai que j'aie enfreint ce serment. J'ajoute que, quand cela serait vrai, rien ne serait plus inouï dans Genève, en choses de cette espèce, que la procédure faite contre moi. Il n'y a peut-être pas de bourgeois qui n'enfreigne ce serment en quelque article (1), sans qu'on s'avise pour cela de lui chercher querelle, et bien moins de le décréter.

On ne peut pas dire, non plus, que j'attaque la morale dans un livre où j'établis de tout mon pouvoir la préférence du bien général sur le bien particulier, et où je rapporte nos devoirs envers les hommes à nos devoirs envers Dieu, seul principe sur lequel la morale puisse être fondée, pour être réelle et passer l'apparence. On ne peut pas dire que ce livre tende en aucune sorte à troubler le culte établi ni l'ordre public, puisqu'au contraire j'y insiste sur le respect qu'on doit aux formes établies, sur l'obéissance aux lois en toute chose, même en matière de religion, et puisque c'est de cette obéissance prescrite qu'un prêtre de Genève m'a le plus aigrement repris.

Ce délit si terrible, et dont on fait tant de bruit, se réduit donc, en l'admettant pour réel, à quelque erreur sur la foi, qui, si elle n'est avantageuse à la société, lui est du moins très indifférente, le grand mal qui en résulte étant la tolérance pour les sentiments d'autrui, par conséquent la paix dans l'état et dans le monde sur les matières de religion.

Mais je vous demande, à vous, monsieur, qui connaissez votre gouvernement et vos lois, à qui il appartient de juger, et surtout en première instance, des erreurs sur la foi que peut commettre un particulier : est-ce au Conseil? est-ce au consistoire? Voilà le nœud de la question.

Il fallait d'abord réduire le délit à son espèce. A présent qu'elle est connue, il faut comparer la procédure à la loi.

---

(1) Par exemple, de ne point sortir de la ville pour aller habiter ailleurs sans permission. Qui est-ce qui demande cette permission?

Vos édits ne fixent pas la peine due à celui qui erre en matière de foi, et qui publie son erreur. Mais, par l'article 88 de l'ordonnance ecclésiastique, au chapitre du consistoire, ils règlent l'ordre de la procédure contre celui qui dogmatise. Cet article est conçu en ces termes : « S'il y a quelqu'un qui dogmatise contre la doctrine reçue, qu'il soit appelé pour conférer avec lui : s'il se range, qu'on le supporte sans scandale ni diffame ; s'il est opiniâtre, qu'on l'admoneste par quelquefois pour essayer à le réduire. Si on voit enfin qu'il soit besoin de plus grande sévérité, qu'on lui interdise la sainte cène, et qu'on avertisse le magistrat, afin d'y pourvoir. »

On voit par là, 1° que la première inquisition de cette espèce de délit appartient au consistoire ;

2° Que le législateur n'entend point qu'un tel délit soit irrémissible, si celui qui l'a commis se repent et se range ;

3° Qu'il prescrit les voies qu'on doit suivre pour ramener le coupable à son devoir ;

4° Que ces voies sont pleines de douceur, d'égards, de commisération, tel qu'il convient à des chrétiens d'en user, à l'exemple de leur maître, dans les fautes qui ne troublent point la société civile, et n'intéressent que la religion ;

5° Qu'enfin la dernière et plus grande peine qu'il prescrit est tirée de la nature du délit, comme cela devrait toujours être, en privant le coupable de la sainte cène et de la communion de l'église, qu'il a offensée, et qu'il veut continuer d'offenser.

Après tout cela, le consistoire le dénonce au magistrat, qui doit alors y pourvoir ; parce que, la loi ne souffrant dans l'état qu'une seule religion, celui qui s'obstine à vouloir en professer et enseigner une autre, doit être retranché de l'état.

On voit l'application de toutes les parties de cette loi dans la forme de procédure suivie en 1563 contre Jean Morelli.

Jean Morelli, habitant de Genève, avait fait et publié un livre, dans lequel il attaquait la discipline ecclésiastique, et qui fut censuré au synode d'Orléans. L'auteur se plaignant beaucoup de cette censure, et ayant été, pour ce même livre, appelé au consistoire de Genève, n'y voulut point comparaître, et s'enfuit ; puis étant revenu, avec la permission du magistrat, pour se réconcilier avec les ministres, il ne tint compte de leur parler ni de se rendre au consistoire, jusqu'à ce qu'y étant cité de nouveau, il comparut enfin ; et après de longues disputes, ayant refusé toute espèce de satisfaction, il fut déféré et cité au Conseil, où, au lieu de comparaître, il fit présenter par sa femme une excuse par écrit, et s'enfuit derechef de la ville.

Il fut donc enfin procédé contre lui, c'est-à-dire contre son livre ; et comme la sentence rendue en cette occasion est importante, même quant aux termes, et peu connue, je vais vous la transcrire ici tout entière ; elle peut avoir son utilité.

« Nous syndiques (1), juges des causes criminelles de cette cité, ayant entendu le rapport du vénérable consistoire de cette église des procédures tenues envers Jean Morelli, habitant de cette cité : d'autant que maintenant, pour la seconde fois, il a abandonné cette cité, et, au lieu de comparaître devant nous et notre conseil, quand il y était renvoyé, s'est montré désobéissant : à ces causes et autres justes à ce nous mouvantes, séants pour tribunal au lieu de nos ancêtres, selon nos anciennes coutumes, après bonne participation de conseil avec nos citoyens, ayant Dieu et ses saintes Écritures devant nos yeux, et invoqué son saint nom pour faire droit jugement, disant : Au nom du Père, du Fils et du Saint-Esprit, *Amen*. Par cette nostre défini-

---

(1) *Extrait des procédures* faites et tenues contre Jean Morelli. Imprimé à Genève, chez François Perrin, 1563, page 10.

tive sentence, laquelle donnons ici par écrit, avons avisé par meure délibération de procéder plus outre, comme en cas de contumace dudit Morelli : surtout afin d'avertir tous ceux qu'il appartiendra de se donner garde du livre, afin de n'y être point abusés. Estant donc duement informés des resveries et erreurs lesquelles y sont contenues, et surtout que ledit livre tend à faire schismes et troubles dans l'Eglise d'une façon séditieuse, l'avons condamné et condamnons c mme un livre nuisible et pernicieux ; et, pour donner exemple, ordonné et ordonnons que l'un d'iceux soit présentement bruslé : défendant à tous libraires d'en tenir ni exposer en vente, et à tous citoyens, bourgeois et habitants de cette ville, de que que qualité qu'ils soient, d'en acheter ni avoir pour y lire : commandant à tous ceux qui en auraient, de nous les apporter, et ceux qui sauraient où il en a, de le nous révéler dans vingt-quatre heures, sous peine d'être rigoureusement punis.

« Et à vous, nostre lieutenant, commandons que faciez mettre nostre présente sentence à due et entière exécution.

« Prononcée et exécutée le jeudi seizième jour de septembre mil cinq cent soixante-trois.

« Ainsi signé, P. Chenelat. »

Vous trouverez, monsieur, des observations de plus d'un genre à faire en temps et lieu sur cette pièce. Quant à présent ne perdons pas notre objet de vue. Voilà comment il fut procédé au jugement de Morelli, dont le livre ne fut brûlé qu'à la fin du procès, sans qu'il fût parlé de bourreau ni flétrissure, et do t la personne ne fut jamais décrétée, quoiqu'il fût opiniâtre et contumax.

Au lieu de cela, chacun sait comment le Conseil a procédé contre moi dans l'instant que l'ouvrage a paru, et sans qu'il ait même été fait mention du consistoire. Recevoir le livre par la poste, le lire, l'examiner, le déférer, le brûler, me décréter, tout cela fut l'affaire de huit ou dix jours : on ne saurait imaginer une procédure plus expéditive.

Je me suppose ici dans le cas de la loi, dans le seul cas où je puisse être punissable. Car autrement de quel droit punirait-on des fautes qui n'attaquent personne, et sur lesquelles les lois n'ont rien prononcé?

L'édit a-t-il donc été observé dans cette affaire? Vous autres gens de bons sens, vous imagineriez, en l'examinant, qu'il a été violé comme à plaisir dans toutes ses parties. « Le sieur Rousseau, disent les représentants, n'a point été appelé au consistoire ; mais le magnifique conseil a d'abord procédé contre lui : il devait être *supporté sans scandale;* mais ses écrits ont été traités par un jugement public, comme *téméraires, impies, scandaleux :* il devait être *supporté sans diffame;* mais il a été flétri de la manière la plus diffamante, ses deux livres ayant été lacérés et brûlés par main du bourreau.

« L'édit n'a donc pas été observé, continuent-ils, tant à l'égard de la juridiction qui appartient au consistoire, que relativement au sieur Rousseau, qui devait être appelé, supporté sans scandale ni diffame, admonesté par quelques fois, et qui ne pouvait être jugé qu'en cas d'opiniâtreté obstinée. »

Voilà sans doute qui vous paraît plus clair que le jour, et à moi aussi. Eh bien! non : vous allez voir comment ces gens, qui savent montrer le soleil à minuit, savent le cacher à midi

L'adresse ordinaire aux sophistes est d'entasser force arguments pour en couvrir la faiblesse. Pour éviter des répétitions et gagner du temps, divisons ceux des *Lettres écrites de la campagne*; bornons-nous aux plus essentiels; laissons ceux que j'ai ci-devant réfutés ; et, pour ne point altérer les autres, rapportons-les dans les termes de l'auteur.

« C'est d'après nos lois, dit-il, que je dois examiner ce qui s'est fait à l'égard de M. Rousseau. » Fort bien ; voyons.

« Le premier article du serment des bourgeois les oblige à vivre selon la réformation du saint Évangile. Or, je le demande, est-ce vivre selon l'Évangile, que d'écrire contre l'Évangile. »

Premier sophisme. Pour voir clairement si c'est là mon cas, remettez dans la mineure de cet argument le mot *réformation*, que l'auteur en ôte, et qui est nécessaire pour que son raisonnement soit concluant.

Second sophisme. Il ne s'agit pas, dans cet article du serment, d'écrire selon la réformation, mais de vivre selon la réformation. Ces deux choses, comme on l'a vu ci-devant, sont distinguées dans le serment même; et l'on a vu encore s'il est vrai que j'aie écrit ni contre la réformation ni contre l'Évangile.

« Le premier devoir des syndics et Conseil est de maintenir la pure religion. »

Troisième sophisme. Leur devoir est bien de maintenir la pure religion, mais non pas de prononcer sur ce qui est ou n'est pas la pure religion. Le souverain les a bien chargés de maintenir la pure religion, mais il ne les a pas faits pour cela juges de la doctrine. C'est un autre corps qu'il a chargé de ce soin, et c'est ce corps qu'ils doivent consulter sur toutes les matières de religion, comme ils ont toujours fait depuis que votre gouvernement existe. En cas de délit en ces matières, deux tribunaux sont établis, l'un pour le constater, et l'autre pour le punir; cela est évident par les termes de l'ordonnance: nous y reviendrons ci-après.

Suivent les imputations ci-devant examinées, et que par cette raison je ne répéterai pas: mais je ne puis m'abstenir de transcrire ici l'article qui les termine; il est curieux.

« Il est vrai que M. Rousseau et ses partisans prétendent que ces doutes n'attaquent point réellement le christianisme qu'à cela près il continue d'appeler divin. Mais si un livre, caractérisé comme l'Évangile l'est dans les ouvrages de M. Rousseau, peut encore être appelé divin, qu'on me dise quel est donc le nouveau sens attaché à ce terme. En vérité, si c'est une contradiction, elle est choquante; si c'est une plaisanterie, convenez qu'elle est bien déplacée dans un pareil sujet (page 11). »

J'entends. Le culte spirituel, la pureté du cœur, les œuvres de miséricorde, la confiance, l'humilité, la résignation, la tolérance, l'oubli des injures, le pardon des ennemis, l'amour du prochain, la fraternité universelle et l'union du genre humain par la charité, sont autant d'inventions du diable. Serait-ce là le sentiment de l'auteur et de ses amis? On le dirait à leurs raisonnements et surtout à leurs œuvres. En vérité, si c'est une contradiction, elle est choquante; si c'est une plaisanterie, convenez qu'elle est bien déplacée dans un pareil sujet.

Ajoutez que la plaisanterie sur un pareil sujet est si fort du goût de ces messieurs, que, selon leurs propres maximes, elle eût dû, si je l'avais faite, me faire trouver grâce devant eux (page 23).

Après l'exposition de mes crimes, écoutez les raisons pour lesquelles on a si cruellement renchéri sur la rigueur de la loi dans la poursuite du criminel.

« Ces deux livres paraissent sous le nom d'un citoyen de Genève. L'Europe en témoigne son scandale. Le premier parlement d'un royaume voisin poursuit *Émile* et son auteur. Que fera le gouvernement de Genève? »

Arrêtons un moment; je crois apercevoir ici quelque mensonge.

Selon notre auteur, le scandale de l'Europe força le conseil de Genève de sévir contre le livre et l'auteur d'*Émile*, à l'exemple du parlement de Paris; mais, au contraire, ce furent les décrets de ces deux tribunaux qui causèrent le scandale de l'Europe. Il y avait peu de jours que le livre était public à Paris, lorsque le parlement le condamna (1); il ne paraissait encore en nul autre pays, pas même en Hollande, où il était imprimé; et il n'y eut, entre le décret

(1) C'était un arrangement pris avant que le livre parût.

du parlement de Paris et celui du conseil de Genève, que neuf jours d'intervalle (1), le temps à peu près qu'il fallait pour avoir avis de ce qui se passait à Paris. Le vacarme affreux qui fut fait en Suisse sur cette affaire, mon expulsion de chez mon ami, les tentatives faites à Neufchâtel, et même à la cour, pour m'ôter mon dernier asile, tout cela vint de Genève et des environs, après le décret. On sait quels furent les instigateurs, on sait quels furent les émissaires; leur activité fut sans exemple; il ne tint pas à eux qu'on ne m'ôtât le feu et l'eau dans l'Europe entière, qu'il ne me restât pas une terre pour lit, pas une pierre pour chevet. Ne transposons donc point ainsi les choses, et ne donnons point, pour motif du décret de Genève, le scandale qui en fut l'effet.

« Le premier parlement d'un royaume voisin, poursuit *Emile* et son auteur. Que fera le gouvernement de Genève? »

La réponse est simple. Il ne fera rien; il ne doit rien faire, ou plutôt il doit ne rien faire. Il renverserait tout ordre judiciaire, il braverait le parlement de Paris, il lui disputerait la compétence en l'imitant. C'était précisément parce que j'étais décrété à Paris que je ne pouvais l'être à Genève. Le délit d'un criminel a certainement un lieu, et un lieu unique; il ne peut pas plus être coupable à la fois du même délit en deux états, qu'il ne peut être en deux lieux dans le même temps; et, s'il veut purger les deux décrets, comment voulez-vous qu'il se partage? En effet, avez-vous jamais oui dire qu'on ait décrété le même homme en deux pays à la fois pour le même fait? C'en est ici le premier exemple, et probablement ce sera le dernier. J'aurai, dans mes malheurs, le triste honneur d'être à tous égards un exemple unique.

Les crimes les plus atroces, les assassinats même, ne sont pas et ne doivent pas être poursuivis par-devant d'autres tribunaux que ceux des lieux où ils ont été commis. Si un Genevois, en pays étranger, tuait un homme, même un autre Genevois, le conseil de Genève ne pourrait s'attribuer la connaissance de ce crime : il pourrait livrer le coupable s'il était réclamé, il pourrait en solliciter le châtiment; mais, à moins qu'on ne lui remît volontairement le jugement avec les pièces de la procédure, il ne le jugerait pas, parce qu'il ne lui appartient pas de connaître d'un délit commis chez un autre souverain, et qu'il ne peut pas même ordonner les informations nécessaires pour le constater. Voilà la règle, et voilà la réponse à la question. : « Que fera le gouvernement de Genève? » Ce sont ici les plus simples notions du droit public, qu'il serait honteux au dernier magistrat d'ignorer. Faudra-t-il toujours que j'enseigne à mes dépens les éléments de la jurisprudence à mes juges?

« Il devait, suivant les auteurs des représentations, se borner à défendre provisionnellement le débit, dans la ville (page 12). » C'est en effet tout ce qu'il pouvait légitimement faire pour contenter son animosité; c'est ce qu'il avait déjà fait pour *la Nouvelle Héloïse* : mais voyant que le parlement de Paris ne disait rien, et qu'on ne faisait nulle part une semblable défense, il en eut honte, et la retira tout doucement (2). « Mais une improbation si faible n'aurait-elle pas été taxée de secrète connivence? » Mais il y a longtemps que, pour d'autres écrits beaucoup moins tolérables, on taxe le conseil de Genève d'une connivence assez peu secrète, sans qu'il se mette fort en peine de ce jugement. « Personne, dit-on, n'aurait pu se scandaliser de la modération dont on aurait usé. » Le cri public vous apprend combien on est scandalisé du contraire. « De bonne foi, s'il s'était agi d'un homme aussi désagréable au public que M. Rousseau lui était cher, ce qu'on appelle modération n'aurait-il pas été taxé d'indifférence, de tiédeur impardonnable? » Ce n'aurait pas été un si grand mal que cela, et l'on ne donne pas des noms si honnêtes à la

---

(1) Le décret du parlement fut donné le 9 juin, et celui du Conseil le 19.

(2) Il faut convenir que si l'*Emile* doit être défendu, l'*Héloïse* doit être tout au moins brûlée; les notes surtout en sont d'une hardiesse dont la Profession de foi du vicaire n'approche assurément pas.

dureté qu'on exerce envers moi pour mes écrits, ni au support que l'on prête à ceux d'un autre.

En continuant de me supposer coupable, supposons de plus que le conseil de Genève avait droit de me punir, que la procédure eût été conforme à la loi, et que cependant, sans vouloir même censurer mes livres, il m'eût reçu paisiblement arrivant de Paris; qu'auraient dit les honnêtes gens? le voici :

« Ils ont fermé les yeux, ils le doivent. Que pouvaient-ils faire? User de rigueur en cette occasion eût été barbarie, ingratitude, injustice même, puisque la véritable justice compense le mal par le bien. Le coupable a tendrement aimé sa patrie; il en a bien mérité; il l'a honorée dans l'Europe, et tandis que ses compatriotes avaient honte du nom genevois, il en a fait gloire, il l'a réhabilité chez l'étranger. Il a donné ci-devant des conseils utiles; il voulait le bien public : il s'est trompé, mais il était pardonnable. Il a fait les plus grands éloges des magistrats, il cherchait à leur rendre la confiance de la bourgeoisie; il a défendu la religion des ministres, il méritait quelque retour de la part de tous. Et de quel front eussent-ils osé sévir, pour quelques erreurs, contre le défenseur de la Divinité, contre l'apologiste de la religion si généralement attaquée, tandis qu'ils toléraient, qu'ils permettaient même les écrits les plus odieux, les plus indécents, les plus insultants au christianisme, aux bonnes mœurs, les plus destructifs de toute vertu, de toute morale, ceux mêmes que Rousseau a cru devoir réfuter? On eût cherché les motifs secrets d'une partialité si choquante ; on les eût trouvés dans le zèle de l'accusé pour la liberté, et dans les projets des juges pour la détruire. Rousseau eût passé pour le martyr des lois de sa patrie. Ses persécuteurs, en prenant en cette seule occasion le masque de l'hypocrisie, eussent été taxés de se jouer de la religion, d'en faire de leur vengeance et l'instrument de leur haine. Enfin, par cet empressement de punir un homme dont l'amour pour sa patrie est le plus grand crime, ils n'eussent fait que se rendre odieux aux gens de bien, suspects à la bourgeoisie et méprisables aux étrangers. » Voilà, monsieur, ce qu'on aurait pu dire; voilà tout le risque qu'aurait couru le conseil dans le cas supposé du délit, en s'abstenant d'en connaître.

« Quelqu'un a eu raison de dire qu'il fallait brûler l'Evangile ou les livres de M. Rousseau. »

La commode méthode que suivent toujours ces messieurs contre moi! S'il leur faut des preuves, ils multiplient les assertions; et s'il leur faut des témoignages, ils font parler des quidams.

La sentence de celui-ci n'a qu'un sens qui ne soit pas extravagant, et ce sens est un blasphème.

Car quel blasphème n'est-ce pas de supposer l'Evangile et le recueil de mes livres si semblables dans leurs maximes qu'ils se suppléent mutuellement, et qu'on en puisse indifféremment brûler un comme superflu, pourvu que l'on conserve l'autre? Sans doute, j'ai suivi du plus près que j'ai pu la doctrine de l'Evangile; je l'ai aimée, je l'ai adoptée, étendue, expliquée, sans m'arrêter aux obscurités, aux difficultés, aux mystères, sans me détourner de l'essentiel: je m'y suis attaché avec tout le zèle de mon cœur; je me suis indigné, récrié de voir cette sainte doctrine ainsi profanée, avilie, par nos prétendus chrétiens, et surtout par ceux qui font profession de nous en instruire. J'ose même croire, et je m'en vante, qu'aucun d'eux ne parla plus dignement que moi du vrai christianisme et de son auteur. J'ai là-dessus le témoignage, l'applaudissement même de mes adversaires, non de ceux de Genève, à la vérité, mais de ceux dont la haine n'est point une rage, et à qui la passion n'a point ôté tout sentiment d'équité. Voilà ce qui est vrai; voilà ce que prouvent et ma *Réponse au roi de Pologne*, et ma *Lettre à M. d'Alembert*, et l'*Héloïse*, et l'*Emile*, et tous mes écrits, qui respirent le même amour pour l'Evangile, la même vénération pour Jésus-Christ. Mais qu'il s'ensuive de là qu'en rien je puisse approcher de mon maître, et que mes livres puissent suppléer à ses leçons, c'est ce qui est faux, absurde, abominable ; je déteste ce blasphème, et désavoue cette témérité. Rien ne peut se comparer à l'Évangile ; mais sa sublime simplicité n'est pas également à la portée de tout le monde. Il faut quelquefois, pour l'y mettre, l'exposer sous bien des jours. Il faut conserver ce livre sacré comme la règle du maître, et les miens comme les commentaires de l'écolier.

J'ai traité jusqu'ici la question d'une manière un peu générale : rapprochons-la maintenant des faits, par le parallèle des procédures de 1563 et de 1762, et des raisons qu'on donne de leurs différences. Comme c'est ici le point décisif par rapport à moi, je ne puis, sans négliger ma cause, vous épargner ces détails, peut-être ingrats en eux-mêmes, mais intéressants, à bien des égards, pour vous et pour vos concitoyens. C'est une autre discussion, qui ne peut être interrompue, et qui tiendra seule une longue lettre. Mais, monsieur, encore un peu de courage : ce sera la dernière de cette espèce dans laquelle je vous entretiendrai de moi.

LETTRE V.

Continuation du même sujet. Jurisprudence tirée des procédures faites en cas semblables. But de l'auteur en publiant la Profession de foi.

Après avoir établi, comme vous avez vu, la nécessité de sévir contre moi, l'auteur des *Lettres* prouve, comme vous allez voir, que la procédure faite contre Jean Morelli, quoique exactement conforme à l'ordonnance, et dans un cas semblable au mien, n'était point un exemple à suivre à mon égard ; attendu, premièrement, que le Conseil, étant au-dessus de l'ordonnance, n'est point obligé de s'y conformer ; que d'ailleurs mon crime, étant plus grave que le délit de Morelli, devait être traité plus sévèrement. A ces preuves l'auteur ajoute qu'il n'est pas vrai qu'on m'ait jugé sans m'entendre, puisqu'il suffisait d'entendre le livre même ; et que la flétrissure du livre ne tombe en aucune façon sur l'auteur ; qu'enfin les ouvrages qu'on reproche au Conseil d'avoir tolérés, sont innocents et tolérables en comparaison des miens.

Quant au premier article, vous aurez peut-être peine à croire qu'on ait osé mettre sans façon le petit Conseil au-dessus des lois. Je ne connais rien de plus sûr pour vous en convaincre, que de vous transcrire le passage où ce principe est établi, et, de peur de changer le sens de ce passage en le tronquant, je le transcrirai tout entier.

(Page 4.) « L'ordonnance a-t-elle voulu lier les mains à la puissance civile, et l'obliger à ne réprimer aucun délit contre la religion qu'après que le consistoire en aurait connu ? Si cela était, il en résulterait qu'on pourrait impunément écrire contre la religion, que le gouvernement serait dans l'impuissance de réprimer cette licence, et de flétrir aucun livre de cette espèce ; car si l'ordonnance veut que le délinquant paraisse d'abord au consistoire, l'ordonnance ne prescrit pas moins que, *s'il se range, on le supporte sans diffame*. Ainsi, quel qu'ait été son délit contre la religion, l'accusé, en faisant semblant de se ranger, pourra toujours échapper ; et celui qui aurait diffamé la religion par toute la terre, au moyen d'un repentir simulé, devrait être supporté *sans diffame*. Ceux qui connaissent l'esprit de sévérité, pour ne rien dire de plus, qui régnait lorsque l'ordonnance fut compilée, pourront-ils croire que ce soit là le sens de l'article 88 de l'ordonnance ?

« Si le consistoire n'agit pas, son inaction enchaînera-t-elle le Conseil ? ou du moins sera-t-il réduit à la fonction de délateur auprès du consistoire ? Ce n'est pas là ce qu'a entendu l'ordonnance, lorsqu'après avoir traité de l'établissement, du devoir et du pouvoir du consistoire, elle conclut que la puissance civile reste en son entier, en sorte qu'il ne soit en rien dérogé à son autorité, ni au cours de la justice ordinaire, par aucunes remontrances ecclésiastiques Cette ordonnance ne suppose donc point, comme on le fait dans les représentations, que dans cette matière les ministres de l'Evangile soient des juges plus naturels que les Conseils. Tout ce qui est du ressort de l'autorité en matière de religion est du ressort du gouvernement. C'est le principe des protestants ; et c'est singulièrement le principe de notre constitution, qui, en cas de dispute, attribue aux Conseils le droit de décider sur le dogme. »

Vous voyez, monsieur, dans ces dernières lignes, le principe sur lequel est fondé ce qui les précède. Ainsi, pour procéder dans cet examen avec ordre, il convient de commencer par la fin.

« Tout ce qui est du ressort de l'autorité en matière de religion est du ressort du gouvernement. »

Il y a ici dans le mot *gouvernement* une équivoque, qu'il importe beaucoup d'éclaircir ; et je vous conseille, si vous aimez la constitution de votre patrie, d'être attentif à la distinction que je vais faire : vous en sentirez bientôt l'utilité.

Le mot de *gouvernement* n'a pas le même sens dans tous les pays, parce que la constitution des états n'est pas partout la même.

Dans les monarchies, où la puissance exécutive est jointe à l'exercice de la souveraineté, le gouvernement n'est autre chose que le souverain lui-même, agissant par ses ministres, par son conseil, ou par des corps qui dépendent absolument de sa volonté. Dans les républiques, surtout dans les démocraties, où le souverain n'agit jamais immédiatement par lui-même, c'est autre chose. Le gouvernement n'est alors que la puissance exécutive, et il est absolument distinct de la souveraineté.

Cette distinction est très-importante en ces matières. Pour l'avoir bien présente à l'esprit, on doit lire avec quelque soin, dans le *Contrat social*, les deux premiers chapitres du livre troisième, où j'ai tâché de fixer, par un sens précis, des expressions qu'on laissait avec art incertaines, pour leur donner au besoin telle acception qu'on voulait. En général, les chefs des républiques taiment extrêmement à employer le langage des monarchies. A la faveur de termes qui semblent consacrés, ils savent amener peu à peu les choses que ces mots signifient. C'est ce que fait ici très habilement l'auteur des *Lettres*, en prenant le mot de *gouvernement*, qui n'a rien d'effrayant en lui-même, pour l'exercice de la souveraineté, qui serait révoltant, attribué sans détour au petit Conseil.

C'est ce qu'il fait encore plus ouvertement dans un autre passage (page 66), où après avoir dit que « le petit Conseil est le gouvernement même, » ce qui est vrai en prenant ce mot de *gouvernement* dans un sens subordonné, il ose ajouter qu'à ce titre il exerce toute l'autorité qui n'est pas attribuée aux autres corps de l'état, prenant ainsi le mot de gouvernement dans le sens de la souveraineté ; comme si tous les corps de l'état, et le Conseil général lui-même, étaient institués par le petit Conseil : car ce n'est qu'à la faveur de cette supposition qu'il peut s'attribuer à lui seul tous les pouvoirs que la loi ne donne expressément à personne. Je reprendrai ci-après cette question.

Cette équivoque éclaircie, on voit à découvert le sophisme de l'auteur. En effet, dire que tout ce qui est du ressort de l'autorité, en matière de religion, est du ressort du gouvernement, est une proposition véritable, si par ce mot de gouvernement on entend la puissance législative ou le souverain : mais elle est très fausse, si l'on entend la puissance exécutive ou le magistrat ; et l'on ne trouvera jamais dans votre république que le Conseil général ait attribué au petit Conseil le droit de régler en dernier ressort tout ce qui concerne la religion.

Une seconde équivoque, plus subtile encore, vient à l'appui de la première dans ce qui suit : « C'est le principe des protestants ; et c'est singulièrement l'esprit de notre constitution, qui, dans le cas de dispute, attribue aux Conseils le droit de décider sur le dogme. » Ce droit, soit qu'il y ait dispute ou qu'il n'y en ait pas, appartient sans contredit *aux Conseils*, mais non pas *au*

Conseil. Voyez comment, avec une lettre de plus ou de moins, on pourrait changer la constitution d'un état.

Dans les principes des protestants, il n'y a point d'autre église que l'état, et point d'autre législateur ecclésiastique que le souverain. C'est ce qui est manifeste, surtout à Genève, où l'ordonnance ecclésiastique a reçu du souverain, dans le Conseil général, la même sanction que les édits civils.

Le souverain ayant donc prescrit, sous le nom de réformation, la doctrine qui devait être enseignée à Genève, et la forme du culte qu'on y devait suivre, a partagé entre deux corps le soin de maintenir cette doctrine et ce culte, tels qu'ils sont fixés par la loi : à l'un elle a remis la matière des enseignements publics, la décision de ce qui est conforme ou contraire à la religion de l'état, les avertissements et admonitions convenables, et même les punitions spirituelles, telles que l'excommunication ; elle a chargé l'autre de pourvoir à l'exécution des lois sur ce point comme sur tout autre, et de punir civilement les prévaricateurs obstinés.

Ainsi toute procédure régulière sur cette matière doit commencer par l'examen du fait ; savoir, s'il est vrai que l'accusé soit coupable d'un délit contre la religion ; et, par la loi, cet examen appartient au seul consistoire.

Quand le délit est constaté, et qu'il est de nature à mériter une punition civile, c'est alors au magistrat seul de faire droit et de décerner cette punition. Le tribunal ecclésiastique dénonce le coupable au tribunal civil, et voilà comment s'établit sur cette matière la compétence du Conseil.

Mais lorsque le Conseil veut prononcer en théologien sur ce qui est ou n'est pas du dogme, lorsque le consistoire veut usurper la juridiction civile, chacun de ces corps sort de sa compétence ; il désobéit à la loi et au souverain qui l'a portée, lequel n'est pas moins législateur en matière ecclésiastique qu'en matière civile, et doit être reconnu tel des deux côtés.

Le magistrat est toujours juge des ministres en tout ce qui regarde le civil, jamais en ce qui regarde le dogme : c'est le consistoire. Si le Conseil prononçait les jugements de l'église, il aurait le droit d'excommunication ; et, au contraire, ses membres y sont soumis eux-mêmes. Une contradiction bien plaisante dans cette affaire est que je suis décrété, pour mes erreurs, et que je ne suis pas excommunié. Le Conseil me poursuit comme apostat, et le consistoire me laisse au rang des fidèles ! Cela n'est-il pas singulier ?

Il est bien vrai que s'il arrive des dissensions entre les ministres sur la doctrine, et que, par l'obstination d'une des parties, ils ne puissent s'accorder ni entre eux ni par l'entremise des anciens, il est dit, par l'article XVIII, que la cause doit être portée au magistrat *pour y mettre ordre.*

Mais mettre ordre à la querelle n'est pas décider du dogme. L'ordonnance explique elle-même le motif du recours au magistrat ; c'est l'obstination d'une des parties. Or, la police dans tout l'état, l'inspection sur les querelles, le maintien de la paix et de toutes les fonctions publiques, la réduction des obstinés, sont incontestablement du ressort du magistrat. Il ne jugera pas pour cela de la doctrine, mais il rétablira dans l'assemblée l'ordre convenable pour qu'elle puisse en juger.

Et quand le Conseil serait juge de la doctrine en dernier ressort, toujours ne lui serait-il pas permis d'intervertir l'ordre établi par la loi, qui attribue au consistoire la première connaissance en ces matières ; tout de même qu'il ne lui est pas permis, bien que juge suprême, d'évoquer à soi les causes civiles, avant qu'elles aient passé aux premières appellations.

L'article XVIII dit bien qu'en cas que les ministres ne puissent s'accorder, la cause doit être portée au magistrat pour y mettre ordre ; mais il ne dit point que la première connaissance de la doctrine pourra être ôtée au consistoire par le magistrat ; et il n'y a pas un seul exemple de pareille usurpapation depuis que la république existe (1). C'est de quoi l'auteur des *Lettres* paraît convenir lui-même, en disant qu'*en cas de dispute* les Conseils ont le droit de décider sur le dogme ; car c'est dire qu'ils n'ont ce droit qu'après l'examen du consistoire, et qu'ils ne l'ont point quand le consistoire est d'accord.

Ces distinctions du ressort civil et du ressort ecclésiastique sont claires et fondées non-seulement sur la loi, mais sur la raison, qui ne veut pas que les juges, de qui dépend le sort des particuliers, en puissent décider autrement que sur des faits constants, sur des corps de délit positifs, bien avérés, et non sur des imputations aussi vagues, aussi arbitraires que celles des erreurs sur la religion. Et de quelle sûreté jouiraient les citoyens, si, dans tant de dogmes obscurs, susceptibles de diverses interprétations, le juge pouvait choisir au gré de sa passion celui qui chargerait ou disculperait l'accusé, pour le condamner ou l'absoudre ?

La preuve de ces distinctions est dans l'institution même, qui n'aurait pas établi un tribunal inutile; puisque, si le Conseil pouvait juger, surtout en premier ressort, des matières ecclésiastiques, l'institution du consistoire ne servirait de rien.

Elle est encore en mille endroits de l'ordonnance, où le législateur distingue avec tant de soin l'autorité des deux ordres ; distinction bien vaine, si, dans l'exercice de ses fonctions, l'un était en tout soumis à l'autre. Voyez dans les articles XVIII et XXIV la spécification des crimes punissables par les lois, et de ceux dont « la première inquisition appartient au consistoire. »

Voyez la fin du même article XXIV, qui veut qu'en ce dernier cas, après la conviction du coupable, le consistoire en fasse rapport au Conseil, en y ajoutant son avis : « afin, dit l'ordonnance, que le jugement concernant la punition soit toujours réservé à la seigneurie. » Termes d'où l'on doit inférer que le jugement concernant la doctrine appartient au consistoire.

Voyez le serment des ministres, qui jurent de se rendre pour leur part sujets et obéissants aux lois et au magistrat, en tant que leur ministère le porte, c'est-à-dire sans préjudicier à la liberté qu'ils doivent avoir d'enseigner selon que Dieu le leur commande. Mais où serait cette liberté, s'ils étaient, par les lois, sujets pour cette doctrine aux décisions d'un autre corps que le leur ?

Voyez l'article LXXX, où non-seulement l'édit prescrit au consistoire de veiller et pourvoir aux désordres généraux et particuliers de l'église, mais où il l'institue à cet effet. Cet article a-t-il un sens, ou n'en a-t-il point? est-il absolu? n'est-il que conditionnel? et le consistoire établi par la loi n'aurait-il qu'une existence précaire, et dépendante du bon plaisir du Conseil ?

(1) Il y eut, dans le XVIe siècle, beaucoup de disputes sur la prédestination, dont on aurait dû faire l'amusement des écoliers, et dont on ne manqua pas, selon l'usage, de faire une grande affaire d'état. Cependant ce furent les ministres qui la décidèrent, et même contre l'intérêt public. Jamais que je sache, depuis les édits, le petit Conseil ne s'est avisé de prononcer sur le dogme sans leur concours. Je ne connais qu'un jugement de cette espèce, et il fut rendu par le Deux-Cents. Ce fut dans la grande querelle de 1668, sur la grâce particulière. Après de longs et vains débats dans la compagnie et dans le consistoire, les professeurs ne pouvant s'accorder, portèrent l'affaire au petit Conseil, qui ne la jugea pas. Le Deux-Cents l'évoqua et la jugea. L'importante question dont il s'agissait était de savoir si Jésus était mort seulement pour le salut des élus. On conçoit bien que ce jugement fut une affaire de faveur, et que Jésus serait mort pour les damnés, si le professeur Tronchin avait eu plus de crédit que son adversaire. Tout cela sans doute est fort ridicule ; on peut dire toutefois qu'il ne s'agissait pas ici d'un dogme de foi, mais de l'uniformité de l'instruction publique, dont l'inspection appartient sans contredit au gouvernement. On peut ajouter que cette belle dispute avait tellement excité l'attention, que toute la ville était en rumeur. Mais n'importe ; les Conseils devaient apaiser la querelle sans prononcer sur la doctrine. La décision de toutes les questions qui n'intéressent personne, et où qui que ce soit ne comprend rien, doit toujours être laissée aux théologiens.

Voyez l'article xcvii de la même ordonnance, où, dans les cas qui exigent punition civile, il est dit que le consistoire, ayant ouï les parties et fait les remontrances et censures ecclésiastiques, doit rapporter le tout au Conseil, lequel, *sur son rapport*, remarquez bien la répétition de ce mot, « avisera d'ordonner et faire jugement selon l'exigence du cas. » Voyez enfin ce qui suit dans le même article, et n'oubliez pas que c'est le souverain qui parle : « Car combien que ce soient choses conjointes et inséparables que la seigneurie et supériorité que Dieu nous a donnée, et le gouvernement spirituel qu'il a établi dans son église; elles ne doivent nullement être confuses, puisque celui qui a tout empire de commander, et auquel nous voulons rendre toute sujétion, comme nous devons, veut être tellement reconnu auteur du gouvernement politique et ecclésiastique, que cependant il a expressément discerné tant les vocations que l'administration de l'un et de l'autre. »

Mais comment ces administrations peuvent-elles être distinguées sous l'autorité commune du législateur, si l'une peut empiéter à son gré sur celle de l'autre? S'il n'y a pas là de la contradiction, je n'en saurais voir nulle part.

A l'article LXXXVIII, qui prescrit expressément l'ordre de procédure qu'on doit observer contre ceux qui dogmatisent, j'en joins un autre, qui n'est pas moins important, c'est l'article LIII, au titre *du catéchisme*, où il est ordonné que ceux qui contreviendront au bon ordre, après avoir été remontrés suffisamment, s'ils persistent, soient appelés au consistoire, « et si lors ils ne veulent obtempérer aux remontrances qui leur seront faites, qu'il en soit fait rapport à la seigneurie. »

De quel bon ordre est-il parlé là? Le titre le dit : c'est du bon ordre en matière de doctrine, puisqu'il ne s'agit que du catéchisme, qui en est le sommaire.

D'ailleurs, le maintien du bon ordre en général paraît bien plus appartenir au magistrat qu'au tribunal ecclésiastique. Cependant voyez quelle gradation! « Premièrement, il faut remontrer; si le coupable persiste, il faut l'appeler au consistoire; enfin, s'il ne veut obtempérer, il faut faire rapport à la seigneurie. » En toute matière de foi, le dernier ressort est toujours attribué aux Conseils; telle est la loi, telles sont toutes vos lois. J'attends de voir quelque article, quelque passage dans vos édits, en vertu duquel le petit Conseil s'attribue aussi le premier ressort, et puisse faire tout d'un coup d'un pareil délit le sujet d'une procédure criminelle.

Cette marche n'est pas seulement contraire à la loi; elle est contraire à l'équité, au bon sens, à l'usage universel. Dans tous les pays du monde, la règle veut qu'en ce qui concerne une science ou un art, on prenne, avant que de prononcer, le jugement des professeurs dans cette science, ou des experts en cet art : pourquoi, dans la plus obscure, dans la plus difficile de toutes les sciences; pourquoi, lorsqu'il s'agit de l'honneur et de la liberté d'un homme, d'un citoyen, les magistrats négligeraient-ils les précautions qu'ils prennent dans l'art le plus mécanique au sujet du plus vil intérêt?

Encore une fois, à tant d'autorités, à tant de raisons qui prouvent l'illégalité et l'irrégularité d'une telle procédure, quelle loi, quel édit oppose-t-on pour la justifier? Le seul passage qu'ait pu citer l'auteur des *Lettres* est celui-ci, dont encore il transpose les termes pour en altérer l'esprit :

« Que toutes les remontrances ecclésiastiques se fassent en telle sorte, que par le consistoire ne soit en rien dérogé à l'autorité de la seigneurie ni de la justice ordinaire; mais que la puissance civile demeure en son entier (1). »

Or voici la conséquence qu'il en tire : « Cette ordonnance ne suppose donc point, comme on le fait dans les représentations, que les ministres de l'Évangile soient dans ces matières des juges plus naturels que les Conseils. » Commençons d'abord par remettre le mot Conseil au singulier, et pour cause.

---

(1) *Ordonnances ecclésiastiques*, art. XCVII.

Mais où est-ce que les représentants ont supposé que les ministres de l'Évangile fussent, dans ces matières, des juges plus naturels que le Conseil (1)?

Selon l'édit, le consistoire et le Conseil sont juges naturels. chacun dans sa partie, l'un de la doctrine, et l'autre du délit. Ainsi la puissance civile et l'ecclésiastique restent chacune en son entier sous l'autorité commune du souverain : et que signifierait ici ce mot même de *puissance civile*, s'il n'y avait une autre *puissance* sous-entendue? Pour moi, je ne vois rien dans ce passage qui change le sens naturel de ceux que j'ai cités. Et bien loin de là, les lignes qui suivent les confirment, en déterminant l'état où le consistoire doit avoir mis la procédure, avant qu'elle soit portée au Conseil. C'est précisément la conclusion contraire à celle que l'auteur en voudrait tirer.

Mais voyez comment, n'osant attaquer l'ordonnance par les termes, il l'attaque par les conséquences.

« L'ordonnance a-t-elle voulu lier les mains à la puissance civile, et l'obliger à ne réprimer aucun délit contre la religion qu'après que le consistoire en aurait connu? Si cela était ainsi, il en résulterait qu'on pourrait impunément écrire contre la religion : car, en faisant semblant de se ranger, l'accusé pourrait toujours échapper, et celui qui aurait diffamé la religion par toute la terre devrait être supporté sans diffame, au moyen d'un repentir simulé (page 14). »

C'est donc pour éviter ce malheur affreux, cette impunité scandaleuse, que l'auteur ne veut pas qu'on suive la loi à la lettre. Toutefois, seize pages après, le même auteur vous parle ainsi :

« La politique et la philosophie pourront soutenir cette liberté de tout écrire; mais nos lois l'ont réprouvée : or il s'agit de savoir si le jugement du Conseil contre les ouvrages de M. Rousseau et le décret contre sa personne sont contraires à nos lois, et non de savoir s'ils sont conformes à la philosophie et à la politique (page 30). »

Ailleurs encore cet auteur, convenant que la flétrissure d'un livre n'en détruit pas les arguments, et peut même leur donner une publicité plus grande, ajoute : « A cet égard, je retrouve assez mes maximes dans celles des représentations. Mais ces maximes ne sont pas celles de nos lois (p. 22). »

En resserrant et liant tous ces passages, je leur trouve à peu près le sens qui suit :

« Quoique la philosophie, la politique et la raison puissent soutenir la liberté de tout écrire, on doit, dans notre état, punir cette liberté, parce que nos lois la réprouvent. Mais il ne faut pourtant pas suivre nos lois à la lettre, parce qu'alors on ne punirait pas cette liberté. »

A parler vrai, j'entrevois là je ne sais quel galimatias qui me choque ; et pourtant l'auteur me paraît homme d'esprit : ainsi. dans ce résumé, je penche à croire que je me trompe, sans qu'il me soit possible de voir en quoi. Comparez donc vous-même les pages 14, 22, 30, et vous verrez si j'ai tort ou raison.

Quoi qu'il en soit, en attendant que l'auteur nous montre ces autres lois où les préceptes de la philosophie et de la politique sont réprouvés, reprenons l'examen de ses objections contre celle-ci.

Premièrement, loin que, de peur de laisser un délai impuni, il soit permis dans une république au magistrat d'aggraver la loi, il ne lui est pas même

---

(1) « L'examen et la discussion de cette matière, disent-ils page 42, appartiennent mieux aux ministres de l'Évangile qu'au magnifique Conseil. » Quelle est la matière dont il s'agit dans ce passage? c'est la question si, sous l'apparence des doutes, j'ai rassemblé dans mon livre tout ce qui peut tendre à saper, ébranler et détruire les principaux fondements de la religion chrétienne. L'auteur des *Lettres* part de là pour faire dire aux représentants, que dans ces matières les ministres sont des juges plus naturels que les Conseils. Ils sont sans contredit des juges plus naturels de la question de théologie, mais non pas de la peine due au délit; et c'est aussi ce que les représentants n'ont ni dit ni fait entendre.

permis de l'étendre aux délits sur lesquels elle n'est pas formelle ; et l'on sait combien de coupables échappent en Angleterre, à la faveur de la moindre distinction subtile dans les termes de la loi. « Quiconque est plus sévère que les lois, dit Vauvenargues, est un tyran (1). »

Mais voyons si la conséquence de l'impunité, dans l'espèce dont il s'agit, est si terrible que l'a faite l'auteur des *Lettres*.

Il faut, pour bien juger de l'esprit de la loi, se rappeler ce grand principe, que les meilleures lois criminelles sont toujours celles qui tirent de la nature des crimes les châtiments qui leur sont imposés. Ainsi les assassins doivent être punis de mort ; les voleurs, de la perte de leur bien, ou, s'ils n'en ont pas, de celle de leur liberté, qui est alors le seul bien qui leur reste. De même, dans les délits qui sont uniquement contre la religion, les peines doivent être tirées uniquement de la religion ; telle est, par exemple, la privation de la preuve par serment en choses qui l'exigent ; telle est encore l'excommunication, prescrite ici comme la peine la plus grande de quiconque a dogmatisé contre la religion, sauf ensuite le renvoi au magistrat, pour la peine civile due au délit civil, s'il y en a.

Or il faut se ressouvenir que l'ordonnance, l'auteur des *Lettres*, et moi, ne parlons ici que d'un délit simple contre la religion. Si le délit était complexe, comme si, par exemple, j'avais imprimé mon livre dans l'état sans permission, il est incontestable que, pour être absous devant le consistoire, je ne le serais pas devant le magistrat.

Cette distinction faite, je reviens, et je dis : Il y a cette différence entre les délits contre la religion et les délits civils, que les derniers font aux hommes ou aux lois un tort, un mal réel, pour lequel la sûreté publique exige nécessairement réparation et punition ; mais les autres sont seulement des offenses contre la Divinité, à qui nul ne peut nuire, et qui pardonne au repentir. Quand la Divinité est apaisée, il n'y a plus de délit à punir, sauf le scandale, et le scandale se répare en donnant au repentir la même publicité qu'a eue la faute. La charité chrétienne imite alors la clémence divine : et ce serait une inconséquence absurde de venger la religion par une rigueur que la religion réprouve. La justice humaine n'a et ne doit avoir nul égard au repentir, je l'avoue ; mais voilà précisément pourquoi, dans une espèce de délit que le repentir peut réparer, l'ordonnance a pris des mesures pour que le tribunal civil n'en prît pas d'abord connaissance.

L'inconvénient terrible que l'auteur trouve à laisser impunis civilement les délits contre la religion, n'a donc pas la réalité qu'il lui donne ; et la conséquence qu'il en tire, pour prouver que tel n'est pas l'esprit de la loi, n'est point juste, contre les termes formels de la loi.

« Ainsi, quel qu'ait été le délit contre la religion, ajoute-t-il, l'accusé, en faisant semblant de se ranger, pourra toujours échapper. » L'ordonnance ne dit pas *s'il fait semblant de se ranger ;* elle dit, *s'il se range ;* et il y a des règles aussi certaines qu'on en puisse avoir en tout autre cas pour distinguer ici la réalité de la fausse apparence, surtout quant aux effets extérieurs, seuls compris sous ce mot, *s'il se range.*

Si le délinquant, s'étant rangé, retombe, il commet un nouveau délit plus grave, et qui mérite un traitement plus rigoureux. Il est relaps, et les voies de le ramener à son devoir sont plus sévères. Le Conseil a là-dessus pour modèle les formes judiciaires de l'inquisition (2) : et si l'auteur des *Lettres*

---

(1) Comme il n'y a point à Genève de loi pénales proprement dites, le magistrat inflige arbitrairement la peine des crimes, ce qui est assurément un grand défaut dans la législation, et un abus énorme dans un état libre. Mais cette autorité du magistrat ne s'étend qu'aux crimes contre la loi naturelle, et reconnus tels dans toute société, ou aux choses spécialement défendues par la loi positive ; elle ne va pas jusqu'à forger un délit imaginaire où il n'y en a point, ni, sur quelque délit que ce puisse être, jusqu'à renverser, de peur qu'un coupable n'échappe, l'ordre de la procédure fixé par la loi.

(2) Voyez le *Manuel des Inquisiteurs.*

n'approuve pas qu'il soit aussi doux qu'elle, il doit au moins lui laisser toujours la distinction des cas; car il n'est pas permis, de peur qu'un délinquant ne retombe, de le traiter d'avance comme s'il était déjà retombé.

C'est pourtant sur ces fausses conséquences que cet auteur s'appuie pour affirmer que l'édit, dans cet article, n'a pas eu pour objet de régler la procédure, et de fixer la compétence des tribunaux. Qu'a donc voulu l'édit, selon lui? Le voici.

Il a voulu empêcher que le consistoire ne sévît contre des gens auxquels on imputerait ce qu'ils n'auraient peut-être point dit, ou dont on aurait exagéré les écarts; qu'il ne sévît, dis-je, contre ces gens-là sans en avoir conféré avec eux, sans avoir essayé de les gagner.

Mais qu'est-ce que sévir, de la part du consistoire? C'est excommunier, et déférer au Conseil. Ainsi, de peur que le consistoire ne défère trop légèrement un coupable au Conseil, l'édit le livre tout d'un coup au Conseil. C'est une précaution d'une espèce toute nouvelle. Cela est admirable que, dans le même cas, la loi prenne tant de mesures pour empêcher le consistoire de sévir précipitamment, et qu'elle n'en prenne aucune pour empêcher le Conseil de sévir précipitamment; qu'elle porte une attention si scrupuleuse à prévenir la diffamation, et qu'elle n'en donne aucune à prévenir le supplice; qu'elle pourvoie à tant de choses pour qu'un homme ne soit pas excommunié mal à propos, et qu'elle ne pourvoie à rien pour qu'il ne soit pas brûlé mal à propos; qu'elle craigne si fort la rigueur des ministres, et si peu celle des juges! C'était bien fait assurément de compter pour beaucoup la communion des fidèles; mais ce n'était pas bien fait de compter pour si peu leur sûreté, leur liberté, leur vie; et cette même religion, qui prescrivait tant d'indulgence à ses gardiens, ne devait pas donner tant de barbarie à ses vengeurs.

Voilà toutefois, selon notre auteur, la solide raison pourquoi l'ordonnance n'a pas voulu dire ce qu'elle dit. Je crois que l'exposer c'est assez y répondre. Passons maintenant à l'application; nous ne la trouverons pas moins curieuse que l'interprétation.

L'article LXXXVIII n'a pour objet que celui qui dogmatise, qui enseigne, qui instruit. Il ne parle point d'un simple auteur, d'un homme qui ne fait que publier un livre, et qui, au surplus, se tient en repos. A dire la vérité, cette distinction me paraît un peu subtile; car, comme disent très bien les représentants, on dogmatise par écrit tout comme de vive voix. Mais admettons cette subtilité; nous y trouverons une distinction de faveur pour adoucir la loi, non de rigueur pour l'aggraver.

Dans tous les états du monde, la police veille avec le plus grand soin sur ceux qui instruisent, qui enseignent, qui dogmatisent: elle ne permet ces sortes de fonctions qu'à gens autorisés; il n'est pas même permis de prêcher la bonne doctrine, si l'on n'est reçu prédicateur. Le peuple aveugle est facile à séduire; un homme qui dogmatise attroupe; et bientôt il peut ameuter. La moindre entreprise en ce point est toujours regardée comme un attentat punissable à cause des conséquences qui peuvent en résulter.

Il n'en est pas de même de l'auteur d'un livre; s'il enseigne, au moins il n'attroupe point, il n'ameute point: il ne force personne à l'écouter, à le lire; il ne vous recherche point, il ne vient que quand vous le recherchez vous-même; il vous laisse réfléchir sur ce qu'il vous dit, il ne dispute point avec vous, ne s'anime point, ne s'obstine point, ne lève point vos doutes, ne résout point vos objections, ne vous poursuit point: voulez-vous le quitter, il vous quitte; et, ce qui est ici l'article important, il ne parle pas au peuple.

Aussi jamais la publication d'un livre ne fut-elle regardée par aucun gouvernement du même œil que les pratiques d'un dogmatiseur. Il y a même des pays où la liberté de la presse est entière; mais il n'y en a aucun où il soit permis à tout le monde de dogmatiser indifféremment. Dans les pays où il est défendu d'imprimer des livres sans permission, ceux qui désobéissent sont punis quelquefois pour avoir désobéi; mais la preuve qu'on ne regarde pas au fond ce que dit un livre comme une chose importante, est la facilité avec laquelle on laisse entrer dans l'état ces mêmes livres que, pour n'en pas paraître approuver les maximes, on n'y laisse pas imprimer.

Tout ceci est vrai, surtout des livres qui ne sont point écrits pour le peuple, tels qu'ont toujours été les miens. Je sais que votre Conseil affirme dans ses réponses que, « selon l'intention de l'auteur, l'*Emile* doit servir de guide aux pères et aux mères(1) : » mais cette assertion n'est pas excusable, puisque j'ai manifesté dans la préface, et plusieurs fois dans le livre, une intention toute différente. Il s'agit d'un nouveau système d'éducation, dont j'offre le plan à l'examen des sages, et non pas d'une méthode pour les pères et mères, à laquelle je n'ai jamais songé. Si quelquefois, par une figure assez commune, je parais leur adresser la parole, c'est, ou pour me faire mieux entendre, ou pour m'expliquer en moins de mots. Il est vrai que j'entrepris mon livre à la sollicitation d'une mère : mais cette mère, toute jeune et tout aimable qu'elle est, a de la philosophie, et connaît le cœur humain; elle est par la figure un ornement de son sexe, et par le génie une exception. C'est pour les esprits de la trempe du sien que j'ai pris la plume, non pour des messieurs tel ou tel, ni pour d'autres messieurs de pareille étoffe, qui me lisent sans m'entendre, et qui m'outragent sans me fâcher.

Il résulte de la distinction supposée, que si la procédure prescrite par l'ordonnance contre un homme qui dogmatise n'est pas applicable à l'auteur d'un livre, c'est qu'elle est trop sévère pour ce dernier. Cette conséquence si naturelle, cette conséquence que vous et tous mes lecteurs tirez sûrement ainsi que moi, n'est point celle de l'auteur des *Lettres*. Il en tire une toute contraire. Il faut l'écouter lui-même : vous ne m'en croiriez pas si je vous parlais d'après lui.

« Il ne faut que lire cet article de l'ordonnance, pour voir évidemment qu'elle n'a en vue que cet ordre de personnes qui répandent par leurs discours des principes estimés dangereux. « Si ces personnes se rangent, y est-il dit, qu'on « les supporte sans diffame. » Pourquoi? c'est qu'alors on a une sûreté raisonnable qu'elles ne répandront plus cette ivraie, c'est qu'elles ne sont plus à craindre. Mais qu'importe la rétractation vraie ou simulée de celui qui, par la voie de l'impression, a imbu tout le monde de ses opinions? Le délit est consommé, il subsistera toujours, et ce délit, aux yeux de la loi, est de la même espèce que tous les autres, où le repentir est inutile dès que la justice en a pris connaissance. »

Il y a là de quoi s'émouvoir; mais calmons-nous et raisonnons. Tant qu'un homme dogmatise, il fait du mal continuellement; jusqu'à ce qu'il se soit rangé, cet homme est à craindre; sa liberté même est un mal, parce qu'il en use pour nuire, pour continuer de dogmatiser. Que s'il se range à la fin, n'importe; les enseignements qu'il a donnés sont toujours donnés, et le délit à cet égard est autant consommé qu'il peut l'être. Au contraire, aussitôt qu'un livre est publié, l'auteur ne fait plus de mal, c'est le livre seul qui en fait. Que l'auteur soit libre ou arrêté, le livre va toujours son train. La détention de l'auteur peut être un châtiment que la loi prononce; mais elle n'est jamais un remède au mal qu'il a fait, ni une précaution pour en arrêter le progrès.

Ainsi les remèdes à ces deux maux ne sont pas les mêmes. Pour tarir la source du mal que fait le dogmatiseur, il n'y a nul moyen prompt et sûr que de l'arrêter : mais arrêter l'auteur, c'est ne remédier à rien du tout; c'est, au contraire, augmenter la publicité du livre, et par conséquent empirer le mal, comme le dit très bien ailleurs l'auteur des *Lettres*. Ce n'est donc pas là un préliminaire à la procédure, ce n'est pas une précaution convenable à la chose; c'est une peine qui ne doit être infligée que par jugement, et qui n'a

---

(1) Page 22 et 23 des représentations imprimées.

d'utilité que le châtiment du coupable. A moins donc que son délit ne soit un délit civil, il faut commencer par raisonner avec lui, l'admonester, le convaincre, l'exhorter à réparer le mal qu'il a fait, à donner une rétractation publique, à la donner librement afin qu'elle fasse son effet, et à la motiver si bien, que ses derniers sentiments ramènent ceux qu'ont égarés les premiers. Si, loin de se ranger, il s'obstine, alors seulement on doit sévir contre lui. Telle est certainement la marche pour aller au bien de la chose; tel est le but de la loi; tel sera celui d'un sage gouvernement qui « doit bien moins se proposer de punir l'auteur, que d'empêcher l'effet de l'ouvrage (page 25). »

Comment ne le serait-ce pas pour l'auteur d'un livre, puisque l'ordonnance, qui suit en tout les voies convenables à l'esprit du christianisme, ne veut pas même qu'on arrête le dogmatiseur, avant d'avoir épuisé tous les moyens possibles pour le ramener au devoir? Elle aime mieux courir les risques du mal qu'il peut continuer de faire, que de manquer à la charité. Cherchez, de grâce, comment de cela seul on peut conclure que la même ordonnance veut qu'on débute contre l'auteur par un décret de prise de corps.

Cependant l'auteur des Lettres, après avoir déclaré qu'il retrouvait assez ses maximes sur cet article dans celles des représentants, ajoute: « Mais ces maximes ne sont pas celles de nos lois, » et un moment après il ajoute encore, que « ceux qui inclinent à une pleine tolérance pourraient tout au plus critiquer le Conseil de n'avoir pas, dans ce cas. fait taire une loi dont l'exercice ne leur paraît pas convenable (page 23). » Cette conclusion doit surprendre, après tant d'efforts pour prouver que la seule loi qui paraît s'appliquer à mon délit, ne s'y applique pas nécessairement. Ce qu'on reproche au Conseil n'est point de n'avoir pas fait taire une loi qui existe, c'est d'en avoir fait parler une qui n'existe pas.

La logique employée ici par l'auteur me paraît toujours nouvelle. Qu'en pensez-vous, monsieur? connaissez-vous beaucoup d'arguments dans la forme de celui-ci?

« La loi force le Conseil à sévir contre l'auteur du livre. »

Et où est-elle cette loi qui force le Conseil à sévir contre l'auteur du livre?

« Elle n'existe pas, à la vérité; mais il en existe une autre qui, ordonnant de traiter avec douceur celui qui dogmatise, ordonne par conséquent de traiter avec rigueur l'auteur dont elle ne parle point. »

Ce raisonnement devient plus étrange encore pour qui sait que ce fut comme auteur et non comme dogmatiseur que Morelli fut poursuivi : il avait aussi fait un livre, et ce fut pour ce livre seul qu'il fut accusé. Le corps du délit, selon la maxime de notre auteur, était dans le livre même; l'auteur n'avait pas besoin d'être entendu; cependant il le fut; et non-seulement on l'entendit, mais on suivit de point en point toute la procédure prescrite par ce même article de l'ordonnance, qu'on nous dit ne regarder ni les livres ni les auteurs. On ne brûla même le livre qu'après la retraite de l'auteur; jamais il ne fut décrété, l'on ne parla pas du bourreau (1); enfin tout cela se fit sous les yeux du législateur, par les rédacteurs de l'ordonnance, au moment qu'elle venait de passer, dans le temps même où régnait cet esprit de sévérité qui, selon notre anonyme, l'avait dictée, et qu'il allègue en justification très claire de la rigueur exercée aujourd'hui contre moi.

Or, écoutez là-dessus la distinction qu'il fait. Après avoir exposé toutes les

---

(1) Ajoutez la circonspection du magistrat dans toute cette affaire, sa marche lente et graduelle dans la procédure, le rapport du consistoire, l'appareil du jugement. Les syndics montent sur leur tribunal public, ils invoquent le nom de Dieu, ils ont sous leurs yeux la sainte Ecriture; après une mûre délibération, après avoir pris conseil des citoyens, ils prononcent leur jugement devant le peuple, afin qu'il en sache les causes; ils le font imprimer et publier, et tout cela pour la simple condamnation d'un livre, sans flétrissure, sans décret contre l'auteur, opiniâtre et contumax. Ces messieurs, depuis lors, ont appris à disposer moins cérémonieusement de l'honneur et de la liberté des hommes, et surtout des citoyens; car il est à remarquer que Morelli ne l'était pas.

voies de douceur dont on usa envers Morelli, le temps qu'on lui donna pour se ranger, la procédure lente et régulière qu'on suivit avant que son livre fût brûlé, il ajoute : « Toute cette marche est très sage. Mais en faut-il conclure que, dans tous les cas, et dans des cas très différents, il en faille absolument tenir une semblable? Doit-on procéder contre un homme absent qui attaque la religion, de la même manière qu'on procéderait contre un homme présent qui censure la discipline (page 17)? » C'est-à-dire, en d'autres termes, « doit-on procéder contre un homme qui n'attaque point les lois, et qui vit hors de leur juridiction, avec autant de douceur que contre un homme qui vit sous leur juridiction, et qui les attaque? » Il ne semblerait pas, en effet, que cela dût faire une question. Voici, j'en suis sûr, la première fois qu'il a passé par l'esprit humain d'aggraver la peine d'un coupable, uniquement parce que le crime n'a pas été commis dans l'état.

« A la vérité, continue-t-il, on remarque dans les représentations à l'avantage de M. Rousseau, que Morelli avait écrit contre un point de discipline, au lieu que les livres de M. Rousseau, au sentiment de ses juges, attaquent proprement la religion. Mais cette remarque pourrait bien n'être pas généralement adoptée; et ceux qui regardent la religion comme l'ouvrage de Dieu, et l'appui de la constitution, pourront penser qu'il est moins permis de l'attaquer que des points de discipline, qui, n'étant que l'ouvrage des hommes, peuvent être suspects d'erreur, et du moins susceptibles d'une infinité de formes et de combinaisons différentes (page 18). »

Ce discours, je vous l'avoue, me paraîtrait tout au plus passable dans la bouche d'un capucin; mais il me choquerait fort sous la plume d'un magistrat. Qu'importe que la remarque des représentants ne soit pas généralement adoptée, si ceux qui la rejettent ne le font que parce qu'ils raisonnent mal?

Attaquer la religion est sans contredit un plus grand péché devant Dieu que d'attaquer la discipline. Il n'en est pas de même devant les tribunaux humains, qui sont établis pour punir les crimes, non les péchés, et qui ne sont pas les vengeurs de Dieu, mais des lois.

La religion ne peut jamais faire partie de la législation, qu'en ce qui concerne les actions des hommes. La loi ordonne de faire ou de s'abstenir; mais elle ne peut ordonner de croire. Ainsi quiconque n'attaque point la pratique de la religion, n'attaque point la loi.

Mais la discipline établie par la loi fait essentiellement partie de la législation, elle devient loi elle-même. Quiconque l'attaque attaque la loi, et ne tend pas à moins qu'à troubler la constitution de l'état. Que cette constitution fût, avant d'être établie, susceptible de plusieurs formes et combinaisons différentes, en est-elle moins respectable et sacrée sous une de ces formes, quand elle en est une fois revêtue à l'exclusion de toutes les autres? et dès lors la loi politique n'est-elle pas constante et fixe, ainsi que la loi divine?

Ceux donc qui n'adopteraient pas en cette affaire la remarque des représentants, auraient d'autant plus tort que cette remarque fut faite par le Conseil même dans la sentence contre le livre de Morelli, qu'elle accuse surtout de « tendre à faire schisme et trouble dans l'état, d'une manière séditieuse; » imputation dont il serait difficile de charger le mien.

Ce que les tribunaux civils ont à défendre n'est pas l'ouvrage de Dieu, c'est l'ouvrage des hommes; ce n'est pas des âmes qu'ils sont chargés, c'est des corps; c'est de l'état, et non de l'Eglise, qu'ils sont les vrais gardiens; et, lorsqu'ils se mêlent des matières de religion, ce n'est qu'autant qu'elles sont du ressort des lois, autant que ces matières importent au bon ordre et à la sûreté publique. Voilà les saines maximes de la magistrature. Ce n'est pas, si l'on veut, la doctrine de la puissance absolue, mais c'est celle de la raison. Jamais on ne s'en écartera dans les tribunaux civils, sans donner dans les plus funestes abus, sans mettre l'état en combustion, sans faire des lois et de leur autorité le plus odieux brigandage. Je suis fâché pour le peuple de Genève que le Conseil le méprise assez pour l'oser leurrer par de tels discours, dont les plus bornés et les plus superstitieux de l'Europe ne sont plus les dupes. Sur cet article, vos représentants raisonnent en homme d'état, et vos magistrats raisonnent en moines.

Pour prouver que l'exemple de Morelli ne fait pas règle, l'auteur des *Lettres* oppose à la procédure faite contre lui celle qu'on fit en 1632 contre Nicolas Antoine, un pauvre fou, qu'à la sollicitation des ministres le Conseil fit brûler pour le bien de son âme. Ces auto-da-fé n'étaient pas rares jadis à Genève; et il paraît, par ce qui me regarde, que ces messieurs ne manquent pas de goût pour les renouveler.

Commençons toujours par transcrire fidèlement les passages, pour ne pas imiter la méthode de mes persécuteurs.

« Qu'on voie le procès de Nicolas Antoine. L'ordonnance ecclésiastique existait, et on était assez près du temps où elle avait été rédigée, pour en connaître l'esprit : Antoine fut-il cité au consistoire? Cependant, parmi tant de voix qui s'élevèrent contre cet arrêt sanguinaire, et au milieu des efforts que firent pour le sauver les gens humains et modérés, y eut-il quelqu'un qui réclamât contre l'irrégularité de la procédure? Morelli fut cité au consistoire; Antoine ne le fut pas : la citation au consistoire n'est pas nécessaire dans tous les cas (page 17). »

Vous croirez là-dessus que le Conseil procéda d'emblée contre Nicolas Antoine, comme il a fait contre moi, et qu'il ne fut pas seulement question du consistoire ni des ministres : vous allez voir.

Nicolas Antoine ayant été, dans un de ses accès de fureur, sur le point de se précipiter dans le Rhône, le magistrat se détermina à le retirer du logis public où il était, pour le mettre à l'hôpital, où les médecins le traitèrent. Il y resta quelque temps, proférant divers blasphèmes contre la religion chrétienne. « Les ministres le voyaient tous les jours, et tâchaient, lorsque sa fureur paraissait un peu calmée, de le faire revenir de ses erreurs; ce qui n'aboutit à rien, Antoine ayant dit qu'il persisterait dans ses sentiments jusqu'à la mort, qu'il était prêt à souffrir pour la gloire *du grand Dieu d'Israël*. N'ayant pu rien gagner sur lui, ils en informèrent le Conseil, où ils le représentèrent pire que Servet, Gentilis, et tous les autres anti-trinitaires, concluant à ce qu'il fût mis en chambre close; ce qui fut exécuté (1). »

Vous voyez là d'abord pourquoi il ne fut pas cité au consistoire; c'est qu'étant grièvement malade, et entre les mains des médecins, il lui était impossible d'y comparaître. Mais s'il n'allait pas au consistoire, le consistoire ou ses membres le voyaient tous les jours, l'exhortaient tous les jours : enfin, n'ayant pu rien gagner sur lui, ils le dénoncent au conseil, le représentent pire que d'autres qu'on avait punis de mort, requièrent qu'il soit mis en prison ; et sur leur réquisition cela est exécuté.

En prison même, les ministres firent de leur mieux pour le ramener, entrèrent avec lui dans la discussion de divers passages de l'ancien Testament; et le conjurèrent, par tout ce qu'ils purent imaginer de plus touchant, de renoncer à ses erreurs (2) : mais il y demeura ferme. Il le fut aussi devant le magistrat qui lui fit subir les interrogatoires ordinaires. Lorsqu'il fut question de juger cette affaire, le magistrat consulta encore les ministres, qui comparurent en Conseil au nombre de quinze, tant pasteurs que professeurs. Leurs opinions furent partagées ; mais l'avis du plus grand nombre fut suivi,

---

(1) *Histoire de Genève*, in-12, tome II, page 550 et suiv., à la note.

(2) S'il y eût renoncé, eût-il également été brûlé? Selon la maxime de l'auteur des *Lettres*, il aurait dû l'être. Cependant il paraît qu'il ne l'aurait pas été, puisque malgré son obstination, le magistrat ne laissa pas de consulter les ministres. Il le regardait en quelque sorte comme étant encore sous leur juridiction.

et Nicolas exécuté. De sorte que le procès fut tout ecclésiastique, et que Nicolas fut, pour ainsi dire, brûlé par la main des ministres.

Tel fut, monsieur, l'ordre de la procédure, dans laquelle l'auteur des *Lettres* nous assure qu'Antoine ne fut pas cité au consistoire : d'où il conclut que cette citation n'est donc pas toujours nécessaire. L'exemple vous paraît-il bien choisi ?

Supposons qu'il le soit, que s'ensuivra-t-il ? Les représentants concluaient d'un fait en confirmation d'une loi. L'auteur des *Lettres* conclut d'un fait contre cette même loi. Si l'autorité de chacun de ces deux faits détruit celle de l'autre, reste la loi dans son entier. Cette loi, quoiqu'une fois enfreinte, en est-elle moins expresse ? et suffirait-il de l'avoir violée une fois, pour avoir droit de la violer toujours ?

Concluons à notre tour. Si j'ai dogmatisé, je suis certainement dans le cas de la loi ; si je n'ai pas dogmatisé, qu'a-t-on à me dire ? Aucune loi n'a parlé de moi (1). Donc on a transgressé la loi qui existe, ou supposé celle qui n'existe pas.

Il est vrai qu'en jugeant l'ouvrage on n'a pas jugé définitivement l'auteur : on n'a fait encore que le décréter, et l'on compte cela pour rien. Cela me paraît dur cependant. Mais ne soyons jamais injustes, même envers ceux qui le sont envers nous, et ne cherchons point l'iniquité où elle peut ne pas être. Je ne fais point un crime au Conseil, ni même à l'auteur des *Lettres*, de la distinction qu'ils mettent entre l'homme et le livre, pour se disculper de m'avoir jugé sans m'entendre. Les juges ont pu voir la chose comme ils la montrent ; ainsi je ne les accuse en cela ni de supercherie ni de mauvaise foi ; je les accuse seulement de s'être trompés à mes dépens en un point très grave : et se tromper pour absoudre est pardonnable ; mais se tromper pour punir est une erreur bien cruelle.

Le Conseil avançait, dans ses réponses, que, malgré la flétrissure de mon livre, je restais, quant à ma personne, dans toutes mes exceptions et défenses.

Les auteurs des représentations répliquent qu'on ne comprend pas quelles exceptions et défenses il reste à un homme déclaré impie, téméraire, scandaleux, et flétri même par la main du bourreau dans des ouvrages qui portent son nom.

« Vous supposez ce qui n'est point, dit à cela l'auteur des *Lettres*, savoir, que le jugement porte sur celui dont l'ouvrage porte le nom : mais ce jugement ne l'a pas encore effleuré ; ses exceptions et défenses lui restent donc entières (page 21). »

Vous vous trompez vous-même, dirais-je à cet écrivain. Il est vrai que le jugement qui qualifie et flétrit le livre n'a pas encore attaqué la vie de l'auteur ; mais il a déjà tué son honneur : ses exceptions et défenses lui restent encore entières pour ce qui regarde la peine afflictive ; mais il a déjà reçu la peine infamante : il est déjà flétri et déshonoré autant qu'il dépend de ses juges ; la seule chose qui leur reste à décider, c'est s'il sera brûlé ou non.

La distinction sur ce point entre le livre et l'auteur est inepte, puisqu'un livre n'est pas punissable. Un livre n'est en lui-même ni impie ni téméraire ; ces épithètes ne peuvent tomber que sur la doctrine qu'il contient ; c'est-à-dire sur l'auteur de cette doctrine. Quand on brûle un livre, que fait là le bourreau ? Déshonore-t-il les feuillets du livre ? Qui jamais ouït dire qu'un livre eût de l'honneur ?

Voilà l'erreur ; en voici la source : un usage mal entendu.

On écrit beaucoup de livres ; on en écrit peu avec un désir sincère d'aller au bien. De cent ouvrages qui paraissent, soixante au moins ont pour objet

(1) Rien de ce qui ne blesse aucune loi naturelle ne devient criminel que lorsqu'il est défendu par quelque loi positive. Cette remarque a pour but de faire sentir aux raisonneurs superficiels que mon dilemme est exact.

des motifs d'intérêt ou d'ambition ; trente autres, dictés par l'esprit de parti, par la haine, vont, à la faveur de l'anonyme, porter dans le public le poison de la calomnie et de la satire. Dix peut-être, et c'est beaucoup, sont écrits dans de bonnes vues : on y dit la vérité qu'on sait, on y cherche le bien qu'on aime. Oui ; mais où est l'homme à qui l'on pardonne la vérité ? Il faut donc se cacher pour la dire. Pour être utile impunément, on lâche son livre dans le public, et l'on fait le plongeon.

De ces divers livres, quelques-uns des mauvais, et à peu près tous les bons, sont dénoncés et proscrits dans les tribunaux : la raison de cela se voit sans que je la dise. Ce n'est, au surplus, qu'une simple formalité, pour ne pas paraître approuver tacitement ces livres. Du reste, pourvu que les noms des auteurs n'y soient pas, ces auteurs, quoique tout le monde les connaisse et les nomme, ne sont pas connus du magistrat. Plusieurs même sont dans l'usage d'avouer ces livres pour s'en faire honneur, et de les renier pour se mettre à couvert ; le même homme sera l'auteur ou ne le sera pas devant le même homme, selon qu'ils seront à l'audience ou dans un souper. C'est alternativement oui ou non, sans difficulté, sans scrupule. De cette façon la sûreté ne coûte rien à la vanité. C'est là la prudence et l'habileté que l'auteur des *Lettres* me reproche de n'avoir pas eue, et qui pourtant n'exige pas, ce me semble, que, pour l'avoir, on se mette en grands frais d'esprit.

Cette manière de procéder contre des livres anonymes, dont on ne veut pas connaître les auteurs, est devenue un usage judiciaire. Quand on veut sévir contre le livre, on le brûle, parce qu'il n'y a personne à entendre, et qu'on voit bien que l'auteur, qui se cache, n'est pas d'humeur à l'avouer ; sauf à rire le soir avec lui-même des informations qu'on vient d'ordonner le matin contre lui. Tel est l'usage.

Mais lorsqu'un auteur maladroit, c'est-à-dire un auteur qui connaît son devoir, qui le veut remplir, se croit obligé de ne rien dire au public qu'il ne l'avoue, qu'il ne se nomme, qu'il ne se montre pour en répondre, alors l'équité, qui ne doit pas punir comme un crime la maladresse d'un homme d'honneur, veut qu'on procède avec lui d'une autre manière ; elle veut qu'on ne sépare point la cause du livre de celle de l'homme, puisqu'il déclare, en mettant son nom, ne les vouloir point séparer ; elle veut qu'on ne juge l'ouvrage, qui ne peut répondre, qu'après avoir ouï l'auteur, qui répond pour lui. Ainsi, bien que condamner un livre anonyme soit en effet ne condamner que le livre, condamner un livre qui porte le nom de l'auteur, c'est condamner l'auteur même ; et quand on ne l'a pas mis à portée de répondre, c'est le juger sans l'avoir entendu.

L'assignation préliminaire, même, si l'on veut, le décret de prise de corps, est donc indispensable en pareil cas avant de procéder au jugement du livre : et vainement dirait-on, avec l'auteur des *Lettres*, que le délit est évident, qu'il est dans le livre même ; cela ne dispense point de suivre la forme judiciaire qu'on suit dans les plus grands crimes, dans les plus avérés, dans les mieux prouvés. Car, quand toute la ville aurait vu un homme en assassiner un autre, encore ne jugerait-on point l'assassin sans l'entendre, ou sans l'avoir mis à portée d'être entendu.

Et pourquoi cette franchise d'un auteur qui se nomme tournerait-elle ainsi contre lui ? Ne doit-elle pas, au contraire, lui mériter des égards ? ne doit-elle pas imposer aux juges plus de circonspection que s'il ne se fût pas nommé ? Pourquoi, quand il traite des questions hardies, s'exposerait-il ainsi, s'il ne se sentait rassuré contre les dangers par des raisons qu'il peut alléguer en sa faveur, et qu'on peut présumer, sur sa conduite même, valoir la peine d'être entendues ? L'auteur des *Lettres* aura beau qualifier cette conduite d'imprudence et de maladresse, elle n'en est pas moins celle d'un homme d'honneur, qui voit son devoir où d'autres voient cette imprudence, qui sent n'avoir rien à craindre de quiconque voudra procéder avec lui justement, et qui regarde comme une lâcheté punissable de publier des choses qu'on ne veut pas avouer.

S'il n'est question que de la réputation d'auteur, a-t-on besoin de mettre son nom à son livre? qui ne sait comment on s'y prend pour en avoir tout l'honneur sans rien risquer, pour s'en glorifier sans en répondre, pour prendre un air humble à force de vanité? De quels auteurs d'une certaine volée ce petit tour d'adresse est-il ignoré? qui d'entre eux ne sait qu'il est même au-dessous de la dignité de se nommer, comme si chacun ne devait pas, en lisant l'ouvrage, deviner le grand homme qui l'a composé!

Mais ces messieurs n'ont vu que l'usage ordinaire; et, loin de voir l'exception qui se faisait en ma faveur, ils l'ont fait servir contre moi. Ils devaient brûler le livre sans faire mention de l'auteur, ou, s'ils en voulaient à l'auteur, attendre qu'il fût présent ou contumax pour brûler le livre. Mais point; ils brûlent le livre comme si l'auteur n'était pas connu, et décrètent l'auteur comme si le livre n'était pas brûlé. Me décréter après m'avoir diffamé! Que me voulaient-ils donc encore? que me réservaient-ils de pis dans la suite? Ignoraient-ils que l'honneur d'un honnête homme lui est plus cher que la vie? Quel mal reste-t-il à lui faire quand on a commencé par le flétrir? que me sert de me présenter innocent devant les juges, quand le traitement qu'ils me font avant de m'entendre est la plus grande peine qu'ils pourraient m'imposer si j'étais jugé criminel!

On commence par me traiter à tous égards comme un malfaiteur qui n'a plus d'honneur à perdre, et qu'on ne peut punir désormais que dans son corps; et puis on dit tranquillement que je reste dans toutes mes exceptions et défenses! Mais comment ces exceptions et défenses effaceront-elles l'ignominie et le mal qu'on m'aura fait souffrir d'avance et dans mon livre et dans ma personne, quand j'aurai été promené dans les rues par des archers; quand, aux maux qui m'accablent, on aura pris soin d'ajouter les rigueurs de la prison? Quoi donc! pour être juste, doit-on confondre dans la même classe et dans le même traitement toutes les fautes et tous les hommes? pour un acte de franchise, appelé maladresse, faut-il débuter par traîner un citoyen sans reproche dans les prisons comme un scélérat? Et quel avantage aura donc devant les juges l'estime publique et l'intégrité de la vie entière, si cinquante ans d'honneur vis-à-vis du moindre indice (1) ne sauvent un homme d'aucun affront?

« La comparaison d'*Emile* et du *Contrat social* avec d'autres ouvrages qui ont été tolérés, et la partialité qu'on en prend occasion de reprocher au Conseil, ne me semblent pas fondées. Ce ne serait pas bien raisonner que de prétendre qu'un gouvernement, parce qu'il aurait une fois dissimulé, serait obligé de dissimuler toujours : si c'est une négligence, on peut la redresser; si c'est un silence forcé par les circonstances ou par la politique, il y aurait peu de justice à en faire la matière d'un reproche. Je ne prétends point justifier les ouvrages désignés dans les représentations; mais, en conscience, y a-t-il parité entre des livres où l'on trouve des traits épars et indiscrets contre la religion, et des livres où, sans détour, sans ménagement, on l'attaque dans ses dogmes, dans sa morale, dans son influence sur la société? Faisons impartialement la comparaison de ces ouvrages, jugeons-en par l'impression qu'ils ont faite dans le monde : les uns s'impriment et se débitent partout; on sait comment y ont été reçus les autres. » (Pages 23 et 24).

J'ai cru devoir transcrire d'abord ce paragraphe en entier; je le reprendrai maintenant par fragments : il mérite un peu d'analyse.

---

(1) Il y aurait beaucoup à rabattre des présomptions que l'auteur des *Lettres* affecte d'accumuler contre moi. Il dit, par exemple, que les livres déférés paraissent sous le même format que mes autres ouvrages. Il est vrai qu'ils étaient in-12 et in-8° : sous quel format sont donc ceux des autres auteurs? Il ajoute qu'ils étaient imprimés par le même libraire; voilà ce qui n'est pas. L'*Emile* fut imprimé par des libraires différents du mien, et avec des caractères qui n'avaient servi à nul autre de mes écrits. Ainsi l'indice qui résultait de cette confrontation n'était point contre moi, il était à ma décharge.

Que n'imprime-t-on pas à Genève? que n'y tolère-t-on pas? Des ouvrages qu'on a peine à lire sans indignation s'y débitent publiquement ; tout le monde les aime : les magistrats se taisent, les ministres sourient ; l'air austère n'est plus de bon air. Moi seul et mes livres avons mérité l'animadversion du Conseil ; et quelle animadversion ! l'on ne peut même l'imaginer plus violente ni plus terrible. Mon Dieu ! je n'aurais jamais cru d'être un si grand scélérat !

« La comparaison d'*Emile* et du *Contrat social* avec d'autres ouvrages tolérés ne me semble pas fondée. » Ah ! je l'espère.

« Ce ne serait pas bien raisonner de prétendre qu'un gouvernement, parce qu'il aurait une fois dissimulé, serait obligé de dissimuler toujours. » Soit : mais voyez les temps, les lieux, les personnes ; voyez les écrits sur lesquels on dissimule, et ceux qu'on choisit pour ne plus dissimuler ; voyez les auteurs qu'on fête à Genève, et voyez ceux qu'on y poursuit.

« Si c'est une négligence, on peut la redresser. » On le pouvait, on l'aurait dû ; l'a-t-on fait? Mes écrits et leur auteur ont été flétris sans avoir mérité de l'être, et ceux qui l'ont mérité ne sont pas moins tolérés qu'auparavant. L'exception n'est que pour moi seul.

« Si c'est un silence forcé par les circonstances et par la politique, il y aurait peu de justice à en faire la matière d'un reproche. » Si l'on vous force à tolérer des écrits punissables, tolérez donc aussi ceux qui ne le sont pas. La décence au moins exige qu'on cache au peuple ces choquantes acceptions de personnes, qui punissent le faible innocent des fautes du puissant coupable. Quoi ! ces distinctions scandaleuses sont-elles donc des raisons, et feront-elles toujours des dupes? Ne dirait-on pas que le sort de quelques satires obscènes intéresse beaucoup les potentats, et que votre ville va être écrasée si l'on n'y tolère, si l'on n'y vend publiquement ces mêmes ouvrages qu'on proscrit dans le pays des auteurs? Peuples, combien on vous en fait accroire, en faisant si souvent intervenir les puissances pour autoriser le mal qu'elles ignorent et qu'on veut faire en leur nom !

Lorsque j'arrivai dans ce pays, on eût dit que tout le royaume de France était à mes trousses : on brûle mes livres à Genève ; c'est pour complaire à la France : on m'y décrète ; la France le veut ainsi : l'on me fait chasser du canton de Berne ; c'est la France qui l'a demandé : l'on me poursuit jusque dans ces montagnes ; si l'on m'en eût pu chasser, c'eût encore été la France. Forcé par mille outrages, j'écris une lettre apologétique (1) : pour le coup tout était perdu ; j'étais entouré, surveillé ; la France envoyait des espions pour me guetter, des soldats pour m'enlever, des brigands pour m'assassiner ; il était même imprudent de sortir de ma maison : tous les dangers me venaient toujours de la France, du parlement, du clergé, de la cour même ; on ne vit de la vie un pauvre barbouilleur de papier devenir, pour son malheur, un homme aussi important. Ennuyé de tant de bêtises, je vais en France ; je connaissais les Français, et j'étais malheureux ! On m'accueille, on me caresse, je reçois mille honnêtetés, et il ne tient qu'à moi d'en recevoir davantage. Je retourne tranquillement chez moi. L'on tombe des nues ; on n'en revient pas ; on blâme fortement mon étourderie, mais on cesse de me menacer de la France. On a raison : si jamais des assassins daignent terminer mes souffrances, ce n'est sûrement pas de ce pays-là qu'ils viendront (2).

Je ne confonds point les diverses causes de mes disgrâces ; je sais bien discerner celles qui sont l'effet des circonstances, l'ouvrage de la triste nécessité, de celles qui me viennent uniquement de la haine de mes ennemis. Eh ! plût à Dieu que je n'en eusse pas plus à Genève qu'en France, et qu'ils n'y fussent pas plus implacables ! Chacun sait aujourd'hui d'où sont partis les

(1) La *Lettre à M. de Beaumont.*
(2) Il s'agit du voyage pédestre fait par Rousseau à Pontarlier. Voyez les *Confessions*, tome I, p. 78. Le principal but de cette excursion était d'apprendre à quoi s'en tenir sur le Hongrois Sauttersheim.

coups qu'on m'a portés, et qui m'ont été les plus sensibles. Vos gens me reprochent mes malheurs comme s'ils n'étaient pas leur ouvrage. Quelle noirceur plus cruelle que de me faire un crime à Genève des persécutions qu'on me suscitait dans la Suisse, et de m'accuser de n'être admis nulle part, en me faisant chasser de partout? Faut-il que je reproche, à l'amitié qui m'appela dans ces contrées, le voisinage de mon pays? J'ose en attester tous les peuples de l'Europe; y en a-t-il un seul, excepté la Suisse, où je n'eusse pas été reçu, même avec honneur? Toutefois, dois-je me plaindre du choix de ma retraite? Non, malgré tant d'acharnement et d'outrages, j'ai plus gagné que perdu; j'ai trouvé un homme. Ame noble et grande! ô George Keith! mon protecteur, mon ami, mon père! où que vous soyez, où que j'achève mes tristes jours, et dussé-je ne vous revoir de ma vie, non, je ne reprocherai point au ciel mes misères; je leur dois votre amitié.

« En conscience, y a-t-il parité entre des livres où l'on trouve quelques traits épars et indiscrets contre la religion, et des livres où, sans détour, sans ménagement, on l'attaque dans ses dogmes, dans sa morale, dans son influence sur la société? »

En conscience!... Il ne siérait pas à un impie tel que moi d'oser parler de conscience... surtout vis-à-vis de ces bons chrétiens... ainsi je me tais... C'est pourtant une singulière conscience que celle qui fait dire à des magistrats : « Nous souffrons volontiers qu'on blasphème, mais nous ne souffrons pas qu'on raisonne. » Otons, monsieur, la disparité des sujets ; c'est avec ces mêmes façons de penser que les Athéniens applaudissaient aux impiétés d'Aristophane et firent mourir Socrate.

Une des choses qui me donnent le plus de confiance dans mes principes est de trouver leur application toujours juste dans les cas que j'avais le moins prévus; tel est celui qui se présente ici. Une des maximes qui découlent de l'analyse que j'ai faite de la religion et de ce qui lui est essentiel, est que les hommes ne doivent se mêler de celle d'autrui qu'en ce qui les intéresse; d'où il suit qu'ils ne doivent jamais punir des offenses (1) faites uniquement à Dieu, qui saura bien les punir lui-même. « Il faut honorer la Divinité, et ne la venger jamais, » disent, après Montesquieu, les représentants : ils ont raison. Cependant les ridicules outrageants, les impiétés grossières, les blasphèmes contre la religion, sont punissables, jamais les raisonnements. Pourquoi cela? parce que, dans le premier cas, on n'attaque pas seulement la religion, mais ceux qui la professent; on les insulte, on les outrage dans leur culte, on marque un mépris révoltant pour ce qu'ils respectent, et par conséquent pour eux. De tels outrages doivent être punis par les lois, parce qu'ils retombent sur les hommes, et que les hommes ont droit de s'en ressentir. Mais où est le mortel sur la terre qu'un raisonnement doive offenser? Où est celui qui peut se fâcher de ce qu'on le traite en homme, et qu'on le suppose raisonnable? Si le raisonneur se trompe ou nous trompe, et que vous vous intéressiez à lui ou à nous, battez-le de ses propres armes. Si vous n'en voulez pas prendre la peine, ne dites rien, ne l'écoutez pas, laissez-le raisonner ou déraisonner, et tout est fini sans bruit, sans querelle, sans insulte quelconque

---

(1) Notez que je me sers de ce mot *offenser Dieu*, selon l'usage, quoique je sois très éloigné de l'admettre dans son sens propre, et que je le trouve très mal appliqué ; comme si quelque être que ce soit, un homme, un ange, le diable même, pouvait jamais offenser Dieu! Le mot que nous rendons par *offenses* est traduit, comme presque tout le reste, du texte sacré; c'est tout dire. Des hommes enfarinés de leur théologie ont rendu et défiguré ce livre admirable selon leurs petites idées, et voilà de quoi l'on entretient la folie et le fanatisme du peuple. Je trouve très sage la circonspection de l'église romaine sur les traductions de l'écriture en langue vulgaire; et comme il n'est pas nécessaire de proposer toujours au peuple les méditations voluptueuses du *Cantique des Cantiques*, ni les subtilités de saint Paul sur la grâce, il est dangereux de lui proposer la sublime morale de l'Evangile dans des termes qui ne rendent pas exactement le sens de l'auteur; car pour peu qu'on s'en écarte en prenant une autre route, on va très loin.

pour qui que ce soit. Mais sur quoi peut-on fonder la maxime contraire de tolérer la raillerie, le mépris, l'outrage, et de punir la raison? la mienne s'y perd.

Ces messieurs voient si souvent M. de Voltaire; comment ne leur a-t-il point inspiré cet esprit de tolérance qu'il prêche sans cesse, et dont il a quelquefois besoin? S'ils l'eussent un peu consulté dans cette affaire, il me paraît qu'il eût pu leur parler à peu près ainsi :

« Messieurs, ce ne sont point les raisonneurs qui font du mal, ce sont les cafards. La philosophie peut aller son train sans risque; le peuple ne l'entend pas ou la laisse, et lui rend tout le dédain qu'elle a pour lui. Raisonner est, de toutes les folies des hommes, celle qui nuit le moins au genre humain; et l'on voit même des gens sages entichés parfois de cette folie-là. Je ne raisonne pas, moi, cela est vrai; mais d'autres raisonnent : quel mal en arrive-t-il? Voyez tel, tel et tel ouvrage : n'y a-t-il que des plaisanteries dans ces livres-là? Moi-même enfin, si je ne raisonne pas, je fais mieux : je fais raisonner mes lecteurs. Voyez mon chapitre des Juifs; voyez le même chapitre plus développé dans le *Sermon des Cinquante* : il y a là du raisonnement, ou l'équivalent, je pense. Vous conviendrez aussi qu'il y a peu de *détour*, et quelque chose de plus que *des traits épars et indiscrets*.

« Nous avons arrangé que mon grand crédit à la cour et ma toute-puissance prétendue vous serviraient de prétexte pour laisser courir en paix les jeux badins de mes vieux ans : cela est bon; mais ne brûlez pas pour cela des écrits plus graves, car alors cela serait trop choquant.

« J'ai tant prêché la tolérance ! Il ne faut pas toujours l'exiger des autres, et n'en jamais user avec eux. Ce pauvre homme croit en Dieu, passons-lui cela, il ne fera pas secte : il est ennuyeux; tous les raisonneurs le sont : nous ne mettrons pas celui-ci de nos soupers; du reste, que nous importe? Si l'on brûlait tous les livres ennuyeux, que deviendraient les bibliothèques? et si l'on brûlait tous les gens ennuyeux, il faudrait faire un bûcher du pays. Croyez-moi, laissons raisonner ceux qui nous laissent plaisanter; ne brûlons ni gens ni livres, et restons en paix; c'est mon avis. » Voilà, selon moi, ce qu'eût pu dire d'un meilleur ton M. de Voltaire; et ce n'eût pas été là, ce me semble, le plus mauvais conseil qu'il aurait donné (1).

« Faisons impartialement la comparaison de ces ouvrages; jugeons-en par l'impression qu'ils ont faite dans le monde. » J'y consens de tout mon cœur.

« Les uns s'impriment et se débitent partout; on sait comment y ont été reçus les autres. »

Ces mots, *les uns* et *les autres*, sont équivoques. Je ne dirai pas sous lesquels l'auteur entend mes écrits : mais ce que je puis dire, c'est qu'on les imprime dans tous les pays, qu'on les traduit dans toutes les langues, qu'on a même fait à la fois deux traductions de l'*Emile* à Londres, honneur que n'eut jamais aucun autre livre, excepté l'*Héloïse*, au moins que je sache. Je dirai, de plus, qu'en France, en Angleterre, en Allemagne, même en Italie, on me plaint, on m'aime, on voudrait m'accueillir, et qu'il n'y a partout qu'un cri d'indignation contre le conseil de Genève. Voilà ce que je sais du sort de mes écrits; j'ignore celui des autres.

Il est temps de finir. Vous voyez, monsieur, que dans cette lettre et dans la précédente je me suis supposé coupable; mais dans les trois premières j'ai montré que ne l'étais pas. Or, jugez de ce qu'une procédure injuste contre un coupable doit être contre un innocent !

Cependant ces messieurs, bien déterminés à laisser subsister cette procédure, ont hautement déclaré que le bien de la religion ne leur permettait pas de reconnaître leur tort, ni l'honneur du gouvernement de réparer leur in-

---

(1) Voltaire répondit à ce passage par le libelle intitulé: *Sentiments des citoyens*; ouvrage qui fait plus de tort à la mémoire de l'auteur qu'à celle de l'homme attaqué.

justice. Il faudrait un ouvrage entier pour montrer les conséquences de cette maxime, qui consacre et change en arrêt du destin toutes les iniquités des ministres des lois. Ce n'est pas de cela qu'il s'agit encore, et je ne me suis proposé jusqu'ici que d'examiner si l'injustice avait été commise, et non si elle devait être réparée. Dans le cas de l'affirmative, nous verrons ci-après quelle ressource vos lois se sont ménagée pour remédier à leur violation. En attendant, que faut-il penser de ces juges inflexibles qui procèdent dans leurs jugements aussi légèrement que s'ils ne tiraient point à conséquence, et qui les maintiennent avec autant d'obstination que s'ils y avaient apporté le plus mûr examen?

Quelque longues qu'aient été ces discussions, j'ai cru que leur objet vous donnerait la patience de les suivre; j'ose même dire que vous le deviez, puisqu'elles sont autant l'apologie de vos lois que la mienne. Dans un pays libre et dans une religion raisonnable, la loi qui rendrait criminel un livre pareil au mien serait une loi funeste, qu'il faudrait se hâter d'abroger pour l'honneur et le bien de l'état. Mais, grâces au ciel, il n'existe rien de tel parmi vous, comme je viens de le prouver, et il vaut mieux que l'injustice dont je suis la victime soit l'ouvrage des magistrats que des lois; car les erreurs des hommes sont passagères, mais celles des lois durent autant qu'elles. Loin que l'ostracisme qui m'exile à jamais de mon pays soit l'ouvrage de mes fautes, je n'ai jamais mieux rempli mon devoir de citoyen qu'au moment que je cesse de l'être, et j'en aurais mérité le titre par l'acte qui m'y fait renoncer.

Rappelez-vous ce qui venait de se passer, il y avait peu d'années, au sujet de l'article *Genève* de M. d'Alembert. Loin de calmer les murmures excités par cet article, l'écrit publié par les pasteurs les avait augmentés; et il n'y a personne qui ne sache que mon ouvrage leur fit plus de bien que le leur. Le parti protestant, mécontent d'eux, n'éclatait pas, mais il pouvait éclater d'un moment à l'autre; et malheureusement les gouvernements s'alarment de si peu de chose en ces matières, que les querelles des théologiens, faites pour tomber dans l'oubli d'elles-mêmes, prennent toujours de l'importance par celle qu'on leur veut donner.

Pour moi, je regardais comme la gloire et le bonheur de la patrie d'avoir un clergé d'un esprit si rare dans son ordre, et qui, sans s'attacher à la doctrine purement spéculative, rapportait tout à la morale et aux devoirs de l'homme et du citoyen. Je pensais que, sans faire directement son apologie, justifier les maximes que je lui supposais et prévenir les censures qu'on en pourrait faire, était un service à rendre à l'état. En montrant que ce qu'il négligeait n'était ni certain, ni utile, j'espérais contenir ceux qui voudraient lui en faire un crime : sans le nommer, sans le désigner, sans compromettre son orthodoxie, c'était le donner en exemple aux autres théologiens.

L'entreprise était hardie, mais elle n'était pas téméraire; et, sans des circonstances qu'il était difficile de prévoir, elle devait naturellement réussir. Je n'étais pas seul de ce sentiment, des gens très éclairés, d'illustres magistrats même, pensaient comme moi. Considérez l'état religieux de l'Europe au moment où je publiai mon livre, et vous verrez qu'il était plus que probable qu'il serait partout accueilli. La religion, décréditée en tout lieu par la philosophie, avait perdu son ascendant jusque sur le peuple. Les gens d'église, obstinés à l'étayer par son côté faible, avaient laissé miner tout le reste; et l'édifice entier, portant à faux, était prêt à s'écrouler. Les controverses avaient cessé parce qu'elles n'intéressaient plus personne; et la paix régnait entre les différents partis, parce que nul ne se souciait plus du sien. Pour ôter les mauvaises branches, on avait abattu l'arbre; pour le replanter, il fallait n'y laisser que le tronc.

Quel moment plus heureux pour établir solidement la paix universelle, que celui où l'animosité des partis suspendue laissait tout le monde en etat d'écouter la raison? A qui pouvait déplaire un ouvrage où, sans blâmer, du moins sans exclure personne, on faisait voir qu'au fond tous étaient d'accord, que tant de dissensions ne s'étaient élevées, que tant de sang n'avait été versé que pour des malentendus ; que chacun devait rester en repos dans son culte, sans troubler celui des autres ; que partout on devait servir Dieu, aimer son prochain, obéir aux lois, et qu'en cela seul consistait l'essence de toute bonne religion ? C'était établir à la fois la liberté philosophique et la piété religieuse ; c'était concilier l'amour de l'ordre et les égards pour les préjugés d'autrui ; c'était, sans détruire les divers partis, les ramener tous au terme commun de l'humanité et de la raison : loin d'exciter des querelles, c'était couper la racine à celles qui germent encore, et qui renaîtront infailliblement d'un jour à l'autre, lorsque le zèle du fanatisme, qui n'est qu'assoupi, se réveillera : c'était, en un mot, dans ce siècle pacifique par indifférence, donner à chacun des raisons très-fortes d'être toujours ce qu'il est maintenant sans savoir pourquoi.

Que de maux tout prêts à renaître n'étaient point prévenus si l'on m'eût écouté ! Quels inconvénients étaient attachés à cet avantage ? Pas un, non, pas un. Je défie qu'on m'en montre un seul probable et même possible, si ce n'est l'impunité des erreurs innocentes, et l'impuissance des persécuteurs. Eh ! comment se peut-il qu'après tant de tristes expériences, et dans un siècle si éclairé, les gouvernements n'aient pas encore appris à jeter et briser cette arme terrible, qu'on ne peut manier avec tant d'adresse qu'elle ne coupe la main qui s'en veut servir ? L'abbé de Saint-Pierre voulait qu'on ôtât les écoles de théologie, et qu'on soutînt la religion. Quel parti prendre pour parvenir sans bruit à ce double objet qui, bien vu, se confond en un ? Le parti que j'avais pris.

Une circonstance malheureuse, en arrêtant l'effet de mes bons desseins, a rassemblé sur ma tête tous les maux dont je voudrais délivrer le genre humain. Renaîtra-t-il jamais un autre ami de la vérité que mon sort n'effraie pas ? Je l'ignore. Qu'il soit plus sage ; s'il a le même zèle, en sera-t-il plus heureux ? J'en doute. Le moment que j'avais saisi, puisqu'il est manqué, ne reviendra plus. Je souhaite de tout mon cœur que le parlement de Paris ne se repente pas un jour lui-même d'avoir remis dans la main de la superstition le poignard que j'en faisais tomber.

Mais laissons les lieux et les temps éloignés, et retournons à Genève. C'est là que je veux vous ramener par une dernière observation, que vous êtes bien à portée de faire, et qui doit certainement vous frapper. Jetez les yeux sur ce qui se passe autour de vous. Quels sont ceux qui me poursuivent ? quels sont ceux qui me défendent ? Voyez parmi les représentants l'élite de vos citoyens : Genève en a-t-elle de plus estimables ? Je ne veux point parler de mes persécuteurs ? à Dieu ne plaise que je souille jamais ma plume et ma cause des traits de la satire ! je laisse sans regret cette arme à mes ennemis. Mais comparez et jugez vous-même. De quel côté sont les mœurs, les vertus, 'a solide piété, le plus vrai patriotisme ? Quoi ! j'offense les lois, et leurs plus ⁻élés défenseurs sont les miens ! j'attaque le gouvernement, et les meilleurs citoyens m'approuvent ! j'attaque la religion, et j'ai pour moi ceux qui ont le plus de religion ! Cette seule observation dit tout ; elle seule montre mon vrai crime et le vrai sujet de mes disgrâces. Ceux qui me haïssent et m'outragent font mon éloge en dépit d'eux. Leur haine s'explique d'elle-même. Un Genevois peut-il s'y tromper ?

LETTRE VI.

S'il est vrai que l'auteur attaque les gouvernements. Courte analyse de son livre. La procédure faite à Genève est sans exemple, et n'a été suivie en aucun pays.

Encore une lettre, monsieur, et vous êtes délivré de moi. Mais je me trouve, en la commençant, dans une situation bien bizarre, obligé de l'écrire, et ne sachant de quoi la remplir. Concevez-vous qu'on ait à se justifier d'un crime qu'on ignore, et qu'il faille se défendre sans savoir de quoi l'on est accusé? C'est pourtant ce que j'ai à faire au sujet des gouvernements. Je suis, non pas accusé, mais jugé, mais flétri, pour avoir publié deux ouvrages *téméraires, scandaleux, impies, tendants à détruire la religion chrétienne et tous les gouvernements*. Quant à la religion, nous avons eu du moins quelque prise pour trouver ce qu'on a voulu dire, et nous l'avons examiné. Mais, quant aux gouvernements, rien ne peut nous fournir le moindre indice. On a toujours évité toute espèce d'explication sur ce point : on n'a jamais voulu dire en quel lieu j'entreprenais ainsi de les détruire, ni comment, ni pourquoi, ni rien de ce qui peut constater que le délit n'est pas imaginaire. C'est comme si l'on jugeait quelqu'un pour avoir tué un homme, sans dire ni où, ni qui, ni quand, pour un meurtre abstrait. A l'inquisition, l'on force bien l'accusé de deviner de quoi on l'accuse ; mais on ne le juge pas sans dire sur quoi.

L'auteur des *Lettres écrites de la campagne* évite avec le même soin de s'expliquer sur ce prétendu délit ; il joint également la religion et les gouvernements dans la même accusation générale ; puis, entrant en matière sur la religion, il déclare vouloir s'y borner, et il tient parole. Comment parviendrons-nous à vérifier l'accusation qui regarde les gouvernements, si ceux qui l'intentent refusent de dire sur quoi elle porte?

Remarquez même comment, d'un trait de plume, cet auteur change l'état de la question. Le Conseil prononce que mes livres tendent à détruire tous les gouvernements; l'auteur des *Lettres* dit seulement que les gouvernements y sont livrés à la plus audacieuse critique. Cela est fort différent. Une critique, quelque audacieuse qu'elle puisse être, n'est point une conspiration. Critiquer ou blâmer quelques lois, n'est pas renverser toutes les lois. Autant vaudrait accuser quelqu'un d'assassiner les malades, lorsqu'il montre les fautes des médecins.

Encore une fois, que répondre à des raisons qu'on ne veut pas dire? Comment se justifier contre un jugement porté sans motif? Que, sans preuve de part ni d'autre, ces messieurs disent que je veux renverser tous les gouvernements, il y a dans ces assertions parité exacte, excepté que le préjugé est pour moi ; car il est à présumer que je sais mieux que personne ce que je veux faire.

Mais où la parité manque, c'est dans l'effet de l'assertion. Sur la leur, mon livre est brûlé, ma personne est décrétée; et ce que j'affirme ne rétablit rien. Seulement, si je prouve que l'accusation est fausse et le jugement inique, l'affront qu'ils m'ont fait retourne à eux-mêmes : le décret, le bourreau, tout y devrait retourner, puisque nul ne détruit si radicalement le gouvernement que celui qui en tire un usage directement contraire à la fin pour laquelle il est institué.

Il ne suffit pas que j'affirme, il faut que je prouve ; et c'est ici qu'on voit combien est déplorable le sort d'un particulier soumis à d'injustes magistrats, quand ils n'ont rien à craindre du souverain, et qu'ils se mettent au-dessus des lois. D'une affirmation sans preuve ils font une démonstration ; voilà l'innocent puni. Bien plus, de sa défense même ils lui font un nouveau crime, et il ne tiendrait pas à eux de le punir encore d'avoir prouvé qu'il était innocent.

Comment m'y prendre pour montrer qu'ils n'ont pas dit vrai, pour prouver que je ne détruis point les gouvernements? Quelque endroit de mes écrits que je défende, ils diront que ce n'est pas celui-là qu'ils ont condamné, quoiqu'ils aient condamné tout, le bon comme le mauvais, sans nulle distinction. Pour ne leur laisser aucune défaite, il faudrait donc tout reprendre, tout suivre d'un bout à l'autre, livre à livre, page à page, ligne à ligne, et presque enfin mot à mot. Il faudrait de plus examiner tous les gouvernements du monde, puisqu'ils disent que je les détruis tous. Quelle entreprise! Que d'années y faudrait-il employer? Que d'*in-folio* faudrait-il écrire? et, après cela, qui les lirait?

Exigez de moi ce qui est faisable. Tout homme sensé doit se contenter de ce que j'ai à vous dire : vous ne voulez sûrement rien de plus.

De mes deux livres, brûlés à la fois sous des imputations communes, il n'y en a qu'un qui traite du droit politique et des matières de gouvernement. Si l'autre en traite, ce n'est que dans un extrait du premier. Ainsi je suppose que c'est sur celui-ci seulement que tombe l'accusation. Si cette accusation portait sur quelque passage particulier, on l'aurait cité sans doute; on en aurait du moins extrait quelque maxime fidèle ou infidèle, comme on a fait sur les points concernant la religion.

C'est donc le système établi dans le corps de l'ouvrage qui détruit les gouvernements : il ne s'agit donc que d'exposer ce système, ou de faire une analyse du livre; et si nous n'y voyons évidemment les principes destructifs dont il s'agit, nous saurons du moins où les chercher dans l'ouvrage, en suivant la méthode de l'auteur.

Mais, monsieur, si durant cette analyse, qui sera courte, vous trouvez quelque conséquence à tirer, de grâce, ne vous pressez pas. Attendez que nous en raisonnions ensemble : après cela vous y reviendrez si vous voulez.

Qu'est-ce qui fait que l'état est un? C'est l'union de ses membres. Et d'où naît l'union de ses membres? De l'obligation qui les lie. Tout est d'accord jusqu'ici.

Mais quel est le fondement de cette obligation? Voilà où les auteurs se divisent. Selon les uns, c'est la force; selon d'autres, l'autorité paternelle; selon d'autres, la volonté de Dieu. Chacun établit son principe et attaque celui des autres : je n'ai pas moi-même fait autrement; et, suivant la plus saine partie de ceux qui ont discuté ces matières, j'ai posé pour fondement du corps politique la convention de ses membres : j'ai réfuté les principes différents du mien.

Indépendamment de la vérité de ce principe, il l'emporte sur tous les autres par la solidité du fondement qu'il établit; car quel fondement plus sûr peut avoir l'obligation parmi les hommes, que le libre engagement de celui qui s'oblige? On peut disputer tout autre principe (1); on ne saurait disputer celui-là.

Mais par cette condition de la liberté, qui en renferme d'autres, toutes sortes d'engagements ne sont pas valides, même devant les tribunaux humains. Ainsi, pour déterminer celui-ci, l'on doit en expliquer la nature, on doit en trouver l'usage et la fin, on doit prouver qu'il est convenable à des hommes, et qu'il n'a rien de contraire aux lois naturelles : car il n'est pas plus permis d'enfreindre les lois naturelles par le contrat social, qu'il n'est permis d'enfreindre les lois positives par les contrats des particuliers, et ce n'est que par ces lois mêmes qu'existe la liberté qui donne force à l'engagement.

J'ai, pour résultat de cet examen, que l'établissement du contrat social est un pacte d'une espèce particulière, par lequel chacun s'engage envers tous; d'où s'ensuit l'engagement réciproque de tous envers chacun, qui est l'objet immédiat de l'union.

Je dis que cet engagement est d'une espèce particulière, en ce qu'étant absolu, sans condition, sans réserve, il ne peut toutefois être injuste ni susceptible d'abus, puisqu'il n'est pas possible que le corps se veuille nuire à lui-même, tant que le tout ne veut que pour tous.

Il est encore d'une espèce particulière, en ce qu'il lie les contractants sans

(1) Même celui de la volonté de Dieu, du moins quant à l'application. Car bien qu'il soit clair que ce que Dieu veut l'homme doit le vouloir, il n'est pas clair que Dieu veuille qu'on préfère tel gouvernement à tel autre, ni qu'on obéisse à Jacques plutôt qu'à Guillaume. Or voilà de quoi il s'agit.

les assujettir à personne, et qu'en leur donnant leur seule volonté pour règle, il les laisse aussi libres qu'auparavant.

La volonté de tous est donc l'ordre, la règle suprême ; et cette règle générale et personnifiée est ce que j'appelle le souverain.

Il suit de là que la souveraineté est indivisible, inaliénable, et qu'elle réside essentiellement dans tous les membres du corps.

Mais comment agit cet être abstrait et collectif? Il agit par des lois, et il ne saurait agir autrement.

Et qu'est-ce qu'une loi? C'est une déclaration publique et solennelle de la volonté générale sur un objet d'intérêt commun.

Je dis sur un objet d'intérêt commun, parce que la loi perdrait sa force, et cesserait d'être légitime, si l'objet n'en importait à tous.

La loi ne peut par sa nature avoir un objet particulier et individuel : mais l'application de la loi tombe sur des objets particuliers et individuels.

Le pouvoir législatif, qui est le souverain, a donc besoin d'un autre pouvoir qui exécute, c'est-à-dire qui réduise la loi en acte particulier. Ce second pouvoir doit être établi de manière qu'il exécute toujours la loi, et qu'il n'exécute jamais que la loi. Ici vient l'institution du gouvernement.

Qu'est-ce que le gouvernement? C'est un corps intermédiaire établi entre les sujets et le souverain pour leur mutuelle correspondance, chargé de l'exécution des lois et du maintien de la liberté tant civile que politique.

Le gouvernement, comme partie intégrante du corps politique, participe à la volonté générale qui le constitue; comme corps lui-même, il a sa volonté propre. Ces deux volontés quelquefois s'accordent, et quelquefois se combattent. C'est de l'effet combiné de ce concours et de ce conflit que résulte le jeu de toute la machine.

Le principe qui constitue les diverses formes du gouvernement consiste dans le nombre des membres qui le composent. Plus ce nombre est petit, plus le gouvernement a de force ; plus le nombre est grand, plus le gouvernement est faible; et comme la souveraineté tend toujours au relâchement, le gouvernement tend toujours à se renforcer. Ainsi le corps exécutif doit l'emporter à la longue sur le corps législatif ; et quand la loi est enfin soumise aux hommes, il ne reste que des esclaves et des maîtres; l'état est détruit.

Avant cette destruction, le gouvernement doit, par son progrès naturel, changer de forme et passer par degrés du grand nombre au moindre.

Les diverses formes dont le gouvernement est susceptible se réduisent à trois principales. Après les avoir comparées par leurs avantages et par leurs inconvénients, je donne la préférence à celle qui est intermédiaire entre les deux extrêmes, et qui porte le nom d'aristocratie. On doit se souvenir ici que la constitution de l'état et celle du gouvernement sont deux choses très distinctes, et que je ne les ai pas confondues. Le meilleur des gouvernements est l'aristocratique; la pire des souverainetés est l'aristocratique.

Ces discussions en amènent d'autres sur la manière dont le gouvernement dégénère, et sur les moyens de retarder la destruction du corps politique.

Enfin, dans le dernier livre, j'examine, par voie de comparaison avec le meilleur gouvernement qui ait existé, savoir celui de Rome, la police la plus favorable à la bonne constitution de l'état; puis je termine ce livre et tout l'ouvrage par des recherches sur la manière dont la religion peut et doit entrer comme partie constitutive dans la composition du corps politique.

Que pensez-vous, monsieur, en lisant cette analyse courte et fidèle de mon livre? Je le devine. Vous disiez en vous-même : Voilà l'histoire du gouvernement de Genève. C'est ce qu'ont dit, à la lecture du même ouvrage, tous ceux qui connaissent votre constitution.

Et, en effet, ce contrat primitif, cette essence de la souveraineté, cet empire des lois, cette institution du gouvernement, cette manière de le resserrer à divers degrés pour compenser l'autorité par la force, cette tendance à l'usurpation, ces assemblées périodiques, cette adresse à les ôter, cette destruction prochaine enfin, qui vous menace et que je voulais prévenir, n'est-ce pas trait pour trait l'image de votre république, depuis sa naissance jusqu'à ce jour.

J'ai donc pris votre constitution, que je trouvais belle, pour modèle des institutions politiques; et vous proposant en exemple à l'Europe, loin de chercher à vous détruire, j'exposais les moyens de vous conserver. Cette constitution, toute bonne qu'elle est, n'est pas sans défaut; on pouvait prévenir les altérations qu'elle a souffertes, la garantir du danger qu'elle court aujourd'hui. J'ai prévu ce danger, je l'ai fait entendre, j'indiquais les préservatifs : était-ce la vouloir détruire, que de montrer ce qu'il fallait faire pour la maintenir? C'était par mon attachement pour elle que j'aurais voulu que rien ne pût l'altérer. Voilà tout mon crime : j'avais tort peut-être; mais si l'amour de la patrie m'aveugla sur cet article, était-ce à elle de m'en punir?

Comment pouvais-je tendre à renverser tous les gouvernements, en posant en principes tous ceux du vôtre? Le fait seul détruit l'accusation. Puisqu'il y avait un gouvernement existant sur mon modèle, je ne tendais donc pas à détruire tous ceux qui existaient. Eh! monsieur, si je n'avais fait qu'un système, vous êtes bien sûr qu'on n'aurait rien dit : on se fût contenté de reléguer le *Contrat social*, avec la *République de Platon*, l'*Utopie* et les *Sévarambes*, dans le pays des chimères. Mais je peignais un objet existant, et l'on voulait que cet objet changeât de face. Mon livre portait témoignage contre l'attentat qu'on allait faire : voilà ce qu'on ne m'a pas pardonné.

Mais voici ce qui vous paraîtra bizarre. Mon livre attaque tous les gouvernements, et il n'est proscrit dans aucun! Il en établit un seul, il le propose en exemple; et c'est dans celui-là qu'il est brûlé! N'est-il pas singulier que les gouvernements attaqués se taisent, et que le gouvernement respecté sévisse? Quoi! le magistrat de Genève se fait protecteur des autres gouvernements contre le sien même! il punit son propre citoyen d'avoir préféré les lois de son pays à toutes les autres! Cela est-il concevable? et le croiriez-vous si vous ne l'eussiez vu? Dans tout le reste de l'Europe quelqu'un s'est-il avisé de flétrir l'ouvrage? Non, pas même l'état où il a été imprimé(1); pas même la France, où les magistrats sont là-dessus si sévères. Y a-t-on défendu le livre? rien de semblable : on n'a pas laissé d'abord entrer l'édition de Hollande; mais on l'a contrefaite en France, et l'ouvrage y court sans difficulté. C'était donc une affaire de commerce et non de police : on préférait le profit du libraire de France au profit du libraire étranger : voilà tout.

Le *Contrat social* n'a été brûlé nulle part qu'à Genève, où il n'a pas été imprimé; le seul magistrat de Genève y a trouvé des principes destructifs de tous les gouvernements. A la vérité, ce magistrat n'a point dit quels étaient ces principes; en cela je crois qu'il a fort prudemment fait.

L'effet des défenses indiscrètes est de n'être point observées et d'énerver la force de l'autorité. Mon livre est dans les mains de tout le monde à Genève; et que n'est-il également dans tous les cœurs! Lisez-le, monsieur, ce livre si décrié, mais si nécessaire; vous y verrez partout la loi mise au-dessus des hommes; vous y verrez partout la liberté réclamée, mais toujours sous l'autorité des lois, sans lesquelles la liberté ne peut exister, et sous lesquelles on est toujours libre, de quelque façon qu'on soit gouverné. Par là, je ne fais pas, dit-on, ma cour aux puissances : tant pis pour elles; car je fais leurs vrais intérêts, si elles savaient les voir et les suivre. Mais les passions aveuglent les hommes sur leur propre bien. Ceux qui soumettent les lois aux passions humaines sont les vrais destructeurs des gouvernements : voilà les gens qu'il faudrait punir.

(1) Dans le fort des premières clameurs, causées par les procédures de Paris et de Genève, le magistrat surpris défendit les deux livres : mais, sur son propre examen, ce sage magistrat a bien changé de sentiment, surtout quant au *Contrat social*.

Les fondements de l'état sont les mêmes dans tous les gouvernements, et ces fondements sont mieux posés dans mon livre que dans aucun autre. Quand il s'agit ensuite de comparer les diverses formes de gouvernement, on ne peut éviter de peser séparément les avantages et les inconvénients de chacun : c'est ce que je crois avoir fait avec impartialité. Tout balancé, j'ai donné la préférence au gouvernement de mon pays. Cela était naturel et raisonnable; on m'aurait blâmé si je ne l'eusse pas fait. Mais je n'ai point donné d'exclusion aux autres gouvernements; au contraire, j'ai montré que chacun avait sa raison qui pouvait le rendre préférable à tout autre, selon les hommes, les temps et les lieux. Ainsi, loin de détruire tous les gouvernements, je les ai tous établis.

En parlant du gouvernement monarchique en particulier, j'en ai bien fait valoir l'avantage, et je n'en ai pas non plus déguisé les défauts. Cela est, je pense, du droit d'un homme qui raisonne; et quand je lui aurais donné l'exclusion, ce qu'assurément je n'ai pas fait, s'ensuivrait-il qu'on dût m'en punir à Genève? Hobbes a-t-il été décrété dans quelque monarchie, parce que ses principes sont destructifs de tout gouvernement républicain? et fait-on le procès chez les rois aux auteurs qui rejettent et dépriment les républiques? Le droit n'est-il pas réciproque? et les républicains ne sont-ils pas souverains dans leur pays comme les rois le sont dans le leur? Pour moi, je n'ai rejeté aucun gouvernement, je n'en ai méprisé aucun. En les examinant, en les comparant, j'ai tenu la balance, et j'ai calculé les poids; je n'ai rien fait de plus.

On ne doit punir la raison nulle part, ni même le raisonnement; cette punition prouverait trop contre ceux qui l'infligeraient. Les représentants ont très bien établi que mon livre, où je ne sors pas de la thèse générale, n'attaquant point le gouvernement de Genève, et imprimé hors du territoire, ne peut être considéré que dans le nombre de ceux qui traitent du droit naturel et politique, sur lesquels les lois ne donnent au Conseil aucun pouvoir, et qui se sont toujours vendus publiquement dans la ville, quelque principe qu'on y avance, et quelque sentiment qu'on y soutienne. Je ne suis pas le seul qui, discutant par abstraction des questions de politique, ait pu les traiter avec quelque hardiesse : chacun ne le fait pas, mais tout homme a droit de le faire; plusieurs usent de ce droit, et je suis le seul qu'on punisse pour en avoir usé. L'infortuné Sidney pensait comme moi, mais il agissait; c'est pour son fait et non pour son livre, qu'il eut l'honneur de verser son sang. Althusius, en Allemagne, s'attira des ennemis; mais on ne s'avisa pas de le poursuivre criminellement (1). Locke, Montesquieu, l'abbé de Saint-Pierre, ont traité les mêmes matières, et souvent avec la même liberté tout au moins. Locke, en particulier, les a traitées exactement dans les mêmes principes que moi. Tous trois sont nés sous des rois, ont vécu tranquilles, et sont morts honorés dans leur pays. Vous savez comment j'ai été traité dans le mien.

Aussi soyez sûr que, loin de rougir de ces flétrissures, je m'en glorifie, puisqu'elles ne servent qu'à mettre en évidence le motif qui me les attire, et que ce motif n'est que d'avoir bien mérité de mon pays. La conduite du Conseil envers moi m'afflige sans doute, en rompant des nœuds qui m'étaient si chers; mais peut-elle m'avilir? Non, elle m'élève, elle me met au rang de ceux qui ont souffert pour la liberté. Mes livres, quoi qu'on fasse, porteront toujours témoignage d'eux-mêmes, et le traitement qu'ils ont reçu ne fera que sauver de l'opprobre ceux qui auront l'honneur d'être brûlés après eux.

(1) Althusen ou Althusius, jurisconsulte protestant, mort dans les dernières années du XVIIe siècle, fut professeur de droit à Herborn, et syndic à Brême. Il publia, en 1603, un traité démocratique intitulé : *Politica methodice digesta.*

SECONDE PARTIE.

LETTRE VII.

Etat présent du Gouvernement de Genève, fixé par l'édit de la médiation.

Vous m'aurez trouvé diffus, monsieur; mais il fallait l'être, et les sujets que j'avais à traiter ne se discutent pas par des épigrammes. D'ailleurs ces sujets m'éloignent moins qu'il ne semble de celui qui vous intéresse. En parlant de moi, je pensais à vous; et votre question tenait si bien à la mienne, que l'une est déjà résolue avec l'autre; il ne me reste que la conséquence à tirer. Partout où l'innocence n'est pas en sûreté, rien n'y peut être; partout où les lois sont violées impunément, il n'y a plus de liberté.

Cependant, comme on peut séparer l'intérêt d'un particulier de celui du public, vos idées sur ce point sont encore incertaines; vous persistez à vouloir que je vous aide à les fixer. Vous demandez quel est l'état présent de votre république, et ce que doivent faire ses citoyens. Il est plus aisé de répondre à la première question qu'à l'autre.

Cette première question vous embarrasse sûrement moins par elle-même que par les solutions contradictoires qu'on lui donne autour de vous. Des gens de très bon sens vous disent : Nous sommes le plus libre de tous les peuples; et d'autres gens de très bon sens vous disent : Nous vivons sous le plus dur esclavage. Lesquels ont raison? me demandez-vous. Tous, monsieur, mais à différents égards : une distinction très simple les concilie. Rien n'est plus libre que votre état légitime; rien n'est plus servile que votre état actuel.

Vos lois ne tiennent leur autorité que de vous; vous ne reconnaissez que celles que vous faites; vous ne payez que les droits que vous imposez; vous élisez les chefs qui vous gouvernent; ils n'ont droit de vous juger que par des formes prescrites. En Conseil général, vous êtes législateurs, souverains, indépendants de toute puissance humaine; vous ratifiez les traités, vous décidez de la paix et de la guerre; vos magistrats eux-mêmes vous traitent de *magnifiques, très honorés et souverains seigneurs :* voilà votre liberté; voici votre servitude.

Le corps chargé de l'exécution de vos lois en est l'interprète et l'arbitre suprême; il les fait parler comme il lui plaît; il peut les faire taire : il peut même les violer sans que vous puissiez y mettre ordre, il est au-dessus des lois.

Les chefs que vous élisez ont, indépendamment de votre choix, d'autres pouvoirs qu'ils ne tiennent pas de vous, et qu'ils étendent aux dépens de ceux qu'ils en tiennent. Limités dans vos élections à un petit nombre d'hommes, tous dans les mêmes principes et tous animés du même intérêt, vous faites avec un grand appareil un choix de peu d'importance. Ce qui importerait dans cette affaire serait de pouvoir rejeter tous ceux entre lesquels on vous force de choisir. Dans une élection libre en apparence, vous êtes si gênés de toutes parts, que vous ne pouvez pas même élire un premier syndic ni un syndic de la garde : le chef de la république et le commandant de la place ne sont pas à votre choix.

Si l'on n'a pas le droit de mettre sur vous de nouveaux impôts, vous n'avez pas celui de rejeter les vieux. Les finances de l'état sont sur un tel pied, que, sans votre concours, elles peuvent suffire à tout. On n'a donc jamais besoin de vous ménager dans cette vue, et vos droits à cet égard se réduisent à être exempts en partie, et à n'être jamais nécessaires.

Les procédures qu'on doit suivre en vous jugeant sont prescrites; mais, quand le Conseil veut ne les pas suivre, personne ne peut l'y contraindre, ni l'obliger à réparer les irrégularités qu'il commet. Là-dessus je suis qualifié pour faire preuve, et vous savez si je suis le seul.

En Conseil général, votre souveraine puissance est enchaînée : vous ne pouvez agir que quand il plaît à vos magistrats, ni parler que quand ils vous interrogent. S'ils veulent même ne point assembler de Conseil général, votre autorité, votre existence est anéantie, sans que vous puissiez leur opposer que de vains murmures qu'ils sont en possession de mépriser.

Enfin, si vous êtes souverains seigneurs dans l'assemblée, en sortant de là vous n'êtes plus rien. Quatre heures par an souverains subordonnés, vous êtes sujets le reste de la vie, et livrés sans réserve à la discrétion d'autrui.

Il vous est arrivé, messieurs, ce qui arrive à tous les gouvernements semblables au vôtre. D'abord la puissance législative et la puissance exécutive qui constitue la souveraineté n'en sont pas distinctes. Le peuple souverain veut par lui-même, et par lui-même il fait ce qu'il veut. Bientôt l'incommodité de ce concours de tous à toute chose force le peuple souverain de charger quelques-uns de ses membres d'exécuter ses volontés. Ces officiers, après avoir rempli leur commission, en rendent compte, et rentrent dans la commune égalité. Peu à peu ces commissions deviennent fréquentes, enfin permanentes. Insensiblement il se forme un corps qui agit toujours. Un corps qui agit toujours ne peut pas rendre compte de chaque acte ; il ne rend plus compte que des principaux ; bientôt il vient à bout de n'en rendre d'aucun. Plus la puissance qui agit est active, plus elle énerve la puissance qui veut. La volonté d'hier est censée être aussi celle d'aujourd'hui ; au lieu que l'acte d'hier ne dispense pas d'agir aujourd'hui. Enfin, l'inaction de la puissance qui veut la soumet à la puissance qui exécute : celle-ci rend peu à peu ses actions indépendantes, bientôt ses volontés ; au lieu d'agir pour la puissance qui veut, elle agit sur elle. Il ne reste alors dans l'état qu'une puissance agissante, c'est l'exécutive. La puissance exécutive n'est que la force ; et, où règne la seule force, l'état est dissous. Voilà, monsieur, comment périssent à la fin tous les états démocratiques.

Parcourez les annales du vôtre, depuis le temps où vos syndics, simples procureurs établis par la communauté pour vaquer à telle ou telle affaire, lui rendaient compte de leur commission le chapeau bas, et rentraient à l'instant dans l'ordre des particuliers, jusqu'à celui où ces mêmes syndics, dédaignant les droits de chefs et de juges qu'ils tiennent de leur élection, leur préfèrent le pouvoir arbitraire d'un corps dont la communauté n'élit point les membres, et qui s'établit au-dessus d'elle contre les lois : suivez les progrès qui séparent ces deux termes ; vous connaîtrez à quel point vous en êtes, et par quels degrés vous y êtes parvenus.

Il y a deux siècles qu'un politique aurait pu prévoir ce qui vous arrive. Il aurait dit : « L'institution que vous formez est bonne pour le présent, et mauvaise pour l'avenir ; elle est bonne pour établir la liberté publique, mauvaise pour la conserver ; et ce qui fait maintenant votre sûreté, sera dans peu la matière de vos chaînes. Ces trois corps, qui rentrent tellement l'un dans l'autre, que du moindre dépend l'activité du plus grand, sont en équilibre tant que l'action du plus grand est nécessaire et que la législation ne peut se passer du législateur. Mais quand une fois l'établissement sera fait, le corps qui l'a formé manquant de pouvoir pour le maintenir, il faudra qu'il tombe en ruine ; et ce seront vos lois mêmes qui causeront votre destruction. Voilà précisément ce qui vous est arrivé. C'est, sauf la disproportion, la chute du gouvernement polonais par l'extrémité contraire. La constitution de la république de Pologne n'est bonne que pour un gouvernement où il n'y a plus rien à faire. La vôtre, au contraire, n'est bonne qu'autant que le corps législatif agit toujours.

Vos magistrats ont travaillé de tous les temps et sans relâche à faire passer le pouvoir suprême du Conseil général au petit Conseil par la gradation du Deux-Cents : mais leurs efforts ont eu des effets différents, selon la manière dont ils s'y sont pris. Presque toutes leurs entreprises d'éclat ont échoué, parce qu'alors ils ont trouvé de la résistance, et que, dans un état tel que le vôtre, la résistance publique est toujours sûre, quand elle est fondée sur les lois.

La raison de ceci est évidente. Dans tout état, la loi parle où parle le souverain. Or, dans une démocratie où le peuple est souverain, quand les divisions intestines suspendent toutes les formes et font taire toutes les autorités, la sienne seule demeure; et où se porte alors le plus grand nombre, là résident la loi et l'autorité.

Que si les citoyens et les bourgeois réunis ne sont pas le souverain, les Conseils sans les citoyens et bourgeois le sont beaucoup moins encore, puisqu'ils n'en font que la moindre partie en quantité. Sitôt qu'il s'agit de l'autorité suprême, tout rentre à Genève dans l'égalité, selon les termes de l'édit : « Que tous soient contents en degré de citoyens et bourgeois, sans vouloir se préférer et s'attribuer quelque autorité et seigneurie par-dessus les autres » Hors du Conseil général, il n'y a point d'autre souverain que la loi; mais quand la loi même est attaquée par ses ministres, c'est au législateur à la soutenir. Voilà ce qui fait que, partout où règne une véritable liberté, dans les entreprises marquées le peuple a presque toujours l'avantage.

Mais ce n'est pas par des entreprises marquées que vos magistrats ont amené les choses au point où elles sont; c'est par des efforts modérés et continus, par des changements presque insensibles dont vous ne pouviez prévoir la conséquence, et qu'à peine même pouviez-vous remarquer. Il n'est pas possible au peuple de se tenir sans cesse en garde contre tout ce qui se fait, et cette vigilance lui tournerait même à reproche. On l'accuserait d'être inquiet et remuant, toujours prêt à s'alarmer sur des riens. Mais de ces riens-là sur lesquels on se tait, le Conseil sait avec le temps faire quelque chose : ce qui se passe actuellement sous vos yeux en est la preuve.

Toute l'autorité de la république réside dans les syndics qui sont élus dans le Conseil général. Ils y prêtent serment, parce qu'il est leur seul supérieur; et ils ne le prêtent que dans ce Conseil, parce que c'est à lui seul qu'ils doivent compte de leur conduite, de leur fidélité à remplir le serment qu'ils y ont fait. Ils jurent de rendre bonne et droite justice; ils sont les seuls magistrats qui jurent cela dans cette assemblée, parce qu'ils sont les seuls à qui ce droit soit conféré par le souverain (1), et qui l'exercent sous sa seule autorité. Dans le jugement public des criminels, ils jurent encore seuls devant le peuple, en se levant (2) et haussant leurs bâtons, « d'avoir fait droit jugement, sans haine ni faveur, priant Dieu de les punir s'ils ont fait au contraire. » Et jadis les sentences criminelles se rendaient en leur nom seul, sans qu'il fût fait mention d'autre Conseil que de celui des citoyens, comme on le voit par la sentence de Morelli, ci-devant transcrite, et par celle de Valentin Gentil, rapportée dans les *Opuscules* de Calvin.

Or vous sentez bien que cette puissance exclusive, ainsi reçue immédiatement du peuple, gêne beaucoup les prétentions du Conseil. Il est donc naturel que, pour se délivrer de cette dépendance, il tâche d'affaiblir peu à peu l'autorité des syndics, de fondre dans le Conseil la juridiction qu'ils ont reçue, et de transmettre insensiblement à ce corps permanent, dont le peuple n'élit point les membres, le pouvoir grand, mais passager, des magistrats qu'il élit. Les syndics eux-mêmes, loin de s'opposer à ce changement, doivent aussi le

(1) Il n'est conféré à leur lieutenant qu'en sous-ordre, et c'est pour cela qu'il ne prête point serment en Conseil général. « Mais, dit l'auteur des *Lettres*, le serment que prêtent les membres du Conseil est-il moins obligatoire? et l'exécution des engagements contractés avec la Divinité même dépend-elle du lieu dans lequel on les contracte? » Non, sans doute : mais s'ensuit-il qu'il soit indifférent dans quels lieux et dans quelles mains le serment soit prêté, et ce choix ne marque-t-il pas ou par qui l'autorité est conférée, ou à qui l'on doit compte de l'usage qu'on en fait? à quels hommes d'état avons-nous affaire, s'il faut dire ces choses-là? Les ignorent-ils, ou s'ils feignent de les ignorer?

(2) Le Conseil est présent aussi : mais ses membres ne jurent point, et demeurent assis.

favoriser, parce qu'ils sont syndics seulement tous les quatre ans, et qu'il peuvent même ne pas l'être ; au lieu que, quoi qu'il arrive, ils sont conseillers toute leur vie, le grabeau n'étant plus qu'un vain cérémonial (1).

Cela gagné, l'élection des syndics deviendra de même une cérémonie tout aussi vaine que l'est déjà la tenue des Conseils généraux ; et le petit Conseil verra fort paisiblement les exclusions ou préférences que le peuple peut donner pour le syndicat à ses membres, lorsque tout cela ne décidera plus de rien.

Il a d'abord, pour parvenir à cette fin, un grand moyen dont le peuple ne peut connaître ; c'est la police intérieure du Conseil, dont, quoique réglée par les édits, il peut diriger la forme à son gré (2), n'ayant aucun surveillant qui l'en empêche ; car, quant au procureur-général, on doit en ceci le compter pour rien (3). Mais cela ne suffit pas encore : il faut accoutumer le peuple même à ce transport de juridiction. Pour cela on ne commence pas par ériger dans d'importantes affaires des tribunaux composés de seuls conseillers, mais on en érige d'abord de moins remarquables sur des objets peu intéressants. On fait ordinairement présider ces tribunaux par un syndic, auquel on substitue quelquefois un ancien syndic, puis un conseiller, sans que personne y fasse attention ; on répète cette manœuvre jusqu'à ce qu'elle fasse usage : on la transporte au criminel. Dans une occasion plus importante, on érige un tribunal pour juger des citoyens. A la faveur de la loi des récusations, on fait présider ce tribunal par un conseiller. Alors le peuple ouvre les yeux et murmure. On lui dit : « De quoi vous plaignez-vous ? voyez les exemples ; nous n'innovons rien. »

Voilà, monsieur, la politique de vos magistrats. Ils font leurs innovations peu à peu, lentement, sans que personne en voie la conséquence ; et quand enfin l'on s'en aperçoit, et qu'on y veut porter remède, ils crient qu'on veut innover.

Et voyez, en effet, sans sortir de cet exemple, ce qu'ils ont dit à cette occasion. Ils s'appuyaient sur la loi des récusations ; on leur répond : « La loi fon-

(1) Dans la première institution, les quatre syndics nouvellement élus, et les quatre anciens syndics, rejetaient tous les ans huit membres des seize restants du petit Conseil, et en proposaient huit nouveaux, lesquels passaient ensuite aux suffrages du Deux-Cents pour être admis ou rejetés. Mais insensiblement on ne rejeta des vieux conseillers que ceux dont la conduite avait donné prise au blâme ; et lorsqu'ils avaient commis quelque faute grave, on n'attendait pas les élections pour les punir, mais on les mettait d'abord en prison, et on leur faisait leur procès comme au dernier particulier. Par cette règle d'anticiper le châtiment, et de le rendre sévère, les conseillers restés étant tous irréprochables, ne donnaient aucune prise à l'exclusion ; ce qui changea cet usage en la formalité cérémonieuse et vaine qui porte aujourd'hui le nom de *grabeau*. Admirable effet des gouvernements libres, où les usurpations mêmes ne peuvent s'établir qu'à l'appui de la vertu !

Au reste, le droit réciproque des deux conseils empêcherait seul aucun des deux d'oser s'en servir sur l'autre, sinon de concert avec lui, de peur de s'exposer aux représailles. Le grabeau ne sert proprement qu'à les tenir bien unis contre la bourgeoisie, et à faire sauter l'un par l'autre les membres qui n'auraient pas l'esprit du corps.

(2) C'est ainsi que, dès l'année 1635, le petit Conseil et le Deux-Cents établirent dans leurs corps la balotte et les billets contre l'édit.

(3) Le procureur-général, établi pour être homme de la loi, n'est que l'homme du Conseil. Deux causes font presque toujours exercer cette charge contre l'esprit de son institution : l'une est le vice de l'institution même, qui fait de cette magistrature un degré pour parvenir au Conseil ; au lieu qu'un procureur-général ne devait rien voir au-dessus de sa place, et qu'il devait lui être interdit par la loi d'aspirer à nulle autre ; la seconde cause est l'imprudence du peuple, qui confie cette charge à des hommes apparentés dans le Conseil, ou qui sont de famille en possession d'y entrer, sans considérer qu'ils ne manqueront pas ainsi d'employer contre lui les armes qu'il leur donne pour sa défense. J'ai ouï des Genevois distinguer l'homme du peuple d'avec l'homme de la loi, comme si ce n'était pas la même chose. Les procureurs généraux devraient être, durant leurs six ans, les chefs de la bourgeoisie, et devenir son conseil après cela ; mais ne la voilà-t-il pas bien protégée et bien conseillée, et n'a-t-elle pas fort à se féliciter de son choix ?

damentale de l'état veut que les citoyens ne soient jugés que par leurs syndics. Dans la concurrence de ces deux lois, celle-ci doit exclure l'autre ; en pareil cas, pour les observer toutes deux, on devrait plutôt élire un syndic *ad actum.*» A ce mot, tout est perdu. Un syndic *ad actum*! innovation! Pour moi, je ne vois rien là de si nouveau qu'ils disent : si c'est le mot, on s'en sert tous les ans aux élections; si c'est la chose, elle est encore moins nouvelle, puisque les premiers syndics qu'ait eus la ville n'ont été syndics qu'*ad actum*. Lorsque le procureur-général est récusable, n'en faut-il pas un autre *ad actum* pour faire ses fonctions? et les adjoints tirés du Deux-cents pour remplir les tribunaux, que sont-ils autre chose que des conseillers *ad actum?* Quand un nouvel abus s'introduit, ce n'est point innover que d'y proposer un nouveau remède; au contraire, c'est chercher à rétablir les choses sur l'ancien pied. Mais ces messieurs n'aiment point qu'on fouille ainsi dans les antiquités de leur ville; ce n'est que dans celles de Carthage et de Rome qu'ils permettent de chercher l'explication de vos lois.

Je n'entreprendrai point le parallèle de celles de leurs entreprises qui ont manqué et de celles qui ont réussi : quand il y aurait compensation dans le nombre, il n'y en aurait point dans l'effet total. Dans une entreprise exécutée ils gagnent des forces; dans une entreprise manquée ils ne perdent que du temps. Vous, au contraire, qui ne cherchez et ne pouvez chercher qu'à maintenir votre constitution, quand vous perdez, vos pertes sont réelles; et quand vous gagnez, vous ne gagnez rien. Dans un progrès de cette espèce, comment espérer de rester au même point?

De toutes les époques qu'offre à méditer l'histoire instructive de votre gouvernement, la plus remarquable par sa cause, et la plus importante par son effet, est celle qui a produit le règlement de la médiation. Ce qui donna lieu primitivement à cette célèbre époque fut une entreprise indiscrète, faite hors de temps par vos magistrats. Ils avaient doucement usurpé le droit de mettre des impôts. Avant d'avoir assez affermi leur puissance, ils voulurent abuser de ce droit. Au lieu de réserver ce coup pour le dernier, l'avidité le leur fit porter avant les autres, et précisément après une commotion qui n'était pas bien assoupie. Cette faute en attira de plus grandes, difficiles à réparer. Comment de si fins politiques ignoraient-ils une maxime aussi simple que celle qu'ils choquèrent en cette occasion? Par tout pays, le peuple ne s'aperçoit qu'on attente à sa liberté que lorsqu'on attente à sa bourse; ce qu'aussi les usurpateurs adroits se gardent bien de faire que tout le reste ne soit fait. Il voulurent renverser cet ordre, et s'en trouvèrent mal (1). Les suites de cette affaire produisirent les mouvements de 1734, et l'affreux complot qui en fut le fruit.

Ce fut une seconde faute pire que la première. Tous les avantages du temps sont pour eux; ils se les ôtent dans les entreprises brusques, et mettent la machine dans le cas de se remonter tout d'un coup : c'est ce qui faillit arriver dans cette affaire. Les événements qui précédèrent la médiation leur firent perdre un siècle, et produisirent un autre effet défavorable pour eux; ce fut d'apprendre à l'Europe que cette bourgeoisie qu'ils avaient voulu détruire, et qu'ils peignaient comme une populace effrénée, savait garder dans ses avantages la modération qu'ils ne connurent jamais dans les leurs.

Je ne dirai pas si ce recours à la médiation doit être compté comme une troisième faute. Cette médiation fut ou parut offerte : si cette offre fut réelle ou sollicitée, c'est ce que je ne puis ni ne veux pénétrer; je sais seulement

---

(1) L'objet des impôts de 1716 était la dépense des nouvelles fortifications. Le plan de ces nouvelles fortifications était immense, et il a été exécuté en partie. De si vastes fortifications rendaient nécessaire une grosse garnison, et cette grosse garnison avait pour but de tenir les citoyens et bourgeois sous le joug. On parvenait par cette voie à forger, à leurs dépens, les fers qu'on leur préparait. Le projet était bien lié, mais il marchait dans un ordre rétrograde. Aussi n'a-t-il pu réussir.

que, tandis que vous couriez le plus grand danger, tout garda le silence, et que ce silence ne fut rompu que quand le danger passa dans l'autre parti. Du reste, je veux d'autant moins imputer à vos magistrats d'avoir imploré la médiation, qu'oser même en parler est à leurs yeux le plus grand des crimes.

Un citoyen, se plaignant d'un emprisonnement illégal, injuste et déshonorant, demandait comment il fallait s'y prendre pour recourir à la garantie. Le magistrat auquel il s'adressait osa lui répondre que cette seule proposition méritait la mort. Or, vis-à-vis du souverain, le crime serait aussi grand, et plus grand peut-être de la part du Conseil que de la part d'un simple particulier; et je ne vois pas où l'on en peut trouver un digne de mort dans un second recours, rendu légitime par la garantie qui fut l'effet du premier.

Encore un coup, je n'entreprends point de discuter une question si délicate à traiter et si difficile à résoudre. J'entreprends simplement d'examiner, sur l'objet qui nous occupe, l'état de votre gouvernement, fixé ci-devant par le règlement des plénipotentiaires, mais dénaturé maintenant par les nouvelles entreprises de vos magistrats. Je suis obligé de faire un long circuit pour aller à mon but; mais daignez me suivre, et nous nous retrouverons bien.

Je n'ai point la témérité de vouloir critiquer ce règlement; au contraire, j'en admire la sagesse et j'en respecte l'impartialité. J'y crois voir les intentions les plus droites et les dispositions les plus judicieuses. Quand on sait combien de choses étaient contre vous dans ce moment critique, combien vous aviez de préjugés à vaincre, quel crédit à surmonter, que de faux exposés à détruire; quand on se rappelle avec quelle confiance vos adversaires comptaient vous écraser par les mains d'autrui; l'on ne peut qu'honorer le zèle, la constance et les talents de vos défenseurs, l'équité des puissances médiatrices, et l'intégrité des plénipotentiaires qui ont consommé cet ouvrage de paix.

Quoi qu'on en puisse dire, l'édit de la médiation a été le salut de la république; et quand on ne l'enfreindra pas, il en sera la conservation. Si cet ouvrage n'est pas parfait en lui-même, il l'est relativement; il l'est quant aux temps, aux lieux, aux circonstances; il est le meilleur qui vous pût convenir. Il doit vous être inviolable et sacré par prudence, quand il ne le serait pas par nécessité; et vous n'en devriez pas ôter une ligne, quand vous seriez les maîtres de l'anéantir. Bien plus, la raison même qui le rend nécessaire le rend nécessaire dans son entier. Comme tous les articles balancés forment l'équilibre, un seul article altéré le détruit. Plus le règlement est utile, plus il serait nuisible ainsi mutilé. Rien ne serait plus dangereux que plusieurs articles pris séparément et détachés du corps qu'ils affermissent. Il vaudrait mieux que l'édifice fût rasé qu'ébranlé. Laissez ôter une seule pierre à la voûte, et vous serez écrasés sous ses ruines.

Rien n'est plus facile à sentir par l'examen des articles dont le Conseil se prévaut et de ceux qu'il veut éluder. Souvenez-vous, monsieur, de l'esprit dans lequel j'entreprends cet examen. Loin de vous conseiller de toucher à l'édit de la médiation, je veux vous faire sentir combien il vous importe de n'y laisser porter nulle atteinte. Si je parais critiquer quelques articles, c'est pour montrer de quelle conséquence il serait d'ôter ceux qui les rectifient. Si je parais proposer des expédients qui ne s'y rapportent pas, c'est pour montrer la mauvaise foi de ceux qui trouvent des difficultés insurmontables où rien n'est plus aisé que de lever ces difficultés. Après cette explication j'entre en matière sans scrupule, bien persuadé que je parle à un homme trop équitable pour me prêter un dessein tout contraire au mien.

Je sens bien que, si je m'adressais aux étrangers, il conviendrait, pour me faire entendre, de commencer par un tableau de votre constitution; mais ce tableau se trouve déjà tracé suffisamment pour eux dans l'article *Genève* de M. d'Alembert (1); et un exposé plus détaillé serait superflu pour vous, qui

---

(1) Voyez l'aperçu en tête de cet ouvrage.

connaissez vos lois politiques mieux que moi-même, ou qui du moins en avez vu le jeu de plus près. Je me borne donc à parcourir les articles du règlement qui tiennent à la question présente, et qui peuvent le mieux en fournir la solution.

Dès le premier je vois votre gouvernement composé de cinq ordres subordonnés, mais indépendants; c'est-à-dire existants nécessairement, dont aucun ne peut donner atteinte aux droits et attributs d'un autre; et, dans ces cinq ordres, je vois compris le Conseil général. Dès là je vois dans chacun des cinq une portion particulière du gouvernement; mais je n'y vois point la puissance constitutive qui les établit, qui les lie, et de laquelle ils dépendent tous : je n'y vois point le souverain. Or dans tout état politique il faut une puissance suprême, un centre où tout se rapporte, un principe d'où tout dérive, un souverain qui puisse tout.

Figurez-vous, monsieur, que quelqu'un vous rendant compte de la constitution de l'Angleterre, vous parle ainsi : « Le gouvernement de la Grande-Bretagne est composé de quatre ordres dont aucun ne peut attenter aux droits et attributions des autres; savoir, le roi, la chambre haute, la chambre basse, et le parlement. » Ne diriez-vous pas à l'instant : « Vous vous trompez : il n'y a que trois ordres? Le parlement, qui, lorsque le roi y siége, les comprend tous, n'en est pas un quatrième : il est le tout; il est le pouvoir unique et suprême, duquel chacun tire son existence et ses droits. Revêtu de l'autorité législative, il peut changer même la loi fondamentale en vertu de laquelle chacun de ces ordres existe; il le peut, et de plus il l'a fait. »

Cette réponse est juste; l'application en est claire : et cependant il y a encore cette différence, que le parlement d'Angleterre n'est souverain qu'en vertu de la loi, et seulement par attribution et députation; au lieu que le Conseil général de Genève n'est établi ni député de personne; il est souverain de son propre chef; il est la loi vivante et fondamentale qui donne vie et force à tout le reste et qui ne connaît d'autres droits que les siens. Le conseil général n'est pas un ordre dans l'état, il est l'état même. L'article second porte que les syndics ne pourront être pris que dans le conseil des Vingt-Cinq. Or les syndics sont des magistrats annuels que le peuple élit et choisit, non-seulement pour être ses juges, mais pour être ses protecteurs au besoin contre les membres perpétuels des conseils qu'il ne choisit pas (1).

L'effet de cette restriction dépend de la différence qu'il y a entre l'autorité des membres du Conseil et celle des syndics. Car si la différence n'est très grande, et qu'un syndic n'estime pas plus son autorité annuelle comme syndic que son autorité perpétuelle comme conseiller, cette élection lui sera presque indifférente; il fera peu pour l'obtenir, et ne fera rien pour la justifier. Quand tous les membres du Conseil, animés du même esprit, suivront les mêmes maximes, le peuple, sur une conduite commune à tous, ne pouvant donner d'exclusion à personne, ni choisir que des syndics déjà conseillers, loin de s'assurer par cette élection des patrons contre les attentats du Conseil, ne fera que donner au conseil de nouvelles forces pour opprimer la liberté.

Quoique ce même choix eût lieu pour l'ordinaire dans l'origine de l'institution, tant qu'il fût libre, il n'eut pas la même conséquence. Quand le peuple nommait les conseillers lui-même, ou quand il les nommait indirectement par les syndics qu'il avait nommés, il lui était indifférent et même avantageux de

(1) En attribuant la nomination des membres du petit Conseil aux Deux-Cents, rien n'était plus aisé que d'ordonner cette attribution selon la loi fondamentale : il suffisait pour cela d'ajouter qu'on ne pourrait entrer au Conseil qu'après avoir été auditeur. De cette manière, la gradation des charges était mieux observée, et les trois Conseils concouraient au choix de celui qui fait tout mouvoir, ce qui était non-seulement important, mais indispensable pour maintenir l'unité de la constitution. Les Genevois pourront ne pas sentir l'avantage de cette clause, vu que le choix des auditeurs est aujourd'hui de peu d'effet : mais on l'eût considéré bien différemment, quand cette charge fût devenue la seule porte du Conseil.

choisir ses syndics parmi des conseillers déjà de son choix (1); et il était sage alors de préférer des chefs déjà versés dans les affaires : mais une considération plus importante eût dû l'emporter aujourd'hui sur celle-là, tant il est vrai qu'un même usage a des effets différents par les changements des usages qui s'y rapportent, et qu'en cas pareil c'est innover que n'innover pas.

L'article 3 du règlement est plus considérable. Il traite du Conseil général légitimement assemblé : il en traite pour fixer les droits et attributions qui lui sont propres, et il lui en rend plusieurs que les conseils inférieurs avaient usurpés. Ces droits en totalité sont grands et beaux sans doute, mais premièrement ils sont spécifiés, et par cela seul limités; ce qu'on pose exclut ce qu'on ne pose pas, et même le mot *limités* est dans l'article. Or il est de l'essence de la puissance souveraine de ne pouvoir être limitée : elle peut tout, ou elle ne peut rien. Comme elle contient éminemment toutes les puissances actives de l'état, et qu'il n'existe que par elle, elle n'y peut reconnaître d'autres droits que les siens et ceux qu'elle communique. Autrement les possesseurs de ces droits ne feraient point partie du corps politique; ils lui seraient étrangers par ces droits qui ne seraient pas en lui; et la personne morale, manquant d'unité, s'évanouirait.

Cette limitation même est positive en ce qui concerne les impôts. Le Conseil souverain lui-même n'a pas le droit d'abolir ceux qui étaient établis avant 1714. Le voilà donc à cet égard soumis à une puissance supérieure. Quelle est cette puisssance?

Le pouvoir législatif consiste en deux choses inséparables : faire les lois, et les maintenir; c'est-à-dire avoir inspection sur le pouvoir exécutif. Il n'y a point d'état au monde où le souverain n'ait cette inspection. Sans cela toute liaison, toute subordination manquant entre ces deux pouvoirs, le dernier ne dépendrait point de l'autre; l'exécution n'aurait aucun rapport nécessaire aux lois; la *loi* ne serait qu'un mot, et ce mot ne signifie rien. Le Conseil général eut de tout temps ce droit de protection sur son propre ouvrage, il l'a toujours exercé. Cependant il n'en est point parlé dans cet article; et s'il n'y était suppléé dans un autre, par ce seul silence votre état serait renversé. Ce point est important; et j'y reviendrai ci-après.

Si vos droits sont bornés d'un côté dans cet article, ils y sont étendus de l'autre par les paragraphes III et IV : mais cela fait-il compensation ? Par les principes établis dans le *Contrat social*, on voit que, malgré l'opinion commune, les alliances d'état à état, les déclarations de guerre et les traités de paix, ne sont pas des actes de souveraineté, mais de gouvernement; et ce sentiment est conforme à l'usage des nations qui ont le mieux connu les vrais principes du droit politique. L'exercice extérieur de la puissance ne convient point au peuple : les grandes maximes d'état ne sont pas à sa portée; il doit s'en rapporter là-dessus à ses chefs, qui, toujours plus éclairés que lui sur ce point, n'ont guère intérêt à faire au dehors des traités désavantageux à la patrie; l'ordre veut qu'il leur laisse tout l'éclat extérieur, et qu'il s'attache uniquement au solide. Ce qui importe essentiellement à chaque citoyen, c'est l'observation des lois au dedans, la propriété des biens, la sûreté des particuliers. Tant que tout ira bien sur ces trois points, laissez les conseils négocier et traiter avec l'étranger; ce n'est pas de là que viendront vos dangers les

(1) Le petit Conseil, dans son origine, n'était qu'un choix fait entre le peuple, par les syndics, de quelques notables ou prud'hommes pour leur servir d'assesseurs. Chaque syndic en choisissait quatre ou cinq dont les fonctions finissaient avec les siennes; quelquefois même il les changeait durant le cours de son syndicat. *Henri*, dit *l'Espagne*, fut le premier conseiller à vie en 1487, et il fut établi par le Conseil général. Il n'était pas même nécessaire d'être citoyen pour remplir ce poste. La loi n'en fut faite qu'à l'occasion d'un certain Michel Grillet de Thonon, qui, ayant été mis du Conseil étroit, s'en fit casser pour avoir usé de mille finesses ultramontaines qu'il apportait de Rome, où il avait été nourri. Les magistrats de la ville, alors vrais Genevois et pères du peuple, avaient toutes ces subtilités en horreur.

plus à craindre. C'est autour des individus, qu'il faut rassembler les droits du peuple ; et quand on peut l'attaquer séparément, on le subjugue toujours. Je pourrais alléguer la sagesse des Romains, qui, laissant au sénat un grand pouvoir au dehors, le forçaient dans la ville à respecter le dernier citoyen. Mais n'allons pas si loin chercher des modèles. Les bourgeois de Neufchâtel se sont conduits bien plus sagement sous leurs princes que vous sous vos magistrats (1). Ils ne font ni la paix ni la guerre, ils ne ratifient point les traités, mais ils jouissent en sûreté de leurs franchises ; et comme la loi n'a point présumé que dans une petite ville un petit nombre d'honnêtes bourgeois seraient des scélérats, on ne réclame point dans leurs murs, on n'y connaît pas même l'odieux droit d'emprisonner sans formalités. Chez vous on s'est toujours laissé séduire à l'apparence, et l'on a négligé l'essentiel. On s'est trop occupé du Conseil général, et pas assez de ses membres : il fallait moins songer à l'autorité, et plus à la liberté. Revenons aux conseils généraux.

Outre les limitations de l'article 3, les articles 4 et 5 en offrent de bien plus étranges : un corps souverain, qui ne peut ni se former ni former aucune opération de lui-même, est soumis absolument, quant à son activité et quant aux matières qu'il traite, à des tribunaux subalternes. Comme ces tribunaux n'approuveront certainement pas des propositions qui leur seraient en particulier préjudiciables, si l'intérêt de l'état se trouve en conflit avec le leur, le dernier a toujours la préférence, parce qu'il n'est permis au législateur de connaître que de ce qu'ils ont approuvé.

A force de tout soumettre à la règle, on détruit la première des règles, qui est la justice et le bien public. Quand les hommes sentiront-ils qu'il n'y a point de désordre aussi funeste que le pouvoir arbitraire, avec lequel ils pensent y remédier ? Ce pouvoir est lui-même le pire de tous les désordres : employer un tel moyen pour les prévenir, c'est tuer les gens afin qu'ils n'aient pas la fièvre.

Une grande troupe formée en tumulte peut faire beaucoup de mal. Dans une assemblée nombreuse, quoique régulière, si chacun peut dire et proposer ce qu'il veut, on perd bien du temps à écouter des folies, et l'on peut être en danger d'en faire. Voilà des vérités incontestables. Mais est-ce prévenir l'abus d'une manière raisonnable, que de faire dépendre cette assemblée uniquement de ceux qui voudraient l'anéantir, et que nul n'y puisse rien proposer que ceux qui ont le plus grand intérêt de lui nuire ? Car, monsieur, n'est-ce pas exactement là l'état des choses ? et y a-t-il un Genevois qui puisse douter que si l'existence du Conseil général dépendait tout-à-fait du petit Conseil, le Conseil général ne fût pour jamais supprimé !

Voilà pourtant le corps qui seul convoque ces assemblées et qui seul y propose ce qu'il lui plaît : car pour le Deux-Cents, il ne fait que répéter les ordres du petit Conseil ; et quand une fois celui-ci sera délivré du Conseil général, le Deux-Cents ne l'embarrassera guère ; il ne fera que suivre avec lui la route qu'il a frayée avec vous.

Or, qu'ai-je à craindre d'un supérieur incommode dont je n'ai jamais besoin, qui ne peut se montrer que quand je le lui permets, ni répondre que quand je l'interroge ? Quand je l'ai réduit à ce point, ne puis-je pas m'en regarder comme délivré ?

Si l'on dit que la loi de l'état a prévenu l'abolition des Conseils généraux en les rendant nécessaires à l'élection des magistrats et à la sanction des nouveaux édits, je réponds, quant au premier point, que toute la force du gouvernement étant passée des mains des magistrats élus par le peuple dans celles du petit Conseil qu'il n'élit point et d'où se tirent les principaux de ces magistrats, l'élection et l'assemblée où elle se fait ne sont plus qu'une vaine for-

---

(1) Ceci soit dit en mettant à part les abus, qu'assurément je suis bien éloigné d'approuver.

malité sans consistance, et que des Conseils généraux tenus pour cet unique objet peuvent être regardés comme nuls. Je réponds encore que, par le tour que prennent les choses, il serait même aisé d'éluder cette loi sans que le cours des affaires en fût arrêté; car supposons que, soit par la réjection de tous les sujets présentés, soit sous d'autres prétextes, on ne procède point à l'élection des syndics : le Conseil, dans lequel leur juridiction se fond insensiblement, ne l'exercera-t-il pas à leur défaut, comme il l'exerce dès à présent indépendamment d'eux? N'ose-t-on pas déjà vous dire que le petit Conseil, même sans les syndics, est le gouvernement? donc, sans les syndics, l'état n'en sera pas moins gouverné. Et quant aux nouveaux édits, je réponds qu'ils ne seront jamais assez nécessaires pour qu'à l'aide des anciens et de ses usurpations ce même conseil ne trouve aisément le moyen d'y suppléer. Qui se met au-dessus des anciennes lois peut bien se passer des nouvelles.

Toutes les mesures sont prises pour que vos assemblées générales ne soient jamais nécessaires. Non-seulement le Conseil périodique, institué ou plutôt rétabli (1) l'an 1707, n'a jamais été tenu qu'une fois, et seulement pour l'abolir (2); mais, par le paragraphe 5 du troisième article du règlement, il a été pourvu sans vous et pour toujours aux frais de l'administration. Il n'y a que le seul cas chimérique d'une guerre indispensable, où le Conseil général doive absolument être convoqué.

Le petit Conseil pourrait donc supprimer absolument les Conseils généraux sans autre inconvénient que de s'attirer quelques représentations qu'il est en possession de rebuter, ou d'exciter quelques vains murmures qu'il peut mépriser sans risque; car, par les articles 7, 23, 24, 25, 43, toute espèce de résistance est défendue en quelque cas que ce puisse être, et les ressources qui sont hors de la constitution n'en font pas partie et n'en corrigent pas les défauts.

Il ne le fait pas toutefois, parce qu'au fond cela lui est très indifférent, et qu'un simulacre de liberté fait endurer plus patiemment la servitude. Il vous amuse à peu de frais, soit par des élections sans conséquence quant au pouvoir qu'elles confèrent et quant au choix des sujets élus, soit par des lois qui paraissent importantes, mais qu'il a soin de rendre vaines, en ne les observant qu'autant qu'il lui plaît.

D'ailleurs on ne peut rien proposer dans ces assemblées, on n'y peut rien discuter, on n'y peut délibérer sur rien. Le petit Conseil y préside, et par lui-même, et par les syndics qui n'y portent que l'esprit du corps. Là même il est magistrat encore et maître de son souverain. N'est-il pas contre toute raison que le corps exécutif règle la police du corps législatif, qu'il lui prescrive les matières dont il doit connaître, qu'il lui interdise le droit d'opiner, qu'il exerce sa puissance absolue jusque dans les actes faits pour la contenir?

Qu'un corps si nombreux (3) ait besoin de police et d'ordre, je l'accorde;

(1) Ces conseils périodiques sont aussi anciens que la législation, comme on le voit par le dernier article de l'ordonnance ecclésiastique. Dans celle de 1576, imprimée en 1735, ces conseils sont fixés de cinq en cinq ans; mais dans l'ordonnance de 1561, imprimée en 1562, ils étaient fixés de trois en trois ans. Il n'est pas raisonnable de dire que ces conseils n'avaient pour objet que la lecture de cette ordonnance, puisque l'impression qui en fut faite en même temps donnait à chacun la facilité de la lire à toute heure à son aise, sans qu'on eût besoin pour cela seul de l'appareil d'un Conseil général. Malheureusement, on a pris grand soin d'effacer bien des traditions anciennes, qui seraient maintenant d'un grand usage pour l'éclaircissement des édits.

(2) J'examinerai ci-après cet édit d'abolition.

(3) Les Conseils généraux étaient autrefois très fréquents à Genève, et tout ce qui se faisait de quelque importance y était porté. En 1707, M. le syndic Chouet disait, dans une harangue devenue célèbre, que de cette fréquence venait jadis la faiblesse et le malheur de l'état : nous verrons bientôt ce qu'il en faut croire. Il insiste aussi sur l'extrême augmentation du nombre des membres, qui rendrait aujourd'hui cette fréquence impossible, affirmant qu'autrefois cette assemblée ne passait pas deux à trois

mais que cette police et cet ordre ne renversent pas le but de son institution ! Est-ce donc une chose plus difficile d'établir la règle sans servitude entre quelques centaines d'hommes naturellement graves et froids, qu'elle ne l'était à Athènes, dont on nous parle, dans l'assemblée de plusieurs milliers de citoyens emportés, bouillants et presque effrénés ; qu'elle ne l'était dans la capitale du monde, où le peuple en corps exerçait en partie la puissance exécutive ; et qu'elle ne l'est aujourd'hui même dans le grand Conseil de Venise, aussi nombreux que votre Conseil général ? On se plaint de l'impolice qui règne dans le parlement d'Angleterre ; et toutefois, dans ce corps composé de plus de sept cents membres, où se traitent de si grandes affaires, où tant d'intérêts se croisent, où tant de cabales se forment, où tant de têtes s'échauffent, où chaque membre a le droit de parler, tout se fait, tout s'expédie, cette grande monarchie va son train : et chez vous, où les intérêts sont si simples, si peu compliqués ; où l'on n'a, pour ainsi dire, à régler que les affaires d'une famille, on vous fait peur des orages comme si tout allait renverser ! Monsieur, la police de votre Conseil général est la chose du monde la plus facile ; qu'on veuille sincèrement l'établir pour le bien public, alors tout y sera libre, et tout s'y passera plus tranquillement qu'aujourd'hui.

Supposons que dans le règlement on eût pris la méthode opposée à celle qu'on a suivie ; qu'au lieu de fixer les droits du Conseil général, on eût fixé ceux des autres Conseils, ce qui par là même eût montré les siens : convenez qu'on eût trouvé dans le seul petit Conseil un assemblage de pouvoirs bien étrange pour un état libre et démocratique, dans des chefs que le peuple ne choisit point et qui restent en place toute leur vie :

D'abord l'union de deux choses partout ailleurs incompatibles ; savoir : l'administration des affaires de l'état, et l'exercice suprême de la justice sur les biens, la vie et l'honneur des citoyens ;

Un ordre, le dernier de tous par son rang, et le premier par sa puissance ;

Un Conseil inférieur, sans lequel tout est mort dans la république, qui pro-

cents, et qu'elle est à présent de treize à quatorze cents. Il y a des deux côtés beaucoup d'exagération.

Les plus anciens Conseils généraux étaient au moins de cinq à six cents membres ; on serait peut-être bien embarassé d'en citer un seul qui n'ait été que deux ou trois cents. En 1429, on y en compta sept cent vingt, stipulant pour tous les autres, et, peu de temps après, on reçut encore plus de deux cents bourgeois.

Quoique la ville de Genève soit devenue plus commerçante et plus riche, elle n'a pu devenir beaucoup plus peuplée, les fortifications n'ayant pas permis d'agrandir l'enceinte de ses murs, et ayant fait raser ses faubourgs. D'ailleurs, presque sans territoire et à la merci de ses voisins pour sa subsistance, elle n'aurait pu s'agrandir sans s'affaiblir. En 1404, on y compta treize cents feux faisant au moins treize mille âmes. Il n'y en a guère plus de vingt mille aujourd'hui : rapport bien éloigné de celui de 3 à 15. Or, de ce nombre, il faut déduire encore celui des natifs, habitants, étrangers, qui n'entrent pas au Conseil général ; nombre fort augmenté relativement à celui des bourgeois, depuis le refuge des Français et les progrès de l'industrie. Quelques Conseils généraux sont allés de nos jours à quatorze et même à quinze cents : mais communément ils n'approchent pas de ce nombre ; si quelques-uns même vont à treize, ce n'est que dans des occasions critiques où tous les bons citoyens croiraient manquer à leur serment de s'absenter, et où les magistrats, de leur côté, font venir du dehors leurs clients pour favoriser leurs manœuvres : or ces manœuvres, inconnues au XVe siècle, n'exigeaient point alors de pareils expédients. Généralement le nombre ordinaire roule entre huit et neuf cents, quelquefois il reste au-dessous de celui de l'an 1420, surtout lorsque l'assemblée se tient en été, et qu'il s'agit de choses peu importantes. J'ai moi-même assisté, en 1754, à un Conseil général qui n'était certainement pas de sept cents membres.

Il résulte de ces diverses considérations que, tout balancé, le Conseil général est à peu près aujourd'hui, quant au nombre, ce qu'il était il y a deux ou trois siècles, ou du moins que la différence est peu considérable. Cependant tout le monde y parlait alors ; la police et la décence qu'on y voit régner aujourd'hui n'étaient pas établies. On criait quelquefois ; mais le peuple était libre, le magistrat respecté, et le Conseil s'assemblait fréquemment. Donc M. le syndic Chouet accusait faux et raisonnait mal.

pose seul, qui décide le premier, et dont la seule voix, même dans son propre fait, permet à ses supérieurs d'en avoir une;

Un corps qui reconnaît l'autorité d'un autre, et qui seul a la nomination des membres de ce corps auquel il est subordonné;

Un tribunal suprême duquel on appelle : ou bien, au contraire, un juge inférieur qui préside dans les tribunaux supérieurs au sien;

Qui, après avoir siégé comme juge inférieur dans le tribunal dont on appelle, non-seulement va siéger comme juge suprême dans le tribunal où il est appelé, mais n'a dans ce tribunal suprême que les collègues qu'il s'est lui-même choisis;

Un ordre enfin qui seul a son activité propre, qui donne à tous les autres la leur, et qui, dans tous soutenant les résolutions qu'il a prises, opine deux fois et vous trois (1).

L'appel du petit Conseil au Deux-Cents est un véritable jeu d'enfant; c'est une farce politique s'il en fut jamais : aussi n'appelle-t-on pas proprement cet appel un appel; c'est une grâce qu'on implore en justice, un recours en cassation d'arrêt : on ne comprend pas ce que c'est. Croit-on que si le petit Conseil n'eût bien senti que ce dernier recours était sans conséquence, il s'en fût volontairement dépouillé comme il fit? Ce désintéressement n'est pas dans ses maximes.

Si les jugements du petit Conseil ne sont pas toujours confirmés au Deux-Cents, c'est dans les affaires particulières et contradictoires, où il n'importe guère au magistrat laquelle des deux parties perde ou gagne son procès; mais dans les affaires qu'on poursuit d'office, dans toute affaire où le Conseil lui-même prend intérêt, le Deux-Cents répare-t-il jamais ses injustices, protége-t-il jamais l'opprimé, ose-t-il ne pas confirmer tout ce qu'a fait le Conseil, usa-t-il jamais une seule fois avec honneur de son droit de faire grâce? Je rappelle à regret des temps dont la mémoire est terrible et nécessaire. Un citoyen, que le Conseil immole à sa vengeance, a recours au Deux-Cents. L'infortuné s'avilit jusqu'à demander grâce; son innocence n'est ignorée de personne; toutes les règles ont été violées dans son procès : la grâce est refusée, et l'innocent périt. Fatio sentit si bien l'inutilité du recours au Deux-Cents, qu'il ne daigna pas s'en servir.

Je vois clairement ce qu'est le Deux-Cents, à Zurich, à Berne, à Fribourg, et dans les autres états aristocratiques; mais je ne saurais voir ce qu'il est dans votre constitution, ni quelle place il y tient. Est-ce un tribunal supérieur? en ce cas il est absurde que le tribunal inférieur y siège. Est-ce un corps qui représente le souverain? en ce cas, c'est au représenté de nommer son représentant. L'établissement du Deux-Cents ne peut avoir d'autre fin que de modérer le pouvoir énorme du petit Conseil; et, au contraire, il ne fait que donner plus de poids à ce même pouvoir. Or, tout corps qui agit constamment contre l'esprit de son institution est mal institué.

Que sert d'appuyer ici sur des choses notoires qui ne sont ignorées d'aucun Genevois? Le Deux-Cents n'est rien par lui-même; il n'est que le petit Conseil qui reparaît sous une autre forme. Une seule fois, il voulut tâcher de

(1) Dans un état qui se gouverne en république, et où l'on parle la langue française, il faudrait se faire un langage à part pour le gouvernement. Par exemple, *délibérer*, *opiner*, *voter*, sont trois choses très différentes, et que les Français ne distinguent pas assez. *Délibérer*, c'est peser le pour et le contre; *opiner*, c'est dire son avis et le motiver; *voter*, c'est donner son suffrage quand il ne reste plus qu'à recueillir les voix. On met d'abord la matière en délibération : au premier tour, on opine; on vote au dernier. Les tribunaux ont partout à peu près les mêmes formes; mais comme, dans les monarchies, le public n'a pas besoin d'en apprendre les termes, ils restent consacrés au barreau. C'est par une autre inexactitude de la langue en ces matières que M. de Montesquieu, qui le savait si bien, n'a pas laissé de dire toujours *la puissance exécutive*, blessant ainsi l'analogie, et faisant adjectif le mot *exécuteur* qui est substantif. C'est la même faute que s'il eut dit, *le pouvoir législateur*.

secouer le joug de ses maîtres et se donner une existence indépendante, et, par cet unique effort, l'état faillit être renversé. Ce n'est qu'au seul Conseil général que le Deux-Cents doit encore une apparence d'autorité. Cela se vit bien clairement dans l'époque dont je parle, et cela se verra bien mieux dans la suite, si le petit Conseil parvient à son but : ainsi, quand, de concert avec ce dernier, le Deux-Cents travaille à déprimer le Conseil général, il travaille à sa propre ruine ; et s'il croit suivre les brisées du Deux-Cents de Berne, il prend bien grossièrement le change. Mais on a presque toujours vu dans ce corps peu de lumières et moins de courage ; et cela ne peut guère être autrement par la manière dont il est rempli (1).

Vous voyez, monsieur, combien, au lieu de spécifier les droits du Conseil souverain, il eût été plus utile de spécifier les attributions des corps qui lui sont subordonnés ; et sans aller plus loin, vous voyez plus évidemment encore que, par la force de certains articles pris séparément, le petit Conseil est l'arbitre suprême des lois, et par elles du sort de tous les particuliers. Quand on considère les droits des citoyens et bourgeois assemblés en Conseil général, rien n'est plus brillant ; mais considérez hors de là ces mêmes citoyens et bourgeois comme individus, que sont-ils? que deviennent-ils? Esclaves d'un pouvoir arbitraire, ils sont livrés sans défense à la merci de vingt-cinq despotes : les Athéniens du moins en avaient trente. Et que dis-je vingt-cinq? neuf suffisent pour un jugement civil, treize pour un jugement criminel (2). Sept ou huit, d'accord dans ce nombre, vont être pour vous autant de décemvirs : encore les décemvirs furent-ils élus par le peuple ; au lieu qu'aucun de ces juges n'est de votre choix : et l'on appelle cela être libres !

LETTRE VIII.

Esprit de l'édit de la médiation. Contre-poids qu'il donne à la puissance aristocratique. Entreprise du petit Conseil d'anéantir ce contre-poids par voie de fait. Examen des inconvénients allégués. Système des édits sur les emprisonnements.

J'ai tiré, monsieur, l'examen de votre gouvernement présent du règlement de la médiation par lequel ce gouvernement est fixé ; mais, loin d'imputer aux médiateurs d'avoir voulu vous réduire en servitude, je prouverais aisément, au contraire, qu'ils ont rendu votre situation meilleure à plusieurs égards qu'elle n'était avant les troubles qui vous forcèrent d'accepter leurs bons offices. Ils ont trouvé une ville en armes ; tout était à leur arrivée dans un état de crise et de confusion qui ne leur permettait pas de tirer de cet état la règle de leur ouvrage. Ils sont remontés aux temps pacifiques, ils ont étudié la constitution primitive de votre gouvernement : dans les progrès qu'il avait déjà faits, pour le remonter il eût fallu le refondre ; la raison, l'équité, ne permettaient pas qu'ils vous en donnassent un autre, et vous ne l'auriez pas accepté. N'en pouvant donc ôter les défauts, ils ont borné leurs soins à l'affermir tel que l'avaient laissé vos pères : ils l'ont corrigé même en divers points ; et des abus que je viens de remarquer, il n'y en a pas un qui n'existât

---

(1) Ceci s'entend en général, et seulement de l'esprit du corps ; car je sais qu'il y a dans le Deux-Cents des membres très éclairés, et qui ne manquent pas de zèle : mais incessamment sous les yeux du petit Conseil, livrés à sa merci, sans appui, sans ressource, et sentant bien qu'ils seraient abandonnés de leurs corps, ils s'abstiennent de tenter des démarches inutiles qui ne feraient que les compromettre et les perdre. La vile tourbe bourdonne et triomphe ; le sage se tait et gémit tout bas.

Au reste, le Deux-Cents n'a pas toujours été dans le discrédit où il est tombé. Jadis, il jouit de la considération publique et de la confiance des citoyens : aussi lui laissent-ils sans inquiétude exercer les droits du Conseil général, que le petit Conseil tâcha dès lors d'attirer à lui par cette voie indirecte. Nouvelle preuve de ce qui sera dit plus bas, que la bourgeoisie de Genève est peu remuante, et ne cherche guère à s'intriguer des affaires d'état.

(2) *Edits civils*, tit. I. art. 36.

dans la république longtemps avant que les médiateurs en eussent pris connaissance. Le seul tort qu'ils semblent vous avoir fait a été d'ôter au législateur tout exercice du pouvoir exécutif, et l'usage de la force à l'appui de la justice : mais en vous donnant une ressource aussi sûre et plus légitime, ils ont changé ce mal apparent en un vrai bienfait; en se rendant garants de vos droits, ils vous ont dispensés de les défendre vous-mêmes. Eh! dans la misère des choses humaines, quel bien vaut la peine d'être acheté du sang de nos frères? La liberté même est trop chère à ce prix.

Les médiateurs ont pu se tromper, ils étaient hommes; mais ils n'ont point voulu vous tromper, ils ont voulu être justes, cela se voit, même cela se prouve; et tout montre en effet que ce qui est équivoque ou défectueux dans leur ouvrage, vient souvent de nécessité, quelquefois d'erreur, jamais de mauvaise volonté. Ils avaient à concilier des choses presque incompatibles, les droits du peuple et les prétentions du Conseil, l'empire des lois et la puissance des hommes, l'indépendance de l'état et la garantie du règlement. Tout cela ne pouvait se faire sans un peu de contradiction; et c'est de cette contradiction que votre magistrat tire avantage, en tournant tout en sa faveur, et faisant servir la moitié de vos lois à violer l'autre.

Il est clair d'abord que le règlement lui-même n'est point une loi que les médiateurs aient voulu imposer à la république, mais seulement un accord qu'ils ont établi entre ses membres; et qu'ils n'ont par conséquent porté nulle atteinte à sa souveraineté. Cela est clair, dis-je, par l'article 44, qui laisse au Conseil général, légitimement assemblé, le droit de faire aux articles du règlement tel changement qu'il lui plaît. Ainsi les médiateurs ne mettent point leur volonté au-dessus de la sienne, ils n'interviennent qu'en cas de division. C'est le sens de l'article 45.

Mais de là résulte aussi la nullité des réserves et limitations données dans l'article 3 aux droits et attributions du Conseil général : car si le Conseil général décide que ces réserves et limitations ne borneront plus sa puissance, elles ne la borneront plus; et quand tous les membres d'un état souverain règlent son pouvoir sur eux-mêmes, qui est-ce qui a droit de s'y opposer? Les exclusions qu'on peut inférer de l'article 3 ne signifient donc autre chose, sinon que le Conseil général se renferme dans leurs limites jusqu'à ce qu'il trouve à propos de les passer.

C'est ici l'une des contradictions dont j'ai parlé, et l'on en démêle aisément la cause. Il était d'ailleurs bien difficile aux plénipotentiaires, pleins des maximes de gouvernements tout différents, d'approfondir assez les vrais principes du vôtre. La constitution démocratique a jusqu'à présent été mal examinée. Tous ceux qui en ont parlé, ou ne la connaissaient pas, ou y prenaient trop peu d'intérêt, ou avaient intérêt de la présenter sous un faux jour. Aucun d'eux n'a suffisamment distingué le souverain du gouvernement, la puissance législative de l'exécutive. Il n'y a point d'état où ces deux pouvoirs soient si séparés, et où l'on ait tant affecté de les confondre. Les uns s'imaginent qu'une démocratie est un gouvernement où tout le peuple est magistrat et juge; d'autres ne voient la liberté que dans le droit d'élire ses chefs, et, n'étant soumis qu'à des princes, croient que celui qui commande est toujours le souverain. La constitution démocratique est certainement le chef-d'œuvre de l'art politique : mais plus l'artifice en est admirable, moins il appartient à tous les yeux de le pénétrer. N'est-il pas vrai, monsieur, que la première précaution de n'admettre aucun Conseil général légitime que sous la convocation du petit Conseil, et la seconde précaution de n'y souffrir aucune proposition qu'avec l'approbation du petit Conseil, suffisaient seules pour maintenir le Conseil général dans la plus entière dépendance? La troisième précaution, d'y régler la compétence des matières, était donc la chose du monde la plus superflue. Et quel eût été l'inconvénient de laisser au Conseil général la plénitude des droits suprêmes, puisqu'il n'en peut faire aucun usage qu'autant que le petit Conseil le lui permet? En ne bornant pas les droits de la puissance souveraine, on ne la rendait pas dans le fait moins dépendante, et l'on évitait une contradiction : ce qui prouve que c'est pour n'avoir pas bien connu votre constitution qu'on a pris des précautions vaines en elles-mêmes et contradictoires dans leur objet.

On dira que ces limitations avaient seulement pour fin de marquer les cas où les Conseils inférieurs seraient obligés d'assembler le Conseil général. J'entends bien cela; mais n'était-il pas plus naturel et plus simple de marquer les droits qui leur étaient attribués à eux-mêmes, et qu'ils pouvaient exercer sans le concours du Conseil général? Les bornes étaient-elles moins fixées par ce qui est au-deçà que par ce qui est au-delà? et lorsque les Conseils inférieurs voulaient passer ces bornes, n'est-il pas vrai qu'ils avaient besoin d'être autorisés? Par là, je l'avoue, on mettait plus en vue tant de pouvoirs réunis dans les mêmes mains, mais on présentait les objets dans leur jour véritable; on tirait de la nature de la chose le moyen de fixer les droits respectifs des divers corps, et l'on sauvait toute contradiction.

A la vérité, l'auteur des *Lettres* prétend que le petit Conseil, étant le gouvernement même, doit exercer à ce titre toute l'autorité qui n'est pas attribuée aux autres corps de l'état : mais c'est supposer la sienne antérieure aux édits; c'est supposer que le petit Conseil, source primitive de la puissance, garde ainsi tous les droits qu'il n'a pas aliénés. Reconnaissez-vous, monsieur, dans ce principe celui de votre constitution? Une preuve si curieuse mérite de nous arrêter un moment.

Remarquez d'abord qu'il s'agit là (1) du pouvoir du petit Conseil, mis en opposition avec celui des syndics, c'est-à-dire de chacun de ces deux pouvoirs séparé de l'autre. L'édit parle du pouvoir des syndics sans le Conseil, et ne parle point du pouvoir du Conseil sans les syndics. Pourquoi cela? Parce que le Conseil sans les syndics est le gouvernement. Donc le silence même des édits sur le pouvoir du Conseil, loin de prouver la nullité de ce pouvoir, en prouve l'étendue. Voilà sans doute une conclusion bien neuve. Admettons-la toutefois, pourvu que l'antécédent soit prouvé.

Si c'est parce que le petit Conseil est le gouvernement que les édits ne parlent point de son pouvoir, ils diront du moins que le petit Conseil est le gouvernement, à moins que de preuve en preuve leur silence n'établisse toujours le contraire de ce qu'ils ont dit.

Or, je demande qu'on me montre dans vos édits où il est dit que le petit Conseil est le gouvernement; et en attendant je vais vous montrer, moi, où il est dit tout le contraire. Dans l'édit politique de 1568, je trouve le préambule conçu dans ces termes : « Pour ce que le gouvernement et estat de cette ville consiste par quatre syndicques, le Conseil des Vingt-Cinq, le Conseil des Soixante, des Deux-Cents, du général, et un lieutenant en la justice ordinaire, avec autres offices, selon que bonne police le requiert, tant pour l'administration du bien public que de justice, nous avons recueilli l'ordre qui jusqu'ici a été observé... afin qu'il soit gardé à l'avenir... comme s'ensuit. »

Dès l'article premier de l'édit de 1738, je vois encore que « cinq ordres composent le gouvernement de Genève. » Or de ces cinq ordres les quatre syndics tout seuls en font un; le Conseil des Vingt-Cinq, où sont certainement compris quatre syndics, en fait un autre, et les syndics entrent encore dans les trois suivants. Le petit Conseil sans les syndics n'est donc pas le gouvernement.

J'ouvre l'édit de 1707, et j'y vois à l'article 5, en propres termes, que « messieurs les syndics ont la direction et le gouvernement de l'état. » A l'instant je ferme le livre, et je dis : Certainement, selon les édits, le petit Con-

(1) *Lettres écrites de la campagne*, page 66.

seil sans les syndics n'est pas le gouvernement, quoique l'auteur des *Lettres* affirme qu'il l'est.

On dira que moi-même j'attribue souvent dans ces *Lettres* le gouvernement au petit Conseil. J'en conviens; mais c'est au petit Conseil présidé par les syndics; et alors il est certain que le gouvernement provisionnel y réside dans le sens que je donne à ce mot : mais ce sens n'est pas celui de l'auteur des *Lettres*, puisque dans le mien le gouvernement n'a que les pouvoirs qui lui sont donnés par les lois, et que dans le sien, au contraire, le gouvernement a tous les pouvoirs que la loi ne lui ôte pas.

Reste donc dans toute sa force l'objection des représentants, que, quand l'édit parle des syndics, il parle de leur puissance, et que, quand il parle du Conseil, il ne parle que de son devoir. Je dis que cette objection reste dans toute sa force; car l'auteur des *Lettres* n'y répond que par une assertion démentie par tous les édits. Vous me ferez plaisir, monsieur, si je me trompe, de m'apprendre en quoi pèche mon raisonnement.

Cependant cet auteur, très-content du sien, demande comment, « si le législateur n'avait pas considéré de cet œil le petit Conseil, on pourrait concevoir que dans aucun endroit de l'édit il n'en réglât l'autorité, qu'il le supposât partout, et qu'il ne la déterminât nulle part (1). »

J'oserai tenter d'éclaircir ce profond mystère. Le législateur ne règle point la puissance du Conseil, parce qu'il ne lui en donne aucune indépendamment des syndics; et lorsqu'il la suppose, c'est en le supposant aussi présidé par eux. Il a déterminé la leur, par conséquent il est superflu de déterminer la sienne. Les syndics ne peuvent pas tout sans le Conseil, mais le Conseil ne peut rien sans les syndics; il n'est rien sans eux, il est moins que n'était le Deux-Cents, même lorsqu'il fut présidé par l'auditeur Sarrazin.

Voilà, je crois, la seule manière raisonnable d'expliquer le silence des édits sur le pouvoir du Conseil; mais ce n'est pas celle qu'il convient aux magistrats d'adopter. On eût prévenu dans le règlement leurs singulières interprétations, si l'on eût pris une méthode contraire, et qu'au lieu de marquer les droits du Conseil général, on eût déterminé les leurs. Mais, pour n'avoir pas voulu dire ce que n'ont pas dit les édits, on a fait entendre ce qu'ils n'ont jamais supposé.

Que de choses contraires à la liberté publique et aux droits des citoyens et bourgeois! et combien n'en pourrais-je pas ajouter encore! Cependant tous ces désavantages, qui naissaient ou semblaient naître de votre constitution, et qu'on n'aurait pu détruire sans l'ébranler, ont été balancés et réparés avec la plus grande sagesse par des compensations qui en naissaient aussi; et telle était précisément l'intention des médiateurs, qui, selon leur propre déclaration, fut « de conserver à chacun ses droits, ses attributions particulières provenant de la loi fondamentale de l'état. » M. Micheli Ducret, aigri par ses malheurs contre cet ouvrage, dans lequel il fut oublié, l'accuse de renverser l'institution fondamentale du gouvernement, et de dépouiller les citoyens et bourgeois de leurs droits; sans vouloir voir combien de ces droits, tant publics que particuliers, ont été conservés ou rétablis par cet édit, dans les articles 3, 4, 10, 11, 12, 22, 30, 31, 32, 34, 42 et 44; sans songer surtout que la force de tous ces articles dépend d'un seul qui vous a aussi été conservé; article essentiel, article équipondérant à tous ceux qui vous sont contraires, et si nécessaire à l'effet de ceux qui vous sont favorables, qu'ils seraient tous inutiles si l'on venait à bout d'éluder celui-là, ainsi qu'on l'a entrepris. Nous voici parvenus au point important; mais, pour en bien sentir l'importance, il fallait peser tout ce que je viens d'exposer.

On a beau vouloir confondre l'indépendance et la liberté : ces deux choses sont si différentes, que même elles s'excluent mutuellement. Quand chacun

---

(1) *Lettres écrites de la campagne*, page 67.

fait ce qu'il lui plaît, on fait souvent ce qui déplaît à d'autres, et cela ne s'appelle pas un état libre. La liberté consiste moins à faire sa volonté, qu'à n'être pas soumis à celle d'autrui; elle consiste encore à ne pas soumettre la volonté d'autrui à la nôtre. Quiconque est maître ne peut être libre; et régner, c'est obéir. Vos magistrats savent cela mieux que personne, eux qui, comme Othon, n'omettent rien de servile pour commander (1). Je ne connais de volonté vraiment libre que celle à laquelle nul n'a droit d'opposer de la résistance; dans la liberté commune, nul n'a droit de faire ce que la liberté d'un autre lui interdit, et la vraie liberté n'est jamais destructive d'elle-même. Ainsi la liberté sans justice est une véritable contradiction; car, comme qu'on s'y prenne, tout gêne dans l'exécution d'une volonté désordonnée.

Il n'y a donc point de liberté sans lois, ni où quelqu'un est au-dessus des lois : dans l'état même de nature, l'homme n'est libre qu'à la faveur de la loi naturelle, qui commande à tous. Un peuple libre obéit, mais il ne sert pas; il a des chefs, et non pas des maîtres; il obéit aux lois, mais il n'obéit qu'aux lois, et c'est par la force des lois qu'il n'obéit pas aux hommes. Toutes les barrières qu'on donne dans les républiques au pouvoir des magistrats ne sont établies que pour garantir de leurs atteintes l'enceinte sacrée des lois : ils en sont les ministres, non les arbitres; ils doivent les garder, non les enfreindre. Un peuple est libre, quelque forme qu'ait son gouvernement, quand, dans celui qui le gouverne, il ne voit point l'homme, mais l'organe de la loi. En un mot, la liberté suit toujours le sort des lois, elle règne ou périt avec elles; je ne sache rien de plus certain.

Vous avez des lois bonnes et sages, soit en elles-mêmes, soit par cela seul que ce sont des lois. Toute condition imposée à chacun par tous ne peut être onéreuse à personne, et la pire des lois vaut encore mieux que le meilleur maître; car tout maître a des préférences, et la loi n'en a jamais.

Depuis que la constitution de votre état a pris une forme fixe et stable, vos fonctions de législateur sont finies : la sûreté de l'édifice veut qu'on trouve à présent autant d'obstacles pour y toucher, qu'il fallait d'abord de facilités pour le construire. Le droit négatif des Conseils pris en ce sens est l'appui de la république : l'article VI du règlement est clair et précis; je me rends sur ce point aux raisonnements de l'auteur des *Lettres*, je les trouve sans réplique; et quand ce droit, si justement réclamé par vos magistrats, serait contraire à vos intérêts, il faudrait souffrir et vous taire. Des hommes droits ne doivent jamais fermer les yeux à l'évidence, ni disputer contre la vérité.

L'ouvrage est consommé, il ne s'agit plus que de le rendre inaltérable. Or l'ouvrage du législateur ne s'altère et ne se détruit jamais que d'une manière : c'est quand les dépositaires de cet ouvrage abusent de leur dépôt, et se font obéir au nom des lois en leur désobéissant eux-mêmes (1). Alors la pire chose naît de la meilleure, et la loi qui sert de sauvegarde à la tyrannie est plus funeste que la tyrannie elle-même. Voilà précisément ce que prévient le droit de représentation stipulé dans vos édits, et restreint mais confirmé par la mé-

(1) « En général, dit l'auteur des *Lettres*, les hommes craignent encore plus d'obéir qu'ils n'aiment à commander. » Tacite en jugeait autrement, et connaissait le cœur humain. Si la maxime était vraie, les valets des grands seraient moins insolents avec les bourgeois; et l'on verrait moins de fainéants ramper dans les cours des princes. Il y a peu d'hommes d'un cœur assez sain pour savoir aimer la liberté. Tous veulent commander; à ce prix, nul ne craint d'obéir. Un petit parvenu se donne cent maîtres pour acquérir dix valets. Il n'y a qu'à voir la fierté des nobles dans les monarchies; avec quelle emphase ils prononcent ces mots de *service* et de *servir*; combien ils s'estiment grands et respectables quand ils peuvent avoir l'honneur de dire, *le roi mon maître*; combien ils méprisent des républicains qui ne sont que libres, et qui certainement sont plus nobles qu'eux.

(2) Jamais le peuple ne s'est rebellé contre les lois que les chefs n'aient commencé par les enfreindre en quelque chose. C'est sur ce principe certain qu'à la Chine, quand il y a quelque révolte dans une province, on commence toujours par punir le gouverneur. En Europe, les rois suivent constamment la maxime contraire : aussi voyez comme prospè-

diation. Ce droit vous donne inspection, non plus sur la législation comme auparavant, mais sur l'administration; et vos magistrats, tout-puissants au nom des lois, seuls maîtres d'en proposer au législateur de nouvelles, sont soumis à ses jugements s'ils s'écartent de celles qui sont établies. Par cet article seul, votre gouvernement, sujet d'ailleurs à plusieurs défauts considérables, devient le meilleur qui jamais ait existé : car quel meilleur gouvernement que celui dont toutes les parties se balancent dans un parfait équilibre, où les particuliers ne peuvent transgresser les lois, parce qu'ils sont soumis à des juges, et où ces juges ne peuvent pas non plus les transgresser, parce qu'ils sont surveillés par le peuple?

Il est vrai que pour trouver quelque réalité dans cet avantage, il ne faut pas le fonder sur un vain droit. Mais qui dit un droit ne dit pas une chose vaine. Dire à celui qui a transgressé la loi qu'il a transgressé la loi, c'est prendre une peine bien ridicule ; c'est lui apprendre une chose qu'il sait aussi bien que vous.

Le droit est, selon Puffendorff, une qualité morale par laquelle il nous est dû quelque chose. La simple liberté de se plaindre n'est donc pas un droit, ou du moins c'est un droit que la nature accorde à tous, et que la loi d'aucun pays n'ôte à personne. S'avisa-t-on jamais de stipuler dans les lois que celui qui perdrait un procès aurait la liberté de se plaindre? S'avisa-t-on jamais de punir quelqu'un pour l'avoir fait? Où est le gouvernement, quelque absolu qu'il puisse être, où tout citoyen n'ait pas le droit de donner des mémoires au prince ou à son ministre sur ce qu'il croit utile à l'état? et quelle risée n'exciterait pas un édit public par lequel on accorderait formellement aux sujets le droit de donner de pareils mémoires? Ce n'est pourtant pas dans un état despotique, c'est dans une république, c'est dans une démocratie, qu'on donne authentiquement aux citoyens, aux membres du souverain, la permission d'user auprès de leur magistrat de ce même droit que nul despote n'ôta jamais au dernier de ses esclaves.

Quoi ! ce droit de représentation consisterait uniquement à remettre un papier qu'on est même dispensé de lire au moyen d'une réponse sèchement négative (1)? Ce droit, si solennellement stipulé en compensation de tant de sacrifices, se bornerait à la rare prérogative de demander et ne rien obtenir? Oser avancer une telle proposition, c'est accuser les médiateurs d'avoir usé avec la bourgeoisie de Genève de la plus indigne supercherie ; c'est offenser la probité des plénipotentiaires, l'équité des puissances médiatrices ; c'est blesser toute bienséance, c'est outrager même le bon sens.

Mais enfin quel est ce droit? jusqu'où s'étend-il? comment peut-il être exercé? Pourquoi rien de tout cela n'est-il spécifié dans l'article 7.? Voilà des questions raisonnables ; elles offrent des difficultés qui méritent examen.

La solution d'une seule nous donnera celle de toutes les autres, et nous dévoilera le véritable esprit de cette institution.

Dans un état tel que le vôtre, où la souveraineté est entre les mains du peuple, le législateur existe toujours, quoiqu'il ne se montre pas toujours. Il n'est rassemblé et ne parle authentiquement que dans le Conseil général : mais hors du Conseil général il n'est pas anéanti ; ses membres sont épars, mais il ne sont pas morts ; ils ne peuvent parler des lois, mais ils peuvent toujours veiller sur l'administration des lois : c'est un droit, c'est même un devoir attaché à leurs personnes, et qui ne peut leur être ôté dans aucun temps. De là

---

rent leurs états. La population diminue partout d'un dixième tous les trente ans ; elle ne diminue point à la Chine. Le despotisme oriental se soutient, parce qu'il est plus sévère sur les grands que sur le peuple : il tire ainsi de lui-même son propre remède. J'entends dire qu'on commence à prendre à la Porte la maxime chrétienne. Si cela est, on verra dans peu ce qui en résultera.

(1) Telle, par exemple, que celle que fit le Conseil, le 10 août 1763, aux représentations remises le 8 à M. le premier syndic par un grand nombre de citoyens et bourgeois.

le droit de représentation. Ainsi la représentation d'un citoyen, d'un Bourgeois, ou de plusieurs, n'est que la déclaration de leur avis sur une matière de leur compétence. Ceci est le sens clair et nécessaire de l'édit de 1707 dans l'article 5, qui concerne les représentations.

Dans cet article, on proscrit avec raison la voie des signatures, parce que cette voie est une manière de donner son suffrage, de voter par tête, comme si déjà l'on était en Conseil général, et que la forme du Conseil général ne doit être suivie que lorsqu'il est légitimement assemblé. La voie des représentations a le même avantage sans avoir le même inconvénient. Ce n'est pas voter en Conseil général, c'est opiner sur les matières qui doivent y être portées; puisqu'on ne compte pas les voix, ce n'est pas donner son suffrage, c'est seulement dire son avis. Cet avis n'est à la vérité que celui d'un particulier ou de plusieurs; mais, ces particuliers étant membres du souverain, et pouvant le représenter quelquefois par leur multitude, la raison veut qu'alors on ait égard à leur avis, non comme à une décision, mais comme à une proposition qui la demande, et qui la rend quelquefois nécessaire.

Ces représentations peuvent rouler sur deux objets principaux, et la différence de ces objets décide de la diverse manière dont le Conseil doit faire droit sur ces mêmes représentations. De ces deux objets, l'un est de faire quelque changement à la loi, l'autre de réparer quelque transgression de la loi. Cette division est complète, et comprend toute la matière sur laquelle peuvent rouler les représentations. Elle est fondée sur l'édit même, qui, distinguant les termes selon ses objets, impose au procureur-général de faire des *instances* ou des *remontrances*, selon que les citoyens lui ont fait des *plaintes* ou des *réquisitions*(1).

Cette distinction une fois établie, le Conseil auquel ces représentations sont adressées doit les envisager bien différemment, selon celui de ces deux objets auquel elles se rapportent. Dans les états où le gouvernement et les lois ont déjà leur assiette, on doit, autant qu'il se peut, éviter d'y toucher, et surtout dans les petites républiques, où le moindre ébranlement désunit tout. L'aversion des nouveautés est donc généralement bien fondée; elle l'est surtout pour vous qui ne pouvez qu'y perdre; et le gouvernement ne peut apporter un trop grand obstacle à leur établissement; car, quelque utiles que fussent des lois nouvelles, les avantages en sont presque toujours moins sûrs que les dangers n'en sont grands. A cet égard, quand le citoyen, quand le bourgeois a proposé son avis, il a fait son devoir; il doit au surplus avoir assez de confiance en son magistrat pour le juger capable de peser l'avantage de ce qu'il lui propose, et porté à l'approuver s'il le croit utile au bien public. La loi a donc très sagement pourvu à ce que l'établissement et même la proposition de pareilles nouveautés ne passât pas sans l'aveu des Conseils; et voilà en quoi doit consister le droit négatif qu'ils réclament, et qui, selon moi, leur appartient incontestablement.

Mais le second objet, ayant un principe tout opposé, doit être envisagé bien différemment. Il ne s'agit pas ici d'innover; il s'agit, au contraire, d'empêcher qu'on n'innove; il s'agit, non d'établir de nouvelles lois, mais de maintenir les anciennes. Quand les choses tendent au changement par leur pente, il faut sans cesse de nouveaux soins pour les arrêter. Voilà ce que les citoyens et bourgeois, qui ont un si grand intérêt à prévenir tout changement, se proposent dans les plaintes dont parle l'édit. Le législateur, existant toujours, voit

(1) *Requérir* n'est pas seulement demander, mais demander en vertu d'un droit qu'on a d'obtenir. Cette acception est établie par toutes les formules judiciaires dans lesquelles ce terme de palais est employé. On dit *requérir justice*; on n'a jamais dit *requérir grâce*. Ainsi, dans les deux cas, les citoyens avaient également droit d'exiger que leurs *réquisitions* ou leurs *plaintes*, rejetées par les Conseils inférieurs, fussent portées en Conseil général. Mais par le mot ajouté dans l'article 6 de l'édit de 1738, ce droit est restreint seulement au cas de la plainte, comme il sera dit dans le texte.

l'effet ou l'abus de ses lois : il voit si elles sont suivies ou transgressées, interprétées de bonne ou de mauvaise foi; il y veille, il y doit veiller; cela est de son droit, de son devoir, même de son serment. C'est ce devoir qu'il remplit dans les représentations, c'est ce droit alors qu'il exerce; et il serait contre toute raison, il serait même indécent de vouloir étendre le droit négatif du Conseil à cet objet-là.

Cela serait contre toute raison, quant au législateur; parce qu'alors toute la solennité des lois serait vaine et ridicule, et que réellement l'état n'aurait point d'autre loi que la volonté du petit Conseil, maître absolu de négliger, mépriser, violer, tourner à sa mode les règles qui lui seraient prescrites, et de prononcer *noir* où la loi dirait *blanc*, sans en répondre à personne. A quoi bon s'assembler solennellement dans le temple de Saint-Pierre, pour donner aux édits une sanction sans effet; pour dire au petit Conseil : « Messieurs, voilà le corps de lois que nous établissons dans l'état, et dont nous vous rendrons les dépositaires, pour vous y conformer quand vous le jugerez à propos, et pour le transgresser quand il vous plaira? »

Cela serait contre la raison, quant aux représentations; parce qu'alors le droit stipulé par un article exprès de l'édit de 1707, et confirmé par un article exprès de l'édit de 1738, serait un droit illusoire et fallacieux, qui ne signifierait que la liberté de se plaindre inutilement quand on est vexé : liberté qui, n'ayant jamais été disputée à personne, est ridicule à établir par la loi.

Enfin cela serait indécent en ce que, par une telle supposition, la probité des médiateurs serait outragée, que ce serait prendre vos magistrats pour des fourbes et vos bourgeois pour des dupes d'avoir négocié, traité, transigé avec tant d'appareil, pour mettre une des parties à l'entière discrétion de l'autre, et d'avoir compensé les concessions les plus fortes par des sûretés qui ne signifieraient rien.

Mais, disent ces messieurs, les termes de l'édit sont formels : « Il ne sera rien porté au Conseil général qu'il n'ait été traité et approuvé, d'abord dans le Conseil des Vingt-Cinq, puis dans celui des Deux-Cents. »

Premièrement, qu'est-ce que cela prouve autre chose dans la question présente, si ce n'est une marche réglée et conforme à l'ordre, et l'obligation dans les Conseils inférieurs de traiter et approuver préalablement ce qui doit être porté au Conseil général? Les Conseils ne sont-ils pas tenus d'approuver ce qui est prescrit par la loi? Quoi! si les Conseils n'approuvaient pas qu'on procédât à l'élection des syndics, n'y devrait-on plus procéder? et si les sujets qu'ils proposent sont rejetés, ne sont-ils pas contraints d'approuver qu'il en soit proposé d'autres?

D'ailleurs, qui ne voit que ce droit d'approuver et de rejeter, pris dans son sens absolu, s'applique seulement aux propositions qui renferment des nouveautés, et non à celles qui n'ont pour objet que le maintien de ce qui est établi? Trouvez-vous du bon sens à supposer qu'il faille une approbation nouvelle pour réparer les transgressions d'une ancienne loi? Dans l'approbation donnée à cette loi, lorsqu'elle fut promulguée, sont contenues toutes celles qui se rapportent à son exécution. Quand les Conseils approuvèrent que cette loi serait établie, ils approuvèrent qu'elle serait observée, par conséquent qu'on en punirait les transgresseurs; et quand les bourgeois, dans leurs plaintes, se bornent à demander réparation sans punition, l'on veut qu'une telle proposition ait de nouveau besoin d'être approuvée? Monsieur, si ce n'est pas là se moquer des gens, dites-moi comment on peut s'en moquer.

Toute la difficulté consiste donc ici dans la seule question de fait. La loi a-t-elle été transgressée ou ne l'a-t-elle pas été? Les citoyens et bourgeois disent qu'elle l'a été; les magistrats le nient. Or voyez, je vous prie, si l'on peut rien concevoir de moins raisonnable en pareil cas que ce droit négatif qu'ils s'attribuent. On leur dit : « Vous avez transgressé la loi; » ils répondent : « Nous ne l'avons pas transgressée : » et, devenus ainsi juges suprêmes dans leur propre cause, les voilà justifiés, contre l'évidence, par la seule affirmation.

Vous me demanderez si je prétends que l'affirmation contraire soit toujours l'évidence. Je ne dis pas cela; je dis que quand elle le serait, vos magistrats ne s'en tiendraient pas moins, contre l'évidence, à leur prétendu droit négatif. Le cas est actuellement sous vos yeux. Et pour qui doit être ici le préjugé le plus légitime? Est-il croyable, est-il naturel que des particuliers sans pouvoir, sans autorité, viennent dire à leurs magistrats, qui peuvent être demain leurs juges : « Vous avez fait une injustice, » lorsque cela n'est pas vrai? Que peuvent espérer ces particuliers d'une démarche aussi folle, quand même ils seraient sûrs de l'impunité? Peuvent-ils penser que des magistrats, si hautains jusque dans leurs torts, iront convenir sottement des torts mêmes qu'ils n'auraient pas? Au contraire, y a-t-il rien de plus naturel que de nier les fautes qu'on a faites? N'a-t-on pas intérêt de les soutenir? et n'est-on pas toujours tenté de le faire lorsqu'on le peut impunément et qu'on a la force en main? Quand le faible et le fort ont ensemble quelque dispute, ce qui n'arrive guère qu'au détriment du premier, le sentiment par cela seul le plus probable est toujours que c'est le plus fort qui a tort.

Les probabilités, je le sais, ne sont pas des preuves; mais, dans des faits notoires comparés aux lois, lorsque nombre de citoyens affirment qu'il y a injustice, et que le magistrat accusé de cette injustice affirme qu'il n'y en a pas, qui peut être juge, si ce n'est le public instruit? et où trouver ce public instruit à Genève, si ce n'est dans le Conseil général composé des deux partis?

Il n'y a point d'état au monde où le sujet lésé par un magistrat injuste ne puisse, par quelque voie, porter sa plainte au souverain; et la crainte que cette ressource inspire est un frein qui contient beaucoup d'iniquités. En France même, où l'attachement des parlements aux lois est extrême, la voie judiciaire est ouverte contre eux en plusieurs cas par des requêtes en cassation d'arrêt. Les Genevois sont privés d'un pareil avantage; la partie condamnée par les Conseils ne peut plus, en quelque cas que ce puisse être, avoir aucun recours au souverain. Mais ce qu'un particulier ne peut faire pour son intérêt privé, tous peuvent le faire pour l'intérêt commun : car toute transgression des lois, étant une atteinte portée à la liberté, devient une affaire publique; et quand la voix publique s'élève, la plainte doit être portée au souverain. Il n'y aurait sans cela ni parlement, ni sénat, ni tribunal sur la terre qui fût armé du funeste pouvoir qu'ose usurper votre magistrat; il n'y aurait point dans aucun état de sort aussi dur que le vôtre. Vous m'avouerez que ce serait là une étrange liberté!

Le droit de représentation est intimement lié à votre constitution; il est le seul moyen possible d'unir la liberté à la subordination, et de maintenir le magistrat dans la dépendance des lois sans altérer son autorité sur le peuple. Si les plaintes sont clairement fondées, si les raisons sont palpables, on doit présumer le Conseil assez équitable pour y déférer. S'il ne l'était pas, ou que les griefs n'eussent pas ce degré d'évidence qui les met au-dessus du doute, le cas changerait, et ce serait alors à la volonté générale de décider; car dans votre état cette volonté est le juge suprême et l'unique souverain. Or comme, dès le commencement de la république, cette volonté avait toujours des moyens de se faire entendre, et que ces moyens tenaient à votre constitution, il s'ensuit que l'édit de 1707, fondé d'ailleurs sur un droit immémorial, et sur l'usage constant de ce droit, n'avait pas besoin de plus grande explication.

Les médiateurs, ayant eu pour maxime fondamentale de s'écarter des anciens édits le moins qu'il était possible, ont laissé cet article tel qu'il était auparavant, et même y ont renvoyé. Ainsi, par le règlement de la médiation, votre droit sur ce point est demeuré parfaitement le même, puisque l'article qui le pose est rappelé tout entier.

Mais les médiateurs n'ont pas vu que les changements qu'ils étaient forcés de faire à d'autres articles les obligeaient, pour être conséquents, d'éclaircir celui-ci, et d'y ajouter de nouvelles explications que leur travail rendait nécessaires. L'effet des représentations des particuliers négligées est de devenir enfin la voix du public, et d'obvier ainsi au déni de justice. Cette transformation était alors légitime, et conforme à la loi fondamentale, qui, par tout pays, arme en dernier ressort le souverain de la force publique pour l'exécution de ses volontés.

Les médiateurs n'ont pas supposé ce déni de justice. L'événement prouve qu'ils l'ont dû supposer. Pour assurer la tranquillité publique, ils ont jugé à propos de séparer du droit la puissance, et de supprimer même les assemblées et députations pacifiques de la bourgeoisie; mais puisqu'ils lui ont d'ailleurs confirmé son droit, ils devaient lui fournir dans la forme de l'institution d'autres moyens de le faire valoir, à la place de ceux qu'ils lui ôtaient. Ils ne l'ont pas fait : leur ouvrage, à cet égard, est donc resté défectueux; car le droit étant demeuré le même doit toujours avoir les mêmes effets.

Aussi voyez avec quel art vos magistrats se prévalent de l'oubli des médiateurs! En quelque nombre que vous puissiez être, ils ne voient plus en vous que des particuliers; et, depuis qu'il vous a été interdit de vous montrer en corps, ils regardent ce corps comme anéanti : il ne l'est pas toutefois, puisqu'il conserve tous ses droits, tous ses priviléges, et qu'il fait toujours la principale partie de l'état et du législateur. Ils partent de cette supposition fausse pour vous faire mille difficultés chimériques sur l'autorité qui peut les obliger d'assembler le Conseil général. Il n'y a point d'autorité qui le puisse, hors celle des lois, quand ils les observent : mais l'autorité de la loi qu'ils transgressent retourne au législateur ; et, n'osant nier tout-à-fait qu'en pareil cas cette autorité ne soit dans le plus grand nombre, ils rassemblent leurs objections sur les moyens de le constater. Ces moyens seront toujours faciles, sitôt qu'ils seront permis ; et ils seront sans inconvénient, puisqu'il est aisé d'en prévenir les abus.

Il ne s'agissait là ni de tumultes ni de violences : il ne s'agissait point de ces ressources quelquefois nécessaires, mais toujours terribles, qu'on vous a très sagement interdites; non que vous en ayez jamais abusé, puisqu'au contraire vous n'en usâtes jamais qu'à la dernière extrémité, seulement pour votre défense, et toujours avec une modération qui peut être eût dû vous conserver le droit des armes, si quelque peuple eût pu l'avoir sans danger. Toutefois je bénirais le ciel, quoiqu'il arrive, de ce qu'on n'en verra plus l'affreux appareil au milieu de vous. « Tout est permis dans les maux extrêmes, » dit plusieurs fois l'auteur des *Lettres*. Cela fût-il vrai, tout ne serait pas expédient. Quand l'excès de la tyrannie met celui qui la souffre au-dessus des lois, encore faut-il que ce qu'il tente pour la détruire lui laisse quelque espoir d'y réussir. Voudrait-on vous réduire à cette extrémité ? je ne puis le croire; et quand vous y seriez, je pense encore moins qu'aucune voie de fait pût jamais vous en tirer. Dans votre position, toute fausse démarche est fatale, tout ce qui vous induit à la faire est un piége; et, fussiez-vous un instant les maîtres, en moins de quinze jours vous seriez écrasés pour jamais. Quoi que fassent vos magistrats, quoi que dise l'auteur des *Lettres*, les moyens violents ne conviennent point à la cause juste : sans croire qu'on veuille vous forcer à les prendre, je crois qu'on vous les verrait prendre avec plaisir, et je crois qu'on ne doit pas vous faire envisager comme une ressource ce qui ne peut que vous ôter toutes les autres. La justice et les lois sont pour vous. Ces appuis, je le sais, sont bien faibles contre le crédit de l'intrigue ; mais ils sont les seuls qui vous restent : tenez-vous-y jusqu'à la fin.

Eh ! comment approuverais-je qu'on voulût troubler la paix civile pour quelque intérêt que ce fût, moi qui lui sacrifiai le plus cher de tous les miens? Vous le savez, monsieur, j'étais désiré, sollicité; je n'avais qu'à paraître, mes droits étaient soutenus, peut-être mes affronts réparés. Ma présence eût du moins intrigué mes persécuteurs, et j'étais dans une de ces positions enviées dont quiconque aime à faire un rôle se prévaut toujours avidement. J'ai préféré l'exil perpétuel de ma patrie; j'ai renoncé à tout, même à l'espérance, plutôt que d'exposer la tranquillité publique : j'ai mérité d'être cru sincère, lorsque je parle en sa faveur.

Mais pourquoi supprimer des assemblées paisibles et purement civiles, qui ne pouvaient avoir qu'un objet légitime, puisqu'elles restaient toujours dans la subordination due au magistrat? Pourquoi, laissant à la bourgeoisie le droit de faire des représentations, ne les lui pas laisser faire avec l'ordre et l'authenticité convenables? Pourquoi lui ôter les moyens d'en délibérer entre elle, et (pour éviter des assemblées trop nombreuses) au moins par ses députés? Peut-on rien imaginer de mieux réglé, de plus décent, de plus convenable, que les assemblées par compagnies, et la forme de traiter qu'a suivie la bourgeoisie pendant qu'elle a été la maîtresse de l'état? N'est-ce pas d'une police mieux entendue de voir monter à l'Hôtel-de ville une trentaine de députés au nom de tous leurs concitoyens, que de voir toute une bourgeoisie y monter en foule, chacun ayant sa déclaration à faire, et nul ne pouvant parler que pour soi? Vous avez vu, monsieur, les représentants en grand nombre, forcés de se diviser par pelotons pour ne pas faire tumulte et cohue, venir séparément par bandes de trente ou quarante, et mettre dans leur démarche encore plus de bienséance et de modestie qu'il ne leur en était prescrit par la loi. Mais tel est l'esprit de la bourgeoisie de Genève : toujours plutôt en deçà qu'en delà de ses droits, elle est ferme quelquefois; elle n'est jamais séditieuse. Toujours la loi dans le cœur, toujours le respect du magistrat sous les yeux, dans le temps même où la plus vive indignation devait animer sa colère, et où rien ne l'empêchait de la contenter, elle ne s'y livra jamais. Elle fut juste étant la plus forte; mais elle sut pardonner. En eut-on pu dire autant de ses oppresseurs? On sait le sort qu'ils lui firent éprouver autrefois; on sait celui qu'ils lui préparaient encore.

Tels sont les hommes vraiment dignes de la liberté, parce qu'ils n'en abusent jamais, qu'on charge pourtant de liens et d'entraves comme la plus vile populace. Tels sont les citoyens, les membres du souverain qu'on traite en sujets, et plus mal que des sujets même, puisque, dans les gouvernements les plus absolus, on permet des assemblées de communautés qui ne sont présidées d'aucun magistrat.

Jamais, comme qu'on s'y prenne, des règlements contradictoires ne pourront être observés à la fois. On permet, on autorise le droit de représentation; et l'on reproche aux représentants de manquer de consistance, en les empêchant d'en avoir! Cela n'est pas juste; et quand on vous met hors d'état de faire en corps vos démarches, il ne faut pas vous objecter que vous n'êtes que des particuliers. Comment ne voit-on point que si le poids des représentations dépend du nombre des représentants, quand elles sont générales, il est impossible de les faire un à un? Et quel ne serait pas l'embarras du magistrat, s'il avait à lire successivement les mémoires ou à écouter les discours d'un millier d'hommes, comme il y est obligé par la loi!

Voici donc la facile solution de cette grande difficulté que l'auteur des *Lettres* fait valoir comme insoluble (1) : que lorsque le magistrat n'aura eu nul égard aux plaintes des particuliers portées en représentations, il permette l'assemblée des compagnies bourgeoises; qu'il la permette séparément, en des lieux, en des temps différents; que celles de ces compagnies qui voudront à la pluralité des suffrages appuyer les représentations, le fassent par leurs députés;

---

(1) Page 88.

qu'alors le nombre des députés représentants se compte : leur nombre total est fixe; on verra bientôt si leurs vœux sont ou ne sont pas ceux de l'état.

Ceci ne signifie pas, prenez-y bien garde, que ces assemblées partielles puissent avoir aucune autorité, si ce n'est de faire entendre leur sentiment sur la matière des représentations. Elles n'auront, comme assemblées autorisées pour ce seul cas, nul autre droit que celui des particuliers : leur objet n'est pas de changer la loi, mais de juger si elle est suivie; ni de redresser des griefs, mais de montrer le besoin d'y pourvoir : leur avis, fût-il unanime, ne sera jamais qu'une représentation. On saura seulement par là si cette représentation mérite qu'on y défère, soit pour assembler le Conseil général, si les magistrats l'approuvent, soit pour s'en dispenser, s'ils l'aiment mieux, en faisant droit par eux-mêmes sur les justes plaintes des citoyens et bourgeois.

Cette voie est simple, naturelle, sûre; elle est sans inconvénient. Ce n'est pas même une loi nouvelle à faire, c'est seulement un article à révoquer pour ce seul cas. Cependant si elle effraie encore trop vos magistrats, il en reste une autre non moins facile, et qui n'est pas plus nouvelle; c'est de rétablir les Conseils généraux périodiques, et d'en borner l'objet aux plaintes mises en représentations durant l'intervalle écoulé de l'un à l'autre, sans qu'il soit permis d'y porter aucune autre question. Ces assemblées, qui, par une distinction très importante (1), n'auraient pas l'autorité du souverain, mais du magistrat suprême, loin de pouvoir rien innover, ne pourraient qu'empêcher toute innovation de la part des Conseils, et remettre toutes choses dans l'ordre de la législation, dont le corps, dépositaire de la force publique, peut maintenant s'écarter sans gêne autant qu'il lui plaît. En sorte que, pour faire tomber ces assemblées d'elles-mêmes, les magistrats n'auraient qu'à suivre exactement les lois : car la convocation d'un Conseil général serait inutile et ridicule lorsqu'on n'aurait rien à y porter; et il y a grande apparence que c'est ainsi que se perdit l'usage des Conseils généraux périodiques au XVIe siècle, comme il a été dit ci-devant.

Ce fut dans la vue que je viens d'exposer qu'on les rétablit en 1707; et cette vieille question, renouvelée aujourd'hui, fut décidée alors par le fait même des trois Conseils généraux consécutifs, au dernier desquels passa l'article concernant le droit de représentation. Ce droit n'était pas contesté, mais éludé : les magistrats n'osaient disconvenir que, lorsqu'ils refusaient de satisfaire aux plaintes de la bourgeoisie, la question ne dût être portée en Conseil général : mais comme il appartient à eux seuls de le convoquer, ils prétendaient sous ce prétexte pouvoir en différer la tenue à leur volonté, et comptaient lasser à force de délais la constance de la bourgeoisie. Toutefois son droit fut enfin si bien reconnu, qu'on fit, dès le 9 avril, convoquer l'assemblée générale pour le 5 mai, « afin, dit le placard, de lever par ce moyen les insinuations qui ont été répandues que la convocation en pourrait être éludée et renvoyée encore loin. »

Et qu'on ne dise pas que cette convocation fut forcée par quelque acte de violence ou par quelque tumulte tendant à sédition, puisque tout se traitait alors par députations, comme le Conseil l'avait désiré, et que jamais les citoyens et bourgeois ne furent plus paisibles dans leurs assemblées, évitant de les faire trop nombreuses et de leur donner un air imposant. Ils poussèrent même si loin la décence, et j'ose dire la dignité, que ceux d'entre eux qui portaient habituellement l'épée la posèrent toujours pour y assister (2). Ce ne fut qu'après que tout fut fait, c'est-à-dire à la fin du troisième Conseil

---

(1) Voyez le *Contrat social*, liv. III, chap. 17.
(2) Ils eurent la même attention en 1734, dans leurs représentations du 4 mars, appuyées de mille ou douze cents citoyens ou bourgeois en personne, dont pas un seul n'avait l'épée au côté. Ces soins, qui paraîtraient minutieux dans tout autre état, ne le sont pas dans une démocratie, et caractérisent peut-être mieux un peuple que des traits plus éclatants.

général, qu'il y eut un cri d'armes causé par la faute du Conseil, qui eut l'imprudence d'envoyer trois compagnies de la garnison, la baïonnette au bout du fusil, pour forcer deux ou trois cents citoyens encore assemblés à Saint-Pierre.

Ces Conseils périodiques, rétablis en 1707, furent révoqués cinq ans après; mais par quels moyens et dans quelles circonstances? Un court examen de cet édit de 1712 nous fera juger de sa validité.

Premièrement, le peuple, effrayé par les exécutions et proscriptions récentes, n'avait ni liberté, ni sûreté; il ne pouvait plus compter sur rien, après la frauduleuse amnistie qu'on employa pour le surprendre. Il croyait à chaque instant revoir à ses portes les Suisses qui servirent d'archers à ces sanglantes exécutions. Mal revenu d'un effroi que le début de l'édit était très propre à réveiller, il eût tout accordé par la seule crainte; il sentait bien qu'on ne l'assemblait pas pour donner la loi, mais pour la recevoir.

Les motifs de cette révocation, fondés sur les dangers des Conseils généraux périodiques, sont d'une absurdité palpable à qui connaît le moins du monde l'esprit de votre constitution et celui de votre bourgeoisie. On allègue les temps de peste, de famine et de guerre, comme si la famine ou la guerre était un obstacle à la tenue d'un Conseil: et quant à la peste, vous m'avouerez que c'est prendre ses précautions de loin. On s'effraie de l'ennemi, des malintentionnés, des cabales; jamais on ne vit des gens si timides : l'expérience du passé devait les rassurer. Les fréquents Conseils généraux ont été, dans les temps les plus orageux, le salut de la république, comme il sera montré ci-après; et jamais on n'y a pris que des résolutions sages et courageuses. On soutient ces assemblées contraires à la constitution, dont elles sont le plus ferme appui; on les dit contraires aux édits, et elles sont établies par les édits; on les accuse de nouveauté, et elles sont aussi anciennes que la législation. Il n'y a pas une ligne dans ce préambule qui ne soit une fausseté ou une extravagance : et c'est sur ce bel exposé que la révocation passe, sans programme antérieur qui ait instruit les membres de l'assemblée de la proposition qu'on leur voulait faire, sans leur donner le loisir d'en délibérer entre eux, même d'y penser, et dans un temps où la bourgeoisie, mal instruite de l'histoire de son gouvernement, s'en laissait aisément imposer par le magistrat!

Mais un moyen de nullité plus grave encore est la violation de l'édit dans sa partie à cet égard la plus importante, savoir la manière de déchiffrer les billets ou de compter les voix. Car dans l'article 4 de 1707, il est dit qu'on établira quatre secrétaires *ad actum* pour recueillir les suffrages, deux des Deux-Cents et deux du peuple, lesquels seront choisis sur-le-champ par M. le premier syndic, et prêteront serment dans le temple : et toutefois, dans le conseil général de 1712, sans aucun égard à l'édit précédent, on fait recueillir les suffrages par les deux secrétaires d'état. Quelle fut donc la raison de ce changement? et pourquoi cette manœuvre inégale dans un point si capital, comme si l'on eût voulu transgresser à plaisir la loi qui venait d'être faite? On commence par violer dans un article l'édit qu'on veut annuler dans un autre! Cette marche est-elle régulière? Si, comme porte cet édit de révocation, l'avis du conseil fut approuvé *presque unanimement* (1), pourquoi donc

(1) Par la manière dont il m'est rapporté qu'on s'y prit, cette unanimité n'était pas difficile à obtenir, et il ne tint qu'à ces messieurs de la rendre complète.

Avant l'assemblée, le secrétaire d'état Mestrezat dit : *Laissez-les venir : je les tiens.* Il employa, dit-on, pour cette fin, les deux mots *approbation* et *rejection*, qui depuis sont demeurés en usage dans les billets : en sorte que, quelque parti qu'on prît, tout revenait au même. Car, si l'on choisissait *approbation*, l'on approuvait l'avis des Conseils, qui rejetait l'assemblée périodique. Je n'invente pas ce fait, et je ne le rapporte pas sans autorité, je prie le lecteur de le croire · mais je dois à la vérité de dire qu'il ne me vient pas de Genève, et à la justice d'ajouter que je ne le crois pas vrai : je sais seulement que l'équivoque de ces deux mots abusa bien des votants sur celui qu'ils devaient choisir

la surprise et la consternation que marquaient les citoyens en sortant du conseil, tandis qu'on voyait un air de triomphe et de satisfaction sur les visages des magistrats (1)? Ces différentes contenances sont-elles naturelles à gens qui viennent d'être unanimement du même avis?

Ainsi donc, pour arracher cet édit de révocation, l'on usa de terreur, de surprise, vraisemblablement de fraude, et, tout au moins, on viola certainement la loi. Qu'on juge si ces caractères sont compatibles avec ceux d'une loi sacrée, comme on affecte de l'appeler.

Mais supposons que cette révocation soit légitime, et qu'on n'en ait pas enfreint les conditions (2); quel autre effet peut-on lui donner, que de remettre les choses sur le pied où elles étaient avant l'établissement de la loi révoquée, et, par conséquent, la bourgeoisie dans le droit dont elle était en possession? Quand on casse une transaction, les parties ne restent-elles pas comme elles étaient avant qu'elle fût passée?

Convenons que ces Conseils généraux périodiques n'auraient eu qu'un seul inconvénient, mais terrible : c'eût été de forcer les magistrats et tous les ordres de se contenir dans les bornes de leurs devoirs et de leurs droits. Par cela seul je sais que ces assemblées si effarouchantes ne seront jamais rétablies, non plus que celles de la bourgeoisie par compagnies; mais aussi n'est-ce pas de cela qu'il s'agit : je n'examine point ici ce qui doit ou ne doit pas se faire, ce qu'on fera ni ce qu'on ne fera pas. Les expédients que j'indique simplement comme possibles et faciles, comme tirés de votre constitution, n'étant plus conformes aux nouveaux édits, ne peuvent passer que du consentement des Conseils; et mon avis n'est assurément pas qu'on les leur propose : mais, adoptant un moment la supposition de l'auteur des *Lettres*, je résous des objections frivoles; je fais voir qu'il cherche dans la nature des choses des obstacles qui n'y sont point; qu'ils ne sont tous que dans la mauvaise volonté du conseil; et qu'il y avait, s'il l'eût voulu, cent moyens de lever ces prétendus obstacles, sans altérer la constitution, sans troubler l'ordre, et sans jamais exposer le repos public.

Mais, pour rentrer dans la question, tenons-nous exactement au dernier édit, et vous n'y verrez pas une seule difficulté réelle contre l'effet nécessaire du droit de représentation.

1° Celle d'abord de fixer le nombre des représentants est vaine par l'édit même, qui ne fait aucune distinction du nombre, et ne donne pas moins de force à la représentation d'un seul qu'à celle de cent.

2° Celle de donner à des particuliers le droit de faire assembler le Conseil général est vaine encore, puisque ce droit, dangereux ou non, ne résulte pas de l'effet nécessaire des représentations. Comme il y a tous les ans deux Conseils généraux pour les élections, il n'en faut point, pour cet effet, assembler d'extraordinaire. Il suffit que la représentation, après avoir été examinée dans les Conseils, soit portée au plus prochain Conseil général, quand elle est de nature à l'être (3). La séance n'en sera pas même prolongée d'une heure, comme il est manifeste à qui connaît l'ordre observé dans ces assemblées. Il

---

pour exprimer leur intention, et j'avoue encore que je ne puis imaginer aucun motif honnête, ni aucune excuse légitime à la transgression de la loi, dans le recueillement des suffrages. Rien ne prouve mieux la terreur dont le peuple était saisi, que le silence avec lequel il laissa passer cette irrégularité.

(1) Ils disaient entre eux en sortant, et bien d'autres l'entendirent : « Nous venons de faire une grande journée. » Le lendemain, nombre de citoyens furent se plaindre qu'on les avait trompés, et qu'ils n'avaient point entendu rejeter les assemblées générales, mais l'avis des Conseils. On se moqua d'eux.

(2) Ces conditions portent « qu'aucun changement à l'édit n'aura force, qu'il n'ait été approuvé dans ce souverain Conseil. » Reste donc à savoir si les infractions de l'édit ne sont pas des changements à l'édit.

(3) J'ai distingué ci-devant les cas où les Conseils sont tenus de l'y porter, et ceux où ils ne le sont pas.

faut seulement prendre la précaution que la proposition passe aux voix avant les élections : car si l'on attendait que l'élection fût faite, les syndics ne manqueraient pas de rompre aussitôt l'assemblée, comme ils firent en 1735.

3° Celle de multiplier les Conseils généraux est levée avec la précédente; et quand elle ne le serait pas, où seraient les dangers qu'on y trouve? c'est ce que je ne saurais voir.

On frémit en lisant l'énumération de ces dangers dans les *Lettres écrites de la campagne*, dans l'édit de 1712, dans la harangue de M. Chouet : mais vérifions. Ce dernier dit que la république ne fut tranquille que quand ces assemblées devinrent plus rares. Il y a là une petite inversion à rétablir. Il fallait dire que ces assemblées devinrent plus rares quand la république fut plus tranquille. Lisez, monsieur, les fastes de votre ville, durant le xvie siècle. Comment secoua-t-elle le double joug qui l'écrasait? Comment étouffa-t-elle les factions qui la déchiraient? Comment résista-t-elle à ses voisins avides, qui ne la secouraient que pour l'asservir? Comment s'établit dans son sein la liberté évangélique et politique? Comment sa constitution prit-elle de la consistance? Comment se forma le système de son gouvernement? L'histoire de ces mémorables temps est un enchaînement de prodiges. Les tyrans, les voisins, les ennemis, les amis, les sujets, les citoyens, la guerre, la peste, la famine, tout semblait concourir à la perte de cette malheureuse ville. On conçoit à peine comment un état déjà formé eût pu échapper à tous ces périls. Non-seulement Genève en échappe, mais c'est durant ces crises terribles que se consomme le grand ouvrage de sa législation. Ce fut par ses fréquents Conseils généraux (1), ce fut par la prudence et la fermeté que ses citoyens y portèrent, qu'ils vainquirent enfin tous les obstacles, et rendirent leur ville libre et tranquille, de sujette et déchirée qu'elle était auparavant ; ce fut après avoir tout mis en ordre au dedans, qu'ils se virent en état de faire au dehors la guerre avec gloire. Alors le Conseil souverain avait fini ses fonctions; c'était au gouvernement de faire les siennes : il ne restait plus aux Genevois qu'à défendre la liberté qu'ils venaient d'établir, et à se montrer aussi braves soldats en campagne qu'ils s'étaient montrés dignes citoyens au Conseil : c'est ce qu'ils firent. Vos annales attestent partout l'utilité des Conseils généraux ; vos messieurs n'y voient que des maux effroyables. Ils font l'objection, mais l'histoire la résout.

4° Celle de s'exposer aux saillies du peuple, quand on avoisine de grandes puissances, se résout de même. Je ne sache point en ceci de meilleure réponse à des sophismes que des faits constants. Toutes les résolutions des Conseils généraux ont été dans tous les temps aussi pleines de sagesse que de courage ; jamais elles ne furent insolentes ni lâches : on y a quelquefois juré de mourir pour la patrie ; mais je défie qu'on m'en cite un seul, même de ceux où le peuple a le plus influé, dans lequel on ait par étourderie indisposé les puissances voisines, non plus qu'un seul où l'on ait rampé devant elles. Je ne ferais pas un pareil défi pour tous les arrêtés du petit Conseil : mais passons. Quand il s'agit de nouvelles résolutions à prendre, c'est aux Conseils inférieurs de les proposer, au Conseil général de les rejeter ou de les admettre; il ne peut rien faire de plus, on ne dispute pas de cela : cette objection porte donc à faux.

5° Celle de jeter du doute et de l'obscurité sur toutes les lois, n'est pas plus solide, parce qu'il ne s'agit pas ici d'une interprétation vague, générale, et susceptible de subtilités, mais d'une application nette et précise d'un fait à

---

(1) Comme on les assemblait alors dans tous les cas *ardus*, selon les édits, et que ces cas ardus revenaient très souvent dans ces temps orageux, le Conseil général était alors plus fréquemment convoqué que n'est aujourd'hui le Deux-Cents. Qu'on en juge par une seule époque. Durant les huit premiers mois de l'année 1540, il se tint dix-huit Conseils généraux ; et cette année n'eut rien de plus extraordinaire que celles qui avaient précédé et que celles qui suivirent.

la loi. Le magistrat peut avoir ses raisons pour trouver obscure une chose claire; mais cela n'en détruit pas la clarté. Ces messieurs dénaturent la question. Montrer par la lettre d'une loi qu'elle a été violée, n'est pas proposer des doutes sur cette loi. S'il y a dans les termes de la loi un seul sens selon lequel le fait soit justifié, le Conseil, dans sa réponse, ne manquera pas d'établir ce sens. Alors la représentation perd sa force, et si l'on y persiste, elle tombe infailliblement en Conseil général : car l'intérêt de tous est trop grand, trop présent, trop sensible, surtout dans une ville de commerce, pour que la généralité veuille jamais ébranler l'autorité, le gouvernement, la législation, en prononçant qu'une loi a été transgressée, lorsqu'il est possible qu'elle ne l'ait pas été.

C'est au législateur, c'est au rédacteur des lois à n'en pas laisser les termes équivoques. Quand ils le sont, c'est à l'équité du magistrat d'en fixer le sens dans la pratique : quand la loi a plusieurs sens, il use de son droit en préférant celui qu'il lui plaît; mais ce droit ne va point jusqu'à changer le sens littéral des lois, et à leur en donner un qu'elles n'ont pas; autrement il n'y aurait plus de loi. La question ainsi posée est si nette, qu'il est facile au bon sens de prononcer, et ce bon sens qui prononce se trouve alors dans le Conseil général. Loin que de là naissent des discussions interminables, c'est par là qu'au contraire on les prévient; c'est par là qu'élevant les édits au-dessus des interprétations arbitraires et particulières que l'intérêt ou la passion peut suggérer, on est sûr qu'ils disent toujours ce qu'ils disent, et que les particuliers ne sont plus en doute, sur chaque affaire, du sens qu'il plaira au magistrat de donner à la loi. N'est-il pas clair que les difficultés dont il s'agit maintenant n'existeraient plus, si l'on eût pris d'abord ce moyen de les résoudre?

6° Celle de soumettre les Conseils aux ordres des citoyens est ridicule. Il est certain que des représentations ne sont pas des ordres, non plus que la requête d'un homme qui demande justice n'est pas un ordre; mais le magistrat n'en est pas moins obligé de rendre au suppliant la justice qu'il demande, et le Conseil de faire droit sur les représentations des citoyens et bourgeois. Quoique les magistrats soient les supérieurs des particuliers, cette supériorité ne les dispense pas d'accorder à leurs inférieurs ce qu'ils leur doivent; et les termes respectueux qu'emploient ceux-ci pour le demander n'ôtent rien au droit qu'ils ont de l'obtenir. Une représentation est, si l'on veut, un ordre donné au Conseil, comme elle est un ordre donné au premier syndic, à qui on la présente, de la communiquer au Conseil; car c'est ce qu'il est toujours obligé de faire, soit qu'il approuve la représentation, soit qu'il ne l'approuve pas.

Au reste, quand le Conseil tire avantage du mot de *représentation* qui marque infériorité, en disant une chose que personne ne dispute, il oublie cependant que ce mot employé dans le règlement n'est pas dans l'édit auquel il renvoie, mais bien celui de *remontrances*, qui présente un tout autre sens : à quoi l'on peut ajouter qu'il y a de la différence entre les remontrances qu'un corps de magistrature fait à son souverain, et celles que des membres du souverain font à un corps de magistrature. Vous direz que j'ai tort de répondre à une pareille objection; mais elle vaut bien la plupart des autres.

7° Celle enfin d'un homme en crédit contestant le sens ou l'application d'une loi qui le condamne, et séduisant le public en sa faveur, est telle que je crois devoir m'abstenir de la qualifier. Eh! qui donc a connu la bourgeoisie de Genève pour un peuple servile, ardent, imitateur, stupide, ennemi des lois, et si prompt à s'enflammer pour les intérêts d'autrui? Il faut que chacun ait bien vu le sien compromis dans les affaires publiques, avant qu'il puisse se résoudre à s'en mêler.

Souvent l'injustice et la fraude trouvent des protecteurs; jamais elles n'ont le public pour elles : c'est en ceci que la voix du peuple est la voix de Dieu; mais malheureusement cette voix sacrée est toujours faible dans les affaires contre le cri de la puissance, et la plainte de l'innocence opprimée s'exhale en murmures méprisés par la tyrannie. Tout ce qui se fait par brigue et séduction se fait par préférence au profit de ceux qui gouvernent; cela ne saurait être autrement. La ruse, le préjugé, l'intérêt, la crainte, l'espoir, la vanité, les couleurs spécieuses, un air d'ordre et de subordination, tout est pour des hommes habiles constitués en autorité et versés dans l'art d'abuser le peuple. Quand il s'agit d'opposer l'adresse à l'adresse, ou le crédit au crédit, quel avantage immense n'ont pas dans une petite ville les premières familles, toujours unies pour dominer, leurs amis, leurs cliens, leurs créatures, tout cela joint à tout le pouvoir des Conseils, pour écraser des particuliers qui oseraient leur faire tête avec des sophismes pour toutes armes! Voyez autour de vous dans cet instant même. L'appui des lois, l'équité, la vérité, l'évidence, l'intérêt commun, le soin de la sûreté particulière, tout ce qui devrait entraîner la foule suffit à peine pour protéger des citoyens respectés qui réclament contre l'iniquité la plus manifeste; et l'on veut que, chez un peuple éclairé, l'intérêt d'un brouillon fasse plus de partisans que n'en peut faire celui de l'état! Ou je connais mal votre bourgeoisie et vos chefs, ou si jamais il se fait une seule représentation mal fondée, ce qui n'est pas encore arrivé que je sache, l'auteur, s'il n'est méprisable, est un homme perdu.

Est-il besoin de réfuter des objections de cette espèce, quand on parle à des Genevois? Y a-t-il dans votre ville un seul homme qui n'en sente la mauvaise foi? et peut-on sérieusement balancer l'usage d'un droit sacré, fondamental, confirmé, nécessaire, par des inconvéniens chimériques, que ceux mêmes qui les objectent savent mieux que personne ne pouvoir exister; tandis qu'au contraire ce droit enfreint ouvre la porte aux excès de la plus odieuse oligarchie, au point qu'on la voit attenter déjà sans prétexte à la liberté des citoyens, et s'arroger hautement le pouvoir de les emprisonner sans astriction ni condition, sans formalité d'aucune espèce, contre la teneur des lois les plus précises, et malgré toutes les protestations?

L'explication qu'on ose donner à ces lois est plus insultante encore que la tyrannie qu'on exerce en leur nom. De quels raisonnemens on vous paie! Ce n'est pas assez de vous traiter en esclaves, si l'on ne vous traite encore en enfans. Eh Dieu! comment a-t-on pu mettre en doute des questions aussi claires, comment a-t-on pu les embrouiller à ce point? Voyez, monsieur, si les poser n'est pas les résoudre. En finissant par là cette lettre, j'espère ne la pas allonger de beaucoup.

Un homme peut être constitué prisonnier de trois manières : l'une, à l'instance d'un autre homme, qui fait contre lui partie formelle; la seconde, étant surpris en flagrant délit, et saisi sur-le-champ, ou, ce qui revient au même, pour crime notoire, dont le public est témoin ; et la troisième, d'office, par la simple autorité du magistrat, sur des avis secrets, sur des indices; ou sur d'autres raisons qu'il trouve suffisantes.

Dans le premier cas, il est ordonné par les lois de Genève que l'accusateur revête les prisons, ainsi que l'accusé ; et de plus, s'il n'est pas solvable, qu'il donne caution des dépens et de l'adjugé. Ainsi l'on a de ce côté, dans l'intérêt de l'accusateur, une sûreté raisonnable que le prévenu n'est pas arrêté injustement.

Dans le second cas, la preuve est dans le fait même, et l'accusé est en quelque sorte convaincu par sa propre détention.

Mais, dans le troisième cas, on n'a ni la même sûreté que dans le premier, ni la même évidence que dans le second ; et c'est pour ce dernier cas que la loi, supposant le magistrat équitable, prend seulement des mesures pour qu'il ne soit pas surpris.

Voilà les principes sur lesquels le législateur se dirige dans ces trois cas; en voici maintenant l'application.

Dans le cas de la partie formelle, on a, dès le commencement, un procès en règle qu'il faut suivre dans toutes les formes judiciaires ; c'est pourquoi l'affaire est d'abord traitée en première instance. L'emprisonnement ne peut être fait, « si, parties ouies, il n'a été permis par justice (1). » Vous savez que ce qu'on appelle à Genève la justice est le tribunal du lieutenant et de ses assistants, appelés *auditeurs*. Ainsi c'est à ces magistrats et non à d'autres, pas même aux syndics, que la plainte en pareil cas doit être portée ; et c'est à eux d'ordonner l'emprisonnement des deux parties, sauf alors le recours de l'une des deux aux syndics, si, selon les termes de l'édit, « elle se sentait grevée par ce qui aura été ordonné (2). » Les trois premiers articles du titre XII sur les matières criminelles se rapportent évidemment à ce cas-là.

Dans le cas du flagrant délit, soit pour crime, soit pour excès que la police doit punir, il est permis à toute personne d'arrêter le coupable ; mais il n'y a que les magistrats chargés de quelque partie du pouvoir exécutif, tels que les syndics, le Conseil, le lieutenant, un auditeur, qui puissent l'écrouer ; un conseiller ni plusieurs ne le pourraient pas ; et le prisonnier doit être interrogé dans les vingt-quatre heures. Les cinq articles suivants du même édit se rapportent uniquement à ce second cas, comme il est clair, tant par l'ordre de la matière que par le nom de *criminel* donné au prévenu, puisqu'il n'y a que le seul cas du flagrant délit ou du crime notoire, où l'on puisse appeler *criminel* un accusé avant que son procès lui soit fait. Que si l'on s'obstine à vouloir qu'*accusé* et *criminel* soient synonymes, il faudra, par ce même langage, qu'*innocent* et *criminel* le soient aussi.

Dans le reste du titre XII, il n'est plus question d'emprisonnement ; et depuis l'article 9 inclusivement, tout roule sur la procédure et sur la forme du jugement, dans toute espèce de procès criminel. Il n'y est point parlé des emprisonnements faits d'office.

Mais il en est parlé dans l'édit politique sur l'office des quatre syndics. Pourquoi cela ? parce que cet article tient immédiatement à la liberté civile, que le pouvoir exercé sur ce point par le magistrat est un acte de gouvernement plutôt que de magistrature, et qu'un simple tribunal de justice ne doit pas être revêtu d'un pareil pouvoir. Aussi l'édit l'accorde-t-il aux syndics seuls, non au lieutenant ni à aucun magistrat.

Or, pour garantir les syndics de la surprise dont j'ai parlé, l'édit leur prescrit de mander premièrement « ceux qu'il appartiendra d'examiner, d'interroger, et enfin de faire emprisonner, si métier est. » Je crois que, dans un pays libre, la loi ne pouvait pas moins faire pour mettre un frein à ce terrible pouvoir. Il faut que les citoyens aient toutes les sûretés raisonnables qu'en faisant leur devoir ils pourront coucher dans leur lit.

L'article suivant du même titre rentre, comme il est manifeste, dans le cas du crime notoire et du flagrant délit ; de même que l'article premier du titre des matières criminelles, dans le même édit politique. Tout cela peut paraître une répétition : mais, dans l'édit civil, la matière est considérée quant à l'exercice de la justice, et dans l'édit politique, quant à la sûreté des citoyens. D'ailleurs les lois ayant été faites en différents temps ; et ces lois étant l'ouvrage des hommes, on n'y doit pas chercher un ordre qui ne se démente jamais et une perfection sans défaut. Il suffit qu'en méditant sur le tout, et en comparant les articles, on y découvre l'esprit du législateur et les raisons du dispositif de son ouvrage.

Ajoutez une réflexion. Ces droits si judicieusement combinés, ces droits réclamés par les représentants en vertu des édits, vous en jouissiez sous la souveraineté des évêques, Neufchâtel en jouit sous ses princes ; et à vous, républicains, on veut les ôter ! Voyez les articles 10, 11, et plusieurs autres des franchises de Genève, dans l'acte d'Ademarus Fabri. Ce monument n'est pas

---

(1) *Edits civils*, tit. XII, art. 1.
(2) *Ibid.*, art. 2.

moins respectable aux Genevois que ne l'est aux Anglais la grande Charte, encore plus ancienne; et je doute qu'on fût bien venu chez ces derniers à parler de leur Charte avec autant de mépris que l'auteur des *Lettres* ose en marquer pour la vôtre.

Il prétend qu'elle a été abrogée par les constitutions de la république (1). Mais, au contraire, je vois très souvent dans vos édits ce mot, *comme d'ancienneté*, qui renvoie aux usages anciens, par conséquent aux droits sur lesquels ils étaient fondés; et comme si l'évêque eût prévu que ceux qui devaient protéger les franchises, les attaqueraient, je vois qu'il déclare dans l'acte même qu'elles seront perpétuelles, sans que le non-usage ni aucune prescription les puisse abolir. Voici, vous en conviendrez, une opposition bien singulière. Le savant syndic Chouet, dit, dans son Mémoire à mylord Towsend, que le peuple de Genève entra, par la réformation, dans les droits de l'évêque, qui était prince temporel et spirituel de cette ville : l'auteur des *Lettres* nous assure au contraire que ce même peuple perdit en cette occasion les franchises que l'évêque lui avait accordées. Auquel des deux croirons-nous?

Quoi! vous perdez, étant libres, des droits dont vous jouissiez étant sujets! Vos magistrats vous dépouillent de ceux que vous accordèrent vos princes! Si telle est la liberté que vous ont acquise vos pères, vous avez de quoi regretter le sang qu'ils versèrent pour elle. Cet acte singulier, qui vous rendant souverains vous ôta vos franchises, valait bien, ce me semble, la peine d'être énoncé; et du moins, pour le rendre croyable, on ne pouvait le rendre trop solennel. Où est-il donc cet acte d'abrogation? Assurément, pour se prévaloir d'une pièce aussi bizarre, le moins qu'on puisse faire est de commencer par la montrer.

De tout ceci je crois pouvoir conclure avec certitude qu'en aucun cas possible la loi dans Genève n'accorde aux syndics, ni à personne, le droit absolu d'emprisonner les particuliers sans astriction ni condition. Mais n'importe : le Conseil, en réponse aux représentations, établit ce droit sans réplique. Il n'en coûte que de vouloir, et le voilà en possession. Telle est la commodité du droit négatif.

Je me proposais de montrer dans cette lettre que le droit de représentation, intimement lié à la forme de votre constitution, n'était pas un droit illusoire et vain; mais qu'ayant été formellement établi par l'édit de 1707, et confirmé par celui de 1738, il devait nécessairement avoir un effet réel; que cet effet n'avait pas été stipulé dans l'acte de la médiation, parce qu'il ne l'était pas dans l'édit; et qu'il ne l'avait pas été dans l'édit, tant parce qu'il résultait alors par lui-même de la nature de votre constitution, que parce que le même édit en établissait la sûreté d'une autre manière; que ce droit, et son effet nécessaire, donnant seul de la consistance à tous les autres, était l'unique et véritable équivalent de ceux qu'on avait ôtés à la bourgeoisie; que cet équivalent, suffisant pour établir un solide équilibre entre toutes les parties de l'état, montrait la sagesse du règlement qui, sans cela, serait l'ouvrage le plus inique qu'il fût possible d'imaginer; qu'enfin les difficultés qu'on élevait contre l'exercice de ce droit étaient des difficultés frivoles, qui n'existaient que dans la mauvaise volonté de ceux qui les proposaient, et qui ne balançaient en aucune manière les dangers du droit négatif absolu. Voilà, monsieur, ce que j'ai voulu faire; c'est à vous à voir si j'ai réussi.

LETTRE IX.

Manière de raisonner de l'auteur des *Lettres écrites de la campagne*. Son vrai but dans cet écrit. Choix de ses exemples. Caractères de la bourgeoisie de Genève. Preuve par faits. Conclusion.

J'ai cru, monsieur, qu'il valait mieux établir directement ce que j'avais à

(1) C'était par une logique toute semblable qu'en 1742 on n'eut aucun égard au traité

dire, que de m'attacher à de longues réfutations. Entreprendre un examen suivi des *Lettres écrites de la campagne* serait s'embarquer dans une mer de sophismes. Les saisir, les exposer, serait, selon moi, les réfuter; mais ils nagent dans un tel flux de doctrine, ils en sont si fort inondés, qu'on se noie en voulant les mettre à sec.

Toutefois, en achevant mon travail, je ne puis me dispenser de jeter un coup d'œil sur celui de cet auteur. Sans analyser les subtilités politiques dont il vous leurre, je me contenterai d'en examiner les principes, et de vous montrer dans quelques exemples le vice de ses raisonnements.

Vous en avez vu ci-devant l'inconséquence par rapport à moi : par rapport à votre république, ils sont plus captieux quelquefois, et ne sont jamais plus solides. Le seul et véritable objet de ces lettres est d'établir le prétendu droit négatif dans la plénitude que lui donnent les usurpations du Conseil. C'est à ce but que tout se rapporte, soit directement, par un enchaînement nécessaire, soit indirectement par un tour d'adresse, en donnant le change au public sur le fond de la question.

Les imputations qui me regardent sont dans le premier cas. Le Conseil m'a jugé contre la loi : des représentations s'élèvent. Pour établir le droit négatif, il faut éconduire les représentants; pour les éconduire, il faut prouver qu'ils ont tort; pour prouver qu'ils ont tort, il faut soutenir que je suis coupable, mais coupable à tel point, que pour punir mon crime il a fallu déroger à la loi.

Que les hommes frémiraient au premier mal qu'ils font, s'ils voyaient qu'ils se mettent dans la triste nécessité d'en toujours faire, d'être méchants toute leur vie pour avoir pu l'être un moment, et de poursuivre jusqu'à la mort le malheureux qu'ils ont une fois persécuté!

La question de la présidence des syndics dans les tribunaux criminels se rapporte au second cas. Croyez-vous qu'au fond le Conseil s'embarrasse beaucoup que ce soient des syndics ou des conseillers qui président, depuis qu'il a fondu les droits des premiers dans tout le corps? Les syndics, jadis choisis parmi tout le peuple (1), ne l'étant plus que dans le Conseil, de chefs qu'ils étaient des autres magistrats, sont demeurés leurs collègues; et vous avez pu voir clairement dans cette affaire que vos syndics, peu jaloux d'une autorité passagère, ne sont plus que des conseillers. Mais on feint de traiter cette question comme importante, pour vous distraire de celle qui l'est véritablement, pour vous laisser croire encore que vos premiers magistrats sont toujours élus par vous, et que leur puissance est toujours la même.

Laissons donc ici ces questions accessoires, que, par la manière dont l'auteur les traite, on voit qu'il ne prend guère à cœur. Bornons-nous à peser les raisons qu'il allègue en faveur du droit négatif, auquel il s'attache avec plus de soin, et par lequel seul, admis ou rejetés, vous êtes esclaves ou libres.

L'art qu'il emploie le plus adroitement pour cela est de réduire en propositions générales un système dont on verrait trop aisément le faible s'il en faisait toujours l'application. Pour vous écarter de l'objet particulier, il flatte votre amour-propre en étendant vos vues sur de grandes questions; et tandis qu'il met ces questions hors de la portée de ceux qu'il veut séduire, il les cajole et les gagne en paraissant les traiter en hommes d'état. Il éblouit aussi le peuple pour l'aveugler, et change en thèses de philosophie des questions qui n'exigent que du bon sens, afin qu'on ne puisse l'en dédire, et que, ne l'entendant pas, on n'ose le désavouer.

---

de Soleure de 1579, soutenant qu'il était suranné, quoiqu'il fût déclaré perpétuel dans l'acte même, qu'il n'ait jamais été abrogé par aucun autre, et qu'il ait été rappelé plusieurs fois, notamment dans l'acte de médiation,

(1) On poussait si loin l'attention pour qu'il n'y eût dans ce choix ni exclusion ni préférence autre que celle du mérite, que, par un édit qui a été abrogé, deux syndics devaient toujours être pris dans le bas de la ville et deux dans le haut.

Vouloir le suivre dans ses sophismes abstraits, serait tomber dans la faute que je lui reproche. D'ailleurs, sur des questions ainsi traitées, on prend le parti qu'on veut sans avoir jamais tort : car il entre tant d'éléments dans ces prépositions, on peut les envisager par tant de faces, qu'il y a toujours quelque côté susceptible de l'aspect qu'on veut leur donner. Quand on fait pour tout le public en général un livre de politique, on y peut philosopher à son aise : l'auteur, ne voulant qu'être lu et jugé par les hommes instruits de toutes les nations et versés dans la matière qu'il traite, abstrait et généralise sans crainte; il ne s'appesantit pas sur les détails élémentaires. Si je parlais à vous seul, je pourrais user de cette méthode; mais le sujet de ces *Lettres* intéresse un peuple entier, composé, dans son plus grand nombre, d'hommes qui ont plus de sens et de jugement que de lecture et d'étude, et qui, pour n'avoir pas le jargon scientifique, n'en sont pas plus propres à saisir le vrai dans toute sa simplicité. Il faut opter en pareil cas entre l'intérêt de l'auteur et celui des lecteurs; et qui veut se rendre plus utile doit se résoudre à être moins éblouissant.

Une autre source d'erreurs et de fausses applications est d'avoir laissé les idées de ce droit négatif trop vagues, trop inexactes; ce qui sert à citer avec un air de preuve les exemples qui s'y rapportent le moins, à détourner vos concitoyens de leur objet par la pompe de ceux qu'on leur présente, à soulever leur orgueil contre leur raison, et à les consoler doucement de n'être pas plus libres que les maîtres du monde. On fouille avec érudition dans l'obscurité des siècles; on vous promène avec faste chez les peuples de l'antiquité; on vous étale successivement Athènes, Sparte, Rome, Carthage; on vous jette aux yeux le sable de la Libye, pour vous empêcher de voir ce qui se passe autour de vous.

Qu'on fixe avec précision, comme j'ai tâché de faire, ce droit négatif, tel que prétend l'exercer le Conseil, et je soutiens qu'il n'y eut jamais un seul gouvernement sur la terre où le législateur, enchaîné de toutes manières par le corps exécutif, après avoir livré les lois sans réserve à sa merci, fût réduit à les lui voir expliquer, éluder, transgresser à volonté, sans pouvoir jamais apporter à cet abus d'autre opposition, d'autre droit, d'autre résistance, qu'un murmure inutile et d'impuissantes clameurs.

Voyez, en effet, à quel point votre anonyme est forcé de dénaturer la question, pour y rapporter moins mal à propos ses exemples.

« Le droit négatif n'étant pas, dit-il page 110, le pouvoir de faire des lois, mais d'empêcher que tout le monde indistinctement ne puisse mettre en mouvement la puissance qui fait les lois, et ne donnant pas la facilité d'innover, mais le pouvoir de s'opposer aux innovations, va directement au grand but que se propose une société politique, qui est de se conserver en conservant sa constitution. »

Voilà un droit négatif très raisonnable; et, dans le sens exposé, ce droit est, en effet, une partie si essentielle de la constitution démocratique, qu'il serait généralement impossible qu'elle se maintînt, si la puissance législative pouvait toujours être mise en mouvement par chacun de ceux qui la composent. Vous concevez qu'il n'est pas difficile d'apporter des exemples en confirmation d'un principe aussi certain.

Mais si cette notion n'est point celle du droit négatif en question, s'il n'y a pas dans ce passage un seul mot qui ne porte à faux par l'application que l'auteur en veut faire, vous m'avouerez que les preuves de l'avantage d'un droit négatif tout différent ne sont pas fort concluantes en faveur de celui qu'il veut établir.

« Le droit négatif n'est pas celui de faire des lois... » Non, mais il est celui de se passer de lois. Faire de chaque acte de sa volonté une loi particulière, est bien plus commode que de suivre des lois générales, quand même on en serait soi-même l'auteur. « Mais d'empêcher que tout le monde indistinctement ne puisse mettre en mouvement la puissance qui fait les lois. » Il fallait dire, au lieu de cela : « Mais d'empêcher que qui que ce soit ne puisse protéger les lois contre la puissance qui les subjugue. »

« Qui ne donnant pas la facilité d'innover.... » Pourquoi non ? Qui est-ce qui peut empêcher d'innover celui qui a la force en main, et qui n'est obligé de rendre compte de sa conduite à personne ? « Mais le pouvoir d'empêcher les innovations. » Disons mieux, « le pouvoir d'empêcher qu'on ne s'oppose aux innovations. »

C'est ici, monsieur, le sophisme le plus subtil, et qui revient le plus souvent dans l'écrit que j'examine. Celui qui a la puissance exécutive n'a jamais besoin de constater cette innovation par des actes solennels. Il lui suffit, dans l'exercice continu de sa puissance, de plier peu à peu chaque chose à sa volonté, et cela ne fait jamais une sensation bien forte.

Ceux, au contraire, qui ont l'œil assez attentif et l'esprit assez pénétrant pour remarquer ce progrès et pour en prévoir la conséquence, n'ont, pour l'arrêter, qu'un de ces deux partis à prendre : ou de s'opposer d'abord à la première innovation qui n'est jamais qu'une bagatelle, et alors on les traite de gens inquiets, brouillons, pointilleux, toujours prêts à chercher querelle; ou bien de s'élever enfin contre un abus qui se renforce, et alors on crie à l'innovation. Je défie que, quoi que vos magistrats entreprennent, vous puissiez, en vous y opposant, éviter à la fois ces deux reproches. Mais à choix, préférez le premier. Chaque fois que le Conseil altère quelque usage, il a son but que personne ne voit, et qu'il se garde bien de montrer. Dans le doute, arrêtez toujours toute nouveauté, petite ou grande. Si les syndics étaient dans l'usage d'entrer au Conseil du pied droit, et qu'ils y voulussent entrer du pied gauche, je dis qu'il faudrait les en empêcher.

Nous avons ici la preuve bien sensible de la facilité de conclure le pour et le contre par la méthode que suit notre auteur. Car appliquez au droit de représentation des citoyens ce qu'il applique au droit négatif des Conseils, et vous trouverez que sa proposition générale convient encore mieux à votre application qu'à la sienne. « Le droit de représentation, direz-vous, n'étant pas le droit de faire des lois, mais d'empêcher que la puissance qui doit les administrer ne les transgresse, et ne donnant pas le pouvoir d'innover, mais de s'opposer aux nouveautés, va directement au grand but que se propose une société politique, celui de se conserver en conservant sa constitution. » N'est-ce pas exactement là ce que les représentants avaient à dire ? et ne semble-t-il pas que l'auteur ait raisonné pour eux ? Il ne faut point que les mots nous donnent le change sur les idées. Le prétendu droit négatif du Conseil est réellement un droit positif, et le plus positif même que l'on puisse imaginer, puisqu'il rend le petit Conseil seul maître direct et absolu de l'état et de toutes les lois ; et le droit de représentation, pris dans son vrai sens, n'est lui-même qu'un droit négatif. Il consiste uniquement à empêcher la puissance exécutive de rien exécuter contre les lois.

Suivons les aveux de l'auteur sur les propositions qu'il présente : avec trois mots ajoutés, il aura posé le mieux du monde votre état présent.

« Comme il n'y aurait point de liberté dans un état où le corps chargé de l'exécution des lois aurait droit de les faire parler à sa fantaisie, puisqu'il pourrait faire exécuter comme des lois ses volontés les plus tyranniques..... »

Voilà, je pense, un tableau d'après nature; vous allez voir un tableau de fantaisie mis en opposition.

« Il n'y aurait point aussi de gouvernement dans un état où le peuple exercerait sans règle la puissance législative. » D'accord, mais qui est-ce qui a proposé que le peuple exerçât sans règle la puissance législative ?

Après avoir ainsi posé un autre droit négatif que celui dont il s'agit, l'auteur s'inquiète beaucoup pour savoir où l'on doit placer ce droit négatif dont il ne s'agit point, et il établit là-dessus un principe qu'assurément je ne contesterai pas. C'est que, « si cette force négative peut sans inconvénient résider dans le gouvernement, il sera de la nature et du bien de la chose qu'on l'y place. » Puis viennent les exemples, que je ne m'attacherai pas à suivre, parce qu'ils sont trop éloignés de nous, et de tout point étrangers à la question.

Celui seul de l'Angleterre, qui est sous nos yeux, et qu'il cite avec raison comme un modèle de la juste balance des pouvoirs respectifs, mérite un moment d'examen; et je ne me permets ici qu'après lui la comparaison du petit au grand.

« Malgré la puissance royale, qui est très grande, la nation n'a pas craint de donner encore au roi la voix négative. Mais comme il ne peut se passer longtemps de la puissance législative, et qu'il n'y aurait pas de sûreté pour lui à l'irriter, cette force négative n'est dans le fait qu'un moyen d'arrêter les entreprises de la puissance législative; et le prince, tranquille dans la possession du pouvoir étendu que la constitution lui assure, sera intéressé à la protéger (page 117). »

Sur ce raisonnement et sur l'application qu'on en veut faire, vous croiriez que le pouvoir exécutif du roi d'Angleterre est plus grand que celui du Conseil à Genève; que le droit négatif qu'a ce prince est semblable à celui qu'usurpent vos magistrats; que votre gouvernement ne peut pas plus se passer que celui d'Angleterre de la puissance législative, et qu'enfin l'un et l'autre ont le même intérêt de protéger la constitution. Si l'auteur n'a pas voulu dire cela, qu'a-t-il donc voulu dire, et que fait cet exemple à son sujet?

C'est pourtant tout le contraire à tous égards. Le roi d'Angleterre, revêtu par les lois d'une si grande puissance pour les protéger, n'en a point pour les enfreindre : personne, en pareil cas, ne lui voudrait obéir, chacun craindrait pour sa tête; les ministres eux-mêmes la peuvent perdre s'ils irritent le parlement : on y examine sa propre conduite. Tout Anglais, à l'abri des lois, peut braver la puissance royale; le dernier du peuple peut exiger et obtenir la réparation la plus authentique s'il est le moins du monde offensé : supposé que le prince osât enfreindre la loi dans la moindre chose, l'infraction serait à l'instant relevée; il est sans droit, et serait sans pouvoir pour la soutenir.

Chez vous, la puissance du petit Conseil est absolue à tous égards; il est le ministre et le prince, la partie et le juge tout à la fois : il ordonne, et il exécute; il cite, il saisit, il emprisonne, il juge, il punit lui-même, il a la force en main pour tout faire; tous ceux qu'il emploie sont irrecherchables; il ne rend compte de sa conduite ni de la leur à personne; il n'a rien à craindre du législateur, auquel il a seul droit d'ouvrir la bouche, et devant lequel il n'ira pas s'accuser. Il n'est jamais contraint de réparer ses injustices; et tout ce que peut espérer de plus heureux l'innocent qu'il opprime, c'est d'échapper enfin sain et sauf, mais sans satisfaction ni dédommagement.

Jugez de cette différence par les faits les plus récents. On imprime à Londres un ouvrage violemment satirique contre les ministres, le gouvernement, le roi même. Les imprimeurs sont arrêtés; la loi n'autorise pas cet arrêt : un murmure public s'élève, il faut les relâcher. L'affaire ne finit pas là : les ouvriers prennent à leur tour le magistrat à partie; et ils obtiennent d'immenses dommages et intérêts. Qu'on mette en parallèle avec cette affaire celle du sieur Barbin, libraire à Genève; j'en parlerai ci-après. Autre cas : il se fait un vol dans la ville; sans indice et sur des soupçons en l'air, un citoyen est emprisonné contre les lois; sa maison est fouillée, on ne lui épargne aucun des affronts faits pour les malfaiteurs. Enfin son innocence est reconnue, il est relâché; il se plaint, on le laisse dire, et tout est fini.

Supposons qu'à Londres j'eusse eu le malheur de déplaire à la cour; que, sans justice et sans raisons, elle eût saisi le prétexte d'un de mes livres pour le faire brûler et me décréter : j'aurais présenté requête au parlement, comme ayant été jugé contre les lois; je l'aurais prouvé, j'aurais obtenu la satisfaction la plus authentique, et le juge eût été puni, peut-être cassé.

Transportons maintenant M. Wilkes (1) à Genève, disant, écrivant, imprimant, publiant contre le petit Conseil le quart de ce qu'il a dit, écrit, imprimé, publié hautement à Londres contre le gouvernement, la cour, le prince. Je n'affirmerai pas absolument qu'on l'eût fait mourir, quoique je le pense; mais sûrement il eût été saisi dans l'instant même, et dans peu très grièvement puni (2).

On dira que M. Wilkes était membre du corps législatif dans son pays; et moi, ne l'étais-je pas aussi dans le mien? Il est vrai que l'auteur des *Lettres* veut qu'on n'ait aucun égard à la qualité de citoyen. « Les règles, dit-il, de la procédure sont et doivent être égales pour tous les hommes : elles ne dérivent pas du droit de la cité; elles émanent du droit de l'humanité (p. 54). »

Heureusement pour vous, le fait n'est pas vrai (3); et quant à la maxime, c'est sous des mots très honnêtes cacher un sophisme bien cruel. L'intérêt du magistrat, qui, dans votre état, le rend souvent partie contre le citoyen, jamais contre l'étranger, exige, dans le premier cas, que la loi prenne des précautions beaucoup plus grandes pour que l'accusé ne soit pas condamné injustement. Cette distinction n'est que trop bien confirmée par les faits. Il n'y a peut-être pas, depuis l'établissement de la république, un seul exemple d'un jugement injuste contre un étranger : et qui comptera dans vos annales combien il y en a d'injustes et même d'atroces contre des citoyens? Du reste, il est très vrai que les précautions qu'il importe de prendre pour la sûreté de ceux-ci peuvent sans inconvénient s'étendre à tous les prévenus, parce qu'elles n'ont pas pour but de sauver le coupable, mais de garantir l'innocent. C'est pour cela qu'il n'est fait aucune exception dans l'article 30 du règlement, qu'on voit assez n'être utile qu'aux Genevois. Revenons à la comparaison du droit négatif dans les deux états.

Celui du roi d'Angleterre consiste en deux choses : à pouvoir seul convoquer et dissoudre le corps législatif, et à pouvoir rejeter les lois qu'on lui propose : mais il ne consista jamais à empêcher la puissance législative de connaître des infractions qu'il peut faire à la loi.

D'ailleurs cette force négative est bien tempérée : premièrement par la loi triennale (4) qui l'oblige de convoquer un nouveau parlement au bout d'un

---

(1) Jean Wilkes, l'un des aldermen de Londres, élu membre de la Chambre des Communes en 1761, s'y montra l'adversaire le plus redoutable du ministère. Il soutint et gagna un procès fameux à l'occasion d'un écrit qu'il avait publié contre le gouvernement et la personne du roi, et mourut dans l'obscurité en 1797.

(2) La loi mettant M. Wilkes à couvert de ce côté, il a fallu, pour l'inquiéter, prendre un autre tour; et c'est encore la religion qu'on a fait intervenir dans cette affaire. — Le prétexte fut son poème sur *la Femme*, où figurait l'évêque Warburton.

(3) Le droit de recours à la grâce n'appartenait par l'édit qu'aux citoyens et bourgeois; mais, par leurs bons offices, ce droit et d'autres furent communiqués aux natifs et habitants, qui, ayant fait cause commune avec eux, avaient besoin des mêmes précautions pour leur sûreté; les étrangers en sont demeurés exclus. L'on sent aussi que le choix de quatre parents ou amis pour assister le prévenu dans un procès criminel n'est pas fort utile à ces derniers; il ne l'est qu'à ceux que le magistrat peut avoir intérêt de perdre, et à qui la loi donne leur ennemi naturel pour juge. Il est étonnant même qu'après tant d'exemples effrayants, les citoyens et bourgeois n'aient pas pris plus de mesures pour la sûreté de leurs personnes, et que toute la matière criminelle reste, sans édits et sans lois, presque abandonnée à la discrétion du Conseil. Un service, pour lequel seul les Genevois et tous les hommes justes doivent bénir à jamais les médiateurs, est l'abolition de la question préparatoire. J'ai toujours sur les lèvres un rire amer quand je vois tant de beaux livres, où les Européens s'admirent et se font compliment sur leur humanité, sortir des mêmes pays où l'on s amuse à disloquer et briser les membres des hommes, en attendant qu'on sache s'ils sont coupables ou non. Je définis la torture un moyen presque infaillible employé par le fort pour charger le faible des crimes dont il le veut punir.

(4) Devenue septennale par une faute dont les Anglais ne sont pas à se repentir.

certain temps; de plus, par sa propre nécessité, qui l'oblige à le laisser presque toujours assemblé(1); enfin, par le droit négatif de la chambre des communes, qui en a, vis-à-vis de lui-même, un non moins puissant que le sien.

Elle est tempérée encore par la pleine autorité que chacune des deux chambres une fois assemblée a sur elle-même, soit pour proposer, traiter, discuter, examiner les lois et toutes les matières du gouvernement, soit par la partie de la puissance exécutive qu'elles exercent, et conjointement, et séparément, tant dans la chambre des communes, qui connaît des griefs publics et des atteintes portées aux lois, que dans la chambre des pairs, juges suprêmes dans les matières criminelles, et surtout dans celles qui ont rapport aux crimes d'état.

Voilà, monsieur, quel est le droit négatif du roi d'Angleterre. Si vos magistrats n'en réclament qu'un pareil, je vous conseille de ne le leur pas contester. Mais je ne vois point quel besoin, dans votre situation présente, ils peuvent jamais avoir de la puissance législative, ni ce qui peut les contraindre à la convoquer pour agir réellement dans quelque cas que ce puisse être, puisque de nouvelles lois ne sont jamais nécessaires à gens qui sont au-dessus des lois; qu'un gouvernement qui subsiste avec ses finances, et n'a point de guerre, n'a nul besoin de nouveaux impôts; et qu'en revêtant le corps entier du pouvoir des chefs qu'on en tire, on rend le choix de ces chefs presque indifférent.

Je ne vois pas même en quoi pourrait les contenir le législateur, qui, quand il existe, n'existe qu'un instant, et ne peut jamais décider que l'unique point sur lequel ils l'interrogent.

Il est vrai que le roi d'Angleterre peut faire la guerre et la paix; mais outre que cette puissance est plus apparente que réelle, du moins quant à la guerre, j'ai déjà fait voir ci-devant (page 74) et dans le *Contrat social*, que ce n'est pas de cela qu'il s'agit pour vous, et qu'il faut renoncer aux droits honorifiques quand on veut jouir de la liberté. J'avoue encore que ce prince peut donner et ôter les places au gré de ses vues, et corrompre en détail le législateur. C'est précisément ce qui met tout l'avantage du côté du Conseil, à qui de pareils moyens sont peu nécessaires, et qui vous enchaîne à moindres frais. La corruption est un abus de la liberté; mais elle est une preuve que la liberté existe, et l'on n'a pas besoin de corrompre les gens que l'on tient en son pouvoir. Quant aux places, sans parler de celles dont le Conseil dispose, ou par lui-même, ou par le Deux-Cents, il fait mieux pour les plus importantes: il les remplit de ses propres membres, ce qui lui est plus avantageux encore; car on est toujours plus sûr de ce qu'on fait par ses mains que de ce qu'on fait par celles d'autrui. L'histoire d'Angleterre est pleine de preuves de la résistance qu'ont faite les officiers royaux à leurs princes, quand ils ont voulu transgresser les lois. Voyez si vous trouverez chez vous bien des traits d'une résistance pareille faite au Conseil par les officiers de l'état, même dans les cas les plus odieux. Quiconque à Genève est aux gages de la république, cesse à l'instant même d'être citoyen; il n'est plus que l'esclave et le satellite des Vingt-Cinq, prêt à fouler aux pieds la patrie et les lois sitôt qu'ils l'ordonnent. Enfin la loi, qui ne laisse en Angleterre aucune puissance au roi pour mal faire, lui en donne une très grande pour faire le bien : il ne paraît pas que ce soit de ce côté que le Conseil est jaloux d'étendre la sienne.

Les rois d'Angleterre, assurés de leurs avantages, sont intéressés à protéger la constitution présente, parce qu'ils ont peu d'espoir de la changer : vos magistrats, au contraire, sûrs de se servir des formes de la vôtre pour en changer tout-à-fait le fond, sont intéressés à conserver ses formes comme l'instrument de leurs usurpations. Le dernier pas dangereux qu'il leur reste à faire

---

(1) Le parlement, n'accordant les subsides que pour une année, force ainsi le roi de les lui redemander tous les ans.

est celui qu'ils font aujourd'hui. Ce pas fait, ils pourront se dire encore plus intéressés que le roi d'Angleterre à conserver la constitution établie, mais par un motif bien différent. Voilà toute la parité que je trouve entre l'état politique de l'Angleterre et le vôtre : je vous laisse à juger dans lequel est la liberté.

Après cette comparaison, l'auteur, qui se plaît à vous présenter de grands exemples, vous offre celui de l'ancienne Rome. Il lui reproche avec dédain ses tribuns brouillons et séditieux : il déplore amèrement, sous cette orageuse administration, le triste sort de cette malheureuse ville, qui pourtant, n'étant rien encore à l'érection de cette magistrature, eut sous elle cinq cents ans de gloire et de prospérités, et devint la capitale du monde. Elle finit enfin, parce qu'il faut que tout finisse; elle finit par les usurpations de ses grands, de ses consuls, de ses généraux, qui l'envahirent : elle périt par l'excès de sa puissance; mais elle ne l'avait acquise que par la bonté de son gouvernement. On peut dire en ce sens que ses tribuns la détruisirent (1).

Au reste, je n'excuse pas les fautes du peuple romain; je les ai dites dans le *Contrat social* : je l'ai blâmé d'avoir usurpé la puissance exécutive, qu'il devait seulement contenir (2); j'ai montré sur quels principes le tribunat devait être institué, les bornes qu'on devait lui donner, et comment tout cela se pouvait faire. Ces règles furent mal suivies à Rome; elles auraient pu l'être mieux. Toutefois voyez ce que fit le tribunat avec ces abus : que n'eût-il point fait bien dirigé? Je vois peu ce que veut ici l'auteur des *Lettres* : pour conclure contre lui-même, j'aurais pris le même exemple qu'il a choisi.

Mais n'allons pas chercher plus loin ces illustres exemples, si fastueux par eux-mêmes et si trompeurs par leur application. Ne laissez point forger vos chaînes par l'amour-propre. Trop petits pour vous comparer à rien, restez vous-mêmes, et ne vous aveuglez point sur votre position. Les anciens peuples ne sont plus un modèle pour les modernes; ils leur sont trop étrangers à tous égards. Vous surtout, Genevois, gardez votre place, et n'allez point aux objets élevés qu'on vous présente pour vous cacher l'abîme qu'on creuse au-devant de vous. Vous n'êtes ni Romains, ni Spartiates, vous n'êtes pas même Athéniens. Laissez-là ces grands noms qui ne vous vont point. Vous êtes des marchands, des artisans, des bourgeois, toujours occupés de leurs intérêts privés, de leur travail, de leur trafic, de leur gain; des gens pour qui la liberté même n'est qu'un moyen d'acquérir sans obstacle et de posséder en sûreté.

Cette situation demande pour vous des maximes particulières. N'étant pas oisifs comme étaient les anciens peuples, vous ne pouvez, comme eux, vous

---

(1) Les tribuns ne sortaient point de la ville; ils n'avaient aucune autorité hors de ses murs : aussi les consuls, pour se soustraire à leur inspection, tenaient-ils quelquefois les comices dans la campagne. Or les fers des Romains ne furent point forgés dans Rome, mais dans ses armées, et ce fut par leurs conquêtes qu'ils perdirent leur liberté. Cette perte ne vint donc pas des tribuns.

Il est vrai que César se servit d'eux, comme Sylla s'était servi du sénat; chacun prenait les moyens qu'il jugeait les plus prompts ou les plus sûrs pour parvenir : mais il fallait bien que quelqu'un parvînt; et qu'importait qui de Marius ou de Sylla, de César ou de Pompée, d'Octave ou d'Antoine, fût l'usurpateur? Quelque parti qui l'emportât, l'usurpation n'en était pas moins inévitable; il fallait des chefs aux armées éloignées, et il était sûr qu'un de ces chefs deviendrait le maître de l'état. Le tribunat ne faisait pas à cela la moindre chose.

Au reste, cette même sortie que fait ici l'auteur des *Lettres écrites de la campagne* sur les tribuns du peuple, avait été déjà faite, en 1715, par M. de Chapeaurouge, conseiller d'état, dans un Mémoire contre l'office de procureur-général. M. Louis Le Fort, qui remplissait alors cette charge avec éclat, lui fit voir, dans une très belle lettre en réponse à ce Mémoire, que le crédit et l'autorité des tribuns avaient été le salut de la république, et que sa destruction n'était point venue d'eux, mais des consuls. Sûrement le procureur-général Le Fort ne prévoyait guère par qui serait renouvelé de nos jours le sentiment qu'il réfutait si bien.

(2) Voyez le *Contrat social*, livre IV, chap. 5. Je crois qu'on trouvera dans ce chapitre, qui est fort court, quelques bonnes maximes sur cette matière.

occuper sans cesse du gouvernement : mais par cela même que vous pouvez moins y veiller de suite, il doit être institué de manière qu'il vous soit plus aisé d'en voir les manœuvres et de pourvoir aux abus. Tout soin public que votre intérêt exige doit vous être rendu d'autant plus facile à remplir, que c'est un soin qui vous coûte et que vous ne prenez pas volontiers. Car vouloir vous en décharger tout à-fait, c'est vouloir cesser d'être libres. « Il faut opter, dit le Philosophe bienfaisant ; et ceux qui ne peuvent supporter le travail n'ont qu'à chercher le repos dans la servitude. »

Un peuple inquiet, désœuvré, remuant, et, faute d'affaires particulières, toujours prêt à se mêler de celles de l'état, a besoin d'être contenu, je le sais ; mais, encore un coup, la bourgeoisie de Genève est-elle ce peuple-là? Rien n'y ressemble moins; elle en est l'antipode. Vos citoyens, tout absorbés dans leurs occupations domestiques, et toujours froids sur le reste, ne songent à l'intérêt public que quand le leur propre est attaqué. Trop peu soigneux d'éclairer la conduite de leurs chefs, ils ne voient les fers qu'on leur prépare que quand ils en sentent le poids. Toujours distraits, toujours trompés, toujours fixés sur d'autres objets, ils se laissent donner le change sur le plus important de tous, et vont toujours cherchant le remède, faute d'avoir su prévenir le mal. A force de compasser leurs démarches, ils ne les font jamais qu'après coup. Leurs lenteurs les auraient déjà perdus cent fois, si l'impatience du magistrat ne les eût sauvés, et si, pressé d'exercer ce pouvoir suprême auquel il aspire, il ne les eût lui-même avertis du danger.

Suivez l'historique de votre gouvernement : vous verrez toujours le Conseil, ardent dans ses entreprises, les manquer le plus souvent par trop d'empressement à les accomplir ; et vous verrez toujours la bourgeoisie revenir enfin sur ce qu'elle a laissé faire sans y mettre opposition.

En 1570, l'état était obéré de dettes et affligé de plusieurs fléaux. Comme il était malaisé, dans la circonstance, d'assembler souvent le Conseil général, on y propose d'autoriser les Conseils de pourvoir aux besoins présents : la proposition passe. Ils partent de là pour s'arroger le droit perpétuel d'établir des impôts, et pendant plus d'un siècle on les laisse faire sans la moindre opposition.

En 1714, on fait, par des vues secrètes (1), l'entreprise immense et ridicule des fortifications, sans daigner consulter le Conseil général, et contre la teneur des édits. En conséquence de ce beau projet, on établit pour dix ans des impôts sur lesquels on ne consulte pas davantage. Il s'élève quelques plaintes ; on les dédaigne, et tout se tait.

En 1725, le terme des impôts expire ; il s'agit de les prolonger. C'était pour la bourgeoisie le moment tardif, mais nécessaire, de revendiquer son droit négligé si longtemps. Mais la peste de Marseille et la banque royale ayant dérangé le commerce, chacun, occupé des dangers de sa fortune, oublie ceux de sa liberté. Le Conseil, qui n'oublie pas ses vues, renouvelle en Deux-Cents les impôts, sans qu'il soit question du Conseil général.

A l'expiration du second terme, les citoyens se réveillent, et, après cent soixante ans d'indolence, ils réclament enfin tout de bon leur droit. Alors, au lieu de céder ou temporiser, on trame une conspiration (2). Le complot se

---

(1) Il en a été parlé ci-devant, page 193.
(2) Il s'agissait de former, par une enceinte barricadée, une espèce de citadelle autour de l'élévation sur laquelle est l'Hôtel-de-Ville, pour asservir de là tout le peuple. Les bois déjà préparés pour cette enceinte, un plan de dispositions pour la garnir, les ordres donnés en conséquence aux capitaines de la garnison, des transports de munitions et d'armes de l'arsenal à l'Hôtel-de-Ville, le tamponnement de vingt-deux pièces de canon dans un boulevart éloigné, le transmarchement clandestin de plusieurs autres, en un mot tous les apprêts de la plus violente entreprise faits sans l'aveu des Conseils par le syndic de la garde et d'autres magistrats, ne purent suffire, quand tout cela fut découvert, pour obtenir qu'on fît le procès aux coupables, ni même qu'on improuvât nettement leur projet. Cependant la bourgeoisie, alors maîtresse de la place, les laissa paisiblement

découvre; les bourgeois sont forcés de prendre les armes, et par cette violente entreprise le Conseil perd en un moment un siècle d'usurpation.

A peine tout semble pacifié, que, ne pouvant endurer cette espèce de défaite, on forme un nouveau complot. Il faut derechef recourir aux armes ; les puissances voisines interviennent, et les droits mutuels sont enfin réglés.

En 1650, les Conseils inférieurs introduisent dans leurs corps une manière de recueillir les suffrages, meilleure que celle qui est établie, mais qui n'est pas conforme aux édits. On continue en Conseil général de suivre l'ancienne, où se glissent bien des abus; et cela dure cinquante ans et davantage, avant que les citoyens songent à se plaindre de la contravention ou à demander l'introduction d'un pareil usage dans le Conseil dont ils sont membres. Ils la demandent enfin; et ce qu'il y a d'incroyable est qu'on leur oppose tranquillement ce même édit qu'on viole depuis un demi-siècle.

En 1707, un citoyen (1) est jugé clandestinement contre les lois, condamné, arquebusé dans la prison; un autre est pendu sur la déposition d'un seul faux témoin connu pour tel; un autre est trouvé mort. Tout cela passe; et il n'en est plus parlé qu'en 1734, que quelqu'un s'avise de demander au magistrat des nouvelles du citoyen arquebusé trente ans auparavant.

En 1736, on érige des tribunaux criminels sans syndics. Au milieu des troubles qui régnaient alors, les citoyens, occupés de tant d'autres affaires, ne peuvent songer à tout. En 1758, on répète la même manœuvre; celui qu'elle regarde veut se plaindre; on le fait taire, et tout se tait. En 1762, on la renouvelle encore (2). Les citoyens se plaignent enfin l'année suivante. Le Conseil répond : « Vous venez trop tard; l'usage est établi. »

En juin 1762, un citoyen, que le Conseil avait pris en haine, est flétri dans ses livres, et personnellement décrété contre l'édit le plus formel. Ses parents, étonnés, demandent, par requête, communication du décret : elle leur est refusée, et tout se tait. Au bout d'un an d'attente, le citoyen flétri, voyant que nul ne proteste, renonce à son droit de cité. La bourgeoisie ouvre enfin les yeux, et réclame contre la violation de la loi : il n'était plus temps.

Un fait plus mémorable par son espèce, quoiqu'il ne s'agisse que d'une bagatelle, est celui du sieur Bardin. Un libraire commet à son correspondant des exemplaires d'un livre nouveau; avant que les exemplaires arrivent, le livre est défendu. Le libraire va déclarer au magistrat sa commission, et demander ce qu'il doit faire. On lui ordonne d'avertir quand les exemplaires arriveront : ils arrivent; il les déclare; on les saisit : il attend qu'on les lui rende ou qu'on les lui paie; on ne fait ni l'un ni l'autre. Il les redemande; on les garde : il présente requête pour qu'ils soient renvoyés, rendus, ou payés;

---

sortir sans troubler leur retraite, sans leur faire la moindre insulte, sans entrer dans leurs maisons, sans inquiéter leurs familles, sans toucher à rien qui leur appartînt. En tout autre pays, le peuple eût commencé par massacrer ces conspirateurs et mettre leurs maisons au pillage.

(1) Pierre Fatio. Voyez l'*Aperçu* en tête de cet ouvrage.

(2) Et à quelle occasion ! Voilà une inquisition d'état à faire frémir. Est-il concevable que, dans un pays libre, on punisse criminellement un citoyen pour avoir, dans une lettre à un autre citoyen, non imprimée, raisonné en termes décents et mesurés sur la conduite du magistrat envers un troisième citoyen? Trouvez-vous des exemples de violences pareilles dans les gouvernements les plus absolus? A la retraite de M. de Silhouette, je lui écrivis une lettre qui courut Paris (*Confessions*, liv. x). Cette lettre était d'une hardiesse que je ne trouve pas moi-même exempte de blâme; c'est peut-être la seule chose répréhensible que j'aie écrite en ma vie. Cependant m'a-t-on dit le moindre mot à ce sujet? on y a pas même songé. En France, on punit les libelles : on fait très bien; mais on laisse aux particuliers une liberté honnête de raisonner entre eux sur les affaires publiques, et il est inouï qu'on ait cherché querelle à quelqu'un pour avoir, dans des lettres restées manuscrites, dit son avis, sans satire et sans invective, sur ce qui se fait dans les tribunaux. Après avoir tant aimé le gouvernement républicain, faudra-t-il changer de sentiment dans ma vieillesse, et trouver enfin qu'il y a plus de véritable liberté dans les monarchies que dans nos républiques?

on refuse tout. Il perd ses livres; et ce sont des hommes publics, chargés de punir le vol, qui les ont gardés!

Qu'on pèse bien toutes les circonstances de ce fait, et je doute qu'on trouve aucun autre exemple semblable dans aucun parlement, dans aucun sénat, dans aucun conseil, dans aucun divan, dans quelque tribunal que ce puisse être. Si l'on voulait attaquer le droit de propriété sans raison, sans prétexte, et jusque dans sa racine, il serait impossible de s'y prendre plus ouvertement. Cependant l'affaire passe, tout le monde se tait, et sans des griefs plus graves, il n'eût jamais été question de celui-là. Combien d'autres sont restés dans l'obscurité, faute d'occasion pour les mettre en évidence!

Si l'exemple précédent est peu important en lui-même, en voici un d'un genre bien différent. Encore un peu d'attention, monsieur, pour cette affaire, et je supprime toutes celles que je pourrais ajouter.

Le 20 novembre 1763, au Conseil général assemblé pour l'élection du lieutenant et du trésorier, les citoyens remarquent une différence entre l'édit imprimé qu'ils ont et l'édit manuscrit dont un secrétaire d'état fait lecture, en ce que l'élection du trésorier doit par le premier se faire avec celle des syndics, et par le second avec celle du lieutenant. Ils remarquent de plus que l'élection du trésorier, qui, selon l'édit, doit se faire tous les trois ans, ne se fait que tous les six ans selon l'usage, et qu'au bout des trois ans on se contente de proposer la confirmation de celui qui est en place.

Ces différences du texte de la loi entre le manuscrit du Conseil et l'édit imprimé, qu'on n'avait point encore observées, en font remarquer d'autres qui donnent de l'inquiétude sur le reste. Malgré l'expérience qui apprend aux citoyens l'inutilité de leurs représentations les mieux fondées, ils en font à ce sujet de nouvelles, demandant que le texte original des édits soit déposé en chancellerie, ou dans tel autre lieu public au choix du Conseil, où l'on puisse comparer ce texte avec l'imprimé.

Or vous vous rappellerez, monsieur, que par l'article 42 de l'édit de 1738, il est dit qu'on fera imprimer *au plus tôt* un code général des lois de l'état qui contiendra tous les édits et règlements. Il n'a pas encore été question de ce code au bout de vingt-six ans; et les citoyens ont gardé le silence (1)!

Vous vous rappellerez encore que, dans un mémoire imprimé en 1745, un membre proscrit des Deux-Cents jeta de violents soupçons sur la fidélité des édits imprimés en 1713, et réimprimés en 1735, deux époques également suspectes. Il dit avoir collationné sur des édits manuscrits ces imprimés, dans lesquels il affirme avoir trouvé quantité d'erreurs dont il a fait note; et il rapporte les propres termes d'un édit de 1556, omis tout entier dans l'imprimé. A des imputations si graves le Conseil n'a rien répondu; et les citoyens ont gardé le silence!

Accordons, si l'on veut, que la dignité du Conseil ne lui permettait pas de répondre alors aux imputations d'un proscrit. Cette même dignité, l'honneur compromis, la fidélité suspectée, exigeaient maintenant une vérification que tant d'indices rendaient nécessaires, et que ceux qui la demandaient avaient droit d'obtenir.

Point du tout. Le petit Conseil justifie le changement fait à l'édit par un ancien usage, auquel le Conseil général ne s'étant pas opposé dans son origine, n'a plus droit de s'opposer aujourd'hui.

---

(1) De quelle excuse, de quel prétexte peut-on couvrir l'inobservation d'un article aussi exprès et aussi important? Cela ne se conçoit pas. Quand par hasard on en parle à quelques magistrats en conversation, ils répondent froidement : « Chaque édit particulier est imprimé : rassemblez-les. » Comme si l'on était sûr que tout fût imprimé, et comme si le recueil de ces chiffons formait un corps de lois complet, un code général, revêtu de l'authenticité requise et tel que l'annonce l'article 42! Est-ce ainsi que ces messieurs remplissent un engagement aussi formel? Quelles conséquences sinistres ne pourrait-on pas tirer de pareilles omissions!

Il donne pour raison de la différence qui est entre le manuscrit du Conseil et l'imprimé ; que ce manuscrit est un recueil des édits avec les changements pratiqués, et consentis par le silence du Conseil général ; au lieu que l'imprimé n'est que le recueil des mêmes édits, tels qu'ils ont passé en Conseil général.

Il justifie la confirmation du trésorier contre l'édit qui veut que l'on en élise un autre, encore par un ancien usage. Les citoyens n'aperçoivent pas une contravention aux édits, qu'il n'autorise par des contraventions antérieures ; ils ne font pas une plainte qu'il ne rebute, en leur reprochant de ne s'être pas plaints plus tôt.

Et, quant à la communication du texte original des lois, elle est nettement refusée (1), soit « comme étant contraire aux règles, » soit parce que les citoyens et bourgeois « ne doivent connaître d'autre texte des lois que le texte imprimé, » quoique le petit Conseil en suive un autre et le fasse suivre en Conseil général (2).

Il est donc contre les règles que celui qui a passé un acte ait communication de l'original de cet acte, lorsque les variantes dans les copies les lui font soupçonner de falsification ou d'incorrection ; et il est dans la règle qu'on ait deux différents textes des mêmes lois, l'un pour les particuliers, et l'autre pour le gouvernement ! Ouïtes-vous jamais rien dire de semblable ? Et toutefois sur toutes ces découvertes tardives, sur tous ces refus révoltants, les citoyens, éconduits dans leurs demandes les plus légitimes, se taisent, attendent, et demeurent en repos !

Voilà, monsieur, des faits notoires dans votre ville, et tous plus connus de vous que de moi. J'en pourrais ajouter cent autres, sans compter ceux qui me sont échappés : ceux-ci suffiront pour juger si la bourgeoisie de Genève est ou fut jamais, je ne dis pas remuante et séditieuse, mais vigilante, attentive, facile à s'émouvoir pour défendre ses droits les mieux établis et le plus ouvertement attaqués.

On nous dit « qu'une nation vive, ingénieuse, et très occupée de ses droits politiques, aurait un extrême besoin de donner à son gouvernement une force négative (page 170). » En expliquant cette force négative, on peut convenir du principe. Mais est-ce à vous qu'on en veut faire l'application ? A-t-on donc oublié qu'on vous donne ailleurs plus de sang-froid qu'aux autres peuples (page 154) ? Et comment peut-on dire que celui de Genève s'occupe beaucoup de ses droits politiques, quand on voit qu'il ne s'en occupe jamais que tard, avec répugnance, et seulement quand le péril le plus pressant l'y contraint ? De sorte qu'en n'attaquant pas si brusquement les droits de la bourgeoisie, il ne tient qu'au Conseil qu'elle ne s'en occupe jamais.

Mettons un moment en parallèle les deux partis, pour juger duquel l'activité est le plus à craindre, et où doit être placé le droit négatif pour modérer cette activité.

---

(1) Ces refus si durs et si sûrs à toutes les représentations les plus raisonnables et les plus justes, paraissent peu naturels. Est-il concevable que le Conseil de Genève, composé dans sa majeure partie d'hommes éclairés et judicieux, n'ait pas senti le scandale odieux et même effrayant de refuser à des hommes libres, à des membres du législateur, la communication du texte authentique des lois, et de fomenter ainsi comme à plaisir des soupçons produits par l'air de mystère et de ténèbres dont il s'environne sans cesse à leurs yeux ? Pour moi, je penche à croire que ces refus lui coûtent, mais qu'il s'est prescrit pour règle de faire tomber l'usage des représentations par des réponses constamment négatives. En effet, est-il à présumer que les hommes les plus patients ne se rebutent pas de demander pour ne rien obtenir ? Ajoutez la proposition déjà faite en Deux-Cents d'informer contre les auteurs des dernières représentations, pour avoir usé d'un droit que la loi leur donne. Qui voudra désormais s'exposer à des poursuites pour des démarches qu'on sait d'avance être sans succès ? Si c'est là le plan que s'est fait le petit Conseil, il faut avouer qu'il le suit très bien.

(2) Extrait des registres du Conseil du 7 décembre 1763, en réponse aux représentations verbales faites le 21 novembre par six citoyens ou bourgeois.

D'un côté je vois un peuple très peu nombreux, paisible et froid, composé d'hommes laborieux, amateurs du gain, soumis pour leur propre intérêt aux lois et à leurs ministres, tout occupés de leur négoce ou de leurs métiers : tous, égaux par leurs droits et peu distingués par la fortune, n'ont entre eux ni chefs ni clients ; tous, tenus par leur commerce, par leur état, par leurs biens, dans une grande dépendance du magistrat, ont à le ménager ; tous craignent de lui déplaire : s'ils veulent se mêler des affaires publiques, c'est toujours au préjudice des leurs. Distraits d'un côté par des objets plus intéressants pour leurs familles, de l'autre arrêtés par des considérations de prudence, par l'expérience de tous les temps, qui leur apprend combien, dans un aussi petit état que le vôtre, où tout particulier est incessamment sous les yeux du Conseil, il est dangereux de l'offenser, ils sont portés par les raisons les plus fortes à tout sacrifier à la paix ; car c'est par elle seule qu'ils peuvent prospérer : et dans cet état de choses, chacun, trompé par son intérêt privé, aime encore mieux être protégé que libre, et fait sa cour pour faire son bien.

De l'autre côté, je vois dans une petite ville, dont les affaires sont au fond très peu de chose, un corps de magistrats indépendant et perpétuel, presque oisif par état, faire sa principale occupation d'un intérêt très grand et très naturel pour ceux qui commandent, c'est d'accroître incessamment son empire, car l'ambition comme l'avarice se nourrit de ses avantages ; et plus on étend sa puissance, plus on est dévoré du désir de tout pouvoir. Sans cesse attentif à marquer des distances trop peu sensibles dans ses égaux de naissance, il ne voit en eux que ses inférieurs, et brûle d'y voir ses sujets. Armé de toute la force publique, dépositaire de toute l'autorité, interprète et dispensateur des lois qui le gênent, il s'en fait une arme offensive et défensive, qui le rend redoutable, respectable, sacré pour tous ceux qu'il veut outrager. C'est au nom même de la loi qu'il peut la transgresser impunément. Il peut attaquer la constitution en feignant de la défendre ; il peut punir comme un rebelle quiconque ose la défendre en effet. Toutes les entreprises de ce corps lui deviennent faciles ; il ne laisse à personne le droit de les arrêter ni d'en connaître : il peut agir, différer, suspendre ; il peut séduire, effrayer, punir ceux qui lui résistent ; et s'il daigne employer pour cela des prétextes, c'est plus par bienséance que par nécessité. Il a donc la volonté d'étendre sa puissance et le moyen de parvenir à tout ce qu'il veut. Tel est l'état relatif du petit Conseil et de la bourgeoisie de Genève. Lequel de ces deux corps doit avoir le pouvoir négatif pour arrêter les entreprises de l'autre ? L'auteur des *Lettres* assure que c'est le premier.

Dans la plupart des états, les troubles internes viennent d'une populace abrutie et stupide, échauffée d'abord par d'insupportables vexations, puis ameutée en secret par des brouillons adroits, revêtus de quelque autorité qu'ils veulent étendre. Mais est-il rien de plus faux qu'une pareille idée appliquée à la bourgeoisie de Genève, à sa partie au moins qui fait face à la puissance pour le maintien des lois ? Dans tous les temps, cette partie a toujours été l'ordre moyen entre les riches et les pauvres, entre les chefs de l'état et la populace. Cet ordre, composé d'hommes à peu près égaux en fortune, en état, en lumières, n'est ni assez élevé pour avoir des prétentions, ni assez bas pour n'avoir rien à perdre. Leur grand intérêt, leur intérêt commun, est que les lois soient observées, les magistrats respectés, que la constitution se soutienne, et que l'état soit tranquille. Personne dans cet ordre ne jouit à nul égard d'une telle supériorité sur les autres, qu'il puisse les mettre en jeu pour son intérêt particulier. C'est la plus saine partie de la république, la seule qu'on soit assuré ne pouvoir, dans sa conduite, se proposer d'autre objet que le bien de tous. Aussi voit-on toujours dans leurs démarches communes une décence, une modestie, une fermeté respectueuse, une certaine gravité d'hommes qui se sentent dans leur droit et qui se tiennent dans leur devoir. Voyez, au contraire, de quoi l'autre parti s'étaie : de gens qui nagent dans l'opulence, et du peuple le plus abject. Est-ce dans ces deux extrêmes, l'un fait pour acheter, l'autre pour se vendre, qu'on doit chercher l'amour de la justice et des lois? C'est par eux toujours que l'état dégénère : le riche tient la loi dans sa bourse, et le pauvre aime mieux du pain que la liberté. Il suffit de comparer ces deux partis, pour juger lequel doit porter aux lois la première atteinte. Et cherchez, en effet, dans votre histoire si tous les complots ne sont pas toujours venus du côté de la magistrature, et si jamais les citoyens ont eu recours à la force que lorsqu'il l'a fallu pour s'en garantir.

On raille sans doute, quand, sur les conséquences du droit que réclament vos concitoyens, on vous représente l'état en proie à la brigue, à la séduction, au premier venu. Ce droit négatif que veut avoir le Conseil fut inconnu jusqu'ici : quels maux en est-il arrivé? il en fût arrivé d'affreux, s'il eût voulu s'y tenir quand la bourgeoisie a fait valoir le sien. Rétorquez l'argument qu'on tire de deux cents ans de prospérité; que peut-on répondre? Ce gouvernement, direz-vous, établi par le temps, soutenu par tant de titres, autorisé par un si long usage, consacré par ses succès, et où le droit négatif des Conseils fut toujours ignoré, ne vaut-il pas bien cet autre gouvernement arbitraire dont nous ne connaissons encore ni les propriétés ni ses rapports avec notre bonheur, et où la raison ne peut nous montrer que le comble de notre misère?

Supposer tous les abus dans le parti qu'on attaque, et n'en supposer aucun dans le sien, est un sophisme bien grossier et bien ordinaire, dont tout homme sensé doit se garantir. Il faut supposer des abus de part et d'autre, parce qu'il s'en glisse partout; mais ce n'est pas à dire qu'il y ait égalité dans leurs conséquences. Tout abus est un mal, souvent inévitable, pour lequel on ne doit pas proscrire ce qui est bon en soi. Mais comparez, et vous trouverez, d'un côté des maux sûrs, des maux terribles, sans bornes et sans fin; de l'autre, l'abus même difficile, qui, s'il est grand, sera passager, et tel que, quand il a lieu, il porte toujours avec lui son remède. Car, encore une fois, il n'y a de liberté possible que dans l'observation des lois ou de la volonté générale; et il n'est pas plus dans la volonté générale de nuire à tous, que dans la volonté particulière de nuire à soi-même. Mais supposons cet abus de la liberté aussi naturel que l'abus de la puissance. Il y aura toujours cette différence entre l'un et l'autre, que l'abus de la liberté tourne au préjudice du peuple qui en abuse, et, le punissant de son propre tort, le force à en chercher le remède : ainsi, de ce côté, le mal n'est jamais qu'une crise, il ne peut faire un état permanent; au lieu que l'abus de la puissance, ne tournant point au préjudice du puissant, mais du faible, est, par sa nature, sans mesure, sans frein, sans limites; il ne finit que par la destruction de celui qui seul en ressent le mal. Disons donc qu'il faut que le gouvernement appartienne au petit nombre, l'inspection sur le gouvernement à la généralité; et que si de part ou d'autre l'abus est inévitable, il vaut encore mieux qu'un peuple soit malheureux par sa faute qu'opprimé sous la main d'autrui.

Le premier et le plus grand intérêt public est toujours la justice. Tous veulent que les conditions soient égales pour tous, et la justice n'est que cette égalité. Le citoyen ne veut que les lois et que l'observation des lois. Chaque particulier dans le peuple sait bien que s'il y a des exceptions, elles ne seront pas en sa faveur. Ainsi tous craignent les exceptions; et qui craint les exceptions, aime la loi. Chez les chefs, c'est tout autre chose : leur état même est un état de préférence, et ils cherchent des préférences partout (1). S'il$_s$

(1) La justice dans le peuple est une vertu d'état; la violence et la tyrannie est de même dans les chefs un vice d'état Si nous étions à leurs places, nous autres particuliers, nous deviendrions comme eux, violents, usurpateurs, iniques. Quand des magistrats viennent donc nous prêcher leur intégrité, leur modération, leur justice, ils nous

veulent des lois, ce n'est pas pour leur obéir, c'est pour en être les arbitres. Ils veulent des lois pour se mettre à leur place et pour se faire craindre en leur nom. Tout les favorise dans ce projet : ils se servent des droits qu'ils ont, pour usurper sans risque ceux qu'ils n'ont pas. Comme ils parlent toujours au nom de la loi, même en la violant, quiconque ose la défendre contre eux est un séditieux, un rebelle ; il doit périr : et pour eux, toujours sûrs de l'impunité dans leurs entreprises, le pis qui leur arrive est de ne pas réussir. S'ils ont besoin d'appui, partout ils en trouvent. C'est une ligue naturelle que celle des forts ; et ce qui fait la faiblesse des faibles est de ne pouvoir se liguer ainsi. Tel est le destin du peuple, d'avoir toujours au-dedans et au-dehors ses parties pour juges. Heureux quand il en peut trouver d'assez équitables pour le protéger contre leurs propres maximes, contre ce sentiment si gravé dans le cœur humain, d'aimer et favoriser les intérêts semblables aux nôtres ! Vous avez eu cet avantage une fois, et ce fut contre toute attente. Quand la médiation fut acceptée, on vous crut écrasés ; mais vous eûtes des défenseurs éclairés et fermes, des médiateurs intègres et généreux : la justice et la vérité triomphèrent. Puissiez-vous être heureux deux fois ! vous aurez joui d'un bonheur bien rare, et dont vos oppresseurs ne paraissent guère alarmés.

Après vous avoir étalé tous les maux imaginaires d'un droit aussi ancien que votre constitution, et qui jamais n'a produit aucun mal, on pallie, on nie ceux du droit nouveau qu'on usurpe, et qui se font sentir dès aujourd'hui. Forcé d'avouer que le gouvernement peut abuser du droit négatif jusqu'à la plus intolérable tyrannie, on affirme que ce qui arrive n'arrivera pas, et l'on change en possibilité sans vraisemblance ce qui se passe aujourd'hui sous vos yeux. « Personne, ose-t-on dire, ne dira que le gouvernement ne soit équitable et doux. » Et remarquez que cela se dit en réponse à des représentations où l'on se plaint des injustices et des violences du gouvernement. C'est là vraiment ce qu'on peut appeler du beau style ; c'est l'éloquence de Périclès, qui, renversé par Thucydide à la lutte, prouvait aux spectateurs que c'était lui qui l'avait terrassé.

Ainsi donc, en s'emparant du bien d'autrui sans prétexte, en emprisonnant sans raison les innocents, en flétrissant un citoyen sans l'ouïr, en jugeant illégalement un autre, en protégeant les livres obscènes, en brûlant ceux qui respirent la vertu, en persécutant leurs auteurs, en cachant le vrai texte des lois, en refusant les satisfactions les plus justes, en exerçant le plus dur despotisme, en détruisant la liberté qu'ils devraient défendre, en opprimant la patrie dont ils devraient être les pères, ces messieurs se font compliment à eux-mêmes sur la grande équité de leurs jugements ; ils s'extasient sur la douceur de leur administration, ils affirment avec confiance que tout le monde est de leur avis sur ce point. Je doute fort toutefois que cet avis soit le vôtre, et je suis sûr au moins qu'il n'est pas celui des représentants.

Que l'intérêt particulier ne me rende point injuste. C'est de tous nos penchants celui contre lequel je me tiens le plus en garde, et auquel j'espère avoir le mieux résisté. Votre magistrat est équitable dans les choses indifférentes, je le crois porté même à l'être toujours ; ses places sont peu lucratives ; il rend la justice et ne la vend point ; il est personnellement intègre, désintéressé ; et je sais que dans ce Conseil si despotique il règne encore de la droiture et des vertus. En vous montrant les conséquences du droit négatif, je vous ai moins dit ce qu'ils feront, devenus souverains, que ce qu'ils continueront à faire pour l'être. Une fois reconnus tels, leur intérêt sera d'être toujours justes, et il est dès aujourd'hui d'être justes le plus souvent : mais malheur à quiconque osera recourir aux lois encore, et réclamer la liberté !

---

trompent, s'ils veulent obtenir ainsi la confiance que nous ne leur devons pas : non qu'ils ne puissent avoir personnellement ces vertus dont ils se vantent ; mais alors il faut une exception, et ce n'est pas aux exceptions que la loi doit avoir égard.

C'est contre ces infortunés que tout devient permis, légitime. L'équité, la vertu, l'intérêt même ne tiennent point devant l'amour de la domination; et celui qui sera juste, étant le maître, n'épargne aucune injustice pour le devenir.

Le vrai chemin de la tyrannie n'est point d'attaquer directement le bien public; ce serait réveiller tout le monde pour le défendre : mais c'est d'attaquer successivement tous ses défenseurs, et d'effrayer quiconque oserait encore aspirer à l'être. Persuadez à tous que l'intérêt public n'est celui de personne, et par cela seul la servitude est établie, car quand chacun sera sous le joug, où sera la liberté commune? Si quiconque ose parler est écrasé dans l'instant même, où seront ceux qui voudront l'imiter? et quel sera l'organe de la généralité quand chaque individu gardera le silence? Le gouvernement sévira donc contre les zélés et sera juste avec les autres, jusqu'à ce qu'il puisse être injuste avec tous impunément. Alors sa justice ne sera plus qu'une économie pour ne pas dissiper sans raison son propre bien.

Il y a donc un sens dans lequel le conseil est juste, et doit l'être par intérêt; mais il y en a un dans lequel il est du système qu'il s'est fait d'être souverainement injuste; et mille exemples ont dû vous apprendre combien la protection des lois est insuffisante contre la haine du magistrat. Que sera-ce lorsque, devenu seul maître absolu par son droit négatif, il ne sera plus gêné par rien dans sa conduite, et ne trouvera plus d'obstacle à ses passions? Dans un si petit état, où nul ne peut se cacher dans la foule, qui ne vivra pas alors dans d'éternelles frayeurs, et ne sentira pas à chaque instant de sa vie le malheur d'avoir ses égaux pour maîtres? Dans les grands états, les particuliers sont trop loin du prince et des chefs pour en être vus; leur petitesse les sauve; et pourvu que le peuple paie, on le laisse en paix. Mais vous ne pourrez faire un pas sans sentir le poids de vos fers. Les parents, les amis, les protégés, les espions de vos maîtres, seront plus vos maîtres qu'eux; vous n'oserez ni défendre vos droits, ni réclamer votre bien, crainte de vous faire des ennemis; les recoins les plus obscurs ne pourront vous dérober à la tyrannie, il faudra nécessairement en être satellite ou victime. Vous sentirez à la fois l'esclavage politique et le civil : à peine oserez-vous respirer en liberté. Voilà, monsieur, où doit naturellement vous mener l'usage du droit négatif tel que le Conseil se l'arroge. Je crois qu'il n'en voudra pas faire un usage aussi funeste, mais il le pourra certainement; et la seule certitude qu'il peut impunément être injuste vous fera sentir les mêmes maux que s'il l'était en effet.

Je vous ai montré, monsieur, l'état de votre constitution tel qu'il se présente à mes yeux. Il résulte de cet exposé que cette constitution, prise dans son ensemble, est bonne et saine, et qu'en donnant à la liberté ses véritables bornes, elle lui donne en même temps toute la solidité qu'elle doit avoir. Car, le gouvernement ayant un droit négatif contre les innovations du législateur, et le peuple un droit négatif contre les usurpations du Conseil, les lois seules règnent, et règnent sur tous; le premier de l'état ne leur est pas moins soumis que le dernier, aucun ne peut les enfreindre, nul intérêt particulier ne peut les changer, et la constitution demeure inébranlable.

Mais si au contraire les ministres des lois en deviennent les seuls arbitres, et qu'ils puissent les faire parler ou taire à leur gré; si le droit de représentation, seul garant des lois et de la liberté, n'est qu'un droit illusoire et vain, qui n'ait en aucun cas aucun effet nécessaire; je ne vois point de servitude pareille à la vôtre; et l'image de la liberté n'est plus chez vous qu'un leurre méprisant et puéril, qu'il est même indécent d'offrir à des hommes sensés. Que sert alors d'assembler le législateur, puisque la volonté du Conseil est l'unique loi? Que sert d'élire solennellement des magistrats qui d'avance étaient déjà vos juges, et qui ne tiennent de cette élection qu'un pouvoir qu'ils exerçaient auparavant? Soumettez-vous de bonne grâce, et renoncez à ces jeux d'enfants, qui, devenus frivoles, ne sont pour vous qu'un avilissement de plus.

Cet état, étant le pire où l'on puisse tomber, n'a qu'un avantage : c'est qu'il ne saurait changer qu'en mieux. C'est l'unique ressource des maux extrêmes ; mais cette ressource est toujours grande, quand des hommes de sens et de cœur la sentent et savent s'en prévaloir. Que la certitude de ne pouvoir tomber plus bas que vous n'êtes doit vous rendre fermes dans vos démarches ! mais soyez sûrs que vous ne sortirez point de l'abîme tant que vous serez divisés, tant que les uns voudront agir et les autres rester tranquilles.

Me voici, monsieur, à la conclusion de ces lettres. Après vous avoir montré l'état où vous êtes, je n'entreprendrai point de vous tracer la route que vous devez suivre pour en sortir. S'il en est une, étant sur les lieux mêmes, vous et vos concitoyens la devez voir mieux que moi : quand on sait où l'on est et où l'on doit aller, on peut se diriger sans peine.

L'auteur des *Lettres* dit que, « si l'on remarquait dans un gouvernement une pente à la violence, il ne faudrait pas attendre à la redresser que la tyrannie s'y fût fortifiée (page 172). » Il dit encore, en supposant un cas qu'il traite à la vérité de chimère, « qu'il resterait un remède triste, mais légal, et qui, dans ce cas extrême, pourrait être employé comme on emploie la main d'un chirurgien quand la gangrène se déclare (page 101). » Si vous êtes ou non dans ce cas supposé chimérique, c'est ce que je viens d'examiner. Mon conseil n'est donc plus ici nécessaire ; l'auteur des *Lettres* vous l'a donné pour moi. Tous les moyens de réclamer contre l'injustice sont permis, quand ils sont paisibles ; à plus forte raison sont permis ceux qu'autorisent les lois.

Quand elles sont transgressées dans des cas particuliers, vous avez le droit de représentation pour y pourvoir ; mais quand ce droit même est contesté, c'est le cas de la garantie. Je ne l'ai point mise au nombre des moyens qui peuvent rendre efficace une représentation ; les médiateurs eux-mêmes n'ont point entendu l'y mettre, puisqu'ils ont déclaré ne vouloir porter nulle atteinte à l'indépendance de l'état, et qu'alors cependant ils auraient mis, pour ainsi dire, la clef du gouvernement dans leur poche (1). Ainsi, dans le cas particulier, l'effet des représentations rejetées est de produire un Conseil général ; mais l'effet du droit même de représentation rejeté paraît être le recours à la garantie. Il faut que la machine ait en elle-même tous les ressorts qui doivent la faire jouer : quand elle s'arrête, il faut appeler l'ouvrier pour la remonter.

Je vois trop où va cette ressource, et je sens encore mon cœur patriote en gémir. Aussi, je le répète, je ne vous propose rien : qu'oserais-je dire? Délibérez avec vos concitoyens, et ne comptez les voix qu'après les avoir pesées. Défiez-vous de la turbulente jeunesse, de l'opulence insolente, et de l'indigence vénale ; nul salutaire conseil ne peut venir de ces côtés-là. Consultez ceux qu'une honnête médiocrité garantit des séductions de l'ambition et de la misère ; ceux dont une honorable vieillesse couronne une vie sans reproche ; ceux qu'une longue expérience a versés dans les affaires publiques ; ceux qui, sans ambition dans l'état, n'y veulent d'autre rang que celui de citoyens ; enfin ceux qui, n'ayant jamais eu pour objet dans leurs démarches que le bien de la patrie et le maintien des lois, ont mérité par leurs vertus l'estime du public et la confiance de leurs égaux.

Mais surtout réunissez-vous tous. Vous êtes perdus sans ressource si vous restez divisés. Et pourquoi le seriez-vous quand de si grands intérêts com-

(1) La conséquence d'un tel système eût été d'établir un tribunal de la médiation résidant à Genève, pour connaître des transgressions des lois. Par ce tribunal la souveraineté de la république eût bientôt été détruite : mais la liberté des citoyens eût été beaucoup plus assurée qu'elle ne peut l'être si l'on ôte le droit de représentation. Or de n'être souverain que de nom ne signifie pas grand'chose ; mais d'être libre en effet signifie beaucoup.

muns vous unissent? Comment, dans un pareil danger, la basse jalousie et les petites passions osent-elles se faire entendre? Valent-elles qu'on les contente à si haut prix? et faudra-t-il que vos enfants disent un jour en pleurant sur leurs fers : Voilà le fruit des dissensions de nos pères! En un mot, il s'agit moins ici de délibération que de concorde : le choix du parti que vous prendrez n'est pas la plus grande affaire; fût-il mauvais en lui-même, prenez-le tous ensemble; par cela seul, il deviendra le meilleur, et vous ferez toujours ce qu'il faut faire, pourvu que vous le fassiez de concert. Voilà mon avis, monsieur, et je finis par où j'ai commencé. En vous obéissant, j'ai rempli mon dernier devoir envers la patrie. Maintenant je prends congé de ceux qui l'habitent; il ne leur reste aucun mal à me faire, et je ne puis plus leur faire aucun bien.

VISION

DE PIERRE DE LA MONTAGNE, DIT LE VOYANT [1]

Ici sont les trois chapitres de la VISION DE PIERRE DE LA MONTAGNE, dit LE VOYANT, concernant la désobéissance et damnable rébellion de Pierre Duval, dit *Pierrot des Dames*.

CHAPITRE PREMIER.

1. Et j'étais dans mon pré, fauchant mon regain, et il faisait chaud, et j'étais las, et un prunier de prunes vertes était près de moi.

2. Et, me couchant sous le prunier, je m'endormis.

3. Et durant mon sommeil j'eus une vision, et j'entendis une voix aigre et éclatante comme le son d'un cornet de postillon.

4. Et cette voix était tantôt faible et tantôt forte, tantôt grosse et tantôt claire; passant successivement et rapidement des sons les plus graves aux plus aigus, comme le miaulement d'un chat sur une gouttière, ou comme la déclamation du révérend Imers, diacre du Val-de-Travers.

5. Et la voix, s'adressant à moi, me dit ainsi : Pierre le Voyant, mon fils, écoute mes paroles. Et je me tus en dormant, et la voix continua.

6. Ecoute la parole que je t'adresse de la part de l'esprit, et la retiens dans ton cœur. Répands-la par toute la terre et par tout le Val-de-Travers, afin qu'elle soit en édification à tous les fidèles,

7. Et afin qu'instruits du châtiment du rebelle Pierre Duval, dit Pierrot des dames, ils apprennent à ne plus mépriser les nocturnes inspirations de la voix.

8. Car je l'avais choisi dans l'abjection de son esprit, et dans la stupidité de son cœur, pour être mon interprète.

9. J'en avais fait l'honorable successeur de ma servante *la Batizarde* [2], afin qu'il portât, comme elle, dans toute l'Eglise, la lumière de mes inspirations.

10. Je l'avais chargé d'être, comme elle, l'organe de ma parole, afin que ma gloire fût manifestée et qu'on vît que je puis, quand il me plaît, tirer de l'or de la boue, et des perles du fumier.

11. Je lui avais dit : Va, parle à ton frère errant Jean-Jacques, qui se fourvoie, et le ramène au bon chemin.

12. Car dans le fond ton frère Jean-Jacques est un bonhomme, qui ne fait tort à personne, qui craint Dieu, et qui aime la vérité.

---

(1) Au livre XII des *Confessions* (tome II, p. 86), Rousseau fait connaître l'objet de cette plaisanterie dirigée contre Pierre Boy-de-la-Tour, d'où le jeu de mots du chap. III, n° 16.

(2) Vieille commère de la lie du peuple, qui jadis se piquait d'avoir des visions.

13. Mais, pour le ramener d'un égarement, ce peuple y tombe lui-même; et, pour vouloir le rendre à la foi, ce peuple renonce à la loi.

14. Car la loi défend de venger les offenses qu'on a reçues, et eux outragent sans cesse un homme qui ne les a point offensés.

15. La loi ordonne de rendre le bien pour le mal, et eux lui rendent le mal pour le bien.

16. La loi ordonne d'aimer ceux qui nous haïssent, et eux haïssent ceux qui les aiment.

17. La loi ordonne d'user de miséricorde, et eux n'usent pas même de justice.

18. La loi défend de mentir, et il n'y a sorte de mensonge qu'ils n'inventent contre lui.

19. La loi défend la médisance, et ils le calomnient sans cesse.

20. Ils l'accusent d'avoir dit que les femmes n'avaient point d'âme, et il dit, au contraire, que toutes les femmes aimables en ont au moins deux.

21. Ils l'accusent de ne pas croire en Dieu, et nul n'a si fortement prouvé l'existence de Dieu.

22. Ils disent qu'il est d'Antechrist, et nul n'a si dignement honoré le Christ.

23. Ils disent qu'il veut troubler leurs consciences, et jamais il ne leur a parlé de religion.

24. Que s'ils lisent des livres faits pour sa défense en d'autres pays, est-ce sa faute? et les a-t-il priés de les lire? mais, au contraire, c'est pour ne les avoir point lus qu'ils croient qu'il y a dans ces livres de mauvaises choses qui n'y sont point, et qu'ils ne croient point que les bonnes choses qui y sont y soient en effet.

25. Car ceux qui les ont lus en pensent tout autrement, et le disent lorsqu'ils sont de bonne foi.

26. Toutefois ce peuple est bon naturellement; mais on le trompe, et il ne voit pas qu'on lui fait défendre la cause de Dieu avec les armes de Satan.

27. Tirons-les de la mauvaise voie où on les mène, et ôtons cette pierre d'achoppement de devant leurs pieds.

CHAPITRE II.

1. Va donc, et parle à ton frère errant Jean-Jacques, et lui adresse en mon nom ces paroles. Ainsi a dit la voix de la part de l'esprit:

2. Mon fils Jean-Jacques, tu t'égares dans tes idées. Reviens à toi, sois docile, et reçois mes paroles de correction.

3. Tu crois en Dieu, puissant, intelligent, bon, juste, et rémunérateur; et en cela tu fais bien.

4. Tu crois en Jésus son fils, son Christ, et en sa parole; et en cela tu fais bien.

5. Tu suis de tout ton pouvoir les préceptes du saint Evangile; et en cela tu fais bien.

6. Tu aimes les hommes comme ton prochain, et les chrétiens comme tes frères; tu fais le bien quand tu peux, et ne fais jamais de mal à personne que pour ta défense et celle de la justice.

7. Fondé sur l'expérience, tu attends peu d'équité de la part des hommes; mais tu mets ton espoir dans l'autre vie, qui te dédommagera des misères de celle-ci : et en tout cela tu fais bien.

8. Je connais tes œuvres : j'aime les bonnes; ton cœur et ma clémence effaceront les mauvaises. Mais une chose me déplaît en toi.

9. Tu t'obstines à rejeter les miracles : et que t'importent les miracles? puisqu'au surplus tu crois à la loi sans eux, n'en parle point, et ne scandalise plus les faibles.

10. Et lorsque toi, Pierre Duval, dit Pierrot des dames, auras dit ces paroles à ton frère errant Jean-Jacques, il sera saisi d'étonnement.

11. Et voyant que toi, qui es un brutal et un stupide, tu lui parles raisonnablement et honnêtement, il sera frappé de ce prodige, et il reconnaîtra le doigt de Dieu;

12. Et se prosternant en terre, il dira : Voilà mon frère Pierrot des dames qui prononce des discours sensés et honnêtes; mon incrédulité se rend à ce signe évident. Je crois aux miracles, car aucun n'est plus grand que celui-là.

13. Et tout le Val-de-Travers, témoin de ce double prodige, entonnera des cantiques d'allégresse; et l'on criera de toutes parts dans les six communautés : Jean-Jacques croit aux miracles, et des discours sensés sortent de la bouche de Pierrot des dames. Le Tout-Puissant se montre à ses œuvres; que son saint nom soit béni!

14. Alors, confus d'avoir insulté un homme paisible et doux, ils s'empresseront à lui faire oublier leurs outrages; et ils l'aimeront comme leur proche, et ils se aimera comme ses frères; des cris séditieux ne les ameuteront plus; l'hypocrisie exhalera son fiel en vains murmures, que les femmes mêmes n'écouteront point: la paix de Christ régnera parmi les chrétiens, et le scandale sera ôté du milieu d'eux.

15. C'est ainsi que j'avais parlé à Pierre Duval, dit Pierrot des dames, lorsque je daignai le choisir pour porter ma parole à son frère errant.

16. Mais, au lieu d'obéir à la mission que je lui avais donnée, et d'aller trouver Jean-Jacques, comme je le lui avais commandé, il s'est défié de ma promesse, et n'a pu croire au miracle dont il devait être l'instrument; féroce comme l'onagre du désert, et têtu comme la mule d'Edom, il n'a pu croire qu'on pût mettre des discours persuasifs dans sa bouche, et s'est obstiné dans sa rébellion.

17. C'est pourquoi, l'ayant rejeté, je l'ordonne à toi, Pierre de la Montagne, dit le Voyant, d'écrire cet anathème, et de le lui adresser, soit directement, soit par le public, à ce qu'il n'en prétende cause d'ignorance, et que chacun apprenne, par l'accomplissement du châtiment que je lui annonce, à ne plus désobéir aux saintes visions.

CHAPITRE III.

1. Ici sont les paroles dictées par la voix, sous le prunier des prunes vertes, à moi Pierre de la Montagne, dit le Voyant, pour être la sentence portée en icelles dûment signifiée et prononcée audit Pierre Duval, dit Pierrot des dames, afin qu'il se prépare à son exécution, et que tout le peuple en étant témoin devienne sage par cet exemple, et apprenne à ne plus désobéir aux saintes visions.

2. Homme de col roide, craignais-tu que celui qui fit donner par des corbeaux la nourriture charnelle au prophète, ne pût donner par toi la nourri-

ture spirituelle à ton frère? craignais-tu que celui qui fit parler une ânesse ne pût faire parler un cheval?

3. Au lieu d'aller avec droiture et confiance remplir la mission que je t'avais donnée, tu t'es perdu dans l'égarement de ton mauvais cœur; de peur d'amener ton frère à résipiscence, tu n'as point voulu lui porter ma parole; au lieu de cela, te livrant à l'esprit de cabale et de mensonge, tu as divulgué l'ordre que je t'avais donné en secret; et, supprimant malignement le bien que je t'avais chargé de dire, tu lui as faussement substitué le mal dont je ne t'avais pas parlé.

4. C'est pourquoi j'ai porté contre toi cet arrêt irrévocable, dont rien ne peut éloigner ni changer d'effet. Toi donc, Pierre Duval, dit Pierrot des dames, écoute et tremble : car voici, ton heure approche; sa rapidité se réglera sur ta soif.

5. Je connais toutes tes machinations secrètes : tes complots ont été formés en buvant; c'est en buvant qu'ils seront punis. Depuis la nuit mémorable de ta vision jusqu'à ce jour, treizième du mois d'élul (1), à la neuvième heure (2), il s'est passé cent seize heures.

6. Pour te donner, dans ma clémence, le temps de te reconnaître et de t'amender, je t'accorde de pouvoir boire encore cent quinze rasades de vin pur, ou leur valeur, mesurées dans la même tasse où tu bus ton dernier coup la veille de ta vision.

7. Mais sitôt que tes lèvres auront touché la cent seizième rasade, il faut mourir ; et avant qu'elle soit vidée tu mourras subitement.

8. Et ne pense pas m'abuser sur le compte en buvant furtivement ou dans des coupes de diverses mesures; car je te suis partout de l'œil, et ma mesure est aussi sûre que celle du pain de ta servante, et que le trébuchet où tu pèses tes écus.

9. En quelque temps et en quelque lieu que tu boives la cent seizième rasade, tu mourras subitement.

10. Si tu la bois au fond de ta cave, caché seul, entre des tonneaux de piquette, tu mourras subitement.

11. Si tu la bois à table dans ta famille, à la fin de ton maigre dîner, tu mourras subitement.

12. Si tu la bois avec Joseph Clerc, cherchant avec lui dans le vin quelque mensonge, tu mourras subitement.

13. Si tu la bois chez le maire Baillod, écoutant un de ses vieux sermons, tu t'endormiras pour toujours, même sans qu'il continue de le lire.

14. Si tu la bois causant en secret chez M. le professeur, fût-ce en arrangeant quelque vision nouvelle, tu mourras subitement.

15. Mortel heureux jusqu'à ton dernier instant et au-delà, tu mettras, en expirant, plus d'esprit dans ton estomac que n'en rendra ta cervelle; et la plus pompeuse oraison funèbre, où tes visions seront célébrées, te rendra plus d'honneur après ta mort que tu n'en eus de tes jours.

16. Bois, trop heureux Pierre *Boy*, hâte-toi de boire; tu ne peux trop te presser d'aller cueillir les lauriers qui t'attendent dans le pays des visions. Tu mourras; mais grâce à celle-ci, ton nom vivra parmi les hommes. Bois, Pierre *Boy*, va promptement à l'immortalité qui t'est due. Ainsi soit-il, amen, amen.

17. Et lorsque j'entendis ces paroles, moi, Pierre de la Montagne, dit le Voyant, je fus saisi d'un grand effroi, et je dis à la voix :

(1) Le mois d'élul répond à peu près à notre mois d'août.
(2) La neuvième heure en cette saison fait environ les deux heures après midi.

18. A Dieu ne plaise que j'annonce ces choses sans en être assuré par un signe ! je connais mon frère Pierrot des dames ; il veut avoir des visions à lui tout seul. Il ne voudra pas croire aux miennes, encore qu'on m'ait appelé *le Voyant*. Mais, s'il en doit advenir comme tu dis, donne-moi un signe sous l'autorité duquel je puisse parler.

19. Et comme j'achevais ces mots, voici, je fus éveillé par un coup terrible ; et portant la main sur ma tête, je me sentis la face tout en sang ; car je saignais beaucoup du nez ; et le sang me ruisselait du visage : toutefois, après l'avoir étanché comme je pus, je me levai sans autre blessure, sinon que j'avais le nez meurtri et fort enflé.

20. Puis, regardant autour de moi d'où pouvait me venir cette atteinte, je vis enfin qu'une prune était tombée de l'arbre et m'avait frappé.

21. Voyant la prune auprès de moi, je la pris ; et, après l'avoir bien considérée, je reconnus qu'elle était fort saine, fort grosse, fort verte et fort dure, comme l'état de mon nez en faisait foi.

22. Alors mon entendement s'étant ouvert, je vis que la prune en cet état ne pouvait naturellement être tombée d'elle-même, joint que la juste direction sur le bout de mon nez était une autre merveille non moins manifeste, qui confirmait la première, et montrait clairement l'œuvre de l'esprit.

23. Et rendant grâce à la voix d'un signe si notoire, je résolus de publier la vision, comme il m'avait été commandé, et de garder la prune en témoignage de mes paroles, ainsi que j'ai fait jusqu'à ce jour.

DISCOURS

SUR CETTE QUESTION :

PROPOSÉE PAR L'ACADÉMIE DE CORSE

QUELLE EST LA VERTU LA PLUS NÉCESSAIRE AUX HÉROS, ET QUELS SONT LES HÉROS A QUI CETTE VERTU A MANQUÉ (1) ?

AVERTISSEMENT.

Cette pièce est très mauvaise, et je le sentis si bien après l'avoir écrite, que je ne daignai pas même l'envoyer. Il est aisé de faire moins mal sur le même sujet, mais non pas de faire bien, car il n'y a jamais de bonne réponse à faire à des questions frivoles. C'est toujours une leçon utile à tirer d'un mauvais écrit.

DISCOURS.

Si je n'étais Alexandre, disait ce conquérant, je voudrais être Diogène. Le philosophe eût-il dit : « Si je n'étais ce que je suis, je voudrais être Alexandre? » J'en doute; un conquérant consentirait plutôt d'être un sage, qu'un sage d'être un conquérant. Mais quel homme au monde ne consentirait pas d'être un héros? On sent donc que l'héroïsme a des vertus à lui, qui ne dépendent point de la fortune, mais qui ont besoin d'elle pour se développer. Le héros est l'ouvrage de la nature, de la fortune et de lui-même. Pour bien le définir, il faudrait assigner ce qu'il tient de chacun des trois.

Toutes les vertus appartiennent au sage. Le héros se dédommage de celles qui lui manquent par l'éclat de celles qu'il possède. Les vertus du premier sont tempérées, mais il est exempt de vices; si le second a des défauts, ils sont effacés par l'éclat de ses vertus. L'un, toujours vrai, n'a point de mauvaises qualités; l'autre, toujours grand, n'en a point de médiocres. Tous deux sont fermes et inébranlables, mais de différentes manières et en différentes choses : l'un ne cède jamais que par raison, l'autre jamais que par générosité; les faiblesses sont aussi peu connues du sage que les lâchetés le sont peu du héros; et la violence n'a pas plus d'empire sur l'âme de celui-ci que les passions sur celle de l'autre.

Il y a donc plus de solidité dans le caractère du sage, et plus d'éclat dans celui du héros; et la préférence se trouverait décidée en faveur du premier, en se contentant de les considérer ainsi en eux-mêmes. Mais si nous les envisageons par leur rapport avec l'intérêt de la société, de nouvelles réflexions produiront bientôt d'autres jugements, et rendront aux qualités héroïques cette prééminence qui leur est due, et qui leur a été accordée dans tous les siècles, d'un commun consentement.

(1) Ce discours, écrit en 1751, fut publié dix-sept ans plus tard à Lausanne, à l'insu de l'auteur.

En effet, le soin de sa propre félicité fait toute l'occupation du sage, et c'en est bien assez sans doute pour remplir la tâche d'un homme ordinaire. Les vues du vrai héros s'étendent plus loin : le bonheur des hommes est son objet, et c'est à ce sublime travail qu'il consacre la grande âme qu'il a reçue du ciel. Les philosophes, je l'avoue, prétendent enseigner aux hommes l'art d'être heureux ; et, comme s'ils devaient s'attendre à former des nations de sages, ils prêchent aux peuples une félicité chimérique qu'ils n'ont pas eux-mêmes, et dont ceux-ci ne prennent jamais ni l'idée ni le goût. Socrate vit et déplora les malheurs de sa patrie, mais c'est à Thrasybule qu'il était réservé de les finir ; et Platon, après avoir perdu son éloquence, son honneur et son temps à la cour d'un tyran, fut contraint d'abandonner à un autre la gloire de délivrer Syracuse du joug de la tyrannie. Le philosophe peut donner à l'univers quelques instructions salutaires ; mais ces leçons ne corrigeront jamais ni les grands qui les méprisent, ni le peuple qui ne les entend point. Les hommes ne se gouvernent pas ainsi par des vues abstraites ; on ne les rend heureux qu'en les contraignant à l'être, et il faut leur faire éprouver le bonheur pour le leur faire aimer : voilà l'occupation et les talents du héros : c'est souvent la force à la main qu'il se met en état de recevoir les bénédictions des hommes qu'il contraint d'abord à porter le joug des lois pour les soumettre enfin à l'autorité de la raison.

L'héroïsme est donc de toutes les qualités de l'âme celle dont il importe le plus aux peuples que ceux qui les gouvernent soient revêtus. C'est la collection d'un grand nombre de vertus sublimes, rares dans leur assemblage, plus rares dans leur énergie, et d'autant plus rares encore que l'héroïsme qu'elles constituent, détaché de tout intérêt personnel, n'a pour objet que la félicité des autres, et pour prix que leur admiration.

Je n'ai rien dit ici de la gloire légitimement due aux grandes actions ; je n'ai point parlé de la force de génie ni des autres qualités personnelles nécessaires au héros, et qui, sans être vertus, servent souvent plus qu'elles au succès des grandes entreprises. Pour placer le vrai héros à son rang, je n'ai eu recours qu'à ce principe incontestable : que c'est entre les hommes celui qui se rend le plus utile aux autres qui doit être le premier de tous. Je ne crains point que les sages appellent d'une décision fondée sur cette maxime.

Il est vrai et je me hâte de l'avouer, qu'il se présente dans cette manière d'envisager l'héroïsme une objection qui semble d'autant plus difficile à résoudre, qu'elle est tirée du fond même du sujet.

Il ne faut point, disaient les anciens, deux soleils dans la nature, ni deux Césars sur la terre. En effet, il en est de l'héroïsme comme de ces métaux recherchés dont le prix consiste dans leur rareté, et que leur abondance rendrait pernicieux ou inutiles. Celui dont la valeur a pacifié le monde l'eût désolé s'il y eût trouvé un seul rival digne de lui. Telles circonstances peuvent rendre un héros nécessaire au salut du genre humain ; mais, en quelque temps que ce soit, un peuple de héros en serait infailliblement la ruine, et, semblable aux soldats de Cadmus, se détruirait bientôt lui-même.

Quoi donc ! me dira-t-on, la multiplication des bienfaiteurs du genre humain peut-elle être dangereuse aux hommes, et peut-il y avoir trop de gens qui travaillent au bonheur de tous ? Oui, sans doute, répondrai-je, quand ils s'y prennent mal, ou qu'ils ne s'en occupent qu'en apparence. Ne nous dissimulons rien : la félicité publique est bien moins la fin des actions du héros qu'un moyen pour arriver à celle qu'il se propose ; et cette fin est presque toujours sa gloire personnelle. L'amour de la gloire a fait des biens et des maux innombrables ; l'amour de la patrie est plus pur dans son principe et plus sûr dans ses effets : aussi le monde a-t-il été souvent surchargé de héros ; mais les nations n'auront jamais assez de citoyens. Il y a bien de la différence entre l'homme vertueux et celui qui a des vertus : celles du héros ont rarement leur source dans la pureté de l'âme ; et semblables à ces drogues salutaires, mais peu agissantes, qu'il faut animer par des sels âcres et corrosifs, on dirait qu'elles aient besoin du secours de quelques vices pour leur donner de l'activité.

Il ne faut donc pas se représenter l'héroïsme sous l'idée d'une perfection morale, qui ne lui convient nullement, mais comme un composé de bonnes et mauvaises qualités, salutaires ou nuisibles, selon les circonstances, et combinées dans une telle proportion, qu'il en résulte souvent plus de fortune et de gloire pour celui qui les possède, et quelquefois même plus de bonheur pour les peuples, que d'une vertu plus parfaite.

De ces notions bien développées il s'ensuit qu'il peut y avoir bien des vertus contraires à l'héroïsme, d'autres qui lui soient indifférentes; que d'autres lui sont plus ou moins favorables, selon leurs différents rapports avec le grand art de subjuguer les cœurs et d'enlever l'admiration des peuples; et qu'enfin parmi ces dernières il doit y en avoir quelqu'une qui lui soit plus nécessaire, plus essentielle, plus indispensable, et qui le caractérise en quelque manière : c'est cette vertu spéciale et proprement héroïque qui doit être ici l'objet de mes recherches.

Rien n'est si décisif que l'ignorance; et le doute est aussi rare parmi le peuple que l'affirmation chez les vrais philosophes. Il y a longtemps que le préjugé vulgaire a prononcé sur la question que nous agitons aujourd'hui; et que la valeur guerrière passe chez la plupart des hommes pour la première vertu des héros. Osons appeler de ce jugement aveugle au tribunal de la raison; et que les préjugés, si souvent ses ennemis et ses vainqueurs, apprennent à lui céder à leur tour.

Ne nous refusons point à la première réflexion que ce sujet fournit, et convenons d'abord que les peuples ont bien inconsidérément accordé leur estime et leur encens à la vaillance martiale, ou que c'est en eux une inconséquence bien odieuse de croire que ce soit par la destruction des hommes que les bienfaiteurs du genre humain annoncent leur caractère. Nous sommes à la fois bien maladroits et bien malheureux, si ce n'est qu'à force de nous désoler qu'on peut exciter notre admiration. Faut-il donc croire que, si jamais les jours de bonheur et de paix renaissent parmi nous, ils en banniraient l'héroïsme avec le cortége affreux des calamités publiques, et que les héros seraient tous relégués dans le temple de Janus, comme on enferme, après la guerre, de vieilles et inutiles armes dans nos arsenaux.

Je sais qu'entre les qualités qui doivent former le grand homme, le courage est quelque chose; mais hors du combat la valeur n'est rien. Le brave ne fait ses preuves qu'aux jours de bataille : le vrai héros fait les siennes tous les jours; et ses vertus, pour se montrer quelquefois en pompe, n'en sont pas d'un usage moins fréquent sous un extérieur plus modeste.

Osons le dire. Tant s'en faut que la valeur soit la première vertu du héros, qu'il est douteux même qu'on la doive compter au nombre des vertus. Comment pourrait-on honorer de ce titre une qualité sur laquelle tant de scélérats ont fondé leurs crimes? Non, jamais les Catilina ni les Cromwell n'eussent rendu leurs noms célèbres; jamais l'un n'eût tenté la ruine de sa patrie, ni l'autre asservi la sienne, si la plus inébranlable intrépidité n'eût fait le fond de leur caractère. Avec quelques vertus de plus, me direz-vous, ils eussent été des héros; dites plutôt qu'avec quelques crimes de moins ils eussent été des hommes.

Je ne passerai point ici en revue ces guerriers funestes, la terreur et le fléau du genre humain, ces hommes avides de sang et de conquêtes, dont on ne peut prononcer les noms sans frémir, des Marius, des Totila, des Tamerlan. Je ne me prévaudrai point de la juste horreur qu'ils ont inspirée aux nations. Et qu'est-il besoin de recourir à des monstres pour établir que la bravoure, même la plus généreuse, est plus suspecte dans son principe, plus journalière dans ses exemples, plus funeste dans ses effets, qu'il n'appartient à la constance, à la solidité et aux avantages de la vertu? Combien d'actions mémorables ont été inspirées par la honte ou par la vanité! Combien d'exploits, exécutés à la face du soleil, sous les yeux des chefs, et en présence de toute une armée, ont été démentis dans le silence et l'obscurité de la nuit! Tel est brave au milieu de ses compagnons, qui ne serait qu'un lâche, abandonné à lui-même : tel a la tête d'un général, qui n'eut jamais le cœur d'un soldat : tel affronte, sur une brèche, la mort et le fer de son ennemi, qui dans le secret de sa maison ne peut soutenir la vue du fer salutaire d'un chirurgien.

Un tel était brave un tel jour, disaient les Espagnols du temps de Charles-Quint; et ces gens-là se connaissaient en bravoure. En effet, rien, peut-être n'est si journalier que la valeur, et il y a bien peu de guerriers sincères qui osassent répondre d'eux seulement pour vingt-quatre heures. Ajax épouvante Hector; Hector épouvante Ajax et fuit devant Achille. Antiochus-le-Grand fut brave la moitié de sa vie, et lâche l'autre moitié. Le triomphateur des trois parties du monde perdit le cœur et la tête à Pharsale. César lui-même fut ému à Dyrrachium, et eut peur à Munda; et le vainqueur de Brutus s'enfuit lâchement devant Octave, et abandonna la victoire et l'empire du monde à celui qui tenait de lui l'un et l'autre. Croira-t-on que ce soit faute d'exemples modernes que je n'en cite ici que d'anciens?

Qu'on ne nous dise donc plus que la palme héroïque n'appartient qu'à la valeur et aux talents militaires! Ce n'est point sur les exploits des grands hommes que leur réputation est mesurée. Cent fois les vaincus ont remporté le prix de la gloire sur les vainqueurs. Qu'on recueille les suffrages, et qu'on me dise lequel est le plus grand d'Alexandre ou de Porus, de Pyrrhus ou de Fabrice, d'Antoine ou de Brutus, de François Iᵉʳ dans les fers ou de Charles-Quint triomphant, de Valois vainqueur ou de Coligny vaincu.

Que dirons-nous de ces grands hommes qui, pour n'avoir point souillé leurs mains dans le sang, n'en sont que plus sûrement immortels? Que dirons-nous du législateur de Sparte, qui, après avoir goûté le plaisir de régner, eut le courage de rendre la couronne au légitime possesseur qui ne la lui demandait pas; de ce doux et pacifique citoyen qui savait venger ses injures, non par la mort de l'offenseur, mais en le rendant honnête homme? Faudra-t-il démentir l'oracle qui lui accorda presque les honneurs divins, et refuser l'héroïsme à celui qui a fait des héros de tous ses compatriotes? que dirons-nous du législateur d'Athènes, qui sut garder sa liberté et sa vertu à la cour même des tyrans, et osa soutenir en face, à un monarque opulent, que la puissance et les richesses ne rendent point un homme heureux? Que dirons-nous du plus grand des Romains et du plus vertueux des hommes, de ce modèle des citoyens, auquel seul l'oppresseur de la patrie fit l'honneur de le haïr assez pour prendre la plume contre lui, même après sa mort? Ferons-nous cet affront à l'héroïsme d'en refuser le titre à Caton d'Utique? Et pourtant cet homme ne s'est point illustré dans les combats, et n'a point rempli le monde du bruit de ses exploits. Je me trompe; il en a fait un, le plus difficile qui ait jamais été entrepris et le seul qui ne sera point imité, quand d'un corps de gens de guerre il forma une société d'hommes sages, équitables et modestes.

On sait assez que le partage d'Auguste n'était pas la valeur. Ce n'est point aux rives d'Actium ni dans les plaines de Philippes qu'il a cueilli les lauriers qui l'ont immortalisé, mais bien dans Rome pacifique et rendue heureuse. L'univers soumis a moins fait pour la gloire et pour la sûreté de sa vie que l'équité de ses lois et le pardon de Cinna : tant les vertus sociales sont, dans les héros mêmes, préférables au courage! Le plus grand capitaine du monde meurt assassiné en plein sénat pour un peu de hauteur indiscrète, pour avoir voulu ajouter un vain titre à un pouvoir réel; et l'auteur odieux des proscriptions, effaçant ses forfaits à force de justice et de clémence, devient le père de sa patrie qu'il avait désolée, et meurt adoré des Romains qu'il avait asservis.

Qui de nous osera ôter à tous ces grands hommes la couronne héroïque dont leurs têtes immortelles sont ornées? Qui l'osera refuser à ce guerrier philosophe et bienfaisant qui, d'une main accoutumée à manier les armes, écarte de votre sein les calamités d'une longue et funeste guerre, et fait briller au milieu de vous, avec une magnificence royale, les sciences et les beaux-arts? O spectacle digne des temps héroïques! je vois les muses dans tout leur éclat marcher d'un pas assuré parmi vos bataillons, Apollon et Mars se couronner réciproquement, et votre île, encore fumante des ravages de la foudre, en braver désormais les éclats à l'abri de ces doubles lauriers. Décidez donc, citoyens illustres, lesquels ont mieux mérité la palme héroïque, des guerriers qui sont accourus à votre défense ou des sages qui font tout pour votre bonheur; ou plutôt épargnez-vous un choix inutile, puisqu'à ce double titre vous n'avez que les mêmes fronts à couronner.

Aux exemples qui se présentent en foule et qu'il ne m'est pas permis d'épuiser, ajoutons quelques réflexions qui confirment les inductions que j'en veux tirer ici. Assigner le premier rang à la valeur dans le caractère héroïque, ce serait donner au bras qui exécute la préférence sur la tête qui projette. Cependant on trouve plus aisément des bras que des têtes. On peut confier à d'autres l'exécution d'un grand projet, sans en perdre le principal mérite; mais exécuter le projet d'autrui, c'est rentrer volontairement dans l'ordre subalterne qui ne convient point aux héros.

Ainsi, quelle que soit la vertu qui le caractérise, elle doit annoncer le génie et en être inséparable. Les qualités héroïques ont bien leur germe dans le cœur, mais c'est dans la tête qu'elles se développent et prennent de la solidité. L'âme la plus pure peut s'égarer dans la route même du bien, si l'esprit et la raison ne la guident; et toutes les vertus s'altèrent, sans le concours de la sagesse. La fermeté dégénère aisément en opiniâtreté, la douceur en faiblesse, le zèle en fanatisme, la valeur en férocité. Souvent une grande entreprise mal concertée fait plus de tort à celui qui la manque qu'un succès mérité ne lui eût fait d'honneur; car le mépris est ordinairement plus fort que l'estime. Il semble même que, pour établir une réputation éclatante, les talents suppléent bien plus aisément aux vertus que les vertus aux talents. Le soldat du Nord, avec un génie étroit et un courage sans bornes, perdit sans retour, dès le milieu de sa carrière, une gloire acquise par des prodiges de valeur et de générosité; et il est encore douteux, dans l'opinion publique, si le meurtrier de Charles Stuart n'est point, avec tous ses forfaits, un des plus grands hommes qui aient jamais existé.

La bravoure ne constitue point un caractère; et c'est au contraire du caractère de celui qui la possède qu'elle tire sa forme particulière. Elle est vertu dans une âme vertueuse, et vice dans un méchant. Le chevalier Bayard était brave; Cartouche l'était aussi : mais croira-t-on jamais qu'ils le fussent de la même manière? La valeur est susceptible de toutes les formes; elle est généreuse ou brutale, stupide ou éclairée, furieuse ou tranquille, selon l'âme qui la possède; selon les circonstances, elle est l'épée du vice ou le bouclier de la vertu; et, puisqu'elle n'annonce nécessairement ni la grandeur de l'âme, ni celle de l'esprit, elle n'est point la vertu la plus nécessaire au héros. Pardonnez-le-moi, peuple vaillant et infortuné qui avez si longtemps rempli l'Europe du bruit de vos exploits et de vos malheurs. Non, ce n'est point à la bravoure de ceux de vos concitoyens qui ont versé leur sang pour leur pays que j'accorderai la couronne héroïque, mais à leur ardent amour pour la patrie, et à leur constance invincible dans l'adversité. Pour être des héros, avec de tels sentiments ils auraient même pu se passer d'être braves.

J'ai attaqué une opinion dangereuse et trop répandue; je n'ai pas les mêmes raisons pour suivre dans tous ses détails la méthode des exclusions. Toutes les vertus naissent des différents rapports que la société a établis entre les hommes. Or le nombre de ces rapports est presque infini. Quelle tâche serait-ce donc d'entreprendre de les parcourir! Elle serait immense, puisqu'il y a parmi les hommes autant de vertus possibles que de vices réels; elle serait superflue, puisque dans le nombre des grandes et difficiles vertus dont le héros a besoin pour bien commander on ne saurait comprendre comme nécessaires le grand nombre de vertus plus difficiles encore dont la multitude a besoin pour obéir. Tel a brillé dans le premier rang, qui, né dans le dernier, fût mort obscur sans s'être fait remarquer. Je ne sais ce qui fût arrivé d'Epictète placé sur le trône du monde; mais je sais qu'à la place d'Epictète César lui-même n'eût jamais été qu'un chétif esclave.

Bornons-nous donc, pour abréger, aux divisions établies par les philosophes; et contentons-nous de parcourir les quatre principales vertus auxquelles ils rapportent toutes les autres, bien sûrs que ce n'est pas dans les qualités accessoires, obscures et subalternes, que l'on doit chercher la base de l'héroïsme.

Mais dirons-nous que la justice soit cette base, tandis que c'est sur l'injustice même que la plupart des grands hommes ont fondé le monument de leur gloire? Les uns, enivrés d'amour pour la patrie, n'ont rien trouvé d'illégitime pour la servir, et n'ont point hésité d'employer pour son avantage des moyens odieux que leurs généreuses âmes n'eussent jamais pu se résoudre à employer pour le leur; d'autres, dévorés d'ambition, n'ont travaillé qu'à mettre leur pays dans les fers; l'ardeur de la vengeance en a porté d'autres à le trahir. Les uns ont été d'avides conquérants, d'autres d'adroits usurpateurs, d'autres même n'ont pas eu honte de se rendre les ministres de la tyrannie d'autrui. Les uns ont méprisé leur devoir, les autres se sont joués de leur foi. Quelques-uns ont été injustes par système, d'autres par faiblesse, la plupart par ambition. Tous sont allés à l'immortalité.

La justice n'est donc pas la vertu qui caractérise le héros. On ne dira pas mieux que ce soit la tempérance ou la modération, puisque c'est pour avoir manqué de cette dernière vertu que les hommes les plus célèbres se sont rendus immortels, et que le vice opposé à l'autre n'a empêché nul d'entre eux de le devenir, pas même Alexandre, que ce vice affreux couvrit du sang de son ami; pas même César, à qui toutes les dissolutions de sa vie n'ôtèrent pas un seul autel après sa mort (1).

La prudence est plutôt une qualité de l'esprit qu'une vertu de l'âme. Mais, de quelque manière qu'on l'envisage, on lui trouve toujours plus de solidité que d'éclat, et elle sert plutôt à faire valoir les autres vertus qu'à briller par elle-même. «La prudence, dit Montaigne (I, 23), si tendre et circonspecte, est mortelle ennemie des hautes exécutions, et de tout acte véritablement héroïque : si elle prévient les grandes fautes, elle nuit aussi aux grandes entreprises; car il en est peu où il ne faille toujours donner au hasard beaucoup plus qu'il ne convient à l'homme sage. D'ailleurs le caractère de l'héroïsme est de porter au plus haut degré les vertus qui lui sont propres. Or, rien n'approche tant de la pusillanimité qu'une prudence excessive; et l'on ne s'élève guère au-dessus de l'homme qu'en foulant quelquefois aux pieds la raison humaine. La prudence n'est donc point encore la vertu caractéristique du héros.

La tempérance l'est encore moins, elle à qui l'héroïsme même, qui n'est qu'une intempérance de gloire, semble donner l'exclusion. Où sont les héros que des excès de quelque espèce n'ont point avilis? Alexandre, dit-on, fut chaste; mais fut-il sobre? Cet émule du premier vainqueur de l'Inde n'imita-t-il pas ses dissolutions? ne les réunit-il pas, quand, à la suite d'une courtisane, il brûla le palais de Persépolis? Ah! que n'avait-il une maîtresse! dans sa funeste crapule il n'eût point tué son ami. César fut sobre; mais fut-il chaste, lui qui fit connaître à Rome des prostitutions inouïes et changeait de

---

(1) Cet alinéa est répété et développé plus loin, sans doute par inadvertance.

sexe à son gré? Alcibiade eut toutes les sortes d'intempérance, et n'en fut pas moins un des grands hommes de la Grèce. Le vieux Caton lui-même aima l'argent et le vin. Il eut des vices ignobles, et fut l'admiration des Romains. Or ce peuple se connaissait en gloire.

L'homme vertueux est juste, prudent, modéré, sans être pour cela un héros; et trop fréquemment le héros n'est rien de tout cela. Ne craignons point d'en convenir; c'est souvent au mépris même de ces vertus que l'héroïsme a dû son éclat. Que deviennent César, Alexandre, Pyrrhus, Annibal. envisagés de ce côté? Avec quelques vices de moins, peut-être eussent-ils été moins célèbres; car la gloire est le prix de l'héroïsme; mais il en faut un autre pour la vertu.

S'il fallait distribuer les vertus à ceux à qui elles conviennent le mieux, j'assignerais à l'homme d'état la prudence, au citoyen la justice, au philosophe la modération; pour la force de l'âme, je la donnerais au héros, et il n'aurait pas à se plaindre de son partage.

En effet, la force est le vrai fondement de l'héroïsme; elle est la source ou le supplément des vertus qui le composent, et c'est elle qui le rend propre aux grandes choses. Rassemblez à plaisir les qualités qui peuvent concourir à former le grand homme; si vous n'y joignez la force pour les animer, elles tombent toutes en langueur, et l'héroïsme s'évanouit. Au contraire, la seule force de l'âme donne nécessairement un grand nombre de vertus héroïques à celui qui en est doué, et supplée à toutes les autres.

Comme on peut faire des actions de vertu sans être vertueux, on peut faire de grandes actions sans avoir droit à l'héroïsme. Le héros ne fait pas toujours de grandes actions; mais il est toujours prêt à en faire au besoin, et se montre grand dans toutes les circonstances de sa vie : voilà ce qui le distingue de l'homme vulgaire. Un infirme peut prendre la bêche et labourer quelques moments la terre, mais il s'épuise et se lasse bientôt. Un robuste laboureur ne supporte pas de grands travaux sans cesse; mais il le pourrait sans s'incommoder, et c'est à sa force corporelle qu'il doit ce pouvoir. La force de l'âme est la même chose; elle consiste à pouvoir toujours agir fortement.

Les hommes sont plus aveugles que méchants, et il y a plus de faiblesse que de malignité dans leurs vices. Nous nous trompons nous-mêmes avant que de tromper les autres, et nos fautes ne viennent que de nos erreurs; nous n'en commettons guère que parce que nous nous laissons gagner à de petits intérêts présents qui nous font oublier les choses plus importantes et plus éloignées. De là, toutes les petitesses qui caractérisent le vulgaire, inconstance, légèreté, caprice, fourberie, fanatisme, cruauté : vices qui tous ont leur source dans la faiblesse de l'âme. Au contraire, tout est grand et généreux dans une âme forte, parce qu'elle sait discerner le beau du spécieux, la réalité de l'apparence, et se fixer à son objet avec cette fermeté qui écarte les illusions et surmonte les plus grands obstacles.

C'est ainsi qu'un jugement incertain et un cœur facile à séduire rendent les hommes faibles et petits. Pour être grand, il ne faut que se rendre maître de soi. C'est au-dedans de nous-mêmes que sont nos plus redoutables ennemis; et quiconque aura su les combattre et les vaincre aura plus fait pour la gloire, au jugement des sages, que s'il eût conquis l'univers.

Voilà ce que produit la force de l'âme; c'est ainsi qu'elle peut éclairer l'esprit, étendre le génie, et donner de l'énergie et de la vigueur à toutes les autres vertus : elle peut même suppléer à celles qui nous manquent; car celui qui ne serait ni courageux, ni juste, ni sage, ni modéré par inclination, le sera pourtant par raison, sitôt qu'ayant surmonté ses passions, et vaincu ses préjugés, il sentira combien il lui est avantageux de l'être, sitôt qu'il sera convaincu qu'il ne peut faire son bonheur qu'en travaillant à celui des autres. La force est donc la vertu qui caractérise l'héroïsme; et elle l'est encore par un autre argument sans réplique que je tire des réflexions d'un grand homme:

« Les autres vertus, dit Bacon, nous délivrent de la domination des vices; la seule force nous garantit de celle de la fortune. » En effet, quelles sont les vertus qui n'ont pas besoin de certaines circonstances pour les mettre en œuvre? De quoi sert la justice avec les tyrans, la prudence avec les insensés, la tempérance dans la misère? Mais tous les événements honorent l'homme fort, le bonheur et l'adversité servent également à sa gloire, et il ne règne pas moins dans les fers que sur le trône. Le martyre de Régulus à Carthage, le festin de Caton rejeté du consulat, le sang-froid d'Epictète estropié par son maître, ne sont pas moins illustres que les triomphes d'Alexandre et de César; et si Socrate était mort dans son lit, on douterait peut-être aujourd'hui s'il fut rien de plus qu'un adroit sophiste.

Après avoir déterminé la vertu la plus propre au héros, je devrais parler encore de ceux qui sont parvenus à l'héroïsme sans la posséder. Mais comment y seraient-ils parvenus sans la partie qui, seule, constitue le vrai héros et qui lui est essentielle? Je n'ai rien à dire là-dessus, et c'est le triomphe de ma cause. Parmi les hommes célèbres dont les noms sont inscrits au temple de la gloire, les uns ont manqué de sagesse, les autres de modération; il y en a eu de cruels, d'injustes, d'imprudents, de perfides; tous ont eu des faiblesses, nul d'entre eux n'a été un homme faible. En un mot toutes les autres vertus ont pu manquer à quelques grands hommes; mais sans la force de l'âme il n'y eut jamais de héros.

FIN DU SEPTIÈME VOLUME.

TABLE DU SEPTIÈME VOLUME.

DU CONTRAT SOCIAL.

Avertissement.	1
LIVRE PREMIER.	1
CHAPITRE I. — Sujet de ce premier livre.	2
II. — Des premières sociétés.	2
III. — Du droit du plus fort.	3
IV. — De l'esclavage.	4
V. — Qu'il faut toujours remonter à une première convention.	6
VI. — Du pacte social.	6
VII. — Du souverain.	8
VIII. — De l'état civil.	9
IX. — Du domaine réel.	10
LIVRE II.	11
CHAPITRE I. — Que la souveraineté est inaliénable.	11
II. — Que la souveraineté est indivisible.	12
III. — Si la volonté générale peut errer.	13
IV. — Des bornes du pouvoir souverain.	14
V. — Du droit de vie et de mort.	16
VI. — De la loi.	17
VII. — Du législateur.	19
VIII. — Du peuple.	21
IX. — Suite.	22
X. — Suite.	23
XI. — Des divers systèmes de législation.	25
XII. — Division des lois.	26
LIVRE III.	27
CHAPITRE I. — Du gouvernement en général.	27
II. — Du principe qui constitue les diverses formes du gouvernement.	30
III. — Division des gouvernements.	31
IV. — De la démocratie.	32
V. — De l'aristocratie.	33
VI. — De la monarchie.	35
VII. — Des gouvernements mixtes.	38
VIII. — Que toute forme de gouvernement n'est pas propre à tout pays.	38
IX. — Des signes d'un bon gouvernement.	41
X. — De l'abus du gouvernement, et de sa pente à dégénérer.	42
XI. — De la mort du corps politique.	43
XII. — Comment se maintient l'autorité souveraine.	44
XIII. — Suite.	45
XIV. — Suite.	45
XV. — Des députés ou représentants.	46
XVI. — Que l'institution du gouvernement n'est point un contrat	48
XVII. — De l'institution du gouvernement.	48
XVIII. — Moyen de prévenir les usurpations du gouvernement.	50
LIVRE IV.	51
CHAPITRE I. — Que la volonté générale est indestructible.	51
II. — Des suffrages.	52
III. — Des élections.	54
IV. — Des comices romains.	55
V. — Du Tribunat.	60
VI. — De la Dictature.	61
VII. — De la Censure.	63
VIII. — De la religion civile.	64
IX. — Conclusion.	69

CONSIDÉRATIONS SUR LE GOUVERNEMENT DE POLOGNE.

CHAPITRE I. — Note préliminaire. Etat de la question.	71
II. — Esprit des anciennes institutions.	73
III. — Application.	75
IV. — Education.	78

V. — Vice radical.	81
VI. — Question des trois ordres.	82
VII. — Moyens de maintenir la constitution.	83
VIII. — Du roi.	91
IX. — Causes particulières de l'anarchie.	94
X. — Administration.	97
XI. — Système économique.	99
XII. — Système militaire.	104
XIII. — Projet pour assujettir à une marche graduelle tous les membres du gouvernement.	109
XIV. — Election des rois.	114
XV. — Conclusion.	118
LETTRES A M. BUTTAFUOCO SUR LA LÉGISLATION DE LA CORSE.	122
EXTRAIT DU PROJET DE PAIX PERPÉTUELLE.	128
Jugement sur la paix perpétuelle.	143

POLYSYNODIE DE L'ABBÉ SAINT-PIERRE.

CHAPITRE I. — Nécessité, dans la monarchie, d'une forme de gouvernement subordonnée au prince.	149
II. — Trois formes spécifiques de gouvernement subordonné.	150
III. — Rapport de ces formes à celles du gouvernement suprême.	151
IV. — Partage et départements des conseils.	151
V. — Manière de les composer.	151
VI. — Circulation des départements.	152
VII. — Autres avantages de cette circulation.	153
VIII. — Que la polysynodie est l'administration en sous-ordre la plus naturelle.	154
IX. — Et la plus utile.	154
X. — Autres avantages.	155
XI. — Conclusion.	157
Jugement sur la polysynodie.	157

LETTRES ÉCRITES DE LA MONTAGNE.

Aperçu de la constitution de Genève.	164
Avertissement.	166
PREMIÈRE PARTIE.	167
Lettre I. — Etat de la question par rapport à l'auteur. Si elle est de la compétence des tribunaux civils. Manière injuste de la résoudre.	167
II. — De la religion de Genève. Principes de la réformation. L'auteur entame la discussion des miracles.	180
III. — Continuation du même sujet (les miracles). Court examen de quelques autres accusations.	189
IV. — L'auteur se suppose coupable ; il compare la procédure à la loi.	204
V. — Continuation du même sujet. Jurisprudence tirée des procédures faites en cas semblables. But de l'auteur en publiant la Profession de foi.	212
VI. — S'il est vrai que l'auteur attaque les gouvernements. Courte analyse de son livre. La procédure faite à Genève est sans exemple, et n'a été suivie en aucun pays.	231
SECONDE PARTIE.	237
VII. — Etat présent du Gouvernement de Genève, fixé par l'édit de la médiation.	237
VIII. — Esprit de l'édit de la médiation. Contre-poids qu'il donne à la puisssance aristocratique. Entreprise du petit Conseil d'anéantir ce contre-poids par voie de fait. Examen des inconvénients allégués. Système des édits sur les emprisonnements.	249
IX. — Manière de raisonner de l'auteur des *Lettres écrites de la campagne*. Son vrai but dans cet écrit. Choix de ses exemples. Caractères de la bourgeoisie de Genève. Preuve par faits. Conclusion.	257
VISION DE PIERRE DE LA MONTAGNE, DIT LE VOYANT.	285
DISCOURS SUR LA VERTU LA PLUS NÉCESSAIRE AUX HÉROS.	290

FIN DE LA TABLE.

Typ. GAITTET et Cie, rue Git-le-Cœur, 7, à Paris.

COLLECTION J. BRY AINÉ

— 1 FRANC LE VOLUME ILLUSTRÉ —

VOLTAIRE

Le Siècle de Louis XIV.	1 vol.
Précis du Siècle de Louis XV. — Histoire du Parlement de Paris.	1 vol.
La Henriade. — Essai sur la Poésie épique.	1 vol.
Dictionnaire philosophique.	5 vol.
Histoire de Charles XII.	1 vol.

J.-J. ROUSSEAU

OEUVRES COMPLÈTES, 12 VOL.

Les Confessions. — Les Rêveries. — Lettres à M. Vernes. — Dictionnaire de Botanique. — Pièces inédites.	2 vol.
La Nouvelle Héloïse. — Les Amours de Mylord Edouard. — Lettres à Sara. — Contes et Poésies diverses.	2 vol.
Emile — Lettre à M. de Beaumont. — Pièces diverses.	2 vol.
Politique.	1 vol.
Théâtre. — Ecrits sur la musique.	1 vol.
Dialogues.	1 vol.
Correspondance.	3 vol.

LA FONTAINE

Fables. — Poèmes divers.	1 vol.

RABELAIS

Précédé d'une Notice par Pierre Dupont.	2 vol.

Paris. — Imp. de BRY aîné, boulevart Montparnasse, 81.

www.ingramcontent.com/pod-product-compliance
Lightning Source LLC
Chambersburg PA
CBHW071249160426
43196CB00009B/1218